国家出版基金项目
NATIONAL PUBLICATION FOUNDATION

國家出版基金項目

教育部哲學社會科學研究重大課題攻關項目

「十一五」「十二五」「十三五」國家重點圖書出版規劃項目·重大工程出版規劃

「十四五」國家重點出版物出版专項規劃項目·古籍出版規劃

國家社會科學基金重大項目

北京大學「九八五工程」重點項目

儒藏

精華編八二冊
經部春秋類

# 儒藏

精華編

北京大學《儒藏》編纂與研究中心

# 《儒藏》精華編第八二册

首席總編纂　季羡林

項目首席專家　湯一介

總　編　纂　湯一介　龐　樸　孫欽善　安平秋　（按年齡排序）

本册主編　孫欽善

# 《儒藏》精華編凡例

一、中國傳統文化以儒家思想爲中心。《儒藏》爲儒家經典和反映儒家思想、體現儒家經世做人原則的典籍的叢編。收書時限自先秦至清代結束。

二、《儒藏》精華編爲《儒藏》的一部分，選收《儒藏》中的精要書籍。

三、《儒藏》精華編所收書籍，包括傳世文獻和出土文獻。傳世文獻按《四庫全書總目》經史子集四部分類法分類，大類、小類基本參照《中國叢書綜録》和《中國古籍善本書目》，於個別處略作調整。凡單書已收入入選的個人叢書或全集者，僅存目録，並注明互見。出土文獻單列爲一個部類，原件以古文字書寫者一律收其釋文文本。韓國、日本、越南儒學者用漢文寫作的儒學著作，編爲海外文獻部類。

四、所收書籍的篇目卷次，一仍底本原貌，不選編，不改編，保持原書的完整性和獨立性。

五、對入選書籍進行簡要校勘。以對校爲主，確定内容完足、精確率高的版本爲底本，精選有校勘價值的版本爲校本。出校堅持少而精，以校正誤爲主，酌校異同。校記力求規範、精煉。

六、根據現行標點符號用法，結合古籍標點通例，進行規範化標點。專名號除書名號用角號（《》）外，其他一律省略。

七、對較長的篇章，根據文字内容，適當劃分段落。正文原已分段者，不作改動。千字以内的短文一般不分段。

八、各書卷端由整理者撰寫《校點説明》，簡要介紹作者生平、該書成書背景、主要内容及影響，以及整理時所確定的底本、校本（舉全稱後括注簡稱）及其他有關情況。重複出現的作者，其生平事蹟按出現順序前詳後略。

九、本書用繁體漢字豎排，小注一律排爲單行。

《儒藏》精華編第八二册

經部春秋類

左傳之屬

# 春秋左氏傳舊注疏證

文公《魯世家》：「文公，名興，僖公之子，夫人聲姜所生。」《謚法》：「忠信接禮曰文，博聞多見曰文。」

【經】元年，春，王正月，公即位。無傳。

二月，癸亥，日有食之。無傳。【注】劉歆以爲正月朔，燕、越分。《五行志》。【疏證】《公羊》「亥」下有「朔」。杜注：「癸亥，月一日，不書朔，官失之。」李富孫云：「《左》、《穀》無『朔』字，或爲闕文。」臧壽恭云：「《漢書・五行志》引經亦無『朔』字。《楚元王傳》注引有『朔』字，蓋《穀梁》經也。案：是年入甲申統一千一十七年，積月一万二千五百七十八，閏餘十三，是歲有閏，積日三十七万一千四百三十九，小餘十七，大餘三十九，正月癸亥朔。又置上積日，以統法乘之，❶以十九乘小餘十七，并之，滿周天除去之，餘五十三万一千二百七十四，滿統法而一，得積度三百四十五度，餘五百七十三，命如法，合辰在斗七度。」❷貴曾曰：案是年積月一万二千五百七十八，以二十三乘之，盈百三十五，去之，餘一百二十四，加二十三者一，得一百四十七，盈百三十五，又去之，餘十二，置加數一，命起十一月算外，得周二月有食。歆以爲正月，當再考。

天王使叔服來會葬。【疏證】《五行志》注：「師古曰：『叔，氏。服，字。』」與杜注同。疏：「傳稱『内史叔服』，内史於《周禮》爲中大夫。天子、大夫例書字，知『叔，氏；服，字』也。」

夏，四月，丁巳，葬我君僖公。

天王使毛伯來賜公命。【注】賈逵以爲：「諸侯踰年即位，天子賜以命珪，合瑞爲信也。」《通典》八十引段暢議。【疏證】「賜」，監本作「錫」。惠棟云：「唐石經及宋本『錫』作『賜』。《釋文》

---

❶「統」，原爲空格，今據《春秋左氏古義》卷三補。

❷ 原稿眉批：録臧氏説。原引姜岌云入食限，今不録。

同，云『本或作錫』。《覲禮》云：『天子賜舍。』注：『今文賜作錫。』」如惠說，則《左氏》古文作「賜」，今從石經正。《公羊傳》：「錫者何？賜也。」彼經文異《左氏》。❶《五行志》注：「師古曰：『毛伯，周之卿士也。賜命者，賜以命圭爲瑞信也。』」即用賈說。杜注：「天子賜以命圭。」知杜氏所見經文，亦作「賜公命」矣。疏：「《大宗伯》『侯執信圭』，《冬官·玉人》桓圭以下皆謂之命圭。魯是侯爵，當賜之以信圭也。」又云：「僖十一年晉惠公新立，王賜之命，此亦新立，是其比也。」按：《詩·瞻彼洛矣》箋：❷「此諸侯世子也，除三年之喪，服士服而來，未過爵命之時，時有征伐之事，天子以其賢，任爲軍將。」疏云：「《春秋》之義，諸侯踰年即位，天子賜之以命圭，則天子遣使就國賜之矣。文元年，『天王使毛伯來錫公命』，是其事也。此言除三年之喪，自來受賜命者，❸天子命諸侯之禮亡，❹亦無明文。《春秋》之義，言踰年錫命者，說者致之，非傳辭也。春秋之世，魯文公、晉惠公，即位而賜之。魯成公，八年乃賜之。齊靈公，天子將昏于齊始賜之。衛襄、魯桓，則既葬乃賜之。是賜命時節無定限也。❺由此而言，❻蓋踰年賜命，是其正。其不得命，則除喪自見天子。」《詩》疏謂「踰年即位賜命」，即據賈說。本疏引晉惠賜命爲比，❼杜無其義。蓋舊疏申賈注之辭矣。❽

**晉侯伐衛。**【疏證】《年表》：「晉襄公二年伐衛，衛伐我。」

**叔孫得臣如京師。**【疏證】《檀弓》疏引《世本》：「桓公生僖叔牙，牙生戴伯兹，兹生莊叔得臣，得臣生穆叔豹。」杜注：「得臣，叔牙之孫。」用《世本》說。

**衛人伐晉。**【疏證】《年表》：「衛成公九年，晉伐我，我伐晉。」

**秋，公孫敖會晉侯于戚。**【疏證】杜注：「公孫敖，魯大夫慶父之子。戚，衛邑。」顧棟高云：「戚，今在直隸大名府開州北七里，有古戚城。」沈欽韓云：「《清豐

❶「彼」、「異」，原爲空格，今據原稿補。
❷「瞻」，原作「贍」，今據原稿改。
❸「命」，原脱，今據原稿補。
❹「亡」，原作「也」，今據原稿改。
❺「節」，原作「命」，今據原稿改。
❻「言」，原爲空格，今據《毛詩正義》卷十四補。
❼「比」，原作「此」，今據原稿改。
❽「舊」，原作「少回」，今據原稿改。

縣志》：『戚城在縣南三十五里。』」按：清豐屬直隸大名府。

冬，十月，丁未，楚世子商臣弒其君頵。

【疏證】《楚元王傳》注引經，「世」作「大」。《公》、《穀》「頵」曰「髡」。李富孫云：「《繁露・滅國》引同。《十二諸侯年表》、《楚世家》、《古今人表》並作惲。頵、髡同部，惲亦聲之轉。」宣四年傳例：「凡弒君，稱君，君無道也；稱臣，臣之罪也。」

公孫敖如齊。

【傳】元年，春，王使內史叔服來會葬。

公孫敖聞其能相人也，見其二子焉。

叔服曰：「穀也食子，難也收子。【疏證】杜注：「穀，文伯。難，惠叔。食子，奉祭祀供養者也。收子，葬子身也。」

「穀也豐下，必有後於魯國。」【疏證】杜注：「豐下，蓋面方。」按：此明「穀也食子」義。

於是閏三月，非禮也。【疏證】杜注：「於曆法閏當在僖公末年，誤於今年三月置閏，蓋時達曆者所譏。」杜謂上年當置閏，不析言當在何月。貴曾曰：案僖公三十三年閏餘六，❶無閏，杜説非也。案《律曆志》：「文公元年距僖五年辛亥二十九歲，是歲閏餘十三，閏當在十一月後，而在三月，故傳曰『非禮也』。」是舊説謂置閏當在此年，❷魯曆失其月。據《律曆志》，是年閏餘十三，以十二乘之，得百五十六，加七者十一，盈章中二百二十八而餘五，置加數十一，從冬至算外，正小雪，閏應在十一月後。是年當閏十一月，故《志》云閏當在十一月後也。甄鸞《五經算術》：「推文公元年歲在乙未，❸閏當在十月下，而失在三月法，臣淳風謹案：術意其問宜云：❹『從周曆上元丁巳，至魯文公元年歲在乙未，積二百七十七万九千七百九十八算，歲中十二閏餘七，問其年有閏以不，❺若有閏，復在何月下？』曰：『其年有閏，在十月下。』術曰：❻『置

❶ 下「三」，原作「二」，今據原稿改。
❷ 「舊」，原作「少回」，今據原稿改。
❸ 「推」，原爲空格，今據原稿補。
❹ 「術」，原爲空格，今據原稿補。
❺ 「問」，原爲空格，今據原稿補。原稿眉批：不猶否也。
❻ 「術」，原爲空格，今據原稿補。

周曆上元丁巳，至魯文公元年歲在乙未，積二百七十五万九千七百九十八算，以元法四千五百六十除之，得六百五，棄之，取不盡九百九十八，以章月二百三十五乘之，得二十三万四千五百三十，以章歲十九除之，得一万二千三百四十三爲積月，不盡十三爲閏餘。經云閏餘十二已上，其歲有閏，今有十三，知文公元年有閏也。置章歲十九，以閏餘十三減之，不盡六，以歲中十二乘之，得七十二，以章閏七除之，得十，命從正月起算外，閏十月下而盡，閏三月非也。」」詳甄、李氏推此年之閏，視《律曆志》先一月，蓋據周曆，故與《漢志·三統術》異也。顧炎武云：「古人以閏爲歲之餘，凡置閏必在十二月之後，故曰『歸餘於終』。考經文之書閏月者，皆在歲末。文公六年，『閏月不告月，❶猶朝于廟』，哀公五年『閏月，葬齊景公』是也。而《左傳》成公十七年、襄公九年、哀公十五年皆有閏月，亦并在歲末。是以經傳之文，凡閏不言其月者，言閏即歲之終可知也。今魯改曆法，置閏在三月，故爲非禮。《漢書·律曆志》『魯曆不正，以閏餘一之歲爲蔀首』是也。」❷顧氏不詳推閏法，其言閏必歲終，非。

先王之正時也，履端於始，舉正於中，歸餘於終。【注】劉歆說：「經於四時，雖亡事，必書時月。時，所以記啟閉也；月，所以紀分至也。啓閉者，節也；分至者，中也。節不必在其月，故時中必在正數之月，此先王之重閏也。」《律曆志》。【疏證】《曆書》「歸餘」作「歸邪」，集解：❸「邪音餘。」李富孫云：「《詩》『其虛其邪』，《釋訓》作『其徐』，徐、餘聲同。」❹《律曆志》引劉歆說下引此傳，釋云「此先王之重閏也」，亦是歆語，今并裁爲注。然歆說疑不爲此年傳而發，知者，桓十七年經「夏五月」，賈、服說：「若登臺而不視朔，則書時不書月。若視朔而不登臺，則書月不書時。若雖無事，視朔登臺，則空書時、月。」賈、服所謂「空書時、月」，即歆說「雖亡事，必書時、月」也。歆因《春秋》無事必書時、月，❺知啟、閉、分、

❶「不告月」，原作「必告朔」，今據《皇清經解》卷一《左傳杜解補正》改。
❷「閏」，原作「周」；「首」，原爲空格，今據原稿改補。
❸「集解」，原爲空格，今據原稿補。
❹「餘」，原脱，今據原稿補。
❺「因」，原作「用」，今據原稿改。

至關於節氣、中氣,以識此傳舉正於中之理,故引傳釋之。僖五年傳「凡分、至、啟、閉必書雲物」,《律曆志》引歆説,❶亦用此傳舉正於中證之。❷又云:「昭二十年二月己丑,日南至,失閏,至在非其月。梓慎望氛氣而弗正,不履端於始也。」亦舉此傳語爲説。❸杜注:「舉中氣以正月,有餘日則歸之於終。」用歆説也。《曆書》亦引此傳,注:「韋昭曰:『謂正曆必先稱端始也,若十一月朔旦冬至也。舉正於中,❹則時日昏朔皆正也。❺餘,餘分也。終,閏月也。中氣在晦,則後月閏。在望,是其正中也。』」《律曆志》:「師古曰:『履端於始,謂步曆之始,以爲術之端首也。舉正於中,❻謂分一期爲十二月,舉中氣以爲十二月,❼舉中氣以正月也。歸餘於終,謂有餘日則歸於終,積而成閏也。』」韋、顏説詳略互明,疑皆此傳舊説。❽

履端於始,序則不愆。【疏證】《天官書》「愆」作「僁」。《玉篇》:「僁,俗字。」❾

舉正於中,民則不惑。【疏證】本疏:「閏後之月,中氣在朔,則斗柄月初已指所建之辰。閏前之月,中氣在晦,則斗柄月末方指所建之辰。故舉月之正在中氣,❿則斗柄常不失所指之次。」

歸餘於終,事則不悖。【疏證】《律曆志》「悖」作「誖」。李富孫云:「《説文》:『誖,亂也。』或作悖,字同。」

夏,四月,丁巳,葬僖公。【疏證】杜注:「傳皆不虛載經文,而此經孤見,知僖公末年傳宜在此下。」《讀本》云:「此五月葬,常禮也。閏月不計,杜預并閏月計之爲六月。又以僖公卒,十二月無乙巳,當是十一月十二日,至此爲七月葬。因讀『緩作主』爲葬僖公緩。今檢傳云『緩作主』,不言葬緩,則閏月本不計,其十二月乙巳,日轉寫誤,非月轉寫誤也。杜言『傳皆不虛載經文』,

❶「引」,原脱,今據原稿補。
❷「正」,原作「中」;「之」,原脱,今據原稿改補。
❸「説」,原脱,今據原稿補。
❹「舉正於中」,《史記・曆書》作「氣在望中」。
❺「朔」,《史記・曆書》作「明」。
❻「正」,原作「中」,今據《漢書・律曆志》改。
❼「舉中氣以爲十二月」,此句《漢書・律曆志》無,疑衍。
❽「舊」,原作「圖」,今據原稿改。
❾原稿眉批:愆,話。
❿「舉」,原作「本」,今據原稿改。

此傳自與二年二月傳前後相引，非虛載經文。」按：《讀本》說是也。❶

王使毛伯衛來賜公命，【疏證】顧炎武云：「石經『錫』誤『賜』。」《校勘記》云：「經與傳文往往不同，顧以作『賜』爲誤，非也。」洪亮吉云：「顧炎武以石經爲誤，非。經、傳文往往不盡同，如五年經『王使榮叔歸含且賵』，傳作『來含』，是也。又《公羊傳》：『錫者何？賜也。』《左氏》作『賜』，正以釋經。今據改。」按：洪說是也。

叔孫得臣如周拜。

晉文公之季年，諸侯朝晉。

衛成公不朝，使孔達侵鄭，【疏證】杜注：「孔達，衛大夫。」《祭統》疏引《世本》：「莊叔達生得閭叔穀，穀生成叔烝鉏，鉏生頃叔羅，羅生昭叔起，起生文叔圉，圉生悝。」

伐緜、訾及匡。【疏證】江永云：「緜、訾，杜無注，傳言『伐緜、訾及匡』，則緜、訾當與匡相近。匡在開州長垣縣。衛有訾婁故邑，見僖十八年，在今滑縣。而滑縣與長垣接界，則訾疑即訾婁。始爲邢人所取，後則屬之鄭耳。緜當別一地，亦近匡。」江氏說匡在今長垣，故以訾婁當訾，即平丘之匡亭也。《水經・渠》注：❷「今陳留長垣縣有匡城。」此江說匡在長垣所本。《一統志》：「匡城在陳州府扶溝縣西。」《水經・渠》注又云：「扶溝縣匡亭在匡城鄉。❸《春秋》『孔達侵鄭，伐緜、訾及匡』，即此地也。」《彙纂》同，皆用《水經注》說。江氏又云：「此年之匡，❹非扶溝之匡也。八年『晉使解揚歸匡、戚之田於衛』，❺注謂：『匡，本衛邑，中屬鄭，孔達伐不能克，今晉令鄭還衛及取戚田，皆見元年。』按：此則匡與戚相近之邑也。《一統志》：『大名府開州長垣縣西南十五里有匡城，即《論語》「子畏於匡」之地。』隋嘗改長垣爲匡城，❻今長垣在開州南一百五十里。開州之帝丘，當時衛所都，而戚城即在開州城北七里，故匡與戚本皆衛邑。八年晉歸戚田，并令鄭

❶ 原稿眉批：查曆譜，駁十二月無乙巳。
❷ 「渠」，原作「□水」，今據《水經注箋》卷二十二改。下一「渠」字同。
❸ 「鄉」，原爲空格，今據原稿補。
❹ 「年」，原作「平」，今據原稿改。
❺ 「揚」，原爲空格，今據原稿補。
❻ 「嘗」，原爲空格，今據原稿補。

歸匡田耳。若扶溝之匡，去衛遠，衛不能有其地。❶杜注誤扶溝之匡爲鄭邑，見定六年。」按：江説是也。《方輿紀要》謂匡城在開封府洧川，沈欽韓從其説。洧川去訾、戚地皆絶遠，沈説非。

晉襄公既祥，【疏證】本疏：「《禮》『期而小祥』。晉文公以僖三十二年十二月卒，則三十三年十二月爲小祥。此云『既祥』，謂小祥也。」

使告於諸侯而伐衛，及南陽。【疏證】南陽見僖二十五年疏證。《秦本紀》集解應劭説：❷南陽又爲魏、鄭、衛三國之地。此南陽，衛所分地也。

先且居曰：「效尤，禍也。【疏證】杜注：「尤，衛不朝，故伐。今不朝王，是效衛致禍。」

「請君朝王，臣從師。」

晉侯朝王于温，【疏證】惠士奇曰：「温實京師，故王會諸侯於此，諸侯亦朝王於此。杜預謂晉侯自嫌强大，不敢朝周。其説尤悖。」

先且居、胥臣伐衛。五月，辛酉，朔，晉師圍戚。六月，戊戌，取之，【疏證】賁曾曰：三月壬戌朔，二日辛酉。四月辛卯朔，八日戊戌。是年三月誤置閏故。

獲孫昭子。【疏證】杜注：「昭子，衛大夫，食戚邑。」成十四年疏引《世本》：「孫氏出於衛武公。」《世族》謂「孫昭子，武公四世孫」，用《世本》説。

衛人使告於陳。陳共公曰：「更伐之，我辭之。」【疏證】杜注：「見伐求和，不競太甚，故使報伐，示己力足以距晉。」顧炎武云：「辭之者，爲之請平於晉。」

衛孔達帥師伐晉，

君子以爲古。古者越國而謀。❸【疏證】杜注：「合古之道，而失今事霸主之禮，故國失其邑，❹身見執辱。」疏引劉炫云：「春秋之時，天子微弱，霸主秉德刑以長諸侯，諸侯从時命以事霸主，大字小，小事

❶「有」，原作「田」，今據原稿改。

❷「集解」，原爲空格，今據原稿補。

❸原稿眉批：越，詁。

❹「故」，原爲空格，今據原稿補。

大，所以相保持也。晉之與衛，大小不同，而耻於受屈，望以彊獲免，明王在上，理在可然，度時之宜，則非善計。君子以爲合古之道，失當今之宜，亦不言其謀全非禮也。」❶此炫《述義》語。杜注或用舊説。

秋，晉侯疆戚田，故公孫敖會之。【疏證】杜注：「晉取衛田，正其疆界也。」❷

初，楚子將以商臣爲太子，訪諸令尹子上。子上曰：「君之齒未也，而又多愛，黜乃亂也。【疏證】「黜」，《楚世家》作「絀」。鄭玄《禮記》注：「齒，年也。」杜用鄭説。顧炎武云：「言君之春秋富而内嬖多，將來必有易樹之事，則亂從之矣。」按：《楚世家》云「而又多内寵」，則史公以愛爲内嬖。顧説是也。

「楚國之舉，恒在少者。【注】賈云：「舉，立也。」《楚世家》集解。【疏證】杜用賈説。李貽德云：❸「舉訓立者，引申之義。」文淇案：昭十二年傳：「叔向曰：『芈姓有亂，必季實立，楚之常也。』」與此同意。

「且是人也，蠭目而豺聲，忍人也，【注】服云：「言忍爲不義。」《楚世家》集解。【疏證】《釋文》：「蠭，本又作『蜂』。」杜注用服説。❹

「不可立也。」弗聽。

既又欲立王子職，而黜太子商臣。【注】賈云：「職，商臣庶弟也。」《楚世家》集解。【疏證】杜用賈説。

商臣聞之而未察，告其師潘崇曰：「若之何察之？」【疏證】杜無注。《通志·氏族略》：「潘氏，芈姓。楚之公族，以字爲氏。」未知何本。《楚世家》：「商臣聞而未審也，告其傅潘崇曰：『何以得其實？』」

潘崇曰：「享江芈而勿敬也。」【疏證】杜注：「江芈，成王妹，嫁於江。」傳稱江芈，杜故指爲成王妹。《楚世家》：「饗王之寵姬江芈而勿敬也。」《楚世家》述商臣

❶「禮」，原作「理」，今據《春秋左氏傳正義》卷十八改。
❷原稿眉批：疆，詁。
❸「貽德」，原爲空格，今據原稿補。
❹原稿眉批：蠭、豺，補注。

事與傳略同，❶惟以江芈爲王寵姬異。集解：「姬，當作『妹』。」，然「寵妹」不詞，❷史公采異説耳。

從之。江芈怒曰：「呼，役夫！【疏證】杜注：「呼，發聲也。」《釋文》：「好賀反。」王引之云：「呼，即吁字。《莊子・在宥》篇：『鴻蒙仰而視雲將曰「吁」。』《釋文》：『吁，亦作呼。』《檀弓》：『曾子聞之，❸瞿然曰呼。』《釋文》『呼』作『吁』。是吁、呼古字通也。吁乃驚怪之聲。《檀弓》注以爲虚憊之聲，亦非。」按：王説是也。黄生《義府》云：「《曾子問》呼讀爲吁，非也。按：陽伯喦《九經補韻》：❹《左傳》文元年『呼，役夫』，呼音賀。」此亦當從其音。」按：呼、賀雙聲，《補韻》亦从《釋文》讀。黄氏不釋「呼」義，仍用杜注發聲之訓，未得當時情事。杜注：「役夫，賤者稱。」惠棟云：「《管子》曰：『處里爲下陳，處師爲下通，❺謂之役夫。』」沈欽韓云：「《列子・周穆王》篇：『有老役夫筋力竭矣，晝則呻呼而爲僕虜。』❻則役夫爲執役於公之稱。」

「宜君王之欲殺女而立職也。」【疏證】《校勘記》云：「《韓非子》作『廢女』。劉知幾《史通・言語》篇引同。」惠棟云：「上云『絀商臣』，合作『廢』。」洪亮吉云：「傳上云『黜商臣』，似作『廢』字爲允。況既作『殺』字，則潘崇下可無『能事諸乎』一語。」李富孫云：「上文王欲絀太子，則此作『廢』字自合。」文淇案：《年表》「王欲殺太子立職」，與傳文合。《韓非》、《史通》皆異文也。壽曾曰：「殺女」乃甚之之辭。《楚世家》：「宜乎王之欲殺若而立職也。」

告潘崇曰：「信矣。」

潘崇曰：「能事諸乎？」【注】服云：「若立職，子能事之？」《楚世家》集解。【疏證】杜注：「問能事職否。」用服説。李貽德云：❼「案：《周禮・内小臣》疏：『若，不定之辭也。』」

曰：「不能。」「能行乎？」曰：「不能。」

❶「略」，原作「若」，今據原稿改。
❷「然寵妹不」，原作「一」，今據原稿改。
❸「之」，原脱，今據《禮記正義》卷六補。
❹「喦」，原作「巒」，今據原稿改。
❺「通」上，原有一空格，今據原稿删。
❻「晝」，原作「盡」，今據《春秋左氏傳補注》卷四改。
❼「貽德」，原爲空格，今據原稿補。

「能行大事乎？」【注】服云：「謂弒君。」《楚世家》集解。【疏證】杜用服説。惠棟云：「服、杜皆以爲弒君。按高誘《戰國策》注云：『大事，兵事。傳所謂「國之大事在祀與戎」也。』故下云『以宮甲圍成王』。」

曰：「能。」冬，十月，以宮甲圍成王。

【疏證】杜注：「太子宮甲。僖二十八年，王以東宮卒從子玉，蓋取此宮甲。」洪亮吉云：「《韓非子·内儲》篇：『于是乃起宿營之甲，而攻成王。』《楚世家》：「商臣以宮衛兵圍成王。」

王請食熊蹯而死，【注】舊注：「熊蹯難熟，冀外救也。」《御覽》九百八。【疏證】《説文》：「熊，獸。似豕，山居，冬蟄。」《釋獸》：「其足蹯。」《説文》引作「其足蹞」。又云：「獸足謂之番，从釆田，象其掌。」鄭玄《周禮》注：「蹯，掌也。」杜注：「熊蹯難熟，冀久將有外救。」與《御覽》所引注異，故定爲舊注。杜增益舊注爲説也。服注説「熊蹯」，見宣二年傳。

弗聽。丁未，王縊。【疏證】《楚世家》：「丁未，成王自絞殺。」



謚之曰「靈」，不瞑。曰「成」，乃瞑。

【疏證】賀琛《謚法》佚「靈」字。疏云：「亂而不損曰靈。」見《汲冢周書》。《周書》無「成」謚。琛《謚法》：「佐相克終曰成，❶惇龐純固曰成。」疏所舉「安民立政曰成」，琛書列爲臣謚也。禮，葬而後謚。杜注：「言其忍甚，未斂而加惡謚。」是也。謚「靈」不瞑，傳明楚成彊死，不承此謚也。疏泥杜注，謂特明商臣忍甚。又引桓譚説云：「自縊而死，其目未合，❷尸冷乃合，❸非由謚之善惡也。」此桓氏駁《左傳》語，引以説傳，尤非。

穆王立，以其爲太子之室與潘崇，【疏證】杜無注。疏云：「商臣今既爲王，以其爲太子之時所居室中財物僕妾盡以與潘崇，非與其所居之宮室也。」按：《年表》：「穆王商臣元年，以其太子宅賜崇爲相。」《楚世家》：「以其大子宮與潘崇。」不謂財物僕妾也，疏未得傳意。

❶「佐」，原爲空格，今據原稿補。
❷「目」，原作「曰」，今據《春秋左傳正義》卷十八改。
❸「冷」，原爲空格，今據原稿補。

**使爲太師，且掌環列之尹。**【疏證】《楚世家》：「使爲太師，掌國事。」杜注：「環列之尹，宮衛之官，列兵而環王宮。」沈欽韓云：「若漢之衛尉矣。《唐六典》：『十二衛大將軍掌統領宮庭警衛之法令。』」❶

**穆伯如齊，始聘焉，禮也。**【注】**鄭康成云：「《周禮》：『諸侯邦交，歲相問，殷相聘，世相朝。』《左氏》合古禮，何以難之？」**本疏引《箴膏肓》。【疏證】杜注：「穆伯，公孫敖。」疏引何休《膏肓》：「三年之喪，使卿出聘，於義《左氏》爲短。」下引鄭氏箴辭。《大行人職》：「凡諸侯之邦交，歲相問也，殷相聘也，世相朝也。」鄭君蓋舉彼職文，❷取世相朝爲證也。彼注云：「父死子立曰世。」朝、聘通言之。世相朝，則不以三年喪廢聘矣。

**凡君即位，卿出並聘，**【疏證】此即位聘例也。杜無注。王引之云：「並之言普也，並聘言徧聘也。」按：《大行人》「歲相問也」注：「凡君即位，大國朝焉，小國聘焉。」疏：「案文元年，『公孫敖如齊』，傳曰：『凡君即位，卿出並聘。』謂己卿往聘他，他卿來聘己，是總語也。云『大國朝焉』者，己是小國，己往朝大國。『小國聘焉』者，己是大國，使聘小國。」如彼疏說，則並聘當作互聘解，王說非也。沈欽韓云：「按：君即位，鄰國有來朝聘于我者，我國亦朝聘于鄰國，兼彼我二義也。」本疏：「即位者，既葬除喪，即成君之吉位也。唯以既葬爲限，❸不以踰年爲斷。」案：踰年改元，經書即位，不關既葬，疏說非。其謂既葬除喪，又誤沿杜預短喪之說。

**踐修舊好，要結外援，**【疏證】《文選》注「外援」作「大援」。杜注：「踐猶履行也。」❹俞樾云：「按：履行而修舊好，甚爲不辭。❺踐當讀爲纘。《詩·崧高》篇『王纘之事』，《釋文》引《韓詩》作『王踐之事』，是『踐』與『纘』古字通用。『踐修舊好』，即纘修舊好。」按：俞說是也。

**好事鄰國，以衛社稷，忠信卑讓之道也。**

❶「十二」，《唐六典》卷二十四作「左右」。原稿眉批：注本夾大父條云：查襄三年，未知是此條事否，再檢。
❷「舉」，原作「本」，今據原稿改。
❸「限」，原作「服」，今據《春秋左傳正義》卷十八改。
❹原稿眉批：杜本鄭氏《禮》注，酌。
❺「不」，原爲空格，今據原稿補。

忠，德之正也；信，德之固也；卑讓，德之基也。【疏證】傳因聘禮論交鄰之道。杜注：「傳因此發凡，以明諸侯諒闇，則國事皆用吉禮。」按：聘問爲即位常禮，五十凡皆本禮經，不關諒闇用吉，杜説謬甚。

殽之役，【疏證】僖三十三年秦師敗於崤。晉人既歸秦帥，秦大夫皆言於秦伯曰：❶「是敗也，孟明之罪也，❷必殺之。」

秦伯曰：「是孤之罪也。

「周芮良夫之詩曰：『大風有隧，貪人敗類。聽言則對，誦言如醉。匪用其良，覆俾我悖。』【疏證】《釋文》：「俾，本亦作『卑』。」《國語》注：「芮良夫，周大夫芮伯也。」引《詩·大雅·桑柔》文。《小序》：「《桑柔》，芮伯刺厲王也。」傳：「隧，道也。類，善也。覆，反也。」箋：「西風謂之大風。類，等夷也。對，答也。貪惡之人，見道聽之言，則應答之；見誦《詩》《書》之言，則冥卧如醉。居上位而不用善，反使我爲悖逆之行，是形其敗類之驗。」❸毛、鄭訓「類」異。杜注：「貪人之敗善類。」用毛説。陳奂《毛詩疏》：「善謂善人，即上章所云良人也。」

「是貪故也，孤實貪以禍夫子，夫子何罪？」復使爲政。【疏證】陳奂《毛詩疏》：「《左傳》『秦伯曰「孤實貪以禍夫子」』，正釋《詩》『貪人敗類』也。」按：秦伯以貪人自況，與《詩》旨異。《年表》：「魯文公元年如秦繆公三十四年，敗崤亡將歸，公復其官。」

【經】二年，春，王二月，甲子，晉侯及秦師戰於彭衙，秦師敗績。【疏證】杜注：「孟明名氏不見，非命卿也。」沈欽韓云：「按：上傳云『復使爲政』，則孟明實正卿矣。不書其名者，秦僻在西戎，初交中國，《春秋》之記，由略而詳，故孟明晦於前，西乞著於後，不緣貴賤也。若謂非天子之命卿，則屈完、宜申詎是天子所命。若備卿禮乃成爲卿，❹秦之卿禮不備，自非浮屠氏通

❶「夫」下，《春秋左傳正義》卷十八有「及左右」三字。
❷「罪」，原重文，今據原稿删。
❸「形」，原爲空格，今據《毛詩正義》卷十八補。
❹「備」，原作「謂」，今據原稿改。

宿命者，無由知之。」按：沈説是也。《地里志》：「左馮翊衙。」《郡國志》：「衙亦屬左馮翊。」注：「《左傳》：文二年，晉敗秦於彭衙。」《秦本紀》「武公元年，伐彭戲氏」，❶正義：「彭戲，戎號也。即彭衙。」秦文公於其地置白水縣。《一統志》：「衙縣故城在今同州府白水縣東北。」《衙縣志》：「今縣東北四十里有彭衙堡。」

丁丑，作僖公主。**【疏證】**《通典·吉禮七》引《五經異義》：❷「《春秋左氏傳》曰：『凡君薨，❸卒哭而祔，祔而作主，特祀於主，烝、嘗、禘於廟。』❹主之制，正方，穿中央，❺達四方。天子長尺二寸，諸侯長一尺。皆刻謚於背。」《曲禮》疏引《異義》説主之狀略同。《通典》所引象《左傳》文，疑「主之制」以下爲《左氏》説。臧壽恭云：「許氏受古學於賈逵，《異義》所述蓋《左氏》説。」按：臧説固覈。然《公羊解詁》、《穀梁集解》説主制，❻皆與《異義》同，無「刻謚」句。《公羊》疏云：「皆《孝經説》文也。」則《異義》所稱不敢定爲《左氏》説。《初學記》十三引《五經要義》説木主之狀，❼與《異義》合。或三傳舊説同，不可審知矣。《異義》又云：「惟天子諸侯有主，卿大夫無主。」故於主之制，但詳天子諸侯，而不及大夫以下。《公羊疏》：「卿大夫以下，正禮無主，故不言之。云云之説，備在《左氏》。」是《異義》卿大夫無主爲《左氏》説也。《御覽》五百三十一引鄭君説：「大夫、士無昭穆，不得有主。」是鄭君同許，無駁。陳壽祺云：「許、鄭皆以大夫、士廟無主，以《少牢》、《特牲》二禮有尸不言主，《士虞禮》有重不言主也。」❽杜注：「主者，殷人以柏，周人以栗。三年喪終，則遷入於廟。」疏：「《論語》：『哀公問主於宰我。宰我對曰：「夏后以松，殷人以柏，周人以栗。」』先儒舊解或有以爲宗廟主者，故杜依用之。案古《論語》及孔、鄭皆以爲社主，社爲木主者。古《論》不行於世，❾且社主，《周禮》謂

❶「戲」，原爲空格，今據原稿補。下一「戲」字同。
❷「異」，原作「要」，今據原稿改。
❸「薨」，原作「葬」，今據原稿改。
❹「嘗」，原殘；「禘」，原爲空格，今據原稿及《通典》卷四十八補。
❺「穿」，原爲空格，今據原稿補。
❻「解詁」，原爲空格，今據原稿補。
❼「記」，原作「説」，今據原稿改。
❽「重」，原爲空格，今據原稿補。
❾「論」，原爲空格，今據原稿補。

之田主，無單稱主者。以張、包、周並爲廟主，❶故杜所依用耳。劉炫就此以規杜過，未爲得也。」疏引《規過》甚略，其云「就此以規」，則「古《論語》」至「無單稱主者」，皆炫辭也。《白虎通》引《論語》亦作「問主」。問主蓋《魯論》文，與古《論》異。《祭法》疏引《異義》：「今《春秋公羊》説：祭有主者，孝子之主繫心。❷夏后以松，殷人以柏，周人以栗。」《公羊》練用栗主，❸《解詁》同。是杜所舉爲《公羊》説，非《左氏》義。《左氏》義「祔而作主」，謂桑主也。期年然後作栗主，無三代用木之别。詳僖三十四年疏證。

三月，乙巳，及晉處父盟。❹

夏，六月，公孫敖會宋公、陳侯、鄭伯、晉士縠，盟于垂隴。【疏證】「垂隴」，《公》、《穀》曰「垂斂」。李富孫云：「顧氏曰：『古侵韻可入東，故垂隴，《公》、《穀》作垂斂。』戚氏學標曰：『「竷竷鼓我」之竷變作坎。』其字从夅，可證隴、斂音變。」《郡國志》：「滎陽有垂隴城。」《水經注》：「垂隴城，濟瀆出其北，世謂之都尉城。蓋滎陽典農都尉治，故變垂隴之名矣。京相璠云：『垂隴，❺鄭地，今滎陽縣東二十里有故隴城，即此是也。』」《一統志》：「故隴城在開封府滎澤縣東北。」

自十有二月不雨，至于秋七月。【疏證】《五行志》「庶徵之恒陽」下云：「文公二年，『自十有二月不雨，至於秋七月』。文公即位，天子使叔服會葬，毛伯賜命，又會諸侯于戚，公子遂如齊納幣，又與諸侯盟。上得天子，下得諸侯，沛然自大，躋釐公主，❻大夫始顓事。」按：《公羊傳》：「日長而無災。」《穀梁傳》：「文不憂雨。」俱不言顓事之罰，《志》所稱爲《左氏》説矣。《志》又云：「不傷二穀，謂之不雨。」杜注：「不書旱，五穀猶有收。」

八月，丁卯，大事于太廟，躋僖公。【注】《左氏》説曰：「太廟，周公之廟，饗有禮義者也。祀，國之大事也，惡其亂國之大事於太廟，故言大事也。躋，登也，登釐公

❶「張」，原爲空格，今據原稿補。
❷「繫」，原爲空格，今據原稿補。
❸「練」，原爲空格，今據原稿補。
❹原稿眉批：沈引胡安國説謂責晉，不采。
❺「京相璠」，原爲空格，今據原稿補。
❻「躋」，原作「路」，今據原稿改。

於愍公上，逆祀也。」《五行志》。【疏證】《宫正》注引作「有大事於太廟」。《五行志》「僖」作「釐」，引《左氏》説，又釋之曰：「釐雖閔之庶兄，嘗爲愍臣。臣、子一例，不得在愍上。又未三年而吉禘，前後亂賢父、賢祖之大禮，内爲貌不恭而狂，外爲言不從而僭，故是歲自十二月不雨，至於秋七月。後年若是者三，而大廟屋壞矣。」《公》、《穀》二傳皆以大事爲祫祭，《志》稱未三年而吉禘，則大事爲吉禘，乃《左氏》一家之説。杜注：「大事，禘也。躋，升也。僖公，閔公庶兄，繼閔而立，廟次宜在閔下，今升在閔上，故書而譏之。❶時未應吉禘，而於太廟行之，其譏已明，❷徒以逆祀，故特爲大其事，異其文。」杜蓋用古《左氏》説。其謂「特大其事」，傳無此義，與古説違。魯大廟祀周公爲大祖，故云「周公之廟」。「饗有禮義」，謂饗祀之典必合禮義也。成十三年傳：❸「國之大事，在祀與戎。」「躋，登」，《釋詁》文。❹「逆祀」，❺探傳意爲説。❻

冬，晉人、宋人、陳人、鄭人伐秦。

公子遂如齊納幣。【疏證】《士昏禮》：「納徵，玄纁、束帛、儷皮，❼如納吉禮。」❽胡培翬《正義》：❾「納徵用幣，故又謂之納幣。」杜注謂公爲太子時，❿已行納采、問名、納吉禮，亦意爲之説。諸侯之昏禮，容異於士。⓫

【傳】二年，春，秦孟明視帥師伐晉，以報殽之役。【疏證】《年表》：「秦繆公三十五年，伐晉，報殽。」《晉世家》：「敗秦師於殽。後三年，秦果使孟明伐晉，報殽之敗。」

二月，晉侯禦之。先且居將中軍，趙衰

❶「故」，原作「而」，今據《春秋左傳正義》卷十八改。
❷「其」，原爲空格，今據《春秋左傳正義》卷十八補。
❸「成十三年」，原爲二空格，今據《春秋左傳正義》卷二十七補。
❹「釋詁」，原爲空格，今據《爾雅》卷上補。
❺「逆」上，原衍「公」字，今據原稿删。
❻「探」，原作「採」，今據原稿改。
❼「儷」，原作「佩」，今據原稿改。
❽「納」，原脱，今據原稿補。
❾「翬」，原漫漶不清，今據原稿補。
❿「謂」，原作「伯」，今據原稿改。「爲」，原作「伯」，今據《春秋左傳正義》卷十八改。
⓫「容」，原爲空格，今據原稿補。

佐之。

王官無地御戎，狐鞫居爲右。【疏證】王官，地名，見三年傳。梁履繩謂「以邑爲氏」。杜注：「鞫居，續簡伯。」六年《集解》：「鞫居，狐氏之族。」閻若璩《潛丘劄記》：「傳山先生問『鞫居』二字何義？余曰：案成二年：『齊師乃止，次于鞫居。』杜氏止注『衛地』，惟劉昭於『兖州封丘縣』下引《陳留志》云：『有鞫亭。古鞫居。』蓋以地命名。」

甲子，及秦師戰于彭衙，秦師敗績。【疏證】《年表》：「晉襄公三年，秦報我殽，敗于汪。秦繆公三十五年，晉敗我于汪。」汪近彭衙，史公采異說。《晉世家》：「秦取晉汪以歸。」與傳違。

晉人謂秦「拜賜」之師。【疏證】杜注：「以孟明言『三年將拜君賜』，故嗤之。」

戰於殽也，晉梁弘御戎，萊駒爲右。

戰之明日，晉襄縛秦囚，使萊駒以戈斬之。囚呼，萊駒失戈，狼瞫取戈以斬囚，禽之以從公乘，遂以爲右。【疏證】沈欽韓云：「瞫既斬囚，囚有迸逸，復追禽之，仍追從公車，言其趫捷也。」按：「以爲右」，代萊駒也。《戎右》「掌戎車之兵革使」注：❶「使，謂王使以兵，有所誅斬也。」下引此傳「襄公使萊駒斬秦囚」證之，則戎右有使之稱。

箕之役，先軫黜之，而立續簡伯。【疏證】本疏：「御與車右，雖有常員，必臨戰更選定之。韓之戰，卜右，慶鄭吉，是其事也。自殽戰之後，狼瞫爲右。箕之役，將戰選右，先軫黜之。箕戰，先軫死，爲非既戰乃黜之也。」❷

狼瞫怒。其友曰：「盍死之？」瞫曰：「吾未獲死所。」

其友曰：「吾與女爲難。」【疏證】杜注：「欲共殺先軫。」

瞫曰：「《周志》有之，『勇則害上，不登於明堂』。【注】服云：「明堂，祖廟。」《通典》

❶「革」，原作「車」，今據《周禮注疏》卷三十二改。

❷「爲」，《春秋左傳正義》卷十八作「焉」，屬上。

四十四。賈逵、服虔之説，皆以祖廟與明堂爲一。《靈台》疏、本疏。潁容云：❶「明堂、太廟凡有八名，其體一也。《舊唐書·禮儀志二》。肅然清靜謂之清廟，行禘祫、序昭穆謂之太廟，告朔行政謂之明堂，行饗射、養國老謂之辟廱，占雲物、望氣祥謂之靈台，其四門之學謂之大學，其中室謂之大室，總謂之宫。《靈台》疏。周公朝諸侯於明堂。《春秋》人君將出，告於宗廟。反行策勳，獻俘於廟。」《初學記》十三。

**【疏證】**《小史》鄭司農注：❷「志，謂記也。」杜注：「《周志》，《周書》也。」疏：「志者，記也。謂之《周志》，明是周世之書，不知其書何所名也。」《周書·大匡解》：「惟十有三祀，王在管，用大匡，勇如害上，則不登於明堂。」洪亮吉、沈欽韓皆引以爲證，杜以《周志》爲《周書》是也，疏不能達其説。杜又云：「明堂，祖廟也。」疏云：「鄭玄以爲明堂在國之陽，與祖廟別處。《左氏》舊説及賈逵、盧植、蔡邕、服虔等，皆以祖廟與明堂爲一，故杜同之。」疏引《左氏》舊説，以《靈台》疏證之，即賈、服説，以別出盧、蔡，析言賈、服耳。《周書·作雒解》：「乃位五宫：太廟、宗宫、考宫、路寢、明堂。」孔晁注：❸「大廟，后稷廟。二宫，祖考廟、考廟也。明堂，在國南者也。」鄭君説明堂在國之陽，本於《周書》。《舊唐書·禮儀志》引鄭説云：「在國之陽，三里之外，七里之内，❹丙巳之地。」漢儒同鄭説者甚少。《靈台》疏引盧植《禮記注》：「明堂即太廟也。」蔡邕《明堂月令論》：「明堂者，天子大廟，所以崇禮其祖，以配上帝者也。」故疏稱盧、蔡説與賈、服同。然賈、服、盧、蔡止言明堂即太廟，潁容則謂明堂、廟、學一地。《靈台》疏引袁準《正論》云：「明堂、宗廟、太學，禮之大物也。❺事義不同，各有所爲。而世之論者，合以爲一體，取《詩》《書》放逸之文、經典相似之語而致之，❻不復考之

---

❶「潁」上，原衍「周公朝諸侯」至「初學記十三」三十一字，今據原稿删。

❷「小史」，原爲空格，今據《周禮注疏》卷二十六補。

❸「晁」，原作「義」，今據原稿改。

❹「七里之内，丙巳之地」，爲淳于登語。

❺「物」，原爲空格，今據原稿補。

❻「致」，原殘，今據原稿補。

人情，❶驗之道理，失之遠矣。夫宗廟之中，人所致敬，幽隱清静，鬼神所居，而使衆學處焉，饗射其中，人鬼慢黷，死生交錯，囚俘截耳，瘡痍流血，以干犯鬼神，非其理矣。是故明堂者，大朝諸侯、講禮之處。宗廟，享鬼神歲觀之宫。辟雍，大射養孤之處。大學，衆學之居。靈台，望氣之觀。清廟，訓儉之室。❷各有所爲，非一體也。」袁氏蓋駁穎容説。孫星衍《古合宫遺制考》云：「明堂或稱合宫，稱衢室，稱總期，稱總街，以此諸名，知爲九室，❸有交道、重屋，❹其傳自古無疑也。必有九室，有交道，而後可施三十六户、七十二牖。有重屋，而九室明顯。有宫垣，而後可施四門。靈台者台門，在宫垣之南。辟雍者水名，在宫垣之外。大學者四門之學，在門堂。諸侯半天子之宫，故泮水不周，其北有大廟、大室，無元堂也。明堂，蓋行禮之宫，禮畢則虚其位，故宗祀則曰清廟，齋宿則曰路寢，教士則曰大學，養老則曰庠，始自東則曰東序，習射則曰澤宫。大饗、獻馘諸大禮皆於此宫。漢儒知之，後儒或又惑之。」此申穎容説也。阮太傅《明堂論》：「明堂者，天子所居之初名也，是故祀上帝則于是，祭先祖則于是，朝諸侯則于是，養老、尊賢、教國子則于是，饗、射、獻俘則于是，治天文、告朔則于是，抑且天子寢食恒于是，此古之明堂也。洎夏、商、周三代，文治益隆，路寢之制準郊外明堂四方之一，❺鄉南而治，故路寢猶襲古號曰明堂。❻若夫祭昊天上帝，則有圜丘。祭祖考，則有應門内左之宗廟。朝諸侯，則有朝廷。養老、尊賢、教國子、獻俘馘，❼則有辟雍學校。其地既分，其禮益備，故城中無明堂也。然於近郊東南，别建明堂，以存古制，❽藏古帝治法册典於此，❾或祀五帝、布時令、朝四方諸侯，非常典禮乃於此行之。此後世之明堂也。自漢以來，儒者惟蔡邕、盧植實知異名同地之制，尚昧於上古、中古之分，後之儒者執其一端以蔽衆説，分合無定，制度鮮通。二千年來遂成絶學。」按：阮説是也。穎氏所稱，蓋上古明堂之制，用以釋《左氏》與

❶「情」，原爲空格，今據原稿補。
❷「室」，原作「至」，今據《毛詩正義》卷十六改。
❸「知」，原爲空格，今據原稿補。
❹「道」，原爲空格，今據原稿補。下一「道」字同。
❺「郊」，原作「郭」，今據原稿改。下一「郊」字同。
❻「襲」，原作「褎」，今據原稿改。
❼「獻」上，原衍「則」字，今據《五經異義疏證》卷中删。
❽「存」，原作「有」，今據原稿改。
❾「法」，原作「沿氵」，今據原稿改。

經典，宜多扞格。袁氏駁正，孫氏循守，皆未達矣。賈、服止言明堂，祖廟爲一地，蓋指周東都之明堂，故穎氏謂周公朝諸侯於明堂也。知者，汪中《明堂通釋》謂明堂有六，其三曰東都，釋云：「東都之明堂，亦謂之清廟，故《大戴記・盛德》篇：『或以爲明堂者，文王廟也。』又云：『明堂以茅蓋屋。』而《春秋傳》曰『清廟茅屋』。蔡邕《明堂論》引《檀弓》『王齋，禘于清廟明堂』，古《周禮》、《孝經》說以明堂爲文王廟，皆其證也。《周書・洛誥》正言作洛事，而曰：『戊辰，王在新邑，烝祭歲。周公曰：今王即命曰：記功宗，以功作元祀。』按《司勳》之職『凡有功祭於大烝』，故孔悝《鼎銘》『勤大命施於烝彝鼎』。然則《洛誥》所言，正功臣从享大廟之禮。而《周書・大匡》篇云『勇如害上，不登於明堂』，晉狼瞫引以爲未獲死所之證，明乎清廟之與明堂爲一地也。周公既祀文王於明堂，又營清廟於東都，以其同爲祀文王之地，故亦曰明堂。《詩序》曰：『清廟，祀文王也。周公既成洛邑，朝諸侯，率以祀文王焉。』凡特立廟，皆異其名，故姜嫄曰閟宮，文王曰清廟。」按：汪氏分析周明堂之別甚精。《周書・大匡》作於營洛之時，汪氏說《洛誥》「功宗元祀」以證此詩，則登於明堂，謂功臣大烝配食之典也。然狼瞫引《周志》即受爵於廟，義不關大烝配食，觀穎氏說自明。本疏云：「《祭統》『古者明君必賜爵祿於太廟』，傳稱公行還告廟，舍爵策勳。❶是明堂之中所以策功序德，故不義之人不得升也。」釋穎說也。《南齊書》九引《五經異誼》：「布政之堂，❷故曰明堂。明堂，盛貌也。」疑亦《左氏》舊說，不主祖廟言，與賈、服、穎容說又異。

**「死而不義，非勇也。共用之謂勇。」**

【疏證】杜注：「共用，死國用。」沈欽韓云：「《周書・寶典解》：『死勇于武。』」

**「吾以勇求右，無勇而黜，亦其所也。**

**「謂上不我知，黜而宜，乃知我矣。子姑待之。」**【疏證】沈欽韓云：「言始之黜，人謂我屈於上之不知也。今死而不義，則其見黜也宜。彼黜之者，真知我矣。」按：沈說是也。杜注：「言今見黜而合宜，則吾不得復言上不我知。」狼瞫方怒於黜右，杜說未合。

**及彭衙，既陳，以其屬馳秦師，死焉。**

❶「舍」，原爲空格，今據原稿補。

❷「堂」，《南齊書・禮志》作「宮」。

【疏證】杜說：「屬，屬己兵。」

晉師從之，大敗秦師。君子謂狼瞫於是乎君子。

《詩》曰：「君子如怒，亂庶遄沮。」【疏證】《小雅·巧言》文。傳：「遄，疾。沮，止也。」箋：「君子，斥在位者也。君子見讒人，如怒責之，則此亂庶幾可疾止也。」杜用傳說。《巧言》詩義，謂君子之怒讒人。傳斷章，謂君子怒能止亂。

又曰：「王赫斯怒，爰整其旅。」【疏證】《小雅·皇矣》文，❶傳：「旅，師。」陳奐《傳疏》：「赫，盛怒之貌。斯，語詞。傳於《北山》、《大明》『旅』爲衆而此『旅』爲師者，師，六師也。」杜注謂「整師旅以討亂」，用傳說。

怒不作亂，而以從師，可謂君子矣。

秦伯猶用孟明。【疏證】《儀禮·大射》注：❷「猶者，守故之辭。」

孟明增修國政，重施於民。【疏證】《秦本紀》：「三十六年，繆公復益厚孟明等。」❸繆三十六年當文三年，❹《本紀》以厚孟明下係者，❺爲王官之設通言之。

趙成子言諸大夫曰：【疏證】杜注：「成子，趙衰。」

「秦師又至，將必辟之。懼而增德，不可當也。

「《詩》曰：『毋念爾祖，聿修厥德。』【疏證】《大雅·文王》文。傳：「聿，述。」箋亦謂「述修祖德」。陳奐《詩疏》：「《爾雅》：『聿，述也。』《詩》中『聿』字皆語詞，惟此『聿』爲述。」杜注用傳、箋說。又云：「毋念，念也。」

「孟明念之矣。念德不怠，其可敵乎？」【疏證】《讀本》：「引《詩》言念德者，不可敵。」

「丁丑，作僖公主」。書，不時也。【疏證】《讀本》云：「所謂『綏作主，非禮也』。」則傳明作主之

---

❶「小」，當作「大」。
❷「大射」，原爲空格，今據《儀禮疏》卷十七補。
❸「益」，原作「並」，今據原稿改。
❹「文」，原作「更」，今據原稿改。
❺「下係」，原爲空格，今據原稿補。

緩與葬禮無涉。杜云：「過葬十月，故曰不時。」杜讀三十四年傳「葬僖公緩」句，❶「作主」句，於此傳仍牽於前說，❷非。

晉人以公不朝來討。公如晉。

夏，四月，己巳，晉人使陽處父盟公以耻之。【疏證】杜注：「經書『三月乙巳』，經、傳必有誤。」《讀本》云：「經書『三月乙巳』，傳稱『四月己巳』，公當以三月適晉。」

書曰「及晉處父盟」，以厭之也。【疏證】顧炎武云：「杜解：『厭，猶損也。』未是。傅氏曰：『厭，臨也，以尊臨卑，如漢人所云「厭勝之」耳。』」按：傅說是也。洪亮吉用鄭氏《儀禮》注，以厭爲伏。此時魯屈於晉，未應言伏。

適晉不書，諱之也。

公未至，六月，穆伯會諸侯，及晉司空士縠盟于垂隴，❸晉討衛故也。【疏證】杜注：「討元年衛人伐晉。❹士縠，士蔿子。」疏引沈云：「非公命不書，此穆伯會諸侯，公未至而書者，此公既在外，命正卿守國，故守國之臣亦合告廟而行，故得書之也。」此疏引沈文阿說，❺或舊注謂穆伯告廟而行。

書士縠，堪其事也。【疏證】《釋文》：「書士縠，或作『書曰晉士縠』。」沈欽韓云：「杜預謂士縠非卿，以士縠能堪卿事，故書。按：莊二十六年，『士蔿爲大司空』，杜云『卿官』。此言司空，猶宋之大司馬、大司寇亦單稱司馬、司寇。魯孟孫爲司空，于當時皆爲卿官，非一矣。晉之法，用三軍帥，皆以次升。六年夷之蒐，將使士縠將中軍，使士縠尚不爲卿，何能越次爲中軍帥？傳言堪其事者，發士縠見于經之故，亦對上處父盟，言其事與處父異也。杜橫加臆說誣傳。」❻按：沈說是也。《讀本》云：「縠，士蔿後，蓋世司空之官。」

---

❶「四」，當作「三」。

❷「牽」，原作「率」，今據原稿改。

❸「縠」，原作「穀」，今據《春秋左傳正義》卷十八改。下同。

❹「討」，原爲空格，今據原稿補。

❺「阿」，原爲空格，今據原稿補。

❻「誣」，原作「注」，今據原稿改。

陳侯爲衛請成于晉，執孔達以説。【疏證】元年傳「衛孔達帥師伐晉」，陳共公之謀也，故陳爲衛請成于晉。杜注：「陳始與衛謀，謂可以强得免。今晉不聽，❶故更執孔達以苟免也。」顧炎武云：「此即上所謂『我辭之』者也，杜解不合。」

秋，八月，丁卯，「大事于太廟，躋僖公」，逆祀也。【注】《左氏》説：「逆祀，大惡也。」《禮器》引《異義》。【疏證】杜注：「僖是閔兄，不得爲父子。嘗爲臣，位應在下，今居閔上，故曰『逆祀』。」疏申之云：「禮，父子異昭穆。兄弟昭穆同，故僖、閔不得爲父子，同爲穆耳，當閔在僖上。今升僖先閔，故云『逆祀』。二公位次之逆，非昭穆亂也。」文淇案：《冢人》「先王之葬居中，以昭、穆爲左右」，疏云：「兄死弟及爲君，則以兄、弟爲昭、穆。以其弟已爲臣，臣、子一例，則如父、子，故别昭、穆也。必知義然者，案文二年秋八月，『大事于太廟，躋僖公』，謂以惠公當昭，隱公爲穆，桓公爲昭，莊公爲穆，閔公爲昭，僖公爲穆。今升僖公于閔公之上爲昭，閔公爲穆，故云『逆祀』也。知不以兄弟同昭、穆位，❷升僖公于閔公之上爲逆祀者，案定公八年經云『從祀先公』，傳曰『順祀先公而祈焉』，若本同倫，以僖公升于閔公之上，則以後諸公昭、穆不亂，何因至定八年始云『順祀』乎？明本以僖、閔昭、穆别，故于後皆亂也。」如《冢人》疏，則閔、僖異昭、穆，當是舊説，駁杜兄弟同昭、穆之説也。《禮器》「夏父弗綦逆祀」，疏：「是時夏父弗綦爲宗伯典禮，佞文公云：❸『吾見新鬼大，故鬼小。』使列昭、穆，以閔置僖下，是臣在君上爲逆祀，❹亂昭、穆。」則統言列昭、穆，仍承杜注同昭、穆之誤。彼疏又云：❺「案《外傳》云：『躋僖公。弗綦云：「明爲昭，其次爲穆。」』以此言之，從文公至惠公七世，惠公爲昭，隱公爲穆，桓公爲昭，莊公爲穆，閔公爲昭，僖公爲穆。今躋僖公爲昭，閔公爲穆，自此以下昭、穆皆違。❻故定八年，順祀先公，服氏云：『自躋僖公以來，昭、穆皆逆。』是同《國語》之説也，與何休義異。《公

❶「聽」，原爲空格，今據原稿補。
❷「穆」，《周禮注疏》卷二十二無此字。
❸「佞」，原爲空格，今據原稿補。
❹「祀」，《周禮注疏》卷二十三無此字。
❺「彼」，原爲空格，今據原稿補。
❻「違」，《周禮注疏》卷二十三作「逆」。

羊》董仲舒説躋僖公，逆祀，小惡也。《左氏》説爲大惡也。許君謹案：❶同《左氏》説。鄭駁之云：『兄弟無相後之道，登僖公於閔公之上，不順，爲小惡也。』如鄭此意，正以僖在閔上，謂之爲昭，非爲穆也。」壽曾謂：閔當爲昭，僖當爲穆。與《冢人》疏同。其引定八年服注，自僖以來，昭、穆皆逆，尤可證躋僖公爲躋於昭位，未躋之先，蓋是閔昭位矣。兄弟相後各爲昭、穆，此《左氏》義。《公羊傳》：「其逆祀奈何？先禰而後祖也。」《解詁》：「隱、桓與閔、僖當同北面西上。」是兄弟同昭、穆爲《公羊》義。杜取《公羊》義説《左氏》，非也。《左氏》説以逆祀爲大惡，正謂兄弟相後，猶父子相繼。杜乃云閔是僖兄，不得爲父子，亦非。疏既引《魯語》「明者爲昭，❷其次爲穆」，是知僖昭、閔穆矣，顧云：「位次之逆如昭、穆之亂，假昭、穆以言之，非謂異昭、穆也。」此徒附會杜説，❸不顧其安，禮文从實，豈有同昭、穆而云假昭、穆以言者？又云：「兄弟相代，即異昭、穆。設令兄弟四人，皆立爲君，則祖父之廟，即已從毀，知其理必不然。故先儒無作此説。」禮則止論其常，疏乃舉其變禮，强生辨駁，非也。昭、穆皆逆，見於定八年服注，何以云先儒無此説乎？《晉書·禮儀志》：「穆帝崩，哀帝立，帝於穆帝爲從父昆弟。尚書僕射江霦等四人云：『閔、僖兄弟也，而爲父子，則哀帝應爲帝嗣。』王述云：『成帝不私親愛，而越授天倫，康帝受命顯宗，社稷之主已移所授，纂承之序宜繼康王。』」又云：「咸寧二年，安平穆王薨，無嗣。以母弟敦上繼獻王後。太常問應何服，❹博士張靖答：『宜依魯僖服閔三年例。』尚書符詰靖：❺『穆王不臣敦，敦不繼穆，與閔、僖不同。』」詳江霦、張靖説，則閔、僖相後有父子之義，王述及尚書省駁議，皆不謂閔、僖不得爲父子，則霦、靖説之爲舊誼可知。此亦閔、僖異昭、穆之證。

於是夏父弗忌爲宗伯，**【疏證】**《古今人表》「弗忌」作「不忌」。《魯語》「夏父弗忌爲宗」注：「弗忌，魯大夫，夏父展之後也。宗，宗伯，掌國祭祀之禮。」杜注：「宗伯，掌宗廟昭穆之禮。」用韋説。按：《春官》「乃立春官宗伯」注：「鄭司農云：『宗伯，主禮之官。』《春秋》『禘于太

❶「君謹」，原爲空格，今據原稿補。
❷「既」，原爲空格，今據原稿補。
❸「徒」，原作「從」，今據原稿改。
❹「太」上，《晉書·禮志》有「移」字。
❺「詰靖」，原爲空格，今據原稿補。

廟，躋僖公」，而傳曰「夏父弗忌爲宗人」，又曰「使宗人釁夏獻其禮」。』」鄭仲師注此傳，❶當亦以宗伯爲主禮之官。彼注引傳作「宗人」，則異文也。《禮器》「夏父弗綦逆祀」，鄭注：「文二年『八月丁卯，大事于太廟，躋僖公』，始逆祀，是夏父弗綦爲宗人之官也。」先、後鄭本疑皆作「宗人」。李富孫云：「《小宗伯職》『掌辨廟祧之昭、穆』，魯三卿，司馬兼宗伯，諸侯不應有宗伯，夏父弗忌當爲小宗伯，則宜稱宗人也。」按：李説是也。《魯語》：「宗人夏父展。」「忌」、「綦」亦異文。惠棟云：「《詩·大叔于田》云：『叔善射忌，❷又良御忌。』鄭箋云：『忌，讀如「彼己之子」之己。』案《曹詩·候人》『彼己之己』作『其』，『其』可讀爲『記』，則『記』亦可讀爲『其』。古『基』字、『期』字皆省作『其』，與『綦』同音。」

尊僖公，【注】賈云：「將升僖公於閔公上也。」《魯語》注。【疏證】《魯語》「烝，將躋僖公」，注：「賈侍中云：『烝，進也，謂夏父弗忌進言於公，將升僖公於閔公上也。』昭謂：『此魯文公三年喪畢，祫祭先君於太廟，升群廟之主，序昭、穆之時也。經曰「八月丁卯，大事于太廟，躋僖公」是也。凡祭，秋曰嘗，冬曰烝，此八月而言烝，用烝禮也。凡四時之祭，烝爲備。』」傳不謂躋僖爲祫祭，韋説非。今止取賈僖先於閔説。

且明見曰：「吾見新鬼大，故鬼小。【注】服云：「閔公死時年九歲。」本疏。❸【疏證】杜注：「新鬼，僖公，既爲兄，❹死時年又長。故鬼，閔公，死時年少。弗忌明言其所見也。」杜謂閔死時年少，用服説。疏：「劉炫以爲直據兄弟大小爲義，不須云死之長幼，以規杜氏。今刪定知不然者，以傳云『新鬼大，故鬼小』，則大小之語總賅諸事，非直獨據兄弟，❺明知亦據年時也。」

「先大後小，順也。躋聖賢，明也。【疏證】此言躋僖以年、以德。杜注：「又以僖公爲聖賢。」

❶「師」，原爲空格，今據原稿補。

❷「射」，原漫漶不清，今據《皇清經解》卷三百五十四《春秋左傳補註》補。

❸原稿眉批：本疏無服注，而各家皆引本疏，存，查閔公疏。

❹「既」，原作「改」，今據原稿補。

❺「獨」，原漫漶不清，今據原稿補。

「明順，禮也。」君子以爲失禮。【疏證】疏：「傳有評論，皆托之君子。此下盡『先姑』以來，皆是一君子之辭耳。引《詩》二文，❶於詩之下，各言君子者，君子謂作詩之人。❷此論事君子，又引彼作詩君子以爲證。」

禮無不順。祀，國之大事也，而逆之，可謂禮乎？

子雖齊聖，不先父食，久矣。【疏證】《五帝紀》「幼而徇齊」，集解：「案徇，疾。齊，速也。言聖德幼而疾速焉。」索隱：「《書》曰『聰明齊聖』，《左傳》曰『子雖齊聖』，謂聖德齊速也。」是此傳之齊當訓速，猶言早聖也。杜注：「齊，肅也。」非。焦循用《小宛》傳齊正之訓。俞樾用《祭統》説，以齊爲明。皆非《詩》意。

故禹不先鯀，湯不先契，文、武不先不窋。【注】服云：「周家祖后稷以配天，明不可先也，故言『不先不窋』。禹、湯異代之祖，❸故言『不先鯀、契也』。」本疏。【疏證】杜注：「鯀，禹父。契，湯十三世祖。不窋，后稷子。」於傳舍后稷而及不窋，未釋其義。疏引服説，駁之云：「然則文、武大聖，后稷賢耳，非是不可先也。下句引《詩》『皇祖后稷』，不欲重文，故舉不窋以辟之。」傳文非如後世比偶之辭，豈緣引《詩》故辟其字？杜注非與服違，疏乃駁服説過矣。李貽德云：「后稷爲周始祖，今既舍以明尊，則契爲商始祖，亦當舍契，以其下當不窋。鯀爲禹父，今言文、武者，舍王季而上及不窋，則論禹者亦當舍鯀而上溯鯀祖，乃於禹曰『不先鯀』，於湯曰『不先契』，與言文、武所不先異者，❹正以禹、湯異代，故約略言之，不妨參差也。」李説可申服義。然傳「子不先父食」，此「父子」字兼祖孫言之，服以湯不先契，文、武宜不先后稷耳。鯀、契不一例，沈欽韓云：「此皆論合食位次，鄭注《王制》云：『夏無太祖廟。』疏引《禮緯》云：『夏無太祖，宗禹而已。』禹不先鯀者，鯀親未盡也。親盡則鯀不在禘、祫之列矣。殷以契爲祖，湯固不先。周以后稷爲祖，不窋以下皆在合食之列，故文、武不得而先之。疏於此憒憒。」按：沈謂夏廟宗禹，不以鯀爲

❶「二」，原作「上」，今據原稿改。
❷「子」，原爲空格，今據《春秋左傳正義》卷十八補。
❸「祖」，《春秋左傳正義》卷十八作「王」。
❹「與」，原脱，今據《春秋左氏傳賈服註輯述》卷八補。

始祖，是也。殷祖契，周祖后稷，其禮正同。始祖皆不祧，何得以不窋合食例契，沈由未知服注后稷配天，不可言先之義也。然沈謂此論合食位次，則躋僖本是禘禮，故傳即以合食言之，其説可從。《周語》「我先王不窋，用失其官」，注：「失稷官也。周之禘祫文、武，不先不窋，故通謂之王。❶《商頌》亦以契爲玄王也。」是韋氏以此當禘祫之禮。沈説爲有徵矣。《特牲饋食禮》疏：「若祭無問一廟二廟，皆先祭祖，後祭禰，是以文二年《左傳》云『文、武不先不窋』，子不先父是也。若祭無問尊卑、廟數多少，皆同日而祭畢，以此及《少牢》惟筮一日，明不别日祭。」詳彼疏説，則非禘祫亦一日而祭畢，故先後尤宜詳之。□故此傳禹不先鯀，先儒甚多疑議。權德輿《遷廟議》云：「有司誤引蔡謨征西之議，❷以獻祖居東向，懿祖爲昭，太祖爲穆，此誠乖疑倒置之大者也。議者或引《春秋》『禹不先鯀，湯不先契，文、武不先不窋』以爲證。且湯與文、武皆太祖之後，理無所疑。至于禹不先鯀，安得説者非啓於太康之代，而左丘明因而記之耶？」又仲子陵《獻懿二祖遷祔議》：「今儒者乃援『子雖齊聖，不先父食』之語，欲令已祧獻祖，權居東嚮，配天太祖，屈居昭穆，此不通之甚也。凡在《左氏》不先食之言，且以正僖公之逆祀，儒者安知非夏后廟數未足之時，❸而言禹不先鯀乎？」權、仲兩説皆駁蔡謨議，❹其言鯀廟，雖有已祧、未祧之分，然於傳文鯀、契非一例，亦未能達其義。《宋書·禮志》：「穆帝永和二年，領司徒蔡謨議：『征南、豫章、潁川、京兆四府君宜改築别室，❺若未展者，當入就太祖之室，❻人莫敢卑其祖，文、武不先不窋。殷祭之日，❼征西東面，❽處宣皇之上。其後遷廟之主，藏于征西之祧，祭薦不絶。』博士張憑議：『或疑陳于太祖者，皆在後毀主。憑按，古義無别前後之文也。禹不先鯀，則遷主居太祖之上亦可無疑矣。』」❾蔡、張二議，皆从傳説。張氏引「禹不先鯀」，以證遷主可居太

❶「王」，原脱，今據原稿補。
❷「謨」，原作「説」，今據原稿改。
❸「時」，原作「數」，今據《全唐文》卷四百八十八改。
❹「謨」，原作「誤」，今據原稿改。下一「謨」字同。
❺「南」，《宋書·禮志》作「西」。
❻「就」，原爲空格，今據原稿補。「祖」，《宋書·禮志》作「廟」。
❼「殷」，原爲空格，今據原稿補。
❽「征」，原爲空格，今據原稿補。下一「征」字同。
❾「上」，原脱，今據原稿補。

祖之上，則不謂此傳指鯀爲太祖也。

宋祖帝乙，鄭祖厲王，猶上祖也。**【疏證】**杜注：「帝乙，微子父。厲王，鄭桓公父。二國不以帝乙、厲王不肖而猶尊尚之。」是「上祖」猶尚祖也。唐孫平子《請祔孝和皇帝封事》云：「昔禹不先鯀，湯不先契，文、武不先不窋，故宋、鄭不以帝乙、厲王不肖，而猶尊尚之。」蓋用杜義。沈欽韓云：「宋二王之後，不以始封之君爲祖，故祖帝乙也。鄭始封在畿内。《周禮》『都宗人掌都祭祀之禮』，注：『王子弟則立其祖王之廟，其祭祀王皆賜禽焉。』賜禽見《夏官・祭僕》。鄭因此有厲王之廟，遂相沿失之。」沈謂宋不以始封之君爲祖，未徵於禮。按：《王制》：「諸侯五廟，二昭二穆，與太祖之廟而五。」注：「太祖，始封之君。王者之後，不爲始封之君立廟。」疏云：「必知然者，❶以經傳無文云微子爲宋之始祖故也，而《左傳》云『宋祖帝乙』是也。」鄭氏謂王者不爲始封之君立廟，蓋據此傳義矣。《荀子・成相篇》：❷「武王怒，師牧野，紂卒易鄉啓乃下。武王善之，封之于宋，立其祖。」注：「立其祖，使祭祀不絶也。《左傳》曰：『宋祖帝乙。』」亦據傳義以爲帝乙。鄭若以始封之君爲祖，則當祖桓公，今祖厲王，與宋祖帝乙同例。故沈引《都宗人》鄭注爲説，鄭義蓋謂鄭以厲王爲太祖，沈以爲相沿失之，非也。昭十八年傳，鄭人救火，「使祝史徙主祏於周廟」。❸杜注：「周廟，厲王廟。」疏引此傳爲證。傳云「周廟」，則鄭□又别立厲王廟，不在五廟中矣。疑宋祖帝乙，鄭祖厲王，其初制皆以爲太祖，後有更革，别立廟，故鄭有周廟也。帝乙、厲王皆天子，其尸之服有疑。《喪服小記》：「父爲天子、諸侯，子爲士，祭以士，其尸服以士服。」注：「爲王者後，及所立爲諸侯者，祀其先君以禮卒者，尸服天子諸侯之服。如遂無所封立，則尸也，祭也，❹皆如士，不敢僭用尊者衣物。」❺疏：「按：《左傳》云『宋祖帝乙』，帝乙是以禮卒者，而宋祀以爲社，明其服天子之服。推此，則諸侯亦然。」如鄭彼注，❻則宋、鄭祀帝乙、厲王，其尸皆服天子之服也。

---

❶「知」，原爲空格，今據原稿補。

❷「相」，原爲空格，今據原稿補。

❸「徒」，原作「設」；「祏」，原爲空格，今據原稿改補。

❹「祭」，原作「士」，今據《禮記正義》卷三十二改。

❺「僭」，原作「潛」，今據原稿改。

❻「彼」，原爲空格，今據原稿補。

是以《魯頌》曰：「春秋匪解，享祀不忒。皇皇后帝，皇祖后稷。」【疏證】《魯頌・閟宫》文。箋：「春秋，猶言四時也。忒，變也。皇皇后帝，謂天也。成王以周公功大，命魯郊祭天，亦配之以君祖后稷。」杜注用鄭説。又云：❶「忒，差也。」「差」亦「變」義。《明堂位》：「是以魯君祀帝于郊，配以后稷，天子之禮也。」注：「帝謂蒼帝靈威仰也。❷昊天上帝，魯不祭。」《詩》疏據彼注，謂魯惟祭蒼帝。陳奐《毛詩疏》：「《御覽・禮儀部》：❸《五經異義》引賈逵説：『魯無圜丘方澤之祭者，周兼用六代禮樂，魯用四代。❹其祭天之禮，亦宜損於周。故二至之日，不祭天地也。』賈、鄭説同。《祭法》：『周人禘嚳郊稷。』魯不禘嚳而猶郊稷，故南郊祀天，亦配后稷。其實魯郊與周郊亦不盡同。魯南郊、祈穀爲一祭，故於郊爲祀后稷，而亦祈農事。❺在夏正，正月爲郊之正時。」按：襄七年傳：❻「孟獻子：『夫郊祀后稷，以祈農事也。』」魯郊兼祈穀，陳説得之。

君子曰禮，謂其后稷親而先帝也。【疏證】后稷雖親，不先于上帝。杜注：「先稱帝也。」❼

《詩》曰：「問我諸姑，遂及伯姊。」【疏證】《邶風・泉水》文，傳：「父之姊妹稱姑，先生曰姊。」傳皆用《釋親》文。箋：「寧，❽則又問姑及姊，親其類也。先姑後姊，尊姑也。」❾沈欽韓云：「按：《士虞禮》『卒哭，祭獻畢，未撤，乃餞尸』，注引《詩》『出縮于泲，❿飲餞于禰。』鄭必不泛引生人之餞以塞文，蓋《韓詩》以爲祭祀之詩也。『問我諸姑，遂及伯姊』，蓋宗子初主祭而未諳，故問其姑若姊，傳所以連類及之。」

君子曰禮，謂其姊親而先姑也。【疏證】孫平子云：「禮爲其後伯姊而先諸姑者何也？尊其

❶「云」，原爲空格，今據原稿補。
❷「靈」，原爲空格，今據原稿補。
❸「部」，原作「鄭」，今據原稿改。
❹「魯用」至「之禮」，原重文，今據《詩毛氏傳疏》卷二十九删。
❺「農」，原作「衆」，今據原稿改。下一「農」字同。
❻「襄」，原作「哀」，今據原稿改。
❼原稿眉批：孫平子，查。
❽「寧」，原爲空格，今據原稿補。
❾「尊」，原作「等」，今據原稿改。
❿「縮」，《毛詩正義》卷二作「宿」。

先也。弗忌故阿君，❶先其所親，亂國大事，故傳特引二詩，深責其意。」此與杜注略同。「尊其先也」句，杜注無之，疑孫用舊説也。顧炎武云：「言僖公於文有父之親，而閔公於僖有君之尊，禮不敢以其所親加之於尊，故引二詩爲證。」

仲尼曰：「臧文仲，其不仁者三，不知者三。【疏證】《禮器》注：「文仲，魯公子彄之曾孫，❷臧孫辰也。」

「下展禽，【疏證】杜注：「展禽，柳下惠也。文仲知柳下惠之賢而使在下位。」惠棟云：「下猶去也，見《周禮・司民》注。《論語》：『柳下惠爲士師，三黜。』」

「廢六關，【疏證】「廢」，《家語》作「置」。王肅注云：「六關，關名。魯本無此關，文仲置之以税行者，故爲不仁。」惠棟云：「廢與置古字通。《公羊傳》：『去其有聲者，廢其無聲者。』❸《鄭志》：『答張逸云：「廢，置也。」』以廢爲置，猶以亂爲治，徂爲存，故爲今，曩爲曏，苦爲快，臭爲香，藏爲去。郭璞所謂『訓詁有反覆旁通，美惡不嫌同名。』杜氏云：『六關，所以禁絶末游而廢之。』昧於義矣。」洪亮吉云：「《小爾雅》以廢爲置。《莊子・徐無鬼》篇：『于是調瑟，廢一於堂，廢一於室。』是古多訓廢爲置。」按：惠、洪説是也。《聘禮》疏：「置關税行者，故爲不仁。古者竟上爲關者，王城十二門，則亦通十二辰，❹辰有一門一關。諸侯未知幾關。魯廢六關，半天子，則餘諸侯亦或然。」如彼疏説，則關有六也。杜注：「塞關、陽關之屬，凡六關。」與王肅説異。

「妾織蒲，【疏證】「蒲」，《家語》作「席」。杜注：「家人販席，言其與民争利。」《史記・公儀休傳》：「爲魯相，食茹而美，拔其園葵而棄之，見其家織布好，❺而疾出其家婦，燔其機。云：『欲令農士工女安所讎其貨乎？』」此孔子譏文仲妾織蒲之意。

「三不仁也。

「作虛器，【疏證】「作」，《家語》作「設」。《論

❶「故」，《全唐文》卷三百三十五作「欲」。「阿」，原爲空格，今據原稿補。

❷「彄」上，原衍「之」字，今據《禮記正義》卷二十三删。

❸「聲」，原爲空格，今據原稿補。

❹「通」，原爲空格，今據原稿補。

❺「好」，原作「奴」，今據原稿改。

語》：「子曰：『臧文仲居蔡，山節、藻棁，何如其知也？』」本疏引鄭注云：「『節，栭也，刻之爲山。棁，梁上楹也，畫以藻文。』蔡謂國君之守龜。」杜注取《論語》爲説。又云：「有其器，而無其位，故曰虛。」《家語》王肅注：「蔡，天子之守龜，非文仲所宜畜，故曰虛器。」與杜説略同。其以蔡爲天子守龜，與鄭説異。全祖望《經史問答》云：「居蔡是僭諸侯之禮，山節、藻棁是僭天子宗廟之禮，以飾其居。」

「縱逆祀，【疏證】《禮器》：「孔子曰：『臧文仲安知禮？夏父弗綦逆祀而弗止也。』」注：「文仲莊、文之間爲大夫。于時爲賢，是以非之，不正禮也。」弗止，即縱義。杜注：「聽夏父，躋僖公。」

「祀爰居，【注】賈云：「爰居，雜縣也。」《文選·郭景純游仙詩》注引《國語》注。【疏證】「爰居，雜縣」，《釋鳥》文。《釋文》引樊光云：❶「似鳳皇。」《魯語》：「海鳥曰爰居，止于魯東門之外三日，臧文仲命國人祭之。」注：「爰居，雜縣也。文仲不知，以爲神也。」韋用賈説。

「三不知也。」

冬，晉先且居、宋公子成、陳轅選、鄭公子歸生伐秦，取汪及彭衙而還，以報彭衙之役。【疏證】《釋文》：「成，本或作『戌』。」昭十年經《釋文》：「宋戌，讀《左傳》者音成。」則宜作戌矣。杜無注。七年傳杜注：「宋公子成，莊公子。」《讀本》云：「轅，氏。選，名。濤塗之後。」《春秋分記》云：「公子歸生子家，或云靈公弟。」江永云：「汪，當近彭衙。」《方輿紀要》：「同州白水縣有汪城。一曰汪在澄城縣境。」汪士鐸曰：「按彭衙既在郃陽西北，則汪當相近。」彭衙役在本年二月。

卿不書，爲穆公故，尊秦也，謂之崇德。【疏證】杜無注。《讀本》云：「四人皆卿而不書者，傳云尊秦。襄公八年，會于邢丘，齊、宋、衛、邾俱稱人，❷傳云尊晉侯。左氏聞于舊史官有此例。」

襄仲如齊納幣，禮也。【注】鄭康成云：「僖公母成風主婚，得權時之宜。」《檀弓》疏引《箴膏肓》。【疏證】杜氏經文注：「僖公喪終此年

❶「樊光」，原爲空格，今據原稿補。

❷「稱」，原爲空格，今據原稿補。

十一月，則納幣在十二月也。」此傳注：「謂諒闇既終，嘉好之事，通於外内。」顧炎武云：「即以僖公之薨爲十一月，亦甫及大祥耳。未畢二十五月之數，何得云『諒闇已終』？」沈欽韓云：「按：傳止言『納幣，禮耳』，不及文公之事。傳主爲經發凡，文公之得失，人自知之，故不置可否。劉敞横議《左氏》以喪娶爲禮，❶却是冒昧。杜預謂諒闇既終，又大謬也。」按：文公喪娶之説出於《公羊》，彼傳云：「譏喪娶也。娶在三年之外，則何譏乎喪娶？三年之内不圖婚。」何氏《解詁》：「僖公以十二月薨，至是未滿二十五月。」本疏云：「何休據此作《膏肓》，以《左氏》爲短。」杜謂僖公薨于十一月，視何氏先一月者，杜謂十二月經文誤也。杜必欲以納幣爲已除服，故於僖公之薨移上一月，則得二十六月。顧氏謂未畢二十五月之數，非也。《檀弓》「孟獻子禫」疏：「文公二年，冬，公子遂如齊納幣，是僖公之喪，至此二十六月。《左傳》云『禮也』。」下引鄭《箴膏肓》説，其謂二十六月，與杜氏同，又不言僖公薨月之誤。此當是《左氏》舊説。舊説或計閏數之，知者，《南齊書·禮志》：「左僕射王儉議：三百六旬，《尚書》明義；文公納幣，《春秋》致譏。《穀梁》云『積分而成月』，《公羊》云『天無是月』，雖然，《左氏》謂告朔爲得禮，是故先儒咸謂三年期喪，歲數没閏，大功以下，月數數閏。夫閏者，蓋是年之餘日，而月之異朔，所以吴商云：❷『含閏以正期，允協情理。』」王儉説雖謂三年期没閏，然必當時禮家説《左氏》有三年期計閏之説，乃據駁之。文公六年《穀梁傳》：❸「閏月者，❹天子不以告朔，而喪事不數也。」則喪不數閏，乃《穀梁》説，《左》則異矣。文二年，閏三月，明見經傳，則不待杜移僖公薨於十一月，由三十三年冬十二月數至此年十二月，已得二十六月矣。此可正《公羊》喪娶之誤。然雖已二十六月，哀思未忘，已行吉禮，故鄭以權時之宜釋之。成風，文公庶祖母也。

**凡君即位，好舅甥，修昏姻，娶元妃以奉粢盛，孝也。孝，禮之始也。**【疏證】此諸侯娶夫人也。顧炎武云：「此傳通言娶夫人之禮。」杜注：「遣卿申好舅甥之國，修禮以昏姻也。元妃，嫡夫人。奉

❶「敞横」，原爲空格，今據原稿補。
❷「云」，原脱，今據《南齊書·禮志》補。
❸「六年」，原作「禫」，原稿似作「年」，今據原稿及文意改補。
❹「者」上，原有一空格，今據《春秋穀梁傳注疏》卷十删。

粢盛。」

【經】三年，春，王正月，叔孫得臣會晉人、宋人、陳人、衛人、鄭人伐沈。沈潰。【疏證】《郡國志》：「汝南郡平輿有沈亭，故國，姬姓。」沈欽韓云：「《水經注》：『汝水逕平輿縣故城南，舊沈國也。』《一統志》：『平輿故城在汝寧府汝陽縣東南六十里。』」江永云：「汝陽縣今屬汝州。」顧棟高云：「平輿故城亦曰縣瓠城。汝水屈曲，形如懸瓠，故名。」本年傳例：「凡民逃其上曰潰。」

夏，五月，王子虎卒。【疏證】杜注：「周王以同盟之例爲赴。」杜探傳義爲説。

秦人伐晉。【疏證】沈欽韓云：「此惡秦也。杜預言『晉以微者告』，則此魯史又據晉告書之，而不取於秦耶？前後牴牾。」《年表》：「晉襄公四年，❶秦伐我。」

秋，楚人圍江。

雨螽于宋。【注】劉歆以爲螽爲穀災，卒遇賊陰，墜而死也。《五行志》。【疏證】《五行志》：「文公三年，『秋，雨螽于宋』。劉向以爲先是宋殺大夫而無罪，有暴虐賦斂之應。《穀梁傳》曰上下皆合，言甚。董仲舒以爲宋三世内取，大夫專恣，殺生不中，故螽先死而至。」下劉歆説則三傳異説。賊陰，言陰氣也。《五行志》引《洪範》傳「聽之不聰，厥罰恒寒」，又云「凡聽傷者，病水氣」，皆賊陰義也。傳云「隊而死也」，歆用傳義。顧炎武云：「杜解：『宋人以其死爲得天祐，喜而來告，故書。』然則隕石退鷁，豈亦喜而來告乎？」

冬，公如晉。十有二月，己巳，公及晉侯盟。【疏證】《年表》：「三年，公如晉。」《魯世家》：「三年，朝晉。」

晉陽處父帥師伐楚以救江。【疏證】《公》、《穀》無「以」。《年表》：「楚穆王二年，晉伐我。」❷

【傳】三年，春，莊叔會諸侯之師伐沈，以其服于楚也。沈潰。【疏證】杜無注。《讀本》云：「莊叔，得臣也。」

❶「四」，原作「三」，今據《史記·十二諸侯年表》改。

❷「伐」，原作「代」，今據《史記·十二諸侯年表》改。

凡民逃其上曰潰，在上曰逃。【注】賈、穎以爲：「舉國曰潰，一邑曰叛。」本疏。【疏證】此潰逃例也。杜注：「潰，衆散流移，若積水之潰自壞之象也。❶在衆曰潰，在上曰逃。各以類言之。」杜依傳例爲説。疏引賈、穎説，駁之云：「按《左氏》無此義也。傳曰『陳侯如楚，慶氏以陳叛』，此則舉國，不必言潰也。叛者，舉城而屬他，非民潰之謂也。」按：傳止稱潰、逃，賈、穎爲補叛例。《公羊》僖四年傳：「國曰潰，邑曰叛。」賈、穎所本也。洪亮吉云：「賈義本《公羊》，正義糾之，非也。」然《左氏》五十凡無叛例，賈、穎據《公羊傳》例補之，未計違於《左氏》，是賈、穎之偶疏也。本疏又引《釋例》云：「例之潰逃，指爲一國一軍一邑，君民相須爲用，變文以別之也。鄭詹見囚於齊，❷自齊逃來，此爲逸囚，無下可逃，❸《春秋》指事而書，所謂民逃，非在上之逃。而賈氏復申以入例，亦不安。」玩疏説，則賈氏既分潰、叛例爲二，又分逃及逃來例爲二也，其説今無以考。

衛侯如陳，拜晉成也。【疏證】《讀本》：「衛雖執孔達見辱，而二年之成，陳實爲請之。」

夏，四月，乙亥，王叔文公卒，來赴，弔如同盟，禮也。【疏證】《讀本》：「王子虎於周天王爲叔，謚曰文，其後爲王叔氏。」

秦伯伐晉，濟河焚舟，【疏證】《秦本紀》：「繆公復厚孟明等，使將兵伐晉，渡河焚船。」❹

取王官及郊。【注】服云：「皆晉地，不能有。」《秦本紀》集解。【疏證】杜用服説。《秦本紀》：「大敗晉人，取王官及鄗，以報殽之役。」集解：「鄗，徐廣曰：『《左傳》作郊。』」則「郊」非誤字也。李富孫云：「宣十二年，『晉師在敖、鄗之間』。❺郊、鄗聲之轉。」《秦本紀》正義：「《括地志》云：『王官故城在同州澄城縣西北九十里。』又云：『南郊故城在縣北十七里。』又有北郊故城，❻又有西郊古城。《左傳》云：『文公三年，❼秦伯伐

❶「壞」，原作「壤」，今據原稿改。
❷「詹」，原作「侯」，今據原稿改。
❸「下」，原作「不」，今據《春秋左傳正義》卷十八改。
❹「焚」，原作「楚」，今據原稿改。
❺「敖」，原作「旅」，今據《春秋左傳正義》卷二十三改。
❻「郊」，原作「郭」，今據原稿改。下一「郊」字同。
❼「三」，原作「二」，今據《史記・秦本紀》改。

晉，濟河焚舟，取王官及郊。』《括地志》云：『蒲州猗氏縣南二里又有王官故城。』亦秦伯取者。上文云『秦地東至河』，蓋猗氏王官是也。」詳《括地志》説，則王官有二。張氏以猗氏之王官當之。沈欽韓云：「《元和志》：『王官故城在同州澄城縣西北。』又云：『王官故城在河中府虞鄉縣南二里。』又云：『在洚州聞喜縣南十五里。』按：虞鄉、聞喜地相連，秦伯已濟河，不當在同州。」江永云：「《水經注》：河東左邑縣西有王官城，涑水逕其北，❶故晉人絶秦之辭云：『伐我涑川，俘我王官。』是王官近涑川也。左邑，今絳州聞喜縣。王官蓋在臨晉之東、聞喜之西。是時秦師已渡河，則王官不得在河西。❷澄城之王官，名同而非其地。」則江氏亦不信同州之説。沈氏不取同州之説，與江氏同。其謂虞鄉、聞喜相連，則非。虞鄉在聞喜之西北，中隔解州、運城，❸凡百餘里。以今址考之，臨晉、猗氏、聞喜，壤地相接，江氏謂臨晉之東、聞喜之西即猗氏也，與《括地志》後一説合。顧棟高云：「今蒲州府臨晉縣東南七十里王官谷有廢壘，即王官城也。」《彙纂》云：「郊當爲臨晉、平陽間小邑。」李貽德云：「知不能有者，王官、郊皆在河東，其濟茅津而還，未嘗設守，是不能有也。」

**晉人不出。**【疏證】洪亮吉云：「按：上年傳趙成子曰『將必辟之』，故今用其言不出師。」《年表》：「晉襄公四年，秦取王官。我不出。」又云：「秦繆公三十六年，伐晉，晉不敢出。」《秦本紀》：「晉人皆城守不敢出。」

**遂自茅津濟，**【疏證】《郡國志》：「河東郡大陽有茅津。」《秦本紀》「繆公乃自茅津渡河」，集解：「徐廣曰：『在大陽。』」正義：「《括地志》云：『茅津在陝州河北縣、大陽縣也。』」《元和志》：「大陽故關在陝州陝縣西北四里，即茅津也。」皆與《漢志》合。閻若璩《四書釋地・又續》云：❹「河北、大陽。此漢二縣名，並今平陸縣。《秦紀》：『渡河，封殽中尸。』正義云：『自茅津南渡也。』因悟初濟河是自西而東，及茅津濟河，則自北而南。案之輿圖，宛然如覩。」顧棟高云：「今山西解州平陸縣東南有茅城，河水經其南，即茅津也。南對陝州州治，據河僅三里，乃黄河津濟處。」按：閻、顧説是也。《秦本紀》：「繆公元

❶「北」，原作「地」，今據原稿改。
❷「在」，原脱，今據原稿補。
❸「運」，原爲空格，今據原稿補。
❹「續」，原爲空格，今據原稿補。

年，自將伐茅津。」正義：「劉伯莊曰：『戎號也。』」❶《水經注》：「陝城北對茅城，故茅亭。茅，❷戎邑也，津亦取名焉。」則茅津在繆公初仍爲戎邑，後乃有之。

封殽尸而還。【注】賈云：「封識之。」《秦本紀》集解。【疏證】《水經注》引傳「殽」作「崤」。李貽德云：「《樂記》『封比干之墓』，❸注：『積土爲封。』『識』讀如『故以其旗識之』之『識』。《史記·孝武紀》索隱：『識，猶表也。』」按：杜云：「埋藏之。」不用賈説。惠棟云：「殽尸多，不能用葬禮。故杜云埋藏之。」朱駿聲云：❹「按殽敗在僖三十三年四月，封尸在文三年五月，閱三載之久，豈尚有可以埋藏之尸？惟表識其地而已。賈是，杜非。」按：朱説是也。《秦本紀》：「封殽中尸，爲發喪，❺哭之三日。」

遂霸西戎，用孟明也。君子是以知秦穆之爲君也，舉人之周也，與人之壹也；【注】服云：「周，備也。」《秦本紀》集解。【疏證】今本「穆」下有「公」，从石經省。《一切經音義》引賈逵《國語》注亦云：「周，備也。」則賈、服説同。杜釋「舉」用服説，又云：「不偏以一惡棄其善。壹，無貳心。」《秦本紀》：「君子聞之，皆爲垂涕，曰：『嗟乎！秦繆公之與人周也，卒得孟明之慶。』」

孟明之臣也，其不解也，能懼思也；子桑之忠也，其知人也，能舉善也。【疏證】解，猶懈。《讀本》：「懼思，謂孟明懼而脩德。」杜注：「子桑，公孫枝，舉孟明者。」

《詩》曰：「于以采蘩？于沼于沚。于以用之？公侯之事。」秦穆有焉。【疏證】《召南·采蘩》文。隱元年傳：❻「苟有明信，澗谿沼沚之毛，蘋蘩薀藻之菜，筐筥錡釜之器，潢汙行潦之水，可薦于鬼神，可羞于王公。」與此傳引《詩》意同。已釋彼傳。毛傳之事，祭事也。杜注：「言沼沚之蘩至薄，❼猶采以共公

❶「號」，原爲空格，今據原稿補。
❷「茅」上，原衍「茅亭」，今據《水經注箋》卷四删。
❸「樂記」，原作「晉紀」，今據原稿改。
❹「駿聲」，原爲空格，今據原稿補。
❺「發」，原爲空格，今據原稿補。
❻「元」，當作「三」。
❼「薄」，原作「藻」，今據原稿改。

侯，以喻秦穆不遺小善。」

「夙夜匪解，以事一人。」孟明有焉。

【疏證】《大雅·烝民》文。箋：「夙，早。夜，莫。匪，非也。一人，斥天子。」杜云：「一人，天子也。」用鄭説。此斷章以一人喻秦繆也。

「詒厥孫謀，以燕翼子。」子桑有焉。

【疏證】《大雅·文王有聲》文。《釋言》：❶「詒，遺也。」毛傳：「燕，安；翼，敬也。」箋：「詒，猶傳也。孫，順也。以之爲事，❷故傳其所以順天下之謀，以安其敬事之子孫。」❸杜釋詒、燕用毛傳，改訓翼爲安，又云：「美武王能遺其子孫善謀，以安成子孫。言子桑有舉善之謀。」按：《國語》注：「翼，成也。」杜本韋説。陳奂《詩疏》云：「《後漢書·班彪傳》：『昔成王之爲孺子，出則周公、召公、太史佚，入則太顛、閎夭、南宫括、散宜生。左、右、前、後，禮無違者。故成王一人即位，天下曠然太平。是以《春秋》：「愛子教以義方，不納于邪，驕奢淫佚，所自邪也。」《詩》云：「貽厥孫謀，以宴翼子。」言武王之謀遺子孫也。』案：此引《詩》似以得賢輔佐爲遺謀之事，與文三年《左傳》言子桑之忠，知人舉善，亦引此《詩》合。」

「秋，雨螽于宋」，隊而死也。

楚師圍江，晉先僕伐楚以救江。【疏證】杜注：「晉救江在雨螽下。」按：傳因周桓公、晉處父救江之師，因類記晉救江事。圍江不必在雨螽之後也。杜因晉書楚人圍江在雨螽前，强爲此説。

冬，晉救江，故告于周。

王叔桓公、晉陽處父伐楚以救江，【疏證】杜注：「桓公，周卿士王叔文公之子。」疏：「衛有公叔文子，此人蓋以王叔爲氏。」

門於方城，❹遇息公子朱而還。【疏證】杜注：「子朱，楚大夫伐江之師也。」

晉人懼其無禮於公也，請改盟。

公如晉，及晉侯盟。

❶「言」，原爲空格，今據《爾雅》卷上補。
❷「以」上，原衍「不」字，今據原稿删。
❸「敬」，原作「疑」，今據原稿改。
❹原稿眉批：方城已見「方城以爲城」。

晉侯饗公，賦《菁菁者莪》。【疏證】杜注：「《菁菁者莪》，《詩・小雅》。取其『既見君子，樂且有儀』。」

莊叔以公降拜，【疏證】《燕禮》「賓降西階下，再拜稽首」，則公之降拜同燕禮，主人酬賓禮也。

曰：「小國受命於大國，敢不慎儀？君貺之以大禮，何樂如之？抑小國之樂，大國之惠也。」【疏證】杜謂取「既見君子，樂且有儀」，以傳知之。鄭箋：「既見君子者，官爵之而得見也。見則心既喜樂，又以禮儀見接。」惟莊叔以「既見君子」屬晉侯，此斷章也。陳奂《毛詩疏》引此傳釋之云：「莊叔釋《詩》樂，即經之樂，『慎儀』即經之『有儀』。『貺之大禮』，❶所謂『錫我百朋』也。《左傳》釋《詩》意『樂且有儀』句，就見君子一邊説，儀當作義。《六月》序云：『《菁菁者莪》廢，則無禮義矣。』今字亦作儀。」按：大禮，謂饗禮也。

晉侯降辭，登成拜。【疏證】《燕禮》：「公命小臣辭，賓升成拜。」注：「升成拜，復再拜稽首也。先時君辭之，於禮若未成然。」❷燕禮之降辭用小臣，此則主人自降辭。疑燕、饗禮異，以賦《詩》、降拜、降辭、登成拜，別爲節文也。杜注：「降階辭讓公。❸俱還上，成拜禮。」

公賦《嘉樂》。【疏證】杜注：「《嘉樂》，《詩・大雅》。取其『顯顯令德，宜民宜人，受禄于天』。」

【經】四年，春，公至自晉。無傳。

夏，逆婦姜于齊。【疏證】杜注：「稱『婦』，有姑之辭。」按：傳謂：「卿不行，貴聘而賤逆之。」是經書「婦姜」之義，與二傳異説。《穀梁傳》曰：「『婦』，有姑之詞也。」杜用《穀梁》説《左氏》，非。

狄侵齊。無傳。

秋，楚人滅江。【疏證】十五年傳例：「凡勝國曰滅之。」《年表》：「楚穆王三年，❹滅江。」

晉侯伐秦。

衛侯使甯俞來聘。【注】賈氏云：

❶「貺」，原作「觀」，今據原稿改。

❷「若」，原作「答」，今據原稿改。

❸「讓」，原爲空格，今據原稿補。

❹「三」，原作「二」，今據《史記・十二諸侯年表》改。

「《公羊》曰甯速。」【疏證】今本《公羊》與《左氏》同，彼疏云：「正本作『速』字。」下引賈說。臧琳云：「賈氏所據《公羊》作『甯速』，即徐所謂正本也，後人依《左》、《穀》改之。」

冬，十有一月，壬寅，夫人風氏薨。

【注】故《春秋左氏》說：成風，妾，得立爲夫人。母以子貴，禮也。《服問》疏引《異義》。【疏證】杜注：「僖公母，風姓也。赴同祔姑，故稱夫人。」疏：「杜言此者，以成風本是莊公之妾，嫌其不成夫人，故明之也。」杜但以「赴同祔姑」爲言，❶未明所以尊爲夫人之故。《服問》：「君之母非夫人，則群臣無服，唯近臣及僕、驂乘從服，唯君所服服之也。」注：「妾，先君所不服也。禮，庶子爲其母緦。❷言『唯君所服』，尊君也。❸《春秋》之義，有以小君服之者。時若小君在，則益不可。」疏云：「文公四年『夫人風氏薨』，是僖公之母成風也。又昭十一年『夫人歸氏薨』，是昭公之母齊歸也。皆亂世之法，非正禮也。按《異義》云：『妾子立爲君，❹得尊其母，立以爲夫人否？今《春秋公羊》說：妾子立爲君，母得稱夫人，故上堂稱妾，屈於適也，下堂稱夫人，尊於國也。子不得爵命父妾，子爲君得爵命其母者，以妾本接事尊者，有所因緣故也。《穀梁傳》曰：魯僖公之妾母成風爲夫人，❺是子爵于母，以妾爲妻，非禮也。古《春秋左氏》說：成風妾，得立爲夫人，母以子貴，禮也。許君謹案：舜爲天子，瞽瞍爲士，起于士庶者，子不得爵父母也。至于魯僖公得尊母成風爲小君，經無譏文，從《公羊》、《左氏》之說。』鄭則從《穀梁》之說。故《異義駁》云：『父爲長子三年，爲衆子期，明無二適也。女君卒，繼室攝其事耳，不得復立爲夫人。』」《服問》引鄭駁至此，《通典》七十二又引云：「魯僖公妾母爲夫人者，乃緣莊公夫人哀姜有殺子般、閔公之罪，應貶故也。」按：五年，「葬我小君成風」，《公羊傳》「母以子貴」，《解詁》：「禮，妾子立，則母得爲夫人。」故許君謂《公羊》、《左氏》同說。鄭君所稱僖公妾母爲夫人，乃《穀梁》說。

❶「赴」，原作「祔」，今據上文改。
❷「緦」，原作「總」，今據原稿改。
❸「尊」，《禮記正義》卷五十七作「伸」。
❹「立」，原作「主」，今據《禮記正义》卷五十七改。
❺「之」，《禮記正義》卷五十七作「立」。

《穀梁》僖八年傳：「秋七月，❶禘于太廟，用致夫人。」❷集解引劉向云：「夫人，成風也。致之於太廟，❸立之爲夫人。」襄二年疏：「鄭玄以爲正夫人有罪廢，妾母得成爲夫人。」即據鄭《駁異義》爲說。《左氏》以「致夫人」爲哀姜，與《穀梁》說異。杜注不援「母以子貴」義，但以「赴同祔姑」爲說，❹「赴同祔姑」傳例爲致夫人發，❺不關書薨之事。而疏引《釋例》則云：「凡妾子爲君，其母猶爲夫人。雖先君不命其母，母以子貴，其適夫人薨，則尊稱得加於其子，内外之稱皆如夫人矣。」❻則亦用古《左氏》說也。《宋書・徐廣傳》：「李太后薨，廣議服曰：『陽秋之義，母以子貴。既稱夫人，禮服从正，故成風顯夫人之號，僖公服三年之喪。』」按：成風之薨，僖公已没，徐説誤。

【傳】四年，春，晉人歸孔達于衛，以爲衛之良也，故免之。【疏證】二年傳：「陳侯爲衛請成于晉，執孔達以說。」至是，晉人歸之也。❼

夏，衛侯如晉拜。【疏證】杜注：「謝歸孔達。」

曹伯如晉會正。【疏證】杜注：「會受貢賦之政也。」顧炎武云：「會正，即朝正也。周之三月，晉之正月。襄二十二年，『隨于執事以會歲終』，杜氏解曰『朝正』是也。此解以正爲政，似因傳文夏字而曲爲之說。」按：如顧說，則此傳當在「夏，衛侯如晉拜」之前。

逆婦姜於齊，卿不行，非禮也。【疏證】桓三年傳例：「凡公女嫁于敵國，姊妹則上卿送之，禮于先君；公子則下卿送之。於大國，雖公子亦上卿送之。」敵國上卿送女，則逆女亦當然，❽故傳以卿不行爲非禮。下文貴聘賤逆，則大夫行也。

君子是以知出姜之不允於魯也。【疏證】杜注：「文公薨而見出，故曰出姜。」按：出姜無謚，因

---

❶「月」，原脱，今據《穀梁傳注疏》卷八補。
❷「用致」，原爲空格，今據原稿補。
❸「致」，原爲空格，今據原稿補。
❹「以」，原脱，今據原稿補。
❺「致」，原爲空格，今據原稿補。
❻「稱」，《春秋左傳正義》卷十八作「禮」。
❼眉批：昭十一年，襄二年、二十二年。
❽「亦」，原脱，今據原稿補。

其大歸而爲稱也。《釋詁》：❶「允，信也。」

子遂如齊納幣。」

曰：「貴聘而賤逆之，【疏證】二年經：「公子遂如齊納幣。」

「君而卑之，立而廢之，【疏證】杜注：「君，小君也。不以夫人禮迎，是卑廢之。」

「棄信而壞其主，在國必亂，在家必亡。不允宜哉！【疏證】杜注：「主，內主也。」按：杜意內主謂君夫人，與下引《詩》之義不承。主即斥信也，讀如「主忠信」之主，猶言棄信而壞其本也。❷卿逆夫人，國之典禮，無禮則無信，故亂亡隨之。

「《詩》曰：『畏天之威，于時保之。』敬主之謂也。」【疏證】《周頌・我將》文。箋：「于，於。時，是也。早夜敬天，❸於是得安文王之道。」則鄭以「安」訓「保」。杜注：「言畏天威，於是保福禄。」亦用箋說。十五年傳亦引此詩，釋之云：「不畏于天，其何能保？」此言畏天而能保，得信之道也。

秋，晉侯伐秦，圍邧新城，【注】服云：「秦邑，新所作城。」《晉世家》集解。【疏證】《說文》：「邧，鄭邑。」與傳文違異。《繫傳》以爲傳寫之誤。杜注：「邧新城，秦邑也。」蓋用服說。惟杜以邧、新城連言，江永《考實》遂析爲二邑。俞樾云：「新城疑即邧，非二邑也。蓋秦人新於邧邑築城，故謂之新城。僖六年經：『伐鄭，圍新城。』傳曰：『圍新密，鄭所以不時城也。』秦之新城猶鄭新城矣。」按：俞說是也。《年表》：「晉襄公五年，伐秦，圍邧新城。」與傳文同。《晉世家》則云：「晉伐秦，取新城，報王官役也。」《世家》不舉邧，則邧、新城爲一邑可知。顧棟高云：「新城即梁國之新里也。❹秦取之，謂之新城。」沈欽韓云：「按：邧，即元里也，在同州府東北。《魏世家》：『文侯十六年，伐秦，築臨晉元里。』《方輿紀要》：『新城在同州澄城縣東北二十里。』」

以報王官之役。【疏證】三年傳，秦取王官。

楚人滅江，秦伯爲之降服，出次，不舉，過數。【疏證】僖三十三年傳：「秦伯素服郊次。」杜

---

❶「詁」，原爲空格，今據《爾雅》卷上補。

❷「壞」，原作「培」，今據原稿改。

❸「天」，原作「夫」，今據《毛詩正義》卷十九改。

❹「梁」，原爲空格，今據原稿補。

注：「降服，素服也。」用彼傳以說，又云：「出次，辟正寢。不舉，去盛饌。❶鄰國之禮有數，今秦伯過之。」疏云：『鄰國之禮有數』，不知其數幾何，以言『過數』，知其必有數耳。哀十年傳稱：『齊人弒悼公，赴于師。吴子三日哭於軍門之外。』鄰國之數，蓋三日也。」

大夫諫，公曰：「同盟滅，雖不能救，敢不矜乎？吾自懼也。」【疏證】杜注：「秦、江同盟，不告，故不書。」沈欽韓云：「《續志》：『汝南安陽縣有江亭故國，嬴姓。』按此，則江與秦是同姓，故秦伯矜之過數。同盟猶言宗盟也。杜解非也。」❷

君子曰：「《詩》云：『惟彼二國，其政不獲。惟此四國，爰究爰度。』其秦穆之謂矣。」【疏證】本疏：「徧檢諸本，『君子曰』下皆無『詩云』，則傳文本自略也。」按：石經「曰」下有「詩」，缺「云」，亦用《正義》本也。洪亮吉云：「諸刻本下有此二字。」引《詩·大雅·皇矣》文，傳：「二國，殷、夏也。彼，彼有道也。四國，四方也。究，謀。度，居也。」杜注：「言夏、商之君，政不得人心，故四方諸侯皆懼而謀度其政事也。言秦穆亦能感江之滅，懼而思政。」杜用毛傳說。顧炎武云：「引《詩》蓋取上帝『監觀四方，求民之莫』之義，言恐懼可以致福。」❸

衛甯武子來聘，公與之宴，爲賦《湛露》及《彤弓》。【疏證】《湛露》序：「天子燕諸侯也。」《彤弓》序：「天子錫有功諸侯也。」皆《小雅》篇。杜注：「非禮之常，公特命樂人以示意，故言『爲賦』。」按：傳言賦《詩》，皆自賦，非命樂人，杜説非。疏謂：「自賦者，或全取一篇，或止歌一章，❹未有頓賦兩篇者。」❺亦强爲之説。《燕禮》：「工歌《鹿鳴》、《四牡》、《皇皇者華》。」若此，審是工歌，❻則當質言工歌《湛露》、《彤弓》也。❼

不辭，又不答賦。【疏證】《燕禮》工歌無答

❶「盛」，原脱，今據原稿補。
❷原稿眉批：江見僖二年，沈今釋不采。
❸原稿眉批：顧説與杜同，而謂杜迂。
❹「歌」，原作「取」，今據原稿改。
❺「頓」，原爲空格，今據原稿補。
❻「審」，原脱，今據原稿補。
❼「質」，原爲空格，今據原稿補。

賦之事，此可證是公自賦。疏謂「非常之賦，宜有對答」，非。

使行人私焉。【疏證】《大行人》：「掌大賓之禮，及大客之儀。」《小行人》：「掌使適四方，協九儀賓客之禮。」杜不釋「行人」。《魯語》注：「行人，官名，掌賓客之禮。」用《周禮》説。顧棟高云：「行人見於經者六，是乃一時奉使，非耑官。」梁履繩云：❶「魯叔孫氏以司馬而爲行人，鄭公孫黑以上大夫而世行，❷蓋是兼職出使者，不必皆專官也。」杜注：「私問之。」

對曰：「臣以爲肄業及之也。【注】賈云：「肄，習也。」《文選・西征賦》注引《國語注》。【疏證】杜釋「肄」同賈説。《釋文》：「肄，字又作『肆』。」昭三年「若爲三師以肄焉」，《釋文》：「肄，本又作『肆』。」王念孫云：「肄者本字，肆者借也。」壽曾曰：《説文》：「肆，陳也。從镸聿聲。𨽿，習也。从聿𣏟聲。」許君用賈説。❸則傳文當從「𨽿」。《魯語》説穆子聘晉之事云：「臣以爲肄業及之。」注：「肄，習也。❹以爲樂人自習修其業而及之，故不敢拜。」此傳賦《湛露》、《彤弓》，與「奏《肆夏》之三」誤同，不敢斥言公賦，故以樂人習學爲解。杜注：「魯人失所賦。」非。其謂「甯武子佯不知，此其愚不可及」，尤謬。

「昔諸侯朝正於王，【疏證】朝正，如本年「曹伯如晉會正」之「正」，以正月朝京師也。杜注：「朝而受政教也。」非。

「王宴樂之，於是賦《湛露》，

「則天子當陽，諸侯用命也。【疏證】《湛露》首章「湛湛露斯，匪陽不晞」，傳：「露雖湛湛，見陽則乾。」杜注：「言露見日而乾，猶諸侯稟天子命而行。」陳奐《詩疏》云：「杜正用毛傳。詩上二句興，陽喻天子，露喻諸侯。二章三章不言陽，末章并不言露，正互見其義。」按：陳説是也。箋以諸侯受爵爲説，與毛小異。然云：「肅敬承命，有似露見日而晞也。」則亦以陽喻君也。顧炎武云：「《湛露》之詩止是宴樂之意，取此爲興耳。天子當陽，言嚮明而治也。解太巧。」此「當陽」自釋詩「匪陽不晞」義，顧説非。《董子・天辨在人》篇：「天下之尊卑，隨陽而序。

❶「履」，原作「嚴」，今據原稿改。

❷「孫黑」，原爲一空格，今據《左通補釋》卷九補。

❸「許」，原脱，今據原稿補。

❹「習」，原作「晉」，今據《國語正義》卷五改。

不當陽者，臣子是也。當陽者，君父是也。」此傳稱當陽之義。《晉書・張華傳》：「賈后欲廢太子，左衛率劉卞謀欲奉太子廢后。華曰：『今天子當陽，太子，人子也，吾又不受阿衡之命，❶忽相與行此，是其無君父，而不孝示天下也。』」亦以當陽屬君父言。

「諸侯敵王所愾，而獻其功，**【疏證】**《說文》：「鎎，怒戰也。从金氣聲。《春秋傳》曰：『諸侯敵王所鎎。』」惠棟云：「許氏所據多古文，必得其實。」洪亮吉云：「今本作『愾』，非。」按：《說文》：「愾，太息也。」此別一字。杜注：「愾，恨怒也。」與「鎎」訓怒戰合。則杜本亦作「鎎」矣。《廣雅》：「弸、愾，滿也。」王念孫云：「謂氣滿也。」氣滿即恨怒義，而字已作「愾」，張揖所據已同今本。《彤弓》箋引此傳文，疏云：「敵，當也。愾，恨也。謂夷狄戎蠻不用王命，王心恨之，命諸侯有德者使征之。諸侯于是以王命興師以討。王之所恨者爲讎敵，而伐之既勝，而獻其所獲之功于王。王親授之。獻功者，伐四夷而勝則獻之。其伐中國，雖勝不獻。」

「王於是賜之彤弓一、彤矢百、玈弓矢千，以覺報宴。**【疏證】**石經「玈弓」下旁增「十旅」，嚴可均云：「今各本無。」杜注：「覺，明也。王賜之弓矢，以明報功宴樂。」惠棟云：「覺，讀爲較。何邵公云：『古者諸侯有較德也。』」按：惠說是也。《釋文》：「覺音角。」則舊注不訓，明此謂較其德以報宴耳。《彤弓》疏：「王又設饗禮禮之，于是賜之弓矢也。其饗之日，先受弓矢之賜，後受獻疇之禮也。」獻疇即謂傳之「報宴」。

「今陪臣來繼舊好，**【疏證】**杜注：「方論天子之樂，❷故自稱『陪臣』。」

「君辱貺之，其敢干大禮以自取戾？」

**【疏證】**《彤弓》傳：「貺，賜也。」薛綜《西京賦》注：「干，犯也。」《抑》傳：❸「戾，罪也。」❹

冬，成風薨。

**【經】**五年，春，王正月，王使榮叔歸含

❶「衡」，原爲空格，今據原稿補。

❷「論」，原作「賜」，今據原稿改。

❸「抑」，原爲二空格，今據《毛詩正義》卷十八補。

❹原稿眉批：查，各詁。

且賵。【注】賈、服云：「含、賵當異人，今一人兼兩使，故書『且』以譏之。」本疏。鄭康成云：「禮，天子於二王後之喪，含爲先，襚次之，賵次之，賻次之；於諸侯，含之，賵之；小君亦如之，於諸侯臣襚之。諸侯相於，如天子於二王後；❶於卿大夫，如天子於諸侯；於士，如天子於諸侯臣。何休云『尊不含卑是違禮』，非經意。其一人兼歸二禮，亦是爲譏。」本疏引《箴膏肓》。【疏證】《釋文》：「含，本又作唅。」《説文》：「唅，❷送終口中玉。」李富孫云：「經典通作含，俗作唅。」《荀子·大略篇》：「輿馬曰賵，玉貝曰含。」杜注用荀義，改「玉貝」爲「珠貝」。❸《公羊傳》：「含者何？ 口實也。」《解詁》：「天子以珠，諸侯以玉，大夫以碧，士以貝，《春秋》之制也。」彼疏云：「皆《春秋説》文，故云《春秋》之制也。」則杜注「珠貝曰含」，乃《公羊》説。《左氏》古説：「妙玉貝曰含也。」❹《穀梁傳》：「貝玉曰含。」與《左氏》説同。隱元年經「天王使宰咺來歸惠公、仲子之賵。」賈氏以賵爲覆，已於彼經釋訖。本疏引賈、服説，駁之云：「案《禮·襍記》，諸侯相弔之禮，含襚賵臨，同日而畢，與介代有事焉，不言遣異使也。諸侯相於，則唯遣一使，而責天子於諸侯，必當異人，禮何所出而非責王也？春秋之世，風教陵遲，吉凶賀弔，罕能如禮。王之崩葬，魯多不行。魯之有喪，甯能盡至？王歸含賵二事而已。宰咺又賵而不含不至，全無所譏。不含，又無貶責。既含且賵，便責兼之不可。是禮備不如不備，行禮不如不行，豈有如此之理哉？《左傳》舉來含且賵、會葬二事，乃云『禮也』，則二事俱是得禮，無譏兼之之義。言『且』者，見有二禮而已。」李貽德云：「《禮記·襍記》：『含者，執璧將命。上介賵，執圭將命。』是含賵異人之證。今歸含賵惟使榮叔一人，是兼兩使矣。」洪亮吉云：「含襚賵贈，既有先後次弟，則每事遣一使可知。正義云：『春秋之世，吉凶賀弔，罕能如禮。』此依時勢立言，非制禮本義。《公羊》及賈、服并據常禮爲説。又經文著『且』字，顯有禮

❶「天」，原重文，今據《春秋左傳正義》卷十九上删。
❷「唅」，《説文解字》卷一上作「琀」。
❸下「貝」，《春秋左傳正義》卷十九上作「玉」。
❹「妙」，疑誤。

文不備之意。正義以此譏賈，非也。」壽曾謂：李、洪之説皆正疏説之非。《襍記》弔者、含者、襚者、上介賵，❶節次相承。含者有「降出反位」之文，❷鄭注云：「言『降出反位』，則是介也。」疏申之云：「此弔者既爲上客，則賵者是上介，❸則此含者、襚者當是副介、末介。」如彼疏説，則含、襚、賵皆異人，可補洪説所未及。然本疏已謂「與介代有事」，則疏知含賵爲介者事，謂介不可當專使耳。洪氏謂「每事遣一使」，其文並於禮無徵，皆不足駁正疏説。隱元年經宰咺歸賵，《大行人》疏引服注：「咺，天子宰夫。謂宰夫主賻、賵之事。」以證行人唯主弔法。如《禮》疏説，則天子歸賵，當使宰夫榮叔以行人攝其事，故賈、服以兼二使爲譏也。洪氏謂賈、服據常禮言，極是。宰夫之歸賵，亦常禮矣。傳稱「禮也」者，美歸含賵之得禮，不關兼使之事。疏據傳駁賈、服説，非也。《公羊》：「其言『歸含且賵』何？兼之。兼之，非禮也。」《穀梁傳》：「含，一事也。賵，一事也。兼歸之，非正也。其曰『且』，志兼也。」且賵，三傳同説，杜不用賈、服説，故注中没而不言。❹疏之駁賈、服，非申杜説也。本疏又引何休《膏肓》，以爲：「禮，尊不含卑，又不兼二禮，《左氏》以爲禮，於義爲短。」下引鄭《箴膏肓》説之云：「如康成言，尊不含卑，禮無其事。康成以爲譏一人兼二事，❺非《左氏》義也。」本疏蓋信鄭駁尊不含卑之説，而以譏兼使爲非。詳《公羊傳》，但稱兼使之非禮，《解詁》則云：「以至尊行卑事。」❻與《膏肓》説同，❼或是古《公羊》家説，不可以概《左氏》。《穀梁》疏引鄭《廢疾》文略同本疏，❽無「何休」以下云云，又云：「京師去魯千里，王室無事，三月乃含，故不言來以譏之。」何氏《廢疾》之文無考，以鄭釋推之，何氏蓋以駁《穀梁》不周事之説。《襍記》疏引鄭《釋廢疾》文，亦同本疏，詞有顛倒異。彼疏又申之云：「鄭知天子於二王後含、襚、賵者，爲約此《襍記》兩諸侯相敵，❾明天子於二王後亦相敵也。知諸侯亦然者，約《襍記》文。鄭知天子於諸侯含、賵者，約文

❶「含者」，原作「含之」，今據原稿改。
❷「反」，原作「及」，今據原稿改。
❸「則」，《禮記正義》卷四十一作「又」。
❹「没」，原爲空格，今據原稿補。
❺「以」，原重文，今據原稿删。
❻「卑」，原作「乎」，今據原稿改。
❼「與」，原作「此」，今據原稿改。
❽「略同」，原作「若因」，今據原稿改。
❾「約」，原作「賜」，今據原稿改。下五「約」字同。

五年『榮叔歸含且賵』，三傳但譏兼禮，不譏其數是也。鄭知天子於諸侯臣襚之、賵之者，約《士喪禮》諸侯於士有襚、有賵，明天子於諸侯臣亦然。鄭知諸侯於卿大夫如天子於諸侯者，更無所尊，明尊此卿大夫，含之賵之也。凡此，於其妻亦如其夫。知者，約『宰咺來歸惠公、仲子之賵』，又約魯夫人成風之喪，『王使榮叔歸含且賵』，以外推此可知。」《禮》疏推説鄭義甚詳，今具録之。鄭譏兼歸二禮，與賈、服合。其箴詞「諸侯相如」，❶本疏誤爲「於相」，今从《釋廢疾》乙轉之。相於，謂相含、賵也。又賈氏説此經，謂：「畿内稱王，以恩深加禮妾母，恩同畿内，故稱王。」詳成八年疏證。

三月，辛亥，葬我小君成風。

王使召伯來會葬。【疏證】召伯，《穀梁》曰「毛伯」。彼疏云：❷「《左》、《公》及徐邈本並云『召伯』，此本作『毛伯』，疑誤也。」杜注：「召伯，天子卿也。伯，爵也。」

夏，公孫敖如晉。無傳。

秦人入鄀。【疏證】十五年傳例：「獲大城焉曰『入之』。」❸《地理志》：「南郡若，本秦縣，楚昭王畏吳，自郢徙此，後復還郢。」師古曰：「《春秋傳》作鄀，其音同。」洪亮吉云：「《郡國志》作鄀侯國。按舊注亦不言鄀所在，❹今考傳云『鄀叛楚即秦』，是鄀國在秦、楚之間。故城在今宜城縣東南，去武關不遠，正秦、楚兩國界也。《玉篇》亦云：『鄀，秦、楚界小國。』」

秋，楚人滅六。【疏證】《帝王世紀》：「六，偃姓，子爵，皋陶次子甄，是爲仲甄，封於六。」《地理志》：「六安國故國，皋陶後。」《水經·沘水注》：「沘水出沘山，沘字或作淠。淠水西北逕六安縣故城西。縣，故皋陶國也，夏禹封其少子，❺奉其祀。」酈氏謂皋陶少子封六，❻與《世紀》合。沈欽韓云：「《一統志》：『六縣故城在六安州北。』」江永云：「六安州，今爲直隸州。」《年表》：「楚穆王四年，滅六、蓼。」按：蓼不書「滅」者，不以吉。

---

❶「如」，疑當作「於」。
❷「彼」，原爲空格，今據原稿補。
❸「獲」，原爲空格，今據原稿補。
❹「所」，原作「師」，今據原稿改。
❺「封」，原作「奉」，今據《水經注箋》卷三十二改。
❻「酈」，原作「鄧」，今據原稿改。

冬，十月，甲申，許男業卒。無傳。

【傳】五年，春，王使榮叔來含且賵，召昭公來會葬，禮也。【疏證】杜注：「天子以夫人禮賵之，明母以子貴。」用古《春秋左氏》説。四年經釋訖。

初，鄀叛楚即秦，又貳於楚。夏，秦人入鄀。

六人叛楚即東夷。秋，楚成大心、仲歸帥師滅六。【疏證】杜注：「仲歸，❶子家。」

冬，楚公子燮滅蓼。【疏證】各本脱「公」，从石經增。《釋文》：「蓼，字或作『鄝』。」《地理志》：「六安蓼，故國，皋陶後，爲楚所滅。」《淮南子·氾論訓》：「陽侯殺蓼侯而竊其夫人，故大饗廢夫人之禮。」注：「陽侯，陵國侯也。❷蓼侯，皋陶之後，偃姓之侯國也。今在廬江。」《彙纂》：「今河南汝甯府固始縣東北有蓼城岡，其地即古蓼國，漢蓼縣。」江永云：「按：固始縣今屬河南光州。」❸

臧文仲聞六與蓼滅，曰：「皋陶庭堅不祀忽諸，【注】服云：「諸，辭。」《柏舟》疏。【疏證】《楚世家》：「穆王四年，滅六、蓼。六、蓼，皋陶之後。」用此傳義。黄生《義府》：「《左傳》『皋陶庭堅』，杜以庭堅即皋陶之字，故謂六、蓼皆皋陶後。然古人之語，❹無既舉其名復舉其字之理。羅泌《路史》辨皋陶爲少昊四世孫，庭堅則高陽氏之子；六，❺皋陶後。蓼，庭堅後。此爲得之。」顧炎武云：「十八年，季孫行父所稱八凱有庭堅，杜氏以爲皋陶字。羅泌以爲六，皋陶之後。陸氏據《焦氏易林》『尨降、庭堅爲陶叔後』，謂『二國皆皋陶後，而庭堅則或以支子别封，自爲其國之祖』，❻故文仲並舉之也。未詳孰是。」文淇案：羅泌多鑿空之談，黄氏從之，非也。文十八年疏引鄭玄注《論語》云：「皋陶爲士師，號曰庭堅。」明皋陶、庭堅爲一人也。壽曾謂：陸氏以《易林》陶叔當皋陶，别無所徵。説此傳者，亦未聞以尨降當六也。《陳世家》「或封蓼、六」，索隱云：「本或作英、六，皆通。」然蓼、六

❶「歸」，原作「師」，今據原稿改。
❷「陵」上，《淮南鴻烈解》卷十三有「陽」字。
❸原稿眉批：《讀本》謂蓼在霍邱。
❹「之」，《義府》卷上作「口」。
❺「六」，原作「亦」，今據《義府》卷上改。
❻「自」，原爲空格，今據原稿補。

皆咎繇之後。據《世本》，二國皆偃姓，故《春秋》文五年《左傳》云楚人滅六、蓼，臧文仲曰『皋陶、庭堅不祀忽諸』。杜預曰：『蓼與六俱皋陶後。』又僖十七年『齊人、徐人伐英氏』，杜預又曰：『英、六皆皋陶後。』國名是有英、蓼，實未能詳。或此英後改爲蓼也。」索隱謂英即蓼國，非。英，今英山也。服注見《柏舟》「日居月諸」疏。李貽德云：「按：辭，猶語助。」

「德之不建，民之無援，哀哉！」【疏證】《水經・決水》注引傳「建」作「逮」。❶李富孫云：「二字形近易淆，作『逮』義亦通。」杜注：「傷二國之君不能建德，結援大國，❷忽然而亡。」❸顧炎武云：「『德之不建』，言二國不能自强於爲善。❹『民之無援』，言中國不能恤小寡。解非。」

晉陽處父聘于衛，反過甯，【疏證】《晉語》注：「甯，晉邑，今河内脩武是也。」杜用韋說。顧棟高云：「今河南衛輝府獲嘉縣西北有修武故城，古甯邑，秦置縣。」江永云：「《韓詩外傳》：『武王伐紂，勒兵于甯，改甯曰修武。』今懷慶府修武縣也。衛輝府之獲嘉縣，與之接境，亦修武地。漢武帝置獲嘉縣，東魏又置西修武，皆甯地。周既改甯爲修武矣，而猶稱甯，❺蓋後又復舊名也。衛有甯氏爲世卿，似食邑於此。獲嘉近衛，則甯當屬衛。」按：修武、獲嘉二邑接壤，然獲嘉在河北。以今地考之，甯武子由晉都反衛，由修武而南，經修武可達衛都，不必迂道渡河至獲嘉也。定元年傳魏獻子卒於甯，亦甯是晉邑之證。衛别有甯耳。《方輿紀要》：「甯城在懷慶府修武縣東。」

甯嬴從之。【注】賈逵以甯嬴爲掌逆旅之大夫。本疏引《國語》注。【疏證】杜注：「嬴，逆旅大夫。」疏云：「《晉語》説此事云：『舍於逆旅甯嬴氏。』注《國語》者賈逵、孔晁皆以甯嬴爲掌逆旅之大夫，❻故杜亦同之。劉炫以甯嬴直是逆旅之主，非大夫。今删定知不然者，若是逆旅之主，則身爲匹庶，是卑賤之人，猶如重館

❶「決」，原爲空格，今據原稿補。
❷「結」，原爲空格，今據原稿補。
❸「亡」，原作「止」，今據原稿改。
❹「於」，原作「相」，今據原稿改。
❺「甯」，原脱，今據原稿補。
❻「者」，原脱，今據原稿補。

人告文仲，重丘人罵孫蒯，止應稱人而已，❶何得名氏見傳？杜以傳載名氏，故爲逆旅大夫。劉炫以爲客舍主人而規杜氏，非也。」賈注《國語》以嬴爲逆旅大夫，其説傳義，亦當然。杜即取賈《内傳》注也。孔晁不注《左氏》，故留賈置孔。《晉語》韋注：「旅，客也。逆客而舍之。嬴，其姓。」韋氏蓋以嬴爲逆旅主人，與賈、孔異。朱駿聲云：「大夫不得私去其官，❷劉説是也。」按：傳正以甯嬴去官從處父爲異，故記之。《晉書·郭奕傳》：「初爲野王令，羊祜嘗過之，遂送祜出界數百里，坐此免官。」是古人有行之者。

及温而還，【疏證】《晉語》作「及山而還」，注：「山，河内温山。」

其妻問之。嬴曰：「以剛。《商書》曰：『沈漸剛克，高明柔克。』【疏證】《尚書·洪範》文。《校勘記》云：「沈漸，古文《尚書》作沈潛。段玉裁云：『《漢書·谷永傳》「忘湛漸之義」，湛漸即沈潛也。蓋《今文尚書》作漸，與《左氏》合。』」案：今在《周書》。本疏：「箕子商人所説，故傳謂之《商書》。」全祖望《經史問答》云：「《左傳》引《洪範》爲《商書》，何也？❸答：是蓋殷之遺民所稱，而後人因之者。蓋曰『十有三祀』，則雖以爲《商書》可也。」孫星衍《書疏》云：「《左傳》、《説文》引此經，皆云《商書》，經文亦稱歲爲祀。或武王命箕子陳言，示不臣之義。或此篇舊次在《微子》之前，如《漢書·儒林傳》云『《堯典》、《禹貢》、《微子》、《金縢》諸篇』，不可知矣。」全、孫説與本疏合。閻若璩《潛丘劄記》則謂《商書》爲夫子未删前之《書》，則恐未然也。某氏《書傳》：「沈潛謂地，雖柔亦有剛，能出金石。高明謂天，言天爲剛德，亦有柔克，不干四時。喻臣當執剛以正君，君亦當執柔以納臣。」其即據此傳「天爲剛德，猶不干時」爲説。杜注：「沈漸，猶滯弱也。高明，猶亢爽也。言各當以剛柔勝己本性，乃成全也。」與某氏説同。《宋世家》引馬融説：「沈潛爲陰伏之謀，高明君子，亦以德懷。」《洪範》疏：「鄭玄以爲人臣各有一德，天子擇使之。」鄭、馬説亦自不同，皆與傳引《書》之義不合。孫星衍《書疏》引此傳文及杜注，説之曰：「此周人引《書》，即言治性，不言治人，蓋《書》古文説。杜氏所云，亦不同馬、鄭之説，意以沈漸地道近弱，當以剛

❶「稱」，原爲空格，今據原稿補。
❷「私去」，原作「外有」，今據原稿改。
❸「何也」至「商書」三十九字，原脱，今據原稿補。

勝之；高明天道近剛，當以柔勝之，乃成德也。此言君德之明證。《谷永傳》：『永説王音曰：「意將軍忘湛漸之義，❶委曲從順，所執不彊。」』此亦用《洪範》『沈漸剛克』，班氏、谷永皆用今文《書》説，亦不與馬、鄭同也。」按：孫説是也。

「夫子壹之，其不没乎？【疏證】壹之，壹於剛。

「天爲剛德，猶不干時，況在人乎？【疏證】杜注：「寒暑相順。」《洪範》疏：「《左傳》云『天爲剛德，猶不干時』，是言天亦有柔德，不干四時之序也。地柔而能剛，天剛而能柔，故以喻臣當執剛以正君，君當執柔以納臣也。」用杜注義。

「且華而不實，怨之所聚也。【疏證】《晉語》説此事云：「夫皃，情之華也；言，皃之機也。身爲情，成於中。言，身之文也。言文而發之，合而後行，離則有釁。❷今陽子之皃濟，其言匱，非其實也。」是説「華而不實」之事也。杜注：「言過其行。」亦取《外傳》爲説。

「犯而聚怨，不可以定身。【疏證】《晉語》注：「犯，犯人也。」杜注：「剛則犯人。」用韋説。

「余懼不獲其利，而離其難，是以去之。」【疏證】「離」與「罹」同。襄二十一年傳：「子離於罪。」❸

晉趙成子、欒貞子、霍伯、臼季皆卒。

【注】賈云：「欒貞子，欒枝也。霍伯，先且居也。」《晉世家》集解。【疏證】杜云：「成子，趙衰，新上軍帥，中軍佐也。貞子，欒枝，下軍帥也。霍伯，先且居，中軍帥也。臼季，胥臣，下軍佐也。」其釋人名同賈説。《晉世家》集解於賈注蓋節引矣。《年表》：「晉襄公六年，趙成子、欒貞子、霍伯、臼季皆卒。」索隱：「趙成子，名衰。欒貞子，名枝。霍伯，先且居也，封之霍。臼季，胥臣也。四大夫皆此年卒。」杜謂趙衰中軍佐、霍伯中軍帥者，以六年傳知之。彼傳賈注亦同。欒貞子下軍帥、臼季下軍佐，見僖廿八年城濮

❶ 「意」下，《皇清經解》卷七百五十二《尚書今古文注疏》有「豈」字。

❷ 「離」，原作「誰」，今據原稿改。

❸ 原稿眉批：離，詁。

之戰。本疏云：「清原之蒐，趙衰、箕鄭將新上軍。」❶趙、欒、霍，地皆釋訖。《晉語》注：「先且居，先軫之子蒲城伯，後受霍爲霍伯。」洪亮吉云：「臼亦以采地名。《郡國志》：『河東郡解有臼城。』劉昭注引《博物志》曰：『臼季邑在縣西北。』」按：解，今山西蒲城臨晉縣東南十八里。

【經】六年，春，葬許僖公。

夏，季孫行父如陳。【疏證】《世本》：「公子友生齊仲，齊仲生無逸，無逸生行父，行父生夙。」《穀梁疏》引《世本》「齊仲」作「仲無佚」。梁履繩云：❷「韋氏《周語》注：『季文子，齊仲無佚之子。』齊蓋其謚也。」杜注：「行父，季友孫。」用《世本》說。「行父，季友孫」，宋本如此，今本作「季孫友子」，❸誤。洪亮吉云：「范甯注：❹『行父，季友生。』❺生即孫也。與杜注同。」《洪範》序「立武庚」，鄭注：「武庚，字禄父。」某氏傳：「武庚，一名禄父。」疏：「春秋之世有齊侯禄父、蔡侯考父、季孫行父，亦是名，未必是字，故傳言『一名禄父』。」詳《書》疏，則舊説行父爲字，故駁正之。

秋，季孫行父如晉。

八月，乙亥，晉侯驩卒。【疏證】《公羊》「驩」曰「讙」。李富孫云：「《晉世家》作『歡』，《魯世家》作『驩』。《檀弓》引《書》『言乃讙』，注：『喜説。』《孟子》『驩虞如也』，音義：『丁云：義當作「歡娱」，古字通用。』古書多借驩爲歡。」

冬，十月，公子遂如晉，葬晉襄公。【疏證】杜注：「卿共葬事，文襄之制也。」疏：「昭三十年傳：『先王之制，諸侯之喪，士弔，大夫送葬。』昭三年傳：『昔文襄之霸也，其務不煩諸侯。君薨，大夫弔，卿共葬事。』是也。」按：《公羊》此經解謂：「禮，諸侯薨，使大夫弔，自會葬。」❻《公羊》與《左氏》説不同。

晉殺其大夫陽處父。

晉狐射姑出奔狄。【疏證】《穀梁》「射」曰

❶「箕」，原爲空格，今據原稿補。
❷「梁履繩」，原爲空格，今據原稿補。
❸「孫」上，原衍「友」字，今據《春秋左傳詁》卷二删。
❹「范甯」，原爲空格，今據原稿補。
❺「友」，原脱，今據原稿補。
❻「會」，原作「舍」，今據原稿改。

「夜」。杜注：「射姑，狐偃子賈季也。」《檀弓》疏：「賈季即狐射姑也，賈是采邑，季則其字。」

**閏月不告月，猶朝于廟。【注】許慎從《左氏》説，不顯朝廟告朔之異，謂朝廟而因告朔。**《玉藻》疏引《異義》。**【疏證】**《公羊》「月」曰「朔」。杜注：❶「經稱『告月』，傳稱『告朔』，明告月必以朔。」《釋文》：❷「不告月，月或作『朔』，誤也。」文淇案：作「朔」者，乃古本也。《司尊彝》「凡四時之間祀，追享朝享」，注：「朝享，謂朝受政於廟。《春秋傳》曰：『閏月不告朔，猶朝于廟。』」❸是鄭康成所見之本正作「告朔」，若作「告月」，實屬不辭。《玉藻》「皮弁以聽朔于太廟」，疏云：「告朔又謂之告月。」引文六年「閏月不告月」，並據杜本也。壽曾曰：詳鄭氏《禮》注「朝享謂朝受政於廟」，義止明朝廟之禮。其告朔應在何處，❹鄭所未言。彼疏云：「謂天子告朔于明堂，因即朝享。朝享即月祭，《祭灋》云謂之月祭，❺故《祭灋》云：『考廟，王考廟，皇考廟，顯考廟，祖考廟，皆月祭之。❻二祧享嘗乃止。』諸侯告朔于太廟，因即朝享。《祭灋》云：『諸侯考廟、王考廟、皇考廟，皆月祭之。顯考、祖考，享嘗乃止。』告朔，天子用牛，諸侯用羊，月祭皆太牢也。」如彼疏説，則天子告朔於明堂，即明堂以朝。諸侯告朔於大廟，即廟以朝也。諸侯告朔、朝廟皆於廟，則其行禮爲一時事。然三傳中惟《左氏》説如此。知者，《玉藻》「聽朔于南門之外」，疏：「《異義》：『《公羊》説：每月告朔朝廟，❼至于閏月不以朝者，閏月，殘聚餘分之月，無正，故不以朝。經書閏月猶朝廟，譏之。《左氏》説：閏以正時，時以作事，事以厚生。生民之道，于是乎在。不告閏朔，棄時政也。許君謹案：❽從《左氏》説，不顯朝廟、告朔之異，❾謂朝廟而因告朔。』鄭駁之，引《堯典》以閏月定四時成歲，閏月當告朔。又云：『説者不本於

❶「杜注」，當作「本疏」。
❷「文」，原重文，今删。
❸「朝」，原脱，今據《周禮注疏》卷二十補。
❹「應」，原作「聽」，今據原稿改。
❺「祭灋」，原爲空格，今據原稿補。《周禮注疏》卷二十無「月祭」、「云」三字。
❻「之」，原爲空格，今據原稿補。
❼「朝」，原作「告」，今據《禮記正義》卷二十九改。
❽「謹」，原作「謀」，今據原稿改。
❾「顯」，原爲空格，今據原稿補。

經，所譏者異其是與非，❶皆謂朝廟而因告朔，似俱失之。朝廟之經在文六年，冬，「閏月不告朔，猶朝于廟」，辭與宣三年，春，❷「郊牛之口傷，改卜牛，牛死，乃不郊，猶三望」同。言猶者，告朔然後朝廟，郊然後當三望。今廢其大，存其細，是以加「猶」譏之。《論語》云：「子貢欲去告朔之餼羊。」《周禮》有朝享之禮祭。然則告朔與朝廟祭異，亦明矣。』如此言，從《左氏》説，又以先告朔而後朝廟。鄭以《公羊》閏月不告朔爲非，以《左氏》告朔爲是。二傳皆以先朝廟而因告朔，二者皆失，故鄭云：『其是與非，皆謂朝廟而因告朔，二者皆失。』」案：《公羊傳》：「不告月何？不告朔也。曷爲不告朔？天無是月也。」此《異義》所舉《公羊》説「殘聚餘分之月」義。《穀梁傳》：「不告朔，則何爲不言朔也？閏月者，附月之餘日也，積分而成於月者也。天子不以告朔，而喪事不數也。」❸二傳同説。❹許君所舉《左氏》説，朝廟而因告朔，其禮今無以考。《玉藻》疏：「二傳皆以先朝廟而因告朔。」云「二傳」當斥《公羊傳》説。❺彼傳《解詁》：「朝者，因視朔政爾。無政而朝，故加『猶』。」是朝廟爲告朔而設，然其□次先朝廟後告朔，明告朔即在廟中，不必順經文之次也。《左氏》説亦當然。鄭謂告朔然後朝廟，非也。《大史》「頒告朔于邦」，注：「天子頒朔于諸侯，諸侯藏之祖廟，至朔，朝于廟，告而受行。」則鄭亦謂先朝廟、後告朔矣。駁未定。杜注：「諸侯每月必告朔聽政，因朝宗廟。」亦不析告朔、朝廟爲兩事，❻當是用古《左氏》説。其先言告朔，後言朝廟，仍違古説矣。《司尊彝》疏又云：「文公六年《左氏傳》云：『閏月不告朔，猶朝于廟。』❼若然，天子告朔于明堂。而云『受政于廟』者，謂告朔是受十二月政令，故名明堂爲布政之宮。以告朔訖，因即廟朝，❽亦謂之受政，但與明堂受朔別也。《春秋》譏廢大行小。❾引之者，見告朔與朝廟別，謂『若不

❶「與」，原脱，今據原稿補。
❷「春」，原脱，今據原稿補。
❸「喪」、「數」，原爲空格，今據原稿補。
❹「二傳同説」，原脱，今據原稿補。
❺「斥」，原爲空格，今據原稿補。
❻「朝」，原作「告」，今據原稿改。
❼「猶」，原重文，今據原稿删。
❽「廟朝」，《周禮注疏》卷二十作「朝廟」。
❾「廢」，原脱，今據原稿補。

郊，❶猶三望』，與郊亦別也。」此亦據鄭氏《駁異義》説，非《左氏》義。其謂讖廢大行小，與傳義合。但朝廟因告朔，於文不得云告朔朝廟也。本疏：「告朔、視朔、聽朔、朝廟、朝享、朝正，二禮各有三名，同日而爲之也。」

【傳】六年，春，晉蒐于夷，舍二軍。使狐射姑將中軍，趙盾佐之。【注】服云：「使射姑代先且居，趙盾代趙衰也。箕鄭將上軍，林父佐也。先蔑將下軍，先都佐也。改蒐于董，趙盾將中軍，射姑奔狄，先克代佐中軍耳。」本疏。【疏證】《晉語》注：「初，晉作三軍。❷魯文五年，晉四卿卒。至六年，❸晉蒐于夷，舍二軍，領放國之制。」❹按：作三軍乃晉文三年事，見僖二十七年傳。僖三十一年傳：「蒐於清原，作五軍。」韋注不言五軍，於事未明。杜注以「清原作五軍」爲説。又云：「今舍五軍，❺復三軍之制。」是也。疏云：「清原之蒐，五軍十卿，有先軫、郤溱、先且居、狐偃、欒枝、胥臣、趙衰、箕鄭、胥嬰、先都。箕之役，先軫死。往歲趙衰、欒枝、先且居、胥臣卒。❻八年傳説此蒐之事，云『晉侯將登箕鄭父、先都』，則郤溱、狐偃、胥嬰亦先卒矣。清原十卿，惟有箕鄭、先都在耳，故蒐以謀軍帥。」疏考清原十卿，今止餘二，至爲明晰。杜注用服説，又云：「盾，趙衰子。」其上、下軍將、佐則没而不説。七年傳，禦秦之役，「趙盾將中軍，先克佐之。荀林父佐上軍。先篾將下軍，先都佐之。箕鄭居守」。服氏蓋據彼傳爲説，備三軍之制。彼傳杜注：「箕鄭將上軍居守，故佐獨行。」服氏於此傳已明箕鄭將上軍，則杜彼注亦用服説也。易中軍將、佐，服探下文爲説，亦用七年傳。

陽處父至自温，改蒐于董，易中軍。【疏證】《水經·涑水》注：「董澤東西四里，南北三里，古池也。」文六年蒐于董，

❶「謂」，原作「設」，今據原稿改。
❷「三」，《國語正義》卷十一作「二」。
❸「至」，原作「五」，今據原稿改。
❹「領放」，《國語正義》卷十一作「復成」。原稿眉批：夷見莊十六年。
❺「五」，《春秋左傳正義》卷十九上作「二」。
❻「往」，原作「彼」，今據原稿改。

即此澤。」杜注：「河東汾陰縣有董亭。」馬宗璉從酈氏説謂：❶「元凱汾陰之解誤，不若酈注之簡明易曉。」《郡國志》：「河東臨汾縣有董亭。聞喜縣有董池陂，古董澤。」洪亮吉云：「劉昭注兩處皆引此傳，雖本杜、酈二説，然非也。今攷董澤，當以涑水所經者爲是。杜注反舍此而從彼，失之。」如洪説，是謂董即董澤矣，董澤、董亭非一地。沈欽韓云：「酈氏與劉昭誤合爲一，杜注『汾陰』當作『臨汾』。《一統志》：『董亭在蒲州府榮河縣東。』」

陽子，成季之屬也，【疏證】《趙世家》：「趙衰卒，謚爲成季。」杜注：「處父嘗爲趙盾屬大夫。」洪亮吉云：「處父蓋嘗爲趙衰屬大夫。《説苑》：『師曠對晉平公曰：「陽處父欲臣文公，因咎犯三年不達，因趙衰三日而達。」』是處父由趙衰方得進用。杜注作『趙盾』，乃傳寫之誤。成季，趙衰謚。成八年傳：『韓厥言於晉侯：「成季之勳，宣孟之忠，而無後，爲善者其懼矣。」』杜注即云趙衰，故知此注傳寫失也。」按：洪説是也。

故黨於趙氏，且謂趙盾能，曰：「使能，國之利也。」【疏證】《高帝紀》注：「師古曰：『能，謂材也。』」

宣子於是乎始爲國政。【注】舊注：「宣子，趙盾。」《御覽》六百二十二。【疏證】杜注：「宣，趙盾謚。」則《御覽》所引爲舊注也。《謚法》：「聖善周聞曰宣。」《晉世家》：「趙盾代趙衰執國政。」

制事典，【疏證】《□□》注：「典，常也。」杜用鄭説。疏：「正國之百事，❷使有常也。」

正法罪，【疏證】杜注：「輕重當。」疏：「正法罪，謂準狀治罪，爲將來之法，若今造律令也。」

辟獄刑，【疏證】諸刊本「獄刑」誤倒，從石經，疏述傳作「辟獄刑」可證。杜注：「辟猶理也。」疏：「與上句所以異者，『辟獄刑』謂獄有未決斷當時之罪，❸若昭十四年『韓宣子命斷舊獄』之類是也。」

董逋逃，❹【疏證】《釋詁》：「董、督，正也。」

---

❶「酈」，原爲空格，今據原稿補。下三「酈」字同。

❷「國」，原作「周」，今據原稿改。

❸「獄有」，《春秋左傳正義》卷十九上作「有獄」。「未」，原作「主」，今據原稿改。

❹原稿眉批：逋逃，詁，查《書・商書》。

**由質要，**【疏證】《荀子·王霸篇》「質律禁止而不偏」，注：「質律，質劑也，可以爲法，故言質律也。」下引此傳，又云：「或曰質，正也。」則「質要」即質律。《後漢書·馬融傳》：「《廣成頌》曰：『由質要之故業，❶率典刑之舊章。』」❷馬氏正用此傳文也。質要、典刑對文，則「質」不當訓「正」矣。杜注：「由，用也。質要，券契也。」疏：「《小宰》『七曰聽賣買以質劑』，注：『質劑，謂兩書一扎，同而别之。長曰質，短曰劑。』」

**治舊洿，**【疏證】《釋文》：「洿，本又作『汙』。」沈欽韓云：「洿，濁水不流也。《一切經音義》：『《三蒼》云：停水曰洿。』」杜注：「治理污穢。」疏：「國之舊政洿穢不潔，❸理治改正之也。」

**本秩禮，**【疏證】杜注：「貴賤不失其本。」疏：「本其次秩，使如舊也。」❹

**續常職，**【疏證】杜注：「修廢官。」疏：「任賢使能，❺令續故常也。」

**出滯淹。**【疏證】杜注：「拔賢能也。」

**既成，以授太傅陽子與太師賈佗，**【疏證】《晉語》「佗」曰「它」。杜注不釋太傅、太師。《檀弓》「其陽處父乎」，注：「陽處父，襄公之太傅。」《王制》疏云：「其大夫之稱，亦得兼三公，故《詩》云『三事大夫』之謂三公也。❻上大夫卿，亦稱孤也，故《春秋》陽處父爲太傅，經云『晉殺其大夫陽處父』也。」如《禮》疏説，則陽處父以大夫兼三公，賈佗之兼大師亦然也。本疏：「宣十六年傳：『晉侯請于王，命士會將中軍，且爲太傅。』則太傅尊於中軍之將，與太師皆爲孤卿也。《周禮》上公之國有孤一人，《王制》諸侯三卿。晉，侯爵也，而有三軍六卿，復有孤二人者，晉爲霸主，多置群官，共時所須，❼不能如禮。」疏説晉有孤卿是也，然不謂大夫兼官，則非。杜注：「賈佗以公族從文公，而不在五人之數。」❽《晉語》注：「賈佗，狐偃

❶「故」，原脱，今據原稿補。
❷「刑」，原作「型」，今據原稿改。
❸「國」，原作「周」，今據原稿改。
❹原稿眉批：秩，詁。
❺「賢」，原作「賀」，今據原稿改。
❻「詩」，原作「傳」，今據原稿改。
❼「共」，原作「其」，今據原稿改。
❽「不」，原重文，今據原稿删。

之子、太師賈季也。公族，姬姓，食邑於賈，字季。」與杜説異。洪亮吉云：「賈佗與賈季是屬兩人。韋注賈佗即賈季，恐非。」按：洪説是也。全祖望《經史問答》云：「晉故有賈氏，七輿大夫之中，右行賈華是也。❶蓋故是晉之公族，賈它在從亡諸臣之列。公孫固曰：❷『晉公子父事狐偃，師事趙衰，長事賈它。』則與咎犯等夷，非父子矣。狐氏雖亦姬姓，然戎種，❸非公族也。至咎犯之子始稱賈季，而其氏仍以狐，是猶之士會稱隨會也。襄公之世，趙盾將中軍，賈季佐之，而陽處父爲太傅，賈它爲太師，二賈同列，其時它爲老臣，而季新出，安得合爲一也？」

使行諸晉國，以爲常法。【疏證】斥上九年事言之。❹疏：「此謂所爲制作法式者，豫爲將來使案而遵行，❺臨時決斷者。」

臧文仲以陳、衛之睦也，欲求好於陳。

夏，季文子聘于陳，且娶焉。

秦伯任好卒。【疏證】《年表》：「秦繆公三十九年，繆公薨。葬殉以人，從死者百七十人。❻君子譏之，故不言卒。」此《左氏》舊説，經不書秦伯卒義。

以子車氏之三子奄息、仲行、鍼虎爲殉，【注】服云：「子車，秦大夫氏也。殺人以葬，璇環其左右曰殉。」《黄鳥》疏。【疏證】洪亮吉云：「《詩·黄鳥》云：『子車奄息。』正義曰：『《左傳》作子輿，輿、車字異義同。』今傳仍作『車』，當是傳寫之訛。孔氏所據乃古本也。《史記·秦本紀》亦作『子輿氏』。」按：洪説是也。《校勘記》謂孔氏所據本不同。《詩》、《左氏》疏皆孔氏撰，不當有異。知傳文作「車」，非孔氏舊矣。《釋文》：「仲，本亦作『中』。」《秦本紀》：「繆公三十九年，卒，葬雍。從死者百七十七人，秦之良臣子輿氏三人名曰奄息、仲行、鍼虎，亦在從死之中。」是其事也。正義：「應劭云：『秦穆公與群臣飲酒酣，公曰：「生共此樂，死共此哀。」於是奄息、仲行、鍼虎許諾。及公薨，皆從死。』」《黄鳥》箋亦謂「自殺以從死」。《漢書·匡衡傳》：「秦穆貴信

❶「右」，原作「左」，今據《左通補釋》卷九改。
❷「固」，原殘，今據原稿補。
❸「種」，原作「族」，今據原稿改。
❹「斥」，原爲空格，今據原稿改。
❺「遵」，原作「逆」，今據原稿改。
❻「從死」，原重文，今據《史記·十二諸侯年表》删。

而士多從死。」匡學《齊詩》，鄭用《齊》故也。是漢人有三良自殺之説。感恩自殺，國人不合哀之，與《詩》「臨穴惴慄」義不相應。服謂「殺人以葬」，則三良非自殺矣，杜注用服義。《黄鳥》傳：「子車，氏。奄息，名。」於仲行、鍼虎無釋，是仲行、鍼虎皆名矣。陳奂《詩疏》云：「仲，字也。行，名也。子車仲行，若鄭之祭仲足，祭氏，仲字，足名矣。傳以奄息爲名，則仲行、鍼虎皆名。仲行爲子車氏之第二子，❶單名行，故詩人以此分章，❷不當兩稱名而一稱字。箋謂仲行字，恐非是。」李貽德云：「『璇』與『旋』同，『環』與『還』同。」《括地志》：「三良冢在岐州雍縣一里故城内。」沈欽韓云：「《秦本紀》：『武公二十年卒，葬雍平陽。初以人從死，從死者六十六人。』按：穆公，武公之弟，德公之子，❸其殉葬已歷二世矣。」

皆秦之良也。國人哀之，爲之賦《黄鳥》。【疏證】《黄鳥》序：「《黄鳥》，哀三良也。國人刺穆公以人從死，而作是詩也。」《秦本紀》：「秦人哀之，爲作歌《黄鳥》之詩。」

君子曰：「秦穆之不爲盟主也，宜哉！死而棄民。先王違世，猶詒之法，而况奪之善人乎？【疏證】洪亮吉云：「《史記・蒙恬列傳》：『秦穆公殺三良而死，罪百里奚而非其罪也，故立號曰繆。』王充《論衡》：『繆者，誤亂之名。文者，德惠之表。晉文之謚，美於繆公。』按：此則『穆』當讀曰『繆』，所謂『名與實爽曰繆』也。」按：洪説是也。《秦本紀》：「君子曰：『秦繆公廣地益國，東服强晉，西霸戎夷，然不爲諸侯盟主，亦宜哉。死而棄民，收其良臣而從死。且先王崩，尚猶遺德垂法，况奪之善人良臣百姓所哀者乎？』」即衍傳意爲説。

「《詩》曰：『人之云亡，邦國殄瘁。』【疏證】《大雅・瞻卬》文。傳：「殄，盡。瘁，病也。」

「無善人之謂。若之何奪之？

「古之王者，知命之不長，

「是以並建聖哲，【疏證】此總下十一事也。王引之云：「言徧建聖哲也。」《魏志・程昱傳》：「孫曉爲

❶「子」，原作「字」，今據《詩毛氏傳疏》卷十一改。

❷「此」，原殘，今據原稿補。

❸「德」上，原衍「子」字；「之」，原爲空格，今據《春秋左氏傳補注》卷四删補。

黃門侍郎。時校事放橫，曉上疏曰：『《春秋傳》曰：天有十日，人有十等。愚不得臨賢，賤不得臨貴。於是並建聖哲，樹之風聲。』」則聖哲指庶人以上言之。杜注：「建立聖知，以司牧民。」蓋用古義。

「樹之風聲，【疏證】此與《書・畢命》文同。某氏傳云：「立其善風，揚其善聲。」杜云：「因土地風俗，爲立聲教之法。」不用某氏傳説，知杜氏未見僞古文也。杜不釋風，云「因土俗」，傳亦無此義。《文選》注引《廣雅》：「風，聲也。」則風、聲互相訓。陸粲云：「樹立其風化聲教。」是也。王鳴盛《尚書後辨》云：「《畢命》『樹之風聲，弗率訓典』，本之文六年《左傳》『並建聖哲，樹之風聲，告之訓典。』」

「分之采物，【疏證】杜注：「旌旗衣服，各有分別。」❶疏：「定四年傳稱『分魯公以大路大旂』之類是也。」❷

「著之話言，【疏證】《廣雅・釋□》：「話，善也。」杜注：「爲作善言遺戒。」

「爲之律度，【注】服云：「鳧氏爲鍾，各自計律，倍而半之。黃鍾之管長九寸，則黃鍾之鍾長二尺二寸半。餘鍾亦各自計律，倍而半之。度量衡其本俱出於律。」本疏。

【疏證】杜注：「鍾律度量，所以治曆明時。」❸服以度量衡皆出於律，杜易以「鍾律度量」，非服説律義矣。《鳧氏》「爲鍾」注：「鍾之大數以律爲度。」彼疏云：「按《周語》云：『景王將鑄無射，問律於伶州鳩。對曰：律所以立均出度，古之神瞽，考中聲而量，量以制度，度律均鍾。』韋昭云：『均，平也。度鍾律之長短，以平其鍾、和其聲也。』據此義，假黃鍾之律長九寸，以律計，身倍半爲鍾，倍九寸爲尺八寸。又取半，得四寸半，通二尺二寸半以爲鍾。❹餘律亦如是。」詳彼疏，蓋用服義釋鄭注也。《堯典》鄭注：「度，丈尺。」度出於律，故傳言律度。服云度量衡者，❺廣言之。《律曆志》：「推曆生律，莫不用焉。」度量衡皆出於黃鍾之律也。度者，分、寸、丈、尺、引也，所以度長短也。

❶「别」，《春秋左傳正義》卷十九上作「制」。
❷「公」，原作「分」，今據原稿改。
❸原稿眉批：顧説同杜，不采。
❹「半」，原脱，今據《周禮注疏》卷四十補。
❺「云」，原作「亦」，今據原稿改。

本起黄鍾之長。以子穀秬黍中者，一黍之長，❶度之九十黍，❷爲黄鍾之長。一黍爲一分，十分爲寸，十寸爲尺，十尺爲丈，十丈爲引，而五度審矣。量者，龠、合、升、斗、斛也，所以量多少也。本起黄鍾之龠，用度數審其容。以子穀秬黍中者千有二百實其龠，以井水準其概。十龠爲合，❸十合爲升，十升爲斗，十斗爲斛，而五量嘉矣。❹衡權者，權，重也，衡所以任權而均物平輕重也。本起於黄鍾之重，一龠容千二百黍，重十二銖，兩之爲兩。二十四銖爲兩，十六兩爲斤，三十斤爲鈞，四鈞爲石，忖爲十八，《易》十有八變之象也。」皆與服義合。

「陳之藝極，**【疏證】**《六經正誤》引傳文「藝」作「埶」。❺藝，《廣雅·釋詁》：「術、臬，法也。」王念孫云：「臬者，《説文》云：『臬，射準的也。』《漢書·司馬相如傳》：『矢分，藝殪仆。』❻文穎注云：『所射準的爲埶。』埶與臬通。文六年《左傳》『陳之藝極』，杜注：『藝，準也。』藝與臬聲義並同。」按：王説是也。《越語》「用人無藝，往從其所」，❼注：「藝，射的也。無藝，無常所也。」文穎説蓋本韋注，杜亦用韋説。《□□》毛傳：「極，中也。」

「引之表儀。**【疏證】**《廣雅·釋詁》：❽「引，道也。」杜注：「表儀猶威儀。」

「予之法制，**【疏證】**杜無注。疏：「法制謂王者身自制作，己之所有，故言『予之』。」

「告之訓典，**【疏證】**《畢命》「弗率訓典」，❾某氏傳：「不循教道之常則。」杜注：「訓典，先王之書。」

「教之防利，**【疏證】**杜注：「防惡興利。」❿

「委之常秩，**【疏證】**《文選》注引《倉頡篇》：「委，任也。」

「道之禮則，**【疏證】**諸本「禮」上有「以」。惠棟



❶「長」，《漢書·律曆志》作「廣」。
❷「黍」，《漢書·律曆志》作「分」。
❸「十」，《漢書·律曆志》作「合」。
❹「嘉」，原爲空格，今據原稿補。
❺「誤」，原爲空格，今據原稿補。
❻「仆」，原爲空格，今據原稿補。
❼「往」，原爲空格，今據原稿補。
❽「詁」，原爲空格，今據《廣雅》卷三補。
❾「率」，原作「卒」，今據原稿改。
❿原稿眉批：此杜注非。

云：「案：唐石經無『以』字，俗儒所加，後人遂以『則』字屬下句。」洪亮吉《左傳詁》亦從石經删「以」字。禮則猶禮典也。

「使毋失其土宜，衆隸賴之而後即命。

【疏證】《東門之墠》毛傳：❶「即，就也。」《讀本》：「『衆隸賴之』，謂人皆有所依守。」按：賴，賴聖哲也。

「聖王同之。今縱無法以遺後嗣，而又收其良以死，難以在上矣。」君子是以知秦之不復東征也。【疏證】《秦本紀》作「是以知秦不能復東征也。」❷杜注：「不能復征討東方諸侯爲霸主。」

秋，季文子將聘於晉，使求遭喪之禮以行。【疏證】杜注：「聞晉侯疾故。」疏引劉炫云：「聘使之法，自須造遭喪之禮而行，防其未然也，非是聞晉侯有疾。」惠士奇云：「杜預謂聞晉襄有疾，臆説也。《聘禮》遭喪其禮有五：一主國君之喪；二主國夫人、世子之喪；三聘君之喪；四私喪，謂使者父母之喪；五賓介之喪。其禮皆詳於《聘禮》。故曰：『豫備不虞，古之善教也。』人君出彊，必以椑從。❸人臣出聘，❹亦豫備遭喪之禮。古皆有之，後世以爲豫凶事而去之，則《周禮》不行於春秋久矣。行父亦以其禮久不行，故又曰『過求何害』，豈逆料晉襄之死而先爲之備乎？」《魏書・成淹傳》：「文明太后崩，齊遣裴昭明、謝竣等來弔，欲以朝服行己，❺主客不許。昭明等執志不移，言：『不聽朝服行禮，義出何典？』淹言：『玄冠不弔，童孺共聞。昔季孫將行，請遭喪之禮，千載之下，猶共稱之。卿方謂義出何典，何其異哉！』」此可證文子求遭喪之禮，爲後世使臣所法。若審因聞疾，裴昭明等曷不援以難成淹？❻知聞疾乃杜一人之説，舊説不如此也。邵瑛云：「季文子聘晉，求遭喪之禮以行，魯人以爲三思話柄，而不知實出《禮》經。孔穎達謂依《聘禮》，惟以幣物而行，無別齎遭喪之禮。❼然篇中既有遭喪名目，豈無

❶「東門之墠」，原爲二空格，今據《毛詩正義》卷四補。
❷「知」，原重文，今據原稿删。
❸「椑」，原爲空格，今據原稿補。
❹「臣」，《左傳杜解集正》卷四作「君」。
❺「己」，《魏書・成淹傳》作「事」。
❻「不」，原殘，今據原稿補。
❼「齎」，原漫漶不清，今據原稿補。

齊備之禮？❶必謂臨時辦備，無此理也。」按：惠説是也。疏謂炫規杜，非其義。❷

其人曰：「將焉用之？」【疏證】杜注：「其人，從者。」

文子曰：「備豫不虞，古之善教也。【疏證】隱五年傳：❸「不備不虞，不可以師。」

「求而無之，實難。過求何害？」【疏證】下傳襄公卒，疏不著所行禮。閻若璩《四書釋地·又續》云：「是禮也，即《聘禮》所載：『聘遭喪，入竟則遂也。不郊勞，不筵几，不禮賓。主人畢歸禮，賓唯饔飧之受。❹不賄，不禮玉，不贈。』又曰：『遭喪，將命于大夫，主人長衣練冠以受。』」

八月，乙亥，晉襄公卒。靈公少，晉人以難故，欲立長君。【注】服云：「晉國數有患難。」《晉世家》集解。【疏證】杜注：「立少君，恐有難。」顧炎武云：「非也。謂連年有秦、狄之師，楚伐與國。」按：顧注與服義合。李貽德云：「數，屢也。此常訓。患難謂奚齊、卓子、惠、懷之難。」李所説皆襄公以前之事，顧舉秦、狄之師是也。《年表》：「晉襄公卒。趙盾爲太子少，欲更立君。」《晉世家》：「襄公卒，太子夷臯少。晉人以難故，欲立長君。」

趙孟曰：「立公子雍。【疏證】杜注：「趙孟，趙盾也。公子雍，文公子，襄公庶弟，杜祁之子。」《晉世家》：「趙盾曰：『立襄公弟雍。』」《秦本紀》：「晉襄之弟名雍，秦出也，在秦。晉趙盾欲立之。」

「好善而長，先君愛之，且近於秦，秦，舊好也。置善則固，事長則順，立愛則孝，結舊則安。【疏證】杜無注。近於秦，謂公子雍在秦也。俞樾云：「事，猶立也。《郊特牲》『信事人也』，鄭注：『事，猶立也。』昭二十六年傳『立長則順』，文異而義同。」《晉世家》：「秦，故好也。立善則固，奉愛則孝，結舊好則安。」皆異文。

---

❶「備」，原爲空格，今據原稿補。

❷原稿眉批：改引百詩説較備，聘君之薨可不著也。惠説已有。

❸「隱五」，原爲空格，今據《春秋左傳正義》卷三補。

❹「飧」，《左通補釋》卷九作「餼」。

「爲難故，故欲立長君。有此四德者，難必紓矣。」【注】服云：「紓，緩也。」本疏。【疏證】申言立長之義。四德，固、順、孝、安也。服本作「紓」，杜本作「抒」，云：「抒，除也。」《校勘記》：「『紓』爲正字，『抒』爲假借字。」洪亮吉云：「服作『紓』，《説文》同。杜注隨文生訓。」焦循云：「莊三十年傳『鬭穀於菟爲令尹，自毁其家，以紓楚國之難』，注云：『紓，緩也。』成二年傳『我亦得地，而紓於難』，注云：『齊服則難緩。』此正義引服虔作『紓』，紓、抒古通借耳。抒之爲除，亦猶舒之爲徐。」按：杜於莊三十年、成二年傳皆未改服本，故亦訓「紓」爲緩。此傳獨改服本，非也。「紓，緩」，《釋言》文。

賈季曰：「不如立公子樂。辰嬴嬖於二君，立其子，民必安之。」【注】服云：「辰嬴，懷嬴也。二君，懷公、文公。」《晉世家》集解。【疏證】杜不釋賈季。《晉語》「期年，乃有賈季之難」，注：「賈季，晉大夫，狐偃之子射姑也。食采於賈，字季它。」《檀弓》疏：「《傳》：『賈季怨陽子之易其班也。』❶賈季即狐射姑也，賈是采邑，季則其字也。」《禮疏》與《晉語》注同。杜用服説。李貽德云：「案：始稱『懷嬴』者，傳以懷公之謚繫之。此稱『辰嬴』者，從其後謚也。」《晉世家》：「賈季曰：『不如其弟樂。』」蒙公子雍爲文，則樂爲雍弟。

趙孟曰：「辰嬴賤，班在九人，【注】服云：「班，次也。」《晉世家》集解。【疏證】杜注：「班，位也。」亦用服義。李貽德云：「《思古》『宗鬼神之無次』注：『第也。』言等第也。」沈欽韓云：「諸侯一娶九女，辰嬴班在九人，所處爲末。其外則皆賤妾給使令者矣。」按：《晉世家》作「班在九人下」，則辰嬴不在媵列矣。此史公異説。

「其子何震之有？【注】賈云：「震，威也。」《晉世家》集解。【疏證】賈以威訓震者，探下「母淫子辟，無威」、「足以威民」言之。杜用賈説。成二年傳：「畏君之震。」

「且爲二嬖，淫也。爲先君子，不能求大，而出在小國，辟也。母淫子辟，無威；

❶「怨」，原作「怒」，今據原稿改。

陳小而遠，無援。將何安焉？【疏證】《晉世家》「嬖」上有「君」，「安」作「可」，皆異文。朱駿聲云：「《説苑·建本》篇：『欒有寵于國，先君愛而仕之翟。』所傳聞不同。」

「杜祁以君故，【疏證】杜注：「杜祁，杜伯之後，祁姓也。」顧炎武云：「君，謂襄公。」洪亮吉云：「雍，杜祁子。《史記》以爲秦出，❶誤。」

「讓偪姞而上之；【疏證】杜注：「偪姞，姞姓之女，生襄公爲世子。」疏云：「《譜》以偪爲國名。地闕，不知所在。」畢沅《晉書地里志補正》云：「偪，或以爲即偪陽，非是。偪，姞姓。偪陽，妘姓。」

「以狄故，讓季隗而已次之，故班在四。【疏證】杜注：「以季隗是文公託狄時妻，故復讓之，然則杜祁本班在二。」

「先君是以愛其子，而仕諸秦，爲亞卿焉。【疏證】杜注：「亞，次也。」❷

「秦大而近，足以爲援；母義子愛，足以威民。立之，不亦可乎？」【疏證】大、近、義、愛對小、遠、淫、辟言。

使先蔑、士會如秦，逆公子雍。【疏證】杜注：「先蔑，士伯也。」《世本》：「范氏，晉大夫隰叔之子士蔿之後，蔿生成伯缺，缺生武子會，會生文子燮，燮生宣叔匄，匄生獻子鞅，鞅生吉射。」杜以士會爲隨季，用《世本》説。焦竑曰：「『士穀』、『士會』，皆當作『土』，傳譌耳，讀爲杜。土，姓，杜伯之後。土即古杜字。」惠棟既廣引土、杜相通之證，以焦氏之言爲卓，又引《晉語》：「『訾祏曰：「隰叔子違周難於晉國，生子輿，爲理。」』韋昭曰：『理，士官也。』班固亦言：『晉主夏盟爲范氏，范氏爲晉士師。』是范氏先以官爲氏。以土爲杜，恐未然也。」壽曾曰：惠氏後一説是也。《晉世家》：「使士會如秦迎公子雍。」《秦本紀》：「使隨會來迎雍。」

賈季亦使召公子樂于陳。趙孟使殺諸郫。【疏證】杜注：「郫，晉地。」洪亮吉云：「劉昭《郡國

---

❶「爲」，原脱，今據原稿補。

❷原稿眉批：一□□，二偪姞，三季隗，四杜祁，五□□，六□□，七□□，八□□，九辰嬴。九人之班，先君有説，當查補。

志》注，河東垣縣下引此傳文：『賈季逆公子樂于陳，趙孟殺諸郫邵。』據此，則今《左傳》本脱『邵』字。襄二十三年傳『戍郫邵』。劉昭垣縣下注復引《博物志》云：『縣東九十里有郫邵之阸。』皆連言郫邵，則係晉之一邑可知。傳既脱『邵』字，而杜注遂泛言：『郫，晉地。』可謂近而不察矣。」按：劉昭注未顯引傳文，無以定傳文之脱「邵」字。惠棟云：「襄二十三年云『戍郫邵』，此其地也。」❶但明郫與郫邵爲一地是也。洪氏於郫下補「邵」，未可從。馬宗璉云：❷「郫邵乃晉河内適河東之隘道。公子樂來自陳，❸故使人殺之於此。」沈欽韓云：「按：殺諸郫者，殺賈季所使之人也。《一統志》：『邵原廢縣在懷慶府濟源縣西一百二十里，古曰郫，亦曰郫邵，亦曰邵亭，《府志》今爲邵原鎮。』」《晉世家》：「賈季亦使人召公子樂於陳。」

賈季怨陽子之易其班也，【疏證】本年春，賈季爲中軍帥，改蒐于董，易中軍。

而知其無援於晉也。

九月，賈季使續鞫居殺陽處父。【疏證】杜注：「鞫居，狐氏之族。」洪亮吉云：「《姓纂》：『晉大夫狐鞫居，食采于續，又姓續氏。』」

書曰「晉殺其大夫」，侵官也。

冬，十月，襄仲如晉，葬襄公。【疏證】《晉世家》：「十月，葬襄公。」

十一月，丙寅，晉殺續簡伯。【疏證】杜注：「簡伯，續鞫居。十一月無丙寅。丙寅，十二月八日也。日月必有誤。」貴曾曰：❹

賈季奔狄。宣子使臾駢送其帑。【疏證】《晉語》注：「帑，妻、子也。」杜用韋義。疏：「《詩》云『樂爾妻帑』，文已有妻，故毛傳以帑爲子。帑者，細弱之號，妻、子皆得稱之。《説文》云：『帑，金幣所藏。』字書孥從子。經傳『妻帑』亦從巾。」❺《晉世家》：「趙盾廢賈季，以其殺陽處父。賈季奔翟。」

❶「此」，原爲空格，今據原稿補。

❷「宗璉」，原作「家□」，今據原稿改補。

❸「來」，原脱，今據《皇清經解》卷一千二百七十七《春秋左傳補注》補。

❹原稿眉批：查曆譜補説。

❺原稿眉批：帑，詁。

夷之蒐，賈季戮臾駢，臾駢之人欲盡殺賈氏以報焉。【注】舊注：「人，臾駢從臣也。」《御覽》四百二十九。【疏證】杜無注，《御覽》所引當是舊注。從臣，家臣也。

臾駢曰：「不可。吾聞《前志》有之，曰：『敵惠敵怨，不在後嗣。』忠之道也。【注】服云：「敵，當也。」《衛世家》集解。【疏證】《楚語》注：「志，記也。言在書籍所記。」杜注：「敵，猶對也。」用服義。「敵，當」，《釋詁》文。

「夫子禮於賈季，我以其寵報私怨，無乃不可乎？

「介人之寵，非勇也；【疏證】《晉世家》索隱引《字林》：❶「介，因也。」謂宣子寵己。

「損怨益仇，非知也；【疏證】杜注：「宣子將復怨己。」非。

「以私害公，非忠也。

「釋此三者，何以事夫子？」盡具其帑，與其器用財賄，親帥扞之，❷送致諸竟。【疏證】杜注：「扞，衛也。」

閏月不告朔，非禮也。【疏證】《五經算術》：「臣淳風等謹案術意，❸問宣云：『從周曆上元至文公元年，元餘九百九十八算。問文公六年合有閏不？』曰：『無閏。術曰：置文公元年算九百九十八，更加五，得一千三算。以章月二百三十五乘之，得二十三萬五千七百五算。以章歲十九除之，得一萬二千四百五爲積月。不盡十爲閏餘。經云：❹閏餘十二已上，其歲有閏。今止有十，即知六年無閏也。』」❺

閏以正時，❻【疏證】正時，見元年傳，已釋訖。

時以作事，【疏證】《校勘記》云：「《隋書·經

❶「晉世家」，當作「南越列傳」。「字」，《史記·南越列傳》作「志」。
❷原稿眉批：帥，詁。
❸「謹」，原作「謀」，今據原稿改。
❹「云」，原作「六」，今據原稿改。
❺原稿眉批：查曆譜核對。
❻「以」，原作「無」，今據原稿改。

籍志》引作『時以序事』。」此即元年傳「事則不悖」義也。

事以厚生，

生民之道，於是乎在矣。【疏證】《大史》注引傳「道」作「本」。❶

不告閏朔，棄時政也。【疏證】《律曆志》「政」作「正」，正、政古字通。

何以爲民？【疏證】《讀本》：「言何以治民。」

【經】七年，春，公伐邾。【疏證】《公羊》「邾」曰「邾婁」。

三月，甲戌，取須句，【疏證】《公羊》「句」曰「朐」，《五行志》同。襄十三年傳例：「書『取』，言易也。」僖二十二年「伐邾，取須句，而反其君。」杜注謂：「僖公反其君之後，邾復滅之。」❷

遂城郚。無傳。【疏證】《郡國志》：「魯國卞有郚鄉城。」❸《説文》：「郚，東海縣，故紀侯之邑也。」莊元年經「齊師遷紀郱、鄑、郚」，杜於彼注云：「郚在東莞朱虚縣東南。」此注云：「郚，魯邑。卞縣城南有郚城。」沈欽韓云：「《水經注》：『泗水西逕卞縣故城南，南有姑篾城。水出二邑之間，❹西逕郚城北。』《一統志》：❺『郚縣故城在兖州府泗水縣東南。』」

夏，四月，宋公王臣卒。【疏證】《穀梁》「王」曰「壬」。《釋文》：「王臣，本作『壬臣』。」《穀梁》釋文：「壬，或作『王』。」是《左》、《穀》之本。❻王、壬互見也。《古今人表》作「王臣」。❼李富孫云：❽「宋成公名，❾譌王爲壬。襄五年，楚公子壬夫，《匡謬正俗》謂宜爲王夫，可證也。」《年表》：「宋成公十七年，公孫固殺成公。」

宋人殺其大夫。

---

❶「大史」，原爲空格，今據《周禮注疏》卷二十六補。

❷原稿眉批：須句見僖公。

❸「郚」，原作「都」，今據原稿改。

❹「水」，原作「凡」，今據原稿改。

❺「一統」，《春秋左氏傳地名補注》卷四作「山東通」。

❻「是」，原脱，今據原稿補。

❼「古今人表」，疑當作「年表」。

❽「李富孫」，原作「梁□□」，今據《春秋三傳異文釋》卷四改補。

❾「成」，原作「戍」，今據《春秋三傳異文釋》卷四改。

戊子，晉人及秦人戰于令狐。【疏證】沈欽韓云：「趙盾立君大事，輕發其謀，中易其慮，晉國幾于亂，秦禍由此深。《春秋》書法，爲謀國不臧者戒。」

晉先蔑奔秦。【疏證】《公羊》作「晉先眛以師奔秦」，石經同。《公羊》釋文：「《左氏》作蔑。」李富孫云：「《公羊》經衍『以師』二字。」按：《公羊》釋文不言《左氏》無「以師」，李說當是。

狄侵我西鄙。

秋，八月，公會諸侯、晉大夫盟于扈。❶【疏證】《郡國志》：「河南郡卷有扈城亭。」沈欽韓云：「《水經注》：『河水東北逕卷之扈亭北，文七年盟于扈者是也。《竹書紀年》：❷『晉出公十二年，❸河決于扈。』是也。❹《方輿紀要》：『扈亭在開封府原武縣西北。』」

冬，徐伐莒。

公孫敖如莒涖盟。

【傳】七年，春，公伐邾，間晉難也。【疏證】❺

三月，甲戌，取須句，寘文公子焉，非禮也。【疏證】杜注：「邾文公子叛在魯，❻故公使爲守須句大夫也。絶太皞之祀以與鄰國叛臣，故曰『非禮』。」《公》、《穀》不云置文公子，杜注當是舊說。

夏，四月，宋成公卒。【疏證】《宋世家》：「成公十七年，卒。」與傳合。與《年表》稱「公孫固殺成公」違。此史公駮文。

於是公子成爲右師，【疏證】杜注：「莊公子。」顧棟高云：「春秋官皆尚右，傳叙宋六卿皆先右師。是宋卿以右師爲長。」❼

公孫友爲左師，【疏證】杜注：「目夷子。」顧棟高云：「宋六卿自殤公以前，則大司馬執政。督殺司馬孔父，遂以太宰相。襄公即位，子魚以左師聽政，而傳文

❶ 原稿眉批：查莊二十三年。
❷「年」，原作「書」，今據原稿改。
❸「十」，原脱，今據《春秋左氏傳地名補注》卷四補。
❹「也」，原作「此」，今據《春秋左氏傳地名補注》卷四改。
❺ 原稿眉批：間，詁。
❻「子」，原脱，今據《春秋左傳正義》卷十九上補。
❼「右」，原作「左」，今據《左通補釋》卷九改。

始終稱司馬子魚。疑是時始立左、右二師，而子魚以司馬兼左師，後遂爲專官也。」按：上文樂豫爲司馬，宋既立右師、左師，❶不以司馬爲執政官，此時子魚已不爲司馬也。顧説非。

**樂豫爲司馬，**【疏證】《世本》：「戴公生樂甫術，術生碩甫澤，澤生季甫，甫生子僕伊與樂豫。」❷樂豫，杜注：「戴公玄孫。」用《世本》説。文十八年傳「使樂呂爲司寇」，樂呂即樂豫。杜注：「戴公之曾孫。」誤。

**鱗矔爲司徒，**【疏證】《世本》：「桓公生公子鱗，鱗生東鄉矔。」❸杜注：「桓公孫。」用《世本》説。

**公子蕩爲司城，**【疏證】杜注：「桓公子也。以武公名廢司空爲司城。」

**華御事爲司寇。**【疏證】《世本》：「華督子家，家子御事。」❹杜説：「華元父也。」杜《世族譜》缺御事。《宋世家》正義：「華元，華督之曾孫也。」與《世本》合。

**昭公將去群公子，**【疏證】《年表》：「宋昭公杵臼元年，襄公之子。」集解：「徐廣曰：『一云成公少子。』」索隱從徐廣説，謂與《世家》合。《讀本》：「昭公以成公新薨，公族多逼，❺欲去之。」

**樂豫曰：「不可。公族，公室之枝葉也。若去之，則本根無所庇廕矣。葛藟猶能庇其本根，**【疏證】《釋文》：「廕，本又作『蔭』。藟，本或作『虆』。」廕，俗字，傳文當作「蔭」。《説文》：「草陰地。」虆亦俗字也。此用《王風·葛藟》義。毛傳於葛藟無釋。《周南·樛木》「葛藟纍之」，傳：「南土之葛藟茂盛。」箋：「葛也，藟也，得纍而蔓之。」「本根」以公室言。《晉書·庾旉傳》：「叔向有言：『公室將卑，其枝葉先落。』公族，公室之本，而去之。」下引《解詁》爲約此傳之文，❻而誤樂豫爲叔向。《葛藟》箋亦云：「葛也，藟也，生於河之厓。」是毛、鄭皆以葛、藟爲二物。杜注：「葛之能藟蔓繁滋者，以本枝廕庥之多。」❼焦循亦引《樛木》、《葛藟》二箋，

---

❶「右」，原作「ナ」，今據原稿改。
❷「豫」，原脱，今據《春秋左傳正義》卷十九上補。
❸「鄉」，原作「卿」，今據《春秋左傳正義》卷十九上改。
❹原稿眉批：文六年疏引《世本》。
❺「逼」，原爲空格，今據原稿補。
❻「約」，原作「弱」，今據原稿改。
❼「枝」，原脱，今據《春秋左傳正義》卷十九上補。

謂葛與藟異物，又云：「班固《幽通賦》『攬葛藟而授余兮』，顔師古注：『葛藟，葛蔓也。一説藟，葛屬，葛之與藟皆有蔓焉。』兼存二説。蓋《詩》言藟，又言虆，故分别上藟字爲葛類，下虆字爲蔓。傳言葛藟庇本根，❶則藟可爲葛之蔓耳。」按：傳援《詩》義，不當與《詩》異説。《詩·樛木》釋文引《義疏》云：「藟葉似艾，白色，其子赤，可食。」《易·困》釋文引《義疏》云：「藟，一名巨荒，似蘡薁，連蔓而生，幽州人謂之推虆。」詳所説藟之形狀與葛異。❷顔監後一説，❸是其兼言葛蔓，仍是牽於杜注。焦氏從杜説，非也。

「故君子以爲比，【疏證】《葛藟》詩，興也，與傳言比異。杜注：「謂詩人取以喻九族兄弟。」疏：「此傳近取庇根，理淺。❹毛意遠取河潤，義深，故以爲興。由義不同，❺故比興異耳。」陳奂《毛詩疏》云：「案：此詩因葛藟而興，又以葛藟爲比，故毛傳以爲興，《左傳》以爲比。凡全詩通例，《關雎》『若睢鳩之有别』，《旄丘》『如葛之曼延相連及』，《竹竿》『如婦人待禮以成爲室家』，❻《齊·南山》『國君尊嚴如南山崔崔然』，《山有樞》『如山隰不能自用其財』，《綢繆》『若薪芻待人事而後束』，❼《葛生》『喻婦人外成于他家』，《晨風》『如晨風之飛入北林』，《菁菁者莪》『如阿之長莪菁菁然』，《卷阿》『猶飄風之入曲阿』。❽曰若、曰如、曰喻、曰猶，皆比也，❾傳則皆曰興者。比者，比方于物。興者，託事於物。作詩者之意，先以託事於物，繼乃比方於物，蓋言興而比已寓焉矣。」

「況國君乎？【疏證】《葛藟》序：「王族刺平王也。」傳言國君尤宜睦族。

「此諺所謂『庇焉而縱尋斧焉』者也。

【疏證】「庇焉而縱尋斧焉」，諺句也。《晉書·庾旉傳》引叔向語，作「芘焉而縱尋斧柯者也」。《淮南子》高誘注：「縱，放也。」杜不釋「尋斧」。《讀本》注：「尋長八尺，所以量木。斧所以伐木。」《隋書·高祖紀》贊：「聽哲婦之言，

❶「傳」，原作「詩」；「根」，原脱，今據原稿改補。
❷「詳」，原脱，今據原稿補。
❸「監」，原爲空格，今據原稿補。
❹「根」，原作「報」，今據原稿改。
❺「由」，原爲空格，今據原稿補。
❻「待」，原爲空格，今據原稿補。
❼「待」，原作「詩」，今據原稿改。
❽「入」，原脱，今據原稿補。
❾「比」，原作「此」，今據原稿改。

惑邪臣之説，溺寵廢嫡，託付失所。滅父子之道，開昆弟之隙，縱其尋斧，翦伐本枝。」是前説尋斧皆以器言。❶

「必不可！君其圖之。親之以德，皆股肱也，誰敢携貳？若之何去之？」**【疏證】**《讀本》注：「樂豫、華御事，戴族也。公子成、公孫固、公孫鄭，莊族也。公孫友、鱗矔、公子蕩，桓族也。」蓋僅舉見於傳者言。

不聽。穆、襄之族率國人以攻公，**【疏證】**《讀本》注：「時穆、襄二族恐公殺之，乃先攻公。」與盾事較合，昭公所欲去者，不止穆、襄之族也。杜注：「穆公、襄公之子孫，昭公所欲去者。」是昭公欲去者，惟穆、襄之族，非。

殺公孫固、公孫鄭於公宮。**【疏證】**杜注：「二子在公宮，故爲亂兵所殺。」疏云：「六卿之外，有此二子，❷蓋是孤卿之官也。」《宋世家》：「成公弟禦殺太子及大司馬公孫固而自立爲君。宋人共殺君禦而立成公少子杵臼。」《世家》此言與傳乖異。《年表》又云：「公孫固殺成公。」又自與《世家》違。《世家》謂禦殺太子，則是昭公兄矣。史公蓋采異説。❸

六卿和公室，樂豫舍司馬以讓公子印。❹**【疏證】**杜注：「印，昭公弟。」

昭公即位而葬。

書曰「宋人殺其大夫」，不稱名，衆也，且言非其罪也。**【疏證】**《讀本》：「經不書固、鄭二人，蓋文闕。」

秦康公送公子雍于晉，曰：「文公之入也無衛，故有呂、郤之難。」乃多與之徒衛。**【注】**服云：「康公，秦穆公之子罃，晉出也。衛，從兵也。呂、郤之難，呂甥、郤芮欲焚公宮也。」《御覽》一百四十八。❺**【疏證】**《渭陽》序：「穆公納文公，康公時爲太子，贈送文公於渭之陽。」此因

❶ 原稿眉批：尋斧，查本詁。

❷ 「有」，原重文，今據原稿刪。

❸ 「異」，原重文，今刪。

❹ 「印」，原作「卬」，今據《春秋左傳正義》卷十九上改。下一「印」字同。

❺ 「八」，當作「六」。下五「卷一百四十八」同。原稿眉批：查《御覽》定服注之稱。

送公子雍，憶送文公時事也。僖十五年傳：「穆姬聞晉侯將至，❶以太子罃、弘與女簡璧登臺而履薪焉。」❷成十三年傳：「康公，我之自出。」故服以罃爲晉出。李貽德云：「《釋名·釋親屬》：『姊妹之子曰出。』出謂姊妹出嫁而生子也。」《説文》：「衛，宿衛也。」《宫伯》「掌王宫之士庶子」，❸鄭司農注：「宿衛之官。」蓋居則曰宿衛，❹行則曰徒衛。服以從兵爲説，兼居、行之衛言。吕、郤之難見僖二十四年傳。❺《晉世家》：「靈公元年四月，秦康公曰：『昔文公之入無衛，故有吕、郤之患。』乃多與公子雍衛。」

穆嬴日抱太子以啼于朝，曰：【注】服云：「穆嬴，襄公夫人。太子，靈公也。」《御覽》一百四十八。【疏證】杜注：「穆嬴，襄公夫人，靈公母也。」用服説。《晉世家》：「太子母繆嬴日夜抱太子以號泣於朝。」

「先君何罪？其嗣亦何罪？舍適嗣不立，而外求君，將焉寘此？」【注】服云：「寘，置也。此，太子。」《御覽》一百四十八、《晉世家》集解。【疏證】杜無注。《易·坎》「寘於叢棘」，釋文：「張作『置』。」❻是寘、置古字通，故服以置訓寘。《晉世家》：「舍適而外求君，將安置此？」文正作「置」。

出朝，則抱以適趙氏，頓首於宣子，曰：【疏證】惠棟云：「《少儀》曰：『婦人吉事，雖有君賜，肅拜。』注云：『婦人以肅拜爲正，凶事乃手拜耳。』孔正義曰：『言肅拜，婦人之常。《左傳》穆嬴頓首於宣子之門，有求於宣子，非禮之正也。』愚謂穆嬴有襄公之喪，以非喪次，故用吉拜而頓首也。」文淇案：《少儀》注云：「肅拜，拜低頭也。」疏云：「肅拜，婦人之常。而《昏禮》『婦拜扱地』，以其新來爲婦，盡禮于舅姑。」下乃引頓首宣子，以見非禮之正。則彼疏以此傳頓首爲拜扱地，用見舅姑禮也，故云「非禮之正」。惠以當肅拜，非。《太祝》「九拜：二曰頓首」，鄭注：「頓，謂叩地。」叩地即扱地也。《晉世家》：「出

❶「聞」，原作「同」，今據《春秋左傳正義》卷十四改。
❷「璧」，原作「壁」，今據《春秋左傳正義》卷十四改。
❸「王宫」，原重文，今據《周禮注疏》卷三删。
❹「蓋居」至「爲説」十七字，原脱，今據原稿補。
❺「見」，原脱，今據原稿補。
❻「張」，原爲空格，今據原稿補。

朝，則抱以適趙盾所。」

「先君奉此子也，而屬諸子，曰：『此子也才，吾受子之賜；不才，吾唯子之怨。』**【注】**服云：「如子善爲教誨此子，使之有賢才，知人君之道也，則吾受之賜。賜猶惠。才而受賜，美其教也。不才怨子，惡其教不至也。」《御覽》一百四十八。王肅云：「怨其教導不至。」《晉世家》集解。**【疏證】**杜注：「欲使宣子教訓之。」是用服義而詞甚簡略。李貽德云：「《大戴禮・保傅》篇：『天下之命懸於天子，天子之善在於早諭教與選左右，心未疑而先教諭，則化易成也。夫開於道術，知義理之指，則教之功也。夫教得左右正，左右正而天子正矣，天子正而天下定矣。』《保傅》言教太子，至國君世子亦猶是也。『善爲教誨』，即『早諭教』之道也。『使之有賢才』，即『開於道術』也。『知人君之道』，即『知義理之指』也。『賜猶惠』者，《荀子・大略》『賤者惠焉』注：『惠亦賜也。』是『賜』、『惠』義相輔也。『美其教』者，《保傅》所云『化與心成，中道若性』是也。『惡其教不至』者，《保傅》所云『其所以習導非其治』是也。」按：李説是也。《保傅》篇出於賈誼之傳《左氏》學，服氏注或傳賈誼緒言也。王肅注但釋「唯子之怨」，疑非完文。《晉世家》：「此子材，吾受其賜；不材，吾怨子。」

「今君雖終，言猶在耳，**【注】**服云：「君殁未久，其言聲語氣尚在耳。」《御覽》一百四十八。**【疏證】**杜注：「在宣子之耳。」按：玩服下注，則統指顧命諸大夫言，杜説非也。言語有聲氣，故云「言聲語氣」。《晉世家》：「今君卒，言猶在耳。」

「而棄之，若何？」

宣子與諸大夫皆患穆嬴，且畏偪，**【注】**服云：「言諸大夫患穆嬴以君顧命之言責己也，畏逼迫無置太子。一云：畏他公子徒來相迫矣。」《御覽》一百四十八。❶ **【疏證】**「皆患穆嬴」，杜無注。服以爲患顧命之言者，以傳蒙上文知

❶ 原稿眉批：此節《御覽》服注各家所引字句有異，當核。

之。李貽德云：「《顧命》，《書》篇名。《史記》集解引鄭《書》注：『臨終出命，故謂之顧命，將去之意也。』迴首曰顧，顧命之名施於天子，而諸侯亦得稱顧命者，《禮·緇衣》『葉公之顧命』是已，彼注云『臨死遺書曰顧命』。今襄公顧命，即上『此子也才』數語。」按：李説是也。杜注：「畏國人以大義來偪己。」於服兩説皆不用。顧炎武云：「畏穆嬴之逼也，以君夫人之尊故。杜説非。」今詳服説，畏逼迫無置太子，則正蒙穆嬴言之。顧特未引服説。《晉世家》：「趙盾與諸大夫皆患穆嬴，且畏誅。」❶《趙世家》：「趙盾患之，恐其宗與大夫襲誅之。」❷與服引或説合。

乃背先蔑而立靈公，以禦秦師。**【疏證】**《晉世家》：「乃背所迎而立太子夷皋，是爲靈公。發兵以距秦送公子雍者。」

趙盾將中軍，先克佐之；**【疏證】**《年表》：「晉靈公夷皋元年，❸趙盾專政。」專政指將中軍也。杜注：「克，先且居子。代狐射姑。」

荀林父佐上軍；**【疏證】**杜注：「箕鄭將上軍居守，故佐獨行。」

先蔑將下軍，先都佐之。步招御戎，戎津爲右。**【疏證】**杜注：「先蔑、士會逆公子雍前還晉，晉人始以逆雍出軍。卒然變計，立靈公，故車右戎御猶在職。」沈欽韓云：「必如杜言，則晉之出軍，原是揚聲以逆雍爲名。秦人猶信其爲逆雍來，❹故受紿而敗。非是先立御右，後變計立靈公，倉卒不及替之也。御右自假設以逆君之計，爲給秦之術。」

及堇陰，**【疏證】**杜注：「堇陰，晉地。」《讀本》云：「當在今猗氏東。」顧棟高云：「堇陰，疑當在山西蒲州府滎河縣，❺接潼關，❻與秦以大河爲限。」

宣子曰：「我若受秦，秦則賓也；不受，寇也。既不受矣，而復緩師，秦將生心。先人有奪人之心，軍之善謀也；逐寇如追逃，

---

❶「誅」，原脱，今據原稿補。

❷「襲」，原爲空格，今據原稿補。

❸「公」，原脱，今據原稿補。

❹「爲」，原脱，今據原稿補。

❺「滎」，原作「榮」，今據《春秋大事表》卷七改。以下逕改。

❻「潼」，原殘，今據原稿改。

軍之善政也。」【疏證】《釋文》：「『有奪人之心』，本或此下有『後人待其反』，❶誤。」宣子明速進兵之意。「先人有奪人之心」、「逐寇如追逃」，當出古軍志。

訓卒利兵，【疏證】「利」即「厲」。《校勘記》：「《論語》『必先利其器』，《漢書・梅福傳》作『厲其器』。陳樹華云：『古利、厲通用。』」惠棟《論語古義》：「《春秋傳》云利兵，是利與厲同。」梁履繩云：「僖三十三年厲兵，猶利兵也。」

秣馬蓐食，【疏證】杜注：「蓐食，早食於寢蓐也。」《漢書・韓信傳》：「亭長妻晨炊蓐食。」❷張晏曰：「未起而牀蓐中食。」杜用張義。王念孫《廣雅疏證》云：「蓐，厚也。」蓐食，厚食也。王引之云：「訓卒、利兵、秣馬，非寢之時矣。亭長妻晨炊，固已起矣，而云早食於寢蓐，云未起而牀蓐中食，義無取也。《方言》曰：『蓐，厚也。』食之豐厚於常，因謂之蓐食。訓卒、利兵、秣馬、蓐食者，《商子・兵守》篇：『壯男之軍，使盛食厲兵，陳而待敵。壯女之軍，使盛食負壘，陳而待令。』是其類也。成十六年傳『蓐食申禱』，❸襄二十六年傳『秣馬蓐食』，並與此同。」洪亮吉云：「此傳下云『潛師夜起』，則夜食可知。成十六年『蓐食申禱』，其時楚軍亦曰『雞鳴而起』。❹襄二十六年『秣馬蓐食』下亦有『楚軍宵潰』之文。是張晏云『牀蓐中食』，而杜從之，不爲無據。」案：《後漢書・廉范傳》：「范令軍中蓐食，晨往赴。」《度尚傳》：「尚敕令秣馬蓐食，明旦徑赴賊屯。」《三國志・太史慈傳》：「于是嚴行蓐食，❺須明，便帶鞬攝弓上馬。」❻《晉書・王如傳》：「遂夜令三軍蓐食待命，❼雞鳴而駕。」《隋書・王充傳》：「令軍秣馬蓐食，既而宵濟。」右皆以蓐食爲夜食。傳稱蓐食，乃狀食之時早。《南齊書・崔慧景傳》：❽「慧景蓐食輕行，❾皆有饑饉之色。」尤早食之證。傳以晉軍早食，故言蓐食，此不必論其已起未起。洪說是也。

❶「後」，原爲空格，今據原稿補。
❷「蓐食」至「晨炊」五十二字，原脱，今據原稿補。
❸「傳」，原脱，今據原稿補。
❹「曰」，原作「同」，今據原稿改。
❺「嚴」，原爲空格，今據原稿補。
❻「便帶」，原爲空格，今據原稿補。
❼「食」，原作「草」，今據《晉書・王如傳》改。
❽「景」，原爲空格，今據原稿補。
❾「慧景」，原作「恝前」，今據原稿改。

潛師夜起。

戊子，敗秦師于令狐，至于刳首。【疏證】杜注：「令狐在河東，當與刳首相接。」未詳地之所在。顧炎武云：「《水經注》引闞駰曰：『令狐即猗氏。刳首在西三十里。』後漢《衛敬侯碑》陰文：『城惟解梁，地即刳首。山對靈足，谷當猗口。』刳字作郀。《玉篇》：『郀，口孤切。秦地，在河東。』」顧棟高云：「令狐，今蒲州府猗氏縣地。《水經注》：『刳首在西三十里。』當在今滎河、臨晉，間也。」江永云：「滎河、臨晉，今皆屬蒲州府。」沈欽韓云：「《一統志》：『刳首水在同州郃陽縣東南。』」《晉世家》：「趙盾爲將，往擊秦，敗之令狐。」《秦本紀》：「秦以兵送至令狐。晉立襄公子而反擊秦師，秦師敗。」則公子雍已至令狐也。

己丑，先蔑奔秦，士會從之。【疏證】杜注：「從刳首去也。」《晉世家》：「先蔑、士會亡奔秦。」《秦本紀》：「隨會來奔。」

先蔑之使也，荀林父止之，曰：「夫人、太子猶在，而外求君，此必不行。子以疾辭，若何？不然，將及。攝卿以往，可也，何必子？【疏證】謂使大夫攝卿往也。

同官爲寮，吾嘗同寮，敢不盡心乎？」弗聽。爲賦《板》之三章，又弗聽。【疏證】《釋文》：「寮，本又作『僚』。」杜注：「僖二十八年林父將中行，先蔑將左行。」《魯語》「今吾之教官寮」注：❶「唐云：『同官曰寮。』昭謂：❷此景伯之屬，下僚耳，非同官之寮也。同官謂位同者也。」❸杜取韋說。杜又云：「《板》，《詩·大雅》。其三章義取芻蕘之言，猶不可忽，況同寮乎？」按：林父進諫送帑，皆以同寮故。杜謂取《板》之芻蕘，非也。《讀本》云：「《板》之三章言『我雖異事，及爾同寮』，謂同寮不得不盡言。」

及亡，荀伯盡送其帑及其器用財賄於

❶「吾」下，《國語正義》卷五有「子」字。「官」，原作「臣」，今據《國語正義》卷五改。

❷「昭」，原作「明」，今據原稿改。

❸「官」，《國語正義》卷五作「僚」。

秦，❶曰：「爲同寮故也。」【疏證】杜注：「荀伯，林父。」

士會在秦三年，不見士伯。【疏證】杜注：「士伯，先蔑。」《讀本》云：「士會不見士伯，蓋惡其不義。」按：士會之不義士伯，事無可考。

其人曰：「能亡人於國，【疏證】杜注：「言能與人俱亡於晉國。」

「不能見於此，焉用之？」

士季曰：「吾與之同罪，非義之也，將何見焉？」【疏證】《檀弓》「我則隨武子乎」，注：「武子，士會也。食邑於隨、范，字季。」杜注：「俱有迎公子雍之罪。」

及歸，遂不見。【疏證】杜注：「責先蔑爲正卿而不能匡諫，且俱出奔，惡有黨也。」文淇案：先蔑將下軍，非正卿。下傳：「郤缺言于趙宣子曰：『子爲正卿，以主諸侯。』」宣二年傳：「太史謂宣子曰：『子爲正卿，亡不越境，反不討賊。』」文六年，趙宣子始爲國政，蓋正卿始主國政。杜責先蔑爲正卿而不匡諫，非也。《檀弓》「謀其身，不遺其友」，疏：「文六年士會與先蔑俱迎公子雍，在秦三年，不見先蔑，及士會還晉，遂不見先蔑而歸。是遺其友，而云不遺其友者，彼謂共先蔑俱迎公子雍，❷懼其同罪，禍及于己，故不見之，❸非是無故相遺也。」壽曾曰：觀士會「非義之也」語，則平昔不與先蔑爲友。《檀弓》疏謂避禍，非。

狄侵我西鄙，公使告于晉。

趙宣子使因賈季問酆舒，且讓之。【疏證】賈季在狄，故杜注：「酆舒，狄相。讓其伐魯。」❹

酆舒問於賈季曰：「趙衰、趙盾孰賢？」【疏證】以賈季述盾之言，故問衰、盾。

對曰：「趙衰，冬日之日也。趙盾，夏日之日也。」【疏證】杜注：「冬日，可愛。夏日，可畏。」

秋，八月，齊侯、宋公、衛侯、陳侯、鄭

❶ 原稿眉批：財賄，詁。

❷ 「共」，原作「其」，今據原稿改。

❸ 「故」，原爲空格，今據《禮記正義》卷十補。

❹ 「魯」，原作「晉」，今據《春秋左傳正義》卷十九上改。

伯、許男、曹伯會晉趙盾，盟于扈，晉侯立故也。**【疏證】**《晉世家》：「秋，齊、宋、衛、鄭、曹、許君皆會趙盾，盟于扈，以靈公初立故也。」《世家》脱陳。

公後至，故不書所會。**【疏證】**會盟不必同地，文公與盟而未及與會，故不書所會。

凡會諸侯，不書所會，後也。後至不書其國，辟不敏也。**【疏證】**此會盟例。杜注：「不書所會，謂不具公侯及卿大夫。」疏引僖十四年「諸侯城緣陵」、十五年「諸侯盟于扈」、十七年傳「諸侯會于扈」以當之，❶又云：「總稱諸侯，皆是罪諸侯也。」則不書所會，謂不經。❷不書與會之人，渾言諸侯也。「後至不書其國」二句，亦凡例之辭，正釋此年會扈，不書魯國。杜乃云：「此傳還自釋凡例之意。」疏又云：「諱公罪而歸責於諸侯，若諸侯無功然。」杜以凡例當傳文已誤，疏謂魯推罪於諸侯，彌支離矣。顧炎武云：「公既不及於會，則不知班位之次序，故不書諸國，以辟不敏。」顧氏此説釋「不書所會」則是，❸然不當云「不書諸國，以辟不敏」。合二例而一之，蓋誤於杜注「傳還自釋凡例」之説耳。《讀本》云：「後至者，公及盟而不及會，故經不具書其國名。避不敏者，益謂此不周至之事，避之不復深言。」❹義最明畫。

穆伯娶于莒，曰戴己，生文伯；其娣聲己，生惠叔。**【疏證】**杜注：「穆伯，公孫敖也。文伯，穀也。惠叔，難也。」

戴己卒，又聘于莒。莒人以聲己辭，則爲襄仲聘焉。**【疏證】**杜注：「襄仲，公孫敖從父昆弟。」《讀本》：「穆伯老而更娶，莒人不肯，乃爲襄仲娶。」❺

冬，徐伐莒。莒人來請盟。

穆伯如莒涖盟，且爲仲逆。

及鄢陵，**【疏證】**杜注：「鄢陵，莒邑。」沈欽韓云：「此别一鄢陵，應在城陽，非潁川郡之鄢陵也。顧棟高謂今沂州府沂水縣地。」

登城見之，美。

❶「引」，原脱，今據原稿補。「傳」，當作「經」，疑衍。
❷「經」，原作「終」，今據原稿改。
❸「釋」，原爲空格，今據原稿補。
❹「復」，原爲空格，今據原稿補。
❺「仲」，原作「公」，今據原稿改。

自爲娶之。仲請攻之，公將許之。叔仲惠伯諫，【疏證】《檀弓》疏引《世本》：「桓公生僖叔牙，牙生武仲休，休生惠伯彭，彭生皮，爲叔仲氏。」杜注：「惠伯，叔牙孫。」用《世本》説。曰：「臣聞之，兵作於内爲亂，於外爲寇。寇猶及人，亂自及也。今臣作亂，而君不禁，以啓寇讎，若之何？」【疏證】穆伯、襄仲相攻，是兵作於内，謂内有兵，則外寇乘之。

公止之。惠伯成之。【疏證】惠棟云：「《周禮·調人職》曰：『凡有鬬怒者成之。』鄭衆曰：『成之，謂和之也。猶今二千石以令解仇。』」文淇案：《調人職》云：「凡過而殺傷人者成之。」注：「成，平也。鄭司農云：『以民成之，謂立證佐成其罪也。一説以鄉里之民共和解之，《春秋傳》曰「惠伯成之」。』」疏：「先鄭雖爲兩説，後鄭以後説爲是。引《春秋》者，《左氏》文七年傳，注云：『平二子。』」據彼疏説，則先鄭以成爲和，正用此傳成之義。杜用先鄭後一説也。

使仲舍之，公孫敖反之，復爲兄弟如初。從之。【疏證】杜注：「舍，不娶。還莒女也。」《讀本》云：「穆伯既淫亂，惠伯爲平其事，使襄仲不娶，穆伯亦還莒女也。言孟孫、叔孫二族相爲比謀。」❶

晉郤缺言于趙宣子曰：「日衛不睦，故取其地。【疏證】杜注：「日，往日。」元年經：「晉侯伐衛。」❷傳：「晉師圍戚，取之，疆戚田。」

「今已睦矣，可以歸之。叛而不討，何以示威？服而不柔，何以示懷？非威非懷，何以示德？無德，何以主盟？子爲正卿，以主諸侯，而不務德，將若之何？

「《夏書》曰：『戒之用休，董之用威。勸之以九歌，勿使壞。』【疏證】杜注以《夏書》爲逸《書》。顧炎武云：「今《大禹謨》。」按：今《書》「勿使」作「俾勿」，某氏傳：「休，美。董，督也。善政之道，美以戒之，威以督之，歌以勸之，使政勿壞，在此三者。」杜注：「有

---

❶「比」，原作「此」，今據原稿改。
❷「侯」，原作「信」，今據《春秋左傳正義》卷十八改。

休則戒之以勿休。董，督也。有罪則督之以威刑。」逸《書》，晉時古誼尚具，故杜注與某氏傳同也。今《大禹謨》上文云：「德惟善政，政在養民。水、火、金、木、土、穀惟脩，正德、利用、厚生惟和。九功惟叙，九叙惟歌。」王鳴盛《商書後辨》云：❶「文七年《傳》：『晉郤缺言於趙宣子，引《夏書》：「戒之用休，董之用威，勸之以九歌，勿使壞。」』《書》詞止此。下云：『九功之德，皆可歌也，謂之九歌。六府三事，謂之九功。水、火、金、木、土、穀，謂之六府。正德、利用、厚生，謂之三事。』此郤缺釋《書》之言，非經文也。僞作《古文尚書》者，乃取其文盡入禹口中，可乎？《周禮·大司樂職》『九德之歌』，鄭司農以《左傳》注之始明。而作《周禮》者，不明言，足徵彼時其樂現存，人所共曉，則但言九歌而已。」按：王説是也。本疏亦謂「勿使壞」以上，皆《大禹謨》正文，而又云：「郤缺令宣子修德行禮，使人歌樂，故先引『勸之以九歌』，然後郤言六府三事。」此牽於僞古文之次第，强爲之説。《後辨》又云：「《離騷經》云：『啟《九辨》與《九歌》。』注：『啟，禹子也。』《天問》云：『啟棘賓商，《九辨》、《九歌》。』注：『《九辨》、《九歌》，啟所作樂也。』伏生《大傳·虞夏傳》：『歌《大化》、《大訓》、《六府》、《九原》，❷而夏道興。』鄭康成注：『四章皆歌禹之功。』則《九歌》乃啟樂，非禹樂明甚。」

「九功之德皆可歌也，謂之九歌。六府三事，謂之九功。**【疏證】**郤缺先釋九歌，謂九功之德，再釋九功之爲六府三事，乃倒釋之文。今僞《大禹謨》先云水、火、金、木、土、穀，正德、利用、厚生，再云六府三事，非先綱後目之義，補綴緝痕迹顯然。

「水、火、金、木、土、穀，謂之六府。**【疏證】**杜無注。《大禹謨》疏：「文七年《左傳》引此一經，乃言『九功之德皆可歌也』，若水能灌溉，火能烹飪，金能斷割，木能興作，土能生殖，穀能養育。古之歌詠，各述其功，猶如漢魏已來樂府之歌，❸其功用是舊成辭。❹人君修治六府以自勸勉，使民歌詠之，三事亦然。」彼疏釋六府三事爲歌辭題目，當是舊説。

「正德、利用、厚生，謂之三事。**【注】**

❶「商」，疑當作「尚」或「虞」。
❷「化」，原爲空格，今據原稿補。
❸「歌」下，《尚書正義》卷四有「事歌」二字。
❹「舊」下，《尚書正義》卷四有「有」字。

賈、服云：「正德，人德。利用，地德。厚生，天德也。」《大司樂》疏。【疏證】《大司樂》「九德之歌」注：「鄭司農云：『《春秋傳》所謂水、火、金、木、土、穀謂之六府，正德、利用、厚生謂之三事，六府三事謂之九功，九功之德皆可歌也，謂之九歌也。』」疏：「此文七年傳，注云：『正德，人德。利用，地德。厚生，天德。』此本《書·大禹謨》之言，賈、服與先鄭并不見《古文尚書》，故引《春秋》也。」此傳杜無注。據《大司樂》疏引注，則賈、服與先鄭説同也。其云不見《古文尚書》，斥先鄭注《禮》言之。❶如賈、服説，則三事猶三才也。

「義而行之，謂之德禮。❷無禮不樂，所由叛也。【疏證】行，行六府三事也。前引《夏書》，蒙上「務德」言之。《讀本》云：「以義行此德則曰德禮。」杜以德爲正德，以禮爲制財用、厚生民，❸非。本疏：「在上無禮，則民不樂，是叛之所由。」

「若吾子之德，莫可歌也，其誰來之？【疏證】杜注：「來，猶歸也。」

「盍使睦者歌吾子乎？」

宣子説之。【疏證】杜注：「爲明年晉歸鄭、衛田張本。」疏：「言『歸鄭、衛田』者，謂晉歸以鄭所取衛田。劉炫以爲歸鄭及歸衛田，怪傳文歸衛不歸鄭，而規杜氏，非也。」邵瑛云：❹「文元年傳：『衛孔達侵鄭，伐緜、訾及匡。』八年，『晉侯使解揚歸匡、戚之田于衛』。揆之文義，匡自應屬鄭，然杜注却不明言鄭地。而八年注轉有『匡，本衛邑，中屬鄭』之文，宜劉炫怪傳文歸衛不歸鄭，而規杜氏也。」按：此傳杜注未及匡、戚田之别。本疏謂晉歸以鄭所取衛田，正謂鄭所取衛之匡田也。❺鄭歸匡田，未歸其邑，與戚田同，故杜云鄭、衛田耳。

【經】八年，春，王正月。

夏，四月。

---

❶「斥」，原爲空格，今據原稿補。
❷原稿眉批：德從石經。
❸「生民」，原倒，今據原稿改。
❹「瑛」，原作「焕」，今據《劉炫規杜持平》卷二改。
❺「所」，原作「以」，今據原稿改。

秋，八月，戊申，天王崩。【疏證】《年表》：「周襄王三十三年崩。」❶《周本紀》：「襄王三十二年崩，子頃王壬臣立。」

冬，十月，壬午，公子遂會晉趙盾，盟于衡雍。❷

乙酉，公子遂會雒戎，盟于暴。【疏證】《公羊》「雒戎」曰「伊雒戎」。《釋文》：「會雒戎，本或作『伊雒之戎』。此後人妄取傳文加耳。」杜注：「暴，鄭地。」十五傳楚侵鄭及暴，❸故杜以爲鄭地。沈欽韓云：「蓋暴，辛公所封邑，在今懷慶府原武縣境。」

公孫敖如京師，不至而復。丙戌，奔莒。【注】賈云：「日者，以罪廢命，大討也。」《釋例》。【疏證】《公羊》無「而」。杜注未釋「丙戌」。《公羊傳解詁》：❹「日者，嫌敖罪明則起君弱，故諱，使若無罪。」《穀梁傳》：「其如，非如也。其復，非復也。唯奔莒之爲信，故謹而日之。」則賈所稱爲《左氏》義。敖不至京師而復，故曰廢命。

螽。無傳。【疏證】《公羊》曰「蝝」。

宋人殺其大夫司馬，宋司城來奔。

【傳】八年，春，晉侯使解揚歸匡、戚之田于衛，【注】服云：「解揚，晉大夫。」《晉世家》集解。【疏證】李貽德云：「揚，《晉世家》作『楊』，注引服義亦作『楊』。當是裴駰據史文所改。」❺按：《說苑·奉使》篇：「霍人解揚，字子虎。」故後世言霍虎，字亦作揚。杜用服說。此謂以晉所疆之戚田，并鄭取於衛之匡田皆歸於衛，詳七年傳疏證。杜謂晉令鄭還衛匡邑，非傳義。

且復致公壻池之封，自申至于虎牢之境。【注】服虔以爲致之于鄭。本疏。【疏證】《韓非子·亡徵》：「公壻公孫，與民同門。」是公壻蒙公爲稱也。杜注：「公壻池，晉君女壻，又取衛地以封之，今并還衛也。申，鄭地。」本疏云：「杜以上言『歸匡、戚之田于

❶ 下「三」，原作「二」，今據《史記·十二諸侯年表》改。
❷ 原稿眉批：衡雍已見。
❸ 「十五」，疑當作「成十五年」。
❹ 「詁」，原作「誼」，今據《春秋公羊傳注疏》卷十三改。
❺ 「所」，原爲空格，今據原稿補。

衛』，又言『且復致』，則晉亦致于衛。劉炫云『服虔以爲致之于鄭』，以服言是規杜。」顧炎武云：「傳氏曰：『自申至於虎牢，皆鄭地也，不得致於衛。❶竊以上文言匡、戚歸衛田也，此言自申至於虎牢，歸鄭田也。故杜于上年解云「爲晉歸鄭、衛田張本」，而此則專言歸衛。此杜氏之闕漏耳。』❷按：自申至于虎牢，鄭地，晉取之，以封公壻池，今乃歸之。傳文不言鄭，言申、虎牢，則鄭可知矣。」按：顧説是也。傅氏謂上年杜注「鄭、衛田」，衛田即指此申、虎牢，非。傳不言田也，杜稱鄭田，自謂匡田，於此傳不用服注，非闕漏。洪亮吉云：「按：杜注既言申，鄭地，則服説云『致之于鄭』，方得事實。豈以有鄭地轉致于衛者乎？劉炫以服説規杜，得之。」沈欽韓云：「按：申與虎牢皆是鄭地。衛之國于帝丘，在東郡濮陽，安得其境至虎牢？傳言歸衛地，遂并及鄭，不言鄭者，以申、虎牢易明也。服虔謂致之于鄭者，是。」右二説皆申服誼。顧棟高云：「申當在今汜水縣界。」按：虎牢亦在汜水境内，詳□□年傳疏證。❸

**夏，秦人伐晉，取武城，以報令狐之役。**

【疏證】《年表》：「晉靈公二年，❹秦伐我，取武城，報令狐之戰。」《秦本紀》：「秦伐晉，❺取武成。」成，異文。江永云：「漢馮翊郡有武城縣。顏師古云：『即秦伐晉，取武城者也。』當在今陝西同州府境。」沈欽韓云：「《史記》正義：『《括地志》：「故武城，一名武平城，在鄭縣東北十三里。」』《華州志》：『武平城在州東十七里。』」按：華州今屬同州府，江、沈説同。

**秋，襄王崩。**

**晉人以扈之盟來討。**【疏證】七年，扈之盟，公後至。

**冬，襄仲會晉趙盾，盟于衡雍，報扈之盟也。**

**遂會伊雒之戎。**

---

❶「不得致於衛」至「歸鄭田也」二十八字，原脱，今據原稿補。
❷「此」，原作「地」，今據原稿改。
❸「□□」，疑當作「莊二十一」。
❹「二」，原作「三」，今據《史記·十二諸侯年表》改。
❺「秦伐」，原脱，今據《史記·秦本紀》補。

書曰「公子遂」，珍之也。【疏證】《文選》薛綜《東京賦》注：「珍，貴也。」杜注：「大夫出竟，有可以安社稷、利國家者，專之可也。」杜用莊十九年《公羊傳》文。按：僖三十年經：「冬，公子遂如京師。」傳云：「大夫無遂事。」則《左氏》義不與大夫遂事。此傳「珍之」，古誼無考。杜用《公羊》義，非。

穆伯如周弔喪，不至，以幣奔莒，從己氏焉。【疏證】杜注：「己氏，莒女。」據七年傳，穆伯三娶皆莒女，戴己時已卒，聲己尚存，其三娶莒女爲襄仲聘者。反于莒時，聲己未必偕行，蓋從三娶之莒女也。

宋襄夫人，襄王之姊也，昭公不禮焉。【疏證】杜注：「昭公適祖母。」

夫人因戴氏之族，以殺襄公之孫孔叔、公孫鍾離及大司馬公子卬，皆昭公之黨也。【疏證】杜注：「華、樂、皇皆戴族。」孔叔、公孫鍾離、公子卬，皆襄公孫。

司馬握節以死，故書以官。【疏證】杜注：「節，國之符信也。握之以死，示不廢命。」宋大司馬之官異於《周禮》夏官大司馬，其節之制則無考。❶所效之節，當是符節。本疏：「《周禮·掌節》『守都鄙者用角節』，《小行人》『守都鄙用管節』，❷此司馬司城或食采地，即都鄙之主。此節或是管節也。」亦是意爲之說。《司節》「門關用符節」，❸注：「其商者，通之以符節，如門關。門關者，與市聯事，節可同也。」

司城蕩意諸來奔，效節於府人而出。【疏證】《淮南子》注：「效，致也。」杜注：「意諸，公子蕩之孫。」杜於「府人」無釋，疏亦無説。❹昭十八年傳「使府人、庫人各儆其事。」彼疏引《周官》大府、內府、外府、玉府、天府、泉府。❺胡匡衷《儀禮釋官》云：「案：春秋諸國有府人，而無大府、內府、外府之官，則諸侯府人兼彼數職可知矣。《周禮》大府爲府官之長，下大夫二人，上士四人，下士八人。諸侯之府人當士爲之。」

❶「之制」，原脱，今據原稿補。
❷「守」，原脱，今據《春秋左傳正義》卷十九上補。
❸「司節」，當作「小行人」。
❹「亦」，原殘，今據原稿補。
❺「泉」，原作「承」，今據原稿改。

公以其官逆之，皆復之，亦書以官，皆貴之也。【疏證】昭七年傳：「卿違，從大夫。」杜注據以爲説，云：「公賢其效節，故以本官逆之，請宋而復之。司城官屬悉來奔，故言『皆復』。」疏：「請宋復之在十一年。」❶

夷之蒐，晉侯將登箕鄭父、先都，而使士縠、梁益耳將中軍。【疏證】六年傳：「春，晉蒐于夷。」杜注：「登之於上軍也。」疏云：「清原之蒐，箕鄭佐新上軍，先都佐新下軍。七年令狐之戰，箕鄭將上軍，先都佐下軍。先都不登，容可怨恨。箕鄭不失其登而亦共作亂者，蓋先克之薦狐、趙，❷并亦請退箕鄭、先都。❸及狐射姑出奔，箕鄭位次宜佐中軍，而先克代射姑，箕鄭守其故職，蓋以此而恨也。」按：先克之請退箕鄭、先都，傳無其説。或夷蒐時，箕鄭未即將上軍，令狐之戰乃登之，傳文不具。《後漢書・梁統傳》：「安定烏氏人，晉大夫梁益耳即其先也。」注：「《東觀記》：❹『其先與秦同祖，出於伯益，別封于梁。』」

先克曰：「狐、趙之勳，不可廢也。」從之。【疏證】六年傳：「使狐射姑將中軍，趙盾佐之。」

先克奪蒯得田于堇陰，【疏證】《風俗通》：「蒯氏，晉大夫蒯得之後。」❺七年傳：「晉禦秦師，及堇陰。」杜注：「以軍事奪其田也。」

故箕鄭父、先都、士縠、梁益耳、蒯得作亂。

【經】九年，春，毛伯來求金。【疏證】杜注：「雖踰年而未葬，故不稱王使。」❻據傳而言。

夫人姜氏如齊。無傳。【疏證】杜注：「歸甯。」

二月，叔孫得臣如京師。辛丑，葬襄

❶「請」，原作「言」，今據原稿改。「之」下，《春秋左傳正義》卷十九上有「事」字。
❷「薦」，原爲空格，今據原稿補。
❸「亦」，原脱，今據原稿補。
❹「觀」，原爲空格，今據原稿補。
❺原稿眉批：《風俗通》，查，此據《通志・氏族略》。
❻「使」，原脱，今據原稿補。

王。【注】《左氏》説：王喪，赴者至，❶諸侯既哭，問故，遂服斬衰。使上卿弔，上卿會葬。經書「叔孫得臣如京師，葬襄王」，以爲得禮。《王制》疏引《異義》。《左氏》之説：諸侯，藩衛之臣，不得棄其封守。諸侯，千里之内奔喪，千里之外不奔。四方不可空虚，故遣大夫也。《通典》引《異義》。【疏證】杜注：「卿共葬事，禮也。」此蓋用《左氏》舊説。《王制》疏：「《異義》：《公羊》説：天王喪，赴者至，諸侯哭。雖有父母喪，越紼而行事，葬畢乃還。」下引《左氏》説，「許慎謹案：『易下邳侍其容説，諸侯在千里内皆奔喪，千里外不奔喪。若同姓，❷千里外猶奔喪，親親也。容説爲近禮。』鄭駁之云：『天子於諸侯無服，諸侯爲天子斬衰三年，尊卑有差。按魯夫人成風薨，「王使榮叔歸含且賵，召伯來會葬」，❸傳曰「禮也」。「襄王崩，叔孫得臣如周，葬襄王」。天子於魯既含且賵，又會葬，爲得禮，則是魯於天子，一大夫會，爲不得禮可知。又《左傳》云鄭游吉云：「靈王之喪，我先君簡公在楚，我先大夫印段實往，敝邑之少卿也，王吏不討，恤所無也。」豈非《左氏》諸侯奔天子之喪及會葬之明文？説《左氏》者云諸侯不得棄其所守奔喪，自違其傳。同姓雖千里外猶奔喪，又與禮乖。』鄭之所駁，從《公羊》之義也。又以《左氏傳》諸侯亦奔喪，但説《左氏》者自違其傳云不奔喪，又難許慎云『千里外同姓猶奔喪，與禮乖也』。」按：鄭駁《左氏》説諸侯不得棄其所守奔喪義。《王制》疏未備引，以《通典》所引證之，則亦許君《異義》所有，鄭總括其義駁之。❹《左氏》説謂千里之内奔喪，千里之外不奔喪，與許君所引侍其氏説同。杜氏注隱二年傳「同軌畢至」以下云：❺「赴弔各以遠近爲差，因爲葬節。」又《釋例》云：「萬國之數至衆，封疆之守至重，故天王之喪，諸侯不得越境而奔，修服於其國，卿共弔葬之禮。既葬，卒哭而除凶。魯侯無故，❻而穆伯如周弔。此天子崩，諸侯遣卿

❶「至」，《禮記正義》卷十二作「聞」。
❷「若」，原作「者」，今據原稿改。
❸「召伯」至「既含且賵」二十九字，原脱，今據原稿補。
❹「總括」，原作「□據」，今據原稿補改。
❺「元」，當作「二」。
❻「侯」，原作「僖」；「故」，原爲空格，今據原稿改補。

弔葬之經傳也。」杜謂「卒哭除凶」，是其蔑禮之野言，自外皆用古《左氏》説。然玩《左氏》説，一謂上卿弔葬，一謂諸侯千里之内奔喪，則二説已自異。鄭駁《左氏》説，謂自違其傳，蓋據昭三十年傳，鄭簡公在楚，未弔靈王之喪爲説，彼疏引鄭君説，以爲「簡公若在，君當自行」。本疏云：「彼言由君在楚，上卿守國，故使少卿印段往耳。非言君當親行也。」此是疏駁鄭説。壽曾謂：《左氏》於經書魯卿弔葬於周，通無譏文，是《左氏》異於《公羊》義。《穀梁傳》亦云：「使大夫則不可。」然彼蒙魯有喪言之，亦與《公羊》説殊。皆與《左氏》説異。詳後説，諸侯千里内奔喪，則非謂不奔喪也。陳壽祺《異義疏證》引《顧命》成王之喪，❶「太保率西方諸侯入應門左，畢公率東方諸侯入應門右」，謂「經有諸侯奔喪之明文」。彼自是周盛時禮，且言東方、西方，不言南北，容指分陝東西千里侯國而言。沈欽韓云：「按：隱二年傳：『天子七月而葬，同軌畢至。』是諸侯會葬，傳有明文。此年傳但言『莊叔如周葬襄王』，不舉例者，正以五年有榮叔之含賵、召伯之會葬，信使交錯，其待諸侯之禮隆且渥如是。經書此遥遥相對，其失禮無疑矣。且以天子之喪，而卿士出求金，求者固非，而藩衛之義，惟知有伯主，不知有天子，不逾顯侯國之怠慢乎？以求金之來而如京師共葬，雖遣得臣，亦非本意。傳意微而顯，而俗儒不察，創爲謬説。」沈亦據鄭駁爲説也。

### 晉人殺其大夫先都。

### 三月，夫人姜氏至自齊。無傳。【疏證】

杜注：「告于廟。」本疏：「蘇氏云：『夫人歸甯書「至」，唯有此耳。餘不書者，或禮儀不備，或淫縱不告廟也。』」按：如杜説，則經書夫人之至，如公行例。

### 晉人殺其大夫士穀及箕鄭父。【注】賈云：「箕鄭稱『及』，非首謀。」本疏。【疏證】

杜注：「與先都同罪也。」不用賈説。傳疏：「傳箕鄭先士穀，經士穀先箕鄭者，經以殺之先後，傳以位次序列，傳蒯得居下，知其以位次也。賈逵云：『箕鄭稱「及」，非首謀。』按襄二十三年『陳殺其大夫慶虎及慶寅』，杜云：『及，史異辭，無義例。』則此亦然也。」洪亮吉云：「按：箕鄭上軍將，士穀下軍將，傳文亦先箕鄭而後士穀。今顧於士穀下言『及箕鄭』，明非首謀，故書法如此，正義糾賈非也。襄二

❶「疏證」，原作「説謬」，今據原稿改。

十三年『陳殺其大夫慶虎及慶寅』，❶亦同此例。」

楚人伐鄭。【疏證】《年表》：「楚穆王八年，伐鄭，以其服晉。鄭穆公十年，楚伐我。」

公子遂會晉人、宋人、衛人、許人救鄭。【疏證】《年表》：「晉靈公三年，率諸侯救鄭。」

夏，狄侵齊。無傳。

秋，八月，曹伯襄卒。【疏證】《管蔡世家》：「曹共公襄立三十五年卒，子文公壽立。」

九月，癸酉，地震。無傳。【疏證】《周語》：「幽王二年，❷西周三川皆震。伯陽父曰：『陽伏而不能出，陰遁而不能蒸，❸於是有地震。』」注：「陰陽相迫，氣動于下，❹故地震也。」本疏引孔晁云：「陽氣伏於陰下，見迫於陰，故不能升，以至於地動。」韋注用孔義。此經無傳，《左氏》義無以考。《外傳》采伯陽父説，則此經亦當陰陽爲言，與《公》、《穀》説小異也。《内傳》「陰遁」，《史記》作「陰迫」，即孔晁所謂陽迫於陰也。杜注：「地道安静，以動爲異。」用《公羊》説。

冬，楚子使椒來聘。【疏證】《穀梁》「椒」曰「萩」。《釋文》：「或作『菽』。」《公羊》釋文：❺「椒，一本作『萩』。」王引之曰：「萩、菽、椒古並通。」杜注：「椒不書氏，史略文。」❻

秦人來歸僖公成風之禭。【疏證】《釋文》：「禭，《説文》作『裞』，云『贈終者衣被曰裞』。以此禭爲衣死人衣。」「禭」下引《春秋傳》「公親禭」，❼字正作「禭」。其云「贈終」及「衣死人衣」，亦不知何以别。❽段玉裁謂「裞」篆爲淺人所增也。杜注：「衣服曰禭。」用隱元年《公羊傳》。❾又杜傳注云：「追贈僖公并及成風。」惠棟云：「非也。成風者，僖公之母，莊公之妾。母以子貴，故上經書夫人風氏，母以子氏，故此經書僖公成風。」按：惠

❶「慶虎」，原脱，今據《春秋左傳詁》卷二補。
❷「二」，原作「三」，今據《國語正義》卷一改。
❸「遁」，《國語正義》卷一作「迫」。
❹「于」，原作「乎」，今據原稿改。
❺「釋」，原爲空格，今據原稿補。
❻原稿眉批：酌。
❼上「禭」上，疑當有「説文」二字。
❽「何」，原稿作「所」。
❾原稿眉批：禭當已見，查。

用《異義》古《左氏》説，詳四年經疏證。

葬曹共公。

【傳】九年，春，王正月，己酉，使賊殺先克。【疏證】蒙八年傳箕鄭等作亂而言，故不顯所使之人。

乙丑，晉人殺先都、梁益耳。【疏證】杜注：「乙丑，正月十九日。經書二月，從告。」貴曾曰：❶

毛伯衛來求金，非禮也。不書王命，未葬也。【疏證】《年表》：「襄王崩。王使衛來求金以葬，非禮。」史公蓋謂求金即共葬事。

二月，莊叔如周葬襄王。

三月，甲戌，晉人殺箕鄭父、士穀、蒯得。【疏證】本疏：「士穀書經，則是卿也。七年令狐之戰，三軍將佐無士穀。十二年河曲之戰，三軍將佐，杜注無代士穀者，而士穀得爲卿者，先蔑奔秦，傳無其代。十二年『欒盾將下軍』，注云『代先蔑』者，據傳成文言之耳，未必不是士穀代先蔑、欒盾代士穀也。」

范山言於楚子曰：「晉君少，不在諸侯，北方可圖也。」【疏證】杜注：「范山，楚大夫。」萬氏《氏族略》：「案：楚邑。芊尹無宇亦稱范無宇。」《讀本》：「『不在諸侯』，謂志不及諸屬國。」

楚子師于狼淵以伐鄭，【疏證】沈欽韓云：「《水經注》：『潁陰城西南狼陂，南北三十里，❷東西十里，❸《左傳》「師于狼淵」。』《寰宇記》：『狼溝在許州長社縣。』」❹《彙纂》：「潁陰即今開封府許州。」江永云：「許州今爲府，附郭設石梁縣。」

囚公子堅、公子尨及樂耳。❺【疏證】杜注：「三子，鄭大夫。」

鄭及楚平。

公子遂會晉趙盾、宋華耦、衛孔達、許大夫救鄭，不及楚師。卿不書，緩也，以懲

---

❶ 原稿眉批：查譜添。

❷ 「三」，《春秋左傳地名補注》卷四作「二」。

❸ 「西」，原作「北」，今據原稿改。

❹ 「社」，原作「水」，今據《春秋左氏傳地名補注》卷四改。

❺ 「尨」，原作「茷」，今據《春秋左傳正義》卷十九上改。

不恪。❶【疏證】杜注：「華耦，華父督曾孫。」

夏，楚侵陳，克壺丘，以其服於晉也。【疏證】杜注：「壺丘，陳邑。」顧棟高云：「壺丘在今河南陳州府南境。」洪亮吉云：「《水經注》：『汝水又東南逕壺丘城北，故陳地。《春秋左傳》文公九年「楚侵陳，克壺丘」是也。』」江永云：「壺丘當時爲陳之南鄙，而地不在陳州。」沈欽韓云：「《一統志》：『壺丘城在汝甯府新蔡縣東南。』」

秋，楚公子朱自東夷伐陳，【疏證】杜注：「子朱，息公也。」

陳人敗之，獲公子茷。陳懼，乃及楚平。【疏證】此楚公子茷也。杜無注。顧炎武云：「按：成十六年鄢陵之戰，囚楚公子茷，距此四十四年，疑別是一人。」

冬，楚子越椒來聘，執幣傲。【疏證】《校勘記》：「《五行志》引傳文作『楚使越椒來聘』。」《釋文》：「傲，本又作『敖』。」杜謂經文「椒不書氏，史略文」，疑經奪越也。杜注：「子越椒，令尹子文從子。傲，不敬。」

叔仲惠伯曰：「是必滅若敖氏之宗。傲其先君，神弗福也。」【疏證】杜注：「十二年傳曰：『先君之敝器，使下臣致諸執事。』明奉使皆告廟，故言傲其先君也。」杜據《聘禮》賓授節之後，❷有「朝服釋幣于禰」之禮，彼注：「告爲君使也。」

秦人來歸僖公成風之襚，禮也。【注】鄭康成云：「若以爲緩，按禮，衛將軍文子之喪，既除喪而越人來弔，子游何得善之？」《箴膏肓》。【疏證】杜注：「本非方嶽同盟，❸無相赴弔之制，故不譏其緩，而以結好爲禮。」❹《公羊傳》：「其言『僖公、成風』何？兼之。兼之，非禮也。曷爲不言『及成風』？成風尊也。」本疏：「何休《膏肓》云：『禮主於敬，一使兼二喪，又於禮既緩，❺而《左氏》以之爲禮，❻非

❶ 原稿眉批：不恪，查添。
❷ 「賓」，原爲空格，今據原稿補。
❸ 「非」下，《春秋左傳正義》卷十九上有「魯」字。
❹ 「結好」，原爲空格，今據原稿補。「結」，《春秋左傳正義》卷十九上作「接」。
❺ 「禮」，原脱，今據原稿補。
❻ 「左氏」，原脱，今據原稿補。

也。』」下引鄭箴。又云：「是鄭不非其緌也。若譏一使兼二禮，《雜記》諸侯弔禮有含、襚、賵、臨，❶何以一使兼行，知休言非也。」疏説不譏秦襚之緌，全據鄭義，當是舊説。杜謂秦、魯本非方嶽同盟，不譏其緌，傳無其義。秦襚止歸成風，杜以爲「追贈僖公，并及成風」，亦用《公羊》「一使兼二喪」之説，辨詳經疏證。玩鄭義，亦不謂襚僖公也。又案：《襍記》「含者坐委於殯東南」，疏云：「文九年，秦人來歸僖公成風之襚最晚，不譏者，《釋廢疾》云：『以其殺敗，兵無休時，❷君子原情，不責晚也。』」鄭説《穀梁》亦謂經無譏緌之文。

諸侯相弔賀也，雖不當事，苟有禮焉，書也，以無忘舊好。【疏證】杜注：「送死不及尸，❸故曰『不當事』。」沈欽韓云：「當事，謂斂及啓殯而葬。」案：沈説是也。此秦人來襚文公受弔之服，諸家無説。《檀弓》：「將軍文子之喪，既除喪而後越人來弔。主人深衣練冠，待於廟，垂涕洟。」注：「深衣練冠，凶服變也。❹待于廟，受弔不迎賓也。」疏：「據此而言，禫後始來弔者，則著祥冠。❺若禫後更來有事，主人則著禫服。其吉祭以後，或來弔者，其服無文。除喪之後，亦有弔法，故《春秋》文九年，『秦人來歸僖公之襚』也。」❻按：文公之受秦襚在除喪之後，冠服必異平時，❼將文公之深衣練冠，當有所受，則古禮有除喪後受弔之服也。

【經】十年，春，王三月，辛卯，臧孫辰卒。無傳。

夏，秦伐晉。

楚殺其大夫宜申。【注】賈氏以爲：不書族，陋。隱四年疏。【疏證】杜注：「宜申，子西也。謀弒君，故書名。」杜不用賈説。賈謂得臣、宜申皆辟陋，未賜族也。詳僖二十八年疏證。

❶「臨」，原脱，今據原稿補。
❷「兵」，原作「晉」，今據原稿改。
❸「死」，原作「尸」，今據《春秋左傳正義》卷十九上改。
❹「也」，原脱，今據原稿補。
❺「則著」至「弔者」二十六字，原脱，今據原稿補。
❻「公」下，《禮記正義》卷七有「成風」二字。
❼「冠」，原爲空格，今據原稿補。

自正月不雨，至于秋七月。無傳。【注】舊注：「周正月，今之十一月。周七月，今之五月。」《御覽》三十五。【疏證】杜注：「義與二年同。」疏亦無説。《玉藻》：「至于八月不雨，君不舉。」注：「爲旱變也。此謂建子之月不雨，盡建未月也。《春秋》之義，周之春夏無雨，未能成災。至其秋秀實之時而無雨則雩。雩而得之，則書『雩』，喜祀有益也。雩而不得，則書『旱』，明災成也。」疏：「文公十年，『自正月不雨，至于秋七月』，傳云『不曰旱，不爲災』者，據周正言之。既言『秋七月不雨』，云『不爲災』，明八月不雨，則爲災。此據文十年『自正月不雨』，故云『謂建子之月』也。按僖公三年傳云：『自十月不雨，至于五月，❶不曰旱，不爲災。』文十三年：『自正月不雨，至於秋七月。』此經直云『至于八月不雨』，不云初不雨之月，鄭必知自建子之月者，以周之歲首，陽氣生養之初。又文十年有『自正月不雨』之文，故據而爲説。」文淇案：文十年無傳，彼疏所引乃僖二年傳文。壽曾曰：鄭以《玉藻》八月不雨爲建未之月，與《御覽》所引舊注同説。舊注：「周七月，建午之月也。」《五行志》：「先是公子遂會四國而救鄭，楚使越椒來聘，秦人歸襚。有炕陽之應。」《穀梁傳》：「歷時而言不雨，文不閔雨也。不閔雨者，無志乎民也。」《公羊》無傳。《解詁》：「公子遂之所招。」❷則《五行志》所稱爲《左氏》義。

及蘇子盟于女栗。【疏證】杜注：「女栗，地名，闕。蘇子，周卿士。」按：經不顯魯何人與盟，疑有闕文。

冬，狄侵宋。無傳。

楚子、蔡侯次于厥貉。【疏證】「厥」，《公羊》曰「屈」，《釋文》：「二傳作『厥貉』。」惠棟曰：「《公羊》『厥』字皆作『屈』。」杜注：「厥貉，地名，闕。」《彙纂》：「當在陳州項城縣。」江永云：「今按：項城今屬陳州府。」❸

【傳】十年，春，晉人伐秦，取少梁。【疏證】《年表》：「晉靈公四年，伐秦，拔少梁。」《晉世家》：「靈公四年，伐秦，取少梁。」《地理志》：「左馮翊夏陽，故少

---

❶「五月」至「至於」十九字，原脱，今據《禮記正義》卷二十九補。

❷「招」，原爲空格，今據原稿補。

❸「項城」下，原衍「今城」，今據《皇清經解》卷二百五十三《春秋地理考實》删。

梁。」《日知録》：「桓九年，梁伯伐曲沃，郤芮曰『梁近秦而逼』是也。❶《水經注》乃曰：『大梁，周梁伯之居也。梁伯好土功，大其城，號曰新里。後魏惠王自安邑徙都之。』是誤以少梁爲大梁，而不知大梁不近秦也。《後漢志》：❷『河南尹，梁故國。』注引《博物記》曰：『梁伯好土功，今梁多有城。』亦誤。」按：顧説是也。顧棟高《春秋輿圖》：❸「梁國在陝西同州府韓城縣南二十里，❹後入秦曰少梁。」

夏，秦伯伐晉，取北徵。【疏證】《年表》：「取我北徵。」《晉世家》：「秦亦取晉之殽。」索隱云：「殽字誤也。」《地理志》：「京兆郡徵。」❺師古曰：「即今之澄城縣是也。《左傳》所云『取北徵』，謂此地。而杜注云未詳其處。」沈欽韓云：「《元和志》：『同州澄城縣，文十年秦取晉北徵即此。』❻《一統志》：『徵縣故城在澄城縣西南。』」按：澄城今屬陝西同州府。

初，楚范巫矞似【疏證】《北魏書·陽固傳》：「著《演賾賦》云：❼『識同命於三君兮，兆先見於矞姒。』」似、姒異文。古之巫多女，疑陽氏所稱爲古本也。杜注：「矞似，范邑之巫。」《讀本》：「巫能見鬼，矞似蓋有所見。」

謂成王與子玉、子西曰：「三君皆將强死。」【疏證】本疏：「强，健也。無病而死，謂被殺也。」

城濮之役，【疏證】杜注：「在僖二十八年。」

王思之，故使止子玉曰：「毋死。」不及。止子西，子西縊而縣絶，王使適至，遂止之。【疏證】《讀本》：「成王不欲二人强死。」

使爲商公。【疏證】杜注：「商，楚邑。」《彙纂》：❽「隋改商州，今屬西安府。」《地理志》：「弘農郡商。」沈欽韓云：「《商州志》：『楚商邑，今商洛鎮，在州東

---

❶「逼」，《日知録》卷三十一作「幸」。

❷「志」，原作「東」，今據原稿改。

❸「顧棟高」，原爲空格，今據《春秋大事表·春秋輿圖》補。

❹「城」，原脱，今據原稿補。

❺「京兆郡」，《漢書·地理志》作「左馮翊」。

❻「秦」，原作「春」，今據原稿改。

❼「賾」，原爲空格，今據原稿補。

❽「彙纂」，原爲空格，今據《欽定春秋傳説彙纂》卷十八補。

八里。』」❶皆承《漢志》爲説。江永云：「今按：商，契始封之地。商州，今直隸陝西。疑楚成王時楚地未能至商州，❷其使子西爲商公，或是商密之地。」按：江説是也。僖二十五年「商密」，杜注：「鄀別邑。」❸江氏謂在今内鄉，詳彼傳疏證。内鄉，今屬河南南陽府，界湖北之西，濱近漢水，❹其東南行，由今襄陽荆門以至荆州，與傳「沿漢泝江」合。《漢志》之商，不云楚邑，未可爲證。

沿漢泝江，將入郢。【疏證】杜注：「沿，順流。泝，逆流。」疏：「商在漢水北。漢水東流而南入江。子西既至商邑，聞讒，不敢居商縣。沿漢水順流下至江，乃泝流逆上。」疏謂子西以聞讒而入郢，未知所據。顧炎武云：「將入郢爲亂。」探下「懼而辭」爲説，是也。

王在渚宫，下見之。【疏證】杜注：「小洲曰渚。」用《釋水》文。不詳渚宫所在。疏云：「渚宫，當郢都之南。」《水經・江水》注：「江陵縣城，楚船官地也，《春秋》之渚宫矣。」酈氏引《春秋》作「渚官」，又蒙楚船官地爲文。疑作「官」非誤，亦漢船司空之比，後人以宫室當之，非。沈欽韓云：「《紀要》：『今荆州府治，楚之渚宫地。』」

懼而辭曰：「臣免於死，又有讒言，謂臣將逃，臣歸死於司敗也。」【疏證】杜注：「陳、楚名司寇爲司敗。」顧棟高云：「陳近楚，設官多相效。昭七年楚芋尹無宇，哀十五年陳有芋尹蓋。」梁履繩云：「案：唐有司敗，亦近楚也。」如顧炎武説，則畏讒來歸，爲子西歸辭。杜注：「子西畏讒，不敢之商縣。」非。

王使爲工尹，【疏證】杜注：「掌百工之官。」又與子家謀弑穆王。

穆王聞之。五月，殺鬭宜申及仲歸。【疏證】杜注：「仲歸，子家。」則子家爲仲歸之字。

秋，七月，及蘇子盟于女栗，頃王立故也。【疏證】杜注：「僖十年『狄滅温，❺蘇氏奔衛』。今復見，蓋王復之。」《謚法》：「敏以敬慎曰頃。」《讀本》：

---

❶「八」下，《春秋左氏傳地名補注》卷四有「十五」二字。

❷下「楚」，原脱，今據原稿補。

❸「鄀」，原爲空格，今據原稿補。

❹「濱」，原爲空格，今據原稿補。

❺「十」下，原衍「一」字，今據《春秋左傳正義》卷十九上删。

「魯不知何人與盟。」

**陳侯、鄭伯會楚子于息。**❶ **冬，遂及蔡侯次于厥貉，**【疏證】經不書陳侯、鄭伯。又下文宋公逆楚子，麇子逃歸，❷經亦不書宋麇。杜注：「宋、鄭執卑苟免，❸麇子耻之，❹遂逃而歸。三君失位降爵，故不列於諸侯。宋、鄭猶然，則陳侯必同也。」疏云：「劉炫以爲告文略，故不書陳、鄭、宋。」炫但明陳、鄭、宋之不書，不及麇者，麇未與會，不當書也。疏謂：「宋、鄭二國爲楚僕役，猶如許、蔡二君降乘楚車。❺許、蔡既不書於經，故知宋、鄭失位不書也。炫規杜氏，非也。」邵瑛云：「宋本楚、蔡所謀伐，宜其不會息也。」此駁疏説，最爲分明。陳未失位，杜謂陳侯必同，傳所不言，杜何以知？炫謂告文略，義或然也。

**將以伐宋。宋華御事曰：「楚欲弱我也，先爲之弱乎！何必使誘我？我實不能，民何罪？」乃逆楚子，勞且聽命。**【疏證】杜注：「御事，華元父。」按：誘謂楚挑兵釁，勞謂至厥貉勞楚師也。

**遂道以田孟諸。**【疏證】孟諸，詳僖二十八年傳疏證。❻

**宋公爲右盂，鄭伯爲左盂。**【疏證】杜注：「盂，田獵陳名。」下「左司馬」注：「將獵，張兩甄。」是以盂爲甄也。焦循云：「《宋書·禮志》：『先獵一日，遣屯布圍，❼領軍將軍一人督右甄，❽護軍一人督左甄。』《晉書·周訪傳》：『使將軍李恒督左甄，許朝督右甄，❾訪自領中軍。』又《陶侃傳》：『侃擊杜弢，令兄子輿爲左甄。』又《朱伺傳》：『陶侃鎮江夏，署爲左甄。』『兩甄』爲晉軍中之稱，杜氏舉當時事以證古耳。」沈欽韓云：「『盂』取迂曲之義，蓋圓陳也，魏晉時謂之甄。《文選·海賦》注引鄭君

---

❶ 原稿眉批：息已見。
❷ 「子」，原脱，今據原稿補。
❸ 「執」，原爲空格，今據原稿補。
❹ 「耻」，原作「辭」，今據《春秋左傳正義》卷十九上改。
❺ 「車」，原作「軍」，今據《春秋左傳正義》卷十九上改。
❻ 原稿眉批：再查《吕覽》。
❼ 「遣」，原作「造」，今據原稿改。
❽ 「領」，原作「飲」，今據原稿改。下一「領」字同。
❾ 「朝」，原作「期」，今據原稿改。

云：『甄，表也。』」按：焦、沈説是也。《宋書·禮志》謂「大司馬居中，董正諸軍」。《梁書·裴邃傳》：「魏衆五萬挑戰，❶邃勒諸將爲四甄以待之。直閤將軍李祖憐僞遁，❷四甄競發，魏衆大敗。」則甄爲偏師，或用以設覆，孟陳亦當然也。

期思公復遂爲右司馬，【疏證】《地理志》：「汝南郡期思。」沈欽韓云：「《一統志》：『期思故城在光州固始縣西北。』」杜注：「復遂，期思邑公。」

子朱及文之無畏爲左司馬。【疏證】《讀本》：「子朱，息公也。」《淮南·主術訓》：「楚莊王傷文無畏之死于宋也，奮袂而起。」《吕覽·行論》篇注：「無畏，申周，楚大夫也。」《潛夫論·志氏姓》：「楚大夫申無畏者，又氏文氏。」《氏族略》：「申舟稱文之無畏，疑是文族，楚文王之後也。」梁履繩云：「文，蓋以謚爲氏者。申，其食邑。舟，字也。之，語辭。《淮南》稱文無畏可見。」杜注：「將獵，張兩甄，故置二左司馬，然則右司馬一人當中央。」疏：「宋公爲右盂，無畏爲左司馬，而抶宋公之僕，自謂『當官而行』，明無畏當右，子朱當左，是其張兩甄，故置二左司馬，使各掌一甄，自然右司馬一人當中央也。」

命夙駕載燧，【疏證】夙駕，早駕也。《釋文》：「燧，本又作『遂』。」杜注：「燧，取火者。」《周禮》鄭注：「金燧可取火于日。」杜本鄭義。案：傳稱夙駕，則是夜獵。《釋天》「宵田爲獠」注：❸「即今夜獵載鑪照也。」載燧當是載火炬以照夜，杜注非。馬宗璉云：「蓋將焚林而田。」

宋公違命，

無畏抶其僕以徇。【疏證】《廣雅·釋詁》：「抶、抶，❹擊也。」王念孫云：「《説文》：『抶，笞擊也。』文十年《左傳》云『無畏抶其僕以殉』。」杜無注。十四年傳「歇以扑抶職」，❺注：「抶，擊也。」

或謂子舟曰：「國君不可戮也。」子舟曰：「當官而行，何彊之有？【疏證】杜注：「子舟，無畏字。」《晉書·劉喬傳》：「東海王越轉喬冀州刺

❶「萬」，原作「可」，今據原稿改。

❷「閣」，原作「同」；「憐」，原爲空格，今據原稿改補。「軍」，原作「將」，今據《梁書·裴邃傳》改。

❸「宵」，原作「宫」，今據原稿改。

❹「抶」，《廣雅疏證》卷三上作「抰」。

❺「四」，當作「八」。「扑」，原作「朴」，今據下文改。

史，以范陽王虓領豫州刺史。喬以非天子命，不受代。劉弘與喬牋曰：『明使君受命本朝，列居方伯，當官而行，同奬王室，❶橫見遷代，誠爲不允。』」《梁書·江淹傳》：「兼御史中丞，時明帝作相，因謂淹曰：『君爲南司，足以震肅百僚。』淹答曰：『今日之事，可謂當官而行，更恐才劣志薄，不足以仰酬明旨耳。』」劉氏、江氏引傳，皆以當官爲守官。何彊，謂不知何者爲彊也。

「《詩》曰：『剛亦不吐，柔亦不茹。』**【疏證】**《詩·烝民》文。傳文引倒，或所據本異。箋：「柔，猶濡毳也。剛，堅彊也。」按：《方言》：「茹，食也。」食與吐相反。《讀本》：「子舟引《詩》，言不吐剛，不吞柔。」

「『毋縱詭隨，以謹罔極。』**【疏證】**《詩·民勞》文。首章傳：「詭隨，詭人之善、隨人之惡者。」箋：「謹，猶慎也。」又云：「罔，無。極，中也。無中，所行不得中正。」陳奐《詩疏》：「《説文》：『詭，責也。』詭人之善，即隨人之惡。詭隨，疊韻連語。《廣雅·釋訓》：❷『詭隨，小惡也。』《後漢書·陳忠傳》：『自順帝即位，盜賊並起，郡縣更相飾匿，莫肯糾發。忠上疏曰：「臣聞輕者，重之端；小者，大之源；故隄潰蟻孔，氣洩鍼芒。是以明者慎微，智者識幾。《書》曰：『小不可不殺。』《詩》曰：『毋縱詭隨，以謀無良。』蓋所以崇本絶末，鉤深之慮也。」』」案：忠言欲禁盜賊，必先慎微。引《詩》上二句以爲謹小慎微之漸，最合傳意。」又云：「『以謹罔極』，猶首章『以謀無良』耳。」按：陳説是也。子舟引《詩》，言宋公違命，雖是小惡，防無中之漸，未可縱也。杜注用箋説。疏：「言小罪尚不赦，則大罪不敢爲也。」❸

「是亦非辟彊也。敢愛死以亂官乎？」

**【疏證】**《讀本》：「自明不敢辟彊以亂官。」

厥貉之會，麇子逃歸。**【注】**潁容曰：「麏在當陽。」《御覽》。❹**【疏證】**潁本「麏」與今通行本異。惠棟云：「麇，杜注不釋其地所在。按：盛弘之《荆州記》云：『當陽本楚之舊，《左氏傳》云楚潘崇伐麏，至于錫穴。』」下引潁氏説。則惠以此傳當作「麏子」也。沈

❶「奬」，原作「輿」，今據原稿改。
❷「訓」，原作「詁」，今據《詩毛氏傳疏》卷二十四改。
❸「爲」，原作「是」，今據原稿改。
❹原稿眉批：潁注再查《通鑑》注。

欽韓云：「《方輿紀要》：『麇城在安陸府當陽縣東南六十里。』按：文十一年傳『錫穴』之文，❶當在今鄖陽、興安二府界。」

【經】十有一年，春，楚子伐麇。【疏證】《公羊》「麇」曰「圈」。《釋文》：「二傳作『麇』。」據潁氏本，則《左氏》作麏，❷又與《穀梁》異。洪亮吉云：「麇、麏字近音同。」

夏，叔彭生會晉郤缺于成匡。【注】服云：「叔仲惠伯。」《魯世家》集解。【疏證】各本「叔」下有「仲」。《釋文》云：「本或作『叔彭生』，『仲』衍字。」則陸氏已謂「仲」不當有。石經作「叔彭生」。《校勘記》：「按：《漢書·五行志》、《水經·陰溝水》注並引作『夏，❸叔彭生會晉郤缺于成匡』。」據阮說，則各本非也。洪亮吉云：「經衍『仲』字，蓋因傳文而誤。」服云「叔仲惠伯」者，據傳言之。杜用服說。李富孫云：「傳稱叔仲惠伯。叔、氏；仲，字；彭生，名。故經書叔彭生，而傳兼舉其字。」按：李說是也。服氏恐讀者疑叔仲惠伯別一人，❹故於經解作叔仲惠伯。匡，各本作「筐」。《說文》：「匡，或作筐。」則各本用或體，今從石經。《水經·陰溝水》注：「谷水首受渙水于襄邑縣東，東逕承匡城。」下引此年經、傳文，引京相璠云：❺「今陳留襄邑西三十里有故承匡城。」杜注：「承匡，宋地。在陳留襄邑縣西。」同京相說。❻惠棟云：「圈稱云：❼『襄邑本襄陵承匡鄉也，宋襄公所葬，故曰襄陵。縣西三十里有承匡城。』」沈欽韓云：「《方輿紀要》：『承匡故城在歸德府睢州西三十里。』」

秋，曹伯來朝。

公子遂如宋。

狄侵齊。

冬，十月，甲午，叔孫得臣敗狄于鹹。

---

❶「文」，原稿作「尋」。

❷「麏」，原作「麇」，今據原稿改。

❸「引」，原作「行」，今據原稿改。

❹「讀者」，原脱，今據原稿補。

❺「相璠」，原爲空格，今據原稿補。

❻「相」，原爲空格，今據原稿補。

❼「稱」，原爲空格，今據原稿補。原稿眉批：圈稱說不見《水經》，當查，是《陳留風俗傳》。

【注】服云：「魯地也。」《魯世家》集解。【疏證】杜用服説。沈欽韓云：「《續志》：『東郡濮陽縣有鹹城，或曰古鹹國。』與僖十三年同一鹹，非别地。」如沈説，則鹹在今開州。《春秋輿圖》謂在山東曹州府曹縣境，❶不知何據。《年表》：「魯文公十一年，敗長狄于鹹而歸。」

【傳】十一年，春，楚子伐麇，成大心敗麇師於防渚。【疏證】杜注：「成大心，子玉之子大孫伯也。」《地理志》：「漢中郡房陵。」洪亮吉云：「防即漢中郡之房陵。房、防本一字。防渚蓋房陵縣之渚也。」沈欽韓云：「《元和志》：『房州房陵，闞駰以爲防陵即春秋時防渚，州之得名自此。』《方輿紀要》：『房陵城，今鄖陽府房縣治。』」❷

潘崇復伐麇，至于錫穴。【疏證】《校勘記》云：「按《漢書·地理志》，錫縣屬漢中郡，應劭曰：『音陽。』師古曰：『即《春秋》所謂錫穴。』而《後漢書·郡國志》又云：『沔陽有鐵，安陽有錫，春秋時曰錫穴。』《釋文》又曰：『錫，本或作錫，星歷反。』❸劉昭《郡國志》補注引傳文亦作『錫穴』。似作『錫』字爲當。」沈欽韓云：「《一統志》：『錫縣故城在興安州白河縣東。』❹《方輿紀要》：『錫義山在鄖陽府西北百八十里。』」

夏，叔仲惠伯會晉郤缺于承匡，謀諸侯之從於楚者。【疏證】杜注：「九年，陳、鄭及楚平。十年，宋聽楚命。」

秋，曹文公來朝，即位而來見也。

襄仲聘于宋，且言司城蕩意諸而復之，【注】服云：「反不書者，施而不德。」本疏。【疏證】杜注：「八年，意諸來奔。歸不書，史失之。」疏云：「服虔云：『反不書者，施而不德。』衛冀隆亦同服義，而難杜云：『襄二十九年，欒氏施而不德，《春秋》所善不書，意諸之歸則是施而不德。且經所不書，傳即發文。史失之，即「不書日，史失之」之類是也。此既無傳，何知史

---

❶「曹州」，原脱，今據原稿補。原稿眉批：《輿圖》查換人。

❷「房」，原作「唐」，今據原稿改。

❸「歷」，原作「服」，今據《春秋左傳正義》卷十五《校勘記》改。

❹「河」，原作「沙」，今據原稿改。

失？』」按：衛氏難杜，以史失之義傳所未言，❶最爲分明。疏駁服説云：「諸侯之卿出奔而復歸者，宋華元、衛孫林父之徒，皆書其歸，則蕩意諸之歸，亦當書之。杜必以爲史失者，案衛侯鄭之歸于衛也，❷僖公納賂而請之；衛侯朔之入于衛也，莊公興師而納之；歸邾子益于邾，自我而歸之。皆受魯施，並書于經。何獨意諸施而不德？若意諸施而不德，彼何故施而德之？魯以不書爲是，❸則書者爲非，何以無貶責之文？定人之謂禮，❹存亡之謂義。未有禮義在可諱之意。」壽曾謂：疏之駁服，所引經文皆諸侯出而後歸之事，其書卿大夫反國，《左氏》舊誼容有不同。服氏此注「施而不德」，指襄仲言，故衛冀隆以欒氏施而不德爲例，❺則不得以魯君復鄭國之君臣比。李貽德云：「《晉語》『夫齊侯好示務施』，注：『施，惠也。』僖二十四年傳疏：『苟其恩者，謂之爲德。』施而不德，惠而不自以爲恩也。」

**因賀楚師之不害也。**【疏證】杜注：「往年楚次厥貉，將以伐宋。」《讀本》：「『楚師不害』，謂前年楚將伐宋，宋先下之，故不害。」

**鄋瞞侵齊，**【注】服云：「鄋瞞，長翟國名。」《魯世家》集解。【疏證】杜用服説。洪亮吉云：「《説文》：『鄋，北方長狄國也，在夏爲防風氏，在殷爲汪芒氏。《春秋傳》曰「鄋瞞侵齊」。』按：此則鄋爲國號，瞞或其君之稱，❻如酋稱豪之類。服、杜注並云：❼『鄋瞞，國名。』疑非也。」文淇案：洪説非也。❽傳明云「鄋瞞由是遂亡」，則國名可知。壽曾謂：許君引傳「鄋瞞」釋鄋，知賈君亦同服説。杜又云：「防風之後，漆姓。」據《魯語》爲説。《魯語》：「仲尼曰：『汪芒氏之君，守封、禺之山者也，爲漆姓，在虞、夏、商爲汪芒氏，於周爲長狄氏，今曰大人。』」與《説文》小異。《孔子世家》、《説苑》並云「釐姓」。《校勘記》謂「『漆』字當爲『淶』之譌，❾釐、淶聲近」，是也。《方

❶「以」，原脱，今據原稿補。
❷「鄭」下，原衍「侯」字，今據原稿删。
❸「魯」，原爲空格，今據原稿補。
❹「禮」，原脱，今據原稿補。
❺「衛冀隆」，原爲空格，今據原稿補。
❻「瞞」，原脱，今據原稿補。
❼「杜」，原脱，今據《春秋左傳詁》卷九補。
❽「洪」，原作「淇」，今據原稿改。
❾「爲」，原脱，今據原稿補。

輿紀要》：「鄋瞞在山東濟南府北境。或云今青州府高苑縣有廢臨濟城，古狄邑，即長狄所居。」段玉裁云：「按：許以此篆厠涿郡、北地之下，則許意謂其地在西北方，非在今山東也。」

遂伐我。【注】服云：「伐我不書，諱之。」本疏。【疏證】杜無注。李貽德云：「案：經書『侵齊』，而伐我不書，❶是史爲本國諱也。《楚辭·謬諫》『恐犯忌而干諱』注：『所隱爲諱。』」

公卜使叔孫得臣追之，吉。侯叔夏御莊叔，【疏證】杜注：「莊叔，得臣。」

緜房甥爲右，❷

富父終甥駟乘。【注】服云：「富父終甥，魯大夫也。」《魯世家》集解。【疏證】杜注：「駟乘，四人共車。」《周禮·大僕》：「凡軍旅田役，贊王鼓。」疏：「王與御者、戎右已有三人，今更有大僕，則駟乘。按：文十一年，『侯叔夏御莊叔，❸緜房甥爲右，富父終甥駟乘』，彼注云：『駟乘，四人共車。』與此同也。」彼疏未明引杜注，疑「四人共車」爲舊説也。

冬，十月，甲午，敗狄于鹹，獲長狄僑如。【注】劉歆以爲人變，屬黄祥。《五行志》。舊注：「狄長三丈。」《御覽》三百五十一。【疏證】《釋文》：「僑，本作『喬』。」《魯世家》：「文公十一年十月甲午，魯敗翟於鹹，獲長翟喬如。」字正作「喬」。李富孫云：「成二年經『叔孫僑如』，漢《五行志》引作『喬』，二字古通。」杜注：「僑如，鄋瞞國之君，蓋長三丈。」《御覽》引注係於「埋首子駒之北門」下，杜用舊注。《魯語》：「仲尼曰：『僬僥氏長三尺，短之至也。長者不過十之，數之極也。』」注：「十之，三丈，則防風氏也。」本疏：「仲尼所云此十倍僬僥之長者，故云『蓋長三丈』。《魯語》言『不過十之』，❹是疑之言，故云『蓋』也。」《五行志》采此事屬「皇之不極」，劉向以爲近下人伐上之痾。歆與向説異，其云「人變，屬黄祥」，於傳當屬「思心之不睿」，彼傳黄祥未及人變之徵。《皇極傳》：「一曰，屬蠃蟲之孽。」此釋歆説，人變即蠃蟲孽

❶「書」，原脱，今據原稿補。
❷「甥」，原作「孫」，今據《春秋左傳正義》卷十九下改。
❸「侯」，原爲空格，今據原稿補。
❹「之」，原作「文」，今據原稿改。

也。傳又云：「一曰，天地之性，人爲貴，凡人爲變，皆屬皇極下人伐上之痾云。」❶此釋向説。

**富父終甥摏其喉，以戈殺之。**【注】服云：「舂，猶衝也。」《魯世家》集解。【疏證】杜用服義，但服本作「舂」，杜本作「摏」。洪亮吉曰：「《説文》無『摏』字。《史記》作『舂』。鄭玄《禮》注『待其從容』云：『從，讀如富父舂戈之舂。』❷合以服注，是古本皆作『舂』，今從改正。」按：《梁書·元帝紀》：「世祖下令：『舂長狄之喉，擊郅支之頸。』」❸字正作「舂」。洪説是也。今列經傳，一從石經。《學記》鄭注云：「舂，撞擊也。」鄭義亦同服。李貽德云：「《説文》：『舂，擣粟也。』然則假借之，以器衝人亦謂之舂。」顧炎武云：「長狄，解云三丈者，未可信。《考工記》『戈柲六尺有六寸』，假如長三丈之人，富父終甥何由以戈摏其喉耶？」按：疏亦於戈制有疑，故云：「兵車之法皆三人共乘。❹魯、宋與長狄之戰，車皆四乘，改其乘，必長其兵。謂之戈，蓋形如戈也。」詳疏意，謂戈不止六尺六寸也，人立於車，執戈末以舂人，其長當及二丈以外。長狄或是步戰，故戈可及也，顧説非。

**埋其首于子駒之門，**【注】賈云：「子駒，魯郭門。」《魯世家》集解。【疏證】《御覽》三百五十一引傳，「門」上有「北」。惠棟云：「王符《潛夫論》：『魯之公族有子駒氏。』以人氏其門者，猶哀十一年『黨氏之溝』。」《管子·度地》：❺「城外謂之郭。」沈欽韓云：「《山東通志》：『魯郭門，北面三門，最西者子駒門。』」壽曾謂：《通志》北面郭門，與《御覽》引傳合。顧棟高云：「子駒之門，魯西郭門。」非。

**以命宣伯。**【注】服云：「宣伯，叔孫得臣子喬如也。得臣獲喬如以名其子，使後世旌識其功。」《魯世家》集解。【疏證】杜注：「得臣待事而名其三子。」餘用服説。服注「喬如」，則服本「長狄僑如」亦作「喬」也。疏：「襄三十年傳説此事云：『叔孫莊叔敗狄于鹹，獲長狄僑如及虺也、豹也，皆以名其子。』此三子未必同年而生，或生訖待事，或事後始生，欲以章

❶「皇」，原作「黃」，今據原稿改。
❷「舂」，原作「衝」，今據《春秋左傳詁》卷九改。
❸「支」，原作「文」，今據原稿改。
❹「法」，原作「乘」，今據《春秋左傳正義》卷十九下改。
❺「子」，原作「氏」，今據《管子》卷十八改。

己功，取彼名而名之也。」李貽德云：「《周禮·司勳》：『凡有功者，銘書於王之大常。』❶注：『生則書於王旌，以識其人與其功也。』今得臣以名其子，亦是表功之意，故服云『旌識』也。」

**初，宋武公之世，鄋瞞伐宋。**【注】服云：「武公，周平王時，春秋前二十五年。」《魯世家》集解。【疏證】杜注：「在春秋前。」不用服二十五年說。疏：「《史記·十二諸侯年表》，宋武公即位十八年，以魯惠公二十一年卒。卒在春秋前二十六年，不知鄋瞞以何年伐宋也。」按：據《年表》宋宣公力即位在魯惠公二十二年，由惠之二十二年數及四十六年，正符二十五年之數，明年隱公元年入《春秋》矣。疏謂二十六年者，由宋武公之卒年計之，故與服差一年也。據疏說，則鄋瞞伐宋之年，舊注空而不說。

**司徒皇父帥師禦之，耏斑御皇父充石，**【疏證】《釋文》：「禦，本亦作『御』。」《世本》：「皇父，戴公子。」《讀本》：「耏，氏。斑，名。」杜注：「充石，皇父名。」❷疏：「此人子孫以『皇』爲氏，知皇父，字；充石，名。」按：疏知皇父子孫以皇爲字者，襄九年傳「皇鄖」，服氏謂「皇父充石之後」也。杜謂充石爲皇父名，亦用服說。王念孫《周秦名字解故》云：「《說文》：『充，長也，高也。』長與高，皆大也。《爾雅》疏引《尸子·廣澤》篇云：『皇，大也。』《詩·大雅·皇矣》傳云：『皇，大也。』」

**公子穀甥爲右，司寇牛父駟乘，以敗狄於長丘，**【疏證】杜注：「長丘，宋地。」不詳所在。《地理志》：「陳留郡封丘，濮渠水首受泲，❸東北至都關，入羊里水，過郡三，行六百三十里。」❹孟康曰：「《春秋傳》『敗狄于長丘』，今翟溝是。」惠棟云：「張華《博物志》：『陳留封丘有狄溝，《春秋》之長丘也。』」洪亮吉同惠說。則長丘即狄溝。沈欽韓云：「《水經注》：『濟瀆又東逕封丘縣北，南燕縣之延鄉，在《春秋》爲長丘。』《方輿紀要》：『長丘在

❶「銘」，原作「餘」，今據原稿改。
❷「皇父名」，原脱，今據原稿補。
❸「渠」，原爲空格，今據原稿補。「泲」，原作「陳」，今據《漢書·地理志》改。
❹「行」，原爲空格，今據原稿補。「三」，原作「二」，今據《漢書·地理志》改。

開封府封丘縣東。』」高士奇云：「近志：❶翟溝在封丘縣南八里。即白溝也，音轉爲翟。」梁履繩云：「縣今屬衛輝府。」按：《魯世家》説宋敗狄事與傳同。《年表》以宋敗長丘亦在魯文公十一年，誤。

獲長狄緣斯，【注】賈云：「緣斯，僑如之祖。」《魯世家》集解。服云：「不言所埋，埋其身首同處於戰地可知。」本疏。【疏證】杜釋「緣斯」用賈説。李貽德云：「案：僑如、榮如皆言埋其首，則身首異處矣。於緣斯不言首埋何地，是身首同埋於戰地故也。」

皇父之二子死焉。【注】賈逵云：「皇父與穀甥、牛父三子皆死。」鄭衆以爲：穀甥、牛父死耳，皇父不死。馬融以爲：皇父之二子，在軍爲敵所殺，名不見者，方道二子死，故得勝之。如令皆死，誰殺緣斯？服虔云：「殺緣斯者，未必三子之手，士卒獲之耳。下言『宋公以門賞耏斑』，斑爲皇父御而有賞，三子不見賞，疑皆死。賈君近之。」本疏。【疏證】杜注：「皇父與穀甥及牛父皆死，故耏斑獨受賞。」是杜用賈説。服説亦同於賈也。先鄭謂皇父不死，與賈、服異。由先鄭説，則傳文之二子蒙皇父而言，不謂皇父同死，於文爲不詞，或所據傳文與賈、服異。王引之《經傳釋詞》云：❷「之，猶與也。文十一年《左傳》『皇父之二子死焉』，二子者，公子穀甥、司寇牛父也。言皇父與此二子皆死也。」下引賈注爲證，又云：「成十六年傳『潘尪之黨』，襄二十三年傳『申鮮虞之傳摯』，謂潘尪與黨、申鮮虞與傳摯也。」王説最得賈、服意。疏以杜用賈、服，不加駁辭，而云：「如馬之言，於傳文爲順。」沈欽韓云：「按：馬説是也。若令右與驂乘俱死，則傳文當云『皇父與二子死』，不當云『皇父之二子』也。傳不言三人賞者，主記耏門事耳。」顧炎武云：「傳本云『皇父之二子』，解乃云穀甥、牛父，誤。三大夫亦應有賞，傳特以耏門之名追録其受賞之由，餘不及載耳。」沈氏未知「之」可訓「與」，其駁賈説未是。顧氏未明引馬説，義與馬同。其謂傳主記耏門之賞，則服義所已具也。服謂殺緣斯未必三子之

❶「近」，原作「通」，今據原稿改。
❷「詞」，原脱，今據原稿補。

手，乃申馬說，但不取馬「皇父之子」說。

宋公於是以門賞耏班，使食其征，謂之耏門。【疏證】杜注：「門，關門。征，税也。」疏：「《周禮・司關》：『司貨賄之出入，掌其治禁與其征廛。國凶札，則無關門之征。』鄭玄云：『征廛者，貨賄之税。』」如疏說，是「食其征」，謂食征廛也。《梁書・張纘傳》：「作《南征賦》，曰：『陋文仲之廢職，鄙耏門之食征。』」洪亮吉云：「按：耏班獨見賞，或殺緣斯者即耏班也，故以門爲耏門，所以旌其功。亦可備一說。」

晉之滅潞也，獲僑如之弟焚如。【疏證】《魯世家》「潞」作「路」，「焚」作「棼」。杜注：「在宣十五年。」非，詳下文疏證。

齊襄公之二年，鄋瞞伐齊，齊王子成父獲其弟榮如，【注】賈云：「王子成父，齊大夫。」本疏、《齊世家》集解。【疏證】杜注：「魯桓公之十六年。榮如以魯桓十六年死，至宣十五年，一百三歲，其兄猶在。傳言既長且壽，有異於人。」陸粲云：「《史記・魯世家》引此傳文作『齊惠公之二年』。又《齊世家》曰：『惠公二年，長翟來，王子成父攻殺之。』《十二諸侯年表》亦於齊惠公二年書『王子城父敗長翟』。三文皆同。按：惠之二年即魯宣公之二年也，在晉滅潞之前僅十三年爾。此傳以惠公爲襄公，蓋傳寫之誤。」顧炎武从陸說。洪亮吉說略同，又云：「杜因有既長且壽之說，失之不考也。」按：傳文以魯獲僑如，追述前此中國獲狄之事，杜必以滅潞爲宣十五年事，又以傳稱榮如爲焚如弟，乃云：「焚如後死而先說者，欲其兄弟伯季相次。」傳文錯綜，不必如杜說之泥也。然如陸說，則獲焚如、榮如皆在宣公之世，與傳文追叙之例不合。❶ 朱駿聲云：「按《吕覽・審分》篇，管子請桓公用王子成父爲大司馬。❷《說苑》：『晏子曰：「桓公軍吏怠，❸戎士偷，❹則王子成父侍。」』❺蓋齊襄公舊臣，而桓用之者。計齊襄元年至齊惠二年，九十二載，

❶「與」上，原有「後」字，今據原稿删。
❷「請」，原作「謂」，今據原稿改。
❸「吏」，原脱，今據原稿補。
❹「戎」，原作「式」，今據原稿改。
❺「侍」，原作「傳」，今據原稿改。原稿眉批：馬亦引《說苑》。

則成父必已百歲上下，何能从軍？此傳追敘前事，以初字冠之，統三役而言。晉之滅潞，當亦在春秋前，非宣十五年之赤狄潞氏也。齊襄之二年，蓋魯桓之十六年也。『鄋瞞由是遂亡』，是者，指文十一年冬而言。《史記》采《左傳》有誤。若果魯宣二年、十五年之事，❶《左氏》亦應先敘榮如、簡如，❷復敘焚如，不應倒置矣。」按：朱氏以王子成父之年核傳文齊襄之非誤，最確。以滅潞爲春秋前事，則無嫌於焚如後死而先説矣。《讀本》云：「傳言王子成父，❸自是襄、桓時人，不得謂齊惠時人。」是也。杜注「成父」用服説。

埋其首於周首之北門。【疏證】《齊世家》：❹「王子城父攻殺之，埋之於北門。」《水經・濟水》注：「京相璠曰：『今濟北所治盧子城，故齊周首邑也。』」杜用京相義。沈欽韓云：「《一統志》：『周首亭在泰安府東阿縣東。』」❺

衛人獲其季弟簡如，【注】服云：「獲與僑如同時。」《魯世家》集解。【疏證】杜注：「伐齊退走，至衛見獲。」則以獲簡如爲齊襄二年事，不用服説。服説當據故書，恐使讀者繫於齊襄時，故特明其與僑如同獲也。

鄋瞞由是遂亡。【疏證】顧炎武云：「杜云『長狄之種絶』者，亦非。傳云亡，特其國亡耳。」按：顧説是也。疏引蘇氏云：「《國語》稱『今曰大人』者，但迸居四夷，不在中國，故云遂亡。」是舊疏不謂種絶，與杜異。疏乃謂「當時呼往前長狄爲『大人』，❻未必其時有之」，非。

郕太子朱儒自安於夫鍾，❼國人弗徇。【注】服云：「自安，猶處也。夫鍾，郕邑。徇，順也。」《御覽》一百四十八。❽【疏證】杜用服

---

❶「五」，原作「三」，今據《春秋左傳識小録》卷上改。

❷「左氏」至「之年」二十九字，原脱，今據原稿補。

❸「父」，原作「公」，今據原稿改。

❹「齊」，原作「魯」，今據原稿改。

❺「阿」，原作「河」，今據《春秋左氏傳地名補注》卷五改。下「東」下，原書有「北」字。

❻「往」，原爲空格，今據原稿補。

❼原稿眉批：夫鍾，見桓十一年。

❽「八」，當作「六」。下二「一百四十八」同。

義，但服本作「循」，杜本作「徇」。❶《説文》：「循，行順也。」李貽德云：「《漢書》注皆以『循』爲『順』。是循、順通也。」《讀本》：「言自安處於外邑，國人亦不順之。」

【經】十有二年，春，王正月，郕伯來奔。【疏證】《公羊》「郕」曰「盛」。杜注：「稱爵，見公以諸侯禮迎之。」據傳「公以諸侯逆之」義也。顧炎武、沈欽韓取劉原父説，謂：「郕伯以去年卒，太子今即位而不能自安，遂出奔，《左氏》誤以爲太子。」壽曾謂：傳繫郕伯之卒於本年春下，即云郕人立君，則郕太子非即位踰年之君矣。魯以諸侯逆，則經以諸侯禮書，劉説非也。本疏：「公既尊之爲君，史遂從公之意。成十年『晉侯有疾，立太子州蒲爲君，會諸侯伐鄭』。經即書爲『晉侯』。」

杞伯來朝。

二月，庚子，子叔姬卒。【疏證】杜注：「既嫁成人，❷雖見出棄，猶以恩録其卒。」《公羊》謂「未適人」，《穀梁》謂「許嫁以卒之」，則杜所稱爲《左氏》義。

夏，楚人圍巢。【疏證】《地理志》「廬江郡居巢」，❸注：「應劭曰：『《春秋》「楚人圍巢」。巢，國也。』」杜用應説。沈欽韓云：「《一統志》：『居巢故城在廬州府巢縣東北五里。』」

秋，滕子來朝。

秦伯使術來聘。【疏證】《公羊》「術」曰「遂」。李富孫云：「《月令》『審端徑術』注云：『術，《周禮》作遂。』《唐韻正》術去聲，則音遂。古術、遂二字通用。」杜注：「術不稱氏，史略文。」《小行人》「凡諸侯之邦交」，❹本疏：「言『諸侯邦交』，謂同方岳者。但春秋之世，有越方岳相聘者，是以秦使術來聘，吴使札來聘，時國數少故然，非正法也。」此以春秋諸侯相聘異於邦交，當是《左氏》古義。

冬，十有二月，戊午，晉人、秦人戰于河曲。【注】服云：「河曲，晉地。」《秦本紀》集解。

【疏證】《晉語》「河曲之役」注：「河曲，晉地。」用服説。《郡國志》：「河東郡蒲坂有雷首山。」劉昭注：「伯夷、叔齊

❶「作」，原作「亦」，今據原稿改。
❷「成」，原作「或」，今據原稿改。
❸「志」，原脱，今據《漢書·地理志》補。
❹「小」，當作「大」。

餓於首陽山，馬融曰在蒲坂華山之北，河曲之中。」杜注：「河曲在河東蒲坂縣南。」與馬融説合。顧棟高云：「今蒲州府永濟縣東南五里有蒲坂故城。」江永云：「河南流至華陰曲而東流，河曲當在其間。《竹書紀年》『秦穆公帥師送公子重耳涉自河曲』是也。」亦謂河曲在蒲州。沈欽韓云：「《方輿紀要》：『河西經同州朝邑縣東，又南經華陰縣東北，東岸爲蒲州城西，又南過雷首山西，乃折而東，其地亦謂之河曲。』」此説河曲不爲定地。然傳文叙河曲之戰，次取羈馬，下羈馬在今蒲州，則以河曲在蒲境爲合。

季孫行父帥師城諸及鄆。❶【疏證】《公羊》「鄆」曰「運」。《地理志》「琅邪郡東莞」，師古曰：「《春秋》『城諸及鄆』者。」孟康曰：「故鄆邑，今鄆亭是也。」《水經·沂水》注引京相璠曰：「琅邪姑幕縣南四十里員亭，故魯鄆邑，世變其字，非也。」與孟康説異。杜注：「城陽姑幕縣南有員亭。員即鄆也。」用京相璠説。沈欽韓云：「非也。《郡國志》『東莞有鄆亭』，今在團城東北四十里，猶謂之故東莞城。《山東通志》：『鄆亭城在沂水縣東北四十里。』《十三州記》云：『魯有東西二鄆。昭公所居者爲西鄆，在東平。莒、魯所争爲東鄆，是也。』」按：沈説是也。《郡國志》與孟康説同，顧棟高亦謂此爲東鄆。

【傳】十二年，春，郕伯卒，郕人立君。【注】服云：「立君，改立君，不命於天子。」《御覽》一百四十六。【疏證】杜注：「太子自安於外邑。」不説立君義。洪亮吉引服注作「改立君，不用太子也」。引《御覽》誤本，❷今不取。李貽德云：「《周禮·典命》：『凡諸侯之適子，誓於天子。』注：『誓，猶命也。言誓者，明天子既命以爲之嗣，樹子不易也。』《國語·周語》：『魯武公以括與戲見王，❸王立戲。』注：『以爲太子。』今郕太子在外，而國人改立衆子爲君，❹是既易受命之太子，❺則其君之立不順，故傳曰『郕人立君』，明國人衆立之，非命自天子也。」

太子以夫鍾與郕邽來奔。【注】服云：「郕邽，亦邑名也。一曰：郕邦之家寶圭，

❶ 原稿眉批：諸已見。
❷ 「誤」，原作「讀」，今據原稿改。
❸ 「與」，原作「爲」，今據原稿改。
❹ 「衆子爲」，原脱，今據原稿補。
❺ 「太」，原作「天」，今據《春秋左氏傳賈服註輯述》卷八改。

太子及身父在而自安於夫鍾，國人以爲不順，故郕伯卒而更立君，太子以其國寶與地夫鍾來奔也。」《御覽》一百四十八。❶【疏證】杜注：「郕邽亦邑。」用服前一説。服云「亦邑名」者，蒙「夫鍾」言之。高士奇云：「鄭穆公妾曰圭嬀，疑圭亦小國，郕并之而加邑爲邽。《左傳》繫之以郕曰成邽，所以別於秦武所伐之邽也。」江永云：「郕國在兖州府甯陽縣，二邑當近其地。」江以郕、邽爲二邑，❷與高説異。玩服注「亦邑名」，則以郕邽爲一邑，高説是也。惠士奇云：「服虔以郕邽爲郕邦之家寶圭，然則邽不从邑。」朱駿聲云：「郕國在今山東甯陽。《説文》『邽』下云『隴西上邽也』，則在今甘肅秦州故戎地。《漢志》京兆又有下邽，師古曰『取邽戎之人而來爲此縣』，則在今陝西西安府臨潼縣。❸當從後説，讀邽爲圭。」壽曾謂：服前説以郕邽爲邑，斷不指甘肅之上邽、陝西之下邽也。朱駁非是。然服取或説郕邽爲郕國寶圭，❹又申之云「太子以其國寶與地夫鍾來奔」，則服意不以後説爲非矣。《説文》：「圭，瑞玉也。」李貽德云：「古者器物之貴者，恒以國繫，如《顧命》稱越玉、夷玉，《明堂位》稱崇鼎、貫鼎，傳稱紀甗、莒鼎。此郕圭，亦其例也。」

公以諸侯逆之，非禮也。【疏證】郕太子未爲君，不當以諸侯禮逆，傳意止如此。杜注：「非公寵叛人。」非。

故書曰：「郕伯來奔。」不書地，尊諸侯也。【疏證】不書地，謂不書夫鍾、郕邽。❺杜注：「既尊以爲諸侯，故不復見其竊邑之罪。」

杞桓公來朝，始朝公也。【疏證】本疏引劉炫云：「魯君新立，鄰國及時來朝，則曰公即位而來見；晚則云始朝公也。諸侯自新立，來及時者，則云即位而來見；晚則云始見。霸主即位，魯君往朝，則曰通嗣君。❻魯君新立，往朝大國，則曰即位而往見也。」按：此明傳釋來朝、往朝之例，當是古説。

❶ 原稿眉批：《御覽》查，各家所引異也。
❷ 「江以郕邽爲二邑」，原脱，今據原稿補。
❸ 「潼」，原爲空格，今據原稿補。
❹ 「爲」，原重文，今據原稿删。
❺ 「郕邽杜注」，原重文，今據原稿删。
❻ 「通」，原爲空格，今據原稿補。

且請絶叔姬而無絶昏，公許之。【疏證】杜注：「不絶昏，立其娣以爲夫人。不書來歸，未歸而卒。」《讀本》：「成五年，又有杞叔姬來歸，是無絶昏之證。」疏引《釋例》：「杞桓公以僖二十三年即位，襄六年卒，凡在位七十一年。文、成之世，經書『叔姬』二人，一人卒，一人出，皆杞桓公夫人也。」❶

二月，叔姬卒。不言杞，絶也。

書叔姬，言非女也。

楚令尹大孫伯卒。成嘉爲令尹。【疏證】杜注：「若敖曾孫，子孔。」

群舒叛楚。【疏證】《世本》：「偃姓，舒庸、舒蓼、舒鳩、舒龍、舒鮑、舒龔。」傳稱「群舒」以此。《地理志》：「廬江郡舒，故國。又龍舒。」應劭曰：「群舒之邑。」《郡國志》：「廬江郡有舒及龍舒侯國。」顧棟高云：「今江南廬州府舒城，其舒蓼、舒庸、舒鳩及宗四國約略在此兩城間。」❷

夏，子孔執舒子平及宗子，遂圍巢。【疏證】杜注：「平，舒君名。宗、巢二國，群舒之屬。」《讀本》：「宗國在今舒城。」

秋，滕昭公來朝，亦始朝公也。

秦伯使西乞術來聘，且言將伐晉。

襄仲辭玉，曰：「君不忘先君之好，照臨魯國，鎮撫其社稷，重之以大器，寡君敢辭玉。」【疏證】杜注：「不欲與秦爲好，故辭玉。」沈欽韓云：「按：《聘禮》『賓襲，執圭。擯者入告，辭玉』，❸注云：『圭，贄之重者，辭之，亦所以致尊讓也。』傳言襄仲辭玉，正合禮文。杜乃以固陋之見亂之。」文淇案：沈説是也。《聘禮》「擯者入告，出，辭玉」，鄭注：「擯者，上擯也。」襄仲辭玉，則襄仲爲上擯可知。彼疏引此傳而云：「彼主人無三辭者，文不具，亦當三辭。」按：《左傳》下文明云「主人三辭」，賈疏誤。

對曰：「不腆敝器，不足辭也。」【疏證】鄭玄《儀禮》注：「腆，善也。」杜注訓「腆」爲「厚」，非。敝器

❶ 原稿眉批：啖説未采。

❷ 「及」，原重文，今據原稿删。

❸ 「辭」上，《左傳杜解集正》卷四有「出」字。

對大器言之。

主人三辭。賓答曰：「寡君願徼福于周公、魯公以事君，【疏證】杜注：「徼，要也。魯公，伯禽也。言願事君，以并蒙先君之福。」

「不腆先君之敝器，使下臣致諸執事，以爲瑞節。【疏證】瑞謂玉也。杜注：「節，信也。出聘必告廟，故稱先君之器。」

「要結好命，所以藉寡君之命，結二國之好，是以敢致之。」【疏證】聘問所以要結好命，故蒙「好命」析言之。杜注：「藉，薦也。」疏：「《聘禮》『執圭所以致君命』，君命致，藉玉而後通。若坐之有薦席然。」

襄仲曰：「不有君子，其能國乎？國無陋矣。」厚賄之。【疏證】《聘禮·記》：「無行，則重賄反幣。」注：「無行，謂獨來，復無所之也。必重其賄與反幣者，使者歸以得禮多爲榮，所以盈聘君之意也。反幣謂禮玉、束帛、乘皮，所以报聘君之享禮也。❶昔秦康公使西乞術聘于魯，辭孫而説，襄仲曰：『不有君子，其能國乎？』厚賄之。此謂重賄反幣也。」疏云：「『秦伯使西乞術來聘』，此特來，非歷聘。歷聘則吴公子札聘于上國，聘齊聘魯是也。」詳鄭彼注，則襄仲厚賄西乞術，亦以無行加禮。不言反幣，文略。《吕覽·謹聽》篇：「名不徒立，功不自成，國不虛存，必有賢者。」高誘注：「惟賢者然後立名成功，而存其國。《傳》曰：『不有君子，其能國乎？』」「名不徒立」四語，當是《左氏》舊説，故高氏引此傳證之。

秦爲令狐之役故，【疏證】七年經：「秦人、晉人戰於令狐。」傳：「晉敗秦師於令狐。」

冬，秦伯伐晉，取覊馬。【注】服云：「覊馬，晉地也。」《秦本紀》集解。【疏證】杜用服説。沈欽韓云：「《元和志》：『覊馬故城在同州郃陽縣東北二十六里。』《寰宇記》：『在蒲州河東縣城南三十六里。』」未知孰是。《彙纂》：「今蒲州南三十六里，有覊馬城，一名涉丘。」《讀本》：「今永濟縣南六十里。」皆用樂史説。❷江永云：「今按：《一統志》陝西同州郃陽縣有覊馬

❶「报」，原作「投」，今據原稿改。

❷「樂」，原爲空格，今據原稿補。

城，謂秦取羈馬在此。非也。秦取晉邑，當在河東，故晉人禦之，戰于河曲。羈馬不得在河西。成十三年傳云：『俘我王官，翦我羈馬。』蓋秦遷其民於河西，❶是以澄城亦有王官，郃陽亦有羈馬耳。」按：江説是也。《年表》：「晉靈公六年，秦取我羈馬。秦康公六年，伐晉，取羈馬。」《秦本紀》：「康公六年，秦伐晉，取羈馬。」

晉人禦之。趙盾將中軍，荀林父佐之；

郤缺將上軍，臾駢佐之；【疏證】杜注：「臾駢，趙盾屬大夫。」

欒盾將下軍，胥甲佐之。【疏證】盾，杜注：「欒枝子。」甲，杜注：「胥臣子。」

范無恤御戎，【疏證】沈欽韓云：「按：此晉君不出而亦有御戎者，明是爲中軍之御。七年之步招、戎津亦是中軍之御與右耳。」

以從秦師于河曲。

臾駢曰：「秦不能久，請深壘固軍以待之。」從之。【疏證】本疏：「壘，壁也。軍營所處，築土自衛，謂之爲壘。深者，高也。高其壘以爲軍之阻固。案：《覲禮》説：『爲壇深四尺。』鄭注云：『深，高也。』是其義也。」詳疏引《禮》注，證深之爲高，則「壘，壁也」以下，疑是舊説。

秦人欲戰，

秦伯謂士會曰：【疏證】《御覽》二百九十引注：「晉士會奔秦。」杜注「會」下多「七年」二字，疑《御覽》所引爲舊注。

「若何而戰？」

對曰：「趙氏新出其屬曰臾駢，必實爲此謀，將以老我師也。趙有側室曰穿，晉君之壻也，【疏證】杜注：「側室，支子。『穿，趙夙庶孫。』」《御覽》引注「支」作「枝」。疏：「《文王世子》云：『公出有疆之政，庶子守公宮，正室守太廟。』鄭玄云：『正室，適子也。』正室是適子，知側室是支子，言在適子之側也。《世族譜》：『穿，趙夙之孫。』❷則是趙盾從父昆弟之子也。」

❶「西」，原作「曲」，今據原稿改。

❷「夙」，原作「尺」，今據《春秋左傳正義》卷十九下改。

盾爲正室，故謂穿爲側室。穿别爲邯鄲氏。」按：疏謂側室對嫡子言，是也。《趙世家》索隱引《世本》云：「公明生共孟及趙夙，夙生成季衰，衰生宣孟盾。」以正《世家》「共孟生衰」之誤。《晉語》注：「夙之孫趙盾從父昆弟、武子穿也。」與《世本》行輩合。杜謂「穿，趙夙庶孫」，正用韋説。則盾與穿爲從父昆弟。疏以穿爲盾從父昆弟之子，非。❶

「有寵而弱，不在軍事，【疏證】杜注：「又未嘗涉知軍事。」焦循云：「按：在，察也。故云涉知。」

「好勇而狂，且惡臾駢之佐上軍也。

「若使輕者肆焉，其可。」【注】舊注：「肆，突，言使輕鋭之兵往驅突晉軍。」《環人》疏。【疏證】杜注：「肆，暫往而退也。」《御覽》引注「退」上有「速」。惠棟云：「《詩》云：『是伐是肆。』鄭箋云：『肆，犯突也。』杜謂肆爲暫往而退，此釋『輕』，非釋『肆』也。」案：《皇矣》傳：「肆，疾也。」杜用毛誼。箋又云：「《春秋傳》：『使勇而無剛者肆之。』」疏：「《左傳》隱九年云：『使勇而無剛者，嘗寇而速去之。』文十二年《左傳》云：『若使輕者肆焉，其可。』❷其言皆不與此同。鄭以『輕者』與『勇而無剛』義同，故引之而遂謬也。」疏訂鄭謬，是也。測鄭意，當是引此年傳文，而誤合隱九年傳爲一。或是兼引，❸傳寫失之。《環人》「掌致師」疏引此傳及舊注，❹又引隱九年傳，亦其比也。舊注以肆爲突，與鄭箋同。惠氏、洪氏皆引爲服注，《禮》疏止稱注，别無所據，今不從。

秦伯以璧祈戰于河。【疏證】《御覽》二百九十引注云：❺「禱河求勝也。」疑是舊注。杜注：「禱求勝。」删「河」字，非。

十二月，戊午，秦軍掩晉上軍，趙穿追之，不及。【疏證】杜注：「上軍不動，趙穿獨追之。」

反，怒曰：「裹糧坐甲，固敵是求，敵至不擊，將何俟焉？」【疏證】杜無注。疏：「甲者，

---

❶ 眉批：《禮記》文：「公若有出疆之政，庶子以公族之無事者守於公宫。」今此誤否？

❷ 「其可」，原脱，今據原稿改。

❸ 「引」，原作「行」，今據原稿改。

❹ 「致師」，原爲空格，今據原稿補。

❺ 「二百九十」，當作「三百二十二」。

所以制禦非常，❶臨敵則被之於身，未戰且坐之於地。」疑舊注以坐甲爲坐甲於地，疏説其義也。惠棟云：「昭二十七年傳云：『吴王使甲坐於道。』《荀卿子》：『庶士介而坐道。』故云坐甲。」《北周書・太祖紀》：「傳檄方鎮曰：❷『裹糧坐甲，唯敵是俟。』」正用傳語。又《武帝紀》：「建德五年，伐齊，詔曰：『贏糧坐甲，若赴私讎。』」

軍吏曰：「將有待也。」【疏證】杜不注「軍吏」。《晉語》：「召軍吏而戒樂正。」❸注：「軍吏，主師旅。」杜注：❹「待可擊。」《御覽》同。

穿曰：「我不知謀，將獨出。」乃以其屬出。【疏證】穿之屬也。穿非軍帥，蓋其私屬。

宣子曰：「秦獲穿也，獲一卿矣。【疏證】杜注：「僖三十三年，晉侯『以一命命郤缺爲卿』。不在軍帥之數。然則晉自有散位從卿者。」沈欽韓云：「以趙穿爲公壻，其貴重如卿，故以見獲爲憂。趙穿此時非卿。」按：沈説是也。

「秦以勝歸，我何以報？」乃皆出戰，交綏。【疏證】杜注：「《司馬法》曰：『逐奔不遠，從綏不及。逐奔不遠則難誘，從綏不及則難陷。』然則古名退軍爲綏。秦、晉志未能堅戰，短兵未致争而兩退，故曰交綏。」文淇案：《魏志》：「曹公令曰：『《司馬法》：「將軍死綏。」』」注引王沈《魏書》云：「綏，却也。有前一尺，無却一尺。」❺疏引魏武令，而謂「舊説綏，却也」指此。❻嚴蔚取以爲舊注，❼非也。又按：《司馬法・仁本》篇：「古者，逐奔不過百步，縱綏不過三舍。」縱即從也。《司馬法》以逐奔、從綏對言，則「綏」當訓「却」矣。俞樾云：「綏與退古同聲，交綏即是交退。」沈欽韓云：「《李衛公問對》：『綏者，御轡之索也。』」非古誼。《御覽》三百六十六引注：❽「古名退軍爲交綏。」《晉志》——綏。

秦行人夜戒晉師曰：「兩君之士，皆未

---

❶「制」，原爲空格，今據原稿補。
❷「方鎮」，原爲空格，今據原稿補。
❸「召」，原作「有」，今據原稿改。
❹「杜注」至「御覽同」，原漫漶不清，今據整理本補。
❺「尺」，《三國志・武帝紀》作「寸」。
❻原稿眉批：查孫氏書。
❼「嚴蔚」，原爲空格，今據原稿補。
❽「御覽」至「晉志綏」，原漫漶不清，今據整理本補。

慭也，明日請相見也。」【疏證】洪亮吉云：「《説文》：『慭，間也，謹敬也。一曰説也。一曰且也。《春秋傳》曰：「兩君之士皆未慭。」』按：今本『間』誤『問』，『且』誤『甘』。從《玉篇》、《廣韻》校改。哀十六年『旻天不慭』，杜注：『慭，且也。』正用《説文》。此注：『慭，缺也。』未知何據。余按此『慭』當與『間』同義，故《説苑》載此事云『三軍之士皆未息』，『息』、『間』義並通。又按：《方言》訓『慭』爲傷，與此傳義亦通。」壽曾案：戰事勞苦，當云未息。今甫出戰而交却，❶焉用息爲？李富孫云：「《説苑》『息』，形近而譌也。」洪氏以「間」訓「慭」，非。疏：「慭者，缺之貌。今人猶謂缺爲慭也。沈氏云：『《方言》：「慭，傷。」傷即缺也。』下云『死傷未收』，則是已有死者，但未至大崩，未甚喪敗，故爲『皆未缺也』。」舊疏釋「慭」，亦以爲缺。

臾駢曰：「使者目動而言肆，懼我也，【注】服云：「目動曰眴。」《一切經音義》引《通俗文》。【疏證】杜注：「目動，心不安。言肆，聲放失常節。」《説文》：「旬，❷目摇也。」旬即眴。「將遁矣。薄諸河，必敗之。」【疏證】高誘《淮南》注：「薄，迫也。」❸

胥甲、趙穿當軍門呼曰：【疏證】《齊語》：「執桴鼓立於軍門。」注：「軍門，立旌爲門，若今牙門矣。」「死傷未收而棄之，不惠也；不待期而薄人於險，無勇也。」乃止。【疏證】不待期，謂秦請以明日戰。

秦師夜遁。復侵晉，入瑕。【疏證】洪亮吉云：「《郡國志》：『河東郡解有瑕城。』劉昭注：『秦侵晉及瑕，即此。』按：此陜州西南之瑕，昭注以爲解縣之瑕，非也。因爲秦所侵，故明年春即使詹嘉處瑕以守桃林之塞。桃林及瑕皆屬漢弘農縣地。」按：洪説非也。《郡國志》釋「瑕」是。❹杜注謂此瑕在河東猗氏，亦非。詳僖三十年「焦瑕」疏證。《年表》：「晉靈公六年，與秦戰河曲，秦師遁。秦康公六年，晉怒，與我大戰河曲。遁。」❺皆與傳

❶「戰」，原脱，今據原稿補。
❷「旬」，《説文解字》卷四上作「旬」。
❸原稿眉批：查篇。
❹「是」，原重文，今據原稿删。
❺「遁」，《史記・十二諸侯年表》無此字。

合。《秦世家》：❶「秦伐晉，戰於河曲，大敗晉軍。」則史公駁文也。《晉世家》：「大戰河曲，趙穿最有功。」

城諸及鄆。書，時也。【疏證】《穀梁》：「成九年，城中城。」疏：「舊解以爲有難而修城，則不譏之。❷若文十二年，❸季孫行父城諸及鄆是也。此涉《左氏》之説。」

【經】十有三年，春，王正月。

夏，五月，壬午，陳侯朔卒。【疏證】《穀梁》疏：「《世本》是陳共公也。」❹《陳杞世家》：「陳共公朔立，十八年卒，子靈公平國立。」❺

邾子蘧蒢卒。【疏證】《公羊》「邾」曰「邾婁」。《公》、《穀》「蘧蒢」曰「籧篨」。李富孫云：「案：《説文》云：『籧篨，粗竹席也。』草部蘧、蒢爲二物。是經文當從竹。從草，隸體通。」杜注：「未同盟而赴以名。」疏：「蘧蒢，邾子瑣之子也。僖元年與魯同盟于犖。而云『未同盟』，蓋據文公爲言。劉炫以犖盟規之，非也。」案：傳例同盟則訃以名，先君同盟，例無區別，杜説非。

自正月不雨，至于秋七月。【疏證】《五行志》：「先是費伯、杞伯、滕子來朝，❻郕伯來奔，秦伯使遂來聘，季孫行父城諸及鄆。二年之間，五國趨之，内城二邑，炕陽失衆。一曰，❼不雨而五穀皆熟，異也。文公時，大夫始顓盟會，公孫敖會晉侯，又會諸侯盟于垂隴。故不雨而生者，陰不出氣而私自行，以象施不由上出，臣下作福而私自成。一曰，不雨近常陰之罰，❽君弱也。」按：此經《公》、《穀》無傳。《公羊解詁》：「公子遂所致。」與《志》「大夫始顓盟」意同。則《志》兼《公羊》説。然二年經書「自十二月不雨，至于秋七月」，《志》以爲上得天子，下得諸侯，沛然自大，大夫始顓事。❾與説此經略同。則大夫顓盟之説，《左氏》説與《公羊》同也。

❶「世家」，當作「本紀」。
❷「不」，原作「是」，今據原稿改。
❸「若」，原作「者」，今據原稿改。
❹「是」，原爲空格，今據原稿補。
❺「立」，原作「卒」，今據原稿改。
❻「費」，《漢書·五行志》作「曹」。
❼「曰」，原作「日」，今據原稿改。
❽「近」，原爲空格，今據原稿補。
❾「大」，原脱，今據原稿補。

大室屋壞。【注】賈、服等皆以爲：大廟之室也。本疏。服云：「太室，太廟之上屋也。」《北史·牛弘傳》。【疏證】《公羊》「大室」曰「世室」。杜注：「太廟之室。」用賈、服說。《明堂位》「以禘禮祀周公於太廟」，注：「周公曰太廟，魯公曰世室，群公稱宮。」疏：「此《公羊》文。十三年傳曰：『周公稱太廟，魯公稱世室，群公稱宮。此魯公之廟也，曷爲謂之世室？世室猶世世不毀也。』《左氏經》以爲太室屋壞，服氏云『太廟之室』，與《公羊》及鄭違，今所不取。」是謂鄭從《公羊》説也。然玩鄭引《公羊》，止明太廟、世室之别，未説此經之太室。《魯頌》疏：「文十三年『太室屋壞』，傳云：『書不恭也。』《公羊》、《穀梁》皆以太廟爲世室，謂伯禽之廟。服、杜皆以爲太廟之室。鄭無所説，蓋與《左氏》義同。」可知鄭於此經之大室同賈、服説矣。服以大室爲太廟上屋，視賈爲詳。《月令》「天子居太廟太室」，注：「大廟大室，中央室也。」《五行志》説此事云：「太廟中央曰太室。❶屋其上曰重屋，尊高者也。」與鄭説合。其言「屋其上曰重屋」，即服所謂「上屋」矣。杜不用服「上屋」之説。疏云：「此周公之廟壞也。不直言大廟壞，而云『太室屋壞』者，太廟之制，其簷四阿，而下當其室中，又拔出爲重屋。《明堂位》云：『大廟，天子明堂，復廟重簷，天子之廟飾。』鄭云：『復廟，重屋也。』是天子之廟上爲重屋。此是大廟當中之室，❷其上之屋壞，非太廟全壞也。」正説服氏上屋之制。《五行志》又云：「象魯自是凌夷，將墮周公之祀也。」二傳以爲魯公世室，則《志》所稱爲古《左氏》説。

冬，公如晉。衛侯會公于沓。【疏證】《公羊》「會」下無「公」。杜注：「沓地闕。」

狄侵衛。無傳。

十有二月，己丑，公及晉侯盟。【疏證】杜注：「十二月無己丑，己丑，十一月十一日。」貴曾曰：

公還自晉。鄭伯會公于棐。【疏證】《公》、《穀》「還」上亦無「公」。❸《公羊》「棐」曰「斐」。臧壽恭云：「棐、斐皆從非聲，故可通假。」洪亮吉云：「《郡國

❶ 「太廟」上，《漢書·五行志》有「前堂曰」三字，則「太廟」從上。
❷ 「當」，原作「堂」，今據原稿改。
❸ 「上」，原脱，今據原稿補。

志》：『河南菀陵縣有棐林。』劉昭注：『《左傳》宣元年，諸侯會于棐林。杜預曰：「縣東有林鄉。」』據此，則棐即棐林，或菀縣更有棐鄉矣。」沈欽韓云：「《水經注》：『華水又東逕棐城北，即北林亭也。』」與洪説合。《彙纂》：「今開封府新鄭縣東二十里林鄉城是也。」❶

**【傳】十三年，春，晉侯使詹嘉處瑕，以守桃林之塞。【注】舊注：「桃林在靈寶縣。」**《御覽》一百五十八。**【疏證】**杜注：「詹嘉，晉大夫。賜其瑕邑，令帥衆守桃林以備秦。桃林在弘農華陰縣東潼關。」杜於此傳不言瑕所在。顧炎武云：「《水經・河水》『又東逕湖縣故城北』，注云：『《晉書・地道記》、《太康記》並言胡縣，漢武帝改作湖。其北有林焉，曰桃林。』古瑕、胡二字通用。瑕轉爲胡，又改爲湖。今爲閿鄉縣治，❷瑕邑即桃林之塞，而道元以爲郇瑕之地，誤矣。」顧氏以瑕在弘農，乃就杜説引申之。其謂湖、瑕同音，已爲江氏永所駁，見僖三十年焦、瑕疏證。顧氏之誤在從杜注「瑕在河外五城之一」，其謂瑕非郇瑕則是也。沈欽韓云：「《續志》：『河東解縣有瑕城。』劉昭引前年『入瑕』傳，又於猗氏縣下引此年『詹嘉處瑕』傳，云：『在縣東北。』皆非也。《水經注》：『河水又東，菑水注之，西北逕曲沃城南。《春秋》文公十三年，晉侯使詹嘉守桃林之塞，處此以備秦。時以曲沃之官守之，故曲沃之名遂爲積古之傳。』按：僖三十年焦、瑕，杜預亦云河外五城之二邑。《史記・魏世家》：『襄王五年，秦圍我焦、曲沃。』《汲郡紀年》：『惠王後六年，秦歸我焦、曲沃。』傳以焦、瑕攣稱，而後此以焦、曲沃攣稱，則曲沃即瑕之變名，皆在弘農陝縣，于晉爲河外。而解與猗氏之瑕非秦所侵及，詹嘉所處明矣。杜預注此横分瑕與桃林爲二處，❸顯然背傳。苟令賜采邑於晉，傳又何云處瑕乎？」按：沈氏亦誤於杜注「瑕在河外」之説，故於《郡國志》説與京相璠説合者，目爲不然。其謂瑕即曲沃，前人亦無言者。謂焦、瑕、曲沃三者攣稱，目爲一地，尤非。焦自河外五城之一，❹不與瑕同地也。杜以瑕爲河外之城，故以桃林在華陰。攷《元和志》，桃林塞自陝

❶「鄭」，原爲空格，今據原稿補。「十」下，《欽定春秋傳説彙纂》卷十八有「五」字。
❷「治」，原爲空格，今據原稿補。
❸「與」，原作「于」，今據《左傳杜解集正》卷四改。
❹「焦」，原作「然」，今據原稿改。

州靈寶縣以西至潼關皆是也。《地理通釋》云：「自潼關至函谷關，歷陝、華之地，俱謂之桃林塞。今陝西華陰縣以東，河南靈寶以西，皆是也。」則桃林之地甚廣。《郡國志》：「弘農郡弘農有桃丘聚，故桃林。」❶《御覽》所引注謂在靈寶，與顧氏所引《地道記》在閿鄉，皆就一隅言之。顧棟高云：「桃林今在河南陝州靈寶縣南十一里，即秦函谷關也。」江永云：「今按：桃林，即武王放牛之處。閿鄉今屬河南陝州。」壽曾謂：瑕在今蒲州，則桃林當在閿鄉。詹嘉所守，不必桃林全境也。

晉人患秦之用士會也，夏，六卿相見於諸浮。【疏證】杜注：「諸浮，晉地。」今地闕。《晉世家》：「晉六卿患隨會之在秦，常爲晉亂。」《秦本紀》：「晉人患隨會在秦爲亂。」

趙宣子曰：「隨會在秦，賈季在狄，難日至矣，若之何？」【疏證】六年經：「狐射姑出奔狄。」

中行桓子曰：「請復賈季，【疏證】杜注：「中行桓子，荀林父也。」

「能外事，且由舊勳。」【疏證】杜注：「有狐偃之舊勳。」疏：「賈季是狐突之孫，❷狐偃之子。本是狄人，能知外竟之事。」

郤成子曰：「賈季亂，且罪大，【疏證】杜注：「殺陽處父故。」

「不如隨會，能賤而有恥，【注】服云：「謂能處賤且又知耻，言不可汙辱。」本疏。【疏證】邵寶云：「『能』字句絶。能，言才也。」顧炎武云：「按：『能』字仍當屬下句。能賤，猶云爲貴當可使復賤也。」沈欽韓云：「按：《後漢書・馬援傳》曰：『凡人爲貴，當使可賤。』」皆與服注合。俞樾云：「能與耐古字通。《漢書・食貨志》『能風與旱』，❸《鼂錯傳》『其性能寒』，❹師古注並曰：『能，讀曰耐。』是也。能賤猶曰耐賤。」李貽德云：「《廣雅・釋詁》：『辱，汙也。』二字轉相訓。」

「柔而不犯，【疏證】杜注：「不可犯以不義。」

---

❶「故桃林」，原脱，今據原稿補。
❷「是」，原作「見」，今據原稿改。
❸「與」，原作「年」，今據原稿改。
❹「寒」，原作「定」，今據原稿改。

「其知足使也，且無罪。」

乃使魏壽餘僞以魏叛者，以誘士會，**【注】**服云：「魏壽餘，晉之魏邑大夫。」《秦本紀》集解。**【疏證】**杜注：「魏壽餘，畢萬之後。」李貽德云：「《詩·魏譜》：『魏在《禹貢》冀州。』彼疏云：『魏國西接於秦，北隣於晉。』故壽餘以魏叛入秦，於秦易信。」《晉世家》：「乃詳令魏壽餘反晉降秦。」《秦本紀》：「晉乃使魏讐餘詳反，合謀會。」壽、讐異文。

執其帑於晉，使夜逸。**【疏證】**杜注：「帑，壽餘子。」洪亮吉云：「趙岐《孟子》注：『帑，妻子也。』韋昭《國語》注：『妻子曰帑。』則此執其帑，當亦兼妻子而言。杜注止云『壽餘子』，恐鑿。觀下傳士會云『妻子爲戮』，而秦伯即云『所不歸爾帑』，是帑兼妻子之證。」按：洪説是也。

請自歸于秦，秦伯許之。**【疏證】**杜注：「許受其邑。」

履士會之足於朝。**【疏證】**杜注：「欲使行。」

秦伯師於河西，**【疏證】**顧棟高云：「河西在今陝西同州府及華州境。秦初起岐、雍，❶未能以河爲界。晉强，跨河而滅西虢，兼舊鄭，以汾、澮爲河東，❷故以華陰爲河西。至僖九年，秦穆公援立夷吾，夷吾請割河外列城五，東盡虢略。河外即河之西。逮背約不與，而戰韓見獲。僖十五年，秦歸晉侯，始征河東，❸而河外五城不必言矣。十七年，晉太子圉爲質於秦，復歸晉河東，而河西五城大抵終爲秦有。秦孝公初立，下令曰『穆公東平晉亂，以河爲界』，此其證也。」

魏人在東。**【疏證】**《讀本》：「魏在河東，今芮城縣。」

壽餘曰：「請東人之能與二三有司言者，吾與之先。」**【疏證】**秦在晉西，故晉稱其國之人曰「東人」。❹《讀本》：「謂晉舊人爲河東人所信者。」

❶「初」，原作「都」，今據原稿改。
❷「爲」，原脱，今據《春秋大事表》卷八補。
❸「征」，原爲空格，今據原稿補。
❹「稱」，原脱，今據原稿補。

使士會。士會辭曰：「晉人，虎狼也。若背其言，臣死，妻子爲戮，無益於秦。❶不可悔也。」

秦伯曰：「若背其言，所不歸爾帑者，有如河。」

乃行。【疏證】《晉世家》：「秦使隨會之魏。」《漢書・司馬遷傳》：「晉中軍隨會犇魏，而司馬氏入少梁。」注：「如淳曰：『《左氏傳》晉僞使魏壽餘誘士會于秦，譟而還時也。』師古曰：『據《春秋》，隨會奔秦，其後自秦入魏而還晉。今此云隨會奔魏，司馬因入少梁，❷則似謂自晉出奔魏耳。但魏國在獻公時已滅爲邑，封畢萬矣。既非別國，不得言奔。未詳遷之所說。』」按：士會由魏歸晉，故史公以奔魏爲言。魏雖爲邑，其名自存。特言奔，則史公之駮文耳。

繞朝贈之以策，【注】服云：「繞朝以策書贈士會。」本疏。【疏證】杜注：「繞朝，秦大夫。策，馬檛。臨別授之以馬檛，並示己所策以展其情。」疏引服說，駁之云：「杜不然者，❸壽餘請訖，士會即行，不暇書策爲辭，且事既密，不宜以簡贈人。傳稱以書相與，皆云『與書』，此獨不宜云『贈之以策』，知是馬檛。檛，杖也。」案：杜既說策爲馬檛，蓋不從服說。又云「並示己所策以展其情」，雖是探下爲言，然云示己所策，又若兼取服說，「所策」二字又不詞也。❹惠棟云：「劉勰曰：『春秋聘繁，書介彌盛，繞朝贈士會以策，子家與趙宣以書。』蓋用服說。《韓非子》曰：『繞朝之言當矣，其爲聖人於晉而爲戮於秦也，此不可不察。』是繞朝因贈策之言而戮也。《左氏》不載，似《韓非》據秦史而言。」惠引劉勰語見《文心雕龍・書記》篇，❺引《韓非》見《説疑》篇。❻劉以贈策與書並稱，可破本疏之惑矣。《魯語》：「臧文仲聞柳下季之言，使書之以爲三筴。」韋注：「筴，簡書。三筴，三卿卿一通。」沈欽韓謂：「三筴，古誥戒之辭。《荀子・大略篇》：『天子

---

❶「秦」，《春秋左傳正義》卷十九下作「君」。
❷「因」，原作「自」，今據《漢書・司馬遷傳》改。
❸「不」，原爲空格，今據原稿補。
❹「不」，原爲空格，今據原稿補。
❺「書記」，原爲空格，今據《文心雕龍》卷五補。
❻「疑」，當作「難」。

即位，上卿授一策，中卿授二策，下卿授三策。』此繞朝所贈，即下文二語，戒厲之辭。秦人不察，以爲繞朝輸情於士會，故被戮。」如沈氏説，則策猶筴也。繞朝被戮，亦用《韓非》説。古人贈言，慮其遺忘，故書於筴。秦納魏邑亦大事，壽餘之來請，秦之議遣士會，士會之行必非一日中可竟。繞朝請留士會而不得，乃書策以詔之，何不暇書策之有？疏駁皆非。李貽德云：「所贈之策，當即留會之言。」可備一説。

曰：「子無謂秦無人，吾謀適不用也。」

【注】舊注：「以有策而不用也。」《白帖》。【疏證】此舊注與服注意相承，傳遜云：❶「蓋繞朝曾言於秦伯請留之。」

既濟，魏人噪而還。【疏證】《五行志》注：「群呼曰噪。」《年表》：「晉靈公七年，得隨會。秦康公七年，晉詐得隨會。」《晉世家》：「因執會以歸晉。」《秦本紀》：「詐而得會，會遂歸晉。」❷

秦人歸其帑。

其處者爲劉氏。【疏證】此傳賈、服説佚。杜注：「士會，堯後劉累之胤。別族復累之姓。」案：《後漢書·賈逵傳》：❸「逵奏云：『《五經》家皆無以證圖讖明劉氏爲堯後者，而《左氏傳》有明文。』」則杜注所舉士會堯後，蓋取賈説。杜从賈説，杜於傳文無疑詞。范蔚宗《逵傳》贊言：「逵能附會文致，最差貴顯。」疏承范説，因云：「士會之帑在秦不顯，傳説處秦者爲劉氏，未知何意言此。討尋上下，其文不類，深疑此句或非本旨，蓋以爲漢室初興，捐棄古學，《左氏》不顯於世，先儒無以自申，劉氏從秦從魏，其源本於劉累，插注此辭，將以媚於世。」下引賈逵疏語。又云：「竊謂前世籍此以求道通，故後引之以爲證耳。」則頗疑此語爲賈君所加矣。❹洪亮吉云：「今考《左傳》襄二十四年、昭二十九年士匄之語叔孫、蔡墨之對獻子，其言范氏爲陶唐氏之後、劉累之裔，固已甚明，不必藉此語爲之佐證也。則疑賈氏增益傳文者，蓋習而不察耳。」按：洪説是也。《漢書·高祖贊》：「劉向云戰國時劉氏自秦獲于魏。秦滅魏，遷大梁，都于豐，故周市説雍齒

❶「傳遜」，原作「傳」，今據原稿改。
❷「會」下，原有一空格，今據《史記·秦本紀》刪。
❸「逵」，原作「彪」，今據《後漢書·賈逵傳》改。
❹「疑」下，原衍「賈君」，今據原稿刪。

曰：『豐，故梁徙也。』❶是以頌高祖云：❷『漢帝本系，出自唐帝；降及于周，在秦作劉；涉魏而東，遂爲豐公。』豐公，蓋太上皇父。❸其遷日淺，墳墓在豐鮮焉。及高祖即位，置祠祀官，則有晉秦梁荆之巫，世祠天地，綴之以祀，❹豈不信哉！」注：「文穎曰：『巫，掌神之位次者也。范氏世仕於晉，故祠祀有晉巫。范會支庶留秦爲劉氏，故有秦巫。劉氏隨魏都大梁，❺故有梁巫。後徙豐，❻屬荆，故有荆巫也。』」班氏引劉向頌語「在秦作劉」，皆與傳文合。祠祀官有晉、秦巫，又是漢初之制，則此語非賈氏所增明甚。又《序傳》：「班彪《王命論》：『是故劉氏承堯之祚，氏族之世，著乎《春秋》。』」注：「師古曰：『謂士會歸晉，其處者爲劉氏。』」彪爲固父，❼賈君與固同時，彪之年輩在賈君先，其説亦與傳符。疏駁皆非。班書《高祖贊》亦云：「魯文公世奔秦。❽後歸于晉，其處者爲劉氏。」正用此傳語。惠士奇云：「處者爲留，謂留於秦者，遂以爲氏。漢人改爲劉，以合卯金刀之説。」則以此句傳文所有，漢人但易字也。《公羊傳》：「鄭國處於留。」《地理志》以河南郡緱氏劉聚爲周大夫劉子邑，惠氏移以説此傳，非也。沈欽韓云：「此乃錯簡，當在襄二十四年傳范宣子云『在周爲唐杜氏』下。」按：其處者承歸帑言，必非錯簡，沈説亦非。

**邾文公卜遷于繹。**【疏證】《地理志》：「高密國騶，❾故邾國，曹姓，二十九世爲楚所滅。嶧山在北。」應劭曰：「邾文公卜遷於嶧者也。」應氏引傳作「嶧」。洪亮吉云：「繹、嶧字同。京相璠曰：『嶧山在鄒縣北，繹邑之所依爲名也。』」洪引京相説見《水經·泗水》注。沈欽韓云：「《山東通志》：『邾城在兖州府鄒縣東南二十六里，❿邾文公所遷，城周二十餘里，在嶧山之陽，⓫俗謂爲

❶「徙」，原殘，今據原稿補。
❷「祖」，原作「頌」，今據原稿改。
❸「皇」，原作「聖」，今據原稿改。
❹「以」，原爲空格，今據原稿補。
❺「魏」，原作「既」，今據原稿改。
❻「徙」，原作「復」，今據原稿改。
❼「父」，原作「文」，今據原稿改。
❽「魯」，原作「晉」，今據原稿改。
❾「高密」，《漢書·地理志》作「魯」。
❿「六」，《春秋左氏傳地名補注》卷五作「五」。
⓫「陽」，原作「隅」，今據《春秋左氏傳地名補注》卷五改。

紀王城。』」❶本疏：「邾既遷都于此，竟内别有繹邑。宣十年『公孫歸父帥師伐邾，取繹』，取彼之别邑也。」

史曰：「利於民而不利於君。」【疏證】本疏：「史明卜筮，知國遷君必死。」

邾子曰：「苟利於民，孤之利也。天生民而樹之君，❷以利之也。民既利矣，孤必與焉。」

左右曰：「命可長也，君何弗爲？」

邾子曰：「命在養民。死之短長，時也。民苟利矣，遷也，吉莫如子！」

遂遷于繹。

五月，邾文公卒。君子曰：「知命。」

【疏證】《後漢書・崔駰傳》：「祖篆爲建新大尹，所至之縣，獄犴填滿。遂平理，所出二千餘人。掾吏叩頭諫，篆曰：『邾文公不以一人易其身，君子謂之知命。如殺一大尹，贖二千人，蓋所願也。』」按：「身」疑作「民」，此古説也。《北魏書・陽固傳》：「著《演賾賦》：『文遷繹而身徂兮，景守節而災移』」。

秋，七月，大室之屋壞。書，不共也。

【疏證】杜注：「書以見臣子不共。」據《五行志》「將隳周公之祀」説，則此「不共」，責魯君也。

冬，公如晉，朝，且尋盟。【疏證】《讀本》：「尋盟者，尋八年衡雍之盟。」

衛侯會公于沓，請平于晉。公還，鄭伯會公于棐，亦請平于晉。公皆成之。【疏證】《讀本》：「公之成鄭，蓋在明年六月，傳終言之也。」❸案：成衛亦是明年六月事，即新城之盟也。

鄭伯與公宴于棐，

子家賦《鴻雁》。【疏證】杜注：「子家，鄭大夫，公子歸生也。」案：傳之稱賦《詩》某篇，皆指首章也。《小雅・鴻雁》首章：「之子于征，劬勞于野。爰及矜人，哀此鰥寡。」傳：「之子，侯伯卿士也。劬勞，病苦也。矜，憐

❶「紀」，原爲空格，今據原稿補。

❷原稿眉批：樹，詁。

❸「終」，原爲空格，今據原稿補。

也。老無妻曰鰥，偏喪曰寡。」故杜云：「義取侯伯哀恤鰥寡，有征行之勞。言鄭國寡弱，欲使魯侯還晉恤之。」全據毛義，故不謂賦指首章。疏引首章説之，亦未明傳稱賦《詩》例也。

季文子曰：「寡君未免於此。」

文子賦《四月》。【疏證】《小雅·四月》首章云：「四月維夏，六月徂暑。先祖匪人，胡寧忍予？」杜注：「義取行役踰時，思歸祭祀，不欲爲還晉。」❶杜之所言，傳、箋所不具。《序》亦不謂《四月》爲行役思祭詩，惟《詩》疏云：「此篇毛傳，❷其義不明。王肅之説，自云述毛，於『六月徂暑』之下注云：『詩人以夏四月行役，至六月暑往，未得反，已闕一時之祭，後當復闕二時也。』『先祖匪人』之下又云：『征役過時，❸曠廢其祭祀，我先祖獨非人乎？王者何爲忍不憂恤我，使我不得修子道？』」則杜用王肅説。沈欽韓云：「按：《王制》云：『諸侯礿則不禘，禘則不嘗，嘗則不烝，烝則不礿。』❹注云：『虞夏之制，諸侯歲朝，闕一時祭。』」沈乃申王肅「闕一時祭」之説。若然，則朝事闕祭，禮之所許。文公已朝晉而返，再往而缺祭，則非禮，故季文子據禮辭之也。陳奂《毛詩疏》云：「王説雖不得毛恉，然其言行役，未嘗無據。徐幹《中論·譴交》篇以《四月》爲行役過時，刺怨而作。徐偉長爲漢靈帝末年人，其解傳已與王子雍合。❺文十三年《左傳》，文子賦《四月》，或是取下國構禍，望晉安集之意。杜預注用王子雝説。《序》云『構禍怨亂』，歎行役亦在其中，此非《毛詩》序傳之正解，而義適足以兼晐爾。」按：陳説是也。以下文《載馳》服注證之，則先儒釋傳，每用三家《詩》，行役思祭，當是三家《詩》説。❻

子家賦《載馳》之四章。【注】服云：「《載馳》五章屬《鄘風》。許夫人閔衛滅，戴公失國，欲馳驅而唁之，故作以自痛國小，力不能救。在禮，婦人父母既没，不得寧兄弟，于是許人不嘉，故賦二章以喻『思不遠』

❶「爲」，原爲空格，今據原稿補。
❷「傳」，原作「詩」，今據《毛詩正義》卷十三改。
❸「過」，原作「遇」，今據原稿改。
❹「礿」，原作「灼」，今據原稿改。
❺「傳」，《詩毛氏傳疏》卷二十作「詩」。
❻原稿眉批：顧説不采。

**也。『許人尤之』，遂賦三章。以卒章非許人不聽，遂賦四章，言我遂往，『無我有尤』也。」**《載馳》疏。**【疏證】**杜注：「《載馳》，《詩·鄘風》。四章以下，義取小國有急，欲引大國以救助。」疏：「此義取小國有急，控告大國。文在五章，而傳言四章，故云『四章以下』，言其并賦五章。」杜蓋不用服説。《載馳》疏亦云：「作、賦一也。以作詩所以鋪陳其志，故作詩名曰賦。《左傳》曰『許穆夫人賦《載馳》』也。此實五章，故《左傳》叔孫豹、鄭子家賦《載馳》之四章，四猶未卒，明其五也。然彼賦《載馳》，義取控引大國，❶今『控於大邦』乃在卒章。言賦四章者，杜預云：『並賦四章以下。賦詩雖意有所主，欲爲首引之勢，❷並上章而賦之也。』」下引《左傳》服虔注，又云：「服氏既云《載馳》之五章，下歷説惟有四章者，服虔以傳稱四章，義取控于大國，此卒章乃是傳之所謂四章也，因以差次章數以當之。首章論歸唁之事，總其所思之意。下四章爲許人所尤而作之，置首章於外，以下別數爲四章也。言許大夫不嘉，故賦二章，❸謂除首章而更有二章，即此二章、三章是也。凡詩之作，首尾接連，未有除去首章，更爲次第者也。❹服氏此言，無所按據，正以傳有四章之言，故爲此釋，不如杜氏並賦之説也。」《詩》疏又駁服説，而申杜説。文淇案：服氏章次，蓋據三家《詩》，本作《載馳》四章，屬《鄘風》，故爲此釋。❺後人見毛《詩》五章，故改爲五，謂服氏除去首章，殊失服意。《都人士》：「行歸于周，万民所望。」疏云：「襄十四年《左傳》引此二句，服虔曰：『逸《詩》也。』《都人士》首章有之，《禮記》注亦言『毛氏有之，三家則亡』。今韓家寔無此首章。❻時三家列于學官，《毛詩》不得立，故服以爲逸。」是知服注《左傳》必不用毛本矣。壽曾謂：傳之稱賦《詩》某章，皆一定之辭。杜謂「四章以下」，顯與傳異，其繆誤不待辨。大父以服氏章句用三家《詩》，注稱五章爲後人所改，❼則唐以來無人指出。今以服注覈之，首章章句與毛同，其云「許

❶「引」，原爲空格，今據原稿補。
❷「勢」，原爲空格，今據原稿補。
❸「故」，原重文，今據《毛詩正義》卷三删。
❹「更」，原作「定」，今據原稿改。
❺「釋」，原作「辭」，今據原稿改。
❻「寔」，原作「定」，今據原稿改。
❼「注」，原脱，今據原稿補。

人不嘉，故賦二章以喻思不远」，❶則合毛之二章、三章爲第二章。下云：「『許人尤之』，遂賦三章。以卒章非許人不聽，遂賦四章。」卒章即四章矣。李貽德云：「卒章無許人不聽意，非許人不聽，即三章『許人尤之，衆穉且狂』。『卒』當爲『三』章，❷字之誤也。」李説甚審。則服之三章，即毛之四章也。毛之五章云：「我行其野，❸芃芃其麥。控於大邦，誰因誰極。大夫君子，無我有尤。百爾所思，❹不如我所之。」服注「言我遂往」括「我行其野」四句義，「無我有尤」則採「大夫君子」四句中之一句。此即子家所賦之四章也。杜注「小國有急，控告大國」，❺爲説止得所賦之半。「大夫君子」斥晉之諸臣，❻謂無尤過我君之請。❼服意當如此。知服用三家《詩》，則不必以與毛乖異爲疑。陳奂《詩疏》用服注以改毛章句，甚非。且謂服氏章次亦是五章，謂服注四章、五章錯綜言之，尤非也。

文子賦《采薇》之四章。【疏證】《小雅·采薇》之四章云：「彼爾維何，維常之華。彼路斯何，君子之車。戎車既駕，四牡業業。豈敢定居，一月三捷」。杜注：「取其『豈敢定居，一月三捷』。許爲鄭還，❽不敢安居。」按：傳：「捷，勝也。」箋：「定，止也。將帥之志，往至所征之地，不敢止而居處自安也。」文子賦《詩》取此。

鄭伯拜，公答拜。

【經】十有四年，春，王正月，公至自晉。

邾人伐我南鄙，叔彭生帥師伐邾。【疏證】《公羊》「邾」曰「邾婁」。《讀本》云：「叔仲彭生也，經書『叔彭生』，❾蓋文闕。」

夏，五月，乙亥，齊侯潘卒。【疏證】杜注：「乙亥，四月二十九日。書『五月』，從赴。」貴曾曰：《年表》：「齊昭公二十年卒。」《齊世家》：「昭公十九年五

❶「远」，原作「返」，今據原稿改。
❷「當」，原脱，今據原稿補。
❸「其」，原作「通」，今據原稿改。
❹「百爾所思」至「無我有尤」二十七字，原脱，今據原稿補。
❺「控告」，當作「欲引」。
❻「諸臣」，原作「詐□」，今據原稿改補。
❼「請」，原殘，今據原稿補。
❽「還」，原爲空格，今據原稿補。
❾「經」，原爲空格，今據原稿補。

月卒。」視《年表》差一年。《年表》與經合。

六月，公會宋公、陳侯、衛侯、鄭伯、許男、曹伯、晉趙盾。癸酉，同盟于新城。【疏證】《郡國志》：「梁國穀熟有新城。」杜注同。沈欽韓云：「《水經注》：『睢水又逕新城北，即宋之新城亭也。』《方輿紀要》：『新城在歸德府城南。』」

秋，七月，有星孛入于北斗。【注】劉歆以爲北斗有環域，四星入其中也。斗，天之三辰，綱紀星也。宋、齊、晉，天子方伯，中國綱紀。彗，所以除舊布新也。斗七星，故曰不出七年。至十六年，宋人弑昭公；十八年，齊人弑懿公；宣公二年，❶晉趙穿弑靈公。《五行志》。【疏證】杜注：「孛，彗也。既見而移入北斗。」顧炎武云：「非也。『有』者，非常之辭。」按：《公羊傳》：「孛者何？彗星也。」歆以此傳「孛」爲「彗」，同《公羊》説。《年表》：「魯文公十四年，彗星入北斗。」亦以孛爲彗。杜用歆説。《釋天》「彗星爲欃槍」，郭注：「妖星也。亦謂之孛，言其形孛孛似掃彗也。」則孛、彗異名同實。《晉書·天文志》：「妖星一曰彗星。二曰孛星，彗之屬也。偏指曰彗，芒氣四出曰孛。」謂孛、彗微别也。歆説北斗有環域，用《穀梁》説。環域，猶言圍繞之界。《天官書》：「北斗七星，所謂『旋、璣、玉衡以齊七政』。」索隱：「案：《春秋運斗樞》云：『斗，第一天樞，第二旋，第三璣，第四權，第五衡，第六開陽，第七摇光。第一至第四爲魁，第五至第七爲標，合而爲斗。』徐整《長曆》云：『北斗七星，星間相去九千里。其二陰星不見者，相去八千里也。』」如緯書、《長曆》説，❷則北斗之環域廣矣。《石氏星經》不列孛星，惟「文昌星」條有「若彗、孛流星入之」一語。《天官書》於歲星下云：❸「其失次舍以下，進而東北，三月生天棓，長四丈，❹末兑。進而東南，三月生彗星，長二丈，類彗。退而西北，三月生天欃，長四丈，❺末兑。退而西南，三月生天槍，長數丈，兩頭兑。謹視其所見之國，不可舉

❶「二」，原作「三」，今據《漢書·五行志》改。
❷「緯」，原作「繹」，今據原稿改。
❸「天」，原爲空格，今據《史記·天官書》補。
❹「丈」，原作「尺」，今據《史記·天官書》改。
❺「四丈」至「槍長」十四字，原脱，今據原稿補。

事用兵。」《漢書・天文志》：「歲星贏而東南，《石氏》『見彗星』，《甘氏》『不出三月乃生彗，本類星，末類彗，❶長二丈』。贏東北，《石氏》『見覺星』，❷《甘氏》『不出三月乃生天棓，本類星，末鋭，長四尺』。縮西南，《石氏》『見欃雲，如牛』，《甘氏》『不出三月乃生天槍，左右鋭，長數丈』。縮西北，《石氏》『見槍雲，如馬』，《甘氏》『不出三月乃生天欃，本類星，末鋭，長數丈』。《石氏》『槍、欃、棓、彗異狀，其殃一也』。」《漢書》説歲星之數與《史記》異。《史記》索隱：「案《天文志》，此皆《甘氏星經》文，而《志》又兼載《石氏》，❸此不取石氏。」按：以《史》、《漢》互校，甘、石之異同顯然，則今本星經孛星一條已佚。歆謂四星入其中，則孛四星，❹當是采《石氏經》也。《石氏經》云天棓去北辰二十八度。《唐書・□□志》李淳風算孛星行度謂此星在角，由杓入斗，是月自北而入。晉居北，齊、宋居晉之東，故三國當之。昭十七年傳：❺「申須曰：『慧，所以除舊布新也。』」歆用申須説。自本年至宣公三年，共八年。歆以近驗在十六年，故引叔服不出七年之説。

公至自會。無傳。

晉人納捷菑于邾，弗克納。【疏證】《公羊》「捷菑」曰「接菑」。疏：「捷菑不言『邾』者，下有『于邾』之文。莊公伐齊納子糾不言『齊』者，與此同也。」又引劉炫云：「已去邾國，又非邾君，故不稱邾捷菑也。得國爲君，皆舉國言之。『齊小白入于齊』是也。」如炫説，則經不書邾，以捷菑已去邾，不關有「于邾」之文。子糾未成君，故不繫齊，亦不關有伐齊之文。

九月，甲申，公孫敖卒于齊。

齊公子商人弑其君舍。【疏證】《年表》：「齊昭公二十年卒。弟商人殺太子自立，是爲懿公。」❻杜注：「舍未踰年而稱君，先君既葬，舍已即位。」疏：「《公羊》之例，既葬稱子，踰年稱公。《左氏》則不然。僖九年

❶「類」，原脱，今據原稿補。
❷「覺」，原爲空格，今據原稿補。
❸「又」，原作「文」，今據原稿改。
❹「四」，原作「曰」，今據原稿改。
❺「傳申」至「須説」十七字，原在「七年之説」下，且「傳」作「詩」，今據原稿改。
❻原稿眉批：《齊世家》：商人殺舍於墓上。

九月『晉侯佹諸卒，❶冬，里克殺其君之子奚齊。』傳曰：『書曰「殺其君之子」，未葬也。荀息立公子卓以葬。十一月，里克殺公子卓于朝。』經書『里克殺其君卓』。是未葬稱子，既葬稱君，不待踰年始稱君也。杜以成君在於既葬，不以踰年爲限。此言『未踰年』者，意在排舊説也。」玩疏説，則舊説容謂踰年乃稱君，其義無考。《公羊》未踰年以「成死而賤生」爲義，《穀梁》亦謂「重商人之弑」，似非舊説所據。

宋子哀來奔。

冬，單伯如齊。【疏證】杜注：「單伯，周卿士。」

齊人執單伯。

齊人執子叔姬。【注】服云：「子殺身執，閔之，故言『子』，爲在室辭。」本疏。【疏證】杜注：「叔姬，魯女，齊侯舍之母。」據傳爲説。又云：「不稱夫人，自魯録之，父母辭。」蓋用服義。本疏：「亦不知是何公之女，魯是其父母家。不言文公是其父。」下引服注，釋之云：「十二年『子叔姬卒』，已被杞絶，是並在室也。」疏蓋以杞叔姬之書子爲例。

【傳】十四年，春，頃王崩。周公閲與王孫蘇争政，故不赴。【疏證】《年表》：「周頃王六年崩。公卿争政，故不赴。」《周本紀》：「頃王六年崩，子匡王班立。」

凡崩、薨，不赴，則不書；禍、福，❷不告，亦不書。懲不敬也。【疏證】此赴告例也。杜注：「奔、亡，禍也。歸、復，福也。」杜説禍福以出奔、來歸爲言。按：《檀弓》「赴車不載櫜韔」，注：「兵不戢，示當報也。以告喪之辭言之，謂還告于國。」疏：「案《春秋左氏傳》禍福稱『告』，崩薨稱『赴』，今軍敗應稱『告』而稱『赴』，故云『以告喪之辭言之』。」如鄭説，則軍敗爲禍，戰勝爲福，與杜異。

邾文公之卒也，公使弔焉，不敬。邾人來討，伐我南鄙，故惠伯伐邾。

❶「佹」，原爲空格，今據原稿補。

❷「福」，原作「禍」，今據《春秋左傳正義》卷十九下改。

子叔姬妃齊昭公，生舍。叔姬無寵，舍無威。【疏證】《釋文》：「妃，本亦作『配』。」李富孫云：「妃，正字；配，通假文。」《齊世家》：「舍之母無寵於昭公，國人莫畏。」顧炎武云：「案：僖二十七年經書『齊侯昭卒』，今此昭公即孝公之弟，不當以先君之名爲謚。而經不書葬，無可考正，疑《左氏》之誤。然僖公十七年傳曰『葛嬴生昭公』，前後文同，先儒無致疑者。」

公子商人驟施于國，而多聚士，盡其家，貸於公、有司以繼之。【注】服云：「驟，數也。」宣三年疏。【疏證】杜用服説，又云：「商人，桓公子。家財盡，從公及國之有司富者貸。」《齊世家》：「昭公之弟商人，以桓公死争立而不得，陰交賢士，市愛百姓，百姓説。」

夏，五月，昭公卒，舍即位。【疏證】《齊世家》：「昭公卒，子舍立，孤弱。」

邾文公元妃齊姜，生定公。二妃晉姬，生捷菑。文公卒，邾人立定公，捷菑奔晉。【疏證】《讀本》：「元妃、二妃，諸侯有三宮夫人也，故又有下妃。」

六月，同盟于新城，從于楚者服，且謀邾也。【疏證】杜注：「從楚者，陳、鄭、宋。」

秋，七月，乙卯，夜，齊商人弑舍而讓元。【疏證】杜注：「書『九月』，從告。七月無乙卯，日誤。」貴曾曰：《齊世家》：「商人即與衆十月即墓上殺齊君舍。」《釋文》：「弑，本又作『殺』。」《校勘記》云：「按：傳文直書其事，作『殺』是也。」《齊世家》不采讓元事，其叙惠公之立云：「迎公子元於衛，立之，是爲惠公。惠公，桓公子也。」杜云：「元，商人兄。」❶

元曰：「爾求之久矣。我能事爾，爾不可使多畜憾。【疏證】《釋文》：「蓄，本又作『畜』。」今从石經初刻作「畜」。《釋文》又云：「憾，本又作『感』」，恨也。」❷《校勘記》云：「按：作『感』者，古字。」杜注：「不爲君則恨多。」

「將免我乎？爾爲之。」【疏證】杜注：「言

❶「兄」上，原衍「也」字，今據原稿删。

❷「也」，原脱，今據原稿補。

將復殺我。」疏引劉炫云：「爾將免我爲君之事乎？」與杜異。案：復殺之慮已包於蓄憾，炫説得之。

有星孛入于北斗，周内史曰：❶「不出七年，宋、齊、晉之君，皆將死亂。」【疏證】《年表》：「周史曰：『十年，齊君、晉君死。』」約此傳文而脱宋也。❷杜注：「後三年，宋弑昭公；五年，齊弑懿公；七年，晉弑靈公。」杜用劉歆説，已釋於經。下又云：「史服但言事徵，而不謂其占，❸固非末學所得詳言。」蓋不取歆「斗爲紀綱星」及「宋、齊、晉天子方伯」之説。

晉趙盾以諸侯之師八百乘，納捷菑于邾。【疏證】杜注：「八百乘，六萬人。」《年表》：「趙盾以車八百乘納捷菑。」

邾人辭曰：「齊出貜且長。」【疏證】杜注：「貜且，定公。」《讀本》：「明言齊出者，❹謂元妃之子。申言長者，謂嫡長。」

宣子曰：「辭順而弗從，不祥。」乃還。

周公將與王孫蘇訟于晉，

王叛王孫蘇，【疏證】杜注：「叛，不與。」非也。惠棟云：「劉向《九歌》云：『信中塗而叛之。』王逸《章句》曰：『叛，倍也。』倍與背同。王初與王孫蘇，後復背之。文七年傳云『乃背先蔑』，此其類也。」《讀本》曰：「王叛者，時人之言，所謂名不正則言不順，傳特著之，與桓王貳于虢，❺均爲險辭。」

而使尹氏與聃啓訟周公于晉。【疏證】杜注：「尹氏，周卿士。聃啓，周大夫。」萬光泰云：❻「聃啟，疑聃季之後。」

趙宣子平王室而復之。【疏證】《年表》：「趙盾平王室。」復，謂復政之所屬，仍歸王孫蘇也。杜注：「使復和親。」未得傳意。《讀本》：「時周弱，依晉自立。」

楚莊王立，【疏證】《年表》：「魯文公十四年，楚莊王侶元年。」《楚世家》：「穆王十二年卒，子莊王

❶「史」下，《春秋左傳正義》卷十九下有「叔服」二字。
❷「此」，原作「比」，今據原稿改。
❸「謂」，《春秋左傳正義》卷十九下作「論」。
❹「言」，原作「出」，今據《春秋左傳讀本》卷九改。
❺「貳」，原爲空格，今據原稿補。
❻「光泰」，原爲空格，今據《左通補釋》卷十及卷四補。

侶立。」

子孔、潘崇將襲群舒，使公子燮與子儀守，而伐舒蓼。【疏證】《楚語》：「昔莊王方弱，申公子儀父爲師，王子燮爲傅，使潘崇、子孔帥師以伐舒。」注：「子孔，楚令尹成嘉也。舒，群舒也。燮，楚公子。儀父，❶申公鬭班之子大司馬鬭克也。」

二子作亂，城郢，而使賊殺子孔，不克而還。【疏證】《楚語》：「燮及儀父施二帥而分其室。」

八月，二子以楚子出，將如商密。【疏證】《楚語》：「師還至，則以王如廬。」與傳異。

廬戢梨及叔麇誘之，遂殺鬭克及公子燮。【疏證】梨，今本「黎」。《地里志》「南郡中廬」，注：「師古曰：『在襄陽縣南，今猶有次廬村。以隋室諱忠，故改忠爲次。』」《郡國志》「南郡中廬侯國」，注：「《襄陽耆舊傳》：『故廬戎也。』」江永云：「《一統志》：『中廬城在襄陽府城南』，今城址在南漳縣東五十里。」《楚語》「廬戢梨殺二子而復王」，❷注：「戢梨，廬大夫。」杜同韋説，又云：「叔麇，其佐。」

初，鬭克囚于秦，【疏證】僖二十五年傳：「秦、晉伐鄀，秦師囚申公子儀、息公子邊以歸。」

秦有殽之敗，【疏證】僖三十三年經：「晉人及姜戎敗秦師于殽。」

而使歸求成。成而不得志，【疏證】求成於楚也，殽役之後，秦與楚成。經傳不具。

公子燮求令尹而不得，故二子作亂。

穆伯之從己氏也，【疏證】八年傳：「穆伯如周弔喪，不至，以幣奔莒，從己氏焉。」

魯人立文伯。【疏證】杜注：「穆伯之子穀也。」

穆伯生二子於莒，而求復。文伯以爲請。

襄仲使無朝，聽命，復而不出，

三年而盡室以復適莒。【疏證】盡室，指

❶「父」，原脱，今據《國語正義》卷十七補。

❷「復」，原作「後」，今據原稿改。

所從己氏及二子。

文伯疾，而請曰：「穀之子弱，請立難也。」【疏證】杜注：「子，孟獻子，年尚少。難，穀弟。」

許之。文伯卒，立惠叔。

穆伯請重賂以求復，惠叔以爲請，許之。

將來，九月，卒于齊。【疏證】自莒還魯過齊也。

告喪，請葬，弗許。【疏證】杜云：「請以卿禮葬。」按：此請歸葬于魯，下傳飾棺至堂阜，知惟歸葬，尚不及望卿禮也。

宋高哀爲蕭封人，❶以爲卿。【疏證】杜《世族譜》：「高哀，穆公曾孫。」此傳注云：「蕭，宋附庸。仕附庸還，升爲卿。」疏：「蕭，本宋邑。莊十二年『宋萬弑閔公』，蕭叔大心者，宋蕭邑之大夫也。平宋亂，立桓公。宋人賞其勞，以蕭邑封叔爲附庸。莊二十三年『蕭叔朝公』，是爲附庸，故稱『朝』。」則杜注「宋附庸」，以莊二十三年經知之。經、傳無宋附庸明文。

不義宋公而出，遂來奔。【疏證】杜注：「出而待放，從放所來，故曰『遂』。」

書曰「宋子哀來奔」，貴之也。【疏證】《公羊傳》：「無聞焉爾。」《穀梁傳》：「失之也。」與《左氏》異。杜注：「貴其不食污君之禄，辟禍遠也。」當是《左氏》舊誼。

齊人定懿公，使來告難，故書以九月。【疏證】杜注：「齊人不服，故三月而後定，書以九月，明經日月皆從赴。」疏：「杜言此者，排先儒日月有褒貶之義。」按：據此，則先儒日月褒貶之説，多爲杜所删汰。其可考者，今各於經下説之。此傳明經書九月之義，義不繫褒貶，杜欲以概他經日月例，非也。

齊公子元不順懿公之爲政也，【疏證】《年表》：「懿公不得民心。」《讀本》：「不順，不以爲順。」

終不曰「公」，曰「夫己氏」。【疏證】杜注：「猶言某甲。」疏：「斥懿公之名也。劉云：❷『甲、己

❶「爲」，原脱，今據原稿補。

❷「劉」下，原有一空格，今據原稿删。

俱是名，故云『猶言某甲』。」疏以炫説證杜注也。然己非商人之名，炫所謂名者，十干之名，疏誤解杜意。孔廣森《經學卮言》云：「蓋桓之六子，商人第六，以甲乙次之，而稱爲己。僖十七年傳叙懿公于公子雍之上者，❶以無虧與惠、孝、昭、懿皆嘗爲君，而公子雍未得立。又五公子母皆諸侯公子，獨雍母爲宋大夫華氏女。雖云『如夫人者六人』，傳家叙之，自有貴賤，故雍倒在末耳，非長幼之次。」焦循云：「齊桓之六子，並見僖七年，爲武孟，即公子無虧；爲公子元，即惠公；爲公子昭，即孝公；爲公子潘，即昭公；爲商人，即懿公；爲公子雍。以元稱商人爲夫己氏，己於甲乙之次爲第六，蓋商人行六，故以己稱之。然則傳叙公子雍于商人後，何也？雍不立，故後於五人。」焦説與孔同，皆謂懿公行次居六，故稱夫己氏也。洪亮吉引孔説，則云：「桓公如夫人者六人，懿公母氏位次在第六，故以甲乙之數名之。」焦引孔説，❷與《卮言》不相合，且傳明輕懿公之辭，亦無舍其子轉及其母位次之理。洪氏引孔説出於記憶，概不足據。惟孔、焦説皆泥於十干之名，❸巧而近鑿。顧炎武云：「夫己氏，猶言彼其之子。」❹沈欽韓云：「猶云夫夫也。己讀如『彼其之子』之其。《揚之水》箋：『其，或作記，或作己，讀聲相似。』」按焦、沈説是也。❺

襄仲使告于王，請以王寵求昭姬於齊。【疏證】杜注：「昭姬，子叔姬。」

曰：「殺其子，焉用其母？請受而罪之。」【疏證】子謂齊君舍也。

冬，單伯如齊，請子叔姬，齊人執之。又執子叔姬。

【經】十有五年，春，季孫行父如晉。

三月，宋司馬華孫來盟。【疏證】傳服注

❶「叙」，原作「稱」；「于」，原作「子」；「者」，原脱，今據原稿改補。下一「叙」字同。上「公」，原重文，今據《春秋左傳補疏》卷二删。

❷「焦」，當作「洪」。

❸「泥」，原爲空格，今據原稿補。

❹「其」，《皇清經解》卷二《左傳杜解補正》作「己」。

❺眉批：焦字疑是顧字。

謂：「華耦舉其官屬從之，空官廢職。」❶則經書「司馬」，舊誼不以爲褒辭。杜注：❷「華孫奉使鄰國，能臨事制宜，至魯而後定盟，故不稱使。其官皆從，故書『司馬』。」杜不用服義也。疏引劉炫云：「或以爲華耦貴之既深，故特書族。」詳炫說，非完義，其先一說當謂書族爲貶也。

夏，曹伯來朝。

齊人歸公孫敖之喪。【疏證】杜注：「大夫喪還不書，善魯感子以赦父，❸敦公族之恩，崇仁孝之敬，故特録敖喪歸以示義。」按：傳云「爲孟氏，且國故也」，杜因傳爲說。❹

六月，辛丑，朔，日有食之，❺鼓，用牲于社。【注】劉歆以爲四月二日魯、衛分。《五行志》。【疏證】《年表》：「魯文公十五年六月辛丑，日蝕。」❻

單伯至自齊。

晉郤缺帥師伐蔡，戊申，入蔡。【疏證】《年表》：「晉靈公九年，我入蔡。蔡莊侯三十四年，晉伐我。」

秋，齊人侵我西鄙。【疏證】《年表》：「魯文公十五年六月，❼齊伐我。」侵、伐例異，此史駁文。

季孫行父如晉。

冬，十有一月，諸侯盟于扈。

十有二月，齊人來歸子叔姬。【疏證】杜注：「齊人以王故來送子叔姬，故與直出者異文。」疏：「傳例『出曰來歸』，是直出之文也。齊人以王之故來送叔姬，故與直出異文也。」

齊人侵我西鄙，遂伐曹，入其郛。【疏證】《年表》：「曹文公六年，齊入我郛。」

【傳】十五年，春，季文子如晉，爲單伯

❶「空」，原作「六」，今據原稿改。
❷「杜注」至「至魯而」十六字，原脱，今據原稿補。
❸「感」，原漫漶不清，今據原稿補。
❹「因」，原作「用」，今據原稿改。
❺「日」，原脱，今據原稿補。
❻原稿眉批：補臧説，查莊二十二年。
❼「十五」，原爲空格，今據《史記・十二諸侯年表》補。

與子叔姬故也。

三月，宋華耦來盟，其官皆從之。書曰「宋司馬華孫」，貴之也。【注】服云：「華耦爲卿，侈而不度，以君命脩好結盟，舉其官屬從之，空官廢職。魯人不知其非，反尊貴之。」本疏。【疏證】杜注：「古之盟會，必備威儀，崇贄幣。賓主以戒敬爲禮，❶故傳曰『卿行旅從』。春秋時率多不能備儀，華孫能率其屬，以從古典，所以敬事而自重，使重而事敬，則魯尊而禮篤，故貴而不名。」杜不用服説。疏引服注，申之云：「其意以爲貴之者，❷魯人貴之，非君子貴之。」又駁服説云：「案經儀父與魯結好，❸子哀不義宋公，司城效節來奔，單伯自齊致命，傳皆言『書曰，貴之』，實善而貴之也。此亦云『書曰「司馬華孫」，貴之』，何故惡而貴之也？劉炫又難云：『此爲不知其非，儀父豈亦魯不知其非而貴之乎？❹孔子脩《春秋》，裁其得失，定其褒貶，善惡彰於其篇，臧否示於來世。若魯人所善亦善之，所惡亦惡之，已無心於抑揚，遂逐魯人之善惡，筆削之勢，❺何勞施用？❻約之以理，豈其然哉？「其官皆從」，謂共聘之官無闕，當有留治政者，豈舉朝盡行而責其空官也？若以官從即責空官，聘禮官屬不少，豈周公妄制禮乎？』」疏之駁服即用劉炫説，炫舉邾儀父，疏亦先舉儀父可證。疏又云：「《聘禮》之文有上介衆介至所聘之國，誓於其境，則史讀書，司馬執策，賈人拭玉，有司展幣，其從群官多矣。盟會禮重於聘。」疏説蓋以實來盟從官之多，❼然傳文明云「其官皆从之」，其者，其司馬也。故服云「舉其官屬從之」，不得以聘禮執事之官相例。劉炫謂「豈舉朝盡行而責其空官」，❽尤非服義。惟傳云「貴之」，不云「魯人貴之」，服謂「魯人不知其非」，似與傳義乖隔，非淺學所能達也。李貽德云：「《説文》：『侈，一曰奢也。度，法制也。』文元年傳：『凡君即位，卿出並聘，踐修舊好，

❶「戒」，原稿作「成」。「戒敬爲禮」，《春秋左傳正義》卷十九下作「成禮爲敬」。
❷「之」，原作「貴」，今據原稿改。
❸「結好」，原爲空格，今據原稿補。
❹「魯」，原脱，今據原稿補。
❺「勢」，《春秋左傳正義》卷十九下作「勞」。
❻「勞」，《春秋左傳正義》卷十九下作「所」。
❼「實」，原爲空格，今據原稿補。
❽「盡」，原作「而」，今據原稿改。

要結外援。』故服約以爲文。有位謂之官，任事謂之職。」

公與之宴，辭曰：「君之先臣督，得罪於宋殤公，名在諸侯之策。臣承其祀，其敢辱君？**【疏證】**桓二年經：「宋督弑其君與夷。」策，謂簡策也。杜注：「耦自以罪人子孫，故不敢屈辱魯公，對共宴會。」

「請承命於亞旅。」**【疏證】**杜注：「亞旅，上大夫也。」沈欽韓云：「《尚書》傳云：『亞，次也。旅，衆也。』謂之亞，則非上矣。」按：「亞，次」，「旅，衆」，《釋詁》文。《牧誓》：「司徒、司馬、司空、亞旅。」彼傳又云：「衆大夫其位次卿。」❶本疏亦據某氏傳爲説，又云：「成二年傳魯賜晉三帥三命之服，『侯正、亞旅，受一命之服』。皆卿後即次亞旅，知是上大夫也。」按：彼年傳服注：「亞旅，大夫。」某氏傳以亞旅爲衆大夫，與服注合。亞旅蒙卿爲文，不得僅以上大夫當之。沈説是也。

魯人以爲敏。**【疏證】**杜注：「無故揚其先祖之罪，是不敏。魯人以爲敏，明君子所不與也。」本疏：「魯人，魯鈍之人。」朱駿聲云：「非杜意也。杜解明君子所不與，蓋言庸衆之人以爲敏耳。」疏以魯人爲魯鈍之人，蓋申杜意。朱氏以魯人爲庸衆之人，猶疏説也。傳稱魯人，無釋爲魯鈍者。焦循云：「《檀弓》云：『容居，魯人也，不敢忘其祖。』容居爲徐國大夫，而自稱魯人，故注云：『魯，魯鈍人也。』又『叔仲皮死，其妻魯人也』注亦云：『言雖魯鈍，其於禮勝學。』此正義以魯人爲魯鈍之人，本《檀弓》注也。乃《檀弓》言魯人不止此。如云『魯人欲勿殤重汪錡』，『魯人曰非禮也』，『魯人有朝祥而莫歌者』，皆指魯國之人，此傳在魯言魯，故曰魯國之人以爲敏。華耦之來，魯人固以其爲罪人子孫，若自侈大，將有以譏之。耦先自言華督得罪於殤公，請承命於亞旅，此口給，故魯國之人以爲敏也。服虔云：『魯人不知其非，反尊貴之』，亦謂魯國之人。」按：焦説是也。杜注及疏説皆非傳意。顧炎武云：「傳以華孫辭宴爲合於禮，解失之。」案：服義亦不以華孫辭宴爲合禮，顧説非。

夏，曹伯來朝，禮也。

諸侯五年再相朝，以脩王命，古之制也。**【注】**鄭玄云：「古者據時而道前代之言，唐虞之禮，五載一巡守。夏殷之時，天

❶「衆」，原爲空格，今據原稿補。

子蓋六年一巡守，諸侯間而朝天子。其不朝者，朝罷朝，五年再朝，似如此制，禮典不可得而詳。」本疏及《王制》疏引《鄭志》。【疏證】杜注：「十一年，『曹伯來朝』。雖至此乃來，亦五年。」杜但明曹伯之來朝，符于五年相朝之禮，於傳古之制也無説。本疏：「《大行人》云：『世相朝也。』鄭玄云：『父死子立曰世。』《周禮》諸侯邦交，唯有此法，無五年再朝之制。此云『古之制也』，必是古有此法。但禮文殘缺，未知古是何時。」下引《鄭志》，駁之云：「然則古者據今時而道前世耳，不必皆道前代。傳稱『古者越國而謀』，非謂前代之人有此謀也。『古人有言』，非謂前代之人有此言也。《詩》云『我思古人』，非思夏殷之人也。此云『古』者，亦非必夏殷。鄭言夏殷禮，非也。」按：《王制》：「諸侯之於天子也，比年一小聘，三年一大聘，五年一朝。」彼疏引此傳，又云：「案《鄭志》孫皓問云：『諸侯五年再相朝，不知所合典禮。』」下引鄭答，是鄭氏此條專釋此傳諸侯五年再相朝之義。本疏刪去「唐虞之禮，五載一巡狩」二句，又刪「禮典不可得而詳」句，❶今從《王制》疏備引之。鄭必言唐虞五載一巡狩者，見夏殷之禮已異唐虞。彼疏云：「如鄭之意，此爲夏殷之禮。而鄭又云『虞夏之制，諸朝歲朝』，以夏與虞同，與《鄭志》乖者，以群后四朝，文在《堯典》。《堯典》是虞夏之書，故連言夏，其實虞也。故《鄭志》：『唐虞之禮，五載一巡守。』今知諸侯歲朝，唯指唐虞也。其夏殷朝天子，及自相朝，其禮則然。」彼疏謂鄭云「虞夏歲朝見」，《王制》注此釋夏殷、唐虞之異最明。鄭必解傳「古之制」爲夏殷禮者，以周禮無諸侯五年相朝之文，疏亦明知之，而云：「一世一朝，疏闊太甚，其於間暇之年，必有相朝之法。五年再相朝，正是周禮之制，《周禮》文不具耳。文、襄之霸，其務不煩諸侯，以五年再朝，往來太數。更制三年一聘，五年一朝，所以説諸侯也。諸侯或從時令，或率舊章。此在文、襄之後，仍守舊制，故五年再相朝也。」按：昭三年《左傳》：「鄭子太叔曰：『文、襄之霸也，其務不煩諸侯，令諸侯三歲而聘，五歲而朝。』」疏蓋本彼傳爲説。鄭注《王制》亦據之，謂「此大聘與朝，晉文霸時所制也」。鄭既釋《王制》五年一朝爲文、襄時制，其周之朝禮，則闕而不言。亦以五年再朝，與世相朝之禮不相應耳。審如疏説，則文、襄以前，五年再朝之制仍存。五十凡例，何以

❶「刪」，原作「明」，今據原稿改。

無說？由是尋求，則五年再朝，其非周禮明矣。曹伯之來朝，合於古制，故傳特表著之。《王制》疏釋鄭說云：「如《鄭志》之言，則夏、殷天子六年一巡守，其間諸侯分爲五部，每年一部來朝天子，朝罷還國，其不朝者朝罷朝諸侯，至後年不朝者，往朝天子而還，前年朝者，今既不朝，又朝罷朝諸侯，是再相朝也，故鄭云『朝罷朝也』。」鄭君「朝罷朝」之義甚爲隱滯，即彼疏義核之，比如此年甲往朝天子，❶則乙朝丙，丁朝戊。丙、戊皆不朝天子者，其後甲朝丙，乙朝丁，丙朝戊。皆如上法，所謂朝罷朝諸侯也。《王制》疏又云：「熊氏以爲虞、夏制法，諸侯歲朝，分爲四部，四年乃徧。」其說與鄭《禮》注異。然夏、殷六年一巡狩，諸侯分爲五部，則唐、虞五載一巡守，諸侯分爲四部矣。疑《鄭志》亦謂唐、虞諸侯間而朝天子，諸侯五年再相朝，惜無文明之。又按：杜注於僖十五年「公如齊」即引此傳，明諸侯五年相朝。本疏乃云：「杜引此證彼，則是當時正法，非謂前代禮也。或人見僖公朝齊，杜引此爲證，遂言五年再相朝是事霸主之法。然則魯非霸主，曹伯何以朝之？」其謂或人之說，不顯姓名。疏又云：「昭十三年歲聘間朝，是周之諸侯朝天子之法。沈氏以爲諸侯再相朝及昭十三年皆爲朝牧伯之法。❷以『間朝以講禮』與『再朝而會』是三歲之朝與六年之朝。大率言之，是五年之内再相朝也。但魯非曹之伯國，而沈云朝牧伯之禮，又昭十三年朝盟主之法，亦無明證。沈氏之言，未可從也。」則所云或說，即沈文阿說也。沈說與《鄭志》合，知此傳五年再朝，舊說當同《鄭志》。沈欽韓云：「按：傳通論相朝之事，故云『古制』，非專指朝魯，沈氏之言是也。」

**齊人或爲孟氏謀，**【疏證】惠棟云：「魯三家，慶父、叔牙、季友。慶父之後當云慶氏，稱孟氏者，鄭康成《論語》注云：『慶父輈死，時人爲之諱，故云孟氏。』杜云：『慶父爲長庶，故或稱孟氏。』按：《公羊傳》：『慶父曰：「吾不得入矣。」於是抗輈經而死。』❸疏云：『鄭氏云慶父輈死者，正取此文。』又案：《禮含文嘉》曰：❹『文家稱叔，質家稱仲，嫡長稱伯，庶長稱孟。』杜依此爲說。」按：先儒謂慶父爲莊公母弟，詳□□□□疏證。杜不用舊說，以爲莊公庶兄，故於此注鑿爲長庶之說。惠氏引《公羊》

❶「年」，原脱，今據原稿補。

❷「侯」下，《春秋左傳正義》卷十九下有「五年」二字。

❸「抗」，原作「杭」，今據原稿改。

❹「含」，原爲空格，今據原稿補。

證之，過矣。鄭氏《論語》注見《檀弓》疏。諱稱孟氏，當是《左氏》舊説。記事者從魯人之辭也。

曰：「魯，爾親也。飾棺寘諸堂阜，**【疏證】**杜注：「飾棺不殯，示無所歸。」《喪大記》鄭注：「飾棺者，以華道路及壙中，不欲使衆惡其親也。」舊説當同此。疏引《喪大記》：「『飾棺，大夫畫帷。畫荒，火三列，黻三列，素錦褚，❶纁紐二，❷玄紐二。』齊人教之飾棺，蓋依此大夫之制而爲之飾。沈氏云：『飾棺，即《雜記》：「諸侯死於道，其輤有裧，緇布裳帷，素錦以爲屋而行；大夫死於道，❸以布爲輤而行。」』❹義或當然。」玩沈説，不援《喪大記》大夫飾棺之制，則疏引《喪大記》非舊注義也。彼自爲國中喪柩之制，齊人喪孟氏，當用大夫死於道之禮。沈説是也。杜以堂阜在齊、魯境上，已釋於莊九年杜注。彼年傳以爲齊地。❺按下文「卞人以告」，則堂阜近卞也。

「魯必取之。」卞人以告。**【疏證】**杜注：「卞人，魯卞邑大夫。」疏：「治邑大夫，例呼爲『人』。孔子父爲鄹邑大夫，謂之鄹人，知此卞人是卞邑大夫。」

惠叔猶毁以爲請，**【疏證】**杜注：「敫卒，則惠叔請之，至今期年而猶未已。毁，過喪禮。」疏引劉炫云：『敫去年九月卒，至今年夏，據月未匝，不得稱期年。』今知非者，杜以傳云『惠叔猶毁』，據日月之久，欲盛言其遠，故云期年。但首尾二年亦得爲期年之義，劉以未周十二月而規杜氏，非也。」敫喪未期年，傳文甚明，炫規杜無可置喙。杜持短喪之説，以惠伯之毁爲過，❻故謬云期年也。疏駁炫説更非。馬宗璉云：❼「《喪服小記》曰：『久而不葬者，惟主喪者不除。』穆伯踰年而不得葬，故惠伯猶服斬衰之服，❽而毁以爲請。」按《喪禮》容貌稱其服，傳稱「猶毁」，則服斬衰可知。馬説深得傳義。❾沈欽韓云：「此猶毁者，未行卒哭、變除之禮。杜預不知而爲無稽之

❶「錦」，原作「飾」，今據原稿改。
❷「纁紐」，原爲空格，今據《春秋左傳正義》卷十九下及原稿補。
❸「於道」，原重文，今據《春秋左傳正義》卷十九下删。
❹「而」，原作「爲」，今據《春秋左傳正義》卷十九下改。
❺「以」，原作「政」，今據原稿改。
❻「伯」，疑當作「叔」。
❼「璉」，原爲空格，今補。
❽「伯」，《春秋左傳補注》卷一作「叔」。
❾「義」，原脱，今據原稿補。

說。」沈氏亦謂惠叔未釋衰。

立於朝以待命。【疏證】禮，斬衰不入公門，此蓋暫釋服而往。

許之，取而殯之。【疏證】杜注：「殯於孟氏之寢。」《讀本》：「惠叔取殯，謂欑次於寢之西序。」❶

齊人送之。

書曰「齊人歸公孫敖之喪」，爲孟氏，且國故也。

葬視共仲。【疏證】杜注：「制如慶父，皆以罪降。」

聲己不視，帷堂而哭。【疏證】杜注：「聲己，惠叔母，怨敖從莒女，故帷堂。」《檀弓》：「曾子曰：『尸未設飾，故帷堂，小斂而徹帷。』仲梁子曰：『夫婦方亂，故帷堂，小斂而徹帷。』」注：「帷堂，爲人褻之。❷言『方亂』，非也。」本疏引《檀弓》，申之云：「至大斂之節，又帷堂，以至於殯恒帷堂。《雜記》云『朝夕哭則不帷』。今聲己恨穆伯，故朝夕哭仍帷堂。《檀弓》又云：『帷殯非古，自敬姜之哭穆伯始也。』與此相類也。」案：《雜記》「則不帷」鄭注：「緣孝子之心，❸欲見殯肂也。」❹此朝夕哭不帷堂之義。《檀弓》疏引《鄭志》：「張逸答陳鏗云：『敬姜早寡，晝哭以避嫌，帷殯或亦避嫌，表夫之遠色也。』」本疏謂「至於殯恒帷堂」，蓋取《鄭志》說。其云大斂又帷堂，則與《檀弓》小斂徹帷義乖，未知何據。沈欽韓云：「帷堂、帷殯，其事雖一，而聲己、敬姜則爲二人，當緣穆伯之謚同，相傳者異耳。」按：《檀弓》疏云：「《春秋》文十五年，公孫敖之喪，『聲己不視，帷堂而哭』。公孫敖亦是穆伯，此不云聲己之哭穆伯始者，聲己是帷堂，非帷殯也。聲己哭在堂下，怨恨穆伯，不欲見其堂，故帷堂。敬姜哭於堂上，遠嫌不欲見夫之殯，故帷殯。」是帷殯、帷堂，禮非一事。《檀弓》既稱帷殯非古，則古惟有帷堂之禮止行於小斂之初。❺公孫敖之喪自齊還，或用初喪禮，故傳稱帷堂，不稱帷殯。《雜記》所云「朝夕哭不帷」，則顯是帷殯，其禮在敬姜以

❶「欑」，原爲空格；「之」，原作「寢」，今據原稿補改。
❷「褻」，原殘，今據原稿補。
❸「緣」，原爲空格，今據原稿補。
❹「肂」，原作「肆」，今據原稿改。
❺「止」，原作「也」，今據原稿改。

後也。

**襄仲欲勿哭，**【疏證】杜注：「怨敖取其妻。」馬宗璉云：「襄仲於穆伯，從父兄弟也，當服小功五月。今穆伯踰年未葬，則襄仲已以麻絰小功五月之數，而除喪久矣，故以爲無服則勿哭。然本爲兄弟之親，且未葬者，雖時已除喪，及其葬也，反服其服而可以勿哭乎？」勝杜說。

**惠伯曰：**【疏證】杜注：「惠伯，叔彭生。」按：惠伯爲公孫茲之子，❶襄仲其從世父也。

**「喪，親之終也。雖不能始，善終可也。**【疏證】親，指兄弟之親。不能始，謂敖取襄仲所聘莒女。

**「史佚有言曰：**【注】服云：「史佚，周成王太史。」《玉藻》疏。【疏證】杜不釋「史佚」。李貽德云：「知史佚爲周成王太史者，《書・洛誥》『逸祝册』，《無逸》篇《大傳》『逸』作『佚』。《大戴記・保傅》：『常立於後，是史佚也。故成王中立而聽朝。』《史記・晉世家》：『成王削桐葉爲珪，以與叔虞，曰：「此封若。」史佚因請擇日立叔虞。』皆史佚爲成王時人之證也。」

**『兄弟致美。救乏、賀善、弔災、祭敬、喪哀，**【疏證】惠伯引史佚之言，惟主祭、喪。本疏：「祭敬者，謂助祭於兄弟之家盡其敬也。喪哀者，謂兄弟死喪之事竭其衷也。」❷

**『情雖不同，毋絶其愛，親之道也。』**【疏證】此上皆史佚之言。

**「子無失道，何怨于人？」**【疏證】道，謂祭、喪之道。

**襄仲説，帥兄弟以哭之。**【疏證】沈欽韓云：「《喪服傳》：『小功以下爲兄弟。』《士喪禮》：『始死，親者在室，衆兄弟堂下北面。』注：『衆兄弟，小功以下。』又既殯後，『兄弟北面哭殯。兄弟出，主人拜送于門外』。疏云：『大功容有同財同門，故《喪服》以小功以下爲兄弟。』襄仲與穆伯爲從父昆弟，既殯，則哭位在堂下也。」

**他年，其二子來，**【疏證】杜注：「敖在莒

---

❶ 「茲」，原爲空格，今據原稿補。

❷ 原稿眉批：致，詁。美，詁。

所生。」

孟獻子愛之，聞於國。【疏證】《檀弓》「孟獻子禫」，疏：「仲稱孟者，是慶父之後。」義已説於「齊人或爲孟氏謀」下。又「趨而就子服伯子于門右」，疏：「《世本》：『獻子蔑生孝伯，孝伯生惠伯，惠伯生昭伯，昭伯生景伯。』」杜注：「獻子，穀之子仲孫蔑。」據《世本》也。《讀本》：「時惠叔難已終，文伯子獻子蔑繼立，獻子愛此二子。」按：二子，獻子之季父。

或譖之曰：「將殺子。」獻子以告季文子。【疏證】譖詞謂二子將殺獻子也。季文子，獻子之從季父。

二子曰：「夫子以愛我聞，我以將殺子聞，不亦遠于禮乎？遠禮不如死。」【疏證】此夫子，蓋大夫之稱。獻子輩下於二子，年或長之，故稱其官。

一人門於句鼆，一人門于戾丘，皆死。【注】服云：「魯國中小寇，非異國侵伐，故不書。」本疏。【疏證】《釋文》：「鼆，又作『黽』。」杜注：「句鼆、戾丘，魯邑。有寇攻門，二子禦之而死。」用服説。服明經不書二子死事之義。傳云「他年，其二子來」，則非此年之事，傳終言之。句鼆、戾丘，今地闕。

六月，辛丑，朔，日有食之，鼓，用牲于社，非禮也。【疏證】杜注：「得常鼓之月，而於社用牲爲非禮。」按：莊二十五年傳：「六月，辛未，朔，日有食之，鼓，用牲于社，非常也。」本疏引《釋例》曰：「『文十五年與莊二十五年經文皆同，而更復發傳曰「非禮」者，明前傳欲以審正陽之月，後傳發例欲以明諸侯之禮，而用牲爲非禮也。此乃聖賢之微旨，而先儒所未喻也。』是解二傳不同之意。」按：據杜《釋例》之詞，則先儒説此傳非禮，與莊二十五年非常意同，皆以爲審正陽之月。杜謂此傳止譏用牲，非也。疏又云：「彼云『六月』，實是七月。」亦仍杜《長曆》之謬。

日有食之，天子不舉，【疏證】《膳夫》：「掌王之食飲膳羞，❶以養王及后、世子。王日一舉，鼎十有二，物皆有俎。天地有災則不舉。」注：「殺牲盛饌曰舉。」

❶「膳羞」，原作「䐪」，今據原稿改。

杜注：「去盛饌。」用鄭説。

伐鼓于社，【疏證】□□□□杜注：「責群陰。」義詳莊二十五年「鼓，用牲於社」疏證。此明天子之常禮也。本疏：「孔安國《尚書傳》云：『凡日食，天子伐鼓于社，責上公。』然則社以上公配食，天子伐鼓。責群陰，亦以責上公也。」❶

諸侯用幣于社，【疏證】莊二十五年傳：「凡天災，有幣無牲。」則雖天子亦不得用牲。傳自明鼓幣之異。杜注：「社尊于諸侯，故請救而不敢責之。」

伐鼓于朝，【疏證】杜注：「退自責。」莊二十五年傳：「非日月之眚，不鼓。」則鼓合於禮。傳斥非禮，謂伐鼓于社，又用牲也。

以昭事神、訓民、事君，【疏證】事神，訓民，斥天子諸侯。事君，斥諸侯，謂禮殺於天子也。

示有等威，古之道也。【疏證】杜注：「等威，威儀之等差。」

齊人許單伯請而赦之，❷使來致命。

書曰「單伯至自齊」，貴之也。【疏證】單伯，王臣，爲魯請子叔姬，適齊被執，得請而還，故書其至以貴之。杜謂貴而告廟，則王臣不當用公行例，❸傳無其義，是妄説也。

新城之盟，蔡人不與。【疏證】盟在十四年六月。

晉郤缺以上軍、下軍伐蔡，【疏證】杜注：「兼帥二軍。」

曰：「君弱，不可以怠。」【疏證】晉靈公以七年立，彼年傳：「穆嬴日抱太子以啼于朝。」❹至是年，蓋十歲以外。《吕覽》注：「怠，懈也。」

戊申，入蔡，以城下之盟而還。

凡勝國，曰「滅之」；【疏證】此滅例也。杜注：「勝國，絶其社稷，有其土地。」襄十三年重發例曰：「用大師曰『滅』。」

---

❶ 原稿眉批：伐，詰。

❷ 「赦」，原作「救」，今據原稿改。

❸ 「用」，原脱，今據原稿補。

❹ 「啼」，原爲空格，今據原稿補。

獲大城焉，曰「入之」。【疏證】此入例也。杜注：「得大都而不有。」大都別乎邑言之。襄十三年重發例曰：「弗地曰『入』。」故杜謂得而不有。彼傳例主用師互相備。

秋，齊人侵我西鄙，故季文子告于晉。

冬，十一月，晉侯、宋公、衛侯、蔡侯、陳侯、鄭伯、許男、曹伯盟于扈，尋新城之盟，且謀伐齊也。【疏證】杜注：「齊執王使，且數伐魯。」

齊人賂晉侯，故不克而還。

於是有齊難，是以公不會。【疏證】《讀本》：「魯言有齊難者，秋方見侵，時國內未平。」

書曰「諸侯盟于扈」，無能爲故也。

凡諸侯會，公不與，不書，諱君惡也。【疏證】此不與會不書例也。杜注：「謂國無難，❶不會義事，故爲惡。不書，謂不國別序諸侯。」詳杜意，義事當與而不與爲惡。❷不國，謂經不以國立文，別序他國諸侯也。疏云：❸「七年，『公會諸侯、晉大夫盟於扈』，傳曰：『公後至，故不書所會。』又發例云：『凡會諸侯，不書所會，後也。後至，不書其國，避不敏也。』彼乃義事，而公後期，諱君之惡，故總稱『諸侯』。此亦總稱『諸侯』，不會，非公之罪。而經文相似，傳辨諸嫌，❹故更復發例，而以善形惡。凡諸侯爲義事聚會，而公不與，則不歷書諸國，諱君惡也。」按：傳爲公不與發例，與七年傳例無涉。其兼稱「與而不書」，推言之耳。杜氏尚達此意，故注文止云「無難，不會」。疏牽於七年傳例，以後至比較爲說，不與、後至，灼然二事。彼傳無諱惡之文，此傳又非爲七年扈盟而發。彼年經云「公會諸侯及晉大夫盟于扈」，亦不得云經文相似，疏説皆非。

與而不書，後也。【疏證】此重發七年後至例也，蓋兼不書所會、不書其國二例言之。此傳發例專明公不與不書，不必蒙齊難不會之文。杜云：「今貶諸侯，以



❶「謂」，原作「小」，今據原稿改。
❷「義事」至「爲惡」九字，原在下文「云七年」上，今據原稿改。
❸「云」，原爲空格，今據原稿補。
❹「嫌」，原作「總」，今據原稿改。

爲公諱，❶故傳發例以明之。」扈盟以賄終，亦非義事，不得言爲公諱。杜説非。

齊人來歸子叔姬，王故也。【疏證】《讀本》：「齊雖畏晉，而終不肯以晉爲辭，故仍以王命爲辭。國史因記其故。」

齊侯侵我西鄙，謂諸侯不能也。【疏證】晉受齊賂故。

遂伐曹，入其郛，討其來朝也。【疏證】本年經：「夏，曹伯來朝。」

季文子曰：「齊侯其不免乎！

「己則無禮，【疏證】杜注：「執王使而討無罪。」

「而討於有禮者，曰：『汝何故行禮？』【疏證】本疏：「言『曰』者，原齊侯之意而爲之辭也。責曹曰：『女何故行禮？』謂責於朝魯也。」《讀本》：「齊惡魯，❷故並伐曹，責其事魯，非責其行禮。季文子憤辭周內之。」

「禮以順天，天之道也。己則反天，而又以討人，難以免矣。

「《詩》曰：『胡不相畏？不畏於天。』【疏證】《小雅·雨無正》文，箋：「何爲上下不相畏乎？上下不相畏，是不畏於天。」本疏：「胡，何也。」用箋説。陳奐《毛詩疏》：「胡，何也。不畏，畏也。『胡不相畏，不畏于天』，言何不各相敬畏，畏於天也。文十五年《左傳》引《詩》，釋之云：『君子之不虐幼賤，畏於天也。』《左》以『不』爲語辭。」陳據傳爲説，故與鄭小異。

「君子之不虐幼賤，畏于天也。【疏證】幼賤，猶言小弱，喻曹、魯也。

「在《周頌》曰：『畏天之威，于時保之。』【疏證】《周頌·我將》文，箋：「于，於。時，是也。早夜敬天，於是得安文王之道。」杜注：「言畏天威，于是保福禄。」杜釋「保」與鄭異。陳奐《毛詩疏》：「保，讀『天保定爾』之『保』。保，安也。案：此言天常眷右我周，能保安天命之意。」陳説與傳「其何能保」義合。保安天命，即保福

❶「以」，《春秋左傳正義》卷十九下作「似」。

❷「魯」，原作「晉」，今據《春秋左傳讀本》卷九改。

禄之謂也。

「不畏于天，將何能保？【疏證】《孟子·梁惠王》篇：「樂天者保天下，畏天者保其國。」亦引《周頌》爲證。畏天保國，用傳義也。

「以亂取國，奉禮以守，猶懼不終，

「多行無禮，弗能在矣。」

【經】十有六年，春，季孫行父會齊侯于陽穀，齊侯弗及盟。【疏證】洪亮吉云：「石經本脱『春』字，後旁增。」杜注：「及，與也。」

夏，五月，公四不視朔。【注】左氏以爲此獨書公四不視朔者，以表公實有疾，非詐齊也。《穀梁》疏。【疏證】杜注：「諸侯每月必告朔聽政，因朝于廟。」蓋據六年經「閏月不告月，❶猶朝于廟」爲説。又云：「今公以疾闕，不得視二月、三月、四月、五月朔也。《春秋》十二公以疾不視朔，非一也，義無所取，故特舉此以表行事。因明公之實有疾，非詐齊。」與《穀梁》疏所稱《左氏》説同。彼疏不稱杜注，其詞又異，故定爲《左氏》舊説。告朔朝廟之禮，詳六年經文疏證。❷此經變稱視朔者，從其重者言之。本疏：「告朔，謂告於祖廟；視朔，謂聽治月政。視朔由公疾而廢，其告朔，或有司告之，不必廢也。」疏釋告朔、視朔，致爲分曉。告朔可由有司行之，視朔當聽政，❸必公自臨。杜注直以告朔當視朔，非也。疏又引《釋例》云：「史之所書，當於其始，不於二月書之，而以五月書者，二月公始有疾，未知來月瘳否，不得豫書其數。至六月公瘳，乃積前數之闕，故以五月書四也。」

六月，戊辰，公子遂及齊侯盟于郪丘。【注】賈云：「《公羊》曰『菑丘』，《穀梁》曰『師丘』。」《公羊》疏。【疏證】今本《公羊》作「犀丘」，彼疏云：「正本作『菑丘』。」《校勘記》：「臧琳云：『《釋文》作犀丘，《穀梁音義》亦云《公羊》作犀丘，則唐以來本不作菑字矣。《公羊》疏，唐以前人爲之，所據皆晉宋古書，故猶見正本，與賈景伯合也。』」《釋文》：「郪音西。」李富孫

❶ 下「月」，原爲空格，今據原稿補。
❷ 「經」，原作「釋」，今據原稿改。
❸ 「朔」下，原衍「之」字，今據原稿删。

云：「犀與師音相近，師、菑亦同部字。」杜注：「郪丘，齊地。」未詳所在。顧棟高云：「郪丘當在今山東泰安府東阿縣境。」江永云：「郪丘，其地當近國都，豈遠至東阿而與之盟乎？」❶按：江説是也。沈欽韓云：「《續志》：『宋公國，周名郪丘，漢改爲新郪，章帝徙宋公于此。』《方輿紀要》：❷『新郪城在潁州東八十里，❸有土阜，屹然高大，謂之郪城。』」

秋，八月，辛未，夫人姜氏薨。【疏證】杜注：「僖公夫人，文公母也。」

毁泉臺。【注】服云：「魯莊公築臺，非禮也。至文公毁之。《公羊》譏云：『先祖爲之而毁之，勿居而已。』」《羽獵賦》服注。【疏證】杜注：「泉臺，臺名。毁，壞也。」不明泉臺所在。《公羊傳》：「泉臺者何？郎臺也。」郎臺即莊三十一年春「築臺于郎」是也，故服云「魯莊公築臺」。彼傳又云：「毁泉臺何以書？譏。何譏爾？築之譏，毁之譏。先祖爲之，已毁之，不如勿居而已矣。」服氏蓋約其文。按：傳：「有蛇自泉宫出，入于國。」則泉宫不在魯都。《左氏》古誼或謂即郎臺，與《公羊》同。《穀梁》疏：「《公羊》以爲泉臺者，是莊公所築郎臺也。《左氏》與此傳并不顯言。或如《公羊》之説也。」然譏毁臺自是《公羊》之説，《左氏》意不必爾。知者，服稱《公羊》譏，審是《左氏》譏毁泉臺，則服不引《公羊》也。以今服義已佚，取《羽獵賦》注綴此。❹

楚人、秦人、巴人滅庸。【疏證】《年表》：「楚莊王三年，滅庸。」

冬，十有一月，宋人弑其君杵臼。【疏證】杵臼，《公羊》曰「處臼」。據十八年「莒弑其君庶其」經劉、賈、許義，此稱國，又稱人，則杵臼惡及國朝、國人，故稱宋人以弑。

【傳】十六年，春，王正月，及齊平。

公有疾，使季文子會齊侯于陽穀，請

❶「至」，原作「在」，今據原稿改。

❷「方輿紀要」，《春秋左氏傳地名補注》卷五作「江南通志」。

❸「十」，《春秋左氏傳地名補注》卷五無此字。

❹「綴」，原爲空格，今據原稿補。

盟。齊侯不肯，曰：「請俟君間。」【疏證】❶

夏，五月，公四不視朔，疾也。

公使襄仲納賂于齊侯，故盟于郪丘。

有蛇自泉宮出，入于國，如先君之數。【疏證】❷《五行志》引此傳：「劉向以爲近蛇孽也。❸泉宮在囿中，母姜氏嘗居之，蛇從之出，象宮將不居也。《詩》曰：『維虺維蛇，女子之祥。』又蛇入國，國將有女憂也。如先君之數者，公母將薨之象也。」此自「泉宮」以下皆《左氏》舊誼，惟蛇孽爲劉向、《穀梁》義。《穀梁》無泉宮、入國、如先人之數也，恐是歆義矣。以文未顯，仍列於疏中。❹杜注：「伯禽至僖公十七君。」案：《春秋》自隱至僖五君，桓以上據《魯世家》，魯公伯禽、考公酋、煬公熙、幽公宰、魏公費、厲公擢、鄭公具、順公濞、武公敖、懿公獻、孝公稱、惠公弗皇，凡十二君，故杜云十七君也。

秋，八月，辛未，聲姜薨，毀泉臺。【疏證】杜注：「魯人以爲蛇妖所出而聲姜薨，故壞之。」《五行志》：「秋，公母薨，公惡之，乃毀泉臺。夫妖孽應行而自見，非見而爲害也。文不改行循正，共御厥罰，而作非禮，以重其過。後二年薨，公子遂遂殺文公之二子惡、視，而立宣公。文公夫人大歸于齊。」此蒙上公母將薨爲言，疑亦《左氏》説。其云「作非禮」，即斥毀泉臺之事。明其徵驗，❺蓋謂經之書毀泉臺示譏。❻疏引《釋例》：「書毀而不變文以示義者，君人之心，一國之俗，須此爲安，故不譏也。」非傳意。

楚大饑，戎伐其西南，至于阜山，【疏證】杜注：「戎，山夷也。」不釋「阜山」。沈欽韓云：「《一統志》：『阜山在鄖陽府房縣南一百五十里。』」

師于大林。又伐其東南，至于陽丘，以侵訾枝。【疏證】杜注：「大林、陽丘、訾枝皆楚邑。」未詳所在。洪亮吉云：「《御覽》引伍瑞休《江陵記》曰：

❶ 原稿眉批：間，詁。
❷ 「疏證」，原在下「杜注」前，今據原稿移此。
❸ 「劉向」至「之象也」六十二字，原爲大字，今據本書體例及文意改爲小字。
❹ 「中」，原脱，今據原稿補。
❺ 「驗」，原爲空格，今據原稿改。
❻ 「蓋謂」，原倒，今據原稿改。

『城西北六十里有林城，《春秋》「至于阜山，師于大林」即此城也。』」《彙纂》：「湖廣荊門州西北有長林城。」江永云：「今按：荊門州屬安陸府，舊有長林縣。以長林爲大林，未知是否。」按《宋書・州郡志》，長林屬荊州武甯郡。《彙纂》用《江陵記》説。長林即大林也。陽丘，今地闕。沈欽韓云：「訾枝即《史記》所云『蜀伐楚取茲方』，正義云：『《古今地名》：「荆州松滋縣古鳩茲地即茲方。」』按：訾枝當是今荆州府枝江縣。」按：《春秋輿圖》謂訾枝在今鍾祥。❶ 鍾祥在荊門州西，與傳稱「伐其東南」，枝江正直楚都之東南。沈説是也。

**庸人帥群蠻以叛楚。**【疏證】《説文》：「鄘，南夷。」唐盧潘《同食館辨》云：❷「楚莊王時都郢，郢即今之江陵。由郢而伐西北密邇之庸。」據此，則庸在楚西北也。《郡國志》：「漢中郡上庸，本庸國。」顧棟高云：「庸，今湖廣鄖陽府竹山縣東四十里，有上庸故城。群蠻在今湖廣辰州、沅州二府之境。」江永云：「今按：庸國，今鄖陽府竹山縣及竹谿縣也。」

**麇人率百濮聚於選，將伐楚。**【疏證】《楚語》注：❸「濮，蠻邑。」杜注：「百濮，夷也。」惠棟云：「劉伯莊《史記地名》曰：『濮在楚西南。』」沈欽韓云：「濮即僰也。《爾雅・釋地》：『南至于濮鉛。』《周書・王會》篇：『伊尹爲四方令曰「正南百濮」。』《通典・邊防三》：『諸濮之城皆出楛矢。❹《周書・王會》「卜人丹砂」注：「卜人，西南之蠻，丹砂所出。」今按：卜人蓋濮人也。』其名有尾濮、木綿濮、文面濮、折腰濮、赤口濮、黑僰濮。」按：沈説是也。濮乃西南夷種類，非有定地。昭九年傳「巴濮，❺吾南土也」，繫巴於濮，可證。高士奇云：「百濮種族非一，約言其地，當在楚境之南而迆西矣。」張平子《蜀都賦》「於東則左緜巴中，百濮所充」，此漢時濮之所居。疏引《釋例》：「建甯郡南有濮夷，無君長總統，各以邑落自聚，故稱百濮。」則又晉時濮之所居也。皆不可證春秋之百濮。《春秋輿圖》：「選，❻在湖廣荆州府枝江縣南。」

❶「鍾」，原爲空格，今據原稿補。下一「鍾」字同。
❷「盧」，原作「虚」，今據原稿改。
❸「楚」，當作「鄭」。
❹「城」，《春秋左氏傳地名補注》卷五作「域」。
❺「昭九年」，原爲空格，今據《春秋左傳正義》卷四十五補。
❻「選在湖廣」，原作「纂選湖廣在」，今據原稿改。

於是申、息之北門不啓。【疏證】杜注：「備中國。」疏：「申、息北接中國，有寇必從北來，故二邑北門不敢開也。」

楚人謀徙於阪高。【疏證】杜注：「楚險地。」未詳。洪亮吉云：「《蜀志·張飛傳》：『曹公追先主，一日一夜及於當陽之長坂。』❶今長坂在當陽南，北去江陵城百五十里，地形高險，或即楚人所欲遷也。《荆州記》亦云：『當陽縣東有櫟林、長坂。』」❷沈欽韓同其説，引《輿地紀勝》：「長坂在荆門軍當陽縣東北二十里。」按：當陽今屬荆門州。

蔿賈曰：「不可。我能往，寇亦能往。不如伐庸。夫麇與百濮，謂我饑不能師，故伐我也。若我出師，必懼而歸。百濮離居，將各走其邑，誰暇謀人？」【疏證】離居，猶言散處也。謀人，人斥我也。

乃出師。旬有五日，百濮乃罷。【疏證】傳終言百濮之事。

自廬以往，振廩同食。❸【疏證】洪亮吉云：「此廬當即南郡中廬。」按：十四年傳「廬戢梨」下已釋。杜注：「同食，上下無異饌也。」

次于句澨。【疏證】杜注：「句澨，楚西界也。」唐盧潘《同食館辨》引此注作「楚境也」。顧棟高云：「句澨當在襄陽府均州西。」

使廬戢梨侵庸，【疏證】杜注：「戢梨，廬大夫。」

及庸方城。【疏證】江永云：「此與僖四年方城異地。」沈欽韓云：「《元和志》：『方城山在房州竹山縣東南三十里，頂上平坦，❹四面險固，山南有城，周十餘里。』《一統志》：『方城亭在鄖陽府竹山縣東南方城山。』」

庸人逐之，囚子揚窗。【疏證】杜注：「窗，戢梨官屬。」

三宿而逸。曰：「庸師衆，群蠻聚焉，

❶「日一」，原作「旦」，今據原稿改。
❷「櫟」，原作「採」，今據原稿改。
❸ 原稿眉批：振廩，詁。
❹「坦」，原作「垣」，今據原稿改。

不如復大師，【疏證】杜注：「還復句澨師。」❶

「且起王卒，合而後進。」❷【疏證】是時楚子不在軍。

師叔曰：「不可。【疏證】杜注：「師叔，楚大夫潘尫也。」

「姑又與之，遇以驕之。彼驕我怒，而後可克，【疏證】《釋文》：「可克，或作『可擊』。」

「先君蚡冒所以服陘隰也。」【疏證】《古今人表》「蚡」作「坌」。《楚語》注：❸「蚡冒，季紃之孫，❹若敖之子熊率。」與《楚世家》世次異。《世家》作「季徇」，「季徇子熊咢，熊咢子熊儀，是爲若敖。若敖子熊坎，是爲霄敖。❺霄敖子熊眴，是爲蚡冒」。索隱：劉音率。❻則熊率即史之熊眴也。杜注：「蚡冒，楚武王父。」疏引劉炫云：「『按《楚世家》，蚡冒弟熊達弑蚡冒子而代立，是爲楚武王。則蚡冒是兄，不得爲父。』今知不然者，以《世家》之文多有紕繆，與經、傳異者，非是一條。杜氏非不見其文，但見而不用耳。劉以《世家》規杜氏，非也。」壽曾謂：韋注雖與《世家》異，却不言蚡冒爲武王父。《内傳》舊説當亦同。以爲武王父者，乃杜氏一人之説，妄不足據。今本《史記》「熊達」作「熊通」，通、達形近而歧。杜注：「陘隰，地名。」疏引《釋例》：「陘隰與僖四年次于陘爲一地。潁川召陵縣南有陘亭。❼楚自武王始居江漢之間，則蚡冒之時，未至中國，不應已能越申、息，遠服潁川之邑，疑非也。」疏蓋駁杜説。顧棟高云：「荆州府以東多山谿之險，因名。」

又與之遇，七遇皆北，

雖裨、鯈、魚人實逐之。【疏證】杜注：「裨、鯈、魚，庸三邑。魚，魚腹縣。」洪亮吉云：「《郡國志》：『巴郡魚復，古庸國。』」馬宗璉云：「《水經·江水》：『又東逕魚腹縣故城南。』酈元曰：❽『故魚國也。』是魚乃

❶「還」，原漫漶不清，今據原稿補。原稿眉批：復，詁。
❷「後」，原作「復」，今據原稿改。
❸「楚」，當作「鄭」。
❹「紃」，原爲空格，今據原稿補。
❺「霄敖」，原倒，今據《史記·楚世家》改。下「霄敖」同。
❻「劉」，原爲空格，今據原稿補。
❼「召陵」，原作「百陸」；「有」，原作「古」，今據原稿改。
❽「酈」，原爲空格，今據原稿及《皇清經解》卷一千二百七十七《春秋左傳補注》補。

群蠻之一，非庸地。劉昭猶沿元凱之誤。」❶按：馬説是也。沈欽韓云：「《方輿紀要》：『魚復故城在夔州府奉節縣城東五里。』」裨、儵，今地闕。

庸人曰：「楚不足與戰矣。」遂不設備。

楚子乘馹，會師於臨品。【疏證】馹，古「驛」字。《釋言》：❷「驛，傳也。」本疏引舍人曰：「『驛，尊者之傳也。』郭璞曰：『傳車，驛馬之名也。』」《彙纂》：「臨品當在襄陽府均州界。」

分爲二隊，【注】服云：「隊，部也。」《文選·子虛賦》注。【疏證】杜用服義。《廣雅·釋宮》：「羨、隊，道也。」王念孫云：「隊爲羨道之通稱。襄十八年《左傳》『夙沙衛連大車以塞隧』是也。文十六年傳：『分爲二隊，子越自石溪，子貝自仞，❸以伐庸。』隊與隧同，謂分兩道以伐庸也。哀十三年傳『越子伐吴爲二隧』是也。杜預以隊爲『隊伍』之隊，失之。」按：傳此言分兵，下言分道，服解未誤，故杜依用之。王義可備一説。

子越自石溪，子貝自仞，以伐庸。【疏證】《釋文》：「溪，本又作『谿』。」杜注：「子越，鬬椒也。」《彙纂》：「石溪、仞當在均州界。」

秦人、巴人從楚師。群蠻從楚子盟，遂滅庸。【疏證】《年表》：「楚莊王三年，滅庸。」《楚世家》：「莊王即位三年，遂滅庸。」

宋公子鮑禮於國人，【疏證】杜注：「鮑，昭公庶弟文公也。」《宋世家》：「昭公無道，國人不附，昭公弟鮑革賢而下士。」鮑革，異文。

宋饑，竭其粟而貸之。【疏證】「貸」字杜不注。《説文》：「貸，施也。」《廣雅·釋詁》：「斂、饮、匃，❹與也。」王念孫引此傳爲證。

年自七十以上，無不饋詒也，時加羞珍異。【疏證】《御覽》三十五「饋詒」引作「饋飴」。羞如「羞以含桃」之羞。養老禮也。《讀本》：「謂加進珍品。」

無日不數於六卿之門。【疏證】本疏：「言

---

❶「猶沿」，原作「□謂」，今據原稿補改。

❷「言」，原作「地」，今據原稿改。

❸「自」，原脱，今據原稿補。

❹「饮」，原作「欵」，今據原稿改。「匃」，原作「匄」，今據《廣雅疏證》卷三下改。

參請不絕也。」

國之材人，無不事也；

親自桓以下，無不恤也。【疏證】據《宋世家》，桓公卒，子襄公立；襄公卒，子成公立；成公卒，弟禦立；宋人殺禦而立昭公。由桓至昭凡四世，謂桓、襄、成之族也。

公子鮑美而豔，

襄夫人欲通之，【注】服云：「襄夫人，周襄王之姊王姬也。」❶《宋世家》集解。【疏證】八年傳：「宋襄夫人，襄王之姊也。」服據彼傳爲說。杜注：「鮑適祖母。」《宋世家》：「先，襄公夫人欲通於公子鮑。」

而不可，【注】服云：「不可，鮑不肯也。」《宋世家》集解。【疏證】李貽德云：「《釋詁》：『肯，可也。』此釋『可』爲『肯』，轉相訓。」

乃助之施。【疏證】《宋世家》：「乃助之施於國。」正義：「襄夫人助公子鮑布施恩惠於國人也。」

昭公無道，國人奉公子鮑以因夫人。

於是華元爲右師，【疏證】《世本》：「華督生世子家，家生華孫御事，事生華元右師。」杜注：「元，華督曾孫。」蓋據《世本》。❷《宋世家》作「因大夫華元爲右師」，正義：「公子鮑因華元請，得爲右師。」此史公駁文，誤傳之「夫人」爲「大夫」也。鮑爲昭公弟，不假右師之官爲重。

公孫友爲左師，

華耦爲司馬，【疏證】八年傳「襄夫人殺大司馬公子卬」，十五年經書「宋司馬華孫來盟」，則此傳記宋之命官非一時事。❸

鱗鱹爲司徒，

蕩意諸爲司城，【疏證】八年傳「司城蕩意諸來奔」，其歸國不審在何年。

公子朝爲司寇。❹

---

❶「姊」，原作「姉」，今據原稿改。下一「姊」字同。

❷「據」，原爲空格，今據原稿補。

❸「之」，原脱，今據原稿補。

❹原稿眉批：查釋人。

初，司城蕩卒，公孫壽辭司城。【疏證】《讀本》：「司城蕩，公子蕩也。」杜注：「壽，蕩之子。」按：此溯八年前事。

請使意諸爲之。【疏證】杜注：「意諸，壽之子。」

既而告人曰：「君無道，吾官近，懼及焉。

「棄官，則族無所庇。子，身之貳也，姑紓死焉。【疏證】《卷耳》傳：「姑，且也。」《采菽》傳：❶「紓，緩也。」

「雖亡子，❷猶不亡族。」

既，夫人將使公田孟諸而殺之。公知之，盡以寶行。

蕩意諸曰：「盍適諸侯？」公曰：「不能其大夫，至于君祖母以及國人，【疏證】杜注：「君祖母，諸侯祖母之稱，謂襄夫人。」沈欽韓云：「《喪服》適母爲君母，則君祖母是適祖母之稱。杜預以爲『諸侯祖母之稱』，其不學如此。」案：沈説是也。本疏：「哀十六年，蒯聵告周云『得罪於君父君母』，謂母爲君母，則祖母爲君祖母矣。」以證杜説，然彼傳「君母」即指嫡母也。

「諸侯誰納我？且既爲人君，而又爲人臣，不如死！」

盡以其寶賜左右而使行。【疏證】《廣雅·釋詁》：❸「行，去也。」

夫人使謂司城去公。對曰：「臣之而逃其難，若後君何？」

冬，十一月，甲寅，宋昭公將田孟諸。未至，夫人王姬使帥甸攻而殺之。【疏證】《檀弓》疏「帥甸」引作「甸師」。杜注：「帥甸，郊甸之帥。」宋本「之帥」作「之師」，則杜本或亦作「甸師」。然疏引《載師》：「『以公邑之田任甸地。』帥甸者，甸地之帥，當是公邑之大夫也。獨言帥甸，❹無以相明，故類言之，云『郊甸之

❶「采菽」，原爲空格，今據《毛詩正義》卷十五補。
❷「雖亡」至「亡族」七字，原脱，今據原稿補。
❸「詁」，原爲空格，今據《廣雅》卷二補。
❹「獨」，原爲空格，今據原稿補。

帥』。」則唐本已作「帥甸」矣。沈欽韓云：「《周禮》甸師之官，❶其徒三百人。《文王世子》：『公族有罪，磬於甸人。』帥甸即此官也。」沈蓋以帥甸當甸師也。《年表》：「襄夫人使衛伯殺昭公。」《宋世家》：「昭公出獵，夫人王姬使衛伯殺昭公杵臼。」

蕩意諸死之。【疏證】杜注：「不書，不告。」

書曰「宋人弒其君杵臼」，君無道也。

【疏證】宣四年傳例曰：「凡弒君，稱君，君無道也；稱臣，臣之罪也。」詳彼年疏證。

文公即位，【疏證】《年表》：「弟鮑立。」《宋世家》：「弟鮑革立，是爲文公。」

使母弟須爲司城。

華耦卒，而使蕩虺爲司馬。【疏證】虺，意諸之弟。

【經】十有七年，春，晉人、衛人、陳人、鄭人伐宋。【疏證】《年表》：「宋文公鮑元年，晉率諸侯伐我。」❷杜注謂：「陳侯常在衛侯上，傳不言陳公孫甯後至，甯位非上卿。」疏云：「檢《春秋》上下，亦有後至無傳。而杜云後至者，則秦小子憖是也。案彼則公孫甯未必非後至。」疏蓋駁杜說，則舊說不謂公孫甯非上卿也。

夏，四月，癸亥，葬我小君聲姜。【疏證】《公羊》「聲」曰「聖」。

齊侯伐我西鄙。【注】服虔以爲：再來伐魯，西鄙書，北鄙不書，諱仍見伐。本疏。

【疏證】杜注：「西當爲北，蓋經誤。」不用服說。疏引服說，駁之云：「按經十五年『秋，齊人侵我西鄙』，『冬，齊人侵我西鄙』。❸僖二十六年『春，齊人侵我西鄙』，『夏，齊人伐我北鄙』。皆仍見侵伐，書而不諱，此何獨諱而不書？凡諱者，諱國惡也。齊侯無道而伐我，我非有惡可諱，何以諱其仍伐？故知是一事，經文誤耳。知非傳誤者，魯求與平，即盟于穀。穀是濟北穀城縣也，穀在魯北，

❶「禮」，原作「地」，今據《春秋左氏傳補注》卷五改。
❷「伐」，《史記・十二諸侯年表》作「平」。
❸「人」，《春秋左傳正義》卷二十作「侯」。

知北鄙是也。」❶壽曾謂：十五年經再書「齊人伐我西鄙」，下云「遂伐曹，入其郛」，或是齊師淹滯境上，經明伐曹之役，承西鄙之役也。僖二十六年經「春，齊人侵我西鄙」，❷下有「公追齊師至酅，弗及」之文，則齊師以敗去魯，故可更書「夏，❸齊人伐我北鄙」。服氏於此經稱「諱仍見伐」，必於彼經詳不諱之義，惜佚不可考。服知此年齊再來伐者，以傳於「葬聲姜」下有「有齊難，是以緩」之文也。《讀本》云：「經書『西鄙』，傳言『北鄙』，服虔云『再伐魯』也。四月葬聲姜前有齊難，則前曾來伐可知。」疏駁服説非也。李貽德云：「《廣雅・釋詁》：『仍，再也。』《漢書》注皆以『仍』爲『頻』。」《年表》：「齊伐我。齊懿公三年，伐魯。」

六月，癸未，公及齊侯盟于穀。

諸侯會于扈。

秋，公至自穀。無傳。

冬，公子遂如齊。

【傳】十七年，春，晉荀林父、衛孔達、陳公孫甯、鄭石楚伐宋，討曰：「何故弒君？」猶立文公而還。卿不書，失其所也。【疏證】《宋世家》：「文公元年，晉率諸侯伐宋，責以弒君。聞文公定立，乃還。」則舊説謂此討宋之役，晉主之。杜注：「卿不書，謂稱人。」

夏，四月，癸亥，葬聲姜。有齊難，是以緩。【疏證】上年秋八月聲姜薨，至是已九月。杜注：「過五月之例。」

齊侯伐我北鄙，襄仲請盟。六月盟于穀。

晉侯蒐于黄父，【疏證】杜注：「一名黑壤，晉地。」顧棟高云：「宣七年，會于黑壤，傳云盟于黄父，杜注：『黄父即黑壤。』蓋一名爲一地矣。後周宇文泰小字黑獺，諱之改曰烏嶺。」沈欽韓云：「《方輿紀要》『烏嶺在澤州沁水縣西北四十里』，即黄父，『與平陽府翼城縣接界』。」❹

❶「知」下，原衍「者」字，今據原稿删。

❷「西」，原作「北」，今據《春秋左傳正義》卷十六改。

❸「更」，原作「定」，今據原稿改。

❹原稿眉批：查《寰宇記》。

遂復合諸侯于扈，平宋也。【疏證】《年表》：「晉靈公十一年，率諸侯平宋。」杜注：「傳不列諸國而言復合，則如上十五年會扈之諸侯可知也。」

公不與會，齊難故也。【疏證】《讀本》：「魯有齊難，時公在穀也。」按：❶傳明齊之再伐魯。

書曰「諸侯」，無功也。

於是晉侯不見鄭伯，以爲貳於楚也。

鄭子家使執訊而與之書，以告趙宣子，【疏證】子家，公子歸生也。《爾雅·釋言》：❷「訊，言也。」《正月》傳：「訊，問也。」❸杜注：「執訊，通訊問之官。」《讀本》：「言執物問訊宣子安否，即與執訊人書以告宣子。」

曰：「寡君即位三年，【疏證】《年表》：「魯文公二年，爲穆公之三年。」

「召蔡侯而與之事君。九月，蔡侯入于敝邑以行。【疏證】《年表》蔡莊侯之二十一年，謂將召蔡侯至鄭共朝晉。❹

「敝邑以侯宣多之難，寡君是以不得與蔡侯偕。【疏證】僖三十年傳：「初，鄭公子蘭出奔晉，鄭石甲父、侯宣多逆以爲太子。」杜注：「宣多既立穆公，恃寵專權。」因彼傳爲說。

「十一月，克減侯宣多，而隨蔡侯以朝于執事。【疏證】杜注：「減，損也。難未盡而行，言汲汲於朝晉。」王引之云：「上文云『敝邑以侯宣多之難，寡君是以不得與蔡侯偕』，若難猶未盡，亦不能朝于晉矣。減謂滅絶也。《管子·宙合》篇曰：『滅，盡也。』《說文》：『剸，減也。從刀尊聲。』《史記·趙世家》曰：『當道者謂簡子曰：「帝令主君射熊與羆，皆死。」簡子曰：「是，且何也？」當道者曰：「晉國且有大難，帝令主君減二卿。」』❺是減爲滅絶也。甫減侯宣多，而即朝于晉，言不敢緩也。」案：王說是也。

「十二年六月，歸生佐寡君之嫡夷，【疏

❶「按」，原重文，今據原稿刪。
❷「爾雅」、「言」，原爲空格，今據《爾雅》卷上補。
❸「問」，原作「向」，今據原稿改。
❹原稿眉批：查蔡、鄭《世家》。
❺「君」，原脱，今據原稿補。

證】杜注：「夷，太子名。」按：即靈公也。《年表》魯文公之十一年。

「以請陳侯于楚，而朝諸君。【疏證】《年表》陳共公之十六年。

「十四年七月，寡君又朝以蕆陳事。【注】賈、服云：「蕆，敕也。」本疏。【疏證】《年表》魯文公之十三年。杜用賈、服義。本疏云：「蕆之爲敕，無正訓也。先儒相傳爲然。」下引賈、服說。洪亮吉云：「晉以後諸本皆作『蕆』。偏檢字書，并無『蕆』字。《方言》、《廣雅》『蕆』字亦後人追改。今考字當爲茍，通作『蕆』，形相近而誤也。《説文》：『茍，自急敕也。』正用賈義。」洪氏所云「茍」通作「蕆」，未申説其義。李貽德云：「《説文》無『蕆』字，新附字有之。鈕氏樹玉曰：『蕆，疑古作蕆。據《晉語》「陽畢曰：厚戒蕆國以待之」，韋注：「箴，勑也。」』」此可證洪説。《方言》：「蕆、勑、戒，備也。」《玉篇》：「蕆，解也，備也。」《廣雅》：❶「蕆、飭，備也。」字誤而訓未誤。傳謂朝而戒備陳之朝事耳。王念孫云：「《説文》：『勑，誡也。』鄭注《曾子問》：『戒，猶備也。』飭、勑、敕古通用。戒、誡古通用。」



「十五年五月，陳侯自敝邑往朝于君。【疏證】《年表》魯文公之十四年，陳共公之十八年。❷

「往年正月，燭之武往，朝夷也。【疏證】往年即文之十六年。杜注：「將夷往朝晉。」按：❸謂以夷之朝往也，「往」絶句。

「八月，寡君又往朝。

「以陳、蔡之密邇於楚，而不敢貳焉，則敝邑之故也。【疏證】明陳、蔡之朝楚，鄭使之來。

「雖敝邑之事君，何以不免？

「在位之中，【疏證】猶言及位以來。

「一朝于襄，而再見于君。【疏證】本疏：「鄭穆公以僖三十三年即位，晉襄公以文公六年卒。一朝于襄，三年十一月也。再見于君，十四年七月，往年八月

❶「廣雅蕆飭備也」六字，原脱，今據原稿補。

❷「陳共公之十八年」，疑當作「陳靈公之元年」。

❸「按」，原脱，今據原稿補。

也。或者十四年七月寡君又朝，敕成陳事。❶再見于君，謂往年正月燭之武往朝夷，八月寡君又朝也。」按：再見不數太子夷朝之事，疏前一說是。

「夷與孤之二三臣相及於絳。【疏證】杜注：「孤之二三臣，謂燭之武、歸生自謂也。」《讀本》：「鄭二三臣前後相及在晉絳都，言事晉恭。」本疏：「小國之君自稱曰孤。臣與他國之人言己君爲寡君。❷此歸生對晉稱己君，當云寡君之二三臣。❸此言孤者，蓋鄭伯身自對晉，或自稱孤。歸生因即以孤言其君也。」❹

「雖我小國，則蔑以過之矣。今大國曰：『爾未逞吾志。』敝邑有亡，無以加焉。【疏證】言無以加於亡。

「古人有言曰：『畏首畏尾，身其餘幾？』【疏證】杜注：「言首尾，則身中之不畏者少。」《淮南・說山訓》：❺「皮將弗覩，毛將何顧？畏首畏尾，身凡餘幾？」注：「畏始畏終，中身不畏，凡有幾何？言常畏也。」惠棟云：「高注較杜注尤明晰。」文淇案：杜即用高義，特不若高之明顯耳。

「又曰：『鹿死不擇音。』【注】服云：「鹿得美草，呦呦相呼，至於困迫將死，不暇復擇善音。」本疏。【疏證】杜注：「音，所茠蔭之處。古字聲同，皆相假借。」杜以音爲蔭，不用服說。疏：「杜意言鹿死不擇庇蔭之處，喻己不擇所從之國，欲從楚也。」下引服注，又以劉炫從服說，「以爲音聲，謂不擇音聲而出之而難杜。今知不然者，以傳云『鋌而走險，急何能擇』，言走險，論其依止之處，以其怖急，得險則停，不能選擇寬静茠蔭之所。傳文所論，止言其出處所在，不論音聲好惡，故杜不依服義。劉以爲音聲而規杜，非也」。顧炎武云：「『鹿死不擇音』，言其鳴急切。《莊子》『獸死不擇音』，郭象注『野獸蹴之窮地，意急情盡，則和聲不至』是也。當從服虔之說。」洪亮吉亦引《莊子注》，又云：「劉逵《吳都賦》

❶「敕」，原爲空格，今據原稿補。

❷「言」下，《春秋左傳正義》卷二十有「稱」字。

❸「臣」，原作「君」，今據原稿改。

❹「因」，原作「曰」，今據原稿改。

❺「山」，當作「林」。

『獸不擇音』注：❶『凡間暇則有好音，逼急不擇音。凡獸皆然，非惟鹿也。』皆主音聲而言。杜注以『音』作『蔭』，義轉迂曲，而無所承。劉炫規之，最得。正義非也。」文淇案：《後漢書・皇甫規傳》「中外誣規貨賂群羌，令其文降。規懼不免，上書自訟曰：『臣雖汙穢，❷廉潔無聞，今見覆没，恥痛實深。傳稱「鹿死不擇音」，謹冒昧略上。』」亦是讀從本字。顧、洪説是也。壽曾謂：疏駁服説，蓋據下文「挺而走險」，杜釋爲「如鹿赴險」，此爲杜氏新説，非古義所有。李貽德云：「『鋌而走險』，是言『困迫將死』之狀，非論其依止之處。傳明云走險，孔氏乃云『得險則停』，更與傳意相違。」是也。《鹿鳴》傳：「鹿得苹，呦呦然而相呼。」❸服約傳意。

「小國之事大國也，德，則其人也；不德，則其鹿也，

「鋌而走險，急何能擇？【疏證】杜注：「鋌，急走貌。」洪亮吉云：「《説文》：『鋌，銅鐵朴也。挺，拔也。』按：此似當從手廷。高誘《吕覽》注：『挺，猶動也。』蓋云動而走險耳。杜注非義訓。」文淇案：《皇甫規傳》注引傳正作「挺」。《説文》訓「拔」亦動義。李貽德云：「『急何能擇』，仍言『不擇音』也。」❹

「命之罔極，亦知亡矣，【疏證】杜注：「言晉命無極。」

「將悉敝賦以待於鯈。惟執事命之！【疏證】杜注：「鯈，晉、鄭之境。」今地闕。

「文公二年六月，壬申，朝于齊。【疏證】杜注：「鄭文二年六月壬申，魯莊公二十三年六月二十四日。」顧棟高云：「魯莊二十三年六月是癸丑朔，壬申當是六月二十日。」❺貴曾曰：

「四年二月，壬戌，❻爲齊侵蔡，【疏證】杜注：「魯莊二十五年二月無壬戌，壬戌，三月二十日。」貴曾曰：

---

❶ 「逵」，原爲空格，今據原稿及《春秋左傳詁》卷九補。
❷ 「汙」、「穢」，原作「汗」、「移」，今據原稿改。
❸ 「然」下，《毛詩正義》卷九有「鳴」字。
❹ 原稿眉批：《廣雅》未引，王從杜説也。
❺ 「二十日」，原脱，今據原稿補。
❻ 「戌」，原作「申」，今據《春秋左傳正義》卷二十改。

「亦獲成於楚。

「居大國之間，而從於強令，豈其罪也？【疏證】沈欽韓云：「此追引鄭事。齊桓之時，鄭固從齊，而亦間成於楚。所以然者，介于兩大，急於救患也。齊于爾時未嘗見罪，晉胡爲苛求乎？」

「大國若弗圖，無所逃命。」

晉鞏朔行成於鄭，【疏證】朔即士莊伯。

趙穿、公壻池爲質焉。【疏證】杜注：「趙穿，卿也。公壻池，晉侯女壻。」顧炎武云：「趙穿與池皆晉侯女壻，故以爲質。」朱駿聲云：「趙穿名池，一人也。若謂質兩壻，立文不順。」按：文十二年傳「趙有側室曰穿，晉君之壻也」，❶此顧說所本。朱駁未是。沈欽韓云：「《韓非·亡徵》篇：『公壻、公孫，與民同門，傲暴其鄰。』此公壻之證。」

秋，周甘歜敗戎于邥垂，乘其飲酒也。

【注】服云：「邥垂在高都南。」《水經·洛水》注。❷【疏證】杜注：「甘歜，周大夫。」《讀本》：「蓋王子帶之後。」❸洪亮吉云：「《說文》無『邥』字。《廣韻》：『邥，沈字古文，國名，亦姓。本自周文王第十子聃季，食采于沈，即汝南平輿沈亭是也。』服說最諦。《郡國志》亦云：『新城縣有高都城。』今亭在城南七里。京相璠亦引舊說言沈垂在高都南，而又以爲上黨有高都縣。此回遠之至，❹宜其爲道元所嗤矣。」❺按：《水經·洛水》注：「邥垂亭在高都城南七里，遺基存焉。」即用服說。《郡國志》「新城」注即引此傳文。《春秋輿圖》：「邥垂在河南汝州伊陽縣境。」

冬，十月，鄭太子夷、石楚爲質於晉。

【疏證】杜注：「石楚，鄭大夫。」

襄仲如齊，拜穀之盟。

復曰：「臣聞齊將食魯之麥。【疏證】言將以來年夏侵魯也。

---

❶ 眉批：文八年傳：「且復致公婿池之封。」

❷ 「洛」，當作「伊」。下一「洛」字同。

❸ 原稿眉批：查人名。

❹ 「回遠」，原爲空格，今據原稿補。

❺ 「宜」，原作「立」，今據原稿改。

「以臣觀之，將不能。齊君之語偷。臧文仲有言曰：『民主偷，必死。』」【疏證】杜注：「偷，猶苟且。」

【經】十有八年，春，王二月，丁丑，公薨于臺下。【疏證】《讀本》：「薨于台下，言非路寢。」《魯世家》：「十八年二月，文公卒。」

秦伯罃卒。無傳。【注】賈氏云：「《穀梁傳》云『秦伯偃』。」《公羊》昭五年疏。【疏證】《公羊》昭八年「秦伯卒」，❶傳《解詁》：「據秦伯嬰稻名。」❷疏：「今此『嬰』字者誤也。文十八年『秦伯罃卒』之下，賈氏云：『《穀梁傳》云秦伯偃。』不道《公羊》曰『嬰』，知《公羊》與《左氏》同，皆作『罃』字矣。」按：賈氏於經文下例著二傳異文，今本《穀梁傳》作「罃」，乃後人以《左氏》改之，非賈氏所見之舊矣。罃、偃雙聲字。《秦本紀》：「康公立十二年卒，子共公立。」索隱：「名瑕。」

夏，五月，戊戌，齊人弒其君商人。【疏證】《年表》爲齊懿公之四年，《齊世家》同。

六月，癸酉，葬我君文公。

秋，公子遂、叔孫得臣如齊。

冬，十月，子卒。【疏證】杜注：「先君既葬，不稱君者，魯人諱弒，以未成君書之。子，在喪之稱。」惠士奇云：「杜預既葬稱君之説，至是而辭窮矣。」

夫人姜氏歸于齊。

季孫行父如齊。無傳。

莒弒其君庶其。【注】劉、賈、許、潁以爲：「君惡及國朝，則稱國以弒；君惡及國人，則稱人以弒。」《釋例》。【疏證】杜注：「稱君，君無道也。」不及書國之例。疏既引《釋例》，又云：「《釋例》既不碎辨國之與人，❸而傳云：『莒紀公多行無禮於國，太子僕因國人以弒之。』經但稱國，不稱人，知國之與人，雖言別而事同也。」壽曾謂：劉、賈、許、潁知此稱國以

❶「八」，當作「五」。
❷「稻」，原爲空格，今據原稿補。
❸「既」，原爲空格，今據原稿補。

弑者，正從傳稱「多行無禮於國」鈎得書國、書人之例。杜引於《釋例》，蓋用其說。疏以注所未具駁之，非也。宣四年傳引劉、賈諸君説，亦謂國之與人言别而事一，誤與此傳疏同。

**【傳】**十八年，春，齊侯戒師期，而有疾。**【疏證】**《讀本》：「齊於春戒師期，蓋欲食魯之麥。」

醫曰：「不及秋，將死。」

公聞之，卜，曰：「尚無及期！」**【疏證】**「卜」絶句。杜注：「尚，庶幾也，欲令先師期死。」

惠伯令龜。**【疏證】**沈欽韓云：「令龜即命龜也。《周禮》『大祭祀大卜眡高命龜』。《士喪禮》『宗人即席坐西南命龜』。按：卜法有六事：陳龜也，貞龜也，涖卜也，會龜也，眡高也，作龜也。其卜立君、卜大封事，更大於祭祀，則小宗伯命龜。故《小宗伯職》『國大貞，則奉玉帛以詔號』。鄭司農云：『大貞謂卜立君、卜大封也。』小宗伯尊於大卜。此惠伯命龜，亦因事大以卿命卜史也。賈疏云：『以大貞事大，故大卜身爲勞事。則大宗伯臨卜，其餘陳龜、貞龜，皆小宗伯爲之。』小事則大卜涖卜，卜師命龜也。」其命龜之辭，《曲禮》曰「假爾泰龜有常」。

卜楚丘占之，曰：「齊侯不及期，非疾也；君亦不聞。令龜有咎。」❶

二月，丁丑，公薨。

齊懿公之爲公子也，與邴歜之父争田，弗勝。及即位，乃掘而刖之，**【疏證】**《風俗通》：「邴歜，齊大夫。」《楚語》注亦以歜爲齊臣，與應劭説同。洪亮吉云：「《史記·齊世家》曰『與丙戎之父獵，争獲不勝』，則田乃田獵。或以爲田邑，誤。」按：洪説是也。史公約傳文，以「獵」伐「田」，❷則釋田爲獵也。《世家》又云：「及即位，斷丙戎父足。」杜注：「斷其尸足。」杜以傳言掘，故云斷尸足也。邴、丙，歜、戎，異文。《衛世家》作「邴鄙」，索隱云：「《齊世家》作『丙戎』者，蓋邴鄙掌御戎車，故號邴戎。」李富孫云：「戎、歜，一聲之轉。鄙、歜，亦形近致異。」

而使歜僕。**【注】**賈云：「僕，御也。」《齊世家》集解。**【疏證】**杜用賈説。李貽德云：「《詩·正

❶ 原稿眉批：咎，詁。

❷ 「伐」，疑當作「代」。

月》箋：『僕，將車者。』《車攻》傳：『御，御馬也。』古佐綏之人或稱僕，或稱御。《禮記・曲禮》『僕人執策』，《儀禮・既夕》『御者執策』是也。」❶

**納閻職之妻，而使職驂乘。**【疏證】《齊世家》：「庸職之妻好，公内之宫，使庸職驂乘。」索隱：「《左傳》作『閻職』，此言『庸職』。不同者，《傳》所云閻，姓；職，名也。此言『庸職』，庸非姓，蓋謂受顧織之妻，史意不同，字則異耳。」文淇案：閻、庸一聲之轉。壽曾謂：詳索隱「受顧織之妻」，則史公叙事作「庸織」，後人轉以傳文改之。《説苑・復恩》篇正作「庸織」，❷可證也。《後漢書・楊秉傳》秉奏事約此傳，「二人參乘」。參、驂異文。

**夏，五月，公游于申池。**【疏證】杜注：「齊南城西門名申門，齊城無池，唯此門左右有池，疑此則是。」案：《水經・淄水》注：「時水出齊城西南，世謂之寒泉。東北流，直申門西。京相璠、杜預並言：申門即齊城南面西第一門矣。今池無復髣髴，尚有竹木遺生。」詳酈氏引京、杜説，止辨申門所在。京氏亦未云此傳之「申池」即在申門。惠棟云：「杜氏依京相璠説，言申池在齊城南，非也。申池在海隅，齊之藪多竹木，故云納諸竹中。若近在城南，不須言歸舍爵也。」惠氏辨申池在海隅，最諦，然誤認爲京、杜同説。馬宗璉云：「此齊海濱之藪，《淮南子》可證。若襄十八年傳『焚申池之竹木』，❸當如京、杜注『申池』爲齊城門，下言『焚東郭、北郭』可證。酈元亦知焚申池之竹木非在海隅，故其《淄水》注不言北極于海。惠定宇不知申池有二，專以京、杜之説爲非，未見明晰。」按：馬説是也，其以京注爲説襄十八年之申門，尤確。杜乃誤會京説。《齊世家》：「五月，懿公游於申池。」集解：「左思《齊都賦》注：『申池，海濱齊藪也。』」此惠説所本。馬氏引《淮南子》見《地形訓》。又案：《晉書・慕容德傳》：「德以晏謨從至漢城陽景王廟，讌父老于申池，❹北登社首山，東望鼎足，因目牛山而歎曰：『古無不死！』愴然有終焉之志。遂問謨以齊之山川丘陵，賢哲舊事。」❺此尤申池在海濱之證。

---

❶「既夕」，原作「疏文」，今據原稿改。
❷「恩」，原作「思」，今據原稿改。
❸「若襄」至「可證」三十二字，原脱，今據原稿補。
❹「讌」，原作「德」，今據原稿改。
❺「哲」下，原衍「之」字，今據原稿删。

二人浴于池。歜以扑抶職。【疏證】《釋文》：「朴字宜從手。作木邊，非也。」是唐已有作「朴」之誤本。杜注：「扑，箠也。抶，擊也。」段玉裁云：「扑者，《説文》文字之變。扌即又也。擊之曰扑，因名其器曰扑。」按：《小胥》「巡舞列而撻其怠慢者」，注：「撻，猶抶也。抶以荆扑。」疏：「《左傳》『歜以扑抶職』，是抶爲撻。」據此，則抶、撻轉相訓。撻，猶擊也。「抶，擊」，《廣雅・釋詁》文。

職怒。歜曰：「人奪女妻而不怒，一抶女，庸何傷？」職曰：「與刖其父而弗能病者何如？」乃謀弑懿公，納諸竹中。【疏證】《年表》：「二人共殺公。」《齊世家》：「二人浴，戲。職曰：『斷足子！』戎曰：『奪妻者！』二人俱病此言，乃怨。謀與公游竹中，二人弑懿公車上，棄竹中而亡去。」史公謂游竹中而弑公於車，可補傳義。《後漢書・楊秉傳》：「秉奏：❶『中常侍侯覽弟參，貪殘之惡，自取禍滅，覽固知釁重，❷必有自疑之意，臣愚以爲不宜復見親近。昔懿公刑邴歜之父，奪閻職之妻，而使二人參乘，卒有竹中之難，《春秋》書之，以爲至戒。』」詳楊秉説，則古義以懿公之使二人參乘爲非，故秉引以證侯參不宜在帝側也。

舍爵而行。❸【疏證】杜注：「飲酒訖，乃去。」沈欽韓云：「告奠于廟而去也。定八年『子言辨舍爵于季子之廟而出』，與此同。杜預謂『飲酒訖』者，鄙詞也。」

齊人立公子元。【疏證】《年表》：「立桓公子惠公。」《齊世家》：「懿公之立，驕，民不附。齊人廢其子而迎公子元于衛，立之，是爲惠公。惠公，桓公子。其母衛女，曰少衛姬，避齊亂，故在衛。」

六月，葬文公。

秋，襄仲、莊叔如齊。惠公立故，且拜葬也。【注】服云：「襄仲，公子遂。」《魯世家》集解。【疏證】《魯世家》引服注次「私事襄仲」下，❹於傳文宜繫此，今移之。❺杜注：「襄仲賀惠公立，莊叔謝齊來會葬。」傳無此意。

❶「奏」，原漫漶不清，今據原稿改。
❷「重」，原脱，今據原稿補。
❸「舍」上，《春秋左傳正義》卷二十有「歸」字。
❹「魯」，原作「齊」，今據上文改。
❺「今」，原作「分」，今據原稿改。

文公二妃。敬嬴生宣公。**【疏證】**杜無注。《讀本》：「二妃，敬嬴。元妃，哀姜也。」則二妃對元妃言之。然傳無元妃、二妃對文之例。《魯世家》：「文公有二妃：長妃齊女哀姜，生子惡及視；次妃敬嬴，嬖愛，生子倭。」史公隱栝傳文。傳「敬嬴」上似有奪句。❶ 傳於此宣明惡、視所出也。

敬嬴嬖，而私事襄仲。**【疏證】**私事，謂結襄仲爲援也。此亦險辭，猶周、鄭交質，王叛王孫蘇也。《魯世家》：「倭私事襄仲。」則謂宣公與襄仲親，傳意不如此。

宣公長，而屬諸襄仲。**【疏證】**《讀本》：「私事襄仲，故襄仲奉其屬。」

襄仲欲立之，叔仲不可。**【注】**服云：「叔仲，惠伯。」《魯世家》集解。**【疏證】**杜用服説。據《世本》，惠伯名彭。《魯世家》：「襄仲欲立之，叔仲曰不可。」

仲見于齊侯而請之。齊侯新立，而欲親魯，許之。**【疏證】**《魯世家》：「襄仲請齊惠公，❷惠公新立，欲親魯，許之。」本疏：「惡是齊甥，❸齊侯許廢惡者，惡以世適嗣立，不受齊恩，宣以非分得國，荷恩必厚，齊侯新立，欲親魯爲援，故許之。」❹此得當時情事。

冬，十月，仲殺惡及視，而立宣公。**【疏證】**杜注：「視不書，賤之。」沈欽韓云：「母弟豈爲賤？」顧炎武云：「殺視及叔仲惠伯不書，亦諱之耳。」壽曾謂：惡爲嫡長，有君之道，宜書於經。經諱惡之被弑，則視亦不得書矣。顧説是也。《魯世家》：「冬十月，襄仲殺子惡及視而立倭，是爲宣公。」

書曰「子卒」，諱之也。

仲以君命召惠伯，**【疏證】**《讀本》：「詐子惡之命召惠伯。」按：子惡此時未成爲君，而言君命者，詞窮也。

其宰公冉務人止之，**【疏證】**《廣韻》「公」字

❶「傳」，原殘，今據原稿補。
❷「請」，原作「作」，今據原稿改。
❸「甥」，原爲空格，今據原稿補。
❹「許」，原作「立」，今據《春秋左傳正義》卷二十改。

下，以公冉爲複姓。

曰：「入必死。」叔仲曰：「死君命可也。」公冉務人曰：「若君命，可死；非君命，何聽？」弗聽，

乃入，殺而埋之馬矢之中。【疏證】沈欽韓云：「《説文》：『菡，❶糞也。』《韻會》云：『通作矢。』《莊子·人間世》：『夫愛馬者以筐承矢。』」杜注：「史畏襄仲，不敢書殺惠伯。」文淇案：殺惡既諱，則惠伯之死自不得書，杜説非也。

公冉務人奉其帑以奔蔡，

既而復叔仲氏。【疏證】《世本》：「桓公生僖叔牙，叔牙生武仲休，休生惠伯彭，❷彭生皮，爲叔仲氏。」

「夫人姜氏歸于齊」，大歸也。【疏證】傳例，出曰大歸。杜注：「嫌與有罪出者異，故復發傳。」《魯世家》：「哀姜歸齊。」

將行，哭而過市，曰：「天乎！仲爲不道，殺適立庶。」市人皆哭。魯人謂之哀姜。【疏證】《年表》：「襄仲殺嫡，立庶子爲宣公。」《魯世家》：「哀姜哭而過市，曰：『天乎！襄仲爲不道，殺適立庶！』市人皆哭，魯人謂之『哀姜』。由是公室卑，三桓彊。」索隱：「此『哀』非謚，蓋以哭而過市，國人哀之，謂之『哀姜』，故生稱『哀』，與上桓夫人別也。」按：上文「夫人姜氏」，杜注：「惡、視之母出姜也。」「出」亦非謚，夫人卒於齊，蓋不制謚。

莒紀公生大子僕，【疏證】杜注：「紀，號也。莒夷無謚，故有別號。」紀是地名，詳成八年疏證。今地闕。

又生季佗，愛季佗而黜僕，【疏證】《魯語》注引作「季它」。

且多行無禮於國。

僕因國人以弑紀公，以其寶玉來奔，納諸宣公。公命與之邑，曰：「今日必授！」【疏證】《讀本》：「納其寶玉，命與之邑。」《魯語》注：「授，予也。」

❶ 「菡」，原作「菌」，今據《春秋左氏傳補注》卷五改。

❷ 「休」，原脱，今據《世本》補。

季文子使司寇出諸竟，曰：「今日必達！」【疏證】朱駿聲云：「按：《説文》：『達，行不相遇也。』❶自是古訓。《書・顧命》『用克達殷』，《吴語》『寡人其達王於甬、句東』，正與此達字同放逐之意。《禮記・内則》左右達爲夾室，夾室所以相隔絶也，誼亦相近。」按：朱説是也。《魯語》：「里革遇之而更其書曰：❷『爲我流之于夷，今日必通。』」通即達義。❸注謂「疾之」，非。《讀本》：「季文子蓋矯公命。杜預云：『未見公而出之，故來不書。』恐非當日情事。」壽曾謂：傳例，崩、薨不告則不書，禍、福不告亦不書。莒未告魯以君弑，則不得書也。

公問其故。

季文子使大史克對曰：【疏證】《魯語》謂里革易公命以逐莒僕，故季文子即使里革對公也。韋注：「里革，魯太史克也。」

「先大夫臧文仲教行父事君之禮，行父奉以周旋，弗敢失隊，【疏證】《後漢書・鄭興傳》：「興東歸葬，隗囂不聽，入見囂曰：『興聞事親之道，生事之以禮，死葬之以禮，❹祭之以禮，奉以周旋，弗敢失墜。』」注：「周旋，遵奉也。《左傳》季文子語。」按：興爲《左氏》學，故引傳以對隗囂也。隊、墜異文，字當從隊。隊，古墜字。周旋，杜無注。章懷注，或是舊説。

「見有禮於其君者事之，❺如孝子之養父母也；見無禮於其君者誅之，如鷹鸇之逐鳥雀也。【疏證】杜無注。《釋鳥》：「鷹，鶆鳩。」注：「鶆，當爲『爽』字之誤耳。《左傳》作『鷞鳩』是也。」本疏引《釋鳥》「鶆」作「來」。❻昭十七年傳引樊光云：「來鳩，爽鳩也。」《月令》「季夏之月，鷹乃學習」，鄭注：「鷹學習，謂攫搏也。」「孟秋之月，鷹乃祭鳥」，鄭注：「鷹祭鳥者，將食之，示有先也。」皆説鷹逐鳥雀義。《釋鳥》又云「晨風，鸇。」注：「鷂屬。《詩》曰『鴥彼晨風』。」《晨風》疏引舍人云：「晨風一名鸇，鷙鳥也。」又引陸璣《詩疏》云：「鸇似

---

❶「遇」，原爲空格，今據原稿補。
❷「遇」，原作「過」，今據原稿改。
❸「達」，原重文，今據原稿删。
❹「死」，原脱，今據《後漢書・鄭興傳》補。
❺「見」上，《春秋左傳正義》卷二十有「曰」字。
❻「鳥」，原脱，今據原稿補。

鶌，青黄色，燕頷句喙，❶嚮風摇翅，❷乃因風飛急，疾擊鳩、鴿、燕、雀食之。」則鶌性亦鷙，故傳與鷹連言之。邵晉涵云：❸「鶌爲鷹類。」是也。《漢書・翟方進傳》：❹「奏曰：『昔季孫行父有言曰：「見有禮於其君者愛之，❺如孝子之養父母也；見不善者誅之，若鷹鸇之逐鳥雀也。」』翅翼雖傷，不避也。」蓋據傳義爲説。「翅翼雖傷不避」句乃翟氏説傳取喻之意。

「先君周公制《周禮》曰：【疏證】《讀本》：「《周禮》、《誓命》，史克引者，今無其書。」

「『則以觀德，【疏證】《魯語》注：❻「則，法也。」杜用韋説，又云：「合法則爲吉德。」

「『德以處事，

「『事以度功，

「『功以食民。』【疏證】杜注：「處，猶制也。度，量也。食，養也。」

「作《誓命》，曰：【疏證】杜注：「誓，要信也。」疏云：「此非《周禮》之文，亦無《誓命》之書。在後作《九刑》者，記其誓命之言，著於《九刑》之書耳。」按：詳下文所稱誓命，❼蓋周公刑律之書。杜注、疏説皆非。

「『毁則爲賊，掩賊爲藏。【疏證】《魯語》「臣聞之：『毁則爲賊，掩賊爲臧。』」❽注：「掩，匿也。」杜用韋説。黄生《義府》云：「藏字，杜不注。疏：『主謂藏匿罪人之名。』按：藏乃臧之誤也。古藏、贓字皆作臧，後人轉寫誤加草耳。考《國語》正作臧。掩賊爲臧，言得賊之物而隱庇其人，猶今窩主之謂，故曰『主臧之名，賴姦之用』。『盗、賊、臧、姦，俱爲凶德』，取本文讀之，其意自顯。作臧，則藏、贓二義皆具。作藏，則義不備，意不明矣。」按：黄説是也。

「『竊賄爲盗，盗器爲姦。【疏證】杜注：「賄，財也。器，國用也。」《魯語》：「竊寶者爲軌，用軌之財

---

❶「頷」，原作「鴿」，今據原稿改。

❷「嚮」，原作「響」，今據《毛詩正義》卷六改。

❸「邵」，原作「耶」；「涵」，原作「語」，今據原稿改。

❹「方」，原爲空格，今據原稿補。

❺「禮」，《漢書・翟方進傳》作「善」。

❻「注」，原脱，今據原稿補。

❼「命」，原脱，今據原稿補。

❽「賊」，原作「則」，今據《國語正義》卷四改。

爲姦。」注：「亂在内爲軌，謂以子盜父。財，賨也。」《外傳》文與《内傳》異，義則同。盜器，謂用盜之器。上賊、臧以人言，此盜、姦以物言，觀下文但舉臧與姦可明。杜注既不了晰，疏遂云：「竊人財賄謂之爲盜，盜人器用謂之爲姦。」則此二句何别？

「『主藏之名，賴姦之用，**【疏證】**杜注：「以掩賊爲名。用姦器也。」其解「主藏」是，解「賴姦」非。賴姦之用，謂恃爲姦所得之財用也，猶今律窩主分贜矣。

「『爲大凶德，有常無赦。**【疏證】**杜注：「刑有常。」

「『在九刑不忘！』**【注】**賈云：「正刑一，加之以八議。」《司刑》疏。服云：「正刑一，議刑八。小司寇以八辟麗邦灋，附刑罰：一曰議親之辟，二曰議故之辟，三曰議賢之辟，四曰議能之辟，五曰議功之辟，六曰議貴之辟，七曰議勤之辟，八曰議賓之辟。」本疏。**【疏證】**杜注：「『誓命』以下，皆《九刑》之書，《九刑》之書今亡。」不用賈、服説。惠棟云：「九刑，謂刑書九篇也。」引《周書·嘗麥解》「太史筴刑書九篇，以升授大正」，❶謂「周作九刑之事」。惠氏蓋從杜說。杜說本昭六年傳「周有亂政，而作九刑」，疏據之，謂：「此云周公作《誓命》，其事在《九刑》。」又駁服説云：「此八議者，載於《司寇》之章，周公已制之矣。後世更作，何所復加？且所議八等之人，就其所犯正刑，議其可赦以否，八者所議，其刑一也，安得謂之八刑？杜知其不可，故不解之。」壽曾謂：傳已引《誓命》，則「毀則爲賊」云云，❷皆《誓命》篇中語，不當以「九刑」爲書名。傳言「在九刑不忘」者，❸正申有常無赦之意。謂凡情罪似此者，正刑議刑皆不赦也。賈、服之義止如此，未言以四者加於八議。《周禮》於八議，明言議某之辟，辟即刑也，何得謂不得名八刑？疏駁皆非。其引昭六年周有九刑，亦不足爲此傳九刑之證。知者，《司刑》疏：「案：文十八年，史克云：『周公制禮，「則以觀德」，作《誓命》，曰「毀則爲賊，竊賄爲盜，在九刑不忘」。』言九刑者，鄭注《堯典》云：『正刑五，加之流宥、鞭、朴、贖

❶ 「授」，原作「援」，今據原稿改。
❷ 上「則」，原脱，今據原稿補。
❸ 「忘」，原作「忠」，今據原稿改。

刑，此之謂九刑者。』賈、服以正刑一，加之以八議。昭六年云『周有亂政，而作九刑』，而云周公作者，《鄭志》：『三辟之興，皆在叔世。受命之王所制法度，時不行耳，世末政衰，隨時自造刑書，不合大中，故叔向譏之。❶作刑書必重其事，故以聖人之號以神其書耳。』若然，九刑之名，是叔世所作，假言周公，其實非周公也。」據此，則昭六年傳之九刑，非周公所制，不得用以釋此傳之九刑也。本疏引服注作「正刑一，議刑八」，又云：「即引《小司寇》八議，議親、故、賢、能、功、貴、勤、賓之辟。」則服注本備列《小司寇》文，今爲補之。賈、服謂正刑者，今律所謂正條也。八議，鄭君注云：「辟，灋也。麗，附也。附，猶著也。議親之辟，鄭司農云：『若今時宗室有罪先請是也。』議故之辟，故謂舊知也。議賢之辟，賢謂有德行者。議能之辟，能謂有道藝者。議功之辟，謂有大勳力立功者。議貴之辟，鄭司農云：『若今時吏墨綬有罪先請是也。』❷議勤之辟，謂憔悴以事國。議賓之辟，謂所不臣者，三恪、二代之後歟？」❸詳先後鄭說，八議皆謂罪當減等，賈、服之義謂四者之罪不以八議減之。❹

「行父還觀莒僕，莫可則也。**【疏證】**杜注：「還，猶周旋。」❺

「孝、敬、忠、信爲吉德，盜、賊、藏、姦爲凶德。**【疏證】**蒙上文「則以觀德」言。

「夫莒僕，則其孝敬，則弒君父矣；則其忠信，則竊寶玉矣。

「其人，則盜賊也；其器，則姦兆也。**【疏證】**《釋言》：❻「兆，域也。」謂寶玉由莒來。

「保而利之，則主藏也。❼以訓則昏，民無則焉。**【疏證】**此言魯不當納莒賄。「訓」與「馴」字通，訓猶順也。《孝經》：「以順則逆。」

「不度於善，而皆在於凶德，是以去之。**【疏證】**《□□》傳：「度，居也。」《讀本》：「言不居善而行

---

❶「向」，原作「面」，今據原稿改。
❷「綬」，原爲空格，今據原稿補。
❸「恪」，原爲空格，今據原稿補。
❹原稿眉批：沈說不采。
❺原稿眉批：還，詁。
❻「言」，原爲空格，今據《爾雅》卷上補。
❼「也」，原脱，今據原稿補。

凶，不可留也。」

「昔高陽氏有才子八人，【注】先儒舊説皆以顓頊、帝嚳爲帝之身號，高陽、高辛皆國氏土地之號。高陽次少昊，高辛次高陽，堯承高辛之後。本疏。【疏證】《五帝本紀》文同。先儒舊説，即服氏説也，知者，下「少皞氏」服注：「少皞，金天氏帝號。」「帝鴻氏」服注：❶「帝鴻，黄帝。」則此當云：「高陽，顓頊也。」杜注：「高陽，帝顓頊之號。八人，其苗裔。」即用先儒舊説。疏約舉其詞，又兼引譙周《考史》，故與下服注文異也。《五帝本紀》：「帝顓頊高陽者，黄帝之孫而昌意之子也。」索隱「引宋衷云：『顓頊，名；高陽，有天下號也。』張晏云：『高陽，所興地名也。』」《紀》又云：「顓頊崩，而玄囂之孫高辛立，是爲帝嚳。帝嚳高辛者，黄帝之曾孫也。」集解：「張晏曰：『少昊以前，天下之號象其德。顓頊以來，天下之號因其名。高陽、高辛，皆其所興之地名。顓頊與嚳，皆以字爲號。上古質故也。」索隱：「宋衷曰：『高辛，地名，因以爲號。嚳，名也。』皇甫謐云：『帝嚳名夋。』」服注蓋取史公書爲説，諸家又用服氏意説史公書也。身號，即名。上古名字之稱未定，其謂嚳名夋者，廣異説耳。本説高陽、高辛，兼及少昊。高陽、高辛、堯之世次者，傳錯舉其事，不次世之先後，因表明之。更當云「少皞次黄帝」，繫高陽之上，今文佚矣。縉雲氏亦當然。洪亮吉云：「《史記》索隱引賈逵，亦以《左傳》高陽才子八人，謂其後代而稱爲子。杜取賈義。」今考索隱未引賈説，不知洪氏何所據。

「蒼舒、隤敳、檮戭、大臨、尨降、庭堅、仲容、叔達，【注】服云：「八人，禹，垂之屬也。」本疏。【疏證】洪亮吉云：「隤敳，索隱作『隤皚』，王符《潛夫論》作『隤凱』。檮戭，《古今人表》作『檮敳』。❷尨降，王符作『龍降』。」皆異文。《廣雅·釋詁》：「臨、巨，大也。」王念孫云：「《左傳》『高陽氏有才子八人』，自『庭堅』以上，皆以二字爲名。《爾雅》：『厖、洪，大也。』洪與降古同聲，大臨、尨降或皆取廣大之義與。」杜注：「此即垂、益、禹、皋陶之倫。庭堅即皋陶字。」杜於服注外增出益、皋陶二人。疏申之云：「司馬遷采帝系《世本》以爲《史

❶「服」，《史記·五帝本紀》作「賈」。
❷「敳」，原作「戭」，今據原稿改。

記》，其《夏本紀》稱禹是顓頊之孫，《秦本紀》稱皋陶是顓頊之後，伯益則皋陶之子。垂之所出，史無其文。舊説相傳，亦出顓頊，故云此即垂、益、禹、皋陶之倫也。五年傳『臧文仲聞六與蓼滅，云：「皋陶庭堅不祀忽諸」。』知庭堅、皋陶爲一人，其餘則不知誰爲禹，誰爲益。」壽曾謂：服謂垂、禹之屬，其垂、禹連言者，《書·堯典》：「帝曰：『俞。咨，垂：汝共工。』」馬融注：「爲司空，共理百工之事。」據馬説則垂、禹同掌百工之事矣。杜增益皋陶，非服説所有。《水經·洛水》注引《顯靈碑》以益爲即隤敳，其説蓋不足據。惟庭堅之文有六年傳可證。❶《古今人表》「庭堅」正作「咎繇」，班氏據彼傳改「庭堅」爲「咎繇」也。本疏又云：「《古今人表》銓量古人爲九等之次，雖知禹、益必在八愷，稷、契必在八元，不能識知其人，不得自相分配，故八元、八愷與皋陶、禹、稷並出其名，亦爲不知故也。」疏謂《人表》知八愷有禹、益，與服説異。疑舊説別有釋爲禹、益之屬者，杜但增皋陶耳。然《人表》以咎繇易庭堅，非並出其名，疏亦誤。

「齊、聖、廣、淵、明、允、篤、誠，**【疏證】**《釋言》：❷「齊，中也。」□□「聖，通也。」《詩·□□》傳：「淵，深也。」《釋詁》：「允，信也。篤，厚也。」

「天下之民謂之八愷。**【注】**賈云：「愷，和也。」《五帝本紀》集解。**【疏證】**杜用賈説。疏：「言其和於物也。愷訓爲樂，樂亦和也。」《五帝本紀》作：「世得其利，謂之八愷。」

「高辛氏有才子八人，**【疏證】**《五帝紀》文同。高辛氏已説於上。此服注當云：「高辛，帝嚳也。」杜注：「高辛，帝嚳之號，八人，亦其苗裔。」蓋用舊説。

「伯奮、仲堪、叔獻、季仲、伯虎、仲熊、叔豹、季貍，**【疏證】**洪亮吉云：「伯奮，《古今人表》作『柏奮』。伯虎，作『柏虎』。仲熊，王符作『仲雄』，《人表》作『季熊』。」皆異文。惟《人表》「季熊」下注：「師古曰：『即《左氏傳》所謂季貍也。』」則《人表》「季貍」作「季熊」，洪説誤。此傳服注無考。《説文·人部》：「偰，高辛氏之子，爲堯司徒。」當是用賈君説。偰即契。杜注：「此即稷、契、朱虎、熊羆之倫。」前「八愷」疏「《人表》雖知稷、

---

❶ 「六」，疑當作「五」。

❷ 「釋」上，原有二空格，今據原稿刪。

契必在八元」，則《左氏》舊説止稱稷、契之屬，❶其朱虎、熊羆爲杜所加，或舊説又自不同，如八愷之比也。本疏：「契後爲殷，稷後爲周。《史記》稷、契皆爲帝嚳之子，而上句注云『其苗裔』者，《史記》堯亦帝嚳之子，則稷、契，堯之親弟。以堯之聖，有大德之弟，久而不知，舜始舉用。以情而測，理必不然。且云世濟其美，必應累世，不容高辛之下即至其身。馬遷傳聞於人，未必盡得其實。」壽曾謂：疏駁《史記》者，以高陽氏才子，杜注謂「八人，其苗裔」，疑此傳亦當然。此傳杜注却不言苗裔，杜意以高辛次高陽，其子得爲舜舉耳，疏不能達杜意，乃謂稷、契非帝嚳子。考稷爲嚳子，記載無異説。《生民》疏：「《大戴禮》以堯與契俱爲嚳子，劉歆、班固、賈逵、服虔、王肅、皇甫謐等皆以爲然。」則此傳舊説以稷、契爲即高辛氏之子，杜承其説，故不復云苗裔也。但八人之中，不知誰爲稷、誰爲契矣。疏又云：「此言伯虎、仲熊，《尚書》有朱虎、熊羆。二者其字相類。《尚書》更有夔龍之徒，亦應有在元、愷內者，但更無明證，名字又殊，不知與誰爲一，故不復言之。」疏蓋釋杜朱虎、熊羆之義，但謂其字相類，則不以杜説爲諦。

「忠、肅、恭、懿、宣、慈、惠、和，**【疏證】**《釋訓》：「肅，敬也。」《釋詁》：「懿，美也。」《釋言》：「宣，徧也。」

「天下之民謂之八元。**【注】**賈云：「元，善也。」《五帝本紀》集解。**【疏證】**杜用賈説。疏：「言其善於事。❷《易·文言》曰：『元者，善之長也。』」

「此十六族也，**【疏證】**《五帝本紀》「也」作「者」。杜無注。疏：「謂之族者，以其各有親族。」《五帝紀》索隱云：「謂元、愷各有親族，故稱族也。」與疏説同。疏又引劉炫云：「各有大功，皆賜氏族，故稱族。」此劉氏《述義》語。則舊説謂有功賜族，疏説非。《古今人表》於八元、八愷外，别有禹、卨、垂、朱斨、柏譽、柏益、龍、夔。吳仁傑《兩漢刊誤補遺》云：「自禹至夔即《書》所謂九官者也。觀舜命九官之外，有殳斨、伯與、朱虎、熊羆，于殳斨、伯與加『暨』字，而朱虎、熊羆不然者，殳、斨爲二人，伯與爲一人，朱、虎、熊、羆爲四人，則殳、斨、伯與、朱、虎、熊、羆爲七人，合九官之數，而爲十六。此所謂八元、八愷

❶「説」，原作「誼」，今據原稿改。
❷「言」，原作「善」，今據《春秋左傳正義》卷二十改。

也。」可存備一說。

「世濟其美，不隕其名。【疏證】杜注：「濟，成也。隕，隊也。」《五帝紀》索隱：「言後代成前代也。」即釋杜「成」字義。《生民》傳：「后稷之母配高辛氏帝焉。」疏云：「若稷、契即是嚳子，則未嘗隔世。《左傳》之說八元，云『世濟其美』者，正以紹承父業，而稱爲世，不要歷數世也。其緯候之書及《春秋命曆序》言五帝傳世之事爲毛說者，皆所不信。❶鄭云『當堯之時，爲高辛之世妃』，謂其爲後世子孫之妃也。❷但以姜嫄爲世妃，則于《左傳》『世濟』之文復協，故《易傳》不以爲高辛之妃也。」據《詩》傳及彼疏説，則八元爲高辛氏親子。「世濟其美」蒙「十六族」爲文，則八愷亦高陽氏親子矣。杜以八愷、八元爲顓頊帝嚳苗裔，是由鄭説「高辛世妃」之説推得之，知高陽氏亦當然也。「高陽氏」下疏：「《春秋緯命曆序》顓頊傳九世，帝嚳八世。典籍散亡，無以取信。要二帝子孫，至舜時始用，必非帝之親子。」即用鄭説。服注於八愷無苗裔之文，疑從毛傳也。

「以至于堯，堯不能舉。【疏證】《五帝本紀》「不」作「未」，是史公意謂堯未及舉而已相舜也。

「舜臣堯，舉八愷，使主后土，【注】王肅云：「君治九土之宜。」《五帝本紀》集解。【疏證】《堯典》「僉曰：『伯禹作司空』」，鄭君注：「舜舉禹治水。」蓋用傳説。鄭君亦以禹在八愷中，與服注同也。杜注：「后土，地官。禹作司空，平水土，即主地之官。」用鄭説也。疏：「后，訓君也。天稱皇天，故地稱后土。」不從杜「地官」説。蓋舊疏釋王肅「九土」之詞，❸王説與杜異。九土謂九州也。《書·堯典》馬融説謂禹平水土置九州，舜分置并、幽、營也。君治九土之宜，謂度九州水土之宜而治之。

「以揆百事，莫不時序，地平天成。【疏證】《釋言》：「揆，度也。」《釋詁》：「成，平也。」「地官天成」，今僞古文《大禹謨》有此文，杜注不云逸《書》。

「舉八元，使布五教于四方，【疏證】《堯典》：「帝曰：『契，百姓不親，五品不遜，女作司徒，敬敷五

❶「所」下，原衍「以」字，今據原稿刪。
❷「爲」，原脱，今據原稿補。
❸「釋」，原作「辨」，今據原稿改。

教，在寬。』」傳言「布五教」者，布猶敷也。鄭君《書》注：「五品，父、母、兄、弟、子也。《春秋傳》曰『舉八元，使布五教』，契在八元中。」杜注：「契作司徒，五教在寬，故知契在八元。」杜用鄭説。鄭説五品謂父、母、兄、弟、子，即用下文「父義、母慈、兄友、弟共、子孝」義。五品，父、母、兄、弟、子。五教，義、慈、友、共、孝矣。《百官公卿表》：「禼作司徒，敬敷五教。」是事之大者，故舉以爲言，非是各令八人共主一事，故主土唯禹，主教唯契，❶餘當別有所主，或助而爲之。

「父義、母慈、兄友、弟共、子孝，内平外成。【疏證】已説於上。内平外成，言家治而國亦治也。杜注：「内諸夏，外夷狄。」傳無其義。

「昔帝鴻氏有不才子，【注】賈云：「帝鴻，黄帝也。不才子，其苗裔驩兜也。」《五帝本紀》集解。【疏證】杜注：「帝鴻，黄帝。」用賈説。《大荒東經》：「帝俊生帝鴻。」郭注以帝俊爲帝舜，畢沅據《帝王世紀》定爲帝嚳，與賈注皆不相應。以賈説證《山海經》，則帝俊，黄帝之父也。《五帝本紀》索隱云：「又據《左傳》，亦號帝鴻氏。」即用賈説。賈云「苗裔驩兜」者，《大玄·積》注：❷「玄孫之後稱苗裔。」杜注於「渾敦」下乃釋以驩兜。本疏云：「此傳所言説《虞書》之事。彼云四罪，謂共工、驩兜、三苗、鯀也。此傳四凶，乃謂之渾敦、窮奇、檮杌、饕餮。檢其事，以識其人。先儒盡然，更無異説，皆以行狀驗而知之也。」又《舜典》疏：「惟三苗之行，《堯典》無文。鄭玄具引《左傳》之文，乃云『命驩兜、舉共工』，則驩兜爲渾敦也，共工爲窮奇也，鯀爲檮杌也，而三苗爲饕餮亦可知。是先儒以書傳相考，是三苗爲饕餮也。」據本疏及《書》疏，則《左氏》先儒及鄭君皆以《書》之四罪當傳之四凶。

「掩義隱賊，好行凶德，醜類惡物，頑嚚不友，是與比周，【疏證】《五帝本紀》「德」作「慝」，正義：「言掩義事，陰爲賊害，而好凶惡。」俞樾云：「掩義與隱賊一律，掩猶隱也，義猶賊也。《大戴禮·千乘》篇『誘居室家，有君子曰義』，此傳『義』字正與彼同。古書『義』字有作姦邪解者，《管子·明法解》『雖有大義，主無

❶ 「教唯」，原脱，今據原稿補。

❷ 「玄積注」，原爲空格，今據原稿補。

從知之』，是大義即大姦也。王氏念孫曰：『義與俄通，俄，衺也。』」按：俞説是也。杜注：「醜，亦惡也。」沈欽韓云：「《釋草》注：『醜，類也。』言比類惡事。以醜爲惡，則此語不屬，杜解非。」《廣雅・釋詁》：❶「比，近也。」《釋文》云：「心不則德義之經爲頑，口不道忠信之言爲嚚。」蓋引僖廿四年傳文。❷杜釋於「告之頑，舍之則嚚」下，亦用彼傳文。《魯語》注：❸「周，密也。」杜用韋説。本疏：「《堯典》帝求賢人，驩兜舉共工應帝，是與共工相比。傳述渾敦之惡，云『醜類惡德，相與比周』，知渾敦是驩兜也。」

「天下之民謂之渾敦。**【注】**服虔以爲驩兜人面馬喙，渾敦亦爲獸名。本疏。大而無形曰倱伅。《一切經音義》引《通俗文》。**【疏證】**《五帝本紀》：「天下謂之渾沌。」正義：「一本云『天下之民，謂之渾沌』。」《玉篇・人部》引作「倱伅」，與《通俗文》同，則服氏本作倱伅矣。渾、倱，❹敦、沌、伅皆字之異。朱駿聲云：「驩兜即渾敦之轉音。渾與驩，敦與兜，皆雙聲。」杜注：「謂驩兜。渾敦，不開通之貌。」蓋用服氏「大而無形」義。服氏傳注，❺疏以爲據《山海經》，今本《山海經》無驩兜人面獸身之文，惟《西山經》云：「有神焉，其狀如黄囊，赤如丹穴，六足四翼，渾敦無面目，是識歌舞，實爲帝江也。」畢沅云：「江讀爲鴻，《春秋傳》曰『帝鴻有不才子，天下之民謂之渾沌』，此云帝江，猶言帝江氏子也。」案：惟《西山經》未以渾沌爲獸，畢説甚諦。《神異經》云：「崑崙西有獸焉，其狀如犬，有目而不見，有兩耳而不聞，有腹無五臟，有腸直而不旋，食物經過。人有德行而往牴觸之，有凶德則往依憑之，天使其然，名爲渾沌。」服以渾敦爲獸名。❻以下服注檮杌、饕餮皆引《神異經》，則此下亦當引彼爲説。《莊子》：「中央之帝曰渾沌，人皆有七竅，以視、聽、食、息，此獨無有。」服氏「大而無形」之説，蓋用《莊子》。

「少皞氏有不才子，**【注】**服云：「少皞，

---

❶「詁」，原爲空格，今據《廣雅》卷三補。
❷「僖廿四」，原爲二空格，今據《春秋左傳正義》卷十五補。
❸「魯」，當作「楚」。
❹「倱」，原作「沌」，今據原稿改。
❺「注」下，原稿有「説是也」三字。
❻「敦」，原作「沌」，今據原稿改。

金天氏帝號。」《五帝本紀》集解。【疏證】杜用服説，又云：「次黄帝。」當亦是服注。「高陽氏」下，先儒説明諸帝之次，今不能條析矣。疏云：「金天，國號。少皞，身號。」亦是舊説，與先儒説高陽、高辛同例也。又引譙周云：「金天氏能修太昊之法，故曰少皞也。」疏不明少昊年歷之次。《五帝本紀》：「黄帝生二子，其後皆有天下：其一曰玄囂，是爲青陽，青陽降居江水。」索隱云：「玄囂，帝嚳之祖。案：皇甫謐及宋衷皆云玄囂青陽即少昊也。今此《紀》下云『玄囂不得在帝位』，則太史公意青陽非少昊明矣。宋衷又云：『玄囂青陽是爲少昊，繼黄帝立者，而史不叙，蓋少昊金德王，非五運之次，故叙五帝不數之也。』」壽曾謂：「高陽氏」下，先儒説高陽次少昊，與史公叙世次合。《帝王世紀》：「少昊是爲玄囂，降居江水，邑于窮桑，以登帝位，都曲阜。」是少昊非不立爲帝，降居江水之後，乃登帝位矣。史公謂「不得在帝位」者，拘於五運之次耳。《律曆志》：「少昊帝：《考德》曰少昊曰清。清者，黄帝之子清陽也，是其子孫名摯立。土生金，故爲金德，天下號曰金天氏。」師古曰：「《考德》者，考五帝德之書也。」服以少昊爲金天氏，蓋取班説。昭十七年傳「吾高祖少昊摯之立也」，❶則少昊名摯。班氏謂子孫名摯，與彼傳異。以「帝鴻氏」賈注例之，此下宜云：「不才子，其苗裔共工也。」

「毀信廢忠，崇飾惡言；靖譖庸回，服讒蒐慝，以誣盛德，【注】服虔以蒐爲隱，隱慝謂陰隱爲惡也。本疏。【疏證】《五帝紀》作「毀信惡忠，崇飾惡言」。盛德，疏作「成德」，云：「成德，謂成就之德。定本『成德』爲『盛德』。」《校勘記》云：「成、盛古字通。《公羊》皆以盛爲成。」《釋詁》：「崇，充也。」《廣雅・釋詁》：❷「靖，安也。」《□□》傳：「庸，用也。」《□□》傳：「回，邪也。」《説文》「⿴衣回」云「邪也」。❸段玉裁《尚書撰異》：「靖譖庸回，即靖言庸違也。古回、違通用。」則⿴衣回亦違矣。《吕覽》高注：「服，行也。」亦□。杜訓「蒐」爲隱，用服説。《廣雅・釋詁》：「廋，隱也。」王念孫云：「《方言》：『廋，隱也。』文十八年《左傳》『服讒蒐慝』服虔注云：『蒐，隱也。』蒐與廋通。」本疏：「《堯典》帝言共工之行云『靖言庸違』，傳説窮奇之惡云『靖譖庸回』，二文正同，知窮奇是

❶「摯」，原作「挈」，今據原稿改。
❷「詁」，原爲空格，今據《廣雅》卷一補。
❸「⿴衣回」，原殘，今據原稿補。下一「⿴衣回」字同。

共工也。」

「天下之民謂之窮奇。」【注】服云：「謂共工氏也，其行窮而好奇。」《五帝本紀》集解。

【疏證】杜用服説。《周語》：「昔共工棄此道也。」注：「賈侍中云：『共工，諸侯，炎帝之後，姜姓也。顓頊氏衰，共工氏侵陵諸侯，與高辛争而王也。或云：『共工，堯時諸侯，爲高辛所滅。』昭謂：❶言爲高辛所滅，尚得爲堯諸侯？又堯時共工與此異也。」孫星衍《書疏》：「《左傳》説窮奇爲少皞氏之不才子。少皞己姓，又非一人。」壽曾説：此傳賈注雖佚，疑不謂共工在高辛時，與《外傳》注異。《五帝本紀》正義：「謂共工。言毁敗信行，惡其忠直，有惡言語，高粉飾之，故謂之窮奇。案常行終必窮極，好諂諛奇異於人也。」此蓋張守節引舊説，今佚其所出。舊説謂窮善行而毁敗之，惡言語則粉飾之，與服説小異。正義則申服説也。疏云：「行惡終必窮，故云其行窮也。」未得服意。李貽德云：「服釋渾敦、檮杌、饕餮，❷皆援獸名，此注疑已佚也。《西山經》：『邽山有獸焉，其狀如牛，蝟毛，名曰窮奇，音如獆狗，是食人。』《海内北經》云：『窮奇狀如虎，有翼，食人從首始，所食被髮，一曰從足。』」案：李説是也。❸正義又云：「《神異經》云：『西北有獸，其狀似虎，有翼能飛，便剿食人，❹知人言語，聞人鬥輒食直者，聞人忠信輒食其鼻，聞人惡逆不善輒殺獸往饋之，名曰窮奇。』案：言共工性似，故號之也。」服或采以證傳，故正義備引之。「案言共工」以下，疑是服注。

「顓頊氏有不才子，【疏證】杜無注。此服注當云：「顓頊，高陽也。不才子，其苗裔鯀也。」

「不可教訓，不知話言，告之則頑，舍之則嚚，傲很明德，以亂天常，【疏證】《小爾雅》：「話，善也。」頑、嚚義「渾敦」條已説。《讀本》：「言告以德義，不能入；置之則自造説以嚚訟。」疏云：「《堯典》言鯀行，云『咈哉，方命圮族』，傳説檮杌之罪，云告頑舍嚚，傲很明德，即是咈戾圮族之狀。且鯀是顓頊之後，知檮杌是鯀也。」

❶「昭」，原爲空格，今據原稿補。
❷「饕餮」，原脱，今據原稿補。
❸「是」，原脱，今據原稿改。
❹「剿」，原爲空格，今據原稿補。

「天下之民謂之檮杌。【注】賈逵云：「檮杌，凶頑無疇匹之貌，謂鯀也。」《五帝本紀》集解。服虔案：「《神異經》云：『檮杌，狀似虎，毫長二尺，人面虎足，猪牙，尾長丈八尺，能鬬不退。』」本疏。【疏證】洪亮吉云：「《說文》：『檮斷木也。从木𠷎聲。《春秋傳》曰檮柮。』按：《說文》無『杌』字，當以作『柮』爲是。」李富孫云：「《易》『干⿰身危⿰身兀』，《說文》作『槷⿰鬼出』，是出聲與兀聲古通。」按：李說是也。杜用賈說。李貽德云：「杌從兀，元從兀聲，頑從元聲。云『頑凶』，以同音字釋『杌』義也。檮，壽聲，疇亦壽聲，疇者，類也。云『無匹』，以同義字解『檮』字也。『檮杌』本獸名，無正訓，故賈以音義相近爲訓。」如李說，是凶頑爲檮，無疇匹爲杌。《五帝本紀》正義：「檮杌，謂鯀也。凶頑而不可教訓，不從詔令，故謂之檮杌。案：言無疇匹，言自縱恣也。」詳正義，蓋申賈注，即以凶頑當檮杌，其無疇匹乃極凶頑之情狀。李說非。正義又云：「《神異經》：『西方荒中有獸焉，其狀如虎而大，毛長二尺，人面虎足，猪口牙，尾長一丈八尺，攪亂荒中，名檮杌。一名傲很，一名難訓。』」言鯀性似，故號之也。」其引《神異經》視服引爲詳，故備列之。「言鯀性似」云云，疑是服注。

「此三族也，世濟其凶，增其惡名，以至于堯，堯不能去。【疏證】《五帝本紀》：「此三族世憂之。至于堯，未能去。」

「縉雲氏有不才子，【注】賈云：「縉雲氏，姜姓也，炎帝之苗裔，當黃帝時在縉雲之官也。」《五帝本紀》集解。服云：「夏官爲縉雲氏。」本疏。【疏證】《說文》：「縉，帛赤色也。《春秋傳》曰縉雲氏，《禮》有縉緣。」《釋文》：❶「《字書》：縉，赤繒也。」是縉雲猶赤雲矣。《五帝本紀》正義：「今括州搢雲縣，蓋其所封也。」杜注：「縉雲，黃帝時官名。」蓋用賈說。《晉語》：「炎帝爲姜。」故賈云姜姓。昭十七年傳黃帝以雲名官，夏官縉雲氏。服取彼傳爲說。此服注當及三苗之說。《堯典》釋文：「竄三苗於三危，馬融注：『三苗，國名，縉雲氏之後，爲諸侯，饕餮也。』」馬氏援此傳，蓋據服說矣。

---

❶「釋文」，疑當作「本疏」。

「貪于飲食，冒于貨賄，侵欲崇侈，不可盈厭，聚斂積實，不知紀極，不分孤寡，不恤窮匱，【疏證】杜注：「冒，亦貪也。」洪亮吉云：「《賈子·道術》篇：『厚人自薄謂之讓，反讓爲冒。』正可作此『冒』字訓解。杜注乃隨文生義耳。」按：洪説是也。《周語》：「國之將亡，其君貪冒。」注：「冒，抵冒也。」亦不讓義。《釋文》引鄭注《周禮》云：「金玉曰貨，布帛曰賄。」《淮南子注》：「實，財也。」此斥三苗之行，「渾敦」下已説。疏云：「《尚書》無三苗罪狀，既甄去三凶，自然饕餮是三苗矣。」

「天下之民以比三凶，【疏證】謂以比渾敦、窮奇、檮杌也。杜注：「非帝王子孫，故別以比三凶。」《五帝本紀》作：「天下惡之，以比三凶。」其上云：「貪于飲食，冒于貨賄，天下謂之饕餮。」正義：「此以上四處皆《左傳》文。或本有並文次相類四凶，故書之，恐本錯脱耳。」如張説，則傳當作「以比四凶」，文在「饕餮」下。

「謂之饕餮。【注】賈服云：「貪財爲饕，貪食爲餮。」本疏。服又案：「《神異經》云：『饕殄，獸名，身如羊，人面，目在腋下，食人。』」本疏。【疏證】《説文》引傳作「饕飻」。洪亮吉云：「按『飻』字本從殄省，故亦可作『餮』。《玉篇》亦云『餮』與『飻』同。」李富孫云：「飻，从殄省聲，今不省，後人加耳。」沈欽韓云：「高誘《淮南》注：『一作叨飻。』」杜注：「貪財爲饕，貪食爲餮。」疏：「此無正文，先儒賈、服等相傳爲然。」則杜正襲賈、服説。《廣雅·釋詁》：「饕餮，貪也。」王念孫云：「《説文》：『饕，貪也。』《多方》云：『有夏之民叨懫。』叨與饕同。《説文》：『飻，貪也。』引《左傳》『謂之饕餮』。案傳曰：『貪于飲食，冒于貨賄，侵欲崇侈，不可盈厭，聚斂積實，不知紀極，天下之民，謂之饕餮。』是貪財、貪食總謂之饕餮。饕、餮一聲之轉，不得分貪財爲饕，貪食爲餮也。《吕氏春秋·先識》篇云：『周鼎著饕餮，有首無身，食人未咽，害及其身。』蓋饕餮本貪食之名，故其字從食，因謂貪食無厭者爲饕餮也。僖二十四年《左傳》『狄固貪惏』，王逸《楚辭》注云『愛財曰貪，愛食曰婪』，貪惏亦愛財、愛食之通稱，❶不宜分訓也。」壽曾謂：服以饕餮爲

❶ 「貪」，原脱，今據原稿補。

獸名，則不合分訓。此特明饕餮義，文或概舉，不與杜同，今無以考。《五帝本紀》正義：「謂三苗也，言貪飲食，冒貨賄，故謂之饕餮。」此説賈、服義最明。知賈、服取傳飲食、貨賄爲説也。正義又云：「《神異經》云：『西南有人焉，身多毛，頭上戴豕，性很惡，好息，❶積財而不用，善奪人穀物。强者奪老弱者，畏群而擊單，名饕餮。』言三苗性似，故號之。」此引《神異經》與服所引詳略互相補，其所云積財，奪穀物亦貪財之證，故賈、服兼貪財、食爲説也。李貽德云：「《北山經》云：『鉤吾之山有獸焉，❷其狀如羊身人面，其目在腋下，虎齒人爪，其音如嬰兒，名曰狍鴞，是食人。』郭注：『像在夏鼎，《左傳》所謂饕餮是也。』服亦以《山海經》之狍鴞爲饕餮，故所引即狍鴞狀。」❸

**舜臣堯，賓于四門，**【疏證】「賓于四門」，《堯典》文。《書》疏云：「鄭玄以賓爲擯，謂舜爲上擯，以迎諸侯。」《五帝本紀》集解引馬融注：「四門，四方之門。諸侯群臣朝者，舜賓迎之。」杜注：「賓禮衆賢。」用馬説。孫星衍云：「四方之門者，謂明堂宫垣四方之門也。古者朝諸侯，必于明堂。《太平御覽》五百三十二引《明堂》『東應門，南庫門，西皋門，北雉門』，《周書·明堂解》及《禮記·明堂位》皆云『九夷之國，東門之外；八蠻之國，南門之外；六戎之國，西門之外；五狄之國，北門之外』，是馬氏所謂四門也。」如孫説則四門即明堂之四門。杜注：「闢四門，達四聰。」《釋文》：「聰，本亦作『窗』。」段玉裁謂《古文尚書》本作「囱」。❹考明堂制四牖八窗，杜蓋用《古文尚書》説，則孫氏謂四門爲明堂之門審矣。

**流四凶族，**【疏證】《五帝本紀》「流」上有「乃」。杜注：「按四凶之罪而流放之。」按：本疏引先儒説，以《書》之四罪當傳之四凶，已説於「帝鴻氏」下，杜此注亦用先儒説也。《淮南子·脩務訓》：「放驩兜于崇山，竄三苗于三危。」高誘注：「帝鴻之裔子渾敦，少昊之裔子窮奇，縉雲氏之裔子饕餮，三族之苗裔，故謂之三苗。」洪亮吉云：「今考《孟子》『舜流共工于幽州』，賈逵云：『窮奇，共工也。』『放驩兜于崇山』，賈逵云：『渾敦，驩兜也。』『殛鯀于羽山』，賈逵云：『檮杌，鯀。』以此傳及《孟子》證

❶「息」，原爲空格，今據原稿補。
❷「鉤」，原作「鈎」，今據原稿改。
❸「狍」，原作「狗」，今據《春秋左氏傳賈服註輯述》卷八改。
❹原稿眉批：查窗。

之，不當如高氏之説矣。然四凶獨缺饕餮，復闕西裔，❶則竄三危者當即指饕餮也。」文淇案：高注又云：「一曰放三苗國名於三危。」❷則高氏亦不定以前説爲然。❸壽曾謂：洪氏以饕餮爲三苗，用疏引先儒説。❹其不引《堯典》者，以《孟子》謂四凶流放，舜之事，與傳合也。《五帝本紀》「分北三苗」，集解引鄭注云：「流四凶者，卿爲伯、子，大夫爲男，降其位耳，猶爲國君，故以三苗爲西裔諸侯。猶爲惡，乃復分析流之。」此鄭説流四凶族義。❺四凶流、放、竄、殛不同，傳獨言流者，約省其文也。

「渾敦、窮奇、檮杌、饕餮，

「投諸四裔，【注】賈云：「四裔之地，去王城四千里。」《五帝本紀》集解。【疏證】《五帝本紀》作「遷于四裔」。《巷伯》傳：❻「投，棄也。」杜注訓「裔」爲遠。陸粲云：「《説文》：『裔，衣裾也。』徐鍇云：『裾，衣邊也，故謂之四裔。』傳中言裔夷、裔子、裔冑之類，其義皆視此。」按：陸説是也。《方言》：「裔，夷狄之總名。」《菀柳》：「居以凶矜。」箋：「居以凶危之地，謂四裔也。」疏：「文十八年《左傳》曰『投諸四裔，以禦魑魅』，是四裔之文即羽山東裔、崇山南裔、三危西裔、幽州北裔是也。」詳《詩》疏「羽山東裔」云云，《堯典》馬注、僞孔傳皆有其文。彼疏不引《書》注，或是《左氏》先儒舊説。先儒既以四凶當《堯典》之四罪，則解四裔，亦當用《堯典》文矣。江永説四裔援僞孔傳説，又云：「案：《括地志》：『故龔城在檀州燕樂縣界，❼故老傳云舜流共工幽州在此地。』今順天府密雲縣東北塞外地。崇山舊在湖廣澧州慈利縣，❽慈利在州西一百六十里。慈利西一百八十里，❾明設永定衛。今改置永定縣，屬澧州，崇山在其縣。三危詳昭元年，三苗羽山詳昭七年。」江氏不釋服注去王城四千里之説，故不顯三危羽山所在。按：三危在今甘肅安西州燉煌縣，羽

❶「復」上，《春秋左傳詁》卷九有「四裔」二字。
❷「名」，《淮南鴻列解》卷十九作「民」。
❸「氏」，原作「説」，今據原稿改。
❹「説」，原脱，今據原稿補。
❺「此」，原作「比」，今據原稿改。
❻「巷伯」，原爲空格，今據《毛詩正義》卷十二補。
❼「燕」，原爲空格，今據原稿補。
❽「澧」，原爲空格，今據原稿補。
❾「西」，原脱，今據原稿補。

山在今山東登州府蓬萊縣。胡渭《禹貢錐指》云：❶「崇山、羽山與幽州、三危皆在荒服之中。」胡氏指四者爲荒服最諦。知者，《皐陶謨》「弼成五服，至于五千」，《禹本紀》引作「輔成五服，至于五千里」。此安國古文説，與《異義》引今文歐陽、夏侯説謂中國方五千里者不同。《異義》引古文説亦云「五服旁五千里，相距萬里」。馬融注：「面五千里爲萬里。」亦是古文説。鄭君説五服云：「堯制五服，服各五百里。要服之内四千里，曰九州。其外荒服，曰四海。此禹所受。」則是五服止二千五百里，除荒服，故云四千里。仍用古文方五千里説也。又云：「《地記書》曰：『崑崙山東南五千里名曰神州者，禹弼五服之殘數，亦每服合五百里，故有萬里之界、萬國之封焉。去王城五百里曰甸服，其弼當侯服，去王城千里。其外五百里爲侯服，當甸服，去王城一千五百里。其弼當男服，去王城二千里。又其外五百里爲綏服，當采服，去王城二千五百里。其弼當衛服，去王城三千里。又其外五百里爲要服，與周蠻服相當，去王城三千五百里。四面相距爲七千里，是九州之内也。要服之弼當其夷服，去王城四千里。又其外五百里爲荒服，當鎮服。其弼當蕃服，去王城五千里，四面相距爲方萬里也。』」此鄭君以《職方氏》之九服説《禹貢》之五服。核其所説，乃是面五千里與方五千里不同者。❷鄭君注《禹貢》云：「堯之五服，服五百里耳。禹平水土之後，每服更以五百里輔之。是五服服别千里，故一面而爲差至于五千也。」此可申五服殘數，亦每服合五百里之義。今文言主禹治水前言，古文主禹治水之後言，不妨歧説也。服注「四千里」，乃「五千里」之誤矣。斯時禹未治水，而五服得有千里之遠者，四凶罪重，屏逐於極遠之區，不以時制荒服爲限也。服氏不以四裔當堯荒服，正其擇言之審。

「以禦螭魅。【注】賈、服云：「螭，山神，獸形，或曰如虎而噉虎。❸或曰魅，人面，獸身，而四足，好惑人，山林異氣所生，以爲人害。」《家宗人》疏、《五帝本紀》集解。❹【疏證】《五帝本紀》「禦」作「御」，正義：「案：御螭魅，恐更有

❶「渭」，原作「謂」，今據原稿改。
❷「面」，原爲空格，今據原稿補。
❸原稿眉批：噉，詁。
❹「家宗人」，當作「神仕」。

邪謟之人，故流放四凶以禦之也，故下云『無凶人』也。」如張説，則魅魅亦喻惡人，❶或是舊説。杜注：「使當螭魅之災。」疑未然也。李貽德云：「螭，《説文》作离，云『山神也，獸形』。《廣雅·釋天》：『山神謂之离。』《説文》引歐陽喬説：『离，猛獸也。』《書·牧誓》『如熊如羆』，《史記》引作『如財如離』，徐廣注：『離與螭同，皆离字假借。』若然，則字當作离，本不從虫。從虫者，《説文》所云『若龍而黄』者也。魅，《説文》本作鬽，云『老精物也』，或作魅。《周禮》『致地示物魅』，❷注引《春秋傳》『螭鬽魍魎』，則此傳魅亦當作鬽。《釋文》：『魅，本作鬽。』是也。」按：説文离、鬽下皆不引《春秋傳》，疑賈氏本不作离、鬽，离、鬽皆異字矣。杜注又云：「螭魅，山林異氣所生，爲人害者。」即用賈、服説。宣三年傳：「民入川澤山林，不逢不若。」賈、服據彼傳爲説也。其狀螭魅質性，它書無徵。洪亮吉云：「當亦《神異經》文。」《玉篇》：「惑，迷也。」

「是以堯崩而天下如一，同心戴舜，以爲天子，

「以其舉十六相，去四凶也。【疏證】八元、八愷謂之十六相。《讀本》：「史克稱十六族、三族俱以族氏言之，則八元、八愷、三凶及饕餮，非二十人也。先儒言禹在八愷之列，檮杌是鯀。鯀禹父子，而八愷言『世濟其美』，檮杌言『世濟其凶』，子改父行，兩者俱非世濟，傳文以族言之，知此是二十族也。」

「故《虞書》數舜之功，曰『慎徽五典，五典克從』，無違教也。【疏證】此引《堯典》文。《詩·□□》傳：「慎，誠也。」《書》釋文引馬注：「徽，善也。」《五帝本紀》：「乃使舜慎和五典。」集解引鄭注：「五典，五教也。蓋試以司徒之職。」孫星衍云：「五典五教者，《釋詁》云：『典，常也。』五常之教，❸《春秋左氏》文十八年傳云：『父義、母慈、兄友、弟恭、子孝。』又引此經云：『無違教也。』」如孫説，則鄭君取傳文以説《書》也。杜注：「此八元之功。」用傳「八元敷五教于四方」義。本疏：「『無違教也』，史克解《虞書》之意也。❹每引一事，以一句解之，故每事言曰。」

❶ 上「魅」，疑當作「螭」。
❷ 「致」，原爲空格，今據原稿補。
❸ 「常之教」，原作「帝之數」，今據原稿改。
❹ 「也」，原脱，今據原稿補。

「曰『納于百揆，百揆時序』，無廢事也。

【疏證】亦《堯典》文。孫星衍云：「《釋言》：『揆，度也。』《釋詁》：『叙，緒也。』叙與序同。按：《春秋左氏》文十八年傳云：『使主后土，以揆百事。』《説文》：『癸，冬時水土可揆度也。』鄭既以『慎徽五典』爲『試以司徒之職』，此試以司空之職。❶司空總領百事，又兼冢宰也。《後漢·百官志》注引《古史考》曰：『「舜居百揆，總領百事。」説者以百揆堯初别置，於周更名冢宰。』王氏引之云：『時叙，猶承叙也。』承叙者，承順也。」孫氏以百揆爲百事，則「無廢事」即斥百揆之政事，傳云「地平天成」是其義也。杜注：「此八愷之功。」用傳「以揆百事，莫不時序」義。

「曰『賓于四門，四門穆穆』，無凶人也。

【疏證】亦《堯典》文。《五帝本紀》：「于是四門辟，言毋凶人也。」「賓于四門」已説於上。《本紀》又云：「賓于四門，四門穆穆，諸臣遠方賓客皆敬。」馬融注以爲諸侯群臣有美德。孫星衍云：「史公以穆爲敬者，《釋訓》文。馬氏云『有美德』者，《釋詁》云：『穆穆，美也。』鄭上云試以司徒之事，則此試以司馬之事也。劉昭注《百官志》引明帝詔曰：『謁者，堯之尊官，所以試舜。』下引此經也。」如孫説，則舜兼三公官矣。堯闢四門，賓迎有美德之人，意不主屏退惡類，史克援以説流四凶族，故云「無凶人」。

「舜有大功二十而爲天子，【疏證】杜注：「舉十六相，去四凶也。」

「今行父雖未獲一吉人，去一凶矣。

「於舜之功，二十之一也，庶幾免於戾乎！」【疏證】《後漢書·李膺傳》：「應奉上書理膺曰：『昔季孫行父親逆君命，逐出莒僕，于舜之功二十之一。』」❷此東漢人稱述傳義，不以史克説爲非。本疏：「何休以爲孔子云：『蕩蕩乎堯之爲君，唯天爲大，唯堯則之。』今如《左氏》，堯在位數十年，久抑元愷而不能舉，養育凶人以爲民害而不能去，❸則孔子稱堯虚言也。《左氏》爲短。」此何氏《膏肓》之辭。鄭《箴》今不可考，疑當舉《堯典》爲説。杜注：「史克激稱以辨宣公之惑，❹釋行父之

❶「空」，原作「徒」，今據《尚書今古文注疏》卷一改。
❷「功」，原脱，今據原稿補。
❸「凶人」，原重文，今據原稿删。
❹「激」，原爲空格，今據原稿補。

志，故其言美惡有過辭，蓋事宜也。」恐鄭意不如此。

宋武氏之族道昭公子，將奉司城須以作亂。【疏證】《釋文》：「宋武氏之族，本或作『武、穆之族』者，後人取下文妄加也。道即導也。」杜注：「文公弒昭公，故武族欲因其子以作亂。司城須，文公弟。」❶按：《宋世家》：「昭公子因文公母弟須與武、穆、戴、莊、桓之族爲亂。」是其事也。惟傳稱戴、莊、桓之族皆攻武氏者，不應同於作亂之列。此史公駁文。

十二月，宋公殺母弟須及昭公子，【疏證】《宋世家》：「文公盡誅之。」

使戴、莊、桓之族攻武氏於司馬子伯之館，【疏證】杜注：「戴族，華樂也。莊族，公孫師也。桓族，向、魚、蕩、鱗也。司馬子伯，華耦也。」《讀本》：「戴族，皇、樂、華三氏。❷莊族，仲氏。桓族，向、魚、蕩、鱗四氏也。」視杜注爲核。

遂出武、穆之族。【注】賈云：「出，逐也。」《宋世家》集解。【疏證】《宋世家》：「出武、繆之族。」杜注：「穆族黨於武氏故。」《讀本》：「宋所以無武、穆、成、昭四公支裔也。」

使公孫師爲司城。【疏證】杜注：「公孫師，莊公之孫。」

公子朝卒，使樂呂爲司寇，以靖國人。【疏證】杜注：「樂呂，戴公之曾孫。」疏云：「《世本》云：『戴公生樂甫術，術生碩甫澤，澤生夷父須，須生大司寇呂。』今云曾孫，誤也。」此疏駁杜説。梁履繩云：「《禮記·檀弓下》正義引《世本》：❸『術生石甫釋，❹釋生夷父頃。』則文又不同，或傳寫之故，杜豈以命氏者爲祖，不數戴公乎？」按：《禮》疏視本疏所引，止文字小異，戴族自以戴公爲始祖，梁説非也。

❶「公」，原作「文」，今據原稿改。
❷「華」，原脱，今據原稿補。
❸「下」，原爲空格，今據原稿補。
❹「釋釋」，《左傳通釋》卷十作「願繹繹」。

# 春秋左氏傳舊注疏證

宣公【疏證】《魯世家》：「文公次妃敬嬴生子俀，是爲宣公。」集解：「徐廣曰：一作『倭』。」《謚法》：「善問周達曰宣。」

【經】元年，春，王正月，公即位。無傳。

【疏證】《年表》：「魯立宣公，不正，公室卑。」

公子遂如齊逆女。【疏證】桓三年傳「於大國則上卿送之」，故逆女亦卿行。文四年傳：「逆婦姜於齊，卿不行，非禮也。」

三月，遂以夫人婦姜至自齊。【注】服云：「古者，一禮不備，貞女不從。故《詩》云：『雖速我訟，亦不女從。』宣公既以喪娶，夫人從亦非禮，故不稱氏，見略賤之也。」本疏。【疏證】杜注：「稱婦，有姑之辭。不書氏，史闕文。」不用服說。本疏引服說，駁之云：「杜不然者，女之出嫁，事由父母。夫來取之，父母許之，豈得問禮具否？拒逆婚姻之命，從夫喪娶，父母之咎，自可罪其父母，何以貶責夫人？若其貶責夫人，當去夫人之號，❶減一氏字，復何所明？夫人之稱姜氏，猶遂之稱公子也。舍遂之族而去子稱公可乎？亦知遂不可去子稱公，夫人復安可以去氏稱姜也？逆婦姜于齊，以卿不行，變文略賤。此經貶遂不稱公子，以成夫人之尊，非略賤之事也。《詩》責彊暴之男，行不由禮，陳其爭訟之辭，述其守貞之意，此豈是宣公淫掠，而欲令齊女守貞乎！」壽曾謂：疏駁服說，謂《詩》責彊暴之男，用《毛詩·行露》序意。《韓詩外傳·曾子仕》篇：「夫《行露》之人許嫁矣，然而未往也。見一物不具，一禮不備，守節貞理，守死不往。君子以爲得婦道之宜，故舉而傳之，揚而歌之，以絶無道之求，防汙道之行乎。《詩》曰：『雖速我訟，亦不爾從。』」《列女傳·貞順》：「召南申女者，申人之女也。既許嫁于鄰，夫家禮

❶「去」，原作「有」，今據原稿改。

不備而欲迎之，女不肯往。夫家訟于理，致之於獄。終以一物不具、一禮不備，守節持義，必死不往，而作詩曰：『雖速我獄，室家不足。』」劉向傳《魯詩》，則服所據《三家詩》魯、韓説也。魯、韓詩不謂責彊暴，何得謂宣公淫掠，齊女守貞？古者婚姻之道，父母主之，其禮則女當守之。宣公喪娶，其爲不備禮大矣，不得以貶責夫人爲過也。文四年經「逆婦姜於齊」，據傳譏貴聘賤逆，則亦譏哀姜不待備禮而行。疏謂「變文略賤」是也。知哀姜之變文略賤，則此經婦姜非闕文可知。經書夫人，謂與書公子同例，則可謂「夫人之稱姜氏，猶遂之稱公子」，則文例初不相近。疏駁皆非。《公羊傳》：「夫人何以不稱姜氏？貶。曷爲貶？譏喪娶也。喪娶者公也，則曷爲貶夫人？內無貶於公之道也。❶內無貶於公之道，則曷爲貶夫人？夫人與公一體也。」《穀梁傳》：「其不言氏，喪未畢，故略之。」二傳皆以去「氏」爲貶文。本疏引二傳，謂先儒取以爲説，則《左氏》古義如此，不止服氏一人之説矣。沈欽韓云：「婦姜是魯史之常稱，猶言王姬，不稱王姬氏也。」沈不取杜闕文之説，亦不取服説。按：夫人姜氏，乃是魯史常稱。去氏稱姜，去姜稱氏，賈、服等皆以爲書法。詳莊公□年疏證。

夏，季孫行父如齊。

晉放其大夫胥甲于衛。**【疏證】**五十凡放例佚。襄二十九年傳：「齊公孫蠆、公孫竈放其大夫高止於北燕。書曰『出奔』，罪高止也。」是書放、書出奔有異。本疏：❷「放者，緣遺者之意爲義；奔者，指去國之人立文。」

公會齊侯于平州。**【疏證】**杜注：「齊地。」沈欽韓云：「《一統志》：『平州城在泰安府萊蕪縣西。』」

公子遂如齊。

六月，齊人取濟西田。**【疏證】**《年表》：「齊惠公元年，取魯濟西之田。」僖三十一年經「取濟西田」，傳「分曹地也」，蓋魯得於晉者，今以賂齊。

秋，邾子來朝。

楚子、鄭人侵陳，遂侵宋。晉趙盾率師救陳。**【注】**服云：「趙盾既救陳而楚師侵

❶「道」，原作「過」，今據原稿改。下一「道」字同。

❷「本疏」至「立文」二十字，原脱，今據原稿補。

宋，趙盾欲救宋而楚師解去。」本疏。【疏證】《年表》：「楚莊王六年，❶伐宋、陳，以倍我服晉故。鄭穆公二十年，與楚侵陳，遂侵宋。宋文公三年，楚、鄭伐我，以我倍楚故也。晉靈公十三年，趙盾救陳、宋。」史公兼采經傳爲説。服氏以經但書晉救陳，故明救宋不及事。杜注：「傳言救陳、宋，經無宋字，蓋缺。」杜不用服説。本疏引服注，駁之云：「按經、傳皆言侵陳，遂侵宋。陳在宋南，是先侵陳，去陳乃侵宋也。若趙盾越宋而南救陳，猶及楚師，北迴救宋，安得不及楚也？若言欲救宋而楚師解去，則救陳之時，楚師已向宋矣，何以書救陳也？蓋以陳既被侵，方始告晉，晉人起師救陳，楚又移師侵宋。晉師北至于鄭，❷楚師既已去矣，故諸國會于棐林，同共伐鄭。棐林，鄭地。明晉始至鄭，不得與楚相遇，故竟無戰事。言救陳、宋者，皆是致其意耳。」李貽德云：「案：傳言『晉趙盾率師救陳、宋』，而經但書『救陳』，知楚師已去宋，晉師但及陳，未及宋也。正義譏之，非是。」案：李説是也。陳雖在宋南，然經文明云楚、鄭侵陳，❸遂侵宋，則越宋而侵陳矣。晉師救陳，當後於楚、鄭之師。楚、鄭北回侵宋，又先於晉師，宜其不及。經書兵事，皆從各國來告，救宋之役，宋以晉不及事，不以告，故不書於經。疏謂「救陳、宋，皆是致其意」，非也。

宋公、陳侯、衛侯、曹伯會晉師于棐林，伐鄭。【疏證】《公羊》「棐」曰「斐」。《年表》：「鄭穆公二十年，晉使趙盾伐我，以倍晉故。」沈欽韓云：「《一統志》：『棐城在鄭州東南。』《方輿紀要》：『林鄉城在開封府新鄭縣東二十五里。』」

冬，晉趙穿帥師侵崇。【疏證】《釋文》：「崇，本亦作『崈』。」李富孫云：「崈、崇字同。《漢・地理志》師古注：『崈，古崇字。』」《公羊》「崇」曰「柳」。臧壽恭云：「崇訓聚，柳亦訓聚，古以諧聲爲訓詁。是崇與柳音義皆同。」杜注：「崇，秦之與國。」❹沈欽韓云：「《詩地理考》：『《通典》崇國在京兆府鄠縣，《帝王世紀》鯀封崇伯，國在豐、鎬之間，周有崇國，晉趙穿侵崇。』」江永云：「今按：殷之崇侯虎國在今陝西西安府鄠縣東，雖已滅，後又

❶「楚」，原脱，今據《史記・十二諸侯年表》補。
❷「北」，《春秋左傳正義》卷二十一作「比」。
❸「經」，原作「汪」，今據原稿改。
❹「國」下，原衍「之與」，今據原稿删。

別封崇國也。」❶

晉人、宋人伐鄭。

【傳】元年，春，王正月，公子遂如齊逆女。尊君命也。

三月，遂以夫人婦姜至自齊。尊夫人也。【疏證】成十四年傳：「宣伯如齊逆女，稱族，尊君命也。僑如以夫人至，❷舍族，尊夫人也。」與此傳説同。杜注云：「公子，當時之寵號，非族也，故傳不言舍族。」蓋依彼傳爲説。傳之重發例者，亦以公子非族之比。

夏，季文子如齊，納賂以請會。【疏證】杜注：「宣公簒立，未列於會，故以賂請之。」壽曾謂：賂即斥濟西田。

晉人討不用命者，放胥甲父於衛，【疏證】文十二年河曲之戰也。本疏：「按彼傳，胥甲與趙穿同罪，放胥甲而舍趙穿者，於時趙盾爲政，穿見晉君之壻，❸或本罪輕于胥甲，故得無罪。」《讀本》：「不討趙穿者，十七年穿質于鄭，當以是免。」壽曾謂：胥甲時將下軍，趙穿未有軍行也。

而立胥克。先辛奔齊。【疏證】杜注：「克，甲之子。辛，甲之屬大夫。」❹

會于平州，以定公位。【疏證】杜注：「簒立者，諸侯既與之會，則不得復討。臣子殺之，與弒君同。故公與齊會而位定。」沈欽韓云：「此非傳意也。春秋時習見簒弒之禍，敵國以上，莫不棄已死之舊交而貪建樹之私恩。于是覬覦之徒，以爲與于會盟，已結鄰援，國人亦斂怨降心，莫可誰何。此隣國之罪也，與之會盟者有罪矣。簒竊之君，❺豈謂罪惡便可除乎？時無討惡之人，儼然目之曰公、曰侯，則經亦不能不書之曰公與侯也。非獨經多微辭也，左氏身爲魯史，記魯之事，亦不能不隱情以避禍。如宣公此事，豈教人爲惡而開以避罪之方哉？其深痛而概責之可見矣。曹伯負芻之執，晉之討也緩，遂令曹

❶ 眉批：查《詩》「既伐於崇」。
❷ 「僑」，原爲空格，今據原稿補。
❸ 「見」，原爲空格，今據原稿補。
❹ 眉批：先辛，查釋人。
❺ 「簒」，原作「纂」，今據《春秋左氏傳補注》卷五改。

人得藉口以乞哀，杜預執彼權辭，❶便成義例，其蔑經而誣傳多矣。」

東門襄仲如齊拜成。

六月，齊人取濟西之田，爲立公故，以賂齊也。

宋人之弒昭公也，【疏證】文十六年經「宋人弒其君杵臼」，傳「文公即位」。

晉荀林父以諸侯之師伐宋，【疏證】文十七年經：「春，晉人、衛人、陳人、鄭人伐宋。」

宋及晉平，宋文公受盟于晉。【疏證】文十七年經不書宋文公受盟之事，傳云「猶立文公而還」，即此傳受盟之事也。

又會諸侯于扈，將爲魯討齊，皆取賂而還。【疏證】本疏：「取賂而還，書本或云『取齊賂而還』。檢勘古本及杜注意，並無『齊』字。」是別本有「齊」無「皆」也。文十七年六月，「諸侯會于扈」，傳「遂復合諸侯于扈，❷平宋也」。杜彼傳注云：❸「傳不列諸國而言復合，則如上十五年會扈之諸侯可知也。」故此傳注云：「文十五年、十七年，二扈之盟，皆受賂。」本疏：「杜以傳言『皆取賂而還』，必有二事，乃得稱皆，故指二扈之盟以充皆義。劉炫云：『案傳數晉罪，近發宋弒昭公前扈之盟，❹文所不及，何當虛指其事？言皆取賂，故謂宋及晉平，❺取宋賂，爲魯討齊，取齊賂也。』案十七年會于扈，尋檢經、傳，全無爲魯討齊之事，豈得違背經、傳妄指十七年乎？劉炫以傳文先後顛倒而規杜，非也。」邵瑛以炫説爲是，然引文十五年齊人賂晉侯之事，則炫所謂「前扈之盟，文所不及」也。壽曾謂：晉取宋賂，及爲魯討齊，取齊賂，皆文十七年事，彼傳皆不載，傳中多有旁出補叙之文，此類是也。炫謂傳文顛倒，非。

鄭穆公曰：「晉不足與也。」遂受盟于楚。【疏證】文十七年傳，伐宋之役有鄭石楚。

陳共公之卒，楚人不禮焉。【疏證】文十

❶「權」，原爲空格，今據《春秋左氏傳補注》卷五補。
❷「傳」，原作「討」，今據原稿改。
❸「云」，原脱，今據原稿補。
❹「近」，原爲空格，今據原稿補。
❺「故」，原作「炫」，今據《春秋左傳正義》卷二十一改。

三年經：「夏，五月，壬午，陳侯朔卒。」不禮謂會喪、會葬。

陳靈公受盟于晉。**【疏證】**文十四經：「夏，六月，公會宋公、陳侯、衛侯、鄭伯、許男、曹伯、晉趙盾。癸酉，同盟于新城。」是其事也。

秋，楚子侵陳，遂侵宋。

晉趙盾帥師救陳、宋。會于棐林，以伐鄭也。

楚蔿賈救鄭，過于北林。**【注】**服云：「北林，鄭南地也。」《水經·渠水》注。**【疏證】**杜注：「滎陽中牟縣西南有林亭，在鄭北。」不用服「鄭南」之說。《水經·渠水》注引服說，又云：「京相璠曰：『今滎陽苑陵縣有故林鄉，在新鄭北，故曰北林也。』」余案：林鄉故城在新鄭東北如北七十許里，苑陵故城在東南五十許里，不得在新鄭北也。考京、服之說並爲疏矣。林亭，今南去新鄭縣故城四十許里，蓋以南有林鄉亭故址，杜預據是爲北林，最爲密矣。」❶江永、沈欽韓皆從酈說。《春秋輿圖》：「北林在河南開封府中牟縣西南。」❷

囚晉解揚，晉人乃還。**【疏證】**杜注：「解揚，晉大夫。」

晉欲求成於秦，

趙穿曰：「我侵崇，秦急崇，必救之。**【疏證】**《釋文》：「『秦急崇』絶句，本或作『崇急，秦必救之』，是後人改耳。」

「吾以求成焉。」冬，趙穿侵崇，秦弗與成。**【疏證】**《讀本》：「秦知穿謀，故但救崇而不與晉成。」

晉人伐鄭，以報北林之役。❸

於是晉侯侈，趙宣子爲政，驟諫而不入，故不競於楚。**【疏證】**《將仲子》疏引哀十二年傳「吳公子慶忌驟諫」，服注：「驟，數也。」❹《□□》傳：「競，强也。」

❶「密」，原漫漶不清，今據原稿補。

❷眉批：當查師行之道定之乃可。

❸眉批：查《釋文》。

❹原稿眉批：服注當入哀十二年傳。

【經】二年，春，王二月，壬子，宋華元帥師及鄭公子歸生帥師，戰於大棘。宋師敗績，獲宋華元。【疏證】《年表》：「鄭穆公二十一年，❶與宋師戰，獲華元。」《呂覽·察微》篇「鄭公子歸生率師伐宋，宋華元率師應之大棘」，注：「大棘，宋邑，今陳留襄邑南大棘是也。」高氏以大棘爲宋邑，當是舊說。《郡國志》：「陳留己吾縣有大棘鄉。」則此經大棘，❷漢人有襄邑、己吾二説。顧棟高云：「今河南歸德府睢州西曲棘里有棘城。又寧陵縣西南七里有大棘城，亦與睢相近。」江永云：「今按：曲棘與大棘當是二地，《史記·梁孝王世家》正義引《括地志》『大棘在甯陵縣西南七十里』，非七里。」按：江説是也。經稱大棘，則曲棘非蒙大棘而稱，當依《漢志》。《方輿紀要》：「大棘城在歸德府甯陵縣西南七十里。」《水經注》引《陳留風俗傳》曰：❸「大棘鄉，故安平縣也，其地爲楚莊所并。」此疑即《漢志》己吾之大棘，但陳留無安平縣，俟考。❹

秦師伐晉。

夏，晉人、宋人、衛人、陳人侵鄭。

秋，九月，乙丑，晉趙盾弑其君夷皋。【疏證】皋，《公羊》曰「獋」。《年表》：「晉靈公十四年，❺趙穿殺靈公。」

冬，十月，乙亥，天王崩。無傳。【疏證】《年表》：「周匡王六年，匡王崩。」

【傳】二年，春，鄭公子歸生受命于楚伐宋，【疏證】《釋文》無「受」字，云：「本或作『命于楚』。」非也。臧琳云：「傳本無『受』字，故注云『受楚命』。若傳本作『受命于楚』，則文義已明，杜可無庸注矣。」洪亮吉云：「今按杜注，不當有『受』字。」按：《宋世家》：「文公四年春，鄭命楚伐宋。」亦無「受」字，與《釋文》合。可證臧、洪説「命楚」猶言「命于楚」也。阮氏《校勘記》云：「《呂覽·察微》篇引作『受命于楚』。」

宋華元、樂呂御之。【疏證】杜注：「樂呂，

❶「一」，原脱，今據《史記·十二諸侯年表》補。
❷「此」，原作「比」，今據原稿改。
❸「傳」，原漫漶不清，今據原稿補。
❹原稿眉批：陳留，歸德睢州。己吾，寧陵。安平，直隸深州。
❺「四」，原作「五」，今據《史記·十二諸侯年表》改。

司寇。」御，猶禦也。《宋世家》：「宋使華元將。」

二月，壬子，戰於大棘，宋師敗績，囚華元，獲樂吕，【疏證】《宋世家》：「鄭敗宋，囚華元。」杜注：「樂吕獲不書，非元帥也。獲，生死通名。經言獲華元，故傳特護之曰囚，以明其生獲，故得見贖而還。」壽曾謂：囚、獲對異散通，❶傳以經不書樂吕之獲，故不云獲華元、樂吕，特異其詞。杜又云：「樂吕獲不書，非元帥也。」

及甲車四百六十乘，俘二百五十人，馘百人。【疏證】《釋文》：「馘百人，或『馘百者』，『人』，衍字。」甲車，杜無注。武億云：「下文『宋人以兵車百乘』，案：《淮南子》高氏注：『馬被甲，車被兵，所以衝於敵城也。』❷故稱甲車。證兵車爲一。」

狂狡輅鄭人，【注】輅，迎也。僖十五年疏。【疏證】杜注：「狂狡，宋大夫。輅，迎也。」杜釋「輅」用服説。服蓋讀輅爲「以迓田祖」之迓。《讀本》：「輅鄭人，謂以戟迎擊鄭人。」❸

鄭人入於井。

倒戟而出之，獲狂狡。【疏證】杜無注。邵寶云：「倒戟猶倒戈也。坐此遲緩，反爲鄭人所獲。」《讀本》：「鄭人入井，狡乃倒授戟柄接出之，而鄭人反獲狂狡。」沈欽韓云：「《吴子·圖國》篇：『長戟二丈四尺，短戟一丈二尺。』」沈引此者，明戟長可接人於井。《御覽》三百三十九引《邯鄲五經析疑》駁云：「矢絶於弦，不可追止，戟執在手，制之在人。」此當此是疑傳文，❹狂狡執戟，不當被獲，其義今無考。

君子曰：「失禮違命，宜其爲禽也，【注】鄭康成云：「狂狡臨敵拘于小仁，忘在軍之禮，譏之，義合於讖。」《大明》疏引《箴膏肓》。【疏證】《釋文》：「一本作『宜其禽也』。」杜無注。禮即下文「果毅」也。命，君命也。《大明》疏引此傳文，又云：「何休以爲狂狡近於古道。」蓋《膏肓》之辭。下引鄭《箴》，鄭用傳義駁何。小仁，煦煦之仁也。狂狡之仁，與宋襄公

❶「散」，原爲空格，今據原稿補。
❷「衝」，原作「衛」，今據原稿改。
❸ 原稿眉批：輅，查説。
❹ 下「此」，疑衍。

同。其謂「義合於讖」者，彼疏引《雒師謀》説太公受兵鈐之法云：「『踐爾兵革審權矩，應詐縱謀出無孔。』注云：『當親行汝兵革，審其權謀之法，應敵之變詐，縱己之謀，所謂出無常道。』」鄭意謂傳讖狂狡不知行兵權謀。

「戎，昭果毅以聽之之謂禮，

【疏證】杜注：「聽，謂常存於耳，著於心，想聞其政令。」惠棟云：「《大戴禮》論四代之政刑云：『祭祀昭有神明，燕食昭有慈愛，宗廟之事昭有義率禮，朝廷昭有五官無廢，甲冑之戒昭果毅以聽。』戒當作戎，然則『戎』爲句，『昭果毅以聽』，古語也。下四句，乃左氏益之耳，杜注殊不的。」按：惠説是也。本疏：「昭，明也。」《讀本》：「戎事當昭明果毅之命，而以聽從上令爲禮。」亦用《大戴記》爲説。《晉書·劉琨傳》：「琨上書曰：『臣聞晉文以郤轂爲元帥而定霸功，高祖以韓信爲大將而成王業，咸有敦詩閱禮之德，戎昭果毅之威。』」失其句讀，由杜注不分明耳。

「殺敵爲果，致果爲毅。易之，戮也。」

【疏證】《釋詁》：「奢、犯、果、毅，勝也。」郭注：「陵犯、夸奢、果毅，皆得勝也。《左傳》曰『殺敵爲果』。」蓋謂果、毅皆訓勝，然在傳文有別。《皋陶謨》「强而毅」疏：❶「宣二年《左傳》『致果爲毅』，謂能致果毅殺敵之心，❷是謂强毅也。」此釋「致果」之義。本疏：「能殺敵人是名爲果，致此果敢乃名爲毅。」與《書》疏義同。杜注：「易，改易。」❸《讀本》：「狂狡不殺敵，不致果，是改易軍禮、軍命。」沈欽韓云：「《司馬法·定爵》篇：『居國惠以信，在軍廣以武，刃上果以敏。居國和，在軍法，刃上察。』」沈引此者，明居國、在軍不同，改之則爲戮。

將戰，華元殺羊食士，其御羊斟不與。❹

【疏證】杜此不釋「羊斟」。下文「叔牂」下注：「叔牂，羊斟也。」用鄭衆説。《呂覽·察微》篇：「將戰，華元殺羊饗士，羊斟不與焉。」注：「與，及也。」以羊斟爲人姓名，此鄭、賈、服説所出。《淮南·繆稱訓》「羊羹不斟而宋國危」，此斟非人名。注：「宋將華元與鄭戰，殺羊食士，不及其御。」亦止引傳説，不説「斟」字義。《張儀列傳》「厨人進斟」索隱：「斟，謂羹勺，故因名羹曰斟，故《左氏》『羊羹不斟』是

❶「强」，《尚書正義》卷四作「擾」。
❷「毅」，《尚書正義》卷四作「敢」。
❸「改」，《春秋左傳正義》卷二十一作「反」。
❹「斟」，原作「勘」，今據原稿改。

也。」文淇案：《小司馬》殆因《淮南》語，誤屬《左氏》也。壽曾謂：《淮南》蓋采裨説，故不與傳文合。《宋世家》：「華元之將戰，殺羊以食士，其御羊羹不及，故怨。」史公不顯羊斟姓名，❶故竄易傳文耳。《年表》亦云「華元以羊羹故陷於鄭」耳。錢大昕云：❷「《淮南》云『羊羹不斟』，則斟爲斟酌之義。當以『羊』爲其御之名，『斟不與』三字爲句。」張文虎《舒藝室隨筆》用其説，❸謂斟爲分羹之器，後文兩「羊斟」，「斟」皆後人妄加。❹按：錢、張説與《左氏》舊注違，今不取。

及戰，曰：「疇昔之羊，子爲政；今日之事，我爲政。」【疏證】《檀弓》「疇昔之夜」，鄭注：「疇昔，猶前日也。」杜注用鄭説。《吕覽·察微》篇：「明日戰，怒謂華元曰：『昨日之事，子爲制；今日之事，我爲制。』」注：「今日之事，御事也。」洪亮吉云：「按：『政』作『制』，蓋因秦始皇名政而改也。」

與入鄭師，故敗。【疏證】《淮南·繆稱訓》注：「及戰，御馳馬入鄭軍，華元以獲也。」《宋世家》云：「馳入鄭軍，故宋師敗，得囚華元。」下文「非馬也」，鄭衆注：「謂羊斟趨入鄭也。」❺皆用《淮南》説。《御覽》七百五十八引李尤《羹魁銘》曰：「羊羹不徧，駟馬長驅。」

君子謂：「羊斟，非人也，以其私憾，敗國殄民，刑孰大焉。《詩》所謂『人之無良』者，其羊斟之謂乎！殘民以逞。」【疏證】《釋文》：「憾，本亦作『感』。」杜注：「憾，恨也。殄，盡也。」「人之無良」，《小雅·角弓》文，「人」作「民」，箋：「良，善也。」杜又云：「《詩·小雅》。義取不良之人，相怨以亡。」❻壽曾謂：此引《詩》斷章，以譏羊斟之挾私病國，不關《詩》刺骨肉相怨義。殘，猶殄也。《讀本》：「謂敗大軍而逞小恨。」《吕覽·察微》篇：「夫弩機差以米則不發。戰，大機也。饗士而忘其御也，將以此敗而爲虜，豈不宜哉！」蓋專責華元之不能治兵，雖與傳意不蒙，或是古説。

宋人以兵車百乘、文馬百駟以贖華元

---

❶「顯」，原爲空格，今據原稿補。
❷「大昕」，原爲空格，今據《十駕齋養新録》卷二補。
❸「舒藝室」，原爲空格，今據原稿補。
❹「斟」，原脱，今據原稿補。
❺「趨」，《春秋左傳正義》卷二十一作「驅」。
❻「相」，原作「樹」，今據原稿改。

於鄭。【注】賈云：「文，貍文也。」王肅云：「文馬，畫馬也。」《宋世家》集解。【疏證】《説文》：「馼，馬赤鬣縞身，目若黄金，吉皇之乘，周成王時犬戎獻之。從馬從文，文亦聲。《春秋傳》曰『媽馬百駟』，畫馬也。西伯獻紂，以全其身。」許君稱《春秋傳》，則賈氏本作「媽馬」矣。惠棟云：「《周書・王會》『犬戎馼馬』，此馬當畫赤鬣縞身之形，❶非真吉黄之乘也。」然玩賈注不謂畫馬。沈欽韓云：「按：《周本紀》：『求驪戎之文馬。』《尚書大傳》：『散宜生之犬戎氏，取美馬，駁身、朱鬣、雞目者。』若是，則借畫爲文，則不須遠求。」洪亮吉云：「叔重既言馼馬赤鬣縞身，目若黄金，又云畫馬也，則意亦言馬之文采似畫耳。」沈、洪二説頗疑許君説馼馬前後不相承，沈説尤辨。段玉裁云：「許引《春秋傳》當作『文馬』，此言《春秋傳》之文馬，非《周書》之媽馬也，恐人惑，故辨之。」又云：「自《春秋傳》以下，恐皆非許語。」按：段氏後一説是也。知然者，賈君既以「貍文」訓文，是謂馬之文采似貍。丘光庭云：「文馬，馬之毛色有文采者。」蓋從賈説。李貽德云：「《禮記・檀弓》『貍首之斑然』，《三國志・管輅傳》『雖有文章，蔚而不明，非虎非雉，其名曰貍』，是貍，獸之有文章者。」李以文章釋貍，亦得賈君義。許君朱鬣縞身金目之説，亦謂馬有文章，正用師説。王肅訓「文馬」爲「畫馬」，杜注亦同。《説文》「《春秋傳》曰」以下乃後人取王、杜説竄入之，而不知與賈、許義違也。《宋世家》：「宋以兵車百乘、文馬四百匹贖華元。」

半入，華元逃歸，立於門外，告而入。

【疏證】《宋世家》：「未盡入，華元亡歸宋。」《讀本》：「鄭得賂而緩華元之囚，元因逃歸。」杜注：「告宋城門而後入。」❷

見叔牂，曰：「子之馬然也？」對曰：「非馬也，其人也。」既合而來奔。【注】賈逵云：「叔牂，宋守門大夫，華元既見叔牂，牂謂華元曰：『子見獲于鄭者，是由子之馬使然也。』華元對曰：『非馬自奔也，其人爲之也。』謂羊斟驅入鄭也。奔，走也。謂宋人

❶「鬣」，原漫漶不清，今據原稿補。

❷眉批：查軍敗入國門之禮。

贖我之事既和合，而我即來奔耳。」鄭衆云：「叔牂，即羊斟也。在先得歸，華元見叔牂，牂即誣之曰：『奔入鄭軍者，子之馬然也，非我也。』華元曰：『非馬也，其人也。』言是汝驅之耳。叔牂既與華元合語，而即來奔魯。」又一說：「叔牂，宋人，見宋以馬贖華元，謂元以贖得歸，謂元曰：『子之得來，當以馬贖故然。』華元曰：『非馬也，其人也。』言己不由馬贖，自以人事來耳。贖事既合，而我即來奔。」本疏。【疏證】杜注：「叔牂，羊斟也。卑賤得先歸，華元見而慰之。叔牂知前言已顯，故不敢讓罪。叔牂言畢，遂奔魯。合，猶答也。」杜蓋以「子之馬然」爲華元之言，「非馬，其人」爲羊斟之言，於三説皆不取。本疏云：「服虔載三説，皆以『子之馬然』爲叔牂之語，『對曰』以下爲華元之辭。」下備引三説，又云：「杜以傳文見叔牂而即言『曰』，則『曰』下皆當爲華元之語，不得謂叔牂之辭。且以華元與賤人交語而稱『對曰』，謂歸國而曰『來奔』，皆於文不順。又羊斟與叔牂當是名字相配，故不從三家而別爲之説，采鄭氏來奔爲奔魯耳。」按：叔牂即羊斟，杜用先鄭説，不得謂止取奔魯之文。洪亮吉云：「以叔牂爲羊斟，始於鄭衆，而杜用之。又無別據，第云羊斟與叔牂當是名字相配。今考『羊』當是氏，無緣作字與氏相配。又羊斟既明言『今日之事，我爲政』，則不得更以『子之馬然』面誣華元。鄭衆之説非也。斟前既有言，則元亦不必反爲飾詞。杜説亦非。賈逵以叔牂爲宋守門大夫，其義最確。服虔載或一説，亦云『叔牂，宋人』，與賈注合也。又按：《淮南·繆稱訓》『羊羹不斟而宋國危』，是斟又訓『斟酌』之斟。『其御羊斟不與』，謂御不與食羊羹也。高誘亦不以羊斟爲人姓名，得之。」文淇案：洪説誤矣。《左傳》明言羊斟非人，又言羊斟之謂，則固以羊斟爲人姓名矣。壽曾謂：此傳先儒異説，當並存古義。洪氏專主先鄭，非也。本疏謂服虔載三説，而不引服注，則服於此傳亦第采先儒説，未下己意可知。又案：服注體例，今無可考。玩此條備舉三説，❶則《解誼》多仰述先儒，亦如鄭氏注《周禮》引先鄭、杜子春也。

宋城，華元爲植，巡功。【注】舊注：

❶「玩」，原作「按」，今據原稿改。

「植，主巡行城也。」《御覽》八百九十八。【疏證】杜注：「植，將主也。」《御覽》三百五十五引注與杜注同，八百九十八引注文異，今定爲舊注。《大司馬》「屬其植」注：「鄭司農云：『植，謂部曲將吏。故「宋城，華元爲植，巡功」。屬，謂聚會之也。』玄謂植，築城楨也。❶屬，賦丈尺與其用人數。」疏：「案：宣二年《左氏傳》云：『宋城，華元爲植，巡功。』注：『植，將主也。』先鄭云：『植，謂部曲將吏。屬，謂聚會之。』後鄭不從。案昭三十二年，『晉士彌牟營成周，❷計丈數，揣高卑，度厚薄，仞溝洫』。又云：『以令役於諸侯，屬役賦丈尺。』宣十一年，計慮用人之數。以此知屬謂賦丈尺與人數也。」彼疏主後鄭説，杜從司農，沈氏欽韓謂當從後鄭。壽曾謂：先鄭訓「植」爲部曲將吏，而引傳文爲證，則此舊注，當即先鄭説。本疏：「巡功，謂巡城檢作功也。」與舊注合。

城者謳曰：「睅其目，皤其腹，棄甲而復。【疏證】《説文》：「睅，大目也。从目旱聲。」《釋文》引《字林》同。杜注：「睅，出目。」恐非古訓。又云：「皤，大腹。棄甲，謂亡師。」

「于思于思，棄甲復來。」【注】賈云：「于思，白頭貌。」本疏。服虔以「于思」爲白頭貌。《瓠葉》疏。【疏證】杜注：「于思，多鬐之貌。」《御覽》三百五十五引注：「鬚多貌。」❸又三百七十四引注：「于思，多髯之貌。」《釋文》：「于思，多鬚貌。」又云：「鬚，修于反，字又作『鬐』。」則唐本杜注作「鬚」，作「鬐」者誤。杜以「于思」爲多鬚，不用賈、服説。疏云：「成十五年華元爲右師，距此三十二年，計未得頭白，故杜以爲多鬐貌，❹亦是以意言之耳。」「鬐」亦當作「鬚」。疏駁賈説，亦不以杜注爲然。華元官右師，年數無考，曷以知此時頭未白也？洪亮吉云：「杜以『于思』爲多鬚之貌，恐非。當以賈義爲長。」亦無所申證。惠棟云：「按：《毛詩·瓠葉》云：『有兔斯首。』鄭箋云：『斯，白也，今俗語斯白之字作鮮，齊魯之間聲近斯。』正義曰：『服虔以于思爲白頭貌。』

❶「楨」，原殘，今據原稿補。
❷「彌」，原作「孫」，今據原稿改。
❸「多」，《太平御覽》卷三百五十五作「之」。
❹「鬐」，原作「鬚」，今據原稿改。

字雖異，蓋亦以斯聲近鮮，❶故爲白頭也。《後漢書・朱儁傳》『賊多髭者號于氏根』，注引杜注爲證。案此則于爲須，思爲白，于思爲白須也。」按：惠氏兼取服、杜說，非古義。沈欽韓云：「按：《説卦》『巽爲宣髮』，❷虞翻曰『爲白故宣』。宣、鮮聲同，故宣亦爲白。」此申惠氏「思」爲白之說，却與賈、服義合。竊謂《御覽》兩引注，皆與杜注小異，疑亦是舊注，白頭、多鬚髯，師説有異。

使其驂乘謂之曰：「牛則有皮，犀兕尚多，棄甲則那？」【疏證】《釋獸》：「兕，似牛。犀，似豕。」《考工記》：「函人爲甲，犀甲七屬，兕甲六屬。犀甲壽百年，兕甲壽二百年。」此謂取牛、犀、兕皮爲甲也。疏云：「徧檢書傳，犀、兕二獸並出南方，非宋所有。假令波及宋國，❸必不能多。言『尚多』者，苟以答謳者耳。」《釋詁》：「那，於也。」注：「《左傳》『棄甲則那』，那猶今人言那那也。」沈欽韓云：「按：六朝多言阿那。」沈意謂阿那猶則那也。那既訓「於」，自爲歎辭。杜注：「那，何也。」洪亮吉云：「《廣雅》：『奈，那也。』」按：那，猶言奈何也。」邵晉涵云：「那者，奈何二字之合聲也。」武億云：「案：兕亦不盡出南方。《詩・吉日》篇『殪此大兕』，《汲郡古文》『夷王六年，獲犀牛一以歸』，則東周畿内有之。《國語》：『叔向曰：「昔吾先君唐叔射兕於徒林，殪，以爲大甲。」』則晉地有之。」

役人曰：「從其有皮，丹漆若何？」【疏證】制甲必施丹漆，謂如爾言有皮而丹漆亦不易致。

華元曰：「去之！夫口衆我寡。」❹【疏證】陳樹華云：「林堯叟『夫』讀如字，一以『夫』字屬下，❺不如三字連文，『夫』作語助辭爲允也。」《校勘記》云：「按：以下六字爲句是也。《左傳》凡云『夫己氏』、『夫先自敗也已』，言『夫』者皆指其人言也。」按：阮説是也。

秦師伐晉，以報崇也。【疏證】元年經：「冬，趙穿率師侵崇。」

遂圍焦。【疏證】僖三十年傳「取君焦、瑕」。❻

---

❶ 「斯」，《皇清經解》卷三百五十四《春秋左傳補註》作「思」。

❷ 「卦」、「巽」，原作「林」、「鬒」，今據原稿改。

❸ 「宋」，原作「晉」，今據《春秋左傳正義》卷二十一改。

❹ 「夫」下，《春秋左傳正義》卷二十一有「其」字。

❺ 「以」，原脱，今據原稿補。

❻ 「取」，當作「許」。

江永云：「實一地也。」

夏，晉趙盾救焦，遂自陰地，及諸侯之師侵鄭，【疏證】杜注：「陰地，晉河南山北，自上洛以東至陸渾。」顧棟高云：「哀四年，『蠻子赤奔晉陰地』即此。晉上洛，今陝西商州洛南縣。陸渾，今河南府嵩縣。其地南阻終南，北臨大河，所謂河南山北也。又陝州盧氏縣有陰地城，即命大夫屯戍之所。猶夫南陽爲河内之總名，而別有南陽城，則在修武也。」江永云：「今按：盧氏，今屬河南府陝州陰地，當以盧氏陰地城爲是。❶哀四年，『蠻子赤奔晉陰地』，又云『使謂陰地之命大夫士蔑』，是陰自有其邑。」按：江説是也。沈欽韓云：「《方輿紀要》：『陰地城在河南盧氏縣東地。』」

以報大棘之役。【疏證】《讀本》：「報今年春鄭伐宋也。」

楚鬭椒救鄭，曰：「能欲諸侯，而惡其難乎？」遂次于鄭，以待晉師。【疏證】杜注：「鬭椒，若敖之族，自子文以來，世爲令尹。」

趙盾曰：「彼宗競于楚，殆將斃矣。姑益其疾。」❷乃去之。【疏證】彼宗斥若敖氏也。杜注：「競，强也。」

晉靈公不君：【注】賈云：「不君，無君道也。」《御覽》五百三十八。【疏證】杜注：「不君，失君道也。」用賈義。《吕覽·過理論》：「晉靈公無道。」此賈所本。《吴語》「昔楚靈王不君」，注：「不得爲君之道。」亦以不君爲無君道。《趙世家》：「靈公立十四年，益驕。」《後漢書·王符傳》：「《潛夫論》曰：『昔晉靈公多賦以彫牆，《春秋》以爲非君。華元、樂舉厚葬文公，以爲不臣。』」❸

厚斂以彫牆；【注】賈云：「彫，畫也。」《晉世家》集解。【疏證】彫，監、毛本作「雕」。《釋文》：「雕，本亦作『彫』。」與賈注合。《晉世家》：「靈公壯，侈，厚斂以雕牆。」《讀本》：「厚斂，蓋在常賦之外。」杜注：「彫，畫也。」❹用賈説。李貽德云：「《説文》：『彫，琢文也。』彫

❶「城」，原脱，今據原稿補。
❷眉批：益，詁。
❸「以」上，《後漢書·王符傳》有「君子」二字。
❹「畫」，原作「盡」，今據原稿改。

之本義與『琱玉』之琱同，然從彡，『彡，毛飾畫文也』。《詩・行葦》『敦弓既堅』傳：『敦弓，畫弓也。』」

**從臺上彈人而觀其辟丸也；**【疏證】杜無注。《晉世家》：「從臺上彈人，觀其逃丸也。」逃即辟意。《呂覽・過理論》與傳同，無「臺」字，然注云：「從高臺上引彈，觀其走而避丸，以爲樂也。」則正文宜有「臺」。沈欽韓云：「《元和志》：『晉靈公臺在絳州正平縣西北三十一里。』」

**宰夫胹熊蹯不孰，**【注】服云：「蹯，熊掌，其肉難熟。」《晉世家》集解。【疏證】《校勘記》云：「《呂覽・過理》篇作『臑熊蹞』。李善注魏文帝《名都篇》亦引作『臑』。枚乘云『熊蹯之臑』，注引傳文亦然。然《說文》云：『洏，煮熟也。』則作『胹』者俗字，作『臑』則更俗矣。」按：《晉世家》亦作「胹」。《說文》別有「胹」，云：「爤也。」本疏引字書「過熟曰胹」，蓋同《說文》。《廣雅・釋詁》：「胹，熟也。」《方言》：「自關而西，秦、晉之郊曰胹。徐、揚之間曰飪。」《趙世家》：「及食熊蹯，胹不熟。」則「胹」有煮義。杜無注，蓋已釋於文元年傳。李貽德云：「蹯，掌足通稱，故云『熊掌』。」

**殺之，寘諸畚，❶使婦人載以過朝。**【疏證】《說文》：「畚，蒲器，可以盛糧。」何休《公羊》注：「畚，草器，若今市所量穀者也。齊人謂之鍾。」均不言畚之大小。傳謂用畚載屍，則器亦非小。杜注謂似筥，非也。《呂覽・過理論》：「殺之，令婦人載而過朝，以示威。」本疏：「過朝以示人，令衆懼己。」與《呂覽》合，《呂覽》蓋古義也。《晉世家》：「靈公怒，殺宰夫，使婦人持其屍出棄之，過朝。」《趙世家》：「殺宰人，持其屍出。」

**趙盾、士季見其手，問其故，而患之。**【疏證】《釋文》：「其手，一本作『首』。」《晉世家》：「已又見死人手。」則史公所見本作「手」。杜注：「士季，隨會也。」

**士季曰：❷「諫而不入，則莫之繼也。會請先，不入，則子繼之。」**【疏證】本疏謂盾貴卿，會卑卿，故會請先往諫。《晉世家》：「趙盾、隨會前數諫，不聽。」又云：「二人前諫，隨會先諫。」案：盾、會前數

❶ 「寘」，《春秋左傳正義》卷二十一作「寘」。

❷ 「士」上，《春秋左傳正義》卷二十一有「將諫」二字。

諫不見於傳，史公蓋采他書。

三進，及溜，而後視之，【疏證】杜注：「三進三伏，公不省而又前也。」杜不釋「溜」字。《説文》：「霤，屋水漏也。」❶《釋文》：「溜，❷屋霤也。」惠棟云：「熊氏《經説》：『霤者，屋有複穴，開其上以取明，雨則霤之，因名中庭曰中霤。』」沈欽韓云：「溜即霤。有門内之霤，《燕禮》『賓執脯，賜鍾人于門内霤』是也。有階間之霤，《鄉飲酒記》『磬階間縮霤』是也。傳言『三進及霤』乃階間之霤也。按：《燕禮》『小臣納卿大夫，卿大夫皆入門右，北面東上』，此一進也。『公降，立于阼階之東南，南鄉爾卿，卿西面北上，爾大夫，大夫皆少進』，此二進也。始時入門，繼而當庭，及至升階當霤，則三進矣。」

曰：「吾知所過矣，將改之。」

稽首而對曰：「人誰無過，過而能改，善莫大焉。《詩》曰：『靡不有初，鮮克有終。』【疏證】《大雅・蕩》文，箋：『民始皆幾於善道，後更化於惡俗。」引者，明改過之難。

「夫如是，則能補過者鮮矣。君能有終，則社稷之固，豈惟群臣賴之。」

又曰：「『袞職有闕，惟仲山甫補之』，能補過也。君能補過，袞不廢矣。」【疏證】引《詩・大雅・烝民》文，今本「惟」作「維」，傳云：「有袞冕者，君之上服也。仲山甫補之，善補過也。」杜注：「袞，君之上服。」用毛義。陳奂《詩疏》云：「經言袞，傳言袞冕。袞爲衣，冕爲垂九旒，是君之最上服也。」又引此傳釋之云：「案：晉靈公繼文、襄之業，主盟中夏，爲周之上公，是靈有袞矣。故云『能補過，袞不廢』，傳所本也。袞職謂臣職也。」❸

猶不改。【疏證】自「袞不廢矣」以下，❹隨會一人之辭。

宣子驟諫，公患之，【注】賈云：「驟，疾也。」《衆經音義》引《晉語》注。【疏證】宣子諫不與士

❶「漏」，《説文解字》卷十一下作「流」。
❷「溜」，原作「霤」，今據《經典釋文》卷十六改。
❸眉批：袞似已有釋，查。
❹「以下」，原脱，今據原稿補。「下」，疑當作「上」。

季諫同時，傳言他日之事也。《吕覽・過理論》：「趙盾驟諫而不聽，公惡之。」《趙世家》：「趙盾驟諫，公不聽。」與傳同。杜無注。哀十二年傳服注以「驟諫」爲「數諫」，則賈、服説「驟諫」不同。《晉語》注：「患，疾也。」

使鉏麑賊之。【注】賈云：「鉏麑，晉力士。」《晉世家》集解。【疏證】鉏麑，《吕覽・過理》作「沮麛」，《説苑・立節》作「鉏之麛」，❶《古今人表》作「鉏麛」。李富孫云：「沮、鉏形聲相近。」洪亮吉云：「鉏之彌，急讀即作鉏麑。」杜用賈説。《吕覽》「沮麛見之不忍賊」，注：「賊，殺也。」《晉世家》：「鉏麑刺趙盾。」❷刺猶殺也。

晨往，寢門闢矣，【疏證】《晉語》：「晨往，則寢門辟矣。」注：「辟，開矣。」《外傳》「辟」，古字。《晉世家》：「盾閨門開。」史公亦以辟爲開。

盛服將朝。尚早，坐而假寐。【疏證】《晉語》：「盛服將朝，蚤而假寐。」注：「不脱冠帶而寐曰假寐。」杜用韋義。《晉世家》：「居處節。」括傳義爲詞。

麑退，而歎曰：「不忘恭敬，民之主也。賊民之主，不忠；棄君之命，不信。有一於此，不如死也。」【疏證】《晉世家》：「殺忠臣，棄君命，罪一也。」《晉語》：「賊民之鎮，❸不忠；受命而廢之，不信。亨一名於此，不若死。」《外傳》易「主」爲「鎮」。杜亦不釋「主」字。❹《吕覽・過理論》説此事云：「不忘恭敬，民之主也。賊民之主，不忠；棄君之命，不信。一於此，不若死。」注：「大夫稱主，因曰『民之主』。」高氏以「主」爲大夫之稱，當是舊説。高又云：「不忠、不信，若行之，必有其一也。」

觸槐而死。【疏證】《晉世家》「槐」作「樹」。杜注：「槐，趙盾庭樹。」顧炎武曰：「退而觸槐，則非趙盾庭樹。」惠棟云：「《吕覽》『觸庭槐而死』，《外傳》云『觸廷之槐而死』。《周禮》『王之外朝三槐，三公位焉』，則諸侯之朝三槐，三卿位焉。此説得之，蓋當時麑退而觸靈公之廷槐，歸死于君也。」馬宗璉云：「案：《晉語》范獻子執董叔

❶「節」，原作「篇」，今據原稿改。

❷「趙」，原重文，今據原稿删。

❸「民」，《國語正義》卷十一作「國」。「之鎮」，原爲空格，今據原稿補。

❹眉批：主，查趙主父可證。

紡於庭之槐，❶是槐爲三公之位，故晉卿執人於此，足證槐爲外朝之樹矣。」按：惠、馬説是也。洪亮吉從惠説，謂「杜注以爲趙盾庭樹，非」。杜不釋「觸」。《吕覽》：❷「觸，畜也。」畢沅云：「畜，疑撞字之誤。」

**秋，九月，晉侯飲趙盾酒，伏甲，將攻之。**【疏證】《晉世家》：「九月，晉靈公飲趙盾酒，伏甲將攻盾。」

**其右提彌明知之，**【疏證】杜注：「右，車右。」案：此謂趙盾之車右也。《釋文》云：「提，本又作『祇』，上支反。」《校勘記》云：「《後漢·郡國志》引作『祇』，《史記·晉世家》作『示眯明』，索隱曰：『鄒誕生音示眯爲祁彌，即《左傳》之提彌明。』蓋字異而音同。」李富孫云：「案：史公以示眯明即桑下之餓人，❸已而爲晉宰夫。與《左氏》異，迺合二人爲一人，非也。錢氏云：『《説文》「眯」即提彌明之彌。』」案：李説是也。據《説文》，則傳宜作「提眯明」。其作「祁彌明」者，《公羊》宣六年傳，《公羊》字與《左氏》異。

**趨登，曰：「臣侍君宴，❹過三爵，非禮也。」**【疏證】杜無注。臧琳以「趨登」爲登階而呼，詳下疏證。沈欽韓云：「《玉藻》：『君若賜之爵，禮，已三爵而油油以退。』疏即引此傳爲證。《小雅》箋：『三爵者，獻也，酢也，❺酬也。』按：此謂三爵則禮成可退，彌明應急之辭，非所論於説屨無算爵也。」壽曾謂：《小雅》三爵是燕禮。《玉藻》之三爵，據彼疏云「言侍君小燕之禮，唯已止三爵，顔色和悦，而油油悦敬，故《春秋左氏傳》曰『臣侍君宴，過三爵，非禮也』」。則《玉藻》三爵非正燕禮。沈氏謂當有無算爵，彌明應急，不俟禮畢，非也。本疏：「此飲趙盾酒，是小飲酒也，非正燕禮。燕禮，獻酬之後，方脱屨升堂，行無算爵，非止三爵而已。」詳疏説，則舊説不謂正燕禮。疏亦引《玉藻》，謂三爵禮訖，自當退也。而又云：「提彌明言此之時，未必已過三爵，假此辭以悟趙盾耳。」亦意爲之説。《晉世家》：「恐盾醉不能起，而進曰：『君賜臣，觴三行，可

❶「執董叔紡」，原作「董□」，今據《皇清經解》卷一千二百七十八《春秋左傳補注》補改。
❷「覽」下，疑當有「注」字。
❸「餓」，原作「饑」，今據原稿改。
❹「臣」，原作「君」，今據《春秋左傳正義》卷二十一改。
❺「酢也」，原脱，今據原稿補。

以罷。」欲以去趙盾，令先，毋及難。」

遂扶以下。【注】服云：「趙盾徒跣而下走。」本疏。【疏證】《釋文》：「遂扶，舊本皆作『扶』，服虔注作『跣』，云『徒跣也』，今杜注本往往有作『跣』者。」此傳杜無注。詳《釋文》，則杜本亦有作「跣」者。本疏「服虔本『扶』作『跣』」下引服注，駁之云：「禮，脱屨而升堂，降階乃納屨，堂上無屨，跣則是常，何須云遂跣而下？且遂者，因上生下之言。提彌明言訖而遂，不得爲趙盾遂也。杜本作『扶』，言扶趙盾下階也。」臧琳云：「案：『遂跣』以下，言雖降階，猶不暇納屨。❶故《公羊傳》宣六年云：『躇階而走。』又云：『有起於甲中者，抱趙盾而乘之。』明盾雖已下階，猶未納屨，不能疾走故也。『遂跣』以下正言匆遽之狀，若如杜本爲提彌明扶盾下階，一何從容不迫乎？《公羊傳》：『祁彌明佐然從乎趙盾而入，放乎堂下而立。』又言：『祁彌明自下呼之曰：「盾食飽則出。」』據此，則大夫侍宴君所，御僕立於堂下。《左傳》所謂『趨登』者，言登階而呼耳，不得竟上堂扶盾也。」盧文弨云：「作『跣』是也。襄三年，晉悼公懼魏絳之死，亦『跣而出』。皆是急迫不及納屨使然。趙盾飲未至醉，何暇於扶？明跣是也。」戴望《謫麐堂文集》：「案：古禮，登坐於燕飲，侍坐於長者，無不脱屨而跣。昔褚師聲子襪而坐席，其君戟手而怒之，❷此其不跣者也。《文選·東都賦》注引《韓詩薛君章句》曰：『飲酒之禮，下跣而上坐者，謂之宴。』盾侍宴，本跣而上。及知有變，遂跣以下。」皆駁正疏説。案：《燕禮》「賓及卿大夫脱屨升就席」，則就席乃脱屨，屨在堂上，不得謂堂上無屨。臧、盧等説是也。《説文》：「跣，足親地也。」《少儀》：「凡祭於室中，堂上無跣，燕則有之。」注：「燕則有跣爲歡也。」服注言「徒跣」，本《少儀》爲説。

公嗾夫獒焉，❸明搏而殺之。【注】服云：「嗾，啾也。夫，語辭。獒，犬名。公乃嗾夫獒使之噬盾也。」本疏。【疏證】《釋文》：「嗾，服本作『啾』。」本疏引服注仍作「嗾」，宋本疏作「嗾，取也」。段玉裁云：「正義當云：『服虔本「嗾」作「取」，注云：「取，啾也。」』」段直以爲經文字誤。臧琳云：「案：

❶「屨」，原作「履」，今據原稿改。
❷「怒」，原作「恕」，今據原稿改。
❸「焉」，原作「馬」，今據原稿改。

《釋文》呶即嗾字，呶讀若譊，與嗾聲相近，故文異。依正義，則服本亦作『嗾』，但訓『嗾』爲『呶』耳。《說文・口部》：『嗾，使犬聲。從口，族聲。《春秋傳》曰「公嗾夫獒」。』則《左氏》古文本作『嗾』，服本不當用俗字。正義是也。呶字，❶《說文》、《玉篇》皆無，至《集韻》始收。毛本《注疏》作「取」，不從口，與《釋文》更乖。」洪亮吉云：「服讀嗾爲呶，非改字。」按：臧、洪說是也。《集韻》呶亦爲「使犬聲」。《釋畜》：「狗四尺爲獒。」《說文》：「獒，犬知人心可使者。」❷杜注：「獒，猛犬也。」用服說。《晉世家》：「盾既去，靈公伏士未會，先縱齧狗名敖。明爲盾搏殺狗。」作「敖」，史公異文。

盾曰：「棄人用犬，雖猛何爲！」【疏證】《晉世家》：「棄人用狗，雖猛何爲！」

鬬且出，提彌明死之。

初，宣子田於首山，❸【注】馬融云：「在蒲坂華山之北，河曲之中。」《郡國志》劉昭補注引。【疏證】《校勘記》云：「按：李善注《朱叔元爲幽州牧與彭寵書》引傳『田』作『畋』。」李富孫云：「田、畋古今字。」《地理志》「河東郡蒲坂」注：「有堯山、首山祠。❹有雷首山在南。」《郡國志》：「河東郡蒲反有雷首山在南。」劉昭補注引《史記》「趙盾田首山」事，又云：「縣南二十里有歷山，舜所耕處。又伯夷、叔齊隱於首陽山。」下引馬融說。余蕭客《鈎沈》以爲融三傳異同說也。❺劉氏別出歷山、首陽山。《括地志》云：「雷首山，西起雷首，東至吴坂，數百里。隨地異名。」則不止蒲坂一縣所耑。《水經・河水》注云：❻「雷首山北去蒲坂三十里，昔趙盾田首山，食祁彌明翳桑之下，即此。」《呂覽・有始》注：「首山在蒲坂之南。」與《水經注》北去蒲坂說合。又《報更覽》叙此事云：❼「趙盾將上之絳。」蓋宣子由蒲至絳，過出首山。則宣子所田首山，在蒲坂境内矣。沈欽韓云：「《一統志》：『雷首山在蒲州府永濟縣南四十五里。』」

舍於翳桑，【疏證】翳桑，《呂覽・報更》篇作

---

❶「呶字」，原在「爲呶耳」下，今據原稿改。

❷「知」，《說文解字》卷十上作「如」。

❸「山」，原脫，今據原稿補。

❹「山」，原爲空格，今據原稿補。

❺「鈎」，原作「錫」，今據原稿改。

❻「河」，原爲空格，今據《水經注箋》卷四補。

❼「報更覽」，原爲二空格，今據原稿補。

「骫桑」,《淮南・人間訓》作「委桑」。畢沅云:「《後漢書・趙壹傳》注云:『骫,古委字。』」《晉世家》作「見桑下有餓人」,又改傳「翳桑之餓人也」爲「我桑下之餓人」,則史公以翳桑爲桑樹。杜注:「翳桑,桑之多蔭翳者。」馬宗璉云:「疑首山近地。杜注爲桑下意,本《史記》。王引之云:『翳桑,首陽近地。』此説是也。《公羊傳》云:『子某時所食活我於暴桑下者也。』❶案《左氏》、《公羊》傳聞各異,《公羊氏》云『暴桑下』謂桑樹下也。其《左氏》云『舍于翳桑』,又云『翳桑之餓人也』,皆但言『翳桑』,不言『翳桑下』,則翳桑似是地名。《史記・晉世家》用《左氏》文而改『翳桑』爲『桑下』,則已誤以《公羊》之説爲《左氏》説矣。杜氏之誤亦與《史記》同。」按:馬説是也。《趙世家》亦云「嘗所食桑下餓人」,亦采《公羊》説。江永云:「翳桑,當是首山間地名。」沈欽韓云:「《一統志》:哺飢坂在絳州北六里,即食翳桑餓人處。」

見靈輒餓,問其病。**【疏證】**《呂覽・報更》篇:「見骫桑之下有餓人卧不能起,宣孟止車爲之下。」杜注:「靈輒,晉人。」

曰:「不食三日矣。」**【疏證】**《呂覽・報更》篇:「宣孟問之曰:『女何爲而餓若是?』對曰:『臣宦於絳,歸而糧絶,羞行乞而憎自取,故至于此。』」

食之,舍其半。問之。**【疏證】**《晉世家》:「盾與之食,食其半,問其故。」《世家》以餓者爲即示眯明,與傳異。其問答之辭,仍采傳文。

曰:「宦三年矣,**【注】**服云:「宦,宦學士也。」《晉世家》集解、《曲禮》疏。**【疏證】**《晉世家》同,無「矣」字。《曲禮》「宦學事師」,疏:「熊氏:『宦,謂學仕宦之事。』宣二年《左傳》『宦三年矣』,服虔云:『宦,學也。』是學職事爲宦也。」熊氏釋服義最爲分明。《禮》疏「學」下脱「士」字,服謂學職事爲宦之士耳。杜注:「宦,學也。」用服説而失服義。本疏釋《曲禮》遂謂「宦者學仕宦,學者尋經義」,《禮記》説不如此。❷

「未知母之存否,今近焉,請以遺之。」**【疏證】**杜注:「去家近。」《晉世家》:「未知母之存不,願

❶ 「某」,原爲空格,今據《皇清經解》卷一千二百七十八《春秋左傳補注》補。

❷ 眉批:查孔力堂《漢讀攷》。

遺母。」

使盡之，而爲之簞食與肉，❶寘諸橐以與之。❷【疏證】本疏引鄭君《論語》注：「簞，笥也。」杜用鄭説。疏又云：「鄭玄《曲禮》注云：『圓曰簞，方曰笥。』然則俱是竹器，方圓異名耳。」《讀本》：「橐，謂囊之無當者。」《晉世家》：「盾義之，益與之飯肉。」

既而與爲公介，【疏證】《讀本》：「謂與爲公介士。」

倒戟以禦公徒而免之。【疏證】倒戟，猶迴戟也。《晉世家》：「已而靈公縱伏士出逐趙盾，示眯明反擊靈公之伏士，伏士不能進，而竟脱盾。」史公以傳靈輒事屬示眯明，「反擊」用傳「倒戟」意。《趙世家》：「盾素愛人，嘗所食桑下餓人反扞救盾。」

問何故。對曰：「翳桑之餓人也。」【疏證】《晉世家》：「盾問其故，曰：『我桑下餓人。』」

問其名居，不告而退，【注】服云：「不望報。」《晉世家》集解。【疏證】《晉世家》：「問其名，弗告。」杜注：「問所居。」林堯叟云：「問其名及所居也。」視杜義爲完。杜注「不告」用服義。《讀本》：「其後乃知其人名靈輒也。」

遂自亡也。【疏證】《晉世家》：「明亦因亡去。」史公以出亡爲示眯明事，與傳言提彌明鬭死異。杜注：「輒亦去。」

乙丑，趙穿攻靈公於桃園。【疏證】杜注：「乙丑，❸九月二十七日。」貴曾云：本疏引《世本》：「趙夙爲衰祖，穿爲夙之曾孫。」按：盾爲衰子，則穿於盾爲從父昆弟。《趙世家》亦云：「夙生共孟，共孟生衰。」即用《世本》夙爲衰祖之説。茆泮林云：「《趙世家》索隱既引《世本》：❹『公明生共孟及趙夙，夙生成季衰，衰生宣孟盾。』後引《左傳》『趙衰，趙夙弟』，均與夙爲衰祖之説不合。古籍流傳轉寫多誤。」壽曾案：《晉語》：「趙穿攻靈公于桃園。」注：「趙穿，晉大夫趙夙之孫，趙盾從父昆弟武子

❶ 「簞」，原作「箪」，今據《春秋左傳正義》卷二十一改。下二「簞」字同。

❷ 「寘」，《春秋左傳正義》卷二十一作「寘」。

❸ 「丑」，原作「亥」，今據《春秋左傳正義》卷二十一改。

❹ 「既引世本」，原重文，今據原稿删。

穿也。」杜注：「穿，趙盾之從父昆弟之子。」蓋用韋説。韋、杜所見《世本》或未誤。衰兄夙弟，《晉語》亦與《内傳》同。本疏及索隱兩引《世本》，皆不足信也。《晉世家》：「乙丑，盾昆弟將軍趙穿襲殺靈公於桃園。」稱爲盾昆弟，亦誤。桃園，《集解》：「虞翻曰：『園名也。』」此《外傳》舊注。舊注以桃園爲游觀之所，不謂地名。《年表》：「趙穿殺靈公。」

宣子未出山而復。【疏證】杜注：「晉境之山。」王引之云：「《晉語》：『陽處父如衛，❶反過甯，甯嬴從之，及山而還。』韋注曰：❷『山，河内温山也。』《傳》曰「及温而反」。』然則未出山，亦謂未出温山也。注未詳考，且是時，晉境南至河，而山在其內。僖二十五年傳，『晉于是始啟南陽』，杜彼注曰：『在晉山南河北，故曰南陽。』據此，則出山尚未越竟，不得以爲晉竟之山也。《家語·正論》篇作『未及山而還』，王肅注曰：『山，晉之境。』誤與杜注同。」按：王説是也。《晉世家》：「盾遂奔，未出晉境。」《晉世家》：「盾復位。」《趙世家》：「趙盾復反，任國位。」❸則復謂復正卿位也。

太史書曰「趙盾弒其君」，以示於朝。【疏證】《晉世家》：「晉太史董狐書曰『趙盾弒其君』，以視於朝。」與傳同。示，今注疏本作「視」。惠棟引《鹿鳴》鄭箋：「『視，古示字。』《士昏禮》注：『視，正字，今文作示，俗誤行之，❹謂視爲古文。』」洪亮吉云：「《漢書·趙充國傳》注：『師古曰：《漢書》多以視爲示，古通用字。』《説文》列爲部首，則非俗字可知。」《北史·柳虯傳》：「虯以史官密書善惡，未足懲勸，乃上書曰：『古者人君立史官，非但記事而已，蓋所爲鑒戒也。動則左史書之，言則右史書之，彰善癉惡，以樹風聲。故南史抗節，表崔杼之罪；董狐書法，明趙盾之愆。❺是知執筆於朝，其來久矣。而漢魏以來，密爲記注，徒聞後世，無益當時。非所謂將順其美，❻匡救其惡者。且著述之人，密書縱能直筆，人莫知之。何止物生橫議，亦自異端互起。故班固致受金之名，

❶「父」，原脱，今據原稿補。
❷「韋注」，原重文，今據原稿刪。
❸「位」，《史記·趙世家》作「政」。
❹「行」，原爲空格，今據《儀禮注疏》卷六補。
❺「愆」，原漫漶不清，今據原稿補。
❻「非」，原脱，今據《北史·柳虯傳》補。

陳壽有求米之論。著漢、魏者非一氏，造晉史者至數家。後代紛然，莫知準的。❶伏惟諸史官記事者，皆當朝顯言其狀，然後付之史閣。庶令是非明著，得失無隱，使聞善者日修，有過者知懼。』事遂施行。」此説蓋釋「示諸朝」之義。

**宣子曰：「不然。」對曰：「子爲正卿，亡不越境，反不討賊，非子而誰？」**【疏證】《晉世家》：「盾曰：『弑者趙穿，我無罪。』太史曰：『子爲正卿，而亡不出境，反不誅國亂，非子而誰？』」《趙世家》：「君子譏盾爲正卿，亡不出境，反不討賊，❷故太史書曰『趙盾弑其君』。」皆用傳説。《趙世家》以董狐語爲君子之辭爲異。董狐責盾不討穿，以盾爲正卿，於義當討賊。知者，《檀弓》「凡在官者殺無赦」，疏：「謂理合得殺，若力所不能，亦不責也。故《春秋》崔杼弑其君，而晏子不討崔杼，而不責晏子者。力能討而不討者，則書之。《春秋》董狐書趙盾云『子爲正卿，亡不出境，反不討賊』，書以弑君是也。」當是古《左氏》説。

**宣子曰：「烏乎！『我之懷矣，❸自詒伊慼』，其我之謂矣。」【注】王肅云：「此《邶風·雄雉》之詩。」**《晉世家》集解。❹【疏證】杜注：「逸《詩》。」惠棟云：「今《邶風》『慼』作『阻』，惟《小明》詩作『慼』，而上句又異。王子雍或見三家之詩，據以爲衛詩。」❺按：惠説是也。《雄雉》傳：❻「詒，遺。伊，維。阻，難也。」箋云：「懷，安也。伊，當作緊。緊，猶是也。君之行如是，我安其朝而不去。今從軍旅，久役不得歸，此自遺以是患難。」如鄭君説，則宣子引《詩》，謂君德既荒，我安於卿位不去，自遺以憂也。毛傳以阻爲難，難指軍旅。此作「慼」，則非軍旅義矣。鄭君以阻爲患難，或采三家《詩》説，而不用其字。《詩》疏引此傳「伊慼」作「緊戚」，❼釋云：「此云『自詒伊阻』，《小明》云『心之憂矣』，宣子所引，並與此不同者，杜預云『逸《詩》也』，故文與

❶「的」，原作「酌」，今據原稿改。
❷「賊」，原脱，今據原稿補。
❸「我」上，《春秋左傳正義》卷二十一有「詩曰」二字。
❹「晉世家集解」，疑誤。
❺眉批：王子雍説當查，趙、晉《世家》皆無之，惠定宇未著所出。
❻「傳」，原作「詩」，今據原稿改。
❼「慼」下，原衍「伊」字，今删。

此異。」

孔子曰：「董狐，古之良史也，書法不隱。【疏證】杜注：「不隱盾之罪。」

「趙宣子，古之良大夫也，爲法受惡。【注】服云：「聞義則服。」《晉世家》集解。王肅云：「爲書法受弒君之名。」□□❶【疏證】《晉世家》作「宣子，良大夫也」。惠棟云：「按：『聞義則服』，《弟子職》文。」李貽德云：「《管子・任法》注：『服謂屈服。』」杜注：「善其爲法受屈也。」亦用服注義。王肅説蒙「書法不隱」而言。

「惜也，越竟乃免。」【疏證】《晉世家》「越竟」作「出彊」。杜注：「越竟，則君臣之義絶，可以不討賊。」本疏：「哀八年傳公山不狃云：『君子違，不適讎國，未臣而有伐之，奔命焉，死之可也。』如彼傳文，雖則出奔，臣義未絶，此注云『越竟，則君臣之義絶』者，以仲尼云『越竟乃免』，出竟則免責，明其義已絶也。襄三十年，『鄭人殺良霄』，傳曰：『不稱大夫，言自外入也。』去國不爲大夫，是爲義絶之驗。不狃之言，謂己以他故出奔，非是君欲殺己，閔其宗國，宜還救之。昭二十一年，宋公子城以晉師救宋，是其事也。襄二十七年傳曰：『崔氏之亂，申鮮虞來奔，僕賃於野，以喪莊公。』彼是公之寵臣，去國而行君服，豈復責無罪而將見殺、逃竄而得免死者，皆令反君服乎？」如疏説，則靈公欲殺盾，盾於義當去國，或舊説如此，疏申其義也。杜注但謂「越竟，則君臣之義絶」，不論以何事去國，非。《北史・濟陰王小新成附元顯和傳》：「顯和除徐州安東府長史，❷刺史元法僧叛，顯和與戰，被禽。執手命與連坐。顯和曰：『顯和與阿翁同源別派，皆是磐石之宗，❸一朝以地外叛，若遇董狐，能無慚德？』遂不肯坐。」顯和與法僧同在徐州，故以盾、穿事爲比，可證盾當去國之義。沈欽韓云：「言倉皇出奔他國，義不再返，乃可逃弒君之名。」亦謂盾當去國。

宣子使趙穿逆公子黑臀于周而立之。

【疏證】《晉語》注：「逆，迎也。黑臀，晉文公子、襄公弟成公黑臀也。」杜注：「黑臀，晉文公子。」用韋説。按：《周語》「單襄公云：『吾聞成公之生也，其母夢神規其臀以墨，

❶ 眉批：王説見惠注引，查出處。

❷ 「州」下，原衍「府」字，今據《北史・拓跋麗傳》删。

❸ 「磐石」，原爲空格，今據原稿補。

曰：「使有晉國。」故命之曰黑臀。』」洪亮吉云：「《説文》：『屍，髀也。從尸下丌居几。脽，或從肉，或從骨，殿聲。』今作『臀』，蓋又臀之省文也。」《年表》：「趙盾使穿迎公子黑臀于周，立之。」《晉世家》：「趙盾使趙穿迎襄公弟黑臀于周而立，是爲成公。成公者，文公少子，其母周女也。」《世家》明成公在周之故。

壬申，朝于武宮。【疏證】杜注：「壬申，十月五日。既有日而無月，冬又在壬申下，明傳文無較例。」貴曾曰：❶

初，驪姬之亂，詛無畜群公子，【注】服虔云：「驪姬與獻公及諸大夫詛無畜群公子，❷欲令其二子專國。」本疏。【疏證】杜注：「詛，盟誓。」案：詛義已釋於桓□年。❸疏引服注，駁之云：「杜雖不注，義似不然。若驪姬身爲此詛，姬死即應復常，❹何得比至于今，❺國無公族？豈復文、襄之霸，遂踵驪姬法乎？蓋爲奚齊、卓子以庶篡適，❻晉國創其爲亂，不用復畜群公子。按檢傳文及《國語》，文公之子雍在秦，樂在陳，黑臀在周，襄公之孫談在周，❼則是晉之公子悉皆出在他國，是其因行而不改，成公今始革之。故傳本其初也，則是國內因驪姬之亂，乃設此詛，非驪姬自爲詛也。若驪姬爲詛，不須言驪姬之亂，以言之亂，知其創驪姬也。」梁履繩云：「《晉語》：『獻公盡逐群公子，乃立奚齊焉。始爲令，國無公族焉。』正與此傳相符。服虔本之。孔氏云：『爲奚齊、卓子以庶篡適，❽晉國創其爲亂，不用復畜群公子。』此説極得。至云『因驪姬之亂乃設此詛，非驪姬自爲詛』，殆未攷及《外傳》爾。」按：梁氏謂服取《外傳》爲是也。疏謂創其爲亂，不畜群公子，蓋不謂詛由驪姬，與服説違。《晉語》注：「群公子，獻公之庶孽及先君之支庶也。《傳》曰：『獻公之子九人。』」韋氏亦用服説。

自是晉無公族。【注】服云：「公族大夫。」《晉世家》集解。【疏證】杜注：「無公子，故廢公

❶ 原稿眉批：曆譜。
❷「子」，原脱，今據原稿補。
❸「桓□」，疑當作「隱十二」。
❹「復」，原作「服」，今據《春秋左傳正義》卷二十一改。
❺「比」，原爲空格，今據原稿補。
❻「篡」，原作「纂」，今據《春秋左傳正義》卷二十一改。
❼「襄公之孫談在周」，原脱，今據原稿補。
❽「篡」，原作「纂」，今據《左通補釋》卷十一改。

族之官。」用服説。《晉世家》約傳文止稱「賜趙氏爲公族」，集解繫服注於下。服解傳文，當從其先者，故移於此。《讀本》：「其後因而不改，諸公子皆在異國，惟悼公弟楊干、子慭在晉，亦不成族，故無公族之官。」按上「無畜群公子」疏所云「雍在秦，樂在陳，黑臀、談在周」，即群公子在異國之事。本疏：「不畜群公子，故無公族。是公族之官，掌教公之子弟也。下注云：『餘子，適子之母弟，亦治餘子之政。』餘子屬餘子之官，則適子屬公族之官也。孔晁注《國語》云：『公族大夫掌公族、卿、大夫子弟之官。』是卿之適子屬公族也。」壽曾謂：傳稱「自是晉無公族」，明獻公以前有公族大夫也。據孔晁義，則獻公以前止有公族大夫，公族適子、餘子、庶子皆掌之，故但云公族、卿、大夫子弟也。時別無餘子、公行之官。下稱「又宦其餘子，❶亦爲餘子，❷其庶子爲公行，晉於是有公族、餘子、公行」，明餘子、公行之官，成公所增也。疏謂適子屬公族，餘子屬餘子，此自成公立制後事，疏未分明。

及成公及位，❸乃宦卿之適而爲之田，以爲公族。【疏證】今注疏通行本「適」下有「子」。《釋文》出「之適」二字。《校勘記》云：「昭二十八年正義、《詩·汾沮洳》箋引作『宦卿之適以爲公族』，❹亦無『子』字。」洪亮吉云：「《一切經音義》引《左傳》作『嫡』。《釋文》：『適，本又作嫡。』當屬玄應所據本。適、嫡古字通。」《曲禮》注：「宦，仕也。」杜用鄭説，又云：「爲置田邑以爲公族大夫。」俞樾云：「杜不解『爲』字之義，因加『置』字以足成之，非也。爲，猶與也。爲之田，言與之田也。襄二十三年傳『齊侯將爲臧紇田』，義與此同。」按：俞説是也。傳不言邑，此田謂采田也。

又宦其餘子，亦爲餘子。【疏證】杜注：「餘子，嫡子之母弟也，亦治餘子之政。」則「爲餘子」謂餘子之官。疏云：「主教卿大夫適妻之次子也。」沈欽韓云：「餘子，即《周禮》國子之倅，諸子掌之，于民在鄉爲羨卒，于遂爲餘夫也。《書傳·略説》：『餘子十三入小學，❺十八入大學。』其《周傳》云：『適子十五入小學，二十入大

❶「宦」，原作「官」，今據原稿改。
❷「爲」，原作「無」，今據原稿改。
❸「及」，《春秋左傳正義》卷二十一作「即」。
❹「箋」，《春秋左傳正義》卷二十一《挍勘記》作「正義」。
❺「三」，《春秋左傳補注》卷五作「五」。

學。」餘子之稱猶沿于後世。《吕覽・報更》篇：「張儀，魏氏餘子也。」又《離俗覽》：「齊、楚相與戰，平阿之餘子亡戟得矛。」《説苑・立節》篇：「佛肸用中牟畔，城北餘子田基獨後至。」皆謂支子也。」沈氏亦謂餘子對適子言之。

其庶子爲公行。【疏證】杜注：「庶子，妾子，掌率公戎行。」❶《汾沮洳》「殊異乎公行」，箋：❷「主君兵車之行列。」杜釋「公行」用鄭説。上文「餘子」疏：「下云『庶子爲公行』，掌率公之戎車，則公行不教庶子。然則卿大夫之妾子，亦是餘子之官教之矣。」按：公族之官教公族，餘子之官教餘子，則公行之官當教庶子。觀下文「趙盾爲旄車之族」，則正掌庶子之政也。杜注未晰言耳，疏説非。本疏又引《汾沮洳》公族、公路、公行釋之云：「其公族、公行既同，公路似是餘子。但餘子不主路車，公路當與公行爲一，主車行列謂之公行。」

晉於是有公族、餘子、公行。【疏證】括爲公族，盾爲公行，皆見於傳。惟餘子不詳。《讀本》：「原同、樓嬰，殆仕爲餘子。」

趙盾請以括爲公族，【疏證】杜注：「括，趙盾異母弟，趙姬之中子屏季也。」

曰：「君姬氏之愛子也。【疏證】杜注：「趙姬，文公女，成公姊也。」沈欽韓云：「君姬氏，猶言君母氏，自妾言之謂之女君，自妾子言之謂之君母。趙盾雖爲嫡子，猶以姬氏爲君母。」按：沈説是也。下文亦云「微君姬氏」。下「旄車」疏：「原同長而使趙括者，❸沈氏云：『以其君姬氏之愛子，故使之，非正適也。』」此舊疏明不以原同爲公族。

「微君姬氏，則臣狄人也。」公許之。【疏證】杜注：「盾，狄外孫也。」按：僖二十四年傳：「趙姬請逆盾與其母，子餘辭。姬曰：『得寵而忘舊，何以使人？必逆之。』固請，許之。來，以盾爲才，固請於公，以爲嫡子，而使其三子下之，以叔隗爲内子而己下之。」

冬，趙盾爲旄車之族，【注】服云：「旄

---

❶「掌」，原脱，今據原稿補。

❷「箋」，原作「義」，今據原稿改。

❸「原同長而使趙括者沈氏云」，原作「沈氏云，原同長而使趙括者，沈氏」，今據《春秋左傳正義》卷二十一改。

車，戎車之倅。」《汾沮洳》疏。【疏證】《釋文》：「一本作軞。」《汾沮洳》疏引傳亦作「軞」。彼箋云：「公路，主君之軞車，庶子爲之。」彼疏：「趙盾爲軞車之族，趙盾既自以爲庶子，讓公族而爲公行，言爲軞車之族，明公行掌軞車。服虔云：『軞車，戎車之倅。』」據此則服本作「軞」。杜注：「軞車，❶公行之官。」用《詩》箋説。服謂「戎車之倅」，《車僕》文。彼作「戎路之萃」，注：「萃，猶副也。戎路，王在軍所乘也。《春秋傳》曰『公喪戎路』。」鄭謂戎路者，斥公在軍之車，此軞車謂副車也。杜又謂：「盾本卿適，其子當爲公族，辟屏季，故更掌旄車。」杜意謂盾自掌旄車。疏云：「自以身爲妾子，故使其子爲妾子之官。知非盾身自爲旄車之族，而云使其子者，旄車之族，賤官耳。盾身既爲正卿，無容退掌賤職。」按：盾蓋以正卿兼軞車，傳未言使其子也，疏説非。

使屏季以其故族爲公族大夫。【疏證】杜注：「以其故官屬與屏季。」沈欽韓云：「按：故族，謂趙衰以來之族屬也。大宗有收族之誼，故統率之，非謂趙盾室内之事。盾爲中軍帥，亦自爲小宗，何能以中軍官屬與室老貴臣益屏季乎？」按：沈説是也。傳止云故族，❷不云衰之官屬。《年表》：「趙氏賜公族。」《晉世家》：「成公元年，賜趙氏爲公族。」蓋《左氏》舊義，譏晉立卿族爲公族也。《讀本》：「趙氏使欲卿族强盛，乃請於成公，假公族之官以與卿族。」與古義合。

【經】三年，春，王正月，郊牛之口傷，改卜牛。牛死，乃不郊。【疏證】僖三十一年傳：「牛卜日曰牲。」杜注：「牛不稱牲，未卜日。」據彼傳説也。卜日，杜謂卜郊之日。考舊説，卜郊兼月日言，已釋於僖三十一年傳。又按：定四年經「牛死，❸改卜牛」，則牛傷亦當改卜，則經不以改卜牛爲譏。

猶三望。

葬匡王。無傳。【疏證】杜注：「四月而葬，速。」

楚子伐陸渾之戎。【疏證】《公羊》「陸」曰

❶「軞」，《春秋左傳正義》卷二十一作「旄」。
❷「族」，原作「屬」，今據原稿改。
❸「四」，當作「十五」。

「賁」。《公》、《穀》「戎」上皆無「之」。《年表》：「楚莊王八年，伐陸渾。」

夏，楚人侵鄭。

秋，赤狄侵齊。無傳。

宋師圍曹。【疏證】《年表》：「宋文公五年，圍曹。曹文公十二年，宋圍我。」

冬，十月，丙戌，鄭伯蘭卒。【疏證】《鄭世家》：「繆公二十二年卒，子夷立，是爲靈公。」杜注：「再與文同盟。」本疏：「蘭以僖三十三年即位，文二年盟于垂隴，七年于扈，十四年于新城，魯、鄭俱在，❶當言三同盟，而云再者，以扈之盟，經文不序諸侯，故不數。劉炫規之，非也。」按：炫《規過》説無考，據疏則謂魯、鄭三同盟也。

葬鄭穆公。無傳。【疏證】《公羊》「穆」曰「繆」。

【傳】三年，春，不郊，而望，皆非禮也。

【疏證】杜注：「前年冬，❷天王崩，未葬而郊者，不以王事廢天事。」按：《王制》：「喪三年不祭，唯祭天地社稷。爲越紼而行事。」此杜所本。天王喪未葬，不廢郊，二傳無此義，則杜所述爲《左氏》古義也。

望，郊之屬也。不郊，亦無望可也。

【疏證】杜注：「已有例，❸在僖三十一年。復發傳者，❹嫌牛死與卜不從異。」

晉侯伐鄭，及延。鄭及晉平，士會入盟。【疏證】《晉世家》：「成公元年，❺伐鄭，鄭倍晉故也。」❻此史公采舊説。延，今通行本作「郔」。杜注：「郔，鄭地。」未詳其所在。江永云：「今按：十二年『楚子北師次于郔』，杜注：❼『鄭北地。』與此一地也。近郔，在鄭州。」沈欽韓云：「郔，即廩延。《水經注》：『廩延邑，下有延津。』今滑縣。」嚴可均謂字當從「延」，又云：「鄭地之延，以延津得名。遍檢史傳，有延津無郔津矣。」洪亮吉亦云：

❶「鄭」，原作「鄚」，今據原稿改。下一「鄭」字同。
❷「前」，原殘，今據原稿補。
❸「有」下，原有一空格，今據《春秋左傳正義》卷二十一刪。
❹「復」，原作「後」，今據原稿改。
❺「成公」，原漫漶不清，今據原稿補。
❻「鄭倍」，原漫漶不清，今據原稿補。
❼「注」，原漫漶不清，今據原稿補。

「鄍，即廩延。」按：沈、嚴諸説是也。晉在鄭南，不當繞道出鄭北境。十二年傳之「鄍」，當爲楚地，詳彼傳疏證。

**楚子伐陸渾之戎，遂至於雒，**【注】服云：「**陸渾在洛西南。**」【疏證】僖十一年傳「揚、拒、泉、皋、伊、雒之戎，同伐京師」，即陸渾戎居伊、雒之間者。二十二年傳「秦、晉遷陸渾之戎於伊川」，其部落蓋已東徙，故服謂陸渾在洛西南也。《地理志》：「弘農上洛，❶《禹貢》洛水出冢嶺山，東北至鞏入河。」❷杜注用《漢志》説。江永云：「今按：上洛，陝西商州也。鞏縣屬河南府，古洛口在鞏縣，近世乃過開封之汜水縣，北入河。」據江説，則楚師所次，爲今河南府鞏縣也。《年表》：「楚莊王八年，伐陸渾，至雒。」《楚世家》：「伐陸渾戎，遂至洛。」

**觀兵於周疆。**【注】服云：「**觀兵，陳兵於周也。**」❸《楚世家》集解。【疏證】杜不釋「觀」。據服説，則「觀」當訓「陳」。《讀本》：「觀，示也。觀兵，謂耀示兵衆。」《楚世家》：「觀兵於周郊。」史公蓋謂楚子觀兵於周近郊之地也。詳下疏證。

**定王使王孫滿勞楚子。**【注】賈云：「**王孫滿，周大夫。**」《周本紀》集解。服云：「**以郊勞禮迎之也。**」《楚世家》集解。【疏證】杜用賈説，不謂「勞」爲郊勞。按：天子遣人勞諸侯，❹今惟見《覲禮》，其朝、宗、遇三禮已亡。❺《大行人》：上公之禮，三問三勞；侯伯再問再勞；子男一問一勞。楚爲子爵，則宜一問一勞也。彼疏云：「《司儀》：『諸公相爲賓，主國五積三問。』注：『間濶則問，行道則勞，其禮皆使卿大夫致之。』天子于諸侯之禮，亦當使卿大夫問之。三勞者，案《小行人》『逆勞于畿』。《覲禮》『至于郊，王使人皮弁用璧勞』，注云：『郊謂近郊。』其遠郊勞無文，但近郊與畿，大小行人勞，則遠郊勞，亦應使大行人也。」今詳《覲禮》，惟言使人郊勞，不詳往勞之官，彼注云：「郊，謂近郊，去王城五十里。《小行人職》曰：『凡諸侯入王，則逆勞于畿。』則郊勞者，大行人也。」故《禮》疏謂近郊之勞屬大行人。胡培翬云：「竊謂近郊之勞，五等諸侯皆有之。《大行人》曰三公

❶「弘農」，原作「客衆」，今據原稿改。
❷「東」，原作「南」，今據《漢書·地理志》改。
❸「於」，《史記·楚世家》作「示」。
❹「遣」，原作「造」，今據原稿改。
❺「遇」，原作「過」，今據原稿改。

三勞，侯伯再勞，子男一勞。或侯伯加以遠郊勞，上公加以畿勞。爵尊者，其勞遠；爵卑者，其勞近。禮宜然也。」如胡氏說，則王孫滿之勞楚子在近郊也。《楚世家》：「周定王使王孫滿勞楚王。」

楚子問鼎之大小輕重焉。【疏證】《年表》：「楚莊王八年，問鼎輕重。」《楚世家》：「楚王問鼎大小輕重。」《周本紀》：「使人問九鼎。」江永云：「今按：《水經注》：『王城東南門名曰鼎門，蓋九鼎所從入也，故謂是地爲鼎中，楚子問鼎於此。』然則，楚子觀兵於周疆，而問鼎在王城東南鼎中之地，逼近王城矣。」按：江說是也。楚子問鼎在郊勞禮成之後，故近王城。

對曰：「在德不在鼎。【疏證】《北齊書·文襄紀》：「侯景報書曰：『輕重由人，非鼎在德。』」謂在德爲德之輕重。

「昔夏之方有德也，【疏證】杜注：「禹之世。」沈欽韓云：「《墨子·耕柱》篇：❶『夏后開使蜚廉採金于山川，而陶鑄之于昆吾。使翁難乙卜于目若士之龜，❷兆之言曰：「九鼎既成，遷于三國。」』金履祥《通鑑前編》曰：『諸家多謂禹鑄九鼎，觀方有德之辭，似非指禹，當從《墨子》之說。』」孫星衍云：「夏之方有德，謂啓之世。杜注云禹，非也。啓鑄鼎事見《墨子》，是此鼎無疑。❸後人誤傳爲禹鑄。」文淇案：《楚世家》：「昔虞夏之盛，遠方皆至，貢金九牧，鑄鼎象物，百物而爲之備。使民知神姦。」則仍當指禹，杜預之說，當有所本。壽曾按：《後漢書·孝明紀》：「永平三年，❹詔曰：『昔禹收九牧之金，鑄鼎象物。』」亦以爲禹時事。

「遠方圖物，【疏證】杜注：「圖畫山川奇異之物而獻之。」據「鑄鼎象物」賈注，此亦賈義。

「貢金九牧，【注】服云：「使九州之牧貢金。」《楚世家》集解。【疏證】杜用服義。《王制》「州有伯」，鄭注：「殷之州長曰伯，虞、夏及周皆曰牧。」疏：「按：《左傳》宣三年『昔夏之方有德也，貢金九牧』，是夏稱牧也。」案：《曲禮》「九州之長入於天子之國曰牧」，

❶「柱」，原殘，今據原稿補。
❷「翁」、「龜」，原爲空格，今據原稿補。「士」，《春秋左氏傳補注》卷五無此字。
❸「此」，原作「比」，今據原稿改。
❹「三」，《後漢書·顯宗孝明帝紀》作「六」。

注：「每一州之中天下選諸侯之賢者，❶以爲之牧也。」《曲禮》言周制，故鄭君謂虞、夏、周稱牧。服與鄭義同。《郊祀志》「禹收九牧之金」注：「師古曰：『九牧，九州之牧也。』」亦用服義。牧是統尹之稱。《荀子・解蔽篇》：「文王監于殷紂，故主其心而慎治之，是以能長用吕望，而身不失道，此其所以代殷王而受九牧也。」注：「養其民，則謂之九牧。」案：張氏望文生義，不足據也。李貽德云：「《禹貢》荆、揚二州，『厥貢惟金三品』。《詩・泮水》疏引鄭注：『三品者，銅三色也。』按：此之貢金，❷亦當是銅。荆、揚是常貢，此以鑄鼎之故，令九牧皆貢。」

「鑄鼎象物，**【注】**賈云：「象所圖物，著之于鼎。」《楚世家》集解。**【疏證】**杜用服義。圖物即謂山川奇異之物。《管子・立政》注：「著，標著也。」《郊祀志》叙此事云：「鑄九鼎，象九州。」則鼎數凡九也。❸畢沅云：「《山海經》海外、海内經，周秦所述也。禹鑄鼎象物，使民知神姦。按其文，有國名，有山川，有神靈奇怪之所際，是鼎所圖也。鼎亡於秦，故其先時人，猶能説其圖，以著於册。」沈欽韓云：「今《山海經》所説形狀物色，殆鼎之所象也。」與畢説同。又云：「《吕氏・先識覽》：『周鼎著饕餮，有首無身，食人未咽，害及其身，以言報更也。』更《審勢》篇：❹『周鼎著象，謂其理之通也。』又《離謂》篇：『周鼎著倕而齕其指，先王有以見大巧之不可爲也。』又《適威》篇：『周鼎有竊，曲狀甚長，上下皆曲，以見極之敗也。』又《達鬱》篇：『周鼎著鼠，❺令馬履之，爲其不陽也。』所謂周鼎，即夏鼎也。觀其大略，則夏之鑄鼎，非獨燭照神姦，亦炯垂法戒矣。」

「百物而爲之備，使民知神姦。**【疏證】**《後漢書・宣帝紀》詔書「民」作「人」，❻此唐人避諱改字。杜注：「圖鬼神百物之形，使民逆備之。」

「故民入川澤山林，不逢不若。**【疏證】**《文選》劉逵《吴都賦》注引傳作「使入山林藪澤」。❼惠棟

❶「下」，《禮記正義》卷五作「子」。
❷「此」，原作「比」，今據原稿改。
❸「凡」，原脱，今據原稿補。
❹「審」，《春秋左氏傳補注》卷五作「慎」。
❺「著」，原脱，今據原稿補。
❻「宣」，疑當作「明」。下一「宣」字同。
❼「吴都賦」，原爲二空格，今據《六臣註文選》卷五補。

云：「張衡《東京賦》云：『禁禦不若，以知神姦。』《爾雅·釋詁》云：『若，善也。』郭璞注：『《左傳》云「禁禦不若」。』今《左傳》作『不逢不若』。案：下傳云『莫能逢之』，杜氏曰：『逢，遇也。』既云不逢，又云莫逢，文既重出，且杜氏不應舍上句注下句。此晉以後傳寫之訛。當從張衡、郭璞本作『禁禦不若』。」按：惠説是也。《後漢書·宣帝紀》詔書云「不逢惡氣」，乃檃括傳文爲辭，或後人用漢詔改傳文矣。杜注：「若，順也。」

「螭魅罔兩，莫能逢之，【注】服云：「螭，山神，獸形。魅，怪物。罔兩，木石之怪。」《以神仕者》疏。【疏證】《説文》「鼎」字下引作「螭魅蝄蜽」。段玉裁云：「螭者，轉寫之訛字。《説文》此字在厹部，作离，云：『山神，獸形。』」案：《一切經音義》引《通俗文》：❶「山澤怪謂之螭魅，木石怪謂之魍魎。」字亦作「螭」。《釋文》：「魅，本又作『鬽』。兩，本又作『蜽』。」《神仕》注引傳作「螭鬽魍魎」。李富孫云：「《説文》鬽，或作魅，字同。《説文》：『蝄蜽，山川之精物也。』徐鉉曰：『今俗別作魍魎，❷非是。』傳作罔兩，從省。」《周禮》：「凡以神仕者，以夏日至，❸致地示物鬽。」注：「百物之神曰鬽，《春秋傳》曰『螭鬽魍魎』。」疏：「《左氏》宣公三年，服氏注：『螭，山神，獸形。鬽，怪物。魍魎，木石之怪。』文十八年注：『螭，山神，獸形。或曰：如虎而噉虎。或曰：魅，人面獸身而四足，好惑人，山林異氣所生，爲人害。』如賈、服義，與鄭異。鄭君則以螭鬽爲一物，故云百物之神曰鬽，引《春秋》螭鬽以證之。經無魍魎，連引之者，以《國語》『木石之怪夔魍魎』，賈、服所注是也。」據彼疏，則此傳賈、服義同。杜氏於螭魅用賈、服義。其解「罔兩」云水神，與賈、服異。疏云：「螭，山神，獸形。魅，怪物。先儒相傳爲然。」亦賈、服同説之證。疏又云：「《魯語》仲尼云：『木石之怪夔、罔兩，水之怪龍、罔象』，則罔兩是木石之神。杜以爲水神者，《魯語》賈逵注云：❹『罔兩、罔象，言有夔、龍之形而無實體。』然則罔兩、罔象皆是虛無，當總彼之義，非神名也。上句言山林川澤，則螭魅罔兩四神。文十八

❶「一切經音義」，原爲三空格，今據《一切經音義》卷六補。

❷「作」，原脱，今據原稿補。

❸「夏」，原漫漶不清，今據原稿補。

❹「注」，原作「語」，今據《春秋左傳正義》卷二十一改。

年注：『螭魅，山林異氣所生。』螭魅既爲山林之神，則罔象宜爲川澤之神，❶故以爲水神也。」文洪案：《外傳》云木石之怪，則非水神。韋注亦云：「蝄蜽，山精，好效人聲而迷惑人也。」與服注同。《説文》引淮南王説：「蝄蜽，狀如三歲小兒，赤黑色，赤目，長耳，美髮。」則非無形質。本疏曲爲之説，非也。疏又以螭魅罔兩爲四神，亦非杜義。又按：《周禮》疏引宣三年注，顯言服氏。引文十八年注，不言姓氏，而下承以如賈、服義，❷則文十八年注蓋賈注也。❸以此例推之，《周禮》疏引《左傳》注不言姓氏者，皆賈、服説也。壽曾謂：文十八年傳注，《五帝本紀》集解正引作賈、服説，已采附於彼傳。逢之，張衡《東京賦》作「逢旃」。❹

「用能協于上下，以承天休。【疏證】《周語》「以承天休」，注：「休，慶也。」杜注謂「受天祜」，❺用韋義。

「桀有昏德，鼎遷于商，【疏證】《楚世家》「昏」作「亂」。

「載祀六百。【注】賈云：「載，辭也。祀，年也。商曰祀。」王肅云：「載祀者，猶言年也。」《楚世家》集解。【疏證】杜注：「載、祀，皆年。」杜用王説。疏：「載、祀皆年之別名，複言之耳。」武億云：「載，當記載之載，謂記年六百，與下『卜世三十，❻卜年七百』句義同。賈逵以載爲辭，不云皆年義，可據。」按：武説是也。《釋天》：「商曰祀，周曰年。」《洪範》「惟十有三祀」，箕子用商人稱，經傳多稱《商書》。

「商紂暴虐，鼎遷于周。【疏證】《楚世家》「商」作「殷」。

「德之休明，雖小，重也。其姦回昏亂，雖大，輕也。【疏證】大小以鼎言，輕重以德言。《楚世家》：「德之休明，雖小必重；其姦回昏亂，雖大必輕。」

「天祚明德，有所厎止。【疏證】《釋

❶「象」，《春秋左傳正義》卷二十一作「兩」。
❷「如」，原作「爲」，今據原稿改。
❸「年」，原脱，今據原稿補。
❹「東」，當作「西」。
❺「祜」，《春秋左傳正義》卷二十一作「祐」。
❻「下」，原脱，今據原稿補。

言》：❶「厎，致也。」段玉裁云：「厎，本訓柔石。經傳多借訓爲致。」❷

「成王定鼎于郟鄏，【疏證】《地理志》：「河南，故郟鄏地。周武王遷九鼎，周公致太平，營以爲都，是爲王城，至平王居之。」《説文》：「鄏，河南縣直城門官陌地也。《春秋傳》曰『成王定鼎於郟鄏』。」傳言郟鄏，許君止釋鄏者，《水經・穀水》注：「京相璠云：『郟，山名。鄏，地邑也。』」《楚世家》索隱：「按《周書》，郟，雒北山名，音甲。鄏謂田厚鄏，故以名焉。」與京相説合。《周本紀》正義引《帝王世紀》「王城西有郟鄏陌」，與班《志》稱「官陌」地合。❸沈欽韓云：「《續志》：『河南縣東城門名鼎門。』《唐六典》：『東都城南面三門，中曰定鼎。』《韓愈集・送鄭十校理序》：❹『席定鼎門外。』《一統志》：『郟鄏陌在洛陽縣西。』」江永云：「今洛陽縣西河南故城是也。」高士奇云：「《河南府圖經》云：『郟山在郡城西南，迤邐其城北二里，亦曰邙山。』」

「卜世三十，卜年七百，天所命也。【疏證】本疏：「《律曆志》云：『周三十六王，八百六十七年。』過卜數也。」古人卜世之禮，屢見此傳。《晉書・裴楷傳》：「武帝初登阼，探策以卜世數多少。」即用周卜世、卜年意。

「周德雖衰，天命未改。鼎之輕重，未可問也。」【疏證】自「成王定鼎」以下，《楚世家》文同，❺又云「楚王乃歸」。《周本紀》：「王使王孫滿應設以辭，❻楚兵乃去。」傳不言楚師即去，史公采它書也。《梁書・隱逸傳》：「何胤謂王杲曰：❼『鼎者神器，有國所先，故王孫滿斥言，楚子頓盡。』」

夏，楚人侵鄭，鄭即晉故也。【疏證】鄭即晉，謂鄭附於晉。

宋文公即位三年，【疏證】《讀本》：「宋文公以魯文十六年立，魯文十七年爲宋文元年，魯文十八年爲宋文二年，即位之三年也。」

❶「言」，原爲空格，今據《爾雅》卷上補。
❷「致」，原作「辭」，今據原稿改。
❸「班志」，疑當作「説文」。
❹「校」，原漫漶不清，今據原稿補。
❺「家」，原脱，今據原稿補。
❻「設」，原作「説」，今據原稿改。
❼「隱逸」，當作「處士」。「杲」，《梁書・處士傳》作「果」。

殺母弟須及昭公子，武氏之謀也。使戴、桓之族攻武氏於司馬子伯之館，盡逐武、穆之族。【疏證】事已見文十八年傳。攻武子，彼傳謂戴、莊、桓三族，此少莊族，佚文。

武、穆之族以曹師伐宋。【疏證】《讀本》：「曹師伐宋，不知其年，傳追言之，以釋今伐曹也。」

秋，宋師圍曹，報武氏之亂也。

冬，鄭穆公卒。

初，鄭文公有賤妾曰燕姞。【注】賈云：「姞，南燕姓。」《鄭世家》集解。【疏證】杜用賈說。《說文》：「姞，黃帝之後。」李貽德云：「姞，或作吉。《詩·都人士》『謂之尹吉』。」南燕已釋於□□年傳。《鄭世家》叙燕姞事於文公二十四年，當魯僖公十一年。

夢天使與己蘭，【注】賈云：「蘭，香草名也。」《鄭世家》集解。【疏證】杜用賈說，不釋「夢天使」義。《鄭世家》無「使」字。疏云：「夢言天者，皆非天也。此既言天使與己蘭，即云『余爲伯鯈』，鯈即非天也。伯鯈不得自稱爲天，明是夢者恍惚之言耳。」又引成五年傳：「晉趙嬰夢天使謂己：『祭余，余福女。』」謂：「或別有邪神，夢者不識而妄稱天耳。」如疏說，則此傳及成四年之「天使」，皆釋爲「上帝」。俞正燮云：「天使者，使讀去聲，世人泛言神道也。燕姞初夢一不識之神，繼乃自言伯鯈。趙嬰亦夢一不知誰何之神求祭，因而祭之，以爲此神殆天使也云爾。舊說以爲上天之使命，因以詆《左傳》，非也。《論衡·變虛篇》宋景公熒惑星事云：❶『熒惑，天使也。』《龍虛篇》：『以龍神爲天使。』《指瑞篇》云：『或言天使之所爲也。其來神怪，若天使之，則謂天使矣。』是《左傳》之義也。《左傳》燕姞『夢天使謂己』，昭九年傳武王邑姜則云『夢帝謂己』，即《左傳》天使非天帝之證。」按：俞說是也。《說文》：「蘭，香草也。從草闌聲。」用賈義。《易·繫辭》「其臭如蘭」，虞注亦以蘭爲香草，鄭君注同。《詩·澤陂》、《溱洧》之「蕑」，傳皆訓爲蘭。陸璣《義疏》云：「蕑，即蘭，香草也。其莖葉似藥草。澤蘭廣而長節，節中赤。高四五尺。可箸粉中藏衣，箸書中辟白魚。」陸氏以《詩》所詠爲澤蘭。陳奐《詩疏》云：「《炮炙論》云大澤蘭即蘭草，小澤蘭即澤蘭。按：澤蘭有此兩種，與今之山蘭不同物。

❶「變」，原爲空格，今據原稿補。

《本草綱目》以爲即今省頭草是也。」

曰：「余爲伯鯈。余，而祖也。【注】賈云：「伯鯈，南燕祖。」《鄭世家》集解。【疏證】伯鯈，《說文》姞字引作「伯鮍」，又「黄帝之後，姞姓」。洪亮吉云：「按：鯈即鮍，但移偏旁居上耳。惠氏譏《釋文》誤字，非也。」《鄭世家》「而」作「爾」。杜用賈說。李貽德云：「案黄帝之子得姓者十二，姞其一也。伯鯈當是受姞姓者。」

「以是爲而子。【注】王肅云：「以是蘭也，爲汝子之名。」《鄭世家》集解。【疏證】杜注：「以蘭爲女子名。」與王肅義同。

「以蘭有國香，人服媚之如是。」【疏證】國香，香甲於一國也，猶國工之稱矣。《思齊》傳：「媚，愛也。」杜注：「欲令人愛之如蘭。」

既而文公見之，與之蘭而御之。【疏證】《鄭世家》：「以夢告文公，文公幸之，而與之草蘭爲符。」如史公說，是燕姞告文公以夢蘭之事，乃賜以蘭而進御。

辭曰：「妾不才，幸而有子。將不信，敢徵蘭乎？」【疏證】《讀本》：「『妾不才幸而有子』者，言此得幸必有子。『將不信敢徵蘭』者，蓋言其夢以文公又與蘭其事相符爲徵。杜言計賜蘭爲懷子月數，是未幸而先有孕，亦近誣也。」

公曰：「諾。」生穆公，名之曰蘭。

文公報鄭子之妃曰陳嬀，【注】服云：「鄭子，文公之叔父子儀也。報，復也，淫親族之妻曰報。漢律，淫季父之妻曰報。」《雄雉》疏。【疏證】杜用服說。《雄雉》疏：「桓十六年傳『衛宣公烝於夷姜』，服虔云：『上淫曰烝』，則烝，進也，自進上而與之淫也。」下引此傳。此及服注、彼疏明烝、報詞有別。《廣雅·釋詁》：「報，淫也。」王念孫云：「案：報者，進也。《樂記》：『禮減而不進則銷，樂盈而不返則放，故禮有報而樂有反。』鄭注：『報，讀曰褒。褒，猶進也。』報與烝皆訓爲進。上淫曰烝，淫季父之妻曰報，其義一也。」文淇案：按《晉書·石勒傳》：「下書禁國人報嫂。」嫂近尊屬，故與旁淫異辭。《讀本》：「報陳嬀、娶江、娶蘇，《史記》所謂三夫人。」

生子華、子臧。子臧得罪而出。【疏

證】僖二十四年傳：「鄭子華之弟子臧出奔宋。」未著其年，以子華事核之，亦僖十六年事也。

誘子華而殺之南里，【疏證】僖十六年傳：「十二月乙卯，[1]鄭殺子華。」杜注：「南里，鄭地。」襄二十六年傳：「入南里，墮其城。」當是一地。《彙纂》：「今新鄭縣南五里有地名南里。」

使盜殺子臧於陳、宋之間。【疏證】僖二十四年傳：「鄭伯使盜誘之，八月，盜殺之陳、宋之間。」[2]

又娶於江，生公子士。朝于楚，楚人酖之，及葉而死。【疏證】惠士奇云：「楚滅江，惡其所出爲害，故酖之。」《地理志》：「南陽郡葉，楚葉公邑也。」顧棟高云：「今河南南陽府葉縣南三十里有古葉城。」

又娶於蘇，生子瑕、子俞彌。【疏證】《鄭世家》「瑕」作「溉」。李富孫云：「瑕與溉，亦音之轉。」

俞彌早卒。洩駕惡瑕，文公亦惡之，故不立也。【疏證】僖三十一年傳：「鄭洩駕惡公子瑕，鄭伯亦惡之，故公子瑕出奔楚。」《鄭世家》：「文公寵子五人，皆以罪早死。」則子瑕奔楚後即死也。五人謂華、臧、士、瑕、俞彌。

公逐群公子，公子蘭奔晉，從晉文公伐鄭。【疏證】僖三十年傳：「九月甲午，晉侯、秦伯圍鄭。初，鄭公子蘭出奔晉，請無與圍鄭，許之。使待命于東。」蘭之奔晉，傳未明何年。《鄭世家》：「公怒溉，逐群公子。子蘭奔晉，從晉文公圍鄭。」溉即子瑕，則蘭之奔晉，在瑕奔楚後。《左氏》叙子瑕奔楚於僖三十一年，未必其年事也。

石癸曰：「吾聞姬、姞耦，其子孫必蕃。【疏證】據僖三十年傳，石癸即石甲父，鄭大夫也。杜注：「姞姓宜爲姬配耦。」

「姞，吉人也，后稷之元妃也。【疏證】丘光庭曰：「石癸所言是論『佶』字之義，字當從人從吉，後代改之從女，安得吉人之語乎？」按：石癸明「吉」字之義，不言於文爲吉人，猶言祥女也，丘説非。杜注：「姞姓之女爲后稷妃，周是以興，故曰吉人。」《鄭世家》：「鄭大夫石癸

[1] 「二」，《春秋左傳正義》卷十四作「一」。

[2] 「宋」，原作「蔡」，今據原稿改。

曰：『吾聞姞姓乃后稷之元妃，其後當有興者。』」

「今公子蘭，姞甥也，天或啓之，必將爲君，其後必蕃。【疏證】《鄭世家》：「子蘭母，其後也。且夫人子盡以死，餘庶子無如蘭賢。」史公明傳必將爲君義，故詞與傳異。

「先納之，可以亢寵。」【疏證】《廣雅·釋詁》：❶「亢，極也。」《鄭世家》：「今圍急，晉以爲請，利孰大焉！」

與孔將鉏、侯宣多納之，盟于太宮而立之，以與晉平。【疏證】僖三十年傳：「鄭石甲父、侯宣多逆以爲太子，❷以求成於晉，晉人許之。」即此傳盟太宮、立蘭事也，彼傳文略。杜注：「大宮，鄭祖廟。」《讀本》：「穆公即位在僖三十三年。」

穆公有疾，曰：「蘭死，吾其死乎！吾所以生也。」刈蘭而卒。【疏證】《吴語》注：❸「芟草曰刈。」又曰：「刈，❹鎌也。」《讀本》：「穆公蓋愛蘭草，多植之，至此病將卒，乃刈蘭。」《説文繫傳》：「案：《本草》：『蘭入藥，四五月采。』鄭穆公以十月卒，彼時十月，今之八月，非《本草》采用之時者，蓋常人候其華實成，然後刈取之也。」

【經】四年，春，王正月，公及齊侯平莒及郯。莒人不肯。公伐莒，取向。【疏證】《地理志》：「東海郡郯，故國，少昊後，盈姓。」盈即嬴也。沈欽韓云：「《一統志》：『故郯國在沂州府郯城縣西南二十里，與江南邳州接界。』」《齊策》注：「肯，猶可也。」杜注：「向，莒邑。」江永云：「向，本近莒之國。隱二年莒人入向，遂爲莒邑。」詳彼經疏證。

秦伯稻卒。無傳。【疏證】《穀梁》疏引《世本》：「秦共公也。」《秦本紀》：「共公立五年，卒，子桓公立。」❺索隱謂共公名貑，《年表》作和，皆與經異。李富孫云：「和與稻，或字形相涉。」共公卒年，《年表》逸之。

❶「詁」，原爲空格，今據《廣雅》卷一補。
❷「多」，原脱，今據原稿補。
❸「吴」，原爲空格，今據《國語正義》卷十九補。
❹「刈鎌也」，見《齊語》注。　眉批：「是刈是濩」。
❺「立」上，原有一空格，今據原稿刪。

夏，六月，乙酉，鄭公子歸生弒其君夷。

【疏證】《年表》：「鄭靈公夷元年，公子歸生以黿故，殺靈公。」取傳「稱臣，臣之罪」義。

赤狄侵齊。無傳。

秋，公如齊。公至自齊。無傳。

冬，楚子伐鄭。【疏證】《年表》：「楚莊王九年，伐鄭。」

【傳】四年春，公及齊侯平莒及郯，莒人不肯。公伐莒，取向，非禮也。平國以禮，不以亂。伐而不治，亂也。以亂平亂，何治之有？無治，何以行禮？【疏證】《典瑞》「穀圭以和難」注：「穀，善也。其飾若粟文然。難，仇讎，❶和之者，若《春秋》宣公及齊侯平莒及郯，晉侯使瑕嘉平戎於王。」如鄭君，則平莒及郯爲和難之禮。和難而繼以兵，故《傳》譏非禮也。

楚人獻黿于鄭靈公。【疏證】《說文》：「黿，大鼈也。」《淮南·時則訓》「漁人伐蛟取鼉，升龜取黿」，❷注：「黿可作羹。《傳》曰『楚人獻黿於鄭靈公』。」《吕覽·季夏覽》注亦云：「黿可爲羹。」《鄭世家》：「楚獻黿于靈公。」

公子宋與子家將見。【注】賈云：「二子，鄭卿也。」《鄭世家》集解。【疏證】杜注：「宋，子公也。子家，歸生。」《御覽》三百七十引同。《讀本》：「《史記》言子公亦穆氏，則亦穆公子。」《鄭世家》：「子家、子公將朝靈公。」

子公之食指動，【注】服云：「第二指。」《鄭世家》集解。俗所謂啑鹽指也。」本疏。【疏證】杜注：「第二指。」用服說。《大射禮》「右巨指鉤弦」注：「右巨指，右手大擘也。」又曰：「設決朱極三。」注：「極，猶放也，所以韜指，利放弦也，以朱韋爲之。三者，食指、將指、無名指。小指短，不用。」本疏據鄭說，謂：「手之五指之名，曰巨指、食指、將指、無名指、小指也。其食指者，食所偏用。」李貽德云：「巨指爲第一指，則食指爲第二指矣。《一切經音義》八引《字書》：『啑，喋也。』蓋漢時

❶「讎」，原作「難」，今據原稿改。

❷「升」，《淮南鴻烈解》卷五作「登」。

語也。」

以示子家，曰：「他日我如此，必嘗異味。」【疏證】《鄭世家》：「謂子家曰：『佗日指動，必食異物。』」❶

及入，宰夫將解黿，相視而笑。【疏證】《讀本》：「解黿，殺剥也。」❷《鄭世家》：「及入，見靈公進黿羹，子公笑曰：『果然！』」

公問之，子家以告。【疏證】《鄭世家》：「靈公問其笑故，具告。」

及食大夫黿，召子公而弗與也。【疏證】食大夫黿，謂召大夫賜食也。《淮南・時則訓》注引傳：❸「靈公獨不與公子宋黿羹。」蓋説傳意。杜注：「欲使指動無效。」❹《鄭世家》：「靈公召之，獨弗與羹。」

子公怒，染指於鼎，嘗之而出。【疏證】《淮南・時則訓》注作「公子宋怒」。《鄭世家》：「子公怒，染其指，嘗之而出。」

公怒，欲殺子公。子公與子家謀先。【疏證】《鄭世家》文同。沈欽韓云：「《韓非・難四》：『君不懸怒。懸怒則臣懼罪，輕舉以行計，則人主危。故靈台之飲，衛侯怒而不誅，故褚師作難；食黿之羹，鄭君怒而不誅，故子公殺君。』注：『有怒不及行，謂之懸。』」沈氏引此者，見《左氏》古義，以靈公怒子公而不誅爲非。《讀本》：「謀先，謂及公未發而作亂。」

子家曰：「畜老，猶憚殺之，而況君乎？」【疏證】杜注釋「畜」爲六畜。《釋文》：「憚，難也。」

反譖子家。子家懼而從之。【疏證】杜注：「譖子家於公。」《讀本》：「子公蓋近臣，日在左右，子家懼而從子公。」

夏，弑靈公。書曰「鄭公子歸生弑其君夷」，權不足也。【疏證】此明經書子家弑君之義。《史記・太史公自序》：「爲人臣者，不可不知《春秋》，守經

❶「食異物」，原脱，今據原稿補。
❷ 原稿眉批：解，詁。
❸「注引傳」，原脱，今據原稿補。
❹「指」，原作「食」，今據《春秋左傳正義》卷二十一改。

事而不知其宜，遭變事而不知其權。」杜注：「子家權不足以禦亂。」

君子曰：「仁而無武，❶無能達也。」【疏證】此傳與上文不相蒙，責靈公之詞也。《韓非·外儲》：「子夏曰：『《春秋》之記臣殺君、子殺父者，以十數矣，皆非一日之積也，有漸而至矣。凡姦者，行久而成積，積成而力多，力多則能殺，故明主蚤絶之。』」以前沈氏引《難四》篇「懸怒」之義，正與子夏之言相發。能誅臣，貴在蚤絶。不能蚤絶，即所謂「仁而無武」也。「達」謂申其罰。劉恭冕《春秋説》引《韓非》，謂《公》、《穀》原出子夏，《左氏》弑例，《公》、《穀》亦同。壽曾謂：以《韓非》斥靈公懸怒義證之，❷則子夏所稱，正《左氏》義也。傳將述君無道之義，以靈公用飲食細故，戲弄其臣，怒而不誅，無道之義未顯，故於傳例之先，明靈公不能察微見遠，無果決之斷，以致身弑名辱，是爲無道。杜注：「初稱畜老，❸仁也。不討子公，是不武也。故不能自通於仁道而陷弑君之罪。」❹子家雖止子公之弑，然以畜比其君，此謂韓厥況晉厲公以老牛何異？❺《左氏》安得尚許其仁？杜説非傳意也。

凡弑君，稱君，君無道也；稱臣，臣之罪也。【疏證】此書弑君例也。杜注：「稱君，謂唯書名而稱國以弑，❻言衆所共絶也。稱臣者，謂書弑者之名。」杜釋稱君、稱臣義不誤。其稱國以弑，則傳例所未及。劉、賈、許、潁説曰：「君惡及國朝，則稱國以弑。君惡及國人，則稱人以弑。」則書國、書人例，❼爲未弑君不稱臣而發，已釋於文十八年經。❽本疏：「《晉語》云：『趙宣子曰「大者天地，其次君臣」』，則君臣之交，猶父子也，君無可弑之理，而云『弑君，君無道』者，弑君之人固爲大罪，欲見君之無道，罪亦合弑，所以懲創將來之君，兩見其義，❾非赦弑君之人，以弑之爲無罪也。」詳疏釋傳例意甚明晰，其云「懲創將來之君」，必是古《左氏》義。而又引

❶「無」，《春秋左傳正義》卷二十一作「不」。
❷「懸」，原爲空格，今據原稿補。
❸「老」，原脱，今據《春秋左傳正義》卷二十一補。
❹「通」，原爲空格，今據原稿補。
❺「謂」，原爲空格，今據原稿補。
❻「書」下，《春秋左傳正義》卷二十一有「君」字。
❼「例」，原無，今據原稿補。
❽「已釋於文十八年經」，原脱，今據原稿補。
❾「兩見其義」，原重文，今據原稿删。

《釋例》云：「天生民而樹之君，使司牧之，❶群物所以繫命也。故傳曰：『君，天也，天可逃乎？』此人臣所執之常也。然本無父子自然之恩，未有家人習翫之愛，高下之隔懸殊，壅塞之否萬端。是以居上者，降心以察下，表誠以感之，然後能相親也。若亢高自肆，群下絶望，情義圮隔，是謂路人，非君臣也。人心苟離，則位號雖存，無以自固。故傳例曰：『凡弒君，稱君，君無道；稱臣，臣之罪。』稱君者，惟書君名，而稱國、稱人以弒，言衆之所共絶也。稱臣者，謂書弒者主名，以垂來世，終爲不義，而不可赦也。」壽曾謂：杜氏此說，責君太重，責臣轉輕。雖終謂弒逆之罪不可赦，然已謂君臣無父子之恩，例於路人，語意悖謬，致說《左氏》者，集矢此例，謂出漢人附益，皆杜說所召也。疏謂兩見其義，語最無弊。劉恭冕《春秋說》申其說云：「《左氏傳》，凡弒君，稱君，君無道也；稱臣，臣之罪也。此《春秋》最要之義。而解者未明其義，故近世通儒，若顧氏棟高、焦氏循，皆疑其悖理。實則《左傳》說不誤也。蓋無道者，謂不知禮義，失其爲君之道也。《史記·太史公自序》云：『《春秋》之中，弒君三十六，亡國五十二，諸侯奔走不得保其社稷者，不可勝數。察其所以，皆失其本也。故《易》曰：「失之毫釐，差以千里。」故曰：「臣弒君，子弒父，非一旦一夕之故也，其漸久矣。」故有國者，不可以不知《春秋》，前有讒而弗見，後有賊而不知；爲人臣者，不可以不知《春秋》，守經事而不知其宜，遭變事而不知其權。爲人君父，而不通於《春秋》之義者，必蒙首惡之名；爲人臣子而不通於《春秋》之義者，必陷簒弒之誅，死罪之名。』又云：『夫不通禮義之旨，至於君不君，臣不臣，父不父，子不子。君不君則犯，臣不臣則誅，父不父則無道，子不子則不孝。此四行者，天下之大過也。以天下之大過予之，則受而弗敢辭。故《春秋》者，禮義之大宗也。』史公此文，言弒君亡國之諸侯皆失其本。又言人君不通《春秋》，蒙首惡之名。又言君不君則犯，父不父則無道，不即《左氏》『弒君，君無道』之旨乎？而此義又明見《易傳》，言『臣弒君，子弒父，由辯之不早辯』。皆是責爲人君父之辭。辯者，辯乎禮義而已。早辯，是有道。不能早辯，即是無道。故史公引《易傳》，言『失之毫釐，差以千里』，失亦謂失禮義也。既失禮義，不謂之無道得乎？《左氏傳》所載各凡，皆本禮經，即史公所言禮義也。若然，《春秋》之作，不獨治亂臣、賊子，而亦以戒爲人君父當守禮義。然《孟子》

❶「之」，原脱，今據原稿補。

但言亂臣、賊子懼，不言無道之君父亦懼者，《孟子》自舉所重言之。蓋君父雖無道，非臣子所得加弒。《吕氏春秋·行論》篇：『父雖無道，子敢不事父乎？君雖不惠，臣敢不事君乎？』語最賅備。禮所謂君雖不君，臣不可以不臣者，此也。」按：劉説是也。史公以禮義責君父臣子，即疏所謂「兩見其義」矣。所云爲人臣者，「遭變事而不知其權」，即此經書子家弒君之義，故傳以權不足譏之。子家書法，兼責君臣，故傳例在此年。❶

鄭人立子良。【疏證】杜注：「穆公庶子。」《鄭世家》：「鄭人欲立靈公弟去疾。」

辭曰：「以賢，則去疾不足；以順，則公子堅長。」乃立襄公。【疏證】《釋詁》：「順，敘也。」《鄭世家》：「去疾讓曰：『必以賢，則去疾不肖；必以順，則公子堅長。』堅者，靈公庶弟，去疾之兄也。於是乃立子堅，是爲襄公。」《世家》以襄公爲靈公庶弟。集解：「徐廣曰：『《年表》云靈公庶兄。』」今本《年表》作「庶弟」，後人用《世家》改。

襄公將去穆氏，而舍子良，【疏證】《讀本》：「《史記》言公子宋爲穆公子，故襄公欲去穆族而獨舍置子良。」

子良不可，曰：「穆氏宜存，則固願也。若將亡之，則亦皆亡，去疾何爲？」乃舍之，皆爲大夫。

初，楚司馬子良生子越椒。子文曰：「必殺之！【疏證】傳明若敖氏滅於越椒，先述椒生時事，子良、子文，皆鬭伯比子也。杜注：「子文，子良兄。」

「是子也，熊虎之狀而豺狼之聲；【疏

---

❶ 原稿眉批：引左盦《群經大義相通論》：「案：《荀子·正論篇》云：『湯武者，民之父母也；桀紂者，民之怨賊也。今世俗之爲説者，以桀紂爲君，而以湯武爲弒，然則是誅民之父母，而師民之怨賊也。（又，《議兵篇》曰：『湯武之誅桀紂也，拱挹指揮，而强暴之國莫不趨使，誅桀紂若誅獨夫。故《太誓》曰獨夫紂，此之謂也。』）此即『弒君，稱君，君無道』之義也。《荀子》之説，與孟子對齊宣王之説合。又，襄十四年，晉師曠曰：『天之愛民甚矣，豈可使一人以縱其上，以肆其淫？』亦爲《荀子》之説所本，而《左傳》此語，後儒集矢紛紜，抑獨何與？」

證】沈欽韓云：「《漢書·王莽傳》：『時有用方技待詔黄門者，或問以莽形貌，待詔曰：莽，所謂鴟目、虎吻、豺狼之聲者也，故能食人，❶亦當爲人所食。』」沈引此者，以待詔言王莽狀同越椒，明凶人之不終。

「弗殺，必滅若敖氏矣。

「諺曰：『狼子野心。』是乃狼也，其可畜乎？」【疏證】《楚語》：「葉公子高曰：『人有言曰「狼子野心」。』」蓋楚人相傳有是言。

子良不可。子文以爲大慼。

及將死，聚其族，曰：「椒也知政，乃速行矣，無及於難。」【疏證】子文之死，傳不著其年。據莊三十年傳子文爲令尹，僖二十三年乃授政子玉，其爲令尹凡二十八年，至是年已老壽，其死或在僖公末矣。沈欽韓云：「《小爾雅·廣詁》：『乃，汝也。』」

且泣曰：「鬼猶求食，若敖氏之鬼不其餒而！」❷【疏證】《樂記》「幽則有鬼神」注：❸「《五帝德》説黄帝德曰：『死而民畏其神者百年。』《春秋傳》曰：『若敖氏之鬼。』然則聖人之精氣謂之神，賢知之精氣謂之鬼。」疏：「言聖人氣强，能引生萬物，故謂之神。氣劣於神，❹但歸終而已，故謂之鬼。」據鄭君説，則鬼之精氣不如神之强，必求食也。杜注：「而，語助。」

及令尹子文卒，鬬般爲令尹，【疏證】杜注：「般，子文之子子揚。」沈欽韓云：「般爲令尹，當繼子孔之後，傳言子文卒者，叙次相連及之。」按：沈説是也。據傳，子文以伐陳之功讓令尹於子玉，其後蔿吕臣、子上、大孫伯相次爲令尹。大孫伯卒，子孔乃爲令尹，中間相距凡二十五年。《漢書·叙傳》記子文虎乳之事，又云：「楚人謂虎『班』，❺其子以爲號。」注：「師古曰：子文之子鬬班，亦爲楚令尹。」般、班異文。❻

子越爲司馬。蔿賈爲工正，【疏證】襄九年傳：「使皇鄖命工正出車。」彼疏云：「《周禮》司馬之屬，

❶「能」，原作「以」，今據原稿改。
❷眉批：餒，詁。
❸「注」，原脱，今據原稿補。
❹「神」，《禮記正義》卷三十七作「聖」。
❺「人謂虎」，原重文，今據原稿删。
❻眉批：查《文選》屨般班班首。

無主車之官。巾車、車僕，職皆掌車，乃爲宗伯之屬。昭四年傳云：『夫子爲司馬，與工正書服。』是諸侯之官，司馬之屬，有工正主車也。」❶詳彼疏説，則宋之工正爲司馬屬官，楚國亦當然。❷賈蓋越椒之屬，故同謀殺鬬般也。

譖子揚而殺之，子越爲令尹，己爲司馬。

子越又惡之，乃以若敖氏之族，圄伯嬴於轑陽而殺之，【疏證】惠士奇云：「《月令》『省囹圄』，蔡邕《章句》云：『囹，牢也。圄，止也。所以止出入，皆罪人所舍也。』然則囹圄亦周時之獄。焦氏答崇精云：『囹圄，秦獄。』恐未然。」按：《月令》注：「圄，❸所以禁守繫者，若今别獄也。」詳鄭君説，則圄猶爲輕繫，與囹異也。惠引焦氏説，乃《鄭志》之文，見《禮》疏。杜注：「圄，囚也。伯嬴，蔿賈也。轑陽，楚邑。」江永云：「漢武帝延和二年，封江喜爲轑侯，即此。」沈欽韓云：「《水經注》：『溳水北出大義山，南至厲鄉西。又南逕隨縣，注安陸也。』《一統志》：『溳水在德安府隨州東北。』❹《魏志·賈逵傳》『屯遼口』，蓋其處矣。又有潦河，《一統志》：『源出南陽府西馬峙岬，南流至新野縣合湍水。』《紀要》：『潦河在南陽府鎮平縣東四十里。』以下文『處蒸野』，此是南陽之潦河也。」

遂處烝野，【疏證】杜注：「烝野，楚邑。」沈欽韓云：「即南陽府之新野縣。《方輿紀要》：❺『新野縣南至襄陽府一百十里。』」

將攻王。王以三王之子爲質焉，弗受。【疏證】《楚世家》：「相若敖氏。人或讒之王，恐誅，反攻王。」與傳稱釁由子越異。杜注：「三王：文、成、穆。」

師于漳澨。【疏證】杜注：「漳澨，漳水邊。」沈欽韓云：「《水經》：『漳水出臨沮縣東荊山，東南過蓼亭，又東過章鄉南。』❻《方輿紀要》：『漳水在安陸府當陽縣東北四十里，自南漳縣流入境，東南流經麥城東，又南合于沮水。』」本疏：「《爾雅》水邊之名，唯有涯、涘、岸、滸，無以

❶「正」，原作「車」，今據《春秋左傳正義》卷三十改。
❷眉批：查莊二十二年工正。
❸「圄」上，《禮記正義》卷十五有「囹」字。
❹「府」，原脱，今據原稿補。
❺「方輿紀要新野縣」，原脱，今據原稿補。
❻「東」下，原衍「南」字，今據原稿刪。

溢爲水邊者。」按：溢，猶涘也。《説文》：「溢，❶埤增水邊土，人所止者。」

秋，七月，戊戌，楚子與若敖氏戰于皐滸。【疏證】杜注：「皐滸，楚地。」沈欽韓云：「《水經注》：『沔水東逕萬山北。山下水曲之隈，云漢女昔游處也。張衡《南都賦》曰：「游女弄珠於漢皋之曲。」漢皐，即萬山之異名也。』《名勝志》：『萬山在襄陽府城西十里。』」據沈氏説，子越師行之路，蓋由今河南邊界，❷進次安陸，南出襄陽也。

伯棼射王，汰輈，【疏證】李富孫云：「襄二十六年傳『棼』作『賁』。」杜注：「伯棼，越椒也。」《輈人》「爲輈」注：「輈，車轅也。」杜用鄭説。《輈人》又云：「國馬之輈，深四尺有七寸。」注：「國馬，謂種馬、戎馬、齊馬、道馬。」❸則鄭謂國馬指兵車也。《讀本》：「兵車前轅爲輈。」惠棟云：「《説文》：『泰，滑也。從廾從水，大聲。』徐鉉云：『音他達切。今《左傳》作汰，非。』」洪亮吉云：「《説文》又有夳字，云：『古文泰。』《説文》大字解云：『天大地大人亦大，故大象人形。』據此，則汰從水大聲，爲古泰字之省文，音義亦通。」按：惠、洪説是也。杜注：「汰，過也。箭過車轅上。」杜訓汰爲過，亦是滑義。昭二十六年傳：齊子淵射洩聲子，❹「中楯瓦，繇朐汰輈，匕入者三寸」。杜彼注云：「汰，矢激。」激猶滑也。❺

及鼓跗，著於丁甯。【疏證】洪亮吉：「著，當從竹。」杜不釋「鼓跗」。疏云：「車上不得置簨簴以縣鼓，故爲作跗，若殷之楹鼓也。」如疏説，則鼓跗謂鼓足。梁履繩云：「《吴語》『載常建鼓』，韋云：❻『《周禮》：「將軍執晉鼓。」建，謂爲楹而樹之。』此鼓置車上，蓋即晉鼓也。」梁説可證本疏「楹鼓」之説。《晉語》：「戰以錞于、丁甯，儆其民也。」注：「丁甯，謂鉦也。」杜注用韋義。《廣雅·釋器》：「鉦，鐃，鈴也。」王念孫云：「《小雅·采芑》篇『鉦人伐鼓』，傳云：『鉦以静之，鼓以動之。』《大司馬》疏引《司馬法》云：『十人之長執鉦，百人之長執鐸。』鉦者，丁甯

---

❶「溢」，原作「涘」，今據《説文解字》卷十一上改。

❷「界」，原脱，今據原稿補。

❸「種」，原爲空格，今據原稿補。

❹「淵」下，《春秋左傳正義》卷五十二有「捷」字。

❺眉批：查《輪輿私箋》、《通藝録》。

❻「韋云」，原脱，今據原稿補。

之合聲。」按：本疏：「《鼓人》『以金鐲節鼓』，鄭玄云：『鐲，鉦也。形如小鍾，軍行以爲鼓節。』鐲即丁甯。故先儒皆以鐲爲鉦之別名。」則舊説或引《鼓人》之「鐲」以釋「丁甯」也。莊二十九年傳例：「凡師有鍾鼓曰伐，無鍾鼓曰侵。」古者師行，皆載鍾鼓。

又射，汏輈，以貫笠轂。【注】服云：「笠轂，轂之蓋如笠，所以蔽轂上以禦矢也。一曰車轂上鐵也，或曰兵車旁幔輪謂之笠轂。」本疏。舊注：「兵車尊者，則邊人執笠依轂下，以禦寒暑。」《御覽》三百八引。【疏證】《説文》：「轂，輻所湊也。」《輪人》：「轂也者，所以利轉也。」轂制在車輪之中。笠轂之稱，惟見此傳。笠制諸書不詳。服注三説，杜不承用，注云：「兵車無蓋，尊者則邊人執笠，依轂而立，以禦寒暑，名曰笠轂。此言箭過車轅，及王之蓋。」《御覽》所引舊注與杜義同，而文字小異，杜取舊注。《道右》：❶「王下則以蓋從。」注：「以蓋從，表尊。」疏：「蓋有二種：一者禦雨，一者表尊。」此舊注「邊人執笠」所本。《北周書·庾信傳》「《哀江南賦》『居笠轂而典兵』」，所即用「兵車尊者，邊人執笠」之義。本疏但引服注，無所申釋，而云：「杜以彼爲不安，故改之而爲此説，亦是以意而言，差於人情爲允耳。」沈欽韓云：「按：服前後説是也。《吴子·圖國》篇：『革車奄户，縵輪籠轂。』蓋兵車皆長轂，故須籠蔽，防擊觸。杜預謂以笠爲蓋，然矢已汏輈，豈能上激貫蓋乎？」沈氏證服第三説甚諦，而於第一説止言其是，未加引申。按：服謂「笠轂，轂之蓋如笠」，❷則已釋笠爲蓋。其與舊注不同者，服言「禦矢」，舊注言「禦寒暑」耳。轂在輪之中央，笠何所施，則服意亦以爲轂上而有人執蓋，以禦矢也。以是求之，則服注與舊注同説，杜正取服注矣。❸矢之力，可以激起，先汏輈，再貫蓋，❹於情事亦合。沈説非也。服氏注例，凡第一説，皆其所取。其有別説，止坿存。車轂傳鐵，言車制者所未及。李貽德云：「《史記·田單傳》：『令其宗人盡斷其車軸末而傅鐵籠。』足證鐵籠之制，自昔兵戰時已有之。」按：軸所以持轂非即

❶「道」，原爲空格，今據原稿補。
❷「轂」，原脱，今據原稿補。
❸「正」，原作「已」，今據原稿改。
❹「蓋」，原重文，今據原稿删。

轂。或説蓋謂以鐵護車輪之中心也。❶李氏又云：「『或曰兵車旁幔輪』，幔輪，當作幔轂。《考工記》：『望其轂，欲其眼也。進而眡之，欲其幬之廉也。』注：『幬，幔轂之革也。』❷又曰：『幬必負幹。』注：❸『幬，負幹者，革轂相應，無贏不足。』」謂以革覆轂也，可備一説。❹

師懼，退。

王使巡師曰：【疏證】洪亮吉云：「《廣雅》：『巡，❺徇也。』按：巡師即徇師也。」

「吾先君文公克息，❻獲三矢焉，伯棼竊其二，❼盡於是矣。」【疏證】《讀本》：「王假辭以安鎮之。」

鼓而進之，遂滅若敖氏。【疏證】《年表》：「楚莊王九年，若敖氏爲亂，滅之。」《楚世家》：「王擊滅若敖氏之族。」❽

初，若敖取于䢵，【疏證】《釋文》：「䢵，本又作鄖。」❾杜注：「䢵，國名。」未言所在。《説文》：「鄖，漢南之國，漢中有鄖關。」沈欽韓云：「前《志》『江夏雲杜縣』，應劭曰：『若敖娶于䢵，今䢵亭是也。』❿《一統志》：『漢雲杜故城，在安陸府沔陽州西北；⓫鄖城，今德安府安陸縣治。』䢵、鄖同。」

生鬬伯比。若敖卒，從其母畜於䢵，【疏證】《我行其野》傳：⓬「畜，養也。」

淫於䢵子之女，生子文焉。

䢵夫人使棄諸夢中。【疏證】夢中，⓭雲夢澤也。《漢書·序傳》作「瞢中」，《職方氏》亦曰「雲瞢」。

❶「或」下，原衍「謂」字，今據原稿删。

❷「幔」，原作「漫」，今據《春秋左氏傳賈服註輯述》卷九改。

❸「注幬負幹」，原脱，今據原稿補。

❹眉批：再精求轂制。

❺「巡徇也」，《春秋左傳詁》卷十作「徇巡也」。

❻「公」，《春秋左傳正義》卷二十一作「王」。

❼「二」，原作「三」，今據原稿改。

❽「氏」，原脱，今據原稿補。

❾「又」，原脱，今據原稿補。

❿「也」，原脱，今據原稿補。

⓫「陽」，原重文，今據原稿删。

⓬「我行其野」，原爲二空格，今據《毛詩正義》卷十一補。

⓭「夢中」至「雲瞢」二十字，原漫漶不清，今據原稿補。

江永云：「《書地理今釋》云：『《漢書・地理志》：「南郡華容縣，雲夢澤在南，荆州藪；❶編縣有雲夢宫；❷又，江夏郡西陵縣有雲夢宫。」《水經注》：「雲杜縣東北有雲夢城。又夏水東逕監利縣南，縣土卑下，❸澤多陂陀，西南自州陵東界，逕於雲杜、沌陽，爲雲夢之藪。」杜預云枝江縣、安陸縣有雲夢，蓋跨川互隰，❹兼包勢廣矣。《元和志》：「雲夢澤在安陸縣南五十里。」又云：「雲夢澤在雲夢縣西七里。」漢華容，今荆州府石首、監利二縣地。編縣，今安陸府荆門州。西陵，今黄州府蘄州及黄岡、麻城二縣。雲杜，今安陸府京山縣。州陵，今安陸府沔陽州。沌陽，今漢陽府漢陽縣。枝江，今屬荆州府。安陸、雲夢，今屬德安府。然則東抵蘄州，❺西抵枝江，京山以南，青草以北，皆爲古之雲夢。正義所謂「雲夢一澤而每處有名者也」。右釋雲夢所在甚詳，其稱杜預枝江、安陸之説，安陸見本傳注，枝江見昭四年疏引《土地名》。❻沈欽韓亦從《元和志》安陸之説，又云：「《左傳》邧子之女棄於夢中，無『雲』字；楚子濟江入雲中，無『夢』字。以此推之，則雲、夢二澤本是別矣。❼《漢陽志》云：『雲在江之北，夢在江之南。今巴陵、枝江、荆門、安陸之境皆云有雲夢，蓋雲夢本跨江南北，爲澤甚廣，而後世悉爲邑居聚落，故地之以雲夢名者非一處。而安陸之雲夢尤最著云。』」今澤已湮。」按：詳沈説，則雲夢之稱有別，然此傳之夢中在安陸，則是江北地。志書謂夢在江南，非也。雲夢統辭，❽不分江南北。詳昭三年疏證。❾《一統志》：「雲夢縣北有於菟鄉，蓋棄令尹子文之處。」

虎乳之。邧子田，見之，懼而歸。夫人以告。遂使收之。楚人謂乳穀，謂虎於菟，故命之曰鬭穀於菟。**【疏證】**上「謂」，今通行本作「爲」，非。二「謂」

❶「荆」上，原衍「今」字，今據《皇清經解》卷二百五十三《春秋地理考實》删。
❷「編」，原爲空格，今據原稿補。
❸「縣」，原脱，今據《皇清經解》卷二百五十三《春秋地理考實》補。
❹「隰」，原重文，今據原稿删。
❺「州」，原脱，今據原稿補。
❻「昭」，疑當作「定」。
❼「夢」，原作「澤」，今據原稿改。
❽「統」，原作「疏」，今據原稿改。
❾「疏」，原重文，今據原稿删。

意相比，「乳」、「虎」絶句。今從宋本。石經作「楚人謂乳爲㝅，謂虎爲於菟」。《釋文》「乳」、「穀」中間無「爲」字。洪亮吉謂朱梁補刻，非唐石經，是也。《漢書·叙傳》：「班氏之先，與楚同姓，今尹子文之後也。子文初生，棄於瞢中，而虎乳之。楚人謂乳穀，謂虎於檡，故名穀於檡，字子文。」注：「如淳曰：『穀音構。牛羊乳汁曰構。』師古曰：『穀讀如本字，又音乃苟反。檡或作菟，並音塗。』」據《叙傳》，則班固所見《左傳》本，止「菟」作「檡」，餘與今本同也。如音穀爲構者，梁履繩云：「案：今黔蜀人呼穀樹爲構樹，以樹汁如乳也。可知當時方音亦如是。」梁説證如音甚確。然《廣雅·釋獸》作㝅、於䖘。《校勘記》云：「穀當爲㝅。《説文·子部》云：『㝅，乳也。』」案：㝅正音構，知字當作㝅，無待以方音展轉證之。檡字，《玉篇》：「檡，梬棗也。」於稱虎無涉，或是借字，今不可詳。惠棟云：「《説文》：『楚人謂虎爲烏䖘。』《漢書》又作於檡。《方言》注云：『今江南夷呼虎爲䖘，音狗竇。』鄭康成《尚書》注曰：『於者，嗚聲。』則於爲古文烏。」洪亮吉曰：「今按：䖘字係《説文》新附，惠氏《補注》以爲《説文》，❶誤也。」按：新附取《廣雅》㝅、於䖘之文，或是相傳異字。菟，本從兔也。李富孫云：「菟、䖘古今字。」王引之曰：「於菟，虎文貌。《説文》：『𤘻，黄牛虎文，讀若塗。』❷菟、𤘻聲義並同，虎有文謂之於菟，故牛有虎文謂之𤘻。於菟云者，言其文之於菟然也。《説文》：『虍，虎文。』於菟與虍聲近而義同，單言之謂之虍，重言之謂之於菟。」按：王説是也。於亦發聲，子文之名穀於菟，以其乳於虎。焦循據《義縱傳》「乳虎」，引《爾雅》「熊虎醜，其子狗」、《尸子》「虎豹之駒」，謂「從句之字，與穀聲相近」，❸證穀於菟爲小虎之稱，❹非傳意。

以其女妻伯比。

實爲令尹子文。【疏證】杜注：「鬬氏始自子文爲令尹。」

其孫箴尹克黄使於齊，【注】舊注：「箴尹，官名。」《御覽》四百十八。【疏證】杜注與《御覽》引注同，以《御覽》連其人注引，定爲舊注。《吕覽》注：「楚

❶「以」，原脱，今據原稿補。
❷「若」，原作「書」，今據原稿改。
❸「穀」，原殘，今據原稿補。
❹「於」，原爲空格，今據原稿補。

有箴尹之官，諫臣也。」杜注：「克黄，子揚之子。」

還及宋，聞亂。其人曰：「不可以入矣。」【注】舊注：「其人，克黄從臣。」《御覽》四百十八。【疏證】舊注蓋謂克黄家臣也。

箴尹曰：「棄君之命，獨誰受之？君，天也，天可逃乎？」

遂歸，復命，而自拘於司敗。❶

王思子文之治楚國也，【疏證】惠棟云：「《戰國策》曰：『穰侯之治秦也。』高誘曰：『治猶相也。』」

曰：「子文無後，何以勸善？」

使復其所，改命曰生。【疏證】復其所，復箴尹之官。命，猶名也。杜注：「易其名。」惠士奇云：「劉向改名更生，本此。」

冬，楚子伐鄭，鄭未服也。

【經】五年，春，公如齊。

夏，公至自齊。

秋，九月，齊高固來逆叔姬。【疏證】《公羊》作「子叔姬」。洪亮吉云：「按：以下經校之，此亦當有『子』字，疑傳寫時脱也。」❷杜注：❸「高固，齊大夫。」疏據僖五年經「公孫兹如牟」，傳云「娶焉」，謂：「牟以聘爲文，此高固以逆爲文，不言聘者，從魯而出，私娶輕而君命重，故書聘不書逆；自外而來，則嫁女重而受聘輕，故書逆不書聘。」按：彼經高固不稱聘於某，此經亦不稱齊高固來聘，傳止以娶女、逆女爲内外之辭，不關聘禮，疏説非。❹

叔孫得臣卒。無傳。【疏證】隱三年傳：「衆父卒，公不與小斂，故不書日。」杜注：「不書日，公不與小斂。」據彼傳示例。❺

冬，齊高固及子叔姬來。【疏證】本疏：❻「叔姬已適高氏，而猶言『子叔姬』者，以其新歸於

❶ 眉批：司敗見文十年。
❷ 「寫」，原脱，今據原稿補。
❸ 「杜」下，原衍「固」字，今據原稿删。
❹ 「説」，原作「證」，今據原稿改。
❺ 「傳」，原作「疏」，今據原稿改。
❻ 「本疏」至下「疏證」三十三字，原脱，今據原稿補。

夫，反馬乃成爲婦。」

楚人伐鄭。【疏證】《年表》：「鄭襄公堅元年，❶楚伐我。」

【傳】五年，春，公如齊。

高固使齊侯止公，請叔姬焉。

「夏，公至自齊」，書過也。【疏證】桓二年傳例：「凡公行，告於宗廟，反行飲至，舍爵策勳焉，禮也。」則公出入告廟，經乃得書。杜注：「公既見止，連昏於隣國之臣，厭尊毀列，累其先君，而於廟行飲至之禮，故書以示過。」杜用傳例爲説，言不可告於廟也。

秋，九月，齊高固來逆女，自爲也。故書曰「逆叔姬」，卿自逆也。【疏證】嫌爲齊侯逆，故析言之。

冬，「來」，反馬也。【注】鄭康成云：「《冠義》云無大夫冠禮，而有其昏禮，則昏禮者，天子、諸侯、大夫皆異也。據《士禮》無反馬，蓋失之矣。此二句據《士昏禮》疏增。❷《士昏禮》云：『主人爵弁，纁裳緇衣。從者畢玄端。五字據《士昏禮》疏增。乘墨車，從車二乘，執燭前馬。四字據《士昏禮》疏增。婦車亦如之，有裧。』二字據《士昏禮》疏、《鵲巢》疏增。此婦車出於夫家，則士妻始嫁，乘夫家之車也。《詩·鵲巢》云：『之子于歸，百兩御之。』又曰：『之子于歸，百兩將之。』將，送也。國君之禮，夫人始嫁，自乘其家之車也。《何彼襛矣》篇曰：『曷不肅雍，王姬之車。』言齊侯嫁女，以其母始嫁之車遠送之。「何彼襛矣」以下據《士昏禮》疏增。則天子、諸侯嫁女，留其乘車可知也。高固，大夫也。來反馬，則大夫亦留其車也。禮雖散亡，以《詩》之義論之，大夫以上，其嫁皆有留車反馬之禮。留車，妻之道也；反馬，婿之義也。高固以

❶「堅」，原脱，今據原稿補。

❷「疏」，原脱，今據原稿補。下一「疏」字同。

秋九月來逆叔姬，❶冬來反馬，則婦入三月，祭行乃反馬，禮也。」本疏引鄭《箴膏肓》，又《士昏禮》疏。【疏證】杜注：「禮，送女留其送馬，謙不敢自安，三月廟見，遣使反馬。」與鄭説同。惟杜云遣使，鄭義所不具。其所云禮，似出逸《禮》，然鄭云禮散亡，則反馬之禮在漢時已無徵，杜氏安得據而引之？或杜所取義，更出康成之前，爲先儒説反馬義與？本疏云：「《儀禮·昏禮》者，士之禮也，其禮無反馬，故何休據之作《膏肓》以難《左氏》，言禮無反馬之法。」下引鄭《箴》，其引《膏肓》之辭不詳。按：《士昏禮》「婦車亦如之」，疏：「案：宣公五年冬《左傳》云『齊高固及子叔姬來，反馬也』，休以爲禮無反馬，而《左氏》以爲得禮。禮，婦人謂嫁曰歸，明無大故不反於家。經書『高固及子叔姬來』，故譏乘行匹至也。」據此，則休既謂禮無反馬，又譏叔姬之來，休蓋據《公羊》雙雙俱至之義。《公羊》義不與《左氏》同，❷第休謂《左氏》以爲得禮，則《左氏》舊説，止明反馬爲得禮，於高固、叔姬無譏辭。杜注乃云：「高固與叔姬俱甯，故經傳具見以示譏。」則用《公羊》説，非《左氏》説。傳但言反馬，不云歸甯。杜於經注云：「叔姬甯，固反馬。」亦非傳義。疏謂「法當遣使，不合親行」，此是杜義，鄭君亦不言當遣使也。《儀禮》疏引鄭《箴》，視本疏有詳略，今互補其文以成完義。《士昏禮》疏「譏乘行匹至」下有「士昏皆異」四字，亦鄭《箴》之詞，疑本疏所引「天子、諸侯、大夫皆異也」，「大夫」下有「士」字。據鄭君義，當通言士，以駁士無反馬也。鄭稱《士昏禮》，與今本同。惟「主人爵弁，纁裳緇衣」，浦鏜據今本改「衣」爲「袘」。《士昏禮》疏正作「絁」，是也。鄭引《士昏禮》，明士昏用夫家之車，連引服飾之文，不關證傳，今不具疏。《士昏禮》注云：「士妻之車，夫家共之。大夫以上嫁女，則自以車送之。」與《箴膏》義同。彼疏即引此傳爲證。鄭必謂士昏用夫家之車者，明士昏無反馬，非大夫以上禮，以駁何休也。鄭引《鵲巢》、《何彼襛矣》者，《鵲巢》序：「夫人之德也。」首章「之子于歸，百兩御之」，次章「之子于歸，百兩將之」，傳云：「諸侯之子嫁於諸侯，❸送御皆百兩。」箋云：「家人送之，良人迎之，車皆百乘，象有百官之盛。將，送也。」則毛氏亦謂百兩有送車，

❶「來」，原脱，今據原稿補。
❷「義」，原脱，今據原稿補。
❸「子」，原脱，今據原稿補。

鄭君從之。《箴膏肓》亦用毛義。彼疏云：「夫人之嫁，自乘家車。」是也。《何彼襛矣》序謂美王姬下嫁於諸侯。首章：「曷不肅雝？王姬之車。」傳於王姬車無説。箋云：「王姬往乘車也。言其嫁時始乘車，則已敬和。」❶鄭亦釋爲送嫁之車，與《箴膏肓》合。毛不言送車者，據諸侯嫁女，諸侯有送車，則王姬嫁於諸侯，得有送車可知。惟《毛詩》謂王姬下嫁，箋亦言王姬往乘車。《箴膏肓》别謂齊侯嫁女者，陳奂《毛詩疏》云：「《鄭志》答張逸以爲魯《詩》，是魯以此爲齊侯嫁女之詩。」據陳氏説，則鄭君《箴膏肓》用魯《詩》説。王姬、齊女，師説雖異，然皆可證大夫以上，嫁女自乘其車。鄭君箋《詩》，《箴》何歧其説耳？❷《鵲巢》疏引鄭《箴膏肓》，視本疏及《儀禮》疏爲略，又云：「故《泉水》云『還車言邁』，箋云：『還車者，❸嫁時乘來，今思乘以歸。』是其義也。」按：《泉水》序：「衛女思歸也。嫁於諸侯，父母終，思歸甯而不得。」則亦大夫以上留車之證。留車，妻之道者，妻恐見出於夫，❹將乘此車以歸，杜注所謂「謙不敢自安」也。反馬，壻之義者，明無出之事也。鄭君以三月祭行反馬爲禮，則反馬在三月以後。賈、服舊誼，皆謂大夫以上，三月廟見成昏，故大夫以上反馬以三月爲節，成昏乃反馬，與《士昏禮》當夕成昏不同。鄭謂三月祭行，用《士昏禮·記》「婦入三月，然後祭行」義。以大夫以上，三月廟見禮亡，即《士昏禮》祭行證之。彼注云：「謂助祭也。」故杜以三月廟見爲説。本疏：「杜言三月廟見，謂無舅姑者。《曾子問》篇端稱孔子曰：『三月而廟見，稱來婦也。擇日而祭于禰，成婦之義也。』鄭玄云：『謂舅姑没者也。』是舅姑没者，以三月而祭，因以三月爲反馬之節。舅姑存者，亦當以三月反馬也。」據疏説，則無論舅姑在否，禮皆有反馬。❺

**楚子伐鄭。陳及楚平。晉荀林父救鄭，伐陳。**【疏證】《年表》：「鄭襄公元年，楚伐我，晉來救。陳靈公十年，楚伐鄭，❻與我平。晉中行桓子距楚，❼救鄭，伐我。晉成公三年，中行桓子荀林父救鄭，伐

❶「敬和」，原爲空格，今據原稿補。
❷「箴何」，原脱，今據原稿補。
❸「車」，原脱，今據原稿補。
❹「妻」下，原衍「留」字，今據原稿删。
❺「禮」，原脱，今據原稿補。
❻「伐」，原作「代」，今據原稿改。
❼「桓子」，原重文，今據原稿删。

陳。」《鄭世家》：「襄公元年，楚怒鄭受宋賂縱華元，伐鄭。鄭背楚，與晉親。」《晉世家》：「成公三年，鄭伯初立，附晉而棄楚。楚怒，伐鄭，晉往救之。」

**【經】**六年，春，晉趙盾、衛孫免侵陳。**【疏證】**《年表》：「晉成公四年，與衛侵陳。衛成公三十二年，與晉侵陳。陳靈公九年，❶晉、衛侵我。」孫免，杜無注。免止見此年經，當是衛大夫。

夏，四月。

秋，八月，螽。無傳。**【疏證】**《公羊》「螽」曰「蝝」。

冬，十月。

**【傳】**六年，春，晉、衛侵陳，陳即楚故也。**【疏證】**蒙上年傳「陳及楚平」而言。

夏，定王使子服求后于齊。**【疏證】**杜注：「子服，周大夫。」《讀本》：「昏禮不稱主人，此則定王自命之。」

秋，赤狄伐晉，圍懷及邢丘。**【疏證】**《韓詩外傳》：「武王伐紂，到于邢丘，更名邢丘曰懷。」則懷、邢丘爲一地。《地理志》：「河内郡懷、平皋。」平皋下注：「應劭曰：『邢侯自襄國徙此。當齊桓時，衛人伐邢，邢遷于夷儀，其地屬晉，號曰邢丘。』臣瓚曰：『《春秋傳》狄人伐邢，邢遷于夷儀，不至此也。今襄國西有夷儀城。邢是丘名，非國也。』」壽曾謂：瓚駁應説，是也。邢侯未遷夷儀之先，國于邢丘。應云自襄國徙邢丘，前後倒置。據《韓詩》説，則邢侯名國，即緣邢丘。瓚謂非國，亦誤。《水經·濟水》注引應、瓚二説，正之云：「余按《春秋》宣公六年，赤狄伐晉，❷圍邢丘。昔晉侯送女，送之邢丘，即是此處也，非無城之言。《後漢·郡國志》縣有邢丘，『故邢國，周公子所封』矣。」酈氏亦不取瓚注「非國」之説。顧棟高云：「懷，即周之懷邑。邢丘，今河南懷慶府河内縣東南七十里有平皋故城。」懷已説於隱十一年傳。梁履繩云：「懷爲今武陟縣，亦隸懷慶府，可知界固相連耳。」沈欽韓云：「《一統志》：『平皋故城，在懷慶府温縣東。即古邢丘。』」按：《統

❶「陳」，原脱，今據原稿補。「九」，《史記·十二諸侯年表》作「十一」。

❷「赤狄」，原脱，今據原稿補。

志》與顧說小異，河內、温接壤，温尤近武陟，當從《統志》說。

**晉侯欲伐之。**

**中行桓子曰：「使疾其民，**【疏證】杜注：「爲民所疾。」沈彤云：「疾，害也，若《酒誥》『厥心疾很』之疾。疾其民，謂重民賦役也。」俞樾云：「爲民所疾，不得言疾其民。疾其民，言病其民也。《彖上傳》『出入無疾』，王弼注：『疾，猶病也。』」

**「以盈其貫。**【疏證】杜注：「貫，猶習也。」本疏：「盈其貫者，杜以爲盈滿其心，使貫習來伐。❶劉炫云：『按《尚書・泰誓》，武王數紂之惡云「商罪貫盈」。言紂之爲惡，如物在繩索之貫，不得爲習也。』今知不然者，以《詩》稱『射則貫兮』。先儒亦以爲習，故杜用焉，義得兩通。劉直以《尚書》之文而規杜過，非也。」杜以貫爲習，蓋據《猗嗟》鄭箋，「盈其習」，豈可通乎？劉引「商罪貫盈」，❷出僞《泰誓》。朱駿聲云：「僞書蓋用《左傳》。」惠棟云：「劉光伯據梅賾《泰誓》，其說是也，而所據之書非也。案《韓非子》曰：『有與悍者隣，❸欲賣宅而避之。人曰：「是其貫將滿也。」或曰：「子姑待之。」答曰：「吾恐其以我滿貫也。」遂去之。』此說與劉合，可以規杜過矣。」沈欽韓云：「按：《說文》：『貫，錢貝之貫。從毌、貝。』❹《一切經音義》：『《蒼頡》云：貫，穿也。以繩穿物曰貫。』❺此字本訓也，故滿張弓亦謂之貫弓。今滿貫之稱，雅俗通行，不得爲習也。此謬顯然，而疏猶曲爲庇護，不知其何謬也。」按：惠、沈說是也。

**「將可殪也。**【疏證】《釋詁》：「殪，死也。」《說文》同，又云：「古文作壹。」杜注：「殪，盡也。」非古訓。顧炎武云：「殪，殺也。」用《爾雅》義。

**「《周書》曰『殪戎殷』，**【疏證】《康誥》文。杜注：「義取周武王以兵伐殷，❻盡滅之。」如杜所注，戎訓爲兵，謂以兵伐殷，而殪盡也，「殪」字宜在下。以《周書》

❶「習」，原脫，今據原稿補。
❷「盈」，原脫，今據原稿補。
❸「隣」，原脫，今據《皇清經解》卷三百五十四《春秋左傳補註》補。
❹「從」，原脫，今據《春秋左氏傳補注》卷五補。
❺「穿」，原作「絶」，今據原稿改。
❻「取」，原脫，今據原稿補。

本文，故其字在上。沈欽韓云：「《中庸》『壹戎殷』，鄭注云：『衣讀如殷，聲之誤也。齊人言殷聲如衣。壹戎殷者，壹用兵伐殷也。』杜注以殪爲盡，非也。文王豈盡殷之類哉？」❶壽曾謂：《釋詁》：「戎，大也。」《康誥》之「戎」，不當訓爲兵。疏從杜說，知「盡兵殷」之解不詞，遂欲移易《康誥》之文，謬矣。

「此類之謂也。」

冬，召桓公逆王后于齊。【疏證】杜注：「召桓公，王卿士。」

楚人伐鄭，取成而還。【疏證】杜注：「九年、十一年傳所稱厲之役，蓋在此。」

鄭公子曼滿與王子伯廖語，欲爲卿。【疏證】杜注：❷「王子，鄭大夫。」惠士奇曰：「王子，疑非鄭大夫。」文淇案：《漢書·五行志》注：「師古曰：『曼滿、伯廖皆鄭大夫。』」杜注「王」字，疑「二」字之誤。俞樾云：「襄八年，鄭有王子伯駢見於傳。」

伯廖告人曰：「無德而貪，

「其在《周易》豐之離，【疏證】傳言占筮，多援《易》文或繇詞。此口語，非占筮比。然第舉豐之離，下「弗過」、「閒一歲」之文無所蒙承，疑有軼脱。杜注：「離下震上，豐。豐上六變而爲純離。❸豐上六曰：『豐其屋，蔀其家，闚其户，闃其無人，三歲不覿，凶。』」杜備引《易》文，知所據本與今本同矣。《五行志》注：「張晏曰：『離下震上，豐。上六變而之離，曰：豐其屋，蔀其家也。』」與杜義同。其不引《易》三歲之義，非也。虞翻《豐》六三注：「豐，大。蔀，小也。三至上，體大壯屋象，故『豐其屋』。謂四五已變，上動成家人。大屋見，則家人壞，故『蔀其家』。闚，空也。四動時，坤爲闔。户闔，故『闚其户』。坤爲空虛，三隱伏坎中，故『闃其無人』。四五易位，噬嗑離月爲闚。闚人者，言皆不見。坎爲三歲，坤冥在上，離象不見，故『三歲不覿，凶』。」服虔注《左氏傳》，《易》用孟氏，虞仲翔《易》出孟氏，故備列其文，以補服義。又按：《豐》上六爻辭：❹「豐其蔀，位不當也。」此伯廖稱豐之義，謂德不稱

❶「文」，《春秋左氏傳補注》卷五作「武」。
❷「注」，原作「子」，今據原稿改。
❸「而」，原作「易」，今據原稿改。
❹「上六爻辭」，疑當作「九四象傳」。

其位也。

「弗過之矣。」【疏證】杜注：「不過三年。」

閒一歲，鄭人殺之。《釋文》：「閒，閒厠之閒。」《五行志》注：「師古曰：『閒一歲者，中間隔一歲。』」

【經】七年，春，衛侯使孫良夫來盟。

【疏證】此經及成二年經「孫良夫」，杜無注。良夫當是衛卿。

夏，公會齊侯伐萊，【疏證】《禹貢》：「萊夷作牧。」《地理志》東萊郡注：「師古曰：『即古萊子國也。』」屬縣有黃，班氏自注：「有萊山松林萊君祠。」則《春秋》之萊，漢爲黃縣。沈欽韓云：「《元和志》：『故黃城，在登州黃縣東南二十五里，古萊子國。』《齊乘》：『萊子城地名龍門，居山峽間，鑿石通道，極爲險隘，俗名萊子關。』」按：如《元和志》説，❶即今登州府黃縣也。❷梁履繩云：「萊入齊，亦謂之郲。」

秋，公至自伐萊。無傳。

大旱。無傳。❸

冬，公會晉侯、宋公、衛侯、鄭伯、曹伯于黑壤。【疏證】黑壤即黃父，已釋於文十七年傳以黑壤山得名也。❹

【傳】七年，春，衛孫桓子來盟，始通。且謀會晉也。【疏證】《讀本》：「公即位，今七年，衛始來，故曰『始通』。謀，謂謀冬會。」

夏，公會齊侯伐萊，不與謀也。【疏證】《讀本》：「不與謀，謂以兵從之，非本謀。」

凡師出，與謀曰「及」，不與謀曰「會」。【注】劉、賈、許、潁以經諸「及」字爲例。《釋例》。【疏證】此師行書及、書會例也。杜注：「與謀者，謂同志之國。相與講議利害，計成而行之，故以相連及爲

❶「如」，原脱，今據原稿補。

❷「今」，原作「令」，今據原稿改。眉批：江氏《尚書疏》謂宣九年齊侯伐萊，服虔以爲東萊黃縣。查，疑有誤也。

❸「無傳」，原脱，今據原稿補。

❹「以黑壤山得名也」，原脱，今據原稿補。

文。若不獲已，應命而出，則以外合爲文，皆據魯而言。」杜釋傳例，謂「以相連及爲文」，則以經諸「及」字爲例，亦用劉、賈、許、潁說。本疏引《釋例》云：「公親會齊侯伐萊，❶而傳以師出示例，所以通卿大夫師師者也。」❷此蓋補傳例義，然劉、賈、許、潁之義，杜稱引不完。今繹考其辭，蓋即據此傳例爲說。例云師出則書及、書會，皆繫於戰伐。劉、賈諸儒不當有異。《釋例》乃云：「傳以師出爲例，是惟繫於戰伐，而劉、賈、許、潁濫以經諸『及』字爲義，本不在例，今欲彊合之，所以多相錯亂也。」❸杜以劉、賈諸儒說「及」字爲濫，不實引其文，今無以考。惟莊二十九年經「城諸及防」，賈君云：「言及，先後之辭。」杜所說，或斥此類。然賈君於彼經之「及」，別爲說，不舉此傳例也。❹

赤狄侵晉，取向陰之禾。【疏證】杜注：「此無秋字，闕文。晉用桓子謀，故縱敵。」杜不說「向陰」。顧棟高云：「晉向，即周之向邑。」沈欽韓云：「蓋西河茲氏縣地。《方輿紀要》：『向陽水在汾州府西三十里，一名懸泉水，源出向陽峽，❺下流合於原公水，❻今涸。』」

鄭及晉平，公子宋之謀也，故相鄭伯以會。

冬，盟于黑壤。王叔桓公臨之，以謀不睦。【疏證】杜注：「王叔桓公，周卿士。」《讀本》：「王叔桓公不書，但臨之，不與會盟也。」

晉侯之立也，公不朝焉，又不使大夫聘，【疏證】襄九年傳例：❼「凡諸侯即位，小國朝之，大國聘焉，以繼好結信，謀事補闕，禮之大者也。」是魯於晉不修朝聘之敬，非禮也。

晉人止公于會。

盟于黃父，公不與盟。以賂免。【疏證】杜注：「黃父即黑壤。」

故黑壤之盟不書，諱之也。

❶「萊」，原作「宋」，今據《春秋左傳正義》卷二十二改。
❷「夫」，原脱，今據原稿補。
❸「相」，原脱，今據原稿補。
❹「傳」，原脱，今據原稿補。
❺「源」，原作「泉」，今據原稿改。
❻「公」，原脱，今據原稿補。
❼「九」，當作「元」。

【經】八年，春，公至自會。

夏，六月，公子遂如齊，至黃乃復。無傳。

【疏證】江永説桓十七年經「公會齊侯、紀侯盟于黃」，❶據此年經謂「黃爲魯至齊所由之地，近青州府之博興」。按：博興在臨淄之北，非魯至齊所經。謂與齊、紀盟于齊都之北，以釋彼經可也，此經明言至黃乃復，則黃爲近魯地，不當繞出齊都北。沈欽韓云：「按：《史記》正義：『黃城在魏州。』《方輿紀要》：『黃城在東昌冠縣南。』」按：冠縣在魯之東南，由魯至齊當西北行，非經由之路。下文「卒于垂」，垂，今爲泰安府平陰縣境，則黃當在平陰之西、臨淄之東，❷其地無考。江、沈説皆非也。沈氏又云：「杜預云：『大夫受命而出，雖死，以尸將事，遂以疾還，非禮也。』按：以尸將事，謂至彼國而死，則有以柩造朝之事。若未通命而疾瀕于殆，與其廢命失辭，不如還而擇堪其使者可也。《春秋》邦交又與平世修玉帛之好異。」

辛巳，有事于大廟，【疏證】杜注：「有事，祭也。」不言何等祭。按：《宮正》「凡邦之事蹕」，注：「玄謂：『事，祭事也。《春秋傳》曰「有大事于太廟」，又曰「有事於武宮」。』」鄭君舉武宮爲比，蓋謂此「有事」爲禘祭。❸本疏云：「有事，祭也者，謂禘祭也。《釋例》以昭十五年，有事於武宮，傳稱『禘於武公』，則知此言有事，亦是禘也。」《釋例》用鄭説。禘在六月者，《雜記》：「孟獻子曰：『正月日至，可以有事于上帝。七月日至，可以有事于祖。』」注：「魯以周公之故，得以正月日至之後郊天，亦以始祖后稷配之。獻子欲尊其祖，以郊天之月，對月禘之，非也。魯之宗廟，猶以夏時之孟月爾。《明堂位》曰：『季夏六月，以禘禮祀周公於太廟。』」疏云：「『魯之宗廟，猶以夏時之孟月爾』者，❹以《明堂位》季夏六月，以禘禮祀周公于太廟。周之季夏，即夏之孟月，建巳之月。又《春秋》宣八年『六月辛巳，有事於太廟』，謂禘祭也，是用建巳之月。案《春秋》宣九年，獻子始見經。案僖八年，于時未有獻子。而『七月禘』者，鄭答趙商云『以僖八年正月，公會

❶「七」，原作「六」，今據《皇清經解》卷二百五十二《春秋地理考實》改。
❷「在」，原脱，今據原稿補。
❸「事」，原脱，今據原稿補。
❹「時」，原脱，今據原稿補。

王人于洮』。六月應禘，以在會未還，故至七月乃禘。君子原情免之，理不合譏，而書之者，爲致夫人，故書『七月禘』也。獻子七月而禘，非時失禮。《春秋》之例，非時祭者皆書于經，以示譏。獻子以後之禘而用七月，不書於經，而不譏者，鄭《釋廢疾》云：『宣八年六月，「有事於太廟」，禘而云「有事」者，雖爲卿佐卒張本，而書有事，其實當時有用七月而禘，因宣公六月而禘得禮，故變文言有事。《春秋》因事變文，見其得正也。』」詳《禮》疏說，則鄭君以魯六月禘合禮。周六月，夏四月也，故疏云夏之孟月。《春秋》書禘禮，自此經外無書六月者，故鄭據《明堂位》，以爲得禮也。《穀梁》此年傳，未説禘月。《廢疾》軼不可考。詳鄭君之釋，豈何休以僖八年經禘在七月，此非禘月歟？餘詳僖八年疏證。

仲遂卒于垂。【疏證】《檀弓》「仲遂卒於垂」，注：「《春秋》經在宣八年。仲遂，魯莊公之子東門襄仲。先日辛巳，有事於太廟，而仲遂卒。」杜注：「仲遂卒與祭同日。」用鄭君說。又云：「不言公子，因上行還，❶間無異事，省文從可知也。」疏引衛氏難杜云：「『其間有「辛巳，有事于太廟」，何得爲間無異事？』」秦氏釋云：「『「有事于太廟」，是爲仲遂卒起文，只是一事，故云間無異事也。』」❷按：衛冀隆爲服氏學者，據其難杜之辭，則服氏説仲遂不書公子，不關省文，惜其義無考。《地理志》：❸「東萊郡腄。」洪亮吉云：「按：腄、黄二縣皆齊地，❹遂自黄復，故卒於垂也。」沈欽韓云：「垂即隱八年『遇於垂』之垂。」按：垂已釋於彼年經。

壬午，猶繹。萬入，去籥。【疏證】《釋天》：「繹，又祭也。周曰繹，商曰肜，夏曰復昨。」❺本疏引孫炎云：「祭之明日，尋繹又祭也。」杜注：「繹，又祭，陳昨日之禮，所以賓尸。」用孫炎説。壬午爲辛巳次日。杜云賓尸者，《絲衣》序：「繹賓尸也。」鄭君箋：「天子諸侯曰繹，以祭之明日。卿大夫曰賓尸，與祭同日。」是繹不得當賓尸。然《楚茨》爲天子祭詩，彼傳云「繹而賓尸」，杜用毛義也。鄭君説《郊特牲》繹、祊云：「其祭禮簡，而事尸禮大。」則天子、諸侯、卿大夫之繹，義皆主賓尸。《詩》箋乃

❶「行還」，原爲空格，今據原稿補。
❷「間無」，原脱，今據原稿補。
❸「志」，原脱，今據原稿補。
❹「二」，原脱，今據原稿補。
❺「昨」，《爾雅》卷中作「胙」。

未定之説。《郊特牲》：「繹之於庫門内，祊之於東方，失之矣。」注：「祊之禮，宜於廟門外之西室，繹又於其堂，神位於西也。此二者同時，而大名曰繹。」是鄭君説繹當在廟門外西室之堂。《絲衣》「自堂徂基」傳：「基，門塾之基。」與鄭説廟門外異。陳奂《詩疏》云：「《有司徹》『埽堂』注：『爲賓尸新之。』此繹祭賓尸事於堂也。《爾雅》：『門側之堂謂之塾。』一門凡四塾。門塾之基，廟門内塾之基也。焦循《宫室圖》云：『明日之祭在廟門内，繹在庫門之内爲失。失在庫門，❶不在門内也。』案：祊在正日，繹在明日。祊必先索神於廟門内，繹不索神，故先埽堂，而後及基。堂在内，基在外，鄭以祊、繹一祭，故《禮器》『爲祊乎外』，❷注引《詩》『自堂徂基』。堂爲門堂，基爲堂基，堂、基指一處，而箋詩亦然，非毛義也。」按：陳説是也。《絲衣》疏：❸「祊是接神之名，❹繹是接尸之稱。」以祊、繹爲二祭，義尚明畫。又云：「凡祊有二種，一是正祭之時，既設祭於廟，又求神于廟門之内。《詩·楚茨》云：『祝祭於祊。』二是繹祭之時，設饌于廟門外西室，亦謂之祊。」則牽於鄭君義，以祊、繹爲一祭。又知祊、繹有正日、明日之別，析祊爲二，非也。《左氏》先儒説繹，當據《絲衣》，故列毛義如此。《簡兮》「方將萬舞」，傳：「以干羽爲舞，用之宗廟山川。」彼疏云：「萬者，舞之總名，❺干戚與羽籥皆是。」杜注：「《萬》，舞名。」亦以萬爲干羽之舞，❻已釋於隱三年傳。《釋樂》：「大籥謂之産，其中謂之仲，小者謂之箹。」《説文》：「籥，❼三孔。」《碩人》傳：❽「籥，六孔。」《廣雅·釋樂》：「籥，❾七孔。」鄭君《禮》注、趙岐《孟子》注並云三孔，郭璞注亦同，與《説文》合。據《爾雅》，籥之大小非一，孔之多少隨之，故説各不同也。《碩人》經文謂籥「長三尺」。❿經稱「萬人，去籥」，舍籥執翟也。經書「猶」者，《檀弓》「壬午猶繹，萬人，去籥。仲尼曰：『非禮也。卿卒不繹。』」《有司徹》疏云：「宣八年《左氏傳》『辛巳，有事于

❶「失」，原脱，今據原稿補。
❷「器」，原作「祭」，今據《詩毛氏傳疏》卷二十八改。
❸「絲衣」，當作「郊特牲」。
❹「接」，《禮記正義》卷二十五作「求」。
❺「舞」，原作「羽」，今據《毛詩正義》卷二改。
❻「以」，原作「爲」，今據原稿改。
❼「籥」，《説文解字》卷二下作「龠」。
❽「碩人」，當作「簡兮」。
❾「籥」，《廣雅》卷八作「龠」。
❿「碩人經」，當作「簡兮釋」。

大廟，仲遂卒於垂』，卿佐卒輕，于正祭不合廢，但繹祭禮輕，宜廢而不廢，故譏之云『壬午猶繹』。」本疏又引沈氏云：「案：《曾子問》：『嘗禘郊社，簠簋既陳，天子崩。后之喪廢。』則卿喪不廢正祭。繹是又祭，爲輕，故當廢之。」則《左氏》舊説，卿喪輕，廢繹，不廢正祭也。杜注：「猶者，可止之辭也。魯人知卿佐之喪不宜作樂，而不知廢繹。」當是舊説。《北魏書·禮志》：「房景先曰：『君之於臣，本無服體，但恩誠相感，致存隱惻。是以仲子卒垂，笙籥不入；知悼在殯，杜蕢明言。』」則但以去籥爲合禮，非經書「猶」義。卿卒不繹，當出古禮經，❶故孔子述之。彼注云：「明日而繹，非也。」此鄭君釋「不繹」之義。據卿卒不繹，則繹而去樂非矣。昭十五年經：「有事於武宫，籥入，叔弓卒，去樂卒事。」❷與此繹失禮同。《公羊傳》：❸「其言『去樂卒事』何？禮也。」詳《檀弓》説，則《公羊》説非孔氏義矣。但繹祭輕於正祭，故孔子言不繹，不言不祭。

**戊子，夫人嬴氏薨。**無傳。**【疏證】**《公》、《穀》「嬴」曰「熊」。段玉裁云：「熊、嬴二字，雙聲。」杜注：「宣公母也。」嬴姓，按《公羊解詁》：「熊氏，楚女。」據杜注，則《左氏》説爲秦女。

**晉師、白狄伐秦。【疏證】**《年表》：「晉成公六年，與魯伐秦。秦桓公三年，晉伐我。」《年表》「與魯伐秦」，據傳言之。經不書會晉師，其義未聞。

**楚人滅舒蓼。【疏證】**《穀梁》「蓼」曰「鄝」。《年表》：「楚莊王十三年，滅舒蓼。」杜傳注云：「舒、蓼，二國名。」疏云：「舒蓼二國名，蓋轉寫誤，當云一國名。劉炫以杜爲二國而規之，非也。」陸粲云：「羅泌云：『蓼與舒蓼别。舒蓼，❹皋陶之後，偃姓。若舒又是一國，僖之三年滅矣。杜氏分舒、蓼爲二國名，孔氏遂以爲即文五年楚所滅之蓼，❺皆臆説也。』」文淇案：陸氏引羅泌之説，固未足信。然正義謂與文五年滅蓼同，滅後更復，楚今更滅之，説亦無據。壽曾曰：顧炎武亦引羅泌説，又引傅遜云：「此蓋群舒之一，如舒庸、舒鳩之屬。」傅氏以舒爲大名。

❶「古」，原重文，今據原稿删。
❷「樂」，原作「籥」，今據原稿改。
❸「傳」，原爲空格，今據原稿補。
❹「舒」，原脱，今據原稿補。
❺「遂」，原脱，今據原稿補。

潁容《釋例》謂舒有五名：舒庸、舒龍、舒蓼、舒鳩、舒城。❶則傳説可據。此年傳云：「楚爲群舒叛故，伐舒蓼，❷滅之。」明舒蓼乃群舒之一也。杜於此經舒蓼、成十七年舒庸、襄二十五年舒鳩，❸皆不明在何地。止文十二年「群舒叛楚」，釋爲舒城。而文十四年舒蓼，則注云「即群舒」。亦不能實指舒蓼在群舒中當晉何地。但此經注謂二國，則非耳。江永云：「此舒蓼與文五年之蓼不同。彼蓼在安豐，此舒蓼在舒城。❹疏合爲一，誤。」邵瑛云：「按：文五年傳『楚子燮滅蓼』，不冠以舒者，别自是蓼國。亦如文十六年滅庸，與舒庸無涉也。」❺按：江、邵説是也。江謂文五年之蓼在安豐，據杜注。顧棟高云：「安豐在今河南汝甯府固始縣東北，❻與吴越地懸隔。」又桓十一年傳之蓼，江氏亦謂在河南南陽府也。

秋，七月，甲子，日有食之，**【注】**劉歆以爲十月二日，楚、鄭分。《五行志》。**【疏證】**《年表》：「魯宣公八年七月，日蝕。」臧壽恭云：「是年入甲申統一千四十二年，積月一萬二千八百八十七，閏餘十七，正春分，閏在四月後，❼積日三十八萬五百六十四，小餘二十，大餘四十四。正月戊辰朔，小，小餘六十三。二月丁酉朔，大，小餘二十五。三月丁卯朔，小，小餘六十八。❽四月丙申朔，大，小餘三十。閏月丙寅朔，小，小餘七十三。五月乙未朔，大，小餘三十五。六月乙丑朔，小，小餘七十八。七月甲午朔，大，小餘四十八。八月甲子朔，大，小餘二。九月甲午朔，小，小餘四十五。十月癸亥朔，二日甲子，又置上積日，加積日二百九十五，以統法乘之，以十九乘小餘四十五，并之，滿周天除去之，餘四十一萬三千八百十六，滿統法而一，得積度二百六十八度，餘一千三百六十四，命如法，得十月癸亥朔，合辰在角五度。

❶ 眉批：潁容《釋例》有説五舒者，當查。梁氏説舒當引入彼傳下。
❷ 「伐」，原作「代」，今據《春秋左傳正義》卷二十二改。
❸ 「七」、「五」，原脱，今據原稿補。
❹ 上「舒」，原脱，今據《皇清經解》卷二百五十三《春秋地理考實》補。
❺ 「庸」，原脱，今據原稿補。
❻ 「安豐」至「府也」三十九字，原在「一誤」下，今據原稿改。
❼ 「後」，原脱，今據原稿補。
❽ 「小」，原脱，今據原稿補。

二日甲子在角六度，角在鶉尾、壽星之閒十二次之分，❶鶉尾，楚也。壽星，鄭也。故曰楚、鄭分。」❷

冬，十月，己丑，葬我小君敬嬴。【疏證】《公》、《穀》「敬嬴」曰「頃熊」。李富孫云：「敬、頃音相近。」《謚法》：「夙夜勤事曰敬。」

雨，不克葬。庚寅，日中而克葬。【疏證】庚寅後己丑一日。雨，不克葬，士以上禮也。詳傳文疏證。杜注：「克，成也。」❸

城平陽。【疏證】沈欽韓云：「《地理志》：『泰山郡東平陽。』《水經注》云：『河東有平陽，故此加東。晉武帝元康元年，改爲新泰縣。』《元和志》：『晉武帝太始中，鎮南將軍羊祜，此縣人也，表改爲新泰縣。』與《水經注》言元康者異。《一統志》：『平陽故城在泰安府新泰縣西北。』然此所城，未知其爲南平陽、東平陽也。南平陽在兖州府鄒縣西。」顧棟高云：「此東平陽也。西平陽本邾邑，爲魯所取，見哀二十七年。」按：顧稱西平陽，即南平陽也，在曲阜南。顧云西，誤。

楚師伐陳。【疏證】《年表》：「楚莊王十三年，伐陳。陳靈公十三年，楚伐我。」

【傳】八年，春，白狄及晉平。夏，會晉伐秦。

晉人獲秦諜，殺諸絳市，六日而蘇。【疏證】《秦本紀》：「桓公三年，晉敗我一將。」則此役敗秦之將也。❹《年表》：「晉成公六年，與魯伐秦，獲秦諜，殺之絳市，六日而蘇。秦桓公三年，晉伐我，獲諜。」采傳説。《晉世家》：「伐秦，虜秦將赤。」索隱曰：「赤即斥，謂斥候之人也。按：宣八年《左傳》：『晉伐秦，獲諜，殺諸絳市。』諜即此赤也。晉成公六年爲魯宣公八年，故知然。」壽曾謂：以《秦本紀》證之，則晉獲秦將，又獲秦諜，《世家》兼言之。《釋文》：「諜，間也。今謂之細作。」

有事于太廟，襄仲卒而繹，非禮也。

楚爲衆舒叛故，伐舒蓼，滅之。

❶「角」，原脱，今據原稿補。
❷眉批：《元志》：「姜岌云：『十月甲子朔。』」先于歆一日。查臧説補。
❸原稿眉批：查《禮》。日中。
❹「敗」，原作「拜」，今據原稿改。

楚子疆之。

及滑汭，【疏證】杜注：「滑，水名。」沈欽韓云：「今之丹陽湖。《元和志》：『丹陽湖在溧陽西南二十八里，與當塗縣中流分界。』」當塗今屬太平府，如沈説，則楚既滅舒蓼，渡巢湖，由和、含而至當塗也。溧陽、當塗在彼時屬吴境，下文「盟吴、越」，則楚師可至界上。惟丹陽湖未聞有滑水之名。❶俟考。

盟吴、越而還。【疏證】《地理志》：「會稽郡吴，故國，周太伯所邑，具區澤在西，揚州藪。」又云：「會稽郡山陰，越王句踐本國。」顧棟高云：「吴國於梅里，今江南常州府無錫縣東南三十里有太伯城。諸樊南徙吴，闔廬築大城都之，今蘇州府治是。越國于會稽，今浙江紹興府治山陰縣。」按：吴境接楚者，得至今當塗，越之北境，僅至今湖州。沈氏釋滑汭爲丹陽湖，則吴、楚盟於界上，越會吴而來盟也。疏引杜《譜》謂：「吴壽夢元年，當魯成公之六年，越允常魯定公五年始伐吴。」《吴世家》於句卑世記晉滅虢之事，「句卑卒，子去齊立。去齊卒，子壽夢立」。晉滅虢在僖五年，僖五年至此已五十四年，❷疑當去齊之世矣。《越世家》於允常以前不紀其世。此主盟當何君，無以考也。

晉胥克有蠱疾，【疏證】《讀本》：「胥克，胥甲之子。」昭元年傳：❸「晉侯求醫於秦，秦伯使醫和視之，曰：『疾不可爲也，是謂近女室，疾如蠱，非鬼、非食，惑以喪志。』」其云「疾如蠱」，則晉侯非蠱疾，與此傳言「有蠱疾」異。蠱疾之義，據彼傳「非鬼非食」，則蠱爲鬼疾、食疾也。梁履繩云：「按：漢張仲景云：『狐惑之病，狀如傷寒，默默欲眠，目不得閉，起卧不食。』❹此與今俗所云色暈相類。」按：梁説是也。狐惑猶鬼病矣。其蠱由食者，今有食蠱之稱。杜注但云「惑以喪志」，未分明。❺

郤克爲政。❻【疏證】當即此年事。杜注：「代趙盾。」《世本》：「郤氏缺生克。」杜十二年傳注云：「郤

❶「湖」，原脱，今據原稿補。
❷「年」，原脱，今據原稿補。
❸「傳」，原脱，今據原稿補。
❹「食」，《左通補釋》卷十一作「安」。
❺眉批：查四蠱爲蠱義。
❻「克」，《春秋左傳正義》卷二十二作「缺」。原稿眉批：郤克查，是初見以否。

缺之子。」用《世本》説。

**秋，廢胥克，使趙朔佐下軍。**【疏證】杜注：「朔，盾之子，代胥克。」

**冬，葬敬嬴。**

**旱，無麻，始用葛茀。**【疏證】本疏：「茀字，《禮》或作紼，或作綍。」《檀弓》注：「車曰引，柩曰紼。」❶杜注：「茀，所以引柩。」❷用鄭義。《釋名》：「從前引之曰紼。紼，發也，發車使前也。」《喪大記》君葬用四紼，減於遂人大喪六紼，則葬君夫人，❸茀亦四也。喪制尚麻，茀亦從之。七年經「大旱」，民播穀，不種麻。《説文》：「葛，絺綌草也。」麻質韌，葛質脆。❹

**雨，不克葬，禮也。禮，卜葬，先遠日，辟不懷也。**【注】《左氏》説「卜」作「士」，又云：「言不汲汲葬其親。雨不可行事，廢禮不行，庶人不爲雨止。《王制》疏引《異義》。【疏證】《王制》「葬不爲雨止」，疏：「《異義》：『《公羊》説：「雨不克葬，謂天子諸侯也，卿大夫臣賤，不能以雨止。」《穀梁》傳：❺「葬既有日，不爲雨止。」《左氏》説：「士葬，先遠日，避不懷也，言不汲汲葬其親，雨，不可行事，廢禮不行，庶人不爲雨止。」許慎謹按：《論語》云：「死，葬之以禮。」以雨而葬，是不行禮。《穀梁》説非也，從《公羊》、《左氏》之説。』鄭氏無駁，與許同。」文淇案：據《異義》，則《左氏》舊本作「士」，不作「卜」。壽曾謂：《左氏》説先引傳文，其「不汲汲」以下明士葬先遠日之義。先遠日，謂卜日有雨，先卜遠日也。士者，通天子、卿大夫言之，皆卜雨葬日，庶人則否，故言庶人不爲雨止也。則《左氏》古義，不獨與《穀梁》雨葬異説，亦與《公羊》説天子、諸侯之禮不同。陳壽祺云：「《王制》曰：『庶人縣封，葬不爲雨止。』與《公羊》、《左氏》説合。鄭注《王制》：『雖雨猶葬，以其禮儀少。』此鄭從《左氏》説『禮不行庶人』之義。而鄭《釋廢疾》又云：❻『雖庶人，葬爲雨止。』❼與《公羊》、《左氏》説異。」

---

❶「柩」，《禮記正義》卷九作「棺」。

❷「以」，原脱，今據《春秋左傳正義》卷二十二補。

❸「人」，原脱，今據原稿補。

❹眉批：麻、葛亦當釋。

❺「傳」，《禮記正義》卷十二作「説」。

❻「釋」，原脱，今據原稿補。

❼「葬」，原作「庶」，今據原稿改。

詳《異義》引《公羊》説，卿大夫臣賤，不能以雨止，則不止謂庶人雨葬，陳氏謂《王制》與《公羊》説合，非也。鄭君不駁《異義》，而《釋廢疾》謂「雖庶人，葬爲雨止」者，《廢疾》之辭，今無考。何氏蓋據《公羊》天子、諸侯之禮，以駁《穀梁》。鄭君之辭，亦不取《穀梁》，却又違於《左氏》，非定論也。《既夕》「藁車載蓑笠」，❶鄭君注謂「備雨服」。《穀梁》徐邈説據之，謂人君張設兼備，以證不爲雨止義。則鄭君又主《穀梁》説矣。《既夕》爲《士喪禮》記，《左氏》説蓋不取以釋傳也。《曲禮》「喪事先遠日」注：「孝子之心，喪事，葬與練、祥也。」疏：「謂葬與二祥，是有哀之義也。❷非孝子之所欲，但制不獲已，故卜先從遠日而起，示不宜急，微伸孝心也。」鄭君説葬先遠日，即用傳義，與《左氏》説「不汲汲葬其親」義合。《釋詁》：「懷，思也。」

城平陽，書，時也。

陳及晉平。❸楚師伐陳，取成而還。

【經】九年，春，王正月，公如齊。無傳。

【注】《左氏》説：「妾子爲君，當尊其母，有三年之喪，而出朝會，非禮也，故譏魯宣公。」《通典》九十三引《五經異義》。【疏證】此經，二傳無説。

公至自齊。無傳。

夏，仲孫蔑如京師。

齊侯伐萊。無傳。

秋，取根牟。【疏證】昭八年傳：「大蒐於紅，自根牟至于商、衛，❹革車千乘。」即此根牟也。《郡國志》：「瑯琊國陽都有牟臺。」江永云：「在沂水縣南。《寰宇記》謂根牟國在安丘。安丘在青州府東二百里，其地非屬莒，即屬齊，必非魯所取之國。大蒐陳車乘，亦必不能至此，欒史誤。顧炎武引欒史説，不能辨正，亦誤。」按：江説是也。沈欽韓云：「《一統志》：『根牟城在沂州府沂水縣南。』」

八月，滕子卒。

❶「載蓑」，原作「戴笠」，今據原稿改。
❷「有」，《禮記正義》卷三作「奪」。
❸「晉」，原作「楚」，今據《春秋左傳正義》卷二十二改。
❹「至」，原作「自」，今據《春秋左傳正義》卷四十四改。

九月，晉侯、宋公、衛侯、鄭伯、曹伯會于扈。【疏證】《晉世家》：「成公與楚莊王爭彊，會諸侯于扈。」晉、楚爭彊，史公採舊說。

晉荀林父帥師伐陳。【疏證】《年表》：「晉成公七年，使桓子以諸侯師伐陳。」

辛酉，晉侯黑臀卒于扈。【疏證】杜注：「九月無辛酉，日誤。」疏云：「九月無辛酉者，下有十月癸酉。杜以《長曆》推之，癸酉是十月十六日，辛酉在前十二日耳。」貴曾曰：❶

《年表》：「晉成公七年，薨。」《晉世家》：「成公卒，子景公據立。」杜謂「四與文同盟」。本疏：「晉侯二年始立，不于文公之世，而云四與文同盟，必是後寫之誤。蘇氏亦以爲然。劉炫以此規杜，非也。」詳疏說，則炫謂晉成不當文公之世也。五年盟黑壤，❷今年盟扈，蓋再同盟。杜又云：「卒於竟外，故書地。」疏：「劉炫云：『襄七年鄭伯髡頑卒於鄵，昭二十五年宋公佐卒於曲棘，竟内亦書地，非竟外。』」按：炫規是也。諸侯非薨於國，❸訃皆以地。訃以地，則書之，不關竟内外也。《公羊傳》謂「未出其地」，《穀梁傳》謂「未踰竟」，則杜竟外之境，三傳皆無之。

冬，十月，癸酉，衛侯鄭卒。【疏證】《衛世家》：「成公鄭立三十五年卒，子穆公遬立。」杜注：「三與文同盟。」疏云：「鄭父燬以僖二十五年卒，❹鄭代立，其年盟於洮，二十六年于向，二十八年于踐土，文七年于扈，十四年於新城，惟二與文同盟。云三者，以二、三字體相近，轉寫之誤耳。若其不然，杜無容不委。劉炫以此規杜，非也。」據疏說，則炫以再與文同盟規杜。

宋人圍滕。

楚子伐鄭。【疏證】《年表》：「楚莊王十四年，伐鄭。鄭襄公五年，楚伐我。」《漢書・賈捐之傳》：「其罷珠崖，對曰：『及其衰也，南征不還，齊桓救其難，孔子定其文。』」注：「張晏曰：『孔子作《春秋》，夷狄之國雖大，自稱王者皆貶爲子。』」文淇案：捐之爲賈誼曾孫，當是《左氏》舊說。❺

❶ 眉批：二弟補說。
❷ 「五」，當作「七」。
❸ 「薨」，原作「葬」，今據原稿改。
❹ 「卒」，原脱，今據原稿補。
❺ 眉批：查楚子始見何年。

晉郤缺帥師救鄭。【疏證】《年表》：「楚莊王十四年，❶郤缺救鄭。鄭襄公五年，晉來救。」

陳殺其大夫洩治。【疏證】《公》、《穀》「洩」曰「泄」。洪亮吉謂作「泄」，唐時避諱所改。案：《釋文》不著二傳作泄，洪說或然也。

【傳】九年，春，王使來徵聘。【疏證】《周禮・□□》注：「徵，召也。」杜注：「言周徵也。」《讀本》：「王使來，不書於經，蓋不成禮，又不顯致命。」

夏，孟獻子聘于周。王以爲有禮，厚賄之。

秋，取根牟，言易也。【疏證】襄十三年傳例：「凡書『取』，言易也。」又昭四年傳例：「凡克邑不用師徒曰『取』。」杜注：「重發例者，以通叛而自來。」則書取，有兩例矣。根牟非通叛而來，則亦用師徒，故傳止云「言易也」。

滕昭公卒。

會于扈，討不睦也。【疏證】杜注：「謀齊、陳。」按：晉之會扈，蓋卜諸侯向背之心，而討其不睦也。《晉世家》謂晉、楚爭彊，最得傳義。傳亦未斥不睦者何國，杜說非。

陳侯不會。

晉荀林父以諸侯之師伐陳。【疏證】《晉世家》：「陳畏楚，不會。晉使中行桓子伐陳。」杜注：「不書諸侯師，林父帥之，無將帥。」

晉侯卒於扈，乃還。

冬，宋人圍滕，因其喪也。

陳靈公與孔寧、儀行父通於夏姬，❷【疏證】《校勘記》云：「按：鄭氏注《禮運》、賈氏疏《士喪禮》引傳『寧』作『甯』。」洪亮吉云：「儀，高誘引作『義』。」《周語》注：「靈公，恭公之子，靈公平國也。孔寧、儀行父，陳之二卿。」按：經稱「陳殺其大夫」。《陳世家》：「靈公與其大夫孔寧、儀行父皆通於夏姬。」則二子是大夫，非卿。洩冶諫辭「公卿宣淫」者，公卿猶言君臣。韋注謂卿，非。杜用韋義。《列女傳》：「陳女夏姬者，陳大夫夏徵舒之母，御

❶ 「王」，原脱，今據原稿補。

❷ 「父」，原脱，今據原稿補。

叔之妻也。」《楚語》注：「陳公子夏爲御叔取鄭穆公少妃姚子之女夏姬。」杜謂「鄭穆公女」，據韋義。按：傳稱夏徵舒，❶則御叔食采於夏，❷故稱夏姬也。《周語》：「陳靈公與孔寧、儀行父南冠以如夏氏。」注：「南冠，楚冠。」蓋君臣微行以往，故更其冠耳。

皆衷其衵服，以戲於朝。【疏證】《説文》：「衷，裏褻衣。《春秋傳》曰『皆衷其衵服』。衵，日日所常衣。」此當是賈君説。衷爲裏褻衣之稱，别乎褻衣之在外者，謂以夏姬衵服爲裏褻衣也。《釋文》亦引《説文》，云：「《字林》同，又云婦人近身内衣也。」杜注：「衵服，近身衣。」與《字林》説同。沈欽韓云：「衵服，中帶之類也。衵與襗通。《詩·無衣》箋：『襗，褻衣，近污垢。』《釋名》：『汗衣，近身受汗垢之衣也。《詩》謂之「澤」。作之用六尺裁，足覆胸背。』」沈氏蓋謂衵即澤、澤即汗衣。據劉熙所説，衵即今之單半臂也。《陳世家》：「衷其衣以戲於朝。」

洩冶諫曰：「公卿宣淫，民無效焉，【疏證】《鴻鴈》傳：❸「宣，示也。」《陳世家》：「泄冶諫曰：『君臣淫亂，民何效也？』」

「且聞不令。君其納之！」【疏證】《釋詁》：「令，善也。」《文王》「令聞不已」，❹箋同此。謂名聲不善也。杜注：「納藏衵服。」

公曰：「吾能改矣。」

公告二子。【疏證】洩冶之諫蓋在他日，故二子初不聞也。《陳世家》：「靈公以告二子。」

二子請殺之，公弗禁，遂殺洩冶。【疏證】《陳世家》：「二子請殺泄冶，公弗禁，遂殺泄冶。」

孔子曰：「《詩》云：『民之多辟，無自立辟。』其洩冶之謂乎！」【疏證】《釋文》：「多辟，❺本又作僻。」引《詩·板》六章文，傳：「辟，法也。」杜注：「言邪僻之世，不可立法。國無道，危行言孫。」顧炎武云：「以上『辟』爲邪，下『辟』爲法，當時有此解。昭二十八年晉司馬叔游引此詩，亦同。漢張衡《思玄賦》『覽蒸民之

❶「傳」，原作「詩」，今據原稿改。
❷「叔食」，原脱，今據原稿補。眉批：夏當考。
❸「鴻鴈」，原作「□亻」，今據《毛詩正義》卷十一補改。
❹「令」，原作「今」，今據原稿改。
❺「辟」，原作「僻」，今據原稿改。

多僻兮，畏立辟以危身』，正用此也。」按：顧説是也。杜注蓋用舊説。傳引孔子論洩冶，蓋惜其事非其主，非深貶之詞。杜注援《論語》「國無道，危行言孫」，以明洩冶仕無道之國，不能明哲保身，意未甚誤。其於經文注云：「洩冶直諫於淫亂之朝以取死，❶故不爲《春秋》所貴而書名。」疏又引《釋例》云：「洩冶安昏亂之朝，慕匹夫之直，忘蘧氏可卷之德，❷死而無益。故經同罪賤之文。」❸則非孔子義矣。《春秋》五十凡無鄰國殺卿大夫書名示罪賤之例。此類書法，皆從告辭，不關褒貶。傳惟於文七年「宋人殺其大夫」見例，❹曰：「不稱名，衆也，且言非其罪也。」又成十七年，「晉殺其大夫」，傳言貶胥童。蓋傳以不書名見例，非以書名見例也。此經《公羊》無傳。《穀梁》則云「稱國以殺其大夫，殺無罪也」。杜説於三傳皆不合。自杜謂經罪賤洩冶，宋儒乃謂此非聖人之言，杜氏之罪也。知孔子惜洩冶者，《家語·子路初見》篇：❺「子貢曰：『陳靈公君臣宣淫於朝，洩冶諫而殺之，❻是與比干諫死同，❼可謂仁乎？』孔子曰：『比干於紂，親則諸父，官則少師，忠款之心，❽在於存宗廟而已，固當以必死争之，冀身死之後，紂當悔悟本志，存於仁者也。洩冶之於靈公，位在大夫，無骨肉之親，懷寵不去，仕於亂朝，以區區之身，欲止一國之淫昏，死而無益，可謂狷矣！《詩》云：「民之多辟，無自立辟。」其洩冶之謂乎！』」《家語》雖爲王肅撰集之書，惟肅傳《左氏》學，又多見古籍，其紀孔子論洩冶事，即據此傳，不無附益。然不謂書名爲罪賤，於古義未遠，故録存之。沈欽韓云：「賈子《新書·雜事》曰：『陳靈公殺洩冶，而鄧元去陳以族徙。』」沈引此者，以賈誼傳《左氏》。其嘉鄧元之去，則惜洩冶之死，賈誼取此傳孔子論洩冶義。

**楚子爲厲之役故，伐鄭。**【疏證】十一年傳：「厲之役，鄭伯逃歸。」杜彼注云：「蓋在六年。」按：六年傳：「楚人伐鄭，❾取成而還。」未及會厲、鄭伯逃事，蓋

❶「朝」，原脱，今據原稿補。
❷「德」，原爲空格，今據原稿補。
❸「賤」，原漫漶不清，今據原稿補。
❹「人」，原脱，今據原稿補。
❺「子路初見篇」，原爲二空格，今據《孔子家語》卷五補。
❻「治」，原作「治」，今據原稿改。
❼「諫」，原脱，今據原稿補。
❽「忠」，原作「宗」，今據《春秋左傳正義》卷二十二改。
❾「伐」，原作「代」，今據原稿改。

補叙於十一年也。❶《晉世家》：「成公三年，鄭伯初立，附晉而棄楚。楚怒，伐鄭。」

晉郤缺救鄭。鄭伯敗楚師于柳棼。【疏證】《年表》：「晉成公七年，救鄭。楚莊王十四年，晉郤缺救鄭，敗我。鄭襄公五年，晉來救，敗楚師。」《鄭世家》：「襄公五年，楚復伐鄭，晉來救之。」詳傳文，晉師爲救鄭而出，不關伐楚。《年表》謂晉伐楚，非也。杜注：「柳棼，鄭地。」今地闕。

國人皆喜，唯子良憂曰：「是國之災也，❷吾死無日矣。」【疏證】《讀本》：「小國戰勝，是激大國之怒，故曰災。」《周語》注：「無日，無日數也。」

【經】十年，春，公如齊。

公至自齊。無傳。

齊人歸我濟西田。【疏證】元年經：「齊人取濟西田。」杜注：「不言來，公如齊，因受之。」用《穀梁》説，傳無在齊歸田義。

夏，四月，丙辰，日有食之。無傳。【注】劉歆以爲：二日，魯、衛分。《五行志》。【疏證】《年表》：「魯宣公十年四月，日蝕。」臧壽恭云：「毛本《漢書》『日』作『月』，今從汪本。案：是年入甲申統一千四十四年，積月一萬二千九百十二，閏餘十二，積日三十八萬一千三百二，小餘四十二，大餘二。正月丙戌朔，大，小餘四。二月丙辰朔，小，小餘四十七。三月乙酉朔，大，小餘九。四月乙卯朔，二日丙辰，又置上積日，加積日八十九，以統法乘之，以十九乘小餘九，并之，滿周天除去之，餘十二萬六十四，滿統法而一，得積度七十八度，餘二十二，命如法，❸得四月乙卯朔，合辰在奎七度，二日丙辰，❹在奎八度。」❺

己巳，齊侯元卒。【疏證】《年表》：「齊惠公十年，公卒。」《齊世家》：❻「惠公卒，子頃公無野立。」

---

❶「叙」，原作「祇□」，今據原稿補。
❷「是」，原脱，今據原稿補。
❸「命」，原脱，今據原稿補。
❹「日」，原作「月」，今據原稿改。
❺「八」，原重文，今據原稿删。
❻「齊」，原重文，今删。

齊崔氏出奔衛。【疏證】《年表》：「崔杼有寵，高、國逐之，奔衛。」又云：「衛穆公元年，齊高、國來奔。」❶「高、國」，當云「崔杼」，此史公駁文。

公如齊。

五月，公至自齊。❷無傳。【注】劉、賈、許云：「不書奔喪，諱過也。」《釋例》。【疏證】李貽德云：「傳曰『公如齊奔喪』，君親奔喪，非禮也。經祇書『如齊』，所以諱其事。」

癸巳，陳夏徵舒弒其君平國。❸【疏證】《年表》：「陳靈公十五年，夏徵舒以其母辱，殺靈公。」據傳，明年，楚立成公午，陳是年五月以後無君。

六月，宋師伐滕。

公孫歸父如齊。葬齊惠公。【注】服云：「歸父，襄仲之子。」《魯世家》集解。【疏證】歸父初見於經。杜用服說。《周語》注：「東門子家，莊公之孫、東門襄仲之子公孫歸父也。」

晉人、宋人、衛人、曹人伐鄭。【疏證】《年表》：「晉公據元年，與宋伐鄭。」

秋，天王使王季子來聘。❹【疏證】杜注用《公羊傳》，以爲王之母弟，字季子。按：十七年傳例：「凡大子之母弟，公在曰公子，不在曰弟。凡稱弟，皆母弟也。」季子審是周天子之弟，又非匡王之世，❺則宜書「天王使其弟季子來聘」。此王季子，據傳即劉康公，不知於宋王長幼之次若何。❻杜稱《公羊》，則《左氏》舊説不如此，蓋已佚也。《穀梁》以王季爲王子，與《公羊》又異。

公孫歸父帥師伐邾，取繹。【疏證】《公羊》「邾」曰「邾婁」，「繹」曰「蘱」。杜注：「繹，邾邑。」疏云：「文十三年傳稱『邾遷于繹』，則繹爲邾之都矣。更別有繹邑，今魯伐取之，非取邾之都也。」馬宗璉云：「此非邾文公所遷之繹，杜注非。」顧炎武云：「蓋文公雖遷，後復還其故都耳。」《彙纂》：「今嶧山在鄒縣東南二十里。蓋縣治

❶「國」，原作「尚」，今據原稿改。
❷「至自」，原倒，今據原稿改。
❸「君」，原脱，今據原稿補。眉批：查《陳世家》。
❹「子」，原脱，今據原稿補。
❺「世」，原作「弟」，今據原稿改。
❻「宋」，疑當作「宗」。

徙山北也。『嶧』與『繹』通。」❶

大水。無傳。

季孫行父如齊。

冬，公孫歸父如齊。

齊侯使國佐來聘。【疏證】僖九年傳例：「凡在喪，王曰小童，公侯曰子。」無野，未踰年之君，當稱齊子，先儒或有説。杜謂「既葬成君，故稱君命使」，非也。《周語》注：❷「國佐，齊卿，國歸父之子國武子也。」

饑。

楚子伐鄭。【疏證】《年表》：「鄭襄公六年，晉、宋、楚伐我。」

【傳】十年，春，公如齊。齊侯以我服故，歸濟西之田。

夏，齊惠公卒。

崔杼有寵於惠公，

高、國畏其逼也，【疏證】杜注：「高、國二家，齊正卿。」

公卒而逐之。奔衛。【疏證】《齊世家》文同。

書曰「崔氏」，非其罪也；【注】鄭康成云：「公卿之世，立大功德，先王之命，有所不絶。」《文王》疏引《箴膏肓》。【疏證】本疏：「何休《膏肓》以爲《公羊》譏世卿而難《左氏》，蘇氏釋云：『崔氏祖父名不見經，則知非世卿，且春秋之時，諸侯擅相征伐，尚不譏世卿，雖曰非禮，夫子何由獨責？』又鄭《駁異義》引《尚書》『世選爾勞』，又引《詩》刺幽王絶功臣之世。然則興滅繼絶，王者之常，譏世卿之文，其義何在？」案：本疏但引《膏肓》，不引鄭《箴》，今據《詩》疏所引列爲注。鄭《箴》與《駁異義》説同，蘇氏説即鄭君義也。《公羊》於隱三年尹氏卒及此年經皆謂譏世卿，《穀梁》舊説亦同。《左氏》説則云：「卿大夫得世禄，不得世位。」詳隱公八年傳「官有世功」疏證。惠棟據僖二十八年傳有齊崔夭以駁蘇氏説，是申《公羊》義，未達《左氏》無譏世卿文也。

且告以族，不以名。【疏證】崔杼蓋以族

❶ 原稿眉批：查《大事表》。

❷ 「語」，原重文，今據原稿刪。

行，故齊人以族行告。本疏云：「知法當以名告，❶而齊人誤以族告也。」非傳意。《讀本》：「其後崔杼還齊，不告，不書。」

凡諸侯之大夫違，【疏證】《書·□□》傳：「違，奔亡也。」是違爲去國之通稱。杜注：「奔放也。」奔，謂身自行。放，見逐於其國。

告於諸侯曰：「某氏之守臣某，【疏證】杜注：「上某，出者姓。下某，出者名。」本疏：「若言崔氏之守臣杼也。守臣，言守宗廟之臣也。❷《禮》謂族人爲庶姓，故云上某出者姓，其實正是族也。」按：傳云某氏，謂氏非姓，疏謂族是也。

失守宗廟，敢告。」【疏證】此告辭稱守臣意也。宗廟，謂大夫之家廟也。

所有玉帛之使則告；【疏證】杜注：「玉帛之使謂聘。」本疏：「杜意以爲奔者之身常有玉帛之使於彼國，唯告奔者常聘之國，餘不告也。劉炫以爲玉帛之使，謂國家有交好之國皆告，❸非指奔者之一身。」按：《周語》：「魯宣公卒，赴者未及，東門氏來告亂，子家奔齊。」注：「來告，告周大夫也。東門子家謀去三桓，使如晉，未返。宣公薨，三桓逐子家，遂奔齊也。諸侯大夫以君命使出，出必有禮贄私覿之事，以通情結好，吉凶相告。子家常使於周，故以亂告也。」❹杜以玉帛之使爲奔者之身，蓋用韋義。炫規杜之辭，疏無駁，則兼用炫説矣。邵瑛云：「如蔡與魯，未嘗交聘，而書其大夫出奔。」按：邵説是也。傳例爲崔杼而發，杼亦未聘魯。

不然，則否。【疏證】如劉炫説，則非交好之國不告也。右，大夫違其國告例。

公如齊奔喪。【疏證】沈欽韓云：「按：天王崩，終《春秋經》，無奔喪之文，而宣公獨汲汲於齊，忘大義而顧私恩。傳出『奔喪』二字，著其無耻，此傳之顯於經者也。」

陳靈公與孔寧、儀行父飲酒於夏氏。公謂行父曰：「徵舒似女。」對曰：「亦似

❶「法」，原爲空格，今據原稿補。
❷「守」，原脱，今據原稿補。
❸「謂」，原作「使」，今據原稿改。
❹「亂」，原作「禮」，今據原稿改。

君。」徵舒病之。【疏證】杜不釋「夏氏」。《論衡·□□篇》：❶「夏氏，陳公族。」《周語》注：「夏氏，陳大夫夏徵舒之家。」《陳世家》：「靈公與二子飲于夏氏。公戲二子曰：『徵舒似汝。』❷二子：『亦似公。』徵舒怒。」《世家》以公戲辭屬二子，❸與傳小異。杜注：「徵舒已爲卿，年大，無嫌是公子。蓋以夏姬淫放，故謂其子多似以爲戲。」

公出，自其廄射而殺之。二子奔楚。【疏證】《陳世家》：「靈公罷酒出，徵舒伏弩廄門，射殺靈公。孔甯、儀行父奔楚，靈公大子午奔晉。徵舒自立爲陳侯。」

滕人恃晉而不事宋。

六月，宋師伐滕。

鄭及楚平，【疏證】九年傳：「鄭伯敗楚師於柳棼。」今結好也。

諸侯之師伐鄭，取成而還。【疏證】經首書晉人，晉主兵謀。

秋，劉康公來報聘。【疏證】九年「夏，仲孫蔑如京師」。杜注：「即王季子也。其後食采於劉。」

師伐邾，取繹。

季文子初聘于齊。

冬，子家如齊，伐邾故也。【疏證】蓋遣使告以伐邾之事。

國武子來報聘。

楚子伐鄭。【疏證】以晉取鄭成也。

晉士會救鄭，逐楚師於潁北。【疏證】《地理志》：「潁川郡陽城陽乾山，潁水所出，東至下蔡入淮。」《水經·潁水》篇：❹「潁水出潁川陽城縣西北少室山，又東南過陽翟縣北。」注云：「又逕上棘城西，《左傳》楚師伐鄭，城上棘以涉潁者也。潁水又逕陽翟縣故城北。」顧棟高云：「陽翟，今禹州。潁北，當在禹州之北。成十六年諸侯師於潁上，襄十年晉師與楚夾潁而軍，亦禹州之潁也。」

---

❶「論衡」，疑當作「潛夫論」。
❷「汝」，原作「女」，今據原稿改。
❸「子」，原作「字」，今據原稿改。
❹「潁」，原爲空格，今據《水經注箋》卷二十二補。

諸侯之師成鄭。

鄭子家卒。鄭人討幽公之亂，【疏證】《謚法》：「動静亂常曰幽。」

斲子家之棺，而逐其族。【疏證】杜注：「斲薄其棺，不使從卿禮。」本疏：「《喪大記》：『上大夫大棺八寸，屬六寸。』然則子家上大夫，棺當八寸，今斲薄其棺，不使從卿禮耳。不知斲薄之，使從何禮也。」疏蓋疑杜説非傳意。斲薄其棺，誠非典禮，杜注甚謬。然疏亦未明斲棺何解。案：《三國・魏志・王淩傳》：「朝議咸爲《春秋》之義，齊崔杼、鄭子家皆加追戮，陳尸斲棺，載在方策。淩、愚罪應如舊典。」❶《晉書・劉牢之傳》：「牢之喪歸丹徒，❷桓玄令斲棺斬首，暴尸于市。」《魏書・韓子熙傳》：「元叉害清河王懌，❸子熙等上書，謂：『成禍之末，良由劉騰。騰合斲棺斬骸，沈其五族。』遂剖騰棺。」詳《王淩傳》稱《春秋》之義，則此傳舊説，謂陳子家之尸，追戮之也。以陳尸而斲棺，斲謂剖也。《晉》《魏書》説斲棺皆同。今律猶有戮尸之條。《鄭世家》：「子家卒，國人復逐其族，以其弑靈公也。」

改葬幽公，謚之曰「靈」。

【經】十有一年，春，王正月。

夏，楚子、陳侯、鄭伯盟于辰陵。【疏證】《穀梁》「辰」曰「夷」。《水經・洧水》注：「洧水東南逕辰亭東。經書：魯宣公十一年，楚子、陳侯、鄭伯盟于辰陵也。京相璠曰：『潁川長平有故辰亭。』杜預云：『長平縣東南有辰亭。』今此城在長平城西北，長平在東南，或杜氏不謬，傳書之誤耳。」詳酈注，杜用京相説，又云「陳地」。沈欽韓云：「《一統志》：『辰亭在陳州府淮甯縣西六十里。』」洪亮吉從《穀梁》，謂當作「夷陵」，爲今宜昌府治，當陽、荆門之宛城。則非陳地矣。

公孫歸父會齊人伐莒。

秋，晉侯會狄于攢函。【疏證】杜注：「攢函，狄地。」沈欽韓云：「即攢茅之邑。」按：沈説是也。杜謂

❶ 「愚」，原爲空格，今據原稿補。原稿眉批：《孔融傳》未采。

❷ 「歸」，原作「師」，今據原稿改。

❸ 「懌」，原作「惲」，今據原稿改。

「晉侯往會之」，故用《穀梁》説，斥爲狄地。詳傳稱，晉大夫欲召狄，郤成子勸其勤，蓋晉與狄會境上。傳不謂狄地。

**冬，十月，楚人殺夏徵舒。**【疏證】《年表》：「楚莊王十六年，率諸侯誅陳夏徵舒，❶立陳靈公子午。」❷沈欽韓云：「二百四十二年之中，❸正弑君之罪而得討賊之義者，楚莊一人而已。可爲中夏羞也。」

**丁亥，楚子入陳。**【疏證】杜注：「楚子先殺徵舒，而欲縣陳，後得申叔時諫，乃復封陳，不有其地，故書入在殺徵舒之後。」本疏引劉炫云：「楚子入陳乃殺徵舒，經先書殺徵舒，後言入陳者，以楚子本意止欲討賊，無心滅陳。及殺徵舒，滅陳爲縣，後得申叔時諫，乃復封陳，於例不有其地。『入陳』之文，爲下納張本。昭八年，『楚師滅陳，執公子招，放於越，殺陳孔奂』。彼心欲滅陳，此則主爲討賊，無心滅陳而復封之。君子善其自悔，故退『入陳』於下，隱其縣陳之過。」案：此炫《述義》語，與杜注合，則杜注用舊説也。

**納公孫寧、儀行父于陳。**【注】賈云：「二子不係之陳，絶于陳也。惡其與君淫，故絶之。善楚有禮也。本疏。稱納者，内難之辭。」本疏。【疏證】杜注：「二子，淫昏亂人也。君弑之後，能外託楚以求報君之讎，内結强援于國，故楚莊得平步而討陳，除弑君之賊。於時陳成公播蕩於晉，定亡君之嗣，❹靈公成喪，賊討國復，功足以補過，故君子善楚復之。」壽曾謂：公孫寧、儀行父覆亂陳國，杜乃以賊討國復爲二子之功，非經書「納」之義。《晉書·刁協傳》：「協悉心盡力，元帝甚信任之。王敦搆逆，上書罪協。帝勸令避禍。協行至江乘，爲人所殺，送首于敦。敦平後，周顗等皆被顯贈。咸康中，協子彝上疏訟之。丹陽尹殷融議曰：『王敦專偪之時，元帝慮深崇本，以協爲比，事由國計，蓋不爲私。昔孔寧、儀行父從君于昏，楚復其位者，❺君之黨故也。况協之比君，在于義順。謂宜顯贈，以明忠義。』時庾冰輔政，疑不能決。蔡謨與冰書曰：『《春秋》之義，以功補過。過輕功重者，得以加封；功輕過重者，不免

❶「舒」，原脱，今據原稿補。
❷「午」，原脱，今據原稿補。
❸下「二」，原脱，今據《春秋左氏傳補注》卷五補。
❹「亡」，原作「正」，今據原稿改。
❺「者」，原脱，今據原稿補。

誅絶；功足贖罪者，無黜。雖先有邪佞之罪，而臨難之日，黨於其君者，不絶之也。孔寧、儀行父親與靈公淫亂于朝，君殺國滅，由此二臣，而楚尚納之。傳稱有禮、不絶其位者，君之黨也。若刁令有罪，重於孔、儀，絶之可也。若無此罪，宜見追論。』」詳殷融、蔡謨所論，蓋用杜義。惟所云楚復其位，以君之黨，杜所未言。《公羊傳》：「其言納何？納公黨與也。」何休注：「本以助公見絶。」則殷、蔡所稱，《公羊》義也。賈謂善楚有禮，亦止謂楚納二子爲有禮，不謂二子有功於陳。杜不用賈説。疏引賈説，駁之云：「案子糾、捷菑皆不繫國，自是例之常，賈説非也。」子糾、捷菑皆國君，不得與公孫甯、儀行父比例，疏駁非是。沈欽韓云：「按：賈謂二子之惡絶於陳，是也。然納惡而謂楚有禮，則于義難通。杜又舉二子之功足以補過。夫身爲貴臣，朋淫婁豬，戮賢禍主，雖寸磔不足蔽辜，何功之可補？害義傷教，若説爲大矣。傳之稱楚有禮，❶謂入其國而不貪其土，豈目二豎子之出入哉！曰：莊王以義自克，何爲不殺而納之，納之甯得爲禮曰：陳，國小君弱，不有貴戚世臣，何以立國？春秋時，世臣與其君相輔而行者也。故臣有罪，絶其身，不絶其世。非若後來之政，臣新故相乘，不憂乏材。蓋積貴之繫於人心久矣。楚之納也，亦因陳所欲，擇利而權耳。若使恕二子之凶慝，是飛廉、惡來可逭武王之誅也。❷後儒深責楚莊，又不揣彼時之勢情矣。」沈氏既信賈注絶二子於陳之説，則賈説本不與杜同。駁杜而牽連賈説，非矣。傳稱楚有禮，兼復陳、納二子爲説，賈注未誤。沈謂無貴戚世臣，無以立國，積貴使然，即殷氏、蔡氏所引君黨之義，雖未引《晉書》，義闇合也。然是《公羊》義。賈止云善楚有禮，止用本傳意，不取《公羊》。洪亮吉云：「按：《左氏》之義，賈爲得之。」賈氏又説納爲内難之辭，本疏謂其依放《穀梁》，又云：「言書有禮，不可言内難也。」詳《穀梁》云：「納者，内弗受也。」此賈所本。

【傳】十一年，春，楚子伐鄭，及櫟。❸子良曰：「晉、楚不務德而兵争，與其來者可也。晉、楚無信，我焉得有信？」乃從楚。

❶「楚」，原作「義」，今據《春秋左氏傳補注》卷五改。
❷「惡來」，原脱，今據原稿補。
❸眉批：櫟已見。

夏，盟于辰陵，❶陳、鄭服也。【疏證】《讀本》：「楚已盟于陳地，此年十月始殺徵舒，知討亂非其本志。」

楚左尹子重侵宋，【疏證】杜注：「子重，公子嬰齊，莊王弟。」王引之云：「案：鄭罕嬰齊，字子蟜，則嬰齊謂齒矣。《説文》：『蟜，齒参差。』参差，不齊也。差與重一聲之轉。重疊亦不齊也。嬰、賏古字通。《説文》：『賏，頸飾也，從二貝。』」

王待諸郔。【疏證】洪亮吉云：「《説文》：『郔，鄭地。』今考隱元年『至於廩延』，杜注：『鄭邑。』此注復云：『楚地。』至後二年『楚子北師次于郔』，注又云：『鄭北地。』前後不同如此。自當以《説文》爲正也。」武億云：「子重侵宋，楚莊留爲聲援，必不遽返歸於楚境，疑郔地幅員廣倍他邑，自鄭國城之北，以逮廩郔皆爲其地，故有延名。下文十二年傳『楚子北師次于郔』，蓋『待諸郔』者，郔之南境。❷『次于郔』，郔之北境也。一地而前後兩見，傳特以北師標之。杜氏不達其旨，注前郔爲楚地，非也。」按：洪、武説是也。廩延已詳於隱三年。

令尹蔿艾獵城沂，【注】服云：「艾獵，蔿賈之子孫叔敖也。此年云蔿艾獵，明年云令尹孫叔敖，明一人也。」本疏。【疏證】惠棟云：「服、杜皆云蔿賈之子孫叔敖。案《世本》，艾獵爲叔敖之兄。又《孫叔敖碑》云：『君名饒，字叔敖。』以艾獵爲叔敖名。此服、杜臆説。襄十五年傳『蔿子馮爲大司馬』，注云：『叔敖從子。』案《世本》，馮是艾獵之子，此明文可據者。」洪亮吉云：「杜用服説。按《世本》，蔿艾獵爲叔敖之兄，今云艾獵即叔敖，未知何據。襄十五年杜注亦云：『叔敖從子也。』明艾獵非即叔敖。杜注一依《世本》，一又取服注，可云前後失據。」沈欽韓云：「漢邊韶《孫叔敖碑》出漢人妄傳，不足信。諸子書但言其爲期思之鄙人。《世本》云：『艾獵爲叔敖之兄。』」惠、洪、沈駁服注，皆據《世本》叔敖兄之説。《世本》見本疏所引，疏云：「《世本》多誤，本必不然。」則疏謂《世本》轉寫有失矣。其襄十五年所引《世本》，馮爲艾獵子，則馮即叔敖子矣。《吕覽·情欲》篇「世人之事君者，皆以孫叔敖之遇荆莊王爲幸」，❸

❶「盟」上，《春秋左傳正義》卷二十二有「楚」字。
❷「郔」，原作「楚」，今據《群經義證》改。
❸「遇」下，原衍「莊」字，今據原稿刪。

注：「孫叔敖，楚令尹，薳賈之子也。」盧文弨云：「宣十二年傳『蔿敖爲宰』，下『令尹南轅反旆』，是蔿敖即令尹孫叔敖，軍事皆主之。前一年令尹蔿艾獵城沂，❶比年之間，楚令尹不聞置兩人。」❷又文弨《鍾山札記》云：「《吕氏春秋》注薳賈，薳即蔿也。《左氏》蔿敖一言，可以爲蔿氏之確證。與其信諸子也，不如信傳。」按：盧氏蓋取服説。服亦以此年及十二年皆稱令尹，明蔿艾獵、孫叔敖爲一人也。漢人撰《孫叔碑》不及艾獵名。顧炎武謂其人似不曾見《春秋》、《史記》者，此説最諦，惠氏信之過矣。梁履繩云：「叔敖本出蔿氏，而更稱孫氏者，❸叔敖係王子蔿章之後。❹不忘故族，以孫爲氏，即王孫氏之意。」杜注：「沂，楚邑。」沈欽韓又云：「《吴志·討逆傳》注『劉勳乃投西塞，至沂』，《通鑑》作『流沂』。《一統志》：『黄石城在武昌縣東二十里，一名流沂壘。』」

使封人慮事，以授司徒。【注】舊注：「封人，司徒之屬官。」《大司馬》疏。【疏證】《大司馬》「大役，與慮事」，注：「大役，築城邑也。鄭司農云：『國有大役，大司馬與謀慮其事也。』玄謂慮事者，封人也。于有役，司馬與之。」疏：「按宣十一年，『楚令尹蔿艾獵城沂，使封人慮事，以授司徒』。注：『封人，司徒之屬官。』是封人慮事，司馬與在謀慮中也。」據彼疏，則後鄭説與《左氏》舊注同。杜注：❺「封人，其時主築城者。」不取司徒屬官之説。按：《封人》：「凡封國，封其四疆，造都邑之封域者亦然。」此城沂，蓋斥造都邑封域。❻封人官卑於司徒，而先慮事者，蓋如今土木之役，屬官估計工需，❼上於所司也。杜又云：「慮事，無慮計工。」顧炎武云：「慮，籌度也。解非。」惠棟引《大司馬》先鄭説，以釋「慮事」。杜釋慮爲「無慮」，用十二年傳「前茅慮無」義，詳彼傳疏證。

量功命日，【疏證】杜注：「命作日數。」案：謂計三旬之日。❽

分財用，【疏證】計財用之多寡也。築城工役，

❶「艾」，原脱，今據原稿補。
❷「置」，原脱，今據原稿補。
❸「而」，原脱，今據原稿補。
❹「章」，原爲空格，今據原稿補。
❺「注」，原作「氏」，今據原稿改。
❻「域」，原作「邑」，今據原稿改。
❼「需上」至「計工」十五字，原重文，今據原稿删。
❽眉批：量，詁。

四面各有主之者，分財用，便於事也。杜謂「築作具」，下板榦、畚築當之，杜説非。

平板榦，【疏證】《説文》：「榦，築牆木也。」《釋詁》：「楨、翰、儀，榦也。」是榦即楨。杜注：「榦，楨也。」用《釋詁》義。本疏引舍人曰：「楨，正也。築牆所立兩木也。翰所以當牆兩邊鄣土者也。」舍人用許義。本疏以板當翰，云：「板在兩旁，卧鄣土者，即彼文翰也。」按：《費誓》：「峙乃楨榦。」《魯世家》集解引馬融云：「楨、榦皆築具。楨在前，榦在兩旁。」又析楨、榦爲二事，與舍人説不合。據舍人説，則板在兩旁，榦在兩頭，以榦束板，防土之傾也。今制猶然。《鴻雁》傳：「一丈爲板。」本疏：「平板榦者，等其高下，使城齊也。」

稱畚築，【疏證】畚，釋於二年。此畚蓋以盛土。《周語》：「其時儆曰：❶『收而場功，偫而畚挶。』」注：「畚，器名，土籠也。具汝畚挶，將以築作也。」杜用韋義。本疏云：「築者，築土之杵。《司馬法》輂車所載二築是也。稱畚築者，量其輕重，均負土與築者之力也。」

程土物，【疏證】杜注：「作爲程限。」❷案：程限已賅於「量功命日」，杜説非傳意。土物，謂築城之土也。計城之丈尺，而稽土之數，猶今土方矣。本疏：「程土物，謂鍬、钁、畚、畢之屬，爲作程限備豫也。」上已云「稱畚築」，不當複舉，杜意亦不如此。

議遠邇，【疏證】議城之廣袤也。杜注：「均勞逸。」非。

略基趾，【疏證】杜注：「略，行也。❸趾，城足。」案：此蒙上言之，遠近既定，乃得基趾所在。

具餱糧，【疏證】《釋言》：「餱，食也。」《説文》：❹「餱，乾食也。」《公劉》「乃裹餱糧」，箋：「乃裹糧食於槖囊之中。」

度有司。【疏證】杜注：「謀監正。」《讀本》：「擇督視之人也。」

事三旬而成，不愆於素。【疏證】杜注：「十日爲旬。不過素所慮之期也。」洪亮吉云：「《廣雅》：

❶「其」上，原衍「其語」，今據原稿删。
❷「作爲」，《春秋左傳正義》卷二十二作「爲作」。
❸「行」，原作「引」，今據原稿改。
❹「文」，原作「天」，今據原稿改。

『傃，經也。』❶素、傃同。鄭玄《儀禮》注：『刑法定爲素。』」

晉郤成子求成於衆狄。【疏證】顧棟高云：「衆狄，係白狄之種類，若鮮虞、肥、鼓之屬是也。」

衆狄疾赤狄之役，遂服於晉。【疏證】杜注：「赤狄潞氏最强，故服役衆狄。」

秋，會於欑函，衆狄服也。【疏證】顧棟高云：「晉蓋欲攜赤狄之黨。至十五年，遂滅潞氏。」

是行也，諸大夫欲召狄。

郤成子曰：「吾聞之，非德，莫如勤，非勤，何以求人？能勤有繼。【疏證】《釋詁》：「勤，勞也。」言無德以服遠，❷則當勞以求遠。杜注：「勤則功繼之。」

「其從之也。【疏證】顧炎武云：「言往而會狄。」

「《詩》曰：『文王既勤止。』【疏證】《周頌・賚》文，傳訓「勤」爲「勞」。

「文王猶勤，況寡德乎？」

冬，楚子爲陳夏氏亂故，伐陳。【疏證】《楚世家》：「莊王十六年，伐陳。」《陳世家》：「成公元年冬，楚莊王爲夏徵舒殺靈公，率諸侯伐陳。」

謂陳人：「無動！將討於少西氏。」【疏證】王引之云：「動，謂驚懼也。《史記・陳世家》作『謂陳曰「無驚」』，是其證矣。」杜注：「少西，徵舒之祖子夏之名。」疏：「徵舒以夏爲氏。」則傳稱少西氏，猶言徵舒家。《陳世家》：「楚謂陳曰：『無驚，吾誅徵舒而已。』」

遂入陳，殺夏徵舒。【疏證】《楚世家》：「殺夏徵舒。徵舒弑其君，故誅之也。」

轘諸栗門。【疏證】。《說文》：「轘，車裂人也。《春秋傳》曰『轘諸栗門』。」許君當據賈氏義。《條狼氏》「誓馭曰車轘」，注：「車轘，謂車裂也。」上已云殺夏徵舒，則已殺而車分其尸也。襄二十二年傳「轘觀起於四境」，❸亦謂分其尸。杜注：「栗門，陳城門。」

❶「經」，原重文，今據原稿刪。
❷「言無」，原倒，今據原稿改。
❸「襄二十二年」，原爲三空格，今據《春秋左傳正義》卷三十五補。

因縣陳。【疏證】杜注：「滅陳而爲楚縣。」惠士奇云：「《廣韻》：『縣，郡縣也。』《釋名》曰：『縣，懸也，懸於郡也。』古作寰。楚莊王滅陳爲縣，縣名自此始也。」縣不見《周官》，似非自楚莊王始。然古文作寰，亦非無本。而《説文》無寰字，似縣即寰也。《集韻》云：『寰通作縣。』」按：惠説是也。下云「諸侯、縣公」，則楚有縣不自莊王始。《楚世家》：「已破陳，即縣之。」《陳世家》：「已誅徵舒，因縣城而有之。」❶《淮南・人間訓》：「莊王以討有罪，遣戍卒陳。」❷蓋縣陳而戍守之。

陳侯在晉。【疏證】《陳世家》：「靈公太子午奔晉。」繫于徵舒弒靈公之下，蓋亦十年夏事也。傳文不具。

申叔時使於齊，【注】賈云：「叔時，楚大夫。」《陳世家》集解。【疏證】杜無注。

反，復命而退。

王使讓之，曰：「夏徵舒爲不道，殺其君，寡人以諸侯討而戮之，【疏證】本疏：「經無諸侯，而云以諸侯討之，諸侯皆慶者，時有楚之屬國從行也。十二年郔之戰，經不書唐，而傳云唐侯爲左拒。昭十七年長岸之戰，經不書隨，而傳云使隨人守舟。明此時亦有諸侯，但爲楚私屬，不以告耳。」按：《淮南・人間訓》：「莊王曰：『陳爲無道，寡人起九軍以討之，征暴亂，誅罪人。』」用傳以諸侯討義。

「諸侯、縣公皆慶寡人，女獨不慶寡人，何故？」【疏證】《淮南・人間訓》「陳大夫畢賀」，注：「楚僭稱王，守邑大夫皆稱公。」杜注：「楚縣大夫皆僭稱公。」用高説。《楚世家》：「群臣皆賀，申叔時使齊來，不賀。王問。」《陳世家》文略同。《淮南・人間訓》：「『羣臣皆賀，而子不賀，何也？』」

對曰：「猶可辭乎？」王曰：「可哉！」【疏證】辭，猶言也。問猶可進言以否。

曰：「夏徵舒弒其君，其罪大矣；討而戮之，君之義也。

❶「城」，《史記・陳世家》作「陳」。

❷「卒」，原脱，今據原稿補。

「抑人亦有言曰：❶『牽牛以蹊人之田，而奪之牛。』**【疏證】**《禮記・中庸》注：❷「抑，辭也。」《楚世家》：❸「鄙語有之：『牽牛徑人田，田主奪之牛。』」《陳世家》：❹「鄙語曰：『牽牛徑人田，田主取之牛。』」❺「蹊」並作「徑」，史公以「徑」詁「蹊」也。《緜》「行道兑矣」，傳：「兑，成蹊也。」疏：「《説文》：『蹊，徑也。』宣十一年《左傳》曰：『牽牛以蹊人之田。』則蹊者，先無行道，初爲徑路之名。兑是成蹊之貌。」《遂人》：「凡治野，夫間有遂，遂上有徑。」注：「徑容牛馬。」疏：「徑不容車軌，而容牛馬及人之步徑，是以《春秋》有『牽牛蹊』，蹊即徑也。」皆以蹊爲徑。《李將軍傳》：「桃李不言，下自成蹊。」《唐書・李乂傳》：❻「李下無蹊。」❼亦謂樹木下之路爲蹊也。《淮南・人間訓》：「申叔時曰：『牽牛蹊人之田，田主殺其人而奪之牛。』」此因楚殺徵舒，以殺人取牛爲譬，非傳義所有。

「牽牛以蹊者，信有罪矣；而奪之牛，罰已重矣。**【疏證】**《楚世家》：「徑者則不直矣，取之牛，不亦甚矣！」《陳世家》：「徑則有罪矣，奪之牛，不亦甚矣！」史公以「不直」詁「有罪」。《淮南・人間訓》：「『罪則有之，❽罰亦重矣。』」

「諸侯之從也，曰討有罪也。今縣陳，貪其富也。以討召諸侯，而以貪歸之，無乃不可乎？」**【疏證】**《楚世家》：「且王以陳之亂而率諸侯伐之，以義伐之，而貪其縣，亦何以復令於天下！」《陳世家》：「今王以徵舒爲賊弑君，故徵兵諸侯，❾以義伐之，已而取之，以利其地，則後何以令於天下！是以不賀。」

王曰：「善哉！吾未之聞也。反之，可乎？」**【疏證】**未之聞，謂楚臣無以此説進者。

❶「言」，原脱，今據原稿補。
❷「中庸」，原爲空格，今據《禮記正義》卷五十二補。
❸「楚」，當作「陳」。
❹「陳」，當作「楚」。
❺「田」上，原衍「人」字，今據《史記・楚世家》删。
❻「乂」，原爲空格，今據《新唐書・李乂傳》補。
❼「蹊」下，《新唐書・李乂傳》有「徑」字。
❽「罪」上，原衍「則有之」，今據原稿删。
❾「兵」，原作「君」，今據《史記・陳杞世家》改。

對曰：「吾儕小人所謂『取諸其懷而與之』也。」【疏證】《説文》：「儕，等輩也。《春秋傳》曰『吾儕小人』。」《樂記》注：「儕，猶輩類。」與許君説同。梁履繩云：「案：吾儕，猶今人云我輩也。」杜注：「叔時謙言小人意淺，謂譬如取人物於其懷而還之，爲愈於不還。」

乃復封陳。【疏證】《楚世家》：「莊王乃復國陳。」《陳世家》：「莊王乃迎陳靈公太子午於晉而立之，復君陳如故，是爲成公。」

鄉取一人焉以歸，謂之夏州。【注】舊注：「言取討夏徵舒之州。」❶《州長》疏。【疏證】《州長》「各掌其州之教治政令之法」，注：「鄭司農曰：『二千五百家爲州。《論語》曰：「雖州里行乎哉。」《春秋傳》曰：「鄉取一人以歸，謂之夏州。」』」疏：「引《春秋傳》已下者，《左氏》宣公十一年傳注云：『言取討夏徵舒之州。』」蓋引《左氏》舊注。洪亮吉謂是服注，非。《鄉大夫》注：「萬二千五百家爲鄉。」杜云：「州，鄉屬。」用鄭君義。詳先鄭義，五州爲鄉也。楚蓋俘陳之民，鄉各一人，於楚地別立夏州，以旌武功也。惠士奇云：「車武子撰《桓温集》云：『夏口城上數里有洲名夏州。』盛宏之《荆州記》曰：『《史記》蘇秦説楚威王「東有夏州」，今江陵夏口城有州名夏州。』」惠引《桓温集》，見《蘇秦列傳》集解。沈欽韓云：「《一統志》：『夏州在漢陽府漢陽縣北。』」江永云：「夏州蓋在北岸江漢合流之間，其後漢水遂有夏名。」

故書曰「楚子入陳，納公孫寧、儀行父于陳」，書有禮也。【疏證】《陳世家》：「孔子讀史記至楚復陳，曰：『賢哉楚莊王！輕千乘之國而重一言。』」《家語·好生》篇略同，❷又云：「非申叔時之忠，不能建其義；非楚莊王之賢，不能受其訓也。」此《左氏》褒申叔時之義。《淮南·人間訓》：「申叔時教莊王封陳氏之後，而霸天下。」亦是舊説。

厲之役，鄭伯逃歸，【疏證】厲役不見於經傳。杜注：「蓋在六年。」指六年傳楚伐鄭取成而言。

自是楚未得志焉。

鄭既受盟於辰陵，又徼事于晉。【疏證】辰陵盟在今年春。

❶「之州」，原脱，今據原稿補。

❷「好生」，原爲空格，今據《孔子家語》卷二補。

【經】十有二年，春，葬陳靈公。無傳。

楚子圍鄭。【疏證】《年表》：「楚莊王十七年，圍鄭。」

夏，六月，乙卯，晉荀林父帥師及楚子戰於邲，晉師敗績。【疏證】《說文》：「邲，晉邑也。《春秋傳》曰：『晉楚戰于邲。』」疑是賈君說。杜注：「邲，鄭地。」與《說文》異。《淮南·人間訓》「昔者，楚莊王既勝晉于河、雍之間」，注：「莊王敗晉荀林父之師于邲。邲，河、雍地也。」則高氏亦謂晉地。洪亮吉云：「《公羊傳》獨以爲邲水。今考《水經注》：『扈亭水自亭東南流，❶注于濟，濟水於此又兼邲目。《春秋》宣公十二年晉、楚之戰，楚軍于邲，即是水也。音卞。』❷據此，則邲有『卞』音，可補陸氏之缺。道元又引京相璠云：『邲在敖北。』」按：敖謂敖山，即漢之敖倉也。沈欽韓云：「《元和志》：『邲城在鄭州管城縣東六里。』管城縣，明初省入鄭州。」壽曾按：敖山在鄭州之西，舊屬河陰。《方輿紀要》：「邲城在鄭州東六里。」顧棟高云：「邲水亦名汴水，楚、漢時謂之鴻溝，三國時謂之官渡。」

秋，七月。

冬，十有二月，戊寅，楚子滅蕭。【疏證】蕭，已釋於莊十二年。杜注：「十二月無戊寅。戊寅，十一月九日。」貴曾曰：❸

晉人、宋人、衛人、曹人同盟于清丘。【注】賈氏、許氏曰：「盟載詳者，日月備；易者，日月略。」《釋例》。【疏證】《公》、《穀》有經無傳。賈、許所稱，《左氏》例也。以經次十二月之後，又不日，故云「日月略」。杜注：「清丘，衛地。」《郡國志》：「東郡濮陽有清丘。」沈欽韓云：「《水經注》：『瓠瀆又東南逕清丘北，京相璠曰：在今東郡濮陽縣東南三十里。』《一統志》：『清丘在大名府開州東南七十里。』《方輿紀要》：❹『丘高五尺，唐置清丘縣。』」

宋師伐陳，衛人救陳。【疏證】《公羊》本年

❶「流注」，原倒，今據原稿改。
❷「卞」，原作「六」，今據原稿改。下一「卞」字同。
❸原稿眉批：查莊十二年。
❹「紀」，原脱，今據原稿補。

疏：「宋師伐陳者，按諸家經皆有此文，唯賈氏注者闕此一經，疑脱耳。」盧文弨云：「賈氏所闕，當并『衛人救陳』亦闕。否則，救陳之文，何所承乎？」按：盧説是也。《公羊》疏稱缺此一經，則此經八字均脱。《年表》：「宋文公十四年，伐陳。」

【傳】十二年，春，楚子圍鄭，旬有七日，【疏證】《楚世家》：「十七年春，楚莊王圍鄭。」《鄭世家》：「襄公八年，楚莊王以鄭與晉盟，來伐，圍鄭。」

鄭人卜行成，不吉。

卜臨於大宫，【注】賈云：「臨，哭也。」《御覽》四百八十。【疏證】杜用賈説，又云：「大宫，鄭祖廟。」李貽德云：「襄十二年傳：『吴子壽夢卒，臨于周廟。』以《檀弓》『哭於寢門』例之，則臨亦哭也。」馬宗璉云：「鄭祖厲王，此祖廟蓋厲王廟。」

且巷出車，吉。【注】賈云：「巷出車，陳于街巷，示雖困不降，必欲戰也。」《御覽》四百八十。【疏證】杜注：「示將見遷，不得安居。」不用賈説。惠棟云：「按：下鄭復修城，則賈説良是。」洪亮吉亦從賈説。李貽德云：「巷，《説文》作𨟰，里中道也，從𨛜、共，皆在邑中所共也。古之巷，今之街。故賈以街巷連文。經傳無『街』字，疑即『逵』之變文。《説文》：『降，下也。』夂部有夅，云：『夅，服也。』此正字。作降，通字也。《公羊》莊八年傳『曷爲不言降吾師』，注：『降者，自伏之。』❶今出車，則示欲戰之狀，不肯爲自伏之計矣。」壽曾按：伏、服義通。

國人大臨，守陴者皆哭。【注】賈云：「埤，城也。」《御覽》四百八十。【疏證】傳「守陴」，據賈注作「埤」。《説文》：「陴，城上女牆俾倪也。埤，增也。」埤無城牆訓，許作「陴」是。《晉語》「反其埤」，亦後人所改。《御覽》三百十七注：「陴者，城上辟兒也。皆哭者，告楚窮也。」字正作「陴」。杜注略同，疑即賈注，四百八十引有脱字耳。杜注「辟兒」作「僻倪」。辟，古僻字。兒，古倪字。辟兒，即俾倪也。《一切經音義》引《埤蒼》：「俾倪，城上小垣也。」《廣雅》：「俾倪，女牆也。」《釋名·釋宫室》：

❶「之」下，《春秋左氏傳賈服註輯述》卷九有「文」字。

「城上垣曰陴，❶於孔中俾倪非常也。亦同陴。陴，裨也，言裨助城之高也。」其釋「陴」，皆云「俾倪」，與《説文》同。《釋名》據本疏引，今本「俾倪」作「睥睨」。俾倪，看視意，從目，俗字。《墨子·備城門》篇：「俾倪廣三尺，高二尺五寸。」今制猶然。又云：「守法：五十步，丈夫十人、丁女廿人、老小十人。」《小司徒》注引《司馬法》：「六尺爲步。」則每二陴以一人守之。《漢書·王莽傳》：「崔發言：『《周禮》及《春秋左氏》，國有大災，則哭以厭之。』」師古曰：「《周禮》春官之屬女巫氏之職曰：『凡邦之大災，歌哭而請。』哭者所以告哀也。《春秋左氏傳》：『宣十二年，楚子圍鄭，鄭人大臨，守陴者皆哭。』故發引之。」則鄭遇災而大臨，用《周禮》也。

**楚子退師。鄭人修城。進復圍之，三月，克之。**【疏證】《御覽》三百十七引注：「哀其窮，故退師。尚不服，故復圍九十日。」杜注略同。以「守陴」注證之，疑亦是賈注，杜取之也。本疏：「杜以『三月克之』，謂圍經三月，方始克之，故云『九十日』也。知非季春克之者，下云『六月晉師救鄭』，若是季春克之，不應比至六月而晉人不聞，以此知『三月』非季春也。❷經傳皆言春圍鄭，不知圍以何月爲始。圍經旬有七日，❸爲之退師。❹聞其修城，進圍三月方始克之。則從初以至於克，凡經一百二十許日。蓋以三月始圍，至六月乃克也。」此疏明舊注「圍九十日」之義。《楚世家》：「三月克之。」《鄭世家》：「三月，鄭以城降。」史公以三月爲季春。惠棟云：「時鄭石制爲內間，故楚得克鄭。」

**入自皇門，**【注】賈云：「皇門，鄭城門。」《楚世家》集解、《御覽》四百八十。【疏證】杜不解「皇門」。《公羊》何休《解詁》：「皇門，鄭郭門。」二傳説皇門異。高士奇云：「皇城南門也。❺諸侯國各以所向之地爲名。皇，周邑。蓋走王畿之道也。」❻

**至於逵路。**【疏證】杜注：「塗方九軌曰逵。」



❶「曰」，原脱，今據原稿補。

❷「知」，原脱，今據《春秋左傳正義》卷二十三補。

❸「七」，原作「五」，今據《春秋左傳正義》卷二十三改。

❹「退」下，原衍「歸」字；「師」，原作「帥」，今據原稿刪改。

❺「皇」下，《左通補釋》卷十二有「門」字。

❻「走」，原爲空格，今據原稿補。

與說隱十一年「大逵」謬同。逵九達，非九軌也，詳彼傳疏證。惠棟云：「杜以爲九軌，於《爾雅》不合。」

鄭伯肉袒牽羊以逆，【注】賈云：「肉袒牽羊，示服爲臣隸也。」《鄭世家》集解。❶【疏證】《楚世家》文同。《鄭世家》作「肉袒掔羊以迎」。李富孫云：「案：《易》『牽羊』，《子夏傳》作『掔』。《說文》：『掔，固也。』《三蒼》云：『掔，亦牽字。』《說文》：『逆，迎也。關東曰逆，關西曰迎。』」杜注：「示服爲臣僕」，❷用賈說。《廣雅·釋詁》：「隸，臣也。」《年表》：「楚莊王十七年，圍鄭，鄭伯肉袒謝。」

曰：「孤不天，【注】賈云：「不爲天所祐。」《楚世家》集解。【疏證】杜用賈說。李貽德云：「《易·大有》爻辭：『自天祐之，吉無不利。』《繫辭》：『祐者，助也，天之所助者順也。』鄭伯言不爲天所助。」

不能事君，使君懷怒以及敝邑，孤之罪也。

敢不唯命是聽？【疏證】《卷阿》疏：「《左傳》言『維命』，皆謂受其節度，聽其進止。」據《詩》疏，則傳「唯」舊皆作「維」也。

其俘諸江南以實海濱，亦唯命。【疏證】杜無注，疏亦無說。《釋文》：「俘，囚也。」閻若璩《潛丘劄記》云：「此句具有兩層義。❸楚文王滅羅，徙羅子於長沙，故長沙有汨羅。鄭若滅，得徙於楚之南徼，爲江南。此一義也。實海濱，《楚世家》作『賓之南海』。古以、與通用，言不得徙楚境內，即填實於百越之地，爲海濱之民。此又一義也。」高士奇云：「楚徙郢都，在荆州府，居江北。自荆州以南，皆楚所謂江南也。楚遷羅於枝江，遷許於華容，在江南，鄭欲自比此屬耳。春秋時，未知有南海。屈完對齊桓公云『寡人處南海』，不過漫爲侈大之辭，實非楚境。」按：閻、高說同。據閻說，則「以實海濱」，猶言「與實海濱」也。楚、鄭《世家》皆刪「以實海濱」句，非傳意。

其翦以賜諸侯，使臣妾之，亦唯命。【疏證】□□箋：「翦，割截也。」此謂分散其國衆。僖十

❶「鄭」，當作「楚」。眉批：肉袒牽羊已見，查。
❷「僕」，原脱，今據原稿補。
❸「義」，原脱，今據原稿補。

七年傳：「男爲人臣，女爲人妾。」

「若惠顧前好，【疏證】《御覽》三百十七引注：「世有盟誓。」當是舊注。杜注：「楚、鄭世有盟誓之好。」

「徼福於厲、宣、桓、武，【疏證】《鄭世家》：「鄭桓公友者，周厲王少子而宣王庶弟也。友初封於鄭。幽王治多邪，諸侯或畔之。於是桓公東徙其民雒東，而虢、鄶獻十邑，竟國之。❶二歲，犬戎殺幽王，并殺桓公。鄭人立其子掘突，是爲武公。」杜注：「周厲王、宣王，鄭之所自出也。鄭桓公、武公，始封之賢君也。」杜用史公說。其謂桓、武皆始封之君，則未核。桓公所封之鄭，索隱謂：「鄭，縣名，屬京兆。」此西鄭也。當桓公世，❷即遷雒東。《鄭語》注：「今河南新鄭。」此東鄭也。桓公已由東鄭遷西鄭，不得以武公當東鄭始封之君。本疏云：「桓公始封西鄭，武公始居東鄭。」亦與《鄭世家》違。楚、鄭《世家》記鄭伯語，均作「若君王不忘厲、宣王，桓、武公」，史公增王、公字以釋傳。

「不泯其社稷，【疏證】《釋詁》：「泯，❸滅也。」杜注：「使社稷不滅。」楚、鄭《世家》作「哀不忍絶其社稷」，❹以「絶」訓「泯」。

「使改事君，【疏證】楚、鄭《世家》「使復得改事君王」，改謂舍晉從楚也。❺

「夷於九縣，【疏證】《曲禮》「在醜夷不争」，注：「夷，猶儕也。」《御覽》三百十七引注「楚滅九國以爲縣」，❻當是舊注。杜注用之，而不數九國之名。本疏：「楚滅諸國見於傳者，哀十七年傳稱『文王縣申、息』，莊六年『楚滅鄧』，十八年稱『武王克權』，❼僖五年『滅弦』，十二年『滅黄』，二十六年『滅夔』，文四年『滅江』，五年『滅六』，又『滅蓼』，十六年『滅庸』，凡十一國見於傳。僖二十八年傳曰：『漢陽諸姬，楚實盡之。』則楚之滅國多矣。言

❶「竟」，原作「遂」，今據原稿改。
❷「世」，原作「時」，今據原稿改。
❸「泯滅也」，《爾雅》卷上作「泯、滅，盡也」。
❹「哀」，原漫漶不清，今據原稿補。
❺「舍」、「從」，原作「會」、「以」，今據原稿改。
❻「注」，原脱，今據原稿補。
❼「武」上，原衍「文」字，今據《春秋左傳正義》卷二十三删。

九縣者，申、息是其二，餘不知所謂。蘇氏、沈氏以權是小國，庸先屬楚，自外爲九縣也。」據蘇寬、沈文阿説，❶則舊注九縣，謂申、息、鄧、弦、黄、夔、江、六、蓼也。《釋文》數十一國，與本疏同，云：「此十一國，不知何以言九。」不主蘇、沈説。傅遜云：「時楚適有九縣，故鄭願得比之，言服事恭謹，如其縣邑耳，非必追記其所滅之國也。」❷

「君之惠也，孤之願也，非所敢望也。

「敢布腹心，君實圖之。」【疏證】《盤庚》疏：「以心爲五藏之主，腹爲六府之總。《詩》曰：『公侯腹心。』《左傳》云：『敢布腹心。』是腹心足以表内。」

左右曰：「不可許也，得國無赦。」【疏證】《楚世家》：「群臣曰：『王勿許。』」《鄭世家》：「楚群臣曰：『自郢至此，❸士大夫亦久勞。今得國，舍之何如？』」

王曰：「其君能下人，必能信用其民矣，庸可幾乎！」【疏證】《楚世家》「幾」作「絶」。杜無注。《釋文》：「幾音冀。」本疏：「庸，用也。幾讀如冀。言用可冀幸而得之乎？何必滅其國？」沈欽韓云：「《檀弓》『子張曰：「吾今日其庶幾乎？」』疏云：『庶，❹幸也。幾，冀也。其幸冀爲君子乎！』」沈氏謂「可幾」作「冀幸」解。史公易「幾」爲「絶」，未得傳意。《鄭世家》：「莊王曰：『所爲伐，伐不服也。今已服，尚何求乎？』」則仍用傳意。

退三十里，而許之平。【疏證】《楚世家》：「莊王自手旗，左右麾軍，引兵去三十里而舍，遂許之平。」《鄭世家》：「莊王爲却三十里而後舍。」❺《年表》：「鄭襄公八年，楚莊圍我，卑辭以解。」

潘尫入盟，【注】賈云：「楚大夫。師叔，字也。」《御覽》四百八十。【疏證】杜用賈説。洪亮吉引賈注，謂出《楚世家》集解，非，集解所引乃杜注也。下「子良」注同。李貽德云：「案：下文欒武子曰『師叔，楚之崇也』，故知尫字師叔。」

---

❶「寬」，原爲空格；「阿」，原作「何」，今據《春秋左傳正義》卷二十三補改。

❷「追」，原作「遽」，今據原稿改。

❸「郢」，原作「鄭」，今據原稿改。

❹「庶」，原脱，今據原稿補。

❺「里」，原脱，今據原稿補。

子良出質。【注】賈云：「子良，鄭公子。」《御覽》四百八十。【疏證】杜注：「子良，鄭伯弟。」案：子良，穆公子去疾也。

夏，六月，晉師救鄭。【疏證】《鄭世家》：「晉聞楚之伐鄭，發兵救鄭。」《楚世家》：「晉救鄭。」

荀林父將中軍，【疏證】八年傳：「郤缺將中軍。」

先縠佐之。【疏證】《晉世家》：「先縠，先軫子也。」文十二年傳：❶「荀林父佐中軍。」杜注：「彘季代林父。」疏云：「勘《譜》亦以彘子、彘季爲一人。劉炫云：『傳文皆稱彘子，何以知是彘季？』以縠非彘季而規杜。知非然者，季之與子，❷是得通稱。」沈欽韓云：「彼誤以士魴之字爲先縠也。」朱駿聲説同。彘季見成八年傳。❸

士會將上軍，【疏證】《晉世家》「士」作「隨」。據八年傳，士會已代郤缺將上軍。

郤克佐之。【疏證】文十二年傳：「臾駢佐上軍。」

趙朔將下軍，【疏證】文十二年傳：「欒盾將下軍。」

欒書佐之。【疏證】八年傳：「趙朔佐下軍。」朔今爲帥，故書爲佐。《晉語》注：「晉卿，欒枝之孫、欒盾之子。」❹

趙括、趙嬰齊爲中軍大夫。【疏證】杜注：「括、嬰齊，皆趙盾異母弟。」二年傳：「趙盾請以括爲公族。」

鞏朔、韓穿爲上軍大夫，【疏證】朔，釋於文十七年。穿，字謚無考，當是諸韓之族。❺

荀首、趙同爲下軍大夫。【疏證】杜注：「荀首，林父弟。趙同，趙嬰兄。」按：《世本》：「荀元與智氏同祖逝遨，逝遨生莊子首。」

韓厥爲司馬。❻【注】服云：「韓萬玄

---

❶「文」，原脱，今據《春秋左傳正義》卷二十三補。
❷「季」，原作「李」，今據原稿改。
❸「八」上，當有「十」字。
❹眉批：書初見。
❺眉批：穿初見。
❻眉批：初見。

孫。」本疏。❶【疏證】杜用服説。本疏云：「《韓世家》云韓之先事晉，得封韓原，曰韓武子，後三世有韓厥。《世本》云：『桓叔生子萬，萬生求伯，求伯生子輿，子輿生獻子厥。』《史記》所云武子，蓋韓萬也。如彼二文，厥是韓萬之曾孫。而服虔、杜預皆言『厥，韓萬玄孫』，不知何所據也。」洪亮吉云：「索隱引《世本》一條云：❷『萬生賕伯，賕伯生定伯簡，❸簡生輿，輿生獻子厥。』所引與《世族譜》世次同，則知《史記》及孔疏所引《世本》皆脱一代，當以服氏所據之本爲是。知必有賕伯、定伯兩世者，僖十五年『韓簡視師』下杜注云：『簡，晉大夫，韓萬之孫。』韋昭《國語》注亦同。韋、杜皆當用服氏。服注雖無可攷，然亦必據《世本》可知。」案：洪説是也。疏引服注并杜注言之，非完文。《晉語》注：「獻子，韓萬之玄孫，子輿之子厥。」《晉世家》書晉三軍之帥與傳同，❹又云：❺「郤克、欒書、先縠、韓厥、鞏朔佐之。」❻若止書軍佐，不當及鞏、韓也。

及河，聞鄭既及楚平，【疏證】《鄭世家》：「晉救鄭，其來持兩端，故遲，此至河，楚兵已去」。

桓子欲還，【疏證】杜注：「桓子，林父。」

曰：「無及於鄭而剿民，焉用之？【疏證】《説文》：「剿，勞也。❼《春秋傳》曰『安用剿民』。」❽蓋許稱賈説。杜用之。許引傳義，非有異同。《廣雅·釋詁》：「剿、屑，勞也。」

「楚歸而動，不後。」【疏證】杜注：「動兵伐鄭。」案：不後，謂不後於事也。

隨武子曰：「善。【疏證】杜注：「武子，士會。」

「會聞用師，觀釁而動。❾【注】服云：「釁，間也。」《釋文》。【疏證】杜注：「釁，罪也。」不用服説。本疏：「釁訓爲罪者，釁是間隙之名。今人謂瓦

❶「本疏」，原脱，今據原稿補。
❷「索隱」，《春秋左傳詁》作「小司馬」。
❸「賕伯」，原重文，今據原稿删。
❹「軍之帥」，原作「年之師」，今據原稿改。
❺「又云」，原脱，今據原稿補。
❻「鞏朔」，原脱，今據原稿補。
❼「勞」，原作「傷」，今據原稿改。
❽「剿」，原作「剿」，今據原稿改。
❾「而」，原作「可」，今據原稿改。

裂、龜裂皆爲釁。既有間隙，故得爲罪也。」疏説間隙義，是舊疏釋服注者，服、杜説不能合一。疏謂有間隙得爲罪，非也。《晉語》注：「釁，隙也。」李貽德云：「《文選・東京賦》『巨猾間璺』，璺即釁之俗字。[1] 薛注：『璺，隙也。』隙、間義通。」沈欽韓云：「若武王觀兵孟津。」是也。當從服説。動，蒙上「楚歸而動」爲義。

「德、刑、政、事、典、禮不易，不可敵也，不爲是征。【疏證】傳舉六事之目。疏云：「不爲是六事不易，行征伐也。」

「楚君討鄭，怒其貳而哀其卑。叛而伐之，服而舍之，德刑成矣。伐叛，刑也；柔服，德也。二者立矣。【疏證】君，通行本作「軍」，非。《文選・辨亡論》注引傳，[2]「舍」作「赦」。怒其貳而伐，刑也；哀其卑而舍，德也。伐叛、柔服，申「怒」與「哀」義。

「昔歲入陳，今茲入鄭，民不罷勞，君無怨讟，政有經矣。【疏證】洪亮吉云：「《説文》：『讟，痛怨也。《春秋傳》曰「民無怨讟」。』今本作『君無怨讟』。昭元年傳又作『民無謗讟』。[3] 杜注此云『謗也』，昭元年注又云『誹也』。」壽曾謂：傳明楚民役不告勞，於君無怨讟也。許君約引傳義，非有異同。《五行志》注：「師古曰：『讟，痛怨之言也。』」杜以讟爲誹謗，亦謂民有怨言，與許君義合。杜又云：「經，常也。」

「荆尸而舉，【疏證】《釋詁》：[4]「尸，陳也。」杜注：「楚武王始爲此陳法，遂以爲名。」

「商、農、工、賈不敗其業，【疏證】杜無注。疏云：「《齊語》云：『公曰：[5]「成民之事若何？」管子對曰：「四民者，勿使雜處。」[6] 公曰：「處士、工、商、農若何？」[7] 管子對曰：「昔聖王之制也，處士就閒燕，處工就

---

[1] 「璺」，原作「釁」，今據原稿改。

[2] 「辨亡論」，原爲二空格，今據《六臣註文選》卷五三補。

[3] 「元年」至「云謗」十五字，原重文，今據原稿刪。

[4] 「詁」下，原衍「□」，今據原稿刪。眉批：查《疋》，又查鄧曼事。

[5] 「公曰」，原脱，今據原稿補。

[6] 「雜」，原作「離」，今據原稿改。

[7] 「工」上，原衍「民」字；「農」，原脱，今據原稿刪補。

官府，處商就市井，處農就田野。」』彼四民謂士、農、工、商，此數亦四，無士而有賈者，此武子意，言舉兵動衆，四者不敗其業。發兵則以士從征，不容復就閒燕，故不云士，而分商、賈爲二。行曰商，坐曰賈。雖同是販賣，而行坐異業。發兵征伐，四者皆不與，故總云不敗其業也。」❶

「而卒乘輯睦，【疏證】《吕覽・簡選》注：❷「步曰卒，車曰乘。」❸杜用高説。步卒蓋以護車。輯睦，謂和也。

「事不奸矣。【疏證】杜注：「奸，犯也。」❹

「蔿敖爲宰，擇楚國之令典。【疏證】杜注：「宰，令尹。蔿敖，孫叔敖。」本疏：「《周禮》六卿，太宰爲長，遂以宰爲上卿之號。楚臣令尹爲長，故從他國論之，謂令尹爲宰。❺楚國仍别有太宰之官，但位任卑耳，傳稱太宰伯州犁是也。《釋詁》云：『令，善也。』」

「軍行，右轅，左追蓐，【注】舊注：「右者挾轅爲軍備，左者追草蓐爲宿備。」《御覽》三百四十。【疏證】杜注「右」上加「在車之」，「軍」作「戰」，❻「左」上加「在」，「追」下加「求」。以下文「前茅慮無」注證之，❼則此亦舊注。杜又云：「傳曰『令尹南轅』，又曰『改乘轅』，楚陳以轅爲主。」此釋「轅」義，爲杜增也。疏云：「《司馬法》：兵車一乘甲士三人，步卒七十二人。甲士在車，不共碎役。❽所云左、右，分步卒爲左右也。❾步卒被分在右者，當軍行之時，又分之使在兩廂，挾轅以爲戰備。其應在左者，追求草蓐，令離道求草，不近兵車也。蓐謂卧止之草，❿故云『爲宿備』也。此是在道時然。至對陳之時，則各在車之左右。」據疏説，則步卒七十二人，戰時當分左右，各三十六人。楚於軍行時，以車右之三十六

---

❶「其業也」，原脱，今據原稿補。眉批：查焦《疏》，商賈皆欲立於王之市。

❷「簡選」，原爲空格，今據《吕氏春秋》卷八補。

❸「車曰乘」，不見於《吕覽・簡選》注，《一切經音義》卷二十二引《三蒼》作「載曰乘」。

❹眉批：奸，詰。

❺「謂令尹」，原重文，今據原稿刪。

❻「作戰」，原脱，今據原稿補。

❼「注」，原脱，今據原稿補。

❽「碎」，原爲空格，今據原稿補。

❾「左右」，原倒，今據原稿改。

❿「止」，原作「上」，今據原稿改。

人，分左右各十八人，❶挾轅而行，以備不虞，以車左之三十六人爲樵兵也。

「前茅慮無，【注】舊注：「如今斥候持絳及白幡，見騎賊舉絳旛，見步賊舉白幡，備不虞，有常處。❷茅，明也。或云：楚以茅爲旌幟也。」《御覽》三百四十。【疏證】杜注：「慮無，如今軍行前有斥候蹹伏，皆持以絳及白爲旛。見騎賊舉絳幡，見步賊舉白幡，備慮有無也。茅，明也。或曰：時楚以茅爲旌識。」蓋襲用舊注，删增之迹顯然。其與舊注異者，舊注但謂斥候，杜則兼蹹伏言之。「茅，明」，《釋言》文，郭注即引此傳。本疏引舍人云：「茅，昧之明也。」謂昧而使明也。沈欽韓云：「《雜記》云：『御柩以茅。』謂以茅旌爲前導也。《新序》：『鄭伯肉袒，左執茅旌。』《韓非·外儲説右上》：『楚國之法，車不得至於茅門。天雨，庭中有潦。太子遂驅車至於茅門，廷理舉殳而擊其馬，敗其駕。』《説苑·至公》篇：『楚莊王之時，太子車立于茅門之外，少師慶逐之。』然則楚軍壘之法，以茅旌爲和門，如漢之旌頭在前，豹尾車在後，故太子車不得近之也。」沈釋「前茅」最諦。前茅猶前明，即茅旌，故舊注舉赤白幡爲説。其引或説謂以茅爲旌幟，此不得茅之義，望文解之，不足據。《曲禮》：「前有水，則載青旌；前有塵埃，則載鳴鳶；❸前有車騎，則載飛鴻；前有士師，則載虎皮；前有鷙獸，則載貔貅。」疏：「王行宜警衛，❹善惡必先知之，故備設軍陳行止之法。軍陳卒伍，行則並銜枚，無喧譁聲。若有非常，不能傳道，且人衆廣遠，難可周徧，故前有變異，則舉類示之，故宣十二年傳『前茅慮無』是也。」❺彼疏詳載旌之義，與舊注合。《通典》：「李靖《兵法》曰：『移營當先使候騎前行，持五色旍，見溝坑揭黄，衢路揭白，水澗揭黑，林木揭青，野火揭赤，以鼓五數應之，令相聞。』」靖用候騎持旍，蓋師古人載旌之意，故舊注以斥候言之。斥候前行，正以告變異，故舊注以「備不虞」解之。❻有常處，言舉旌有一定之法也。《兔罝》箋：「於行

❶「各」，原脱，今據原稿補。

❷「常處」，《太平御覽》卷三百四十作「無」。

❸「鳴」，原作「鳲」，今據原稿改。

❹「王」，原作「云」，今據原稿改。

❺「傳」，原脱，今據原稿補。

❻「舊」，原脱，今據原稿補。

攻伐，可用爲策謀之臣，使之慮無。」疏：「慮無者，宣十二年《左傳》文，謀慮不意之事也。今所無，不應有此，即令謀之，出其奇策也。」鄭君以慮無爲慮事，❶故疏引傳文釋之。《禮運》「非意之也」注：「意，心所無慮也。」疏：「謂於無形之處，用心思慮，即無慮慮無也。❷宣十二年《左傳》云：『前茅慮無。』❸是備慮無形之處。」鄭君說「非意」爲無慮，與《詩》箋說同。《詩》疏謂不意之事，《禮》疏謂無形之處，二文相足，皆鄭君義。❹十一年傳「使封人慮事」，❺注：「慮事，❻無慮計功。」彼疏云：「築城之事，無則慮之。」用鄭君說也。然慮無仍有一義。《廣雅・釋訓》：「揚搉、嫴搉、堤封、無慮，都凡也。」王念孫云：「無慮，亦大數之名。宣十一年《左傳》釋文云：『無慮，如字，一音力於反。』無慮，疊韻字也。或作亡慮。總訓事物謂之無慮，❼總度事情亦謂之無慮，皆都凡之意也。今江淮間人，謂揣度事宜曰無量，即無慮之轉。」文淇案：無慮，謂無則慮之，乃第一義。轉而爲都凡之訓，乃第二義。《禮運》注及《左傳》自當以初義訓之。壽曾謂：鄭君《禮》注及十一年杜注，皆不以慮無爲都凡，王氏《疏證》乃引以爲證，又駁《禮》疏及十一年疏，非也。前茅都凡，甚不詞矣。此傳舊注，未明釋「慮無」。杜注「慮有無也」，與鄭君說「慮無」合。沈欽韓以慮無爲夜中扞衛，蓋緣杜注「踰伏」義。然杜稱「踰伏」乃增舊注「斥候」爲說，❽非以慮無爲踰伏也。

「中權後勁。」【疏證】杜注：「中軍制謀，後以精兵爲殿。」疏無說。沈欽韓云：「《尉繚子・兵令》：『常陳皆向敵，有內向，有外向，有立陳，有坐陳。夫內向所以顧中也，外向所以備外也，立陳所以行也，坐陳所以止也。坐立之陳相參進止，將在其中。坐之兵劍斧，立之兵戟弩，將亦居中。』又《踵軍令》云：『所謂踵軍者，去大軍百里，期于會地，爲三日熟食，前軍而行。爲戰，合之表，合表乃起。踵軍亨士，使爲之戰勢。』」沈引《尉繚・兵令》，釋「中權」也。❾引《踵軍令》，釋「後勁」也。如《尉繚》說，

❶「無」，原脱，今據原稿補。
❷「無慮」，原脱，今據原稿補。
❸「左」，原作「冬」，今據原稿改。
❹「皆」下，原衍「詳」字，今據原稿刪。
❺「年」，原脱，今據原稿補。
❻「注慮事」，原脱，今據原稿補。
❼「訓事物」，《廣雅疏證》卷六上作「計物數」。
❽「然杜稱踰伏」，原重文，今據原稿刪。
❾「釋」，原作「詳」，今據原稿改。

則中權爲督坐陳、立陳之將。杜謂「中軍制謀」，非也。傳遜云：「『右轅左追蓐，前茅慮無，中權後勁』者，❶楚分其三軍爲五部，而使之各專其職。」

「百官象物而動，軍政不戒而備，【疏證】杜注：「物猶類也。」本疏：「類，謂旌旗畫物類也。」按：《御覽》三百四十引「象物而動」，則象物即指襍帛之爲物。隱五年「昭文章」服注引《大司馬》「中秋教治兵，辨旗物之用」爲説，已釋於彼傳疏證。《司常》仲冬教大閲，旗物與《大司馬》治兵旗物不同。本疏用鄭君説，❷謂治兵大閲，爲時不同，❸亦與彼疏合。據鄭君説「出軍之旗則如秋」，則此傳「象物」，當謂用中秋治兵之旗物也。故《晉書・成帝紀》：「咸和八年，詔曰：『九賓充庭，百官象物。』」

「能用典矣。

「其君之舉也，内姓選於親，外姓選於舊。【疏證】本疏：「内姓，謂同姓也。」❹按：親以支系之近言，舊謂世臣也。

「舉不失德，【疏證】杜無注。此謂無德而不舉者。本疏：「於親内選賢，於舊内選賢。」

「賞不失勞，【疏證】無勞而不賞者。

「老有加惠，【疏證】杜注：「賜老則不計勞。」本疏引劉炫云：「『老者當有恩惠之賜，非勞役之限。但恩惠則賞賜之。以文連「賞不失勞」之下，故杜云「賜老則不計勞」。』❺劉炫不計勞而規杜氏，一何煩碎。」邵瑛云：「此謂年老者有加增恩惠，賈山所謂九十者一子不事，八十者二算不事。❻又禮所謂執醬、執爵、祝餶、祝鯁也。光伯《規過》蓋此意。」按：邵説是也。此與「賞勞」文不蒙。

「旅有施舍，【疏證】《孟子》載葵丘之盟云：「三命曰：無忘賓旅。」趙注：「賓客羈旅，無忘忽也。」按：旅謂它國之臣來朝聘，或寓公也。施以餼言，舍以館言。杜注：「施之以惠，舍不勞役。」亦誤。❼

❶「後勁」，原重文，今據原稿刪。
❷「本疏」，原脱，今據原稿補。
❸「爲時不同」，原脱，今據原稿補。
❹「謂」，原作「謁」，今據《春秋左傳正義》卷二十三改。
❺「老」，原作「者」，今據原稿改。
❻「者」，原作「老」，今據原稿改。
❼原稿眉批：舍，查詁。

「君子小人，物有服章。

「貴有常尊，賤有等威，【疏證】杜注：「威儀有等差。」《後漢書・東平王蒼傳》：「蒼上疏曰：『臣聞貴有常尊，賤有等威，高卑列叙，上下以理。』」注：「《左傳》隨武子之辭也。等威，儀有差等也。」❶章懷説「等威」同杜注。馬宗璉云：「等威，如僚臣僕、僕臣臺之類。」

「禮不逆矣。

「德立、刑行、政成、事時、典從、禮順，

【疏證】總上六事言。上言德刑二者立，此云德立刑行者，❷屬辭之法。

「若之何敵之？

「見可而進，知難而退，軍之善政也。

【疏證】此疑出古兵家言。

「兼弱攻昧，武之善經也。【疏證】《魏志・陳留王紀》：「詔曰：『夫兼時攻昧，武之善經。』」即用此傳，時、弱異文。惠棟云：「《周書・武稱解》：『攻弱而襲不正，武之善經也。』」洪亮吉、沈欽韓並引以爲説。❸按：《周書》襲不正即攻昧義。《廣雅》：「昧，冥也。」杜注：「昧，昏亂。經，法也。」

「子姑整軍而經武乎！【疏證】《葛覃》傳：❹「姑，且也。」軍、武蒙上言。

「猶有弱而昧者，何必楚？

「仲虺有言曰『取亂侮亡』，【疏證】定元年傳：「仲虺居薛，以爲湯左相。」《孟子・盡心》篇注：「萊朱，一曰仲虺。」《書序》：「湯歸自夏，至於大坰，中虺作誥。」《書》疏引鄭君注云「仲虺之誥亡」。❺此「取亂侮亡」，蓋逸文也。襄十四年中行獻子引仲虺有言，作「亡者侮之，亂者取之」。襄三十年傳，鄭子皮引仲虺之志，作「亂者取之，亡者侮之」。此隨武子引，節約其文，故與彼二文異也。《魏志・辛毗傳》：「毗對太祖曰：『仲虺有言「取亂侮亡」，今二袁不務遠略而内相圖，可謂亂矣。居者無食，行者無糧，可謂亡矣。』」辛毗説亂亡之别，當是舊

❶「儀」上，《後漢書・東平憲王蒼傳》有「威」字。
❷「者」，原脱，今據原稿補。
❸「引」，原脱，今據原稿補。
❹「葛覃」，當作「卷耳」。
❺「云」，原脱，今據原稿補。

說。僞古文《仲虺之誥》：「兼弱攻昧，取亂侮亡。」閻若璩《疏證》云：「宣十二年上引『兼弱攻昧』成語，次即引《書》、《詩》語以條釋之，可見『兼弱攻昧』、『取亂侮亡』各有所出，非如今同出《仲虺之誥》也。」

「兼弱也。【疏證】取、侮皆兼義。

「《汋》曰『於鑠王師，遵養時晦』，【疏證】《詩·酌》序疏：「酌，《左傳》作汋，古今字耳。」《酌》傳：「鑠，美。遵，率。養，取。晦，昧也。」箋：「養是闇昧之君，以老其惡。」鄭釋「養」與毛異。杜注：「言美武王能遵天之道，❶須惡積而後取之。」蓋兼用毛、鄭說。❷然既以養爲惡積，則「養」不容再訓「取」。養之訓取，舊訓無徵。陳奐《詩疏》引《孟子·告子》篇：「『舍其梧檟，養其樲棘』，『養其一指而失肩背』，『爲其養小以失大』，養與舍、失對文。」又云：「『於己取之而已矣』，趙注：『皆在己之所養。』養爲取，則取爲養。」按：陳說是也。毛傳率取時昧，隨武子引《汋》，證「耆昧」義。

「耆昧也。【疏證】《武》「耆定爾功」，傳：「耆，致也。」《釋言》：❸「底，致也。」郭注：「見《詩》傳。」則毛傳「耆定」，或作「底定」。《釋文》：「耆，老也。」非。杜注：「耆，致也，致討於昧。」用毛義。致猶取也，與毛傳訓「養」爲取合。疏謂「養之使昧，然後討之」，則用鄭《詩》箋說。❹陳奐《詩疏》云：「耆昧即攻昧。傳訓晦爲昧，義本《左傳》。《韓詩外傳》兩引此詩，而釋之云：『言相養者之至於晦也。』箋當用《韓詩》義。」案：疏未達《毛詩》養取之訓，舍傳從箋，非。

「《武》曰：『無競維烈。』【疏證】《武》傳：「烈，業也。」杜用毛義。按：《執競》亦有「無競維烈」文，彼傳云：❺「無競，競也。」釋「烈」同。則「無」，發聲。《烈文》傳：❻「競，彊也。」詩美武王兵力之彊，以成大業。杜謂「成無疆之業」，非毛義。

「撫弱耆昧，以務烈所，可也。」【疏證】撫弱，猶兼弱也。《釋文》：「以務烈所，絕句。」陸粲云：「烈

❶「美」，原作「養」，今據《春秋左傳正義》卷二十三改。
❷「用」，原脱，今據原稿補。
❸「言」，原爲空格，今據《爾雅》卷上補。
❹「則」，原脱，今據原稿補。
❺「傳」，原作「詩」，今據原稿改。
❻「傳」上，原衍「詩」字，今據原稿删。

所者，功烈之處所也，猶『民知義所』之所。」

彘子曰：❶【注】服云：「食采於彘。」本疏。【疏證】杜注：「彘子，先縠。」疏引服注於上「先縠佐之」下，以辨彘子、彘季之異。然服氏自爲傳「彘子」而釋，今移於此。《禮運》：「大夫有采，以處其子孫。」《地里志》：「河東郡彘。」《郡國志》：「永安，故彘。」《周語》「乃流王於彘」，注：「晉地，漢爲縣，屬河東，今曰永安。」梁履繩云：「案：先縠族滅後，士魴食邑於彘，故稱彘恭子，見成十八年。其子彘裘，即以邑爲氏，見襄十四年。服説是也。永安，今山西霍州。」

「晉所以霸，師武臣力也。【疏證】師武臣，師中之武臣也，猶言師尚父。疏謂「軍師之武，群臣有力」，非。

「今失諸侯，不可謂力；有敵而不從，不可謂武。【疏證】《晉世家》：「彘子曰：『凡來救鄭，不至不可。』」括傳「有敵不從」義。

「由我失霸，不如死。【疏證】謂自文、襄以來晉霸諸侯。

「且成師以出，聞敵彊而退，非夫也。【疏證】杜注：「非丈夫。」

「命爲軍帥，而卒以非夫，唯群子能，我弗爲也。」

以中軍佐濟。【疏證】杜注：「佐，彘子所帥也。濟，渡河。」

知莊子曰：「此師殆哉！【疏證】《晉語》注：「知莊子，荀首也。」杜用韋義。沈彤云：❷「案：《後漢書·郡國志》引《博物記》：『河東解縣有智邑。』則氏於邑者也。」梁履繩云：「解爲今山西解州。」惠棟云：「案《世本》：『晉大夫逝遨生桓伯林父及莊子首，本姓荀，自林父將中行，別中行氏。』知，邑名。《括地志》云：『故智城，在蒲州虞鄉縣西北四十里。《古今地名》云解縣有智城，蓋謂此也。』《博物志》云：『河東解縣有智邑。』」

「《周易》有之，在師之臨，【注】服云：

❶「曰」下，《春秋左傳正義》卷二十三有「不可」二字。

❷「沈」上，原衍「括傳有敵不從義」，今據原稿删。

「坎爲水，坤爲衆。又互體震，震爲雷。雷，鼓類，又爲長子。長子帥衆巡水而行，❶師之象也。❷臨，兑爲澤，坤爲地。居地而俯視于澤，臨下之義，故名爲臨。」本疏。【疏證】杜注：「坎下坤上，師。兑下坤上，臨。師初六變而之臨。」傳文占筮，服注之可見者，止明内外卦，杜多用之。此獨釋師、臨内外卦之象者，知莊子引《易》説兵事，不關蓍龜，故爲明其取師、臨之義也。坎爲水，坤爲衆，震爲雷，並《説卦》文。師二之四，互體震。雷爲鼓類者，《繫辭上》「鼓之舞之以盡神」，虞翻注：「神，易也。陽息震爲鼓。」張惠言云：「雷聲動萬物，故以鼓言。」坤下震上，豫。《豫》象辭曰：「雷出地奮。」《五行志》：「雷以二月出，其卦曰豫。」孟氏《易》豫、訟、蠱、革、夬值三月。惠棟云：「豫内卦主春分二月中。」《説文》：「鼓，郭也。春分之音，萬物郭皮革而出，故曰鼓。」則服氏謂「雷，鼓類」用孟義也。虞氏學出孟氏。《師》六五爻辭：「長子帥師。」虞翻云：「長子謂二，震爲長子，在師中，故帥師也。」服又云「師衆」，即師六五之帥師也。師二當坎之中，故服謂「巡水而行」。「兑爲澤，坤爲地」，亦《説卦》文。《臨》象辭：「澤上有地。」虞義缺。張惠言云：「地大容澤，澤大浸地，故曰臨。」張説不見臨下之義。荀爽曰：「澤卑地高，高下相臨之象也。」❸服説與荀義合。❹

「曰：『師出以律，否臧，凶。』【疏證】《師》初六爻辭，虞義已亡。《荀九家》曰：「坎爲法律。」《釋言》：「坎、律，銓也。」邵晉涵云：「《晉書·郭璞傳》：『璞上書曰：「坎爲法象，刑獄所奉。」』是坎卦主法，《易》家之舊説也。」杜注：「律，法。」用荀義。張惠言補虞義云：「師之同人，二下初息，復以坎爲震，震爲出，坎爲法律，故云『師出以律』，初失位不變，是不用律。」張以同人爲説者，師旁通同人也。又注象辭曰：「初不正，二之五，坎象不見，是失律。」傳明《師》初爻變。張又以二五爲言者，姚配中云：「否臧凶，謂化。❺初化爲兑，毁折，坎律壞，故凶。二者，軍之將，初當奉二而行，自化之正，是不從二也，故



❶「衆」下，《春秋左傳正義》卷二十三有「鳴鼓」二字。
❷「師」上，《春秋左傳正義》卷二十三有「行」字。
❸「高」，原脱，今據《春秋左氏傳賈服註輯述》卷九補。
❹「説」上，原衍「義」字，今據原稿删。
❺「化」，原作「地」，今據原稿改。

凶。二升居五，初乃可化。」則知莊子説《易》之義，以二當荀林父，初當先穀。□□注：「臧，善也。」

「執事順成爲臧，逆爲否，【疏證】此分釋臧、否義，謂逆撓順也。杜注：「今彘子逆命不順成，故應否臧之凶。」❶

「衆散爲弱，【疏證】杜注：「坎爲衆，今變爲兑，兑柔弱。」疏云：「《晉語》：『文公筮「尚有晉國」，司空季子占之，曰：「震，雷也，車也。坎，水也，衆也。主雷與車，而尚水與衆。」』是坎爲衆也。」傳主《師》初爻言，故杜不引坤爲衆爲説。疏云：「『兑爲少女』，故爲柔弱。」沈欽韓云：「按：《説卦》：『兑於地爲剛鹵。』惠棟曰：『兑剛鹵，非柔弱也。』《師》惟九二一陽爲帥，以統群陰，所謂毒天下而民從之。今初變九撓二之權，則坤衆散而爲弱矣。二爲初撓，故下云『有帥而不從』。」焦循云：「上坤衆也，二行於五，則聚而爲强；二不行，故散爲弱也。」沈、焦説同。❷

「川壅爲澤，【疏證】《釋文》：「壅，本又作雍。」《説文》：「𡿧，害也。《春秋傳》曰『川雝爲澤，凶』。」洪亮吉云：「今本作壅，非。」據許君引傳爲「雝」，則賈氏本作「雝」，「澤」下又多「凶」字。杜注：「坎爲川，今變爲兑。兑爲澤，是川見壅。」疏云：「《説卦》『坎爲溝瀆』，溝瀆即是川也。」按：虞翻注《坎・彖傳》云：❸「坎爲川。」虞氏逸象，受於孟氏。孟《易》即據傳文。焦循云：「下坎川也，二行於五，則通而不塞；二不行，❹而初來成兑澤，故壅爲澤也。」

「有律以如己也。【疏證】岳本「有律」句。律謂法，已釋於上。《釋詁》：「如，往也。」焦循云：「五本陽位，二宜往者也。如己，謂自歸本位也。」杜注：「如，從也。法行則人從法，法敗則法從人。」疏云：「往是相從之義。」按：傳未及不從意，下文「律竭」乃謂不從，杜説非。

「故曰律。否臧，且律竭也，【疏證】岳本「故曰律」句。杜注：「竭，敗也。」傅遜云：「將帥之貴於法律者，能使其下如己之志，故謂之律，所謂順成而臧也。否臧，則律且竭而敗矣。」按：「故曰律」，乃申以己從律意，非謂使其下如己志。傅氏未達杜意，又失句讀。《呂覽・

---

❶ 原稿眉批：臧，查詁。

❷ 眉批：惠説須查。

❸ 「傳」，原脱，今據原稿補。

❹ 「二」，原作「塞」，今據原稿改。

音律》注：「且，將也。」焦循云：「二不往，則五空虛，如隍之涸，故云竭。」

「盈而以竭，【疏證】焦循云：「二先往，而後初來成屯爲盈，❶不成屯而成臨，故云『盈而以竭』。」

「夭且不整，所以凶也。【疏證】杜注：「水遇夭塞，❷不得整流，則竭涸也。」傅遜云：「夭，屈也。言其法律如水之壅而盈則必竭，屈而不伸，散而不整，故爲凶。」

「不行之謂臨，【疏證】杜注：「水變爲澤，乃成臨卦。澤，不行之物。」焦循云：「《易》學至春秋時，淆於術士之附會。然遺義尚有存而可繹者，如知莊子舉師之臨是也。師二宜進五成比，而後同人四來之初成屯，則順師二不出而之五，❸而同人四來之初則成臨。由於二不行，故云『不行之謂臨』。臨，大也，無不行之義。以二不行成臨，專就初之不從二明之，非釋臨之義也。」

「有帥而不從，臨孰甚焉？此之謂矣。【疏證】焦循云：「二行之五則帥也，而初順從之，是從帥也。初不從二，而先來成臨，故云『有帥而不從，臨孰甚焉』。」

「果遇，必敗，

「彘子尸之。【注】服云：「主此禍也。《易·師卦》六五：『長子帥師，弟子輿尸，凶。』『長子帥師，以中行也。弟子輿尸，使不當也。』佐之於元帥，弟子也。而專以師濟，使不當也。軍必破敗而輿尸。」本疏。【疏證】《釋言》：「尸，主也。」《韓策》：❹「甯爲雞口，無爲牛後。」《顏氏家訓》引「雞口」作「雞尸」，❺謂雞中之主也。杜注：「主此禍。」用服説，其引《易·師卦》以下杜所不取。❻疏云：「按下句云『雖免而歸』，則謂彘子當在陳而死。師卦有『輿尸』之語，其言『尸之』，或容有此意。但

❶「初」，原重文，今據《春秋左傳補疏》卷三刪。

❷「遇」，原作「過」，今據原稿改。

❸「二」，原作「師」，今據原稿改。

❹「韓」，原爲空格，今據《戰國策》卷二十六補。

❺「顏氏家訓」，原爲空格，今據《戰國策》卷二十六補。

❻「引易師卦以」，原脱，今據原稿補。

『尸』字不可兩解，故杜略去之。」按：服氏《解誼》間存或説，❶「易師卦」上當有「或曰」字，疏删之。「長子率師，弟子輿尸，凶」，《師》六五爻辭。今本「凶」上有「貞」，或服氏所據本異。虞翻云：「長子謂二，震爲長子，在師中，故帥師也。弟子謂三，三體坎。坎，震之弟而乾之子，失位乘陽，逆，故貞凶。」詳虞氏《易》有「貞」。沈欽韓謂服氏説《易》多與虞翻合，則服所稱引當有「貞」字，或奪佚也。張惠言云：「輿尸言貞，明三之同人折首。」按：《師》六三：「師或輿尸，凶。」虞翻云：「坎爲尸爲車，多眚。同人離爲戈兵，爲折首。失位乘剛，無應。尸在車上，故『輿尸，凶』矣。」張謂「三之同人折首」，用六三。虞義，長子謂二，弟子謂三。荀爽、宋衷義同。「長子帥師，以中行也。弟子輿尸，使不當也」，《師》六五象辭。張惠言云：「震爲行。」以師互體震言也。「佐之於元帥」以下，或説申師卦義。蓋以荀林父爲長子，先縠爲弟子。以師濟，謂先縠以中軍佐濟也。然知莊子謂「在師之臨」，止舉師初爻爲説。《師》六五爻辭荀爽注：「五處中，應二，受任帥師，當上升五。」姚配中所謂「二升居五，初乃可化」，❷實用荀義。荀義與知莊子合。服退輿尸義爲或説，則服意不謂先縠應六三之弟子也。

「雖免而歸，必有大咎。」

韓獻子謂桓子曰：【疏證】杜注：「獻子，韓厥。」

「彘子以偏師陷，子罪大矣。【疏證】洪亮吉云：「《文選》注引作『罪孰大焉』。」

「子爲元帥，師不用命，誰之罪也？

「失屬亡師，爲罪已重，不如進也。【疏證】先縠爲中軍佐。屬，猶佐也。杜注：「今鄭屬楚，故曰失屬。」非傳意。

「事之不捷，惡有所分。【疏證】杜注：「捷，成也。」

「與其專罪，六人同之，不猶愈乎？」【疏證】杜注：「三軍皆敗，則六卿同罪。」《讀本》：「韓厥以林父不能禁止先縠，則不如以大衆渡河。」

師遂濟。【疏證】《晉世家》：「將率離心，卒渡

❶「氏」，原作「云」，今據原稿改。

❷「初」，原脱，今據原稿補。

河。」《鄭世家》：「晉將率或欲渡，❶或欲還，卒渡河。」

**楚子北師次于郔。**【疏證】即十一年「王待諸郔」之郔。杜注：「郔，鄭北地。」

**沈尹將中軍，**【疏證】杜注：「沈，或作寢。寢，縣也。」洪亮吉云：「《郡國志》：『汝南郡固始，侯國，故寢也。』」惠棟云：「杜意以孫叔敖封於寢丘，故謂之寢尹。《吕覽·當染》篇『荆莊王染於孫叔敖、沈尹蒸』，❷注云：『孫、沈，其二大夫。』則此沈尹也。」沈欽韓云：「按：叔敖爲令尹，無容不將中軍，❸而庶尹爲之。《墨子·所染》篇『楚莊染於孫叔沈尹』，似沈尹即孫叔敖也。又《吕覽·贊能》云：『孫叔敖、沈尹莖相與友。』《察傳》云：『楚莊問孫叔敖于沈尹筮。』❹《新序·雜事》作『沈尹竺』。《説苑·雜言》：『沈尹名聞天下，以爲令尹而讓孫叔敖。』據諸文則實有沈尹其人，異説難同，故並存之。」壽曾謂：《吕覽·尊師》篇「楚莊王師孫叔敖、沈尹巫」，注：「沈縣大夫。」按：蒸、莖、筮、竺、巫，文皆相近。據高注，則沈尹爲沈縣尹，非令尹矣。❺

**子重將左，子反將右，**【疏證】杜注：「子反，公子側。」❻

**將飲馬於河而歸。**【疏證】《晉世家》：「楚已服鄭，欲飲馬於河爲名而去。」

**聞晉師既濟，王欲還，**

**嬖人伍參欲戰。**【疏證】武億云：「《孟子》『嬖人臧倉者』注：『嬖人，愛幸小人也。』案：《外傳·魯語》『十行一嬖大夫』，注：『十行，千人。嬖，下大夫也。』又『子産謂子南曰：「子皙上大夫，汝嬖大夫。」』蓋此嬖人當爲嬖大夫之屬。」據武説，則此嬖人亦是嬖大夫，其位次於軍大夫矣。❼《潛夫論·氏姓》：「楚伍氏，芈姓也。」《古今人表》「伍」作「五」。李富孫云：「襄二十六『伍舉』，❽漢《叔敖碑》作『五』，昭十九年傳『使伍奢爲之師』，二十年傳

❶「率」，原作「卒」，今據原稿改。
❷上「染」，原漫漶不清，今據原稿補。
❸「不」，《左傳杜解集正》卷五無此字。
❹「叔」，原脱，今據《左傳杜解集正》卷五補。
❺眉批：沈在文三年。
❻眉批：子重，查。
❼「軍」，原爲空格，今據原稿補。
❽「襄」，原作「哀」，今據原稿改。

『伍尚歸』，《廣韻》『十姥並作五』。」杜注：「參，伍奢之祖父。」

令尹孫叔敖弗欲，【疏證】《呂覽・知分》：「孫叔敖三爲令尹而不喜。」據顧棟高《楚令尹表》，孫叔敖爲令尹，始宣五年，終宣十八年。顧氏謂鬭椒誅於宣四年，叔敖當爲令尹，别無顯證。其三爲令尹，除罷之年，亦不可考。

曰：「昔歲入陳，今兹入鄭，不無事矣。【疏證】不，猶非也。

「戰而不獲，❶參之肉其足食乎？」

參曰：「若事之捷，孫叔爲無謀矣。不捷，參之肉將在晉軍，可得食乎？」【疏證】據武億說，則伍參爲下大夫，統千人，亦與戰事，故謂當死晉軍也。

令尹南轅、反旆，【疏證】杜注：「迴車南鄉。旆，軍前大旗。」

伍參言於王曰：「晉之從政者新，未能行令。【疏證】王應麟《困學紀聞》云：「謂荀林父也。」閻若璩云：「林父從政在本月。」

其佐先縠剛愎不仁，未肯用命。【疏證】《廣雅・釋詁》：❷「愎，狠也。」

「其三帥者，專行不獲。【疏證】此總三軍之帥言。杜注：「欲專其所行而不得。」案：謂三帥權力相侔，所謀扞格也。

「聽而無上，衆誰適從？【疏證】衆，謂三軍之士也。軍士聽命於帥，三卿謀不齊一，是無上也。無上，則不知所從。杜謂「聽彘子、趙同、趙括，則爲軍無上令」，非傳意。

「此行也，晉師必敗。

「且君而逃臣，若社稷何？」【疏證】晉侯未親行。

王病之，告令尹改乘轅而北之，【疏證】《鄭世家》：「楚王還擊晉。」

❶「獲」，《春秋左傳正義》卷二十三作「捷」。

❷「詁」，原爲空格，今據《廣雅疏證》卷三上補。

次于管以待之。【疏證】《釋文》：「管城，管叔所封也。管，或作菅，非也。」《郡國志》：「河南郡中牟有管城。」杜注：「滎陽京縣東北有管城。」與《漢志》合。《水經注》：「不家溝水自梅山北溪東北流逕管城西，故管國也。」顧棟高云：「管城在今河南開封府鄭州北二里。」

晉師在敖、鄗之間。【疏證】《書序》：「仲丁遷於囂。」《殷本紀》「囂」作「隞」。《車攻》「薄狩于敖」，箋：「敖，鄭地。今近滎陽。」《郡國志》「滎陽有敖亭」，劉昭注：「『晉師在敖、鄗之間』。秦立爲敖倉。」與鄭君説合。《水經·濟水》注：「濟水又東逕敖山北。《詩》所謂『薄狩于敖』也。其山上有城，即殷帝仲丁之所遷也。」則囂、隞、敖特音聲之轉。洪亮吉云：「《圖經》：『滎陽有碻、磝。《晉書》劉裕留向彌守碻、磝即此。』按：碻、磝即敖、鄗也。」洪意以磝當敖，以碻當鄗。據《水經·漯水》注：「河水北經碻磝城西。《述征記》曰：『囂磝，津名也。』」城與津，蓋皆以山得名。囂磝即敖也。❶ 詳輿地之書，❷多舉敖山而不及鄗。杜注：「敖、鄗，二山，在滎陽縣西北。」《釋文》：「鄗，山名。」陸以敖爲山名，書傳多有，弟明鄗也。《方輿紀要》：「敖山，在鄭州河陰縣西二十里。」河陰即滎澤縣析置。沈欽韓云：「《河陰縣志》：『敖山沿河入境，約二里許，峰巒特起，兩岸壁立，中僅容輪蹄，蓋懷河之門户也。』」據沈引縣志，則敖山中有山路。鄗乃敖之支山矣。江永云：「鄗縣是邑名，非河陰縣，今并入開封府滎澤縣。」

鄭皇戌使如晉師，【疏證】通行本「戌」作「戍」，非。浦鏜云：「凡人名，除定十三年『公叔戌』外，並從『戌亥』之戌。」鄭之皇氏，《世本》無考，杜亦無注。❸

曰：「鄭之從楚，社稷之故也，未有貳心。【疏證】從楚，鄭請與楚平也。言雖從楚，未有貳心於晉。

「楚師驟勝而驕，其師老矣，而不設備。【疏證】驟勝，謂圍師久而勝也。楚以今年三月圍鄭，六月乃克，故曰「師老」。

「子擊之，鄭師爲承，楚師必敗。」【疏

❶ 「囂磝即敖也」五字，原脱，今據原稿補。
❷ 「地」，原作「城」，今據原稿改。
❸ 眉批：皇戌，查。

證】《權輿》傳：❶「承，繼也。」鄭許以邀擊楚師也。《讀本》：「鄭使誘晉。」

彘子曰：「敗楚服鄭，於此在矣，必許之。」

欒武子曰：【疏證】杜注：「武子，欒書。」

「楚自克庸以來，【疏證】文十六年傳：「庸人帥群蠻以叛楚，楚子滅庸。」

「其君無日不討國人而訓之，【疏證】馬融《論語》注：「討，治也。」

「于民生之不易、禍至之無日、戒懼之不可以怠，【疏證】《□□》箋：「于，曰也。」「民生」以下，楚君訓國人之辭。

「在軍，無日不討軍實而申儆之，❷

「于勝之不可保，紂之百克而卒無後，【疏證】「勝之」以下，楚君申儆軍中之辭。杜不釋「百克」。《律書》：「夏桀、殷紂手搏豺狼，足追四馬，勇非微也；百戰克勝，諸侯懾服，權非輕也。」是紂有戰伐之事，故引爲軍誡。書傳亡佚，今無以考。《竹書紀年》載紂伐有蘇事，僞書不足信也。

「訓之以若敖、蚡冒【疏證】杜注：「若敖、蚡冒，皆楚之先君。」據《楚世家》若敖爲蚡冒之祖。文十六年傳「先君蚡冒」，杜以蚡冒楚武王父，與《史記》不合，已釋於彼傳。

「篳路藍縷，【注】服云：「篳露，柴車，素木輅也。藍蔞，言衣敝壞，其蔞藍藍然。」《楚世家》集解、本疏。【疏證】杜注：「篳路，柴車。藍縷，敝衣。」杜用服説。「篳路藍縷」，昭十二年傳再見。《楚世家》采昭公傳，故集解引服義釋之。然注例多詳初見，此服注當在是年。本疏引服虔云：「言其縷破藍藍然。」即此年有服注之證。惟脱「敝壞」，「蔞」作「縷」，「縷」下有「破」。洪亮吉、嚴蔚、李貽德皆爲昭十二年傳注，今移此年。蓽、露、路、蔞，❸皆服本異字。本疏云：「以荆竹織門謂之篳門，篳路亦以荆竹編車，故謂篳路爲柴車。」則

❶「權輿」，原爲空格，今據《毛詩正義》卷六補。

❷眉批：軍實已見。

❸「路」，疑當作「輅」。

唐本作「篳」，疏以「篳」從竹，强以荆竹釋之，故取服注柴車之文，不謂木路也。服本之從蓽，義亦無考。《楚世家》集解：「徐廣曰：『蓽一作暴。』」史公所見《左氏》本又異於服氏。蓽、暴雙聲，服稱蓽露，疑即暴露義。其車無幨帷屏蔽，故謂柴車其實路車也。《巾車》五路，五曰木路，注：「革路，輓之以革而漆之，無他飾。至木路，則不輓之以革，漆之而已。」服以木路無飾，故曰「素木路」，猶禮稱素車矣。《説文》：「綢謂之襤褸。❶襤，無緣也。」與《方言》合。❷服之作「蔞」者，蔞、褸音近，得假借。沈欽韓云：「《方言》：『以布而無緣，敝而紩之，謂之襤褸。』又云：『楚謂無緣之衣曰襤，紩衣謂之褸。』按：紩，謂縫也。」壽曾按：《方言》又云：「凡人貧衣敝醜爲藍縷。」詳服注「衣敝壞」，❸當兼無緣及敝而紩之義。李貽德云：「藍藍，當是漢時方言，服故以狀衣之縷破也。」李氏據疏引服注，故釋「縷」爲縷破，縷破非古義。服注「其蔞」，指衣之紩者言之。

「以啟山林。」【疏證】《方言》引傳「啟」作「启」。昭二十年傳：「以處草莽，跋涉山林。」

「箴之曰：『民生在勤，勤則不匱。』」【疏證】杜注：「箴，誡。」王應麟《困學紀聞》云：「生，如『生於憂患』之生。」梁履繩云：「案：『勤則不匱』，❹即上年傳郤成子所謂『能勤有繼』也。」

「不可謂驕。」

「先大夫子犯有言曰：『師直爲壯，曲爲老。』」

「我則不德，而徼怨於楚，我曲楚直，【疏證】杜注：「徼，要也。」

「不可謂老。」

「其君之戎分爲二廣，【疏證】《車僕》「掌戎路之萃，廣車之萃」，注：「戎路，王在軍所乘也。廣車，横陳之車也。《春秋傳》曰『公喪戎路』，又曰『其君之戎，分爲二廣』，則諸侯戎路、廣車也。」疏：「以時楚雖僭號，爲廣，故知餘諸侯兵車，并以廣車爲之。避天子，不得以戎

❶「綢」，《説文解字》卷八上作「裯」。

❷原稿眉批：藍縷，《方言》引傳作「襤褸」。

❸「注」，原脱，今據原稿補。下一「注」字同。

❹「則」，原脱，今據原稿補。

路也。」據鄭君注及疏説，諸侯不得有戎路，但有廣車。楚雖僭王，止用廣車。❶顧炎武云：「其君之戎，謂戎車。」是也。二廣，杜注謂「君之親兵」。傅遜云：「以其親兵分左右二部，故曰二廣。」

「廣有一卒，卒偏之兩。**【注】**服云：「左右廣各十五乘。百人爲卒，廣有一卒爲承也。五十人爲偏，二十五人曰兩。廣既有一卒爲承，承有偏，偏有兩，故曰卒偏之兩。」《大司馬》疏。或解云：兩屬於偏，云「偏之兩」者，謂偏家之兩。本疏。**【疏證】**杜注：「十五乘爲一廣。《司馬法》：百人爲卒，二十五人爲兩。車十五乘爲大偏。❷今廣十五乘，亦用舊偏法，復以二十五人爲承副。」惠棟云：「案：《禮説》言杜氏據《司馬法》以釋偏兩之法。司馬穰苴，齊湣王時人，其所論兵法與周制異，且與《左氏傳》乖牾不合。當從服虔之説。」洪亮吉云：「杜注據《司馬法》，與周制不合，當從服説。」惠氏、洪氏但明服説當從，其杜説異於周制者，未晰言之。「百人爲卒」，「二十五人爲兩」，皆《司馬》序官文。服、杜所據同。《大司馬》注：❸「鄭司農云：『百人爲卒，二十五爲兩。』」下即引本傳爲證。則先鄭説此傳，亦據《司馬》序官文也。杜以《周禮》無偏，故引《司馬法》「十五乘爲大偏」釋之。按：傳下云「楚子爲乘，廣三十乘，分爲左右」，則十五乘可釋廣，而不可釋偏，以十五乘爲大偏，此是春秋以後車制。若如此説，則傳稱廣有卒百人，再明廣爲古偏法，❹殊爲不詞。其尤異於服者，服謂「一卒爲承」，承訓副，謂此百人爲廣車之副。杜乃謂以二十五人承副，乃是承副卒。本疏云：「兩廣之別，各有一卒之兵，百人也。一卒之外，復有十五乘之偏，并二十五人之兩。既言『一卒』，又云『卒偏之兩』。言卒之，❺成辭婉句耳。」據杜意，偏即廣耳。疏謂卒之外，有十五乘之偏，更不分明。謂「之」字婉詞足句或可也。❻「卒」不與「之」一例。若如疏説，則傳止是偏兩二字，又釋爲廣兩可乎？疏又引劉炫云：「兩廣

---

❶「止」，原脱，今據原稿補。
❷「偏」，原脱，今據原稿補。
❸「馬」，原爲空格，今據《周禮注疏》卷二十八補。
❹「爲」，原作「及」，今據原稿改。
❺「之」至「句耳」，原脱，今據原稿補。
❻「字」，原脱，今據原稿補。

之别，各有一卒百人，一卒外復有偏，一兩二十五人從之。❶《兵法》：十五乘爲偏，偏有一兩從之。兩是偏家之物，故謂此爲偏之兩。❷其實一廣十五乘，有一百二十五人從之。」此炫説當是《述義》語，其謂一卒外復有偏，一兩二十五人從之，即杜注「二十五人爲承副」之説。《述義》語不知釋何家注。疏所引，或解兩屬於偏，似炫説即釋其義。然或解未别兩於偏之外，則仍與服説同。炫或誤會也。或解兩屬於偏，知兩即偏中之人，猶慮讀者不明，又申之云「云『偏之兩』者，謂偏家之兩」，可謂昭晰之至。疏牽於杜説，乃云：「一廣之中，實有此偏，非是偏名爲兩。」語意茫昧。又駁之云：「按成七年『以兩之一卒』亦云『之』字，豈又是兩家之卒？」沈彤云：「卒偏之兩，謂卒爲偏法之兩也。兩之一卒，謂充兩法之一卒也。又卒偏之兩者，分其一卒爲偏法之兩者，四也。偏兩之一，則一偏四兩中之一也。兩字皆指法，不指數，故此處文義當云：廣别有一卒，一卒又四分之，爲偏法之兩。如此而已。非謂一卒外，有二十五人之兩也。『廣有一卒，卒偏之兩』，與桓五年『鄭魚麗之陳，先偏後伍，伍承彌縫』者，數雖異，而法同。彼云先偏後伍，則此云先廣後兩也。彼云伍承彌縫，則此兩承彌縫也。陳用之《禮書》云：『先偏後伍，伍從其偏。卒偏之兩，兩從其偏。先其車，足以當敵。後其人，足以待變。』亦以爲一法也。」按：沈説可解疏引「兩之一卒」之疑。其駁杜説卒之外有二十五人尤爲諦確。惟未據服注五十人爲偏之義，故釋「偏」仍用杜説。既謂偏是法非數，因謂兩亦指法，不指數。杜謂二十五人爲兩，則以兩爲數，杜與服同，於服、杜兩無所據矣。且所云「一卒四分之，爲偏法之兩」，既云四分，非數乎？謂「與先偏後伍，數異法同」，非以數推較乎？沈説與服義合，惟牽於偏之非數，致前後説小有矛盾也。李貽德云：「卒百人外，復有偏五十人，偏外復有兩二十五人。一廣十五乘，有一百七十五人從之。」其説甚誤。又云：「必云『卒偏之兩』者，猶文十一年傳『皇父之二子死焉』，以『之』爲與也。」則深得服義，與或解尤合。卒偏之兩，謂卒之中有偏與兩之制耳。傳義非隱奥，誤於杜注，致多糾紛。「之」訓爲與，見賈氏文十一年注，服虔亦云「賈君近之」。王引之據成十六年「潘尫之黨」，襄三十三年「申鮮虞之傅摯」，❸二

❶「從之」，《春秋左傳正義》卷二十三無此二字。
❷「此」，原作「比」，今據原稿改。
❸上「三」，當作「二」。

「之」字亦訓與，詳彼傳疏證。此左右廣，每廣用卒百人，乃戰陳臨時所制，不能與出軍之人數合。知然者，《孔子閒居》「家富不過百乘」，❶疏：「諸侯成方十里，出賦之時，雖革車一乘，步卒七十二人，其臨敵對戰之時，則同鄉法『五人爲伍，五伍爲兩』之屬也。故《左傳》云：『邲之戰，楚廣有一卒，卒偏之兩。』又云：『兩之一卒，適吴。』是臨軍對陣同鄉法也。《牧誓》云：『武王戎車三百兩。』孔注：『一車步卒七十二人。』則出軍法也。❷經云千夫長、百夫長，謂對敵時也。」梁履繩謂《禮》疏説出賦，乃畿外邦國法，與畿内異。《牧誓》序疏視《禮》疏爲詳，疏云：「若鄉、遂不足，則徵兵于邦國。則《司馬法》六十四井爲甸，計有五百七十六夫，其出長轂一乘，甲士三人，步卒七十二人。至於臨敵對戰，布陣之法，❸則依六鄉軍法，五人爲伍，五伍爲兩，四兩爲卒，五卒爲旅，五旅爲師，五師爲軍。故《左傳》云『先偏後伍』，又云『廣有一卒，卒偏之兩』。非直人數如此，車數亦然。故《周禮》云：『及會車之伍。』❹鄭云：『車亦有卒伍。』」疏引鄭説見《司右》「合其車之卒伍」注。彼疏引此傳釋之，又引《司馬法》「二十五乘爲偏」，「以百二十五乘爲伍」注：「伍重，故百二十乘。是其車之卒伍也。」而疏稱「五人爲伍」以下，❺皆《小司徒》文。六鄉法者，謂伍當比，兩當閭，卒當旅，旅當黨，師當州，軍當鄉，以家出一人科算之也。據《書》疏，則楚廣止是在王左右之兵車，其全軍之兵車數，亦用卒、偏、兩、伍之制，故云謂車數亦然。比如有車百乘，則亦分爲五十，再分爲二十五，二十五之中，又分爲五，使各有統攝。若然，則五乘爲伍。《司馬法》謂一百二十五乘爲伍者，亦是春秋以後軍制。其稱二十五乘爲偏，以服注五十爲偏例之，亦不合。

右廣初駕，數及日中，左則受之，以至于昏。【疏證】杜無注。後云：「右廣雞鳴而駕，日中而説。左則受之，日入而説。」按：此謂駕車嚴備也。馬宗璉云：「《五經要義》：『昏，闇也。日入後三刻爲昏。』」

❶「孔子閒居」，當作「坊記」。
❷「則出軍法也」至「謂對敵時也」，原在「與畿内異」下，今據原稿改。
❸「法」，《尚書正義》卷十一作「時」。
❹「及會車之伍」，《尚書正義》卷十一作「乃會車之卒伍」。
❺「而疏」至「徒文」十四字，原脱，今據原稿補。

「内官序當其夜，【疏證】《釋文》：「一本作『序當其次』。」李富孫云：「案：杜注：『序，次也。』則作『其次』與上『序』字義複。」沈欽韓云：「内官若中射之士。見《韓非子》。」邵寶云：「若今宿直，遞持更也。」❶

「以待不虞。不可謂無備。

「子良，鄭之良也；師叔，楚之崇也。

「師叔入盟，子良在楚，楚、鄭親矣。【疏證】杜注：「師叔，潘尫，爲楚人所崇貴。」

「來勸我戰，我克則來，不克遂往，以我卜也！【疏證】勸戰，謂鄭皇戌之辭。卜，卜筮。疏云：「猶人揲蓍看卦善惡，而卜其去之與往也。」

「鄭不可從。」

趙同、趙括曰：「率師以來，唯敵是求。

「克敵得屬，【疏證】杜注：「得屬，服鄭。」

「又何俟？必從彘子。」

知季曰：「原、屏，咎之徒也。」【疏證】杜注：「知季，莊子也。原，趙同。屏，趙括。徒，黨也。」案：咎，殃咎也。知季先謂彘子雖免而歸必有大咎。❷原、屏從彘子説主戰，故曰「咎之徒」。

趙莊子曰：「欒伯善哉！【疏證】杜注：「莊子，趙朔。欒伯，武子。」

「實其言，必長晉國。」【疏證】杜注：「實猶充也。言欒書之身行，能充此言，則當執晉國之政也。」朱駿聲云：「杜讀『長少』之長，謂執國。按：云晉國長長安也。」❸按：朱説是也。

楚少宰如晉師，【疏證】杜注：「少宰，官名。」

曰：「寡君少遭閔凶，不能文。【疏證】杜注：「閔，憂也。」按：楚莊王爲穆王子，據《楚世家》，穆王立十二年而卒，莊王立三十一年乃卒，❹則莊王即位年甚少，❺故曰「少遭閔凶」。「不能文」謂無文德也。❻

❶「遞」，原爲空格，今據原稿補。
❷「先」，原爲空格，今據原稿補。
❸「長長」，《春秋左傳識小録》卷上作「長」。
❹「三十一」，《史記・楚世家》作「二十三」。
❺「少」，原脱，今據原稿補。
❻「不能文」，原脱，今據原稿補。眉批：閔，詁。

「聞二先君出入此行也，【疏證】杜注：「二先君，楚成王、穆王。」疏云：「莊十六年，楚始伐鄭，文王之世也。二十八年，子元伐鄭，成王之初也。五年，❶首止之會，鄭伯逃歸，自是以後鄭復從楚。❷成王以前，鄭未屬楚，故出入此行，唯成、穆耳。今之莊王，成王孫，穆王子。出入此行，猶往來於鄭。」按：行指軍行也。

「將鄭是訓定，豈敢求罪於晉？

「二三子毋淹久！」【疏證】杜注：「淹，留也。」

隨季對曰：「昔平王命我先君文侯曰：『與鄭夾輔周室，毋廢王命！』【疏證】文侯，名仇，穆侯太子。《年表》：「晉穆侯二十七年，穆侯卒，弟殤叔自立，太子仇出奔。殤叔四年，仇攻殺殤叔，立爲文侯。」殤叔四年當周幽王之元年。其十一年當周平王之元年，亦鄭武公滑突之元年，文侯蓋與鄭武公同受策命也。

「今鄭不率，【疏證】杜注：「率，遵也。」

「寡君使群臣問諸鄭，

「豈敢辱候人？【疏證】《候人》：「若有方治，❸則率而致於朝。及歸，❹送之於境。」《候人》傳：「候人，道路迎送賓客者。」陳奂《詩疏》云：「《序官》：『候人：上士六人，下士十有二人。』彼王朝之官是上士，下士則侯國之官。候人當在中士以下。」杜注：「候人，謂伺候望敵者。」與《周禮》異。按：此明不與楚以兵相見，則候人非偵敵之官，猶云不敢以兵力自處。

「敢拜君命之辱。」

彘子以爲諂，

使趙括從而更之，曰：【疏證】彘子以趙括主戰，與己同，故改使括對。

「行人失辭。【疏證】士會，上軍將，蓋攝行人之官如楚軍也。

「寡君使群臣遷大國之迹於鄭，【疏證】杜注：「遷，徙也。」沈欽韓云：「《吴語》注：『遷，轉退也。』

❶「五」上，《春秋左傳正義》卷二十三有「僖」字。
❷「鄭」，原脱，今據原稿補。
❸「治」，原作「致」，今據《周禮注疏》卷三十改。
❹「歸」，原作「師」，今據原稿改。

言欲還退楚師之迹，無在於鄭。還或當作迁，《玉篇》：『迁，且堅切。行進也。』❶《佩觿辨證》曰：❷『《集韻》：「撫謂之迁，一曰伺候也，進也，表也。」』言使群臣候視大國之迹猶在鄭否。字與還别，後人疑迁爲還，改之。」按：沈説是也。杜謂徙迹，非使命之詞。

楚子又使求成于晉，晉人許之，盟有日矣。

「曰：『無辟敵！』群臣無所逃命。」

楚許伯御樂伯，攝叔爲右，以致晉師。

【疏證】楚師止書三軍帥。杜注云：「單車挑戰。」則軍帥不親行，三子，軍大夫之屬矣。《環人》「掌致師」注：❸「致師者，致其必戰之志。古者將戰，先使勇力之士犯敵焉。《春秋傳》曰：『楚許伯御樂伯，攝叔爲右，以致晉師。』」鄭未釋「致」字義。《後漢書·荀彧傳》：「操與彧議，欲還許以致紹師。」注：「致，猶至也。《兵法》曰：『善戰者致人，不致於人。』」則致晉師，謂使晉師至也。《魏志·陳留王紀》：「詔曰：『致人而不致於人，兵家之上略。』」《晉書·蔡豹傳》：「尚書令刁協奏曰：『書云甯致人，而不致於人，宜頓兵所在，深壘固壁。』」則以守城爲致師，與傳言「挑戰」異。

許伯曰：「吾聞致師者，御靡旌摩壘而還。」【注】旌，一作「旍」。舊注：「摩，近也。靡旍，❹馳也。」《御覽》三百十一。【疏證】《御覽》一百三十五、三百十一引傳，❺「旌」作「旍」。李富孫云：「《玉篇》旍同旌，當爲别體字。」杜注：「靡旌，驅疾也。摩，近也。」杜本作「旌」，則《御覽》所引非杜説。❻杜取舊注，而改其字。舊注「靡旍，馳也」，當作「靡旍，馳驅疾也」，杜注文當互相補。焦循云：「莊十年傳『望其旗靡』，靡者，衺倚也。與此靡同。彼奔疾而旌自靡，此驅疾，自以旌靡之。」沈欽韓云：「按：疾驅則轅稍偏，偏則馳，故旌似偃，謂之靡旌也。以《世説》王愷與石崇鬭車事知之。」沈説最得靡旌情事。《釋文》：「近，附近之近。」亦是舊説。《廣

❶ 「進」，原作「近」，今據《春秋左氏傳補注》卷五改。
❷ 「證」，原作「正」，今據原稿改。
❸ 「掌」，原作「裳」，今據原稿改。
❹ 「靡」，原作「摩」，今據原稿改。
❺ 「一百三十五」，疑誤。
❻ 「引」，原脱，今據原稿補。

雅・釋詁》：「切，摩，近也。」王念孫云：「摩者，宣十二年《左傳》『摩壘而還』，杜注：『摩，近也。』《淮南子・人間訓》云：『物類之相摩近而異門户者，衆而難識也。』磨與摩同。馬融注《繫辭》云：『摩，切也。』」❶鄭注《樂記》：「摩，猶迫也。」義並相近。」按：《夏官・量人》注：「軍壁曰壘。」

樂伯曰：「吾聞致師者，左射以菆，

**【注】**舊說：「凡兵車之法，射者在左，御者中，戈、盾在右。菆，矢之善者。」《環人》疏。❷**【疏證】**此服虔諸君說也。知然者，《環人》注引此傳「楚許伯、樂伯至，皆行其所聞而復」。疏隨文解說，又云：「引之者，證致師之事。」疏以鄭君引此傳文，故引舊注釋之。其釋下「御下，兩馬掉鞅而還」，與杜注同。疏云：「服虔亦云。」梁履繩謂彼疏并用服注，❸是也。特自「兩」、「掉」義外，無服注顯證。惠棟、洪亮吉以此「凡兵車」以下四句爲服注，未合蓋闕之義。今止題舊說。杜注：「左，車左也。菆，矢之善者。」用舊說。❹舊說欲明車左司射，因并及御者、戈、盾之所在也。洪亮吉云：「鄭玄《儀禮》注：『蒲菆，牡蒲根也。』❺按：此則蒲莖之可爲矢者。下傳云『董澤之蒲』是也。杜注：『菆，矢之善者。』蓋望文生訓。」按：菆之爲蒲，詳下「董澤之蒲」疏證。此「射以菆」，猶言射以矢也。菆爲好箭，服、杜義並同。又「菆」古文作「騶」，均詳下「每射抽矢菆」疏證。

「代御執轡，御下，兩馬掉鞅而還。」

**【注】**服云：「兩，飾也。掉，正也。」本疏。鄭康成引「兩」爲「掚」。《環人》注。舊說：「掚，猶飾也。掉，猶正也。」《環人》疏。**【疏證】**以御下車，故車左代御執轡。兩、掉，杜用服義。疏云：「兩，飾。掉，正。皆無明訓。服虔亦云：『是相傳爲然也。』」惠棟云：「鄭康成引作『掚』，徐仙民曰：『兩或作掚。』按此則『兩』本『掚』字，故服注訓爲飾。❻古文省，故作兩。邵寶以爲掉兩馬之鞅，非也。」案：惠謂鄭引作「掚」，即據《環

---

❶「切」，原作「近」，今據原稿改。

❷「疏」，原作「注」，今據原稿改。

❸「疏」，原作「注」，今據原稿改。

❹「舊說舊說」，原爲空格，今據原稿補。

❺「根」，《春秋左傳詁》卷十作「莖」。

❻「注」，《皇清經解》卷三百五十四《春秋左傳補註》作「杜」。

人》注。徐仙民音見《釋文》，亦云「飾也」。《禮》疏引舊説作「掚」，則服本或與鄭同。《釋文》誤本「掚」作「㮃」。《玉篇》「㮃」訓松脂。傳字必非「㮃」。然《説文》無「掚」字。《集韻》：「掚，整飾也。」用服義。《説文》：「飾，刷也。」《釋名·釋言語》：「飾，拭也。」《封人》「飾其牛牲」，注：「飾，謂刷治潔清之也。」本疏：「謂隨宜刷刮。」是也。李貽德云：「掉爲正者，正即整。《説文》：『整，從正，正亦聲。』整亦同振，故『振旅』亦曰『整旅』。《文選·西京賦》『振天維』，薛注：『振，整理也。』」按：《隋書·虞世基傳》：「陳主嘗于幕府山校獵，令世基作《講武賦》，于坐奏之曰：『或掉鞅而直指，或交綏而弗傷。』」則傳「掉鞅而還」，謂正鞅而出，又還於軍也。❶

攝叔曰：「吾聞致師者，右入壘，折馘、執俘而還。」【注】舊説：「死者取左耳曰馘，生者曰俘。執，取之。」《環人》疏。【疏證】《釋詁》：「馘，獲也。俘，取也。」《皇矣》「攸馘安安」，傳：「不服者，殺而獻其左耳曰馘。」杜注：「折馘，斷耳。」用舊説。舊説本毛傳。杜不釋「俘」，則不謂馘、俘有死、生之别。《一切經音義》引《國語》賈注：「伐國取人曰俘。」則賈君以俘爲生者也。❷《殷武》釋文：❸「俘，囚也。」《泮水》「在泮獻馘，在泮獻囚」，傳：「囚，拘也。」陳奂《詩疏》：「此囚訓拘者，囚與馘對文，馘謂已死，囚謂生者。生拘之，問其辭也。」如陳説，則馘、俘亦對文。

皆行其所聞而復。【注】舊説云：「皆行其所聞之事，而後反。」❹《環人》疏。【疏證】《環人》注引傳，「復」下有「之」。杜無注。據舊説，則復猶反也。許伯、樂伯、攝叔皆云「吾聞致師」，則古兵家言有致師法。

晉人逐之，左右角之。【疏證】三人致師，蓋一時事。已反其軍，晉人追之也。杜注：「張兩角，從旁夾攻之。」

樂伯左射馬而右射人，【疏證】以晉人從左右來，故左右射。

❶ 原稿眉批：鞅似已見。
❷ 眉批：查《晉語》。
❸ 「殷武釋」，原爲空格，今據原稿補。
❹ 「後」，《周禮注疏》卷三十作「復」。

角不能進，矢一而已。【疏證】《讀本》：「矢盡，餘一矢。」

麋興於前，射麋麗龜。【注】服云：「麗，著也。龜，背之隆高當心者。」本疏。【疏證】杜用服義。《廣雅》：「擐、蘺，著也。」王念孫云：「蘺者，附之著也。《説文》：『蘺，草木相附麗土而生也。』❶字通作麗，亦作離。」本疏謂：「龜之形，背高而前後下，此『射麋麗龜』，謂著其高處。」但猶不知其射法之精也。《北史·斛律光傳》：❷「羡及光並工騎射。每日令出田，還，即數所獲。光獲少，必麗龜達腋。❸羡獲雖多，非要害之所。光恒蒙賞，羡或被捶。人問其故，云：『明月必背上著箭，豐樂隨處即下手，數雖多，去兄遠矣。』❹聞者服其言。」詳《光傳》義，凡獵獸必俯射，故以中背爲貴。

晉鮑癸當其後，使攝叔奉麋獻焉，【疏證】癸逐欒伯，故云當其後。欒伯使攝叔下車奉麋。曰：「以歲之非時，獻禽之未至，敢膳諸從者。」【疏證】《獸人》「夏獻麋」，此戰主六月，云「非時」者，以有戰事，非田獵時，獸人不獻禽也。與下「獸人不給於鮮」意同。膳，羞也。

鮑癸止之曰：「其左善射，其右有辭，君子也。」既免。【疏證】「止之」謂止其軍士也。杜注：「止不復逐。」焦循云：「既之言盡也，承上其左其右言之。其左善射宜免，❺其右有辭亦宜免，故盡免之也。『既免』二字，鮑癸止其衆之言。」

晉魏錡求公族未得，【注】服虔以爲犨子。本疏。【疏證】杜注：「錡，魏犨子。」用服説。疏云：「《世本》以爲犨孫。❻《世本》多誤，未必然也。」杜又云：「欲爲公族大夫。」

而怒，欲敗晉師。

請致師，弗許。請戰，❼許之。遂往，請

❶「麗」，原作「蘺」，今據原稿改。

❷「光」，當作「羡」。

❸「麗」，原脱，今據原稿補。

❹「遠」，原漫漶不清，今據原稿補。

❺「左」，原作「右」，今據《春秋左傳補疏》卷三改。

❻「犨」，原作「讐」，今據原稿改。

❼「戰」，《春秋左傳正義》卷二十三作「使」。

戰而還。

楚潘黨逐之，及熒澤，【疏證】杜注以黨爲尪子。熒即滎也。《地理志》：「河東郡垣，沇水東南至武德入河，軼出滎陽北地中」。案：武德，屬河內郡。又河南郡滎陽，云：「有狼湯渠，首受泲，東南至陳入潁。」注：「師古曰：『泲，本濟水字。』」據《禹貢》「導沇水東流爲濟」，則沇入河後乃得濟稱。《水經·濟水》注：「濟水出河東垣縣東。」又云：「又南當鞏縣北，入於河。❶與河合流，又東過成皋縣北，又東過滎陽縣北，又東至礫谿南，東出過滎澤北。」注又「索水」條下引京相璠云：「滎澤在滎陽縣東南與濟隧合。」是濟水在滎陽北境，轉流而東，乃爲滎澤。滎澤實在滎陽之東。胡渭《禹貢錐指》云：「《元和志》：『滎澤在滎澤縣北四里。』恐誤。《括地志》云：『滎陽故城在滎澤縣西南十七里。』今治與隋治皆在其東北，故此澤舊在滎陽縣東，隋唐至今則在滎澤縣南也。自東漢時已塞爲平地，故周徑里數，志家莫能言之。今滎澤南，相傳爲古滎澤，即此也。」案：胡說是也。滎澤縣今屬河南開封府，分滎陽地置縣。江永云：「澤今無水，滎陽人猶謂其地爲滎澤。」❷

見六麋，射一麋以顧獻，曰：【疏證】錡爲潘黨逐，見麋，射而獻之。傳詳其事，不謂視樂伯有優絀。杜注：「見六得一，❸言其不如楚。」❹非傳意。顧，反顧也。

「子有軍事，獸人無乃不給於鮮？【疏證】《獸人》：「掌罟田獸。」《益稷》某氏傳：❺「鳥獸新殺曰鮮。」杜注同。

「敢獻于從者。」

叔黨命去之。【疏證】杜注：「叔黨，潘黨。」

趙旃求卿未得，【疏證】杜注：「旃，趙穿子。」

且怒於失楚之致師者。

請挑戰，弗許。【疏證】杜無注。惠棟云：「李奇曰：『挑身獨戰，不復須衆也。』挑，音徒了反。」薛瓚

---

❶「入」上，《水經注箋》卷七有「南」字。

❷眉批：查閱二年滎澤。

❸「一」，原漫漶不清，今據原稿改。

❹「不」，原重文，今據原稿刪。

❺「益稷」，原爲空格，今據《尚書正義》卷五補。

曰：『挑戰，❶擿嬈敵求戰，古謂之致師。』」惠所引，見《漢書・高帝紀》注，李、薛説不同。薛釋「挑」意是。但晉已行致師，則此撓戰，非致師也。洪亮吉云：「挑，❷撓也，一曰擿争也。《廣雅》：『誂，嬈也。』挑、譊、撓、嬈字並通。」洪用瓚説。《吴語》：「今夕必挑戰，以廣民心。」注：「挑晉求戰，以廣大民心，示不懼也。」《楚策一》：「兵不如者，勿與挑戰。」則挑戰亦成軍以出，與致師以一乘往者不同。其謂獨戰爲挑戰，蓋楚漢之際事矣。

請召盟，許之。【疏證】召楚而爲盟也。

與魏錡皆命而往。【疏證】傳已稱錡爲潘黨所逐，此稱同命而往，溯前而言。

郤獻子曰：「二感往矣，【疏證】杜注：「獻子，郤克。」通本本「感」作「憾」，❸《釋文》亦作「憾」，皆後人改之，與宋本違。❹感，古憾字。《南史・武陵王紀傳》：「初，楊乾運求爲梁州刺史不得，紀以爲潼州刺史。楊法深求爲黎州刺史亦不得，以爲沙州刺史。二憾不獲所請，各遣使通西魏。」❺

「弗備，必敗。」

彘子曰：「鄭人勸戰，弗敢從也；楚人求成，弗能好也。

「師無成命，多備何爲？」【疏證】成猶一成不易之成。

士季曰：「備之善。

「若二子怒楚，楚人乘我，喪師無日矣。

【注】賈云：「乘，陵也。」《國語》注。【疏證】杜注：「乘，猶登也。」與賈異。惠棟云：「陵，亦侵也。」洪亮吉云：「杜注似非。」

「不如備之。

「楚之無惡，除備而盟，何損於好？若以惡來，有備不敗。

「且雖諸侯相見，軍衛不徹，警也。」【疏證】此當出古諸侯相見禮，禮經已亡，其軍衛之制無攷。

❶「戰」，原脱，今據原稿補。
❷「挑」上，《春秋左傳詁》卷十有「説文」二字。
❸上「本」，疑當作「行」。
❹「違」，原脱，今據原稿補。
❺眉批：感，詁。

彘子不可。

士季使鞏朔、韓穿帥七覆於敖前，【疏證】士季，上軍將，故使其軍大夫。杜注：「帥，將也。覆，爲伏兵七處。」《水經·濟水》注：「礫石谿水出滎陽城西南李澤，東北流，歷敖山南。《春秋》晉、楚之戰，設覆於敖前。」敖山，已釋於「敖、鄗之閒」。

故上軍不敗。

趙嬰齊使其徒先具舟於河，故敗而先濟。【疏證】據「使其徒」，則軍大夫各有所統。顧炎武云：「傳因士季語竟言之。」

潘黨既逐魏錡，【疏證】杜注：「言魏錡見逐而退。」案：錡之退，晉軍蓋未知，故下稱以軘車逆二子。

趙旃夜至於楚軍，【疏證】錡已逐，不得達命，故惟明旃至楚軍之事。杜注：「二人雖俱受命，而行不相隨，趙旃以後至。」非也。

席于軍門之外，使其徒入之。【疏證】杜注：「布席坐，亦無所畏也。」❶按：旃使其人入楚軍，達召盟之命。

楚子爲乘廣三十乘，分爲左右。【疏證】此即上稱楚君之戎分爲二廣也。左右廣各十五乘，與偏法無涉。傅粲云：「兵法十五乘爲偏，今楚用舊法，而易其名。」蓋用杜注「卒偏之兩」義，非傳義，上疏證已具。

右廣雞鳴而駕，日中而説。【疏證】《典路》「與其用説」，注：「鄭司農云：『説，謂舍車也。《春秋傳》曰：「雞鳴而駕，日中而説。」』」杜注：「脱，❷舍也。」用先鄭義。猶上稱以至日中也。

左則受之，日入而説。【疏證】猶上稱「以至於昏」也。

許偃御右廣，養由基爲右；【疏證】班固《東都賦》「由」作「游」，注：「游與由同。」《淮南·説山訓》「基」作「其」。李富孫云：「《詩》『夙夜基命宥密』，《孔子閒居》引作『其命』，古從省，通。」案：《淮南》注：「由其，楚王之臣，養姓。」《周策》注亦云：「養，姓。由基，名。楚之善

❶「亦」，《春秋左傳正義》卷二十三作「示」。眉批：席，詁。

❷「脱」，《春秋左傳正義》卷二十三作「説」。

射人也。」《水經・汝水》注引京相璠云：「襄城郟縣西南，有養水，由基之邑。」梁履繩云：「昭三十年，楚逆吳公子使居養。疑由基即食邑於此，故以邑爲氏。襄十三年稱養叔，即其字。」梁氏蓋據京相說，與高誘以爲養姓異。

彭名御左廣，屈蕩爲右。【疏證】杜注：「楚王更迭載之，故各有御、右。」❶

乙卯，王乘左廣以逐趙旃。【疏證】乙卯，即趙旃至楚軍之夜也。楚史書其日，故傳據之。《讀本》：「楚王追趙旃時爲日入，乘左廣。」

趙旃棄車而走林，【疏證】《讀本》：「趙旃以昏時走。」

屈蕩搏之，得其甲裳。【疏證】《考工記》疏引傳，「得」作「棄」。杜注：「下曰裳。」未釋「甲」字義。《廣雅・釋器》：「鋡、甲、介，鎧也。」王念孫云：「《釋名》：『鎧，猶塏也。塏，❷堅重之言也。或謂之甲，似物有孚甲，以自禦也。』凡甲，聚衆札爲之，謂之旅。上旅爲衣，下旅爲裳。《考工記・函人》云：『權其上旅與其下旅，❸而重若一。』❹宣十二年《左傳》云：『得其甲裳。』」按：王氏聚札爲旅義本《考工記》疏，疏云：「以札衆多，故言旅。」《隋書・虞世基傳》：「世基作《講武賦》曰：『中小枝於戟刃，徹蹲札於甲裳。』」

晉人懼二子之怒楚師也，【注】舊注：「魏錡、趙旃。」《御覽》七百七十二。

使軘車逆之。【注】服云：「軘車，屯守之車。」本疏。【疏證】《車僕》五戎無軘車。《說文》：「軘，兵車也。」杜用許說。疏云：「襄十一年，『鄭人賂晉侯以廣車、軘車、淳十五乘，甲兵備』。甲兵從之，是兵車明矣。」疏蓋疑服「屯守」說非。然詳服意，亦以軘車爲兵車。但是守車，非戰車耳。李貽德云：「服以字從屯，故云『屯守之車』，從指事之義。《文選・東都賦》『陳師按屯』注：『臣瓚引律說：「勒民而守曰屯。」』」

潘黨望其塵，【疏證】惠棟云：「《孫子・行軍》

---

❶「右」，原作「名」，今據原稿改。
❷「塏」，原作「嵦」，今據《廣雅疏證》卷八上改。
❸「上旅與其」，原脫，今據《廣雅疏證》卷八上補。
❹「若」，原作「各」，今據原稿改。

篇：『塵高而鋭者，車來也。』」❶《讀本》：「旃夜至楚軍，謂將夜時，時猶見軘車之塵。」

使聘而告曰：「晉師至矣！」【疏證】黨使人告楚王於左廣。

楚人亦懼王之入晉軍也，遂出陳。

孫叔曰：「進之！寧我薄人，無人薄我。

「《詩》云：『元戎十乘，以先啓行。』先人也。【疏證】引《詩·六月》文，傳云：「元，大也。夏后氏鉤車，先正也。殷曰寅車，先疾也。周曰元戎，先良也。」箋：「鉤，鉤鞶，行曲直有正也。寅，進也。二者及元戎，皆可以先前啓突敵陳之前行。其制之異同未聞。」陳奂《詩疏》：「《史記·三王世家》裴駰《集解》引《韓詩章句》：❷『元戎，❸大戎，謂兵車也。車有大戎十乘，謂車縵輪，馬被甲，衡扼之上，盡有劒戟，名曰陷軍之車，所以冒突先啟敵家之行伍也。』箋云：『先前啓突敵陳之前行。』鄭從《韓詩》義。」按：杜注：「元戎，戎車在前也。《詩·小雅》。言王者軍行，必戎車十乘在前開道，先人爲備。」全用鄭義。陳氏明鄭用《韓詩》。詳傳以元戎爲先良，良即選鋒之士，❹韓蓋與毛同。傳釋「先」爲先人，謂先敵人之來而啟突之。❺

「《軍志》曰『先人有奪人之心』，薄之也。」【疏證】杜注：「奪敵戰心。」

遂疾進師，車馳卒奔，乘晉軍。【疏證】乘猶陵也，如「晉人乘我」之乘。❻

桓子不知所爲，

鼓於軍中曰：「先濟者有賞！」

中軍、下軍争舟，【疏證】江永云：「今按《水經注》，争舟之處在卷縣北。❼卷縣故城在今懷慶原武縣北。」

舟中之指可掬也。【疏證】《説文》：「在手

❶「來」，原作「乘」，今據原稿改。
❷「駰」，原作「絪」，今據《詩毛氏傳疏》卷十七改。
❸「戎」，原脱，今據原稿補。
❹「之士」，原脱，今據原稿補。
❺「之來」，原脱，今據原稿補。
❻「晉」，《春秋左傳正義》卷二十三作「楚」。
❼「卷縣」，原作「令」，今據《皇清經解》卷二百五十三《春秋地理考實》改。

曰匊。從勹米。徐鉉等曰：『今俗作掬，非是。』」據大徐説，則傳當從匊。杜注：「兩手曰掬。」非許義。《晉世家》：「晉軍敗，走河，爭度，船中人指甚衆。」

晉師右移，上軍未動。【疏證】杜注：「言餘軍皆移去，唯上軍在。」本疏：「晉之三軍，上軍在左，中軍在中，下軍在右。言晉之中軍、下軍敗走，在上軍之右者皆移，唯上軍未動。」疏釋「右移」，視杜注爲分明。

工尹齊將右拒卒以逐下軍。❶【疏證】《釋文》：「拒，本亦作矩。」杜注：「工尹齊，楚大夫。右拒，陳名。」案：據作「矩」之本，則右矩爲方陳也。❷此時晉中軍、下軍已亂，謂下軍者，以右移者言。

楚子使唐狡與蔡鳩居告唐惠侯，【疏證】杜注：「二子，楚大夫。唐，楚之屬國。」按：《晉世家》：「周武王崩，成王立，唐有亂，周公誅滅唐。」索隱：「唐本堯後，封在夏墟。及成王滅唐之後，乃分徙之於許、郢之間，故《春秋》有唐成公。」據傳，宜數此唐惠侯，裴氏之疏也。❸《地理志》：「南陽郡舂陵縣，有上唐鄉，故唐國。」杜注：「義陽安昌縣東南有上唐鄉。」與班《志》小異。江永云：「今按：晉義陽安昌縣，今河南南陽府鎮平縣也。又今南陽府唐縣，本唐之唐州，蓋亦古之唐國。」按：江説是也。《漢志》舂陵在今襄陽府棗陽縣東。《一統志》：「故唐城在德安府隨州西北九十五里。❹唐侯國。」蓋今湖北之隨、棗，❺河南之新、鄧，皆古唐國也。本疏云：「此未戰之前告。」

曰：「不穀不德而貪，以遇大敵，不穀之罪也。

「然楚不克，君之羞也。

「敢藉君靈以濟楚師。」【注證】服云：「藉，借也。」《漢書·陳勝傳》注。❻【疏證】杜注：「藉，猶假借也。」用服説。

使潘黨率游闕四十乘，【疏證】《車僕》注引

❶「卒」，原脱，今據原稿補。
❷「則」，原脱，今據原稿補。
❸「裴」，疑當作「司馬」。
❹「五」，《大清一統志》卷三百四十三無此字。
❺「棗」，原漫漶不清，今據原稿補。
❻「陳勝傳」，原爲空格，今據《漢書·陳勝傳》補。

傳，「率」作「帥」，「游」作「斿」。斿，古游字。杜注：「游軍補闕者。」❶惠棟云：「游闕，游車、闕車也。❷《外傳》曰：『戎車待游車之裂。』❸《周禮·車僕》有闕車之倅。」惠氏以游闕爲兩種車，其引《外傳》見《齊語》，彼注云：「游車，游戲車。」韋義，他無所證。車不可蒙游戲之名，疑其不然。蓋游軍，猶今游擊之師，臨陣有調發，以濟正軍之不足，故名游闕也。杜注用《周禮》「闕車」義。沈欽韓云：「《周禮·車僕》注：『闕車，所用補闕之車。』《六韜·軍用》篇『大扶胥衝車三十六乘，螳螂武士共載，可以擊縱横，敗强敵』。」沈氏謂游闕即闕車，是也。《晉書·載記·吕光傳》：「光伐龜兹，諸將咸欲每營結陣，案兵以距之。光曰：『彼衆我寡，恐又相遠，❹勢分力散，❺非良策也。』于是遷營相接，陣爲鉤鏁之法，❻精騎爲游軍，彌縫其闕。戰于城西，大敗之。」亦用杜義。

從唐侯以爲左拒，以從上軍。【疏證】從，猶逐也。

駒伯曰：「待諸乎？」【疏證】杜注：「駒伯，郤克，上軍佐也。」惠棟云：「郤錡，字駒伯，克之子也。大夫門子，得從父於軍。鄢陵之戰，范匄從文子於軍，此其證。」洪亮吉云：「此亦不必遠引，即此傳，知罃，知莊子之子，從其父在軍，爲楚所獲。又逢大夫與其二子乘，皆是顯證。杜氏以爲郤克，疏矣。」王引之云：「『待諸』者，禦之也。時上軍未動，故郤克欲禦楚師。《魯語》『帥大讎以憚小國，其誰云待之』，《楚語》『其獨何力以待之』，韋注並曰：『待，禦也。』」按：王氏釋「待諸」，是也。其謂駒伯即郤克，仍沿杜注之誤。

隨季曰：「楚師方壯，若萃於我，吾師必盡，【疏證】杜注：「萃，集也。」

「不如收而去之。分謗生民，不亦可乎？」殿其卒而退，不敗。【疏證】王引之云：

---

❶「軍」，《春秋左傳正義》卷二十三作「車」。

❷上「車」，原作「軍」，今據《皇清經解》卷三百五十四《春秋左傳補註》改。

❸「戎車」、「車」，原作「戍軍」、「軍」，今據《皇清經解》卷三百五十四《春秋左傳補註》改。

❹「恐」，《晉書·吕光載記》作「營」。

❺「散」，原作「義」，今據原稿改。

❻「鏁」，原爲空格，今據原稿補。

「士會以寡不敵衆，故收兵而退也。」

王見右廣，將從之乘。屈蕩户之，【疏證】户之，各本作「尸之」，非也。《校勘記》云：「《漢書·王嘉傳》注、《文選》范蔚宗《宦者傳論》注引並作『户』。錢大昕《跋余仁仲校刻左傳本》云：『家藏淳熙九經，及長平游御史本、巾箱小本俱作户字。』」惠棟云：「《爾雅》：❶『户，止也。』昭十七年傳『扈民無淫』，是古皆訓户爲止也。淳熙《正義》亦作『户』也。」洪亮吉云：「户、扈通用。」沈欽韓云：「蘇轍《欒城集·次子瞻石芝韻詩》亦引此傳『户之』，可知宋本不誤也。」顧炎武云：「古人以守户之人謂之户者，❷取其能止人也。《漢書·樊噲傳》：『詔户者無得入群臣。』《王嘉傳》：『坐户殿門失闌免。』《唐書·李紳傳》：『擊大毬，户官道，車馬不敢前。』」文淇案：《宋書·沈文季傳》：❸「父慶之爲景和所殺，兵仗圍宅，❹收捕諸子。文季揮刀馳馬去，❺收者不敢户，❻遂得免。」亦以「户」爲止義。壽曾曰：杜注：「户，止。」用《小爾雅》義。《説文繫傳》邑部引作「扈」，則宋又有作「扈」之本，與昭十七年傳「扈民」字同。「扈，止」爲本義。户爲扈省。門户之户，引申義也。《説文》：「户，護也。」朱駿聲云：「户所以限隔，故轉而訓止。」非。

曰：「君以此始，亦必以終。」【疏證】《文選·宦者傳論》注引作「必以此終」。杜注：「軍中易乘，則恐軍人惑。」

自是楚之乘廣先左。【疏證】終言之也。杜注：❼「以乘左得勝故。」疏云：「桓八年傳云『楚人尚左，君必左』者，謂置車尚左，故君在左。此言先左，謂乘廣先左耳。」

晉人或以廣隊不能進，【疏證】杜注：「廣，兵車。」杜謂晉之兵車亦名廣也。疏云：「下云『拔旆投衡』，蓋是晉人在軍之前載旆之車。」《説文》𢍏下引「隊」作「墜」，釋爲「廣車陷」。則賈君本作「墜」。《讀本》：「時晉

❶「爾」，原稿重文，疑上「爾」當作「小」。
❷「以」，原作「之」，今據原稿改。
❸「宋」，當作「南齊」。
❹「仗」，原作「杖」，今據原稿改。
❺「季」，原脱，今據《南齊書·沈文季傳》補。
❻「户」，《南齊書·沈文季傳》作「追」。
❼「杜注以」，原脱，今據原稿補。

敗，軍有廣車墜陷者。」

楚人惎之，【疏證】惠棟云：「《説文》引作『楚人畁之』，云『舉也』。黄顥説：『廣車陷，楚人爲舉之。』按此，則『惎』當爲『畁』，杜氏所據本與許所據不同。傳遂謂『楚人將毒害之，而晉人乃脱扃拔旆投衡而出』，非也。」按：惠説是也。《説文》：「惎，毒也。」此傳遂説所出。顧炎武從傳説，引定四年「管、蔡啟商，惎間王室」爲證。顧棟高亦云：「惎字當依《説文》作『毒』字解。」皆不知舊本傳文是「畁」，非「惎」也。若審是毒害義，則下「不如大國數奔」之謔，意何取乎？許君所見本，既作「楚人畁之」，賈君本亦當然。黄顥説蓋出《左氏》先師矣。沈欽韓云：「《玉篇·收部》：『畁，渠記、渠其二切，舉也。』」亦用許君訓。杜注：「惎，教也。」本《小爾雅》。疏云：「脱扃、拔旆，皆是教人之語，知惎爲教也。」詳疏意，則杜訓「惎」爲教，以意言之，❶非用舊説。顧棟高謂「兩軍相敵，無教敵人出險之理」，是也。然詳黄顥説，則楚人助晉人舉其車，但無口語。杜氏以舊説有助舉車，遂謂脱扃、拔旆、投衡皆楚人教之。朱駿聲云：「惎讀爲諅。」亦不察「惎」爲誤字。

脱扃，【注】服云：「扃，横木校輪間。一曰車前横木也。」《釋文》、本疏。【疏證】杜注：「車上兵蘭。」疏引服注云：「扃，横木，有横木投於輪間。一曰扃，車前横木。」《釋文》單行本「投於」作「校」，義長，今依之。注疏本引《釋文》作「投輪間」，亦誤。沈欽韓云：「《士昏禮》注：『扃，所以扛鼎。』張衡《西京賦》『旗不脱扃』，薛綜注：『扃，所以止旗。』然此下有拔旆、投衡之事，則脱扃不得爲止旗之横木也。服云『輪間横木』，是也。」沈氏駁薛綜「止旗」之説，本疏正據之以説杜注「兵蘭」義，謂服注「各以意言，皆無明證」。又云：「杜云兵蘭，蓋横木車前，以約車上兵器，慮其落也。隊坑，則横木有礙，故不能進。」則杜注蓋取服注後一説也。疏未分析，竟若杜自爲説。沈氏亦缺引。服注之例，凡稱「一曰」，多廣異聞，服義仍主「横木校輪」也。《曲禮》「入户奉扃」，注：「奉扃，敬也。」鄭君不釋扃制，❷彼疏云：「奉扃之説，事有多家。今謂禮有鼎扃，所以關鼎，今關户之木，與關鼎相似，亦得稱扃。」則關鼎、關户之木，皆謂之扃。車之有扃，義亦從之。沈氏引「鼎扃」爲證是也。《説文》：「關，以木横持門

❶「之」，原脱，今據原稿補。
❷「制」，原作「則」，今據原稿改。

户也。」又云：「橫闌木也。」此校輪之木，《輿人》等職未詳。《雜記》：「叔孫武叔朝，見輪人以其杖關轂而輠輪者。」《禮》譏其用杖，則關轂當有木。服言「校輪」，即關轂也。《小爾雅》：「校，交也。」蓋交午之義。

少進，馬還，又惎之，【疏證】杜注：「還，便旋不進。」文淇案：惎，亦當作畀。

拔旆投衡，乃出。【疏證】黄承吉云：「杜解拔旆投衡，謂拔旆投衡上，使不帆風，差輕。旆乃大旗，若使置卧衡上，則旆愈橫長，拖逼馬首，勢更阻於帆風，豈能反便登陁？蓋拔旆、投衡自是兩事，謂拔去旆，又投去衡。投者，投之車外，與拔旆互文。拔者亦投，投者亦拔。去此兩物於車外，則車輕馬便，乃可得出。車陷而不能進，正須多人助力，移舉車上機礙重物，以爲釋卸輕便之地。即今道路陷車之情狀，或謂衡既投去，何從縛轅？按皇侃《論語疏》云：『即時車枙用曲木，駕于牛脰，仍縛枙兩頭著兩轅。古時先取一橫木縛著轅兩頭，又別取曲木爲枙，縛著橫木，以駕牛脰。』是則無橫木時，枙木亦可自轅上。❶皇侃又引鄭注云：『輗穿轅端著之，軏因轅端著之。』是輗軏所以持衡，而皆在轅。蓋軛即可以牽貫輗軏。故是時雖去衡，而軛遂暫著於轅，俟既出，然後復衡耳。」

顧曰：「吾不如大國之數奔也。」【疏證】《讀本》：「舉車出陷，此楚之愚人，蓋宋狂狡之比，而晉乃反謔之曰：『出陷多智，大國數數奔逃乃如此。』」

趙旃以其良馬二濟其兄與叔父。【疏證】范照藜云：「二人名皆不傳。」案：此旃已過左廣奔還晉軍時事，故下云「以他馬反」也。

以他馬反，遇敵不能去，棄車而走林。【疏證】旃入楚軍後，傳已稱「棄車而走林」，❷傳欲明逢大夫二子死事，故再及。

逢大夫與其二子乘，【疏證】杜注：「逢，氏。」

謂其二子無顧。

顧曰：「趙傁在後。」【疏證】惠棟云：「傁與叟同，見《無極山碑》。《說文》作『叜』，云『叜』或作『傻』。」

❶ 「自」下，疑當有「縛」字。
❷ 「傳」，原脱，今據原稿補。

《校勘記》云：「按：《五經文字》云：『傻，與叟同，見《春秋傳》。』」按：《説文》：「宎，老也。」《孟子》趙注：「叟，長老之稱，猶父也。」

怒之，使下，指木曰：「尸女於是。」【疏證】杜無注。《穀梁》僖三十三年傳注：「尸女者，收女尸。」

授趙旃綏，以免。【疏證】車乘載重，則不能馳，故下其子，而授旃綏，使登車。

明日，以表尸之，【疏證】杜注：❶「表所指木，取其尸。」《後漢書·蓋勳傳》：「指木表曰：『必尸我於此。』」注：「表，標也。」

皆重獲於木下。【疏證】《大車》「祇自重兮」傳：「重，猶累也。」杜注：「兄弟累尸而死。」用毛義。焦循云：「按：獲之言得也，謂二子皆尋得在所表木下。加其『重』字，明其尸相累。若曰皆得之，而重在木下。云『皆重獲於木下』，❷古人屬文之奥也。正義以『獲』爲『被殺之名』，非。」按：《皇矣》箋：❸「獲，得也。」此焦氏所據。定九年傳：❹「得焉曰獲。」❺

楚熊負羈囚知瑩，❻【疏證】杜注：「負羈，楚大夫。知瑩，知莊子之子。」

知莊子以其族反之，【疏證】杜注：「族，家兵。反，還戰。」朱駿聲云：「按：族，猶屬也。與僖二十八年傳『中軍公族』、成十六年傳『中軍王族』同。」俞樾云：「族者，部屬也。字從㫃，從矢。㫃，所以指麾也。矢，所以自衛也。❼《楚語》曰：『在中軍王族而已。』❽韋昭注曰：『族，部屬也。』此説得之。文二年傳『以屬馳秦師』、宣十七年傳『請以私屬』，『屬』皆『族』之假借字。凡親屬，字皆當作屬，今相承作族。部族，皆當作族，今相承作屬。」

厨武子御，下軍之士多從之。【疏證】杜注：「武子，魏錡。」洪亮吉云：「按：厨，當屬武子采邑。



❶「杜注」，原脱，今據原稿補。
❷「木」，原重文，今據《春秋左傳補疏》卷三删。
❸「皇矣」，原爲空格，今據《毛詩正義》卷十六補。
❹「定九」，原爲空格，今據《春秋左傳正義》卷五十五補。
❺「得」下，《春秋左傳正義》卷五十五有「用」字。
❻「瑩」，《春秋左傳正義》卷二十三作「罃」。下一「罃」字同。
❼「以」，原脱，今據原稿補。
❽「在」上，原衍「皆」字，今據原稿删。

僖十六年傳『秋，侵晉取狐、厨』，杜注：『平陽臨汾縣西北有狐谷亭。』則厨又别一地可知。彼注云：『狐厨、受鐸、昆都，晉三邑。』亦以意定之，或不止三也。」

每射，抽矢菆，納諸厨子之房。【注】服云：「菆，好箭。」《既夕·記》疏。【疏證】《廣雅》：「抽，拔也。」惠棟云：「《既夕》注：『古文菆作騶。』《漢書·晁錯傳》云：『材官騶發，矢道同的。』如淳曰：『騶，矢也。』小顔曰：『騶謂善矢。《左氏傳》作菆字，其音同耳。』則知古菆字作騶。」《校勘記》云：「騶，自是假借字。菆，正字。」文淇案：《既夕禮》云：「御以蒲菆。」鄭注云：「蒲菆，牡蒲莖也。」賈公彦云：「據《左氏傳》，蒲非直得策馬，亦爲矢幹。」是鄭以菆爲矢幹，如淳依鄭説，是也。服、鄭義同。服注見《既夕禮》單疏本所引，毛本作「杜注」，下「蒲」注同。杜又云：「房，箭舍。」

厨子怒曰：「非子之求而蒲之愛，【注】服云：「蒲，楊柳，可以爲箭。」《既夕·記》疏。❶【疏證】杜用服説。沈欽韓云：「《揚之水》箋：『蒲柳。』陸璣《疏》：『蒲柳有兩種：皮正青者曰小楊，其一種皮紅者曰大楊。其葉皆長廣似柳，皆可以爲箭幹，故《春秋》曰：「董澤之蒲，可勝既乎？」』按：鄭注云『牡蒲』者，赤楊也，其幹尤堅直者。」沈引鄭説，見《既夕》注。《揚之水》傳云：「蒲，草名。」陸璣《疏》以爲似柳，則亦以爲草名。惟服氏與鄭君合。

「董澤之蒲，可勝既乎？」【注】舊注：「董，澤名，在河東聞喜縣。」《御覽》三百二十。❷【疏證】《郡國志》：「河東郡聞喜有董池陂，古董澤。」與舊注同。顧棟高云：「今山西絳州聞喜縣東北三十五里，有董氏陂，中産楊柳，可以爲箭。又名豢龍池，即禹封董氏豢龍之所也。」據顧説，則蒲爲楊柳，以今地目驗者知之，與鄭君説合。葉隆禮《遼志》：「西樓有蒲，瀕水叢生，一幹葉如柳，而長不盈尋丈。❸用以作箭，不矯作而堅。《左氏傳》所謂『董澤之蒲』是也。」葉氏所稱，蓋非蒲而强名爲蒲，地壤又隔，不足證董澤。本疏云：「重物不可舉者，謂之不勝。用之不可盡者，亦言不勝。史傳多有其

❶「疏」，原作「注」，今據原稿改。

❷「二」，當作「五」。

❸「盈」，原漫漶不清，今據原稿補。

事。」疏説「可勝」意不誤。其謂「既」爲「盡」，則用杜注。案：《廣雅》：「摡，扱，取也。」王念孫云：「《玉篇》：『摡，許氣切。』引《召南·摽有梅》『傾筐摡之』，今本作『塈』。❶毛傳：『塈，❷取也。』宣十二年《左傳》『董澤之蒲，可勝既乎？』杜預注：『既，盡也。』按：既，亦與摡通。言董澤之蒲，不可勝取也。」洪亮吉云：「塈、既古字同。」❸王氏、洪氏皆謂「既」當訓取，則「可勝既乎」，猶言不勝取也。杜就「既」本字訓爲「盡」，非。胡渭云：「董澤之蒲，中矢苛。❹禹時在甸服，故無貢。」

知季曰：「不以人子，吾子其可得乎？【疏證】謂知瑩。

「吾不可以苟射故也。」

射連尹襄老，獲之，遂載其尸；【疏證】《楚語》注：❺「連尹，楚官名。」洪亮吉云：「連，楚地名。襄老，當爲此地之尹，故以官稱之也。《楚語》有『雲連徒洲』，《漢書·地理志》長沙國連縣，唐時爲連州。」

射公子穀臣，囚之。以二者還。【疏證】《晉語》：「獲楚公子穀臣與連尹襄老，以免子羽。」注：❻「子羽，知莊子之子瑩之字也。」據《外傳》，則知瑩以戰時逃歸，可補傳闕。

及昏，楚師軍於邲，晉之餘師不能軍，【疏證】《晉世家》：「鄭新附楚，畏之，反助楚攻晉。」《鄭世家》亦云：「鄭反助楚。」傳文不具。

宵濟，亦終夜有聲。【疏證】杜注：「言其兵衆，將不能用。」顧炎武云：「言其軍囂，無復部伍。」杜解非。」

丙辰，楚重至於邲，【疏證】杜注：「重，輜重也。」疏云：「輜重載器物糧食，常在軍後，故乙卯日戰，丙辰始至於邲也。」❼沈欽韓云：「曹操《孫子注》：『革車，重車也。』杜牧曰：『革車，重車也，載器械、財貨、衣裝也。』按：軍行，輜重在後，故《孫子·軍爭篇》：『委軍而爭利，

❶「塈」，原作「墍」，今據《廣雅疏證》卷一上改。
❷「塈」，原作「暨」，今據原稿改。
❸「塈」，原作「取」，今據原稿改。
❹「苛」，《左通補釋》卷十二作「笱」。
❺「楚」，當作「晉」。
❻「注」，原脱，今據原稿補。
❼原稿眉批：疏釋輦極明，當於襄十年重説之。

則輜重捐。』《尉繚子》所謂『興軍，去大軍一倍其道』者也。」按：沈說是也。

遂次于衡雍。【疏證】《楚世家》：「晉救鄭，與楚戰，❶大敗晉師河上，遂至衡雍而歸。」《鄭世家》：「楚大破晉軍於河上。」沈欽韓云：「《韓非子》：『莊王既勝，狩於河雍。』即衡雍也。《釋水》：『水自河出爲灉。』邵晉涵《爾雅正義》：『楚莊之河雍，是莨蕩渠初出之灉也。』《水經注》：『河水又東逕卷縣北，晉軍争濟，楚莊告河，即是處也。』」馬宗璉云：「衡雍在卷縣，故酈元云：『祀于河，在卷縣也。』」❷案：卷縣在今河南懷慶府原武縣北。

潘黨曰：「君盍築武軍，【疏證】《翟義傳》：「莽下詔曰：『蓋聞古者伐不敬，取其鯨鯢築武軍，封以爲大戮，于是乎有京觀以懲淫慝。乃者反虜劉信、翟義誖逆作亂于東，❸而芒竹群盜趙明、霍鴻造逆西土，❹遣武將征討，咸伏其辜。惟信、義等始發自濮陽，結姦無鹽，殄滅于圉。趙明依阻槐里環隄，霍鴻負倚盩厔、芒竹，咸用破碎，亡有餘類。❺其取反虜逆賊之鱷鯢，聚之通路之旁，濮陽、無鹽、圉、槐里、盩厔凡五所，各方六丈，高六尺，築爲武軍，封以爲大辱，❻薦樹之棘。建表木，高丈六尺。書曰「反虜逆賊鱷鯢」，在所長吏常以秋循行，勿令壞敗，以懲淫慝焉。』」據莽詔書，其築武軍封，當采劉歆說。京觀即在武軍之上也。杜注：「築軍營以章武功。」分武軍、京觀爲二，非古義。

「而收晉尸以爲京觀？【疏證】杜注：「積尸封土其上，謂之京觀。」按：《漢書・翟義傳》注：「師古曰：『京，高丘也。觀謂如闕形也。』」單言之亦曰京。《呂覽・不廣》篇：「齊攻廩丘，趙使孔青將死士而救之。與齊人戰，大敗之，齊將死。得車二千，得尸三萬，以爲二京。」《淮南・覽冥訓》：「掘墳墓，揚人骸，大衝車，高重京。」則京觀亦可止稱京。據杜注謂「積尸封土」，《淮南》謂「掘墳墓，揚人骸」者。唐太宗令諸州剗削京觀詔云：「季葉馳

❶「與」上，原衍「晉世家」，今據《史記・楚世家》删。
❷「也」，《皇清經解》卷一千二百七十八《春秋左傳補注》作「北」。
❸「劉信」，原脱，今據《漢書・翟義傳》補。
❹「鴻」，原作「洪」，今據《漢書・翟義傳》改。
❺「亡」，原作「止」，今據原稿改。
❻「辱」，《漢書・翟義傳》作「戮」。

競，恃力肆威，鋒刃之下，恣情翦馘。血流漂杵，方稱快意。尸如亂麻，自以爲武。露骸封土，多崇京觀。徒見安忍之心，未宏掩骸之禮。静言念此，憫歎良深。但是諸州有京觀處，無問新舊，宜悉剗削，加土爲墳，掩蔽枯朽，勿令暴露。」是京觀之制，露骸封土也，杜注未盡其義。

「臣聞克敵必示子孫，以無忘武功。」

楚子曰：「非爾所知也。

「夫文，止戈爲武。**【疏證】**杜注：「文，字。」《説文》：「𢦔，楚莊王曰：『夫武，定功戢兵，故止戈爲武。』」段玉裁云：「宣十二年傳文。此隱括楚莊王語，以解『武』義。莊王曰：『夫文，止戈爲武。』是倉頡所造古文也。祇取『定功戢兵』者，以合於止戈之義也。文之會意已明，故不言從止戈。」案：段以武爲會意字者，許君序云：「會意者，比類合誼，以見指撝，武、信是也。」段氏又云：「凡會意之字，曰『從人言』，曰『從止戈』，人言、止戈皆聯屬成文。」按《漢書·武五子傳》：「是以倉頡作書，止戈爲武。聖人以武禁亂整亂，❶止息干戈，非以爲殘而興縱之也。」全據此傳義。以𢦔爲倉頡書，❷當是《左氏》舊説。《晉書·郄詵傳》：詵對策曰：「止戈而武，義實在文。惟任賢，然後無患耳。」蓋取傳禁暴戢兵爲説。

「武王克商，作《頌》曰：『載戢干戈，載櫜弓矢。我求懿德，肆於時夏，允王保之。』

**【疏證】**《周頌·時邁》文，小序：「巡狩告祭柴望也。」本疏：「《詩序》云：『頌者，以成功告於神明。』則《頌》詩功成乃作。此傳言『武王克商作《頌》』者，武王克商，後世追爲作《頌》，頌其克商之功，非克商即作也。《國語》引此云『周文公之頌曰』，則此周公所作也。」據疏説，則是成王時追頌武王克商之事。《後漢書·李固傳》注引《韓詩章句》謂「美成王能奮舒文武之道而行之」。❸此三家《詩》異説。《書序》：「武王伐殷，往伐歸獸，識其政事。」歸獸即歸狩，與《詩序》合。《周語》引此《頌》，與《内傳》同，注：「載，則也。干，盾也。櫜，韜也。言天下已定，聚斂其干戈，韜藏其弓矢，示不復用。懿，美也。肆，陳也。于，於也。時，是也。夏，大也。言武王常求美德，故陳其功于是夏

❶ 上「亂」，《漢書·昌邑哀王劉髆傳》作「暴」。

❷ 「𢦔」，原作「武」，今據原稿改。

❸ 「李固傳注」，原爲三空格，今據《後漢書·李固傳》補。

而歌之。樂章大者曰夏。允，信也。信哉武王能保此時夏之美也。」按：韋注「戢，聚」，「櫜，韜」，「夏，大」，用毛傳説；「載，則」，「懿，美」，「肆，陳」，「允，信」，用鄭箋説。杜用韋義，惟訓「肆」爲「遂」，與鄭箋違。陳奐《詩疏》云：「《昊天有成命》傳：『肆，固也。』此『肆』字亦當訓爲『固』。時，是，于時，于是也。宣十二年《左傳》『夫武，禁暴、戢兵、保大』，又云『暴而不戢，安能保大』。《周語》：『使務利而避害，懷德而畏威，故能保世以滋大。』保即『允王保之』，❶大即『肆於時夏』，故傳訓『夏』爲『大』。正本内外《傳》説。又《鹽鐵論・論菑》篇：❷『兵者，凶器也。甲堅兵利，爲天下殃。以母制子，故能久長。聖人法之，厭而不陽。』其下亦引此詩。陽與揚通，久長亦保世滋大之意。❸此皆西京舊説。」案：夏爲樂章，韋用鄭箋説，傳止訓「夏」爲大，此傳、箋異者。杜云：「故遂大而信王保天下。」亦不取鄭箋「樂章」義。又箋云：「王巡狩而天下咸服，兵不復用。我武王求有美德之士而任用之。」據傳武王克商作頌之説。

「又作《武》，其卒章曰：『耆定爾功。』」

【疏證】《周頌・武》文。疏云：「頌皆一章，言『其卒章』者，謂終章之句也。」據下引《賚》三爲《武》之三章，《桓》六爲《武》之六章，則此《武》爲《武》之卒章甚明。疏云「終章之句」，未諦。傳：「耆，致也。」又云：「言武王誅紂，致定其功。」箋：「耆，老也。」與毛異。

「其三曰：『鋪時繹思，我徂惟求定。』」

【疏證】《周頌・賚》文，今通行本「惟」作「維」。《校勘記》云：「按傳引《詩》、《書》多從忄旁。」今依宋本。杜注：「其三，三篇。」《詩》「鋪」作「敷」。《廣雅》：「鋪，布也。」箋云：「敷，猶徧也。」則「敷」亦訓「布」。李富孫云：「《釋文》：『鋪，徐音敷。』聲近字通。」毛傳：「繹，陳也。」杜用毛義，又云：「時，是也。思，辭也。」箋謂「敷是文王之勞」，❹杜用其訓。陳奐《詩疏》云：「傳云『繹，陳』者，陳讀如《文王》『陳錫哉周』之陳。王肅云：『文王能有布陳大利以賜予人。』與《序》言『錫予善人』合。徂，往也，往伐殷也。定，安也，與《武》『耆定爾功』之『定』義同。」

❶「允」，原作「永」，今據原稿改。
❷「菑」，原爲空格，今據原稿補。
❸「滋」，原脱，今據《詩毛氏傳疏》卷二十六補。
❹「勞」下，《毛詩正義》卷十九有「心」字。

「其六曰：『綏萬邦，屢豐年。』【疏證】《周頌・桓》文。杜注：「其六，六篇。」《詩》「屢」作「婁」。惠棟云：「《說文》無屢字，❶當從《毛詩》作婁。今《詩》亦有作屢者，俗作之。」洪亮吉云：「《毛詩》、《漢書》皆以婁爲屢。」箋云：「綏，安也。婁，亟也。」「綏，安」，《釋詁》文。杜以「婁」爲數武王「數致豐年」，不知何據。箋又云：「誅無道，安天下，則亟有豐孰之年，陰陽和也。」與傳「和衆豐財」義合。杜又云：「此三、六之數，與今《詩・頌》篇次不同。蓋楚樂歌之次第。」疏云：「杜以其三、其六與今《詩・頌》篇次不同，故爲疑詞。蓋楚樂歌之次第，言楚之樂人歌《周頌》者，別爲次第。劉炫以爲其三、其六者，是楚子第三引詩『鋪時繹思』，第六引『綏萬邦』。今删定知非者，此傳若是舊文及傳家叙事，容可言楚子第三引『鋪時繹思』，第六引『綏萬邦』。此既引楚子之言，明知先有三、六之語，故楚子引之，得有『其三』、『其六』。若楚子始第三引《詩》，第六引《詩》，豈得自言『其三曰』、『其六曰』？劉以『其三』、『其六』爲楚子引《詩》次第，以規杜過，何辟之甚！沈氏難云：『襄二十九年季札觀樂，篇次不同，杜云「仲尼未删定」；此亦不同，而云「楚樂歌之次」者，襄二十九年雖少有篇次不同，大略不甚乖越，故云「仲尼未删定」；以前此之三、六，全與《詩》次不同，❷故云「楚樂歌之第」。❸今《周頌》篇次，《桓》第八，《賚》第九也。』」按：疏駁炫說，是也。沈文阿亦難炫而從杜「楚樂歌」說。❹胡承珙《毛詩後箋》云：「杜謂『楚樂歌次第』，亦未必然。楚子明言『克商作《頌》』，自必用當時《周頌》之次。其與後世不同，不必推及未删定以前。即如《左》正義引沈氏難云：『今《周頌》篇次，《桓》第八，《賚》第九。』而《周頌・譜》疏所次，則《桓》在二十九，《賚》在三十，是六朝篇次又與鄭譜不同，況未經秦火時乎？所謂可與惋論難與精悉者也。」❺詳胡氏意，則三、六是當時《周頌》之次。洪亮吉云：「梁履繩謂：『此蓋未經孔子删定。』似爲得之。」

「夫武，禁暴、戢兵、保大、定功、安民、和衆、豐財者也。【疏證】杜注：「此武七德。」疏：「戢干戈，櫜弓矢，禁暴、戢兵也。時夏，保之，保大也。者

❶「字」上，原衍「詩」字，今據原稿删。

❷「全」，原脫，今據原稿補。

❸「第」上，原衍「次」字，今據原稿删。

❹「阿」，原作「何」，今據原稿改。

❺「謂」，原脫，今據《詩毛氏傳疏》卷二十七補。

定爾功，定功也。我徂求定，安民也。綏万邦，和衆也。屢豐年，豐財也。」

「故使子孫無忘其章。【疏證】杜注：「著之篇章，使子孫不忘。」疏：「謂子孫不忘上四篇之詩。必知然者，以文承『武王克商作頌』之後，文連四篇詩義。劉炫云：『能有七德，故子孫不忘章明功業。』横取下文『京觀』爲無忘其章明武功，以規杜過，非也。」按：「無忘其章」即《詩》「不愆不忘，率由舊章」義。炫謂「章明功業」是也，原不謂京觀武功，疏駁非。邵瑛云：「詳玩上下文義，光伯解義自確。」

「今我使二國暴骨，暴矣；觀兵以威諸侯，兵不戢矣。【疏證】暴骨，謂京觀。《釋文》：「本或作『曝』。」與下「暴」別。

「暴而不戢，安能保大？猶有晉在，焉得定功？

「所違民欲猶多，民何安焉？

「無德而强争諸侯，何以和衆？

「利人之幾，而安人之亂，以爲己榮，何以豐財？【疏證】《釋詁》：「幾，危也。」杜注：「兵動則年荒。」

「武有七德，我無一焉，何以示子孫？

「其爲先君宫，告成事而已。【疏證】杜注：「祀先君，告戰勝。」疏云：「《禮記・曾子問》『古者師行，必以遷廟主行，載於齊車，言必有尊也』。『爲先君宫』，爲此遷主作宫，於此祀之。《禮・大傳》記云『牧之野，武王之大事也』，既事而『奠於牧室』，亦是新作室而奠祭也。」據疏説，則楚以遷廟主行。諸侯五廟，若用《左氏》兄弟異昭穆義，當莊王得祀武王、文王、堵敖、成王、穆王。其蚡冒以上已在遷主之列。疏别引《曾子問》無遷主奉祖禰，義未合。

「武非吾功也。

「古者明王伐不敬，取其鯨鯢而封之，以爲大戮，【注】大魚，喻不義吞食小國。《御覽》三百三十五。【疏證】杜注：「鯨鯢，大魚名，以喻不義之人吞食小國。」與《御覽》所引小異。《御覽》引注不出「鯨鯢」字，與杜注在「以懲淫慝」下不同，故定爲舊注。

《説文》：「鱷，海大魚也。《春秋傳》曰：『取其鱷鯢。』或從京。」則賈君本作「鱷鯢」，與今本異。《漢書·薛宣傳》曰：❶「古者明王伐不敬，取其鱷鯢。」小顔云：「鱷，古鯨字。」《王莽傳》：「莽下詔曰：『古者伐不敬，取其鱷鯢築武軍，封以爲大戮。』」字亦作「鱷」。《淮南·覽冥訓》：「鯨魚死而彗星出。」注：「鯨魚，大魚。長數里，死於海邊。」《衆經音義》引許慎《淮南子》注：「鯨，魚之王也。」與高注義同。疑《淮南書》作「鱷魚」，高、許注皆後人所改矣。《五經文字》並收鱷、鯨二字，❷注云：「同。」《廣雅·釋魚》：「魶，鯢也。」本疏引裴淵《廣州記》：「鯨鯢，長百尺。雄曰鯨，雌曰鯢。」《北周書·庾信傳》：「《哀江南賦》：『大則有鯨有鯢，小則爲梟爲獍。』」皆用許君「大魚」訓。杜注：「鯨鯢，大魚名，以喻不義之人吞食小國。」《御覽》三百三十五引注：「大魚，喻不義吞食小國。」與杜注小異，或是舊注。❸《翟義傳》注：「師古曰：『鱷鯢，大魚爲害者也。』以比敵人之勇桀者。』」與杜注義又不同。《荀子·王霸篇》：「身死國亡，爲天下大戮。」❹注引此傳「大戮」爲證，則鯨鯢喻不義之人，通君臣言之，非盡忠死綏之比。小顔「勇桀」義，非。

「於是乎有京觀，以懲淫慝。【疏證】杜無注。《翟義傳》注：「師古曰：『懲，創人也。❺慝，惡也。』」

「今罪無所，

「而民皆盡忠以死君命，

「又可以爲京觀乎？」【疏證】通行本「可」作「何」，從宋本。洪亮吉云：「可與何通，《説文》『誰何』之何，本單作可，其从人者，則爲『儋何』之何。此傳可字，當訓作何。諸本竟改爲何，又誤。」《校勘記》云：「石經無觀字，後旁增。《爾雅》疏引亦脱。」案：京觀可省言京，見上疏證。「又可以爲京乎」，或是古本如此，宋本有「觀」字。

祀于河，【疏證】謂祀衡雍之河。

作先君宮，告成事而還。

❶「薛宣」，當作「翟義」。下「王莽」，亦當作「翟義」。

❷「鯨」，原作「鯢」，今據《五經文字》卷上改。

❸「是」，原作「楚」，今據原稿改。

❹「戮」下，原衍「辱也」二字，今據《荀子》卷七删。

❺「人」，《漢書·翟義傳》作「乂」。

是役也，鄭石制實入楚師，【注】入楚師，❶使楚師來入鄭。本疏。【疏證】杜無注。疏引服説，又云：「此石制引楚師入鄭。」按：疏未得服意，服謂石制入楚師，言其國可圖，故云「使楚師來入鄭」，楚師未興而謀已泄。

將以分鄭，而立公子魚臣。【疏證】本疏：「將分鄭國，以半與楚，取半立公子魚臣爲鄭君。」

卒未，鄭殺僕叔及子服。【疏證】杜注：「僕叔，魚臣也。子服，石制也。」王念孫《周秦名字解詁》：「制、製古字通。襄公三十一年《左傳》『子有美錦，不使人學製焉』，定公九年『晳幘而衣貍製』，哀公二十七年『成子衣製杖戈』。然則，製，衣服之通稱也。」❷

君子曰：「史佚所謂『毋怙亂』者，謂是類也。【疏證】《釋言》：❸「怙，恃也。」杜注：「言恃人之亂以要利。」

「《詩》云：『亂離瘼矣，爰其適歸？』歸於怙亂者也夫！」【疏證】引《詩·小雅·四月》文，傳：「離，憂。瘼，病。適，之也。」箋：「爰，曰也。今政亂，國將有憂病者矣。曰此禍其所之歸乎？言憂病之禍必自之歸於亂。」疏：「宣十二年《左傳》引此詩乃云『歸于怙亂者也』，是之歸於亂也。」據彼疏説，鄭君箋詩，即用傳歸於怙亂義。疏引傳脱「夫」字。杜注訓「爰」爲「於」，又云：「言禍亂憂病，於何所歸乎？」與傳、箋義皆不合。

鄭伯、許男如楚。

秋，晉師歸，桓子請死，【疏證】《晉世家》：「林父曰：『臣爲督將，軍敗當誅。請死。』」本疏：「《檀弓》云：『謀人之軍，師敗則死之。謀人之邦，邑危則亡之。』今桓子將軍，師敗，故請死。」

晉侯欲許之，

士貞子諫曰：「不可。【疏證】杜注：「貞子，士渥濁。」《説苑·尊賢》作「士貞伯」，與成五年傳合。《晉世家》作隋會之辭，史公采異説也。

「城濮之役，晉師三日穀，【疏證】事見僖

❶「入」上，疑當有「服云」二字。
❷原稿眉批：王説或刪。
❸「釋言」，原爲空格，今據《爾雅》卷上補。

二十八年傳，❶夏四月事也。彼傳云：「晉師三日館穀，及癸酉而還。」

「文公猶有憂色。左右曰：『有喜而憂，如有憂而喜乎？』

「公曰：『得臣猶在，憂未歇也。【疏證】杜注：「歇，盡也。」

「『困獸猶鬭，況國相乎！』【疏證】《淮南·齊俗訓》：「獸窮則牟。」時子玉爲令尹，故云國相。晉文憂子玉之詞，僖二十八年傳未及，此傳互補。

「及楚殺子玉，公喜而後可知也，曰：『莫予毒也已。』【疏證】僖二十八年傳：「得臣及連穀而死。晉侯聞之而後喜可知也，曰：『莫予毒也已。』」文句略同，已釋於彼傳。惟文十年傳謂子玉自殺，此稱楚殺子玉者，僖傳謂楚成止子玉之入，雖自殺，意由楚成也。《晉世家》：「昔文公之與楚戰城濮，成王歸，殺子玉，文公乃喜。」

「是晉再克而楚再敗也，楚是以再世不競。【疏證】杜注：「成王至穆王。」

「今天或者大警晉也，【疏證】杜注：「警，戒也。」

「而又殺林父以重楚勝，其無乃久不競乎？【疏證】殺林父則楚如再勝。《晉世家》：「今楚已敗我師，又誅其將，是助楚殺仇也。」

「林父之事君也，進思盡忠，退思補過，【疏證】杜無注。洪亮吉云：「《孝經》有此二言，當屬古語。」按：二語見《事君章》，鄭注已佚。《聖治章》「進退可度」，《釋文》引鄭注：「難進而盡忠，易退以補過。」蓋以進思爲服官時，退思爲致政時。其注《事君章》，注義當亦如此。彼疏引韋注云：「進見於君，則思盡其忠節；退居私室，則思補其身過。」與鄭君言進退異。本疏引孔安國説與韋義同，則韋注用隋人僞古文本也。疏又云：「或當以此二句，據臣心爲文。文既據臣，君在其上。施之於君則稱進，内省其身則稱退。盡忠者，盡己之心，以進獻於君；補過者，内脩己心，以補君愆失。故以盡忠爲進，補過爲退耳，非謂進見與退還也。」疏駁孔説，然以補過爲補君之

❶「傳」，原脱，今據原稿補。

過，義亦迂曲，當從鄭君說。

「社稷之衛也，若之何殺之？

「夫其敗也，如日月之食焉，何損於明？」【疏證】《論語·季氏》篇：❶「子貢曰：『君子之過也，如日月之食焉。過也，人皆見之；更也，人皆仰之。』」皆仰即「何損於明」義。

晉侯使復其位。

冬，楚子伐蕭，

宋華椒以蔡人救蕭。【疏證】《讀本》云：「蕭，宋附庸國。」程公說云：「閱子椒。」❷

蕭人囚熊相宜僚及公子丙。【疏證】梁履繩云：「案：哀十六年，有熊宜僚，彼以熊爲氏。此熊相是氏，特名同耳。昭廿五年，熊相禖即其後。」

王曰：「勿殺，吾退。」蕭人殺之。

王怒，遂圍蕭。蕭潰。【疏證】本疏：「實未潰，史以實王之意，故言潰。知者，下云『明日蕭潰』是也。」顧炎武云：「此處疑衍。若此言『蕭潰』，下便不得言『遂傅於蕭』也。」洪亮吉云：「顧說是也，正義殊屬曲說。」

申公巫臣曰：【疏證】《荀子·堯問篇》注：「巫臣，楚申邑大夫也。」梁履繩云：「巫臣即屈巫，見成二年。巫字子靈，見襄二十六年。」

「師人多寒。」王巡三軍，拊而勉之，【疏證】《文選·馬汧督誄》注引傳「拊」作「撫」。《說文》：「拊，循也。撫，安也。」杜注：「拊，撫慰勉之。」

三軍之士皆如挾纊。【疏證】《說文》：「纊，絮也。《春秋傳》曰『皆如纊』。❸或從光作『絖』。」「纊，絮」，當是賈訓。洪亮吉云：「《水經注》引作『皆同挾纊』。杜注：『纊，綿也。』本《三倉》。」按：絮、綿皆繭之通稱，《玉藻》「纊爲繭」，❹注：「纊，新綿也。」《淮南·繆稱訓》「小人在上位，如寢關曝纊」，注：「纊，繭也。曝繭，蛹動摇不休，死乃止也。」《淮南》「曝纊」又一義，謂繭之未析爲絮者，繭絮，今謂之絲綿。

---

❶「季氏」，當作「子張」。

❷原稿眉批：酌。

❸「如」下，《說文解字》卷十三上有「挾」字。

❹「爲」，原作「如」，今據原稿改。

遂傅於蕭。【疏證】杜無注。沈欽韓云：「傅，肉薄圍之也。《墨子·備蛾傳》篇：『禽子曰：「敢問適人强弱，遂以傅城，後上先斷，以爲湉程，斬城爲基，❶掘下爲室，前止不止，後射既疾，爲之奈何！」』此傅城之事也。蛾同蟻，湉蓋法訛。《孫子·謀攻》篇：『將不勝其忿而蟻附之。』」

還無社與司馬卯言，號申叔展。【疏證】還無社，❷蕭大夫。司馬卯、申叔展，皆楚大夫也。無社素識叔展，故因卯呼之。《釋文》：「號，呼也。」

叔展曰：「有麥麴乎？」曰：「無。」「有山鞠窮乎？」曰：「無。」【注】賈云：「麥麴、鞠窮，所以禦濕。」本疏。【疏證】錢大昕云：❸「《説文》『营藭』，即鞠窮之異文。」《釋文》：「鞠，起弓反。」則鞠有芎音，營、芎疊韻字。杜注：「麥麴、鞠窮，所以禦濕。欲使無社逃泥水中，無社不解，故曰無。軍中不敢正言，故謬語。」本疏：「『麥麴、鞠窮，所以禦濕』，賈逵有此言，則相傳爲此説也。」《御覽》九百九十引注與杜注同，無「無社不解」以下，則杜注「欲使無社逃泥水中」，疑亦用賈注也。賈君但謂「麥麴、鞠窮，禦濕」，未言二者是何藥品。本疏云：「《尚書·説命》『若作酒醴，爾惟麴糵』，則麥麴，作酒之物。《本草》有芎藭者，是藥草之名。」説殊牱略。李貽德云：「麴，《説文》作『籟』，云：『酒母也。』鞠或從麥，鞠省聲。』故經傳皆作麴。麥麴即餅麴，説文𥹔、𥻖、麲皆云餅籟，蓋以麥堅築之成籟。《釋名·釋飲食》：『麴，朽也，鬱之使生衣朽敗也。』鞠、窮雙聲。❹《爾雅》『鞠、究，窮』是也。《説文》：『营藭，香草也。司馬相如説营從弓。』营與鞠一聲之轉。」❺沈欽韓云：「《本草》：『麴止痢，芎窮一名山鞠窮，此藥行上，專治頭腦之疾，並禦濕氣。出四川者爲川芎。』」李、沈説「麥麴、鞠窮」，視疏説爲詳。沈引《本草》得證賈氏「禦濕」之義，痢亦濕疾也。賈注「禦濕」之説，當本漢人醫經。今藥品神麯之麯，即麴。南方卑濕，每焚川芎，禦止其氣，醫人治濕亦用之，則賈君説爲可

❶「城」，原作「程」，今據《春秋左氏傳地名補注》卷五改。
❷「還」上，疑當有「杜注」二字。
❸「大昕」，原爲空格，今據《潛研堂文集》卷十一補。
❹「鞠」上，原衍「濕」字，今據《春秋左氏傳賈服註輯述》卷九删。
❺原稿眉批：俞説不采。

信矣。焦循云：「《神農本草》有芎藭，麥麴不見《神農本經》。二物皆不禦濕，《證類本草》引《春秋》注云：『山芎藭，能去卑濕風氣。』此不知何人之注。卑即指痛痺，以痺由於溼，故連云痺溼。杜當本此，而刪去『痺』字。若麥麴，則并不治痺，於禦濕尤無謂矣。梁簡文《勸醫論》云：『胡麻、鹿藿，纔救頭痛之痾；❶麥麴、芎藭，反止河魚之疾。』胡麻、鹿藿未詳所本。麥麴、芎藭正指《左氏》所言，出醫經藥性之外，故云反止。反之云者，本不止此疾也。然簡文所據，即由杜注，而千百年來，實無以麥麯、芎藭治濕者，則叔展之隱語，果如杜所測乎？蓋叔展取於聲音假借，非取義於藥性。還無社號叔展，欲其免己。叔展曰：『有麥麴乎？』麥者，霾也。麯者，曲也。欲其隱霾而局曲也。無社曰無者，言無處藏也，非不解也。叔展曰：『有山鞠窮乎？』鞠窮言曲躬，❷仍麥霾、麴曲之義，謂其宜藏匿曲蹙於山中。無社仍曰『無』者，言山中無處可藏也，亦非不解也。麥麴、鞠窮喻其屈身藏匿，庾其辭於藥疾之中，本非言藥、言疾。杜氏望文生意。」按：焦說甚新異，然又引《名醫別録》「麴，❸温，消穀止利」，則麥麴爲禦濕之藥已明，不得以《神農經》未載爲疑矣。考《證類本草》，宋人所編，金人宇文虛中跋稱，於經史諸書中，得藥名、方論，集爲此書。其所引《春秋傳》注，又與賈、杜注異，則所引注或是古注。《神農本草》亦云：「芎藭主寒痺，筋牽緩急。」與古注合。焦氏謂麥麴、鞠窮不治濕，非也。叔展欲無社逃於泥水，其稱藥名已是隱語，若再以藥名寓隱霾曲局之義，轉嫌迂曲。詳簡文《醫論》。蓋六朝人說麥麴、芎藭已與賈君異，簡文并非用杜說。

「河魚腹疾奈何？」【疏證】奈，石經作「柰」，從宋本。杜注：「叔展言無禦濕藥，將病。」尋杜意，謂無社兩答「無」未解叔展意，故叔展再以河魚腹疾喻入水也。❹入水又防濕疾，故以禦濕無藥爲疑。疏云：「如似河中之魚，久在水内，則生腹疾。無此二物，其奈濕何？」汪瑜云：「孔疏殊未明晰，河魚腹疾，言如河魚之腹大也。《内經·本神篇》云：『脾氣實則腹脹。』故以麥麴化水消滯，❺芎藭升清散鬱。」按：汪說是也。河魚腹疾，蓋當時有此疾

❶「纔救」，原爲空格，今據原稿補。
❷「躬」，原作「折」，今據原稿改。
❸「別録」，原脱，今據原稿補。
❹「疾」，原作「病」，今據原稿改。
❺「消」上，原衍「清」字，今據原稿删。

名，猶今蘊濕中滿也。❶焦循云：「謂山中無處藏，❷可曲蹙於水也。」傳文無「曲蹙」意，焦説非。沈欽韓云：「以上所謂隱語也。《藝文志》『雜賦家』有《隱書》十六篇，《列女傳》『臧文仲拘于齊，使人遺公書，恐得其書，乃謬其詞』，亦《六韜》所云《陰書》也。」

曰：「目於眢井而拯之。」【疏證】《釋文》：「眢井，廢井也。」當是《左氏》舊注。杜氏謂「使叔展視虛廢井而拯之」，亦用舊説。《廣雅·釋詁》：「蔫、菸、痿，葾也。」王念孫云：「《玉篇》：『葾，敗也，萎葾也。』《説文》：『眢，目無明也。』宣十二年《左傳》『目於眢井而拯之』，《釋文》云：『眢，井無水也。』《唐風·山有樞》篇『宛其死矣』，毛傳云：『宛，死貌。』義與『葾』並相通。」按：「眢，井無水也」，是《釋文》引《字林》語，傳借目無明義當廢井，今人猶況井爲泉眼。杜注：「出溺爲拯。」洪亮吉云：「《方言》：『出休爲抍。』休與溺、抍與拯，古字並通。」沈欽韓云：「《元和志》：『眢井在徐州蕭縣北二百步。』」

「若爲茅絰，哭井則己。」【疏證】杜注：「叔展又教結茅以表井，須哭乃應以爲信。」疏云：「此亦叔展之言也。無社既解其意，令展視井拯己，但廢井必多，不可知處。故教無社令結茅爲絰，置於井上，又恐無社錯應他人，更教之云若號哭向井，則是我之己身。己，叔展自謂也。」詳杜注「須哭爲信」，則杜讀與疏説異。《釋文》：「己音紀，舊音已。」

明日，蕭潰。申叔視其井，則茅絰存焉，號而出之。【疏證】杜注：「號，哭也。傳言蕭人無守心。」

晉原穀、宋華椒、衛孔達、曹人同盟于清丘。【疏證】杜注：「原穀，先穀。」疏云：「上文稱爲彘子，服虔以爲食采於彘。今復稱原，原其上世所食也。於時趙氏有原同，蓋分原邑而共食之者也。」

曰：「恤病討貳。」於是卿不書，不實其言也。【疏證】杜注：「宋伐陳，衛救之，不討貳也。❸楚伐宋，晉不救，不恤病也。」《讀本》：「『不實其言』者，今年宋以陳貳討之，而衛救陳，則衛言不實。明年楚爲陳伐

❶ 原稿眉批：俞説不采。

❷ 「中」，原脱，今據原稿補。

❸ 「也」，原脱，今據原稿補。

宋，而晉不救，則晉不實。」按：晉、衛不實其言，故經書人。經不書宋卿者，與晉、衛同辭。十三年傳：「清丘之盟，惟宋可以免焉。」則《左氏》說宋卿書人非貶。

宋爲盟故，伐陳。**【疏證】**杜注：「陳貳於楚故。」

衛人救之。孔達曰：「先君有約言焉。若大國討，我則死之。」**【疏證】**杜注：「衛成公與陳共公有舊好，故孔達欲背盟救陳，而以死謝晉。」

**【經】**十有三年，春，齊師伐莒。**【疏證】**《公羊》「莒」曰「衛」。毛奇齡云：「伐莒有前事，伐衛則不知何事，不可考。」趙坦云：「莒與衛，古音部不通，《公羊》作衛，方音之轉。」

夏，楚子伐宋。

秋，螽。無傳。**【疏證】**《公羊》「螽」曰「蝝」。

冬，晉殺其大夫先縠。**【疏證】**《穀梁》「縠」曰「穀」。《釋文》云：「一本作穀。」

**【傳】**十三年，春，齊師伐莒，莒恃晉而不事齊故也。

夏，楚子伐宋，以其救蕭也。**【疏證】**十二年傳：「宋華椒以蔡人救蕭。」

君子曰：「清丘之盟，唯宋可以免焉。」**【疏證】**杜注：「宋討陳之貳，今宋見伐，晉、衛不顧盟以恤宋，而經同貶宋大夫，傳嫌華椒之罪累及其國，故曰『唯宋可免』。」邵寶云：「清丘，晉與宋、衛盟，既而衛背盟而救陳，晉背盟而不救宋，故曰『唯宋可免』，責晉、衛也。」按：邵說是也。上年清丘之盟，三國之卿皆書人，傳明宋華椒書人，非貶之故。杜謂「嫌華椒累及其國」，傳無其義。疏云：「盟之不信，惟椒身合貶。」更非。

秋，赤狄伐晉，及清，先縠召之也。**【疏證】**杜注：「清，一名清原。」清原，已釋於僖三十一年。《晉世家》：「先縠以首計而敗晉軍河上，恐誅，乃奔翟，與翟謀伐晉。」

冬，晉人討邲之敗與清之師，歸罪於先縠而殺之，盡滅其族。**【疏證】**邲之敗，見前年。《晉世家》：「晉覺，乃族縠。」

君子曰：「惡之來也，己則取之，其先穀之謂乎？」【疏證】此傳者引古語，證先穀之事，惡猶禍也。杜注：「晉滅其族，爲誅已甚。」疏云：「君子既嫌晉刑太過，又尤先穀自招。」按：傳無譏晉失刑義。

清丘之盟，晉以衛之救陳也，討焉。【疏證】《讀本》：「清丘盟言討貳，衛救陳爲不討貳。」按：討謂遣使責問救陳之罪，非加兵也。

使人弗去，【疏證】沈欽韓云：「晉使來責衛者，不肯去，欲得其要領也。」

曰：「罪無所歸，將加而師。」

孔達曰：「苟利社稷，請以我説。【疏證】以我説，猶言以我爲解也。《釋文》：「説如字，又音悦。」❶杜注：「欲自殺以説晉。」故陸有二音。

罪我之由。我則爲政，而亢大國之討，將以誰任，我則死之。」【疏證】王念孫云：「亢，當也。大國之討，謂晉討衛之救陳也。言我實掌衛國之政，而當晉之討，不得委罪於他人也。十二年，宋伐陳，衛孔達救陳，曰：『若大國討，我則死之。』是其證也。



杜注訓亢爲禦，以亢大國之討爲禦宋討陳，皆失之。」

【經】十有四年，春，衛殺其大夫孔達。

夏，五月，壬申，曹伯壽卒。無傳。【疏證】《年表》：「曹文公二十三年，薨。」《管蔡世家》：「曹文公壽卒，子宣公彊立。」索隱：「按《左傳》，宣公名廬。」

晉侯伐鄭。【疏證】《年表》：「晉景公五年，伐鄭。鄭襄公十年，晉伐我。」《晉世家》：「景公五年伐鄭，爲助楚故也。」《楚世家》：❷「莊王十年，晉來伐鄭，以其反晉而親楚也。」

秋，九月，楚子圍宋。【疏證】《年表》：「楚莊王十九年，圍宋，爲殺使者。衛穆公十六年，❸殺楚使者，楚圍我。」

葬曹文公。無傳。【疏證】

冬，公孫歸父會齊侯于穀。

❶「悦」，原作「説」，今據《經典釋文》卷十七改。
❷「楚世家莊王」，當作「鄭世家襄公」。
❸「衛穆」，《史記·十二諸侯年表》作「宋文」。

【傳】十四年，春，孔達縊而死。

衛人以說于晉而免。【疏證】杜注：「以殺告。」

遂告於諸侯，曰：「寡君有不令之臣達，構我敝邑於大國。【疏證】構，諸本作「搆」。嚴可均《石經校文》云：「搆，磨改作『構』，岳本作『構』。」❶

既伏其罪矣，敢告。」

衛人以爲成勞，【疏證】杜以「成勞」爲「平國之功」。疏云：「《釋詁》以『平』爲『成』，則『成』亦『平』也。」馬宗璉云：「《戴記》正義云：『《左傳》孔達無相衛成公復國之事。』璉案：孔悝《鼎銘》云：『叔舅，乃祖莊叔，左右成公。成公乃命莊叔隨難於漢陽，即宮於宗周，奔走無射。』鄭注：『莊叔，悝七世之祖，衛大夫孔達也。』據鼎銘，是孔達實有佐成公復國之勞。故衛人雖告其背盟之罪于諸侯，而復使其子得閭敖爲卿。❷ 杜注『平國之功』，未詳佐成之事。夫亢大國之仇，豈反以爲功乎？」按：馬說是也。成勞，猶言佐成公而有勞。

復室其子，【疏證】杜注謂「以女妻之」，疏云：「言衛侯以女妻之也。劉炫以爲傳文無衛侯之女爲孔達之妻，『復室其子』，謂復以室家還其子。謂達既被誅，家當没入官，復以孔達財物家室還其子。今知非者，孔達忠於衛國，本實無罪，何得没其家貲？」疏蓋駁炫《規過》說。惠棟云：「《周禮・司勳》云：『事功曰勞。』室，禄也。《周書》有『一室之禄』，謂禄其子，襲父位，自一室至千室，卿之禄也。《周禮》謂之宅田。注謂『以女妻之』，非是。《世本》曰：『莊叔達生得閭叔穀，穀生成叔烝鉏，鉏生項叔羅，❸羅生昭叔起，起生文叔圉，圉生悝。』其子，謂得閭叔穀也。」沈欽韓云：「《喪服》公卿大夫之貴臣曰室老，襄十七年傳『華臣弱皐比之室』，是卿大夫之家爲室也。」邵瑛云：「孔達絶不見爲成公壻之文，光伯説得之。《楚語》『夔及儀父施二帥，而分其室』，韋注：『室，家資也。』是也。」右三說，皆得炫義。朱駿聲云：「復，還也。」

使復其位。

❶ 眉批：構，詁。

❷ 「子」，原脱，今據原稿補。「敖」，《皇清經解》卷一千二百七十八《春秋左傳補注》作「叔穀」。

❸ 「鉏」上，原衍「蒸」字，今據原稿删。

夏，晉侯伐鄭，爲邲故也。【疏證】杜注：「晉敗於邲，鄭遂屬楚。」

告於諸侯，蒐焉而還，

中行桓子之謀也。

曰：「示之以整，使謀而來。」

鄭人懼，使子張代子良于楚。【疏證】杜注：「子張，穆公孫。」高士奇云：「公孫黑肱，字子張，亦曰伯張，子印子。」十二年傳：「子良出質。」

鄭伯如楚，謀晉故也。

鄭以子良爲有禮，故召之。【疏證】杜注：「有讓國之舉。」

楚子使申舟聘於齊，【疏證】《吕覽·行論》篇「楚莊王使文無畏于齊」，注：「申舟，楚大夫。」《校勘記》云：「按，舟、周，古字通。」杜注：「申舟，無畏。」

曰：「無假道于宋。」【疏證】《淮南·主術訓》注：「不假道于宋。」

亦使公子馮聘于晉，不假道于鄭。【疏證】《讀本》：「楚不假道，志在伐宋，鄭籍爲兵端。」

申舟以孟諸之役惡宋，【疏證】文十年傳：「楚子田孟諸，宋公爲右孟。宋公違命，無畏抶其僕以徇。」《吕覽·行論》篇：「楚之會田也，故鞭君之僕。」

曰：「鄭昭宋聾，【疏證】馬融《尚書》注：「昭，明也。」《説苑》：「上無聞則謂之聾。」《説文》：「聾，無聞也。」與《説苑》訓合。《淮南·修務訓》「馬，聾蟲也」，注：「聾，無知也。」無聞則無知，二義相足。杜注：「聾，闇也。」與《淮南》高誘注合。洪亮吉謂「非義訓」，非也。申舟之意，謂鄭解事，宋不解事，故下云「晉使不害」也。疏云：「鄭昭言其目明，則宋不明也。宋聾言其耳闇，則鄭不闇也。耳目各舉一事而對以相反，言宋不解事，必殺我也。」傳謂昭聾相反，是。然傳不專主耳目言，亦不謂宋無目、鄭有耳，疏説太滯。

晉使不害，我則必死。」【疏證】《淮南·主術訓》注：「無畏曰：『宋必襲殺我。』」

王曰：「殺女，我伐之。」見犀而行。【疏證】《淮南·主術訓》注：「王曰：『殺女伐宋。』見犀而行。」杜注：「犀，申舟子。以子託王，示必死。」

及宋，宋人止之。

華元曰：「過我而不假道，鄙我也。鄙我，亡也。【疏證】杜注：「以我比其邊鄙，是與亡國同。」顧炎武云：「鄙我，猶輕我。」文淇案：顧説非也。《呂覽·行論》篇：「楚莊王使文無畏于齊，過于宋，不先假道。還反，華元言于宋昭公曰：『往不假道，來不假道，是以宋爲野鄙也。』」高注：「欲以宋爲鄙邑。」是也。杜解爲「邊鄙」，亦非。壽曾謂：顧氏用陸粲説，見傳遜《辨誤》。陸云：「鄙當作鄙薄之意，❶昭十六年傳『夫猶鄙我』，注云：『鄙，賤。』是也。」傳云：「此當從杜無疑，下云『亡也』可見。」傳又引《呂覽》，謂「與杜説同」。按：傳駁陸説極諦。《呂覽》「鄙野」義，與杜注「邊鄙」義異。傳氏謂與杜説同，非也。昭十七年傳「是晉之縣鄙也，何國之爲」，縣鄙即野鄙義，故高云「鄙邑」也。傳謂申舟往齊，宋即止之，《呂覽》謂「往不假道，來不假道」，是宋止申舟在聘齊還後，此別采異説。

「殺其使者，必伐我。伐我，亦亡也。亡一也。」乃殺之。【疏證】《淮南·主術訓》注：「『以兵殺其使者，亦亡也。』遂殺之。」《呂覽·行論》篇：❷「華元請誅之，乃殺文無畏於楊梁之隄。」《宋世家》：「文公十六年，楚使過宋，宋有前仇，執楚使。」

楚子聞之，投袂而起。【疏證】杜注：「投，振也。袂，袖也。」洪亮吉云：「《呂覽·行論》篇：『莊王方削袂，聞之曰：「嘻！」投袂而起。』孔檢討廣森云：『削，裁也。投袂，投其所削之袂也。』較杜注爲長。」案：因削袂而投袂，此《呂覽》異文，不與傳合。孔、洪取之，非。《後漢書·朱浮傳》：「浮上書曰：『昔楚、宋列國，俱爲諸侯。莊王以宋執其使，遂有投袂之師。』」「投袂」與傳同。《淮南·齊俗訓》：「楚莊王裾衣博袍，令行乎天下，遂霸諸侯。」注：「裾，裒也。衣，裾也。」衣袍裒博，臨事奮興，振袖而起，彼事情事如此。又《主術訓》云：「楚莊王傷文無畏之死於宋也，奮袂而起。」奮袂，即用傳「投袂」意，注亦云：「莊王聞之怒，故投袂而起。」

屨及於室皇，【疏證】《呂覽·行論》篇作「屨及諸庭」。《宋書·毛修之傳》：「修之表曰：『昔宋害申舟，楚莊有遺履之艱。』」則本亦作「履」也。《呂覽》注「室」

❶ 下「鄙」，原脱，今據原稿補。

❷ 「行」，原作「引」，今據原稿改。

作「絰」。惠棟云：「與莊十九年『絰皇』一也。」杜注：「窒皇，寢門闕。」疏云：「經傳通言兩觀爲闕，惟指雉門。名爲闕者，以其在門兩旁，而中央闕然爲道。雖則小門，亦如此耳。故杜於寢門、冢門，皆以闕言之。此作窒，彼作絰，字異音同。」疏不知古本作「絰皇」，然生人之居，未必襲墓闕之名。《吕覽》高注承寫之誤，杜注承高注而誤也。兩觀相距遠，不得以門之中央爲例。疏説太迂曲。沈欽韓云：「窒皇，蓋堂塗之名。寢門之間，安得有闕？杜謬也。」武億云：「窒，古作『室』，見《漢韓敕碑後》『庫窒中』，即是。窒皇即室皇，亦猶《漢書》『坐堂皇上』，師古曰：『室無四壁曰皇。』是也。據楚子當時聞申舟被殺，必在路寢之室，投袂而起，故屨及於室之皇。《吕氏春秋》『屨及諸庭』，庭即室之皇也。杜解謬。」沈、武皆用《吕覽》説，以窒皇爲庭。沈氏謂寢門無闕，尤諦矣。《梁書·皇后傳》：「高祖丁貴嬪薨，張纘爲哀策文，曰：『遺備物於營寢，掩重闈於窒皇。』」❶此亦窒皇爲寢庭之證。洪亮吉云：「窒皇至蒲胥之市，皆由近至遠，則窒皇在寢門左近可知。《爾雅·釋言》：『窒，塞也。』《釋詁》：『隍，虚也。』皇、隍同。是窒皇蓋即今之擁道，上實中虚，今乾清門陛下擁道亦然，莊公十九年『絰皇』同。蓋絰皇之在墓上，即隧道、羨道也。正義云：『絰皇當是寢門闕。』言寢門近之，言闕非也。」洪氏知杜「寢門闕」之謬，而釋「窒皇」爲實虚，比于隧道、羨道，則仍用杜説，非。《釋文》：「窒皇，門闕也。」亦以杜説不安，改之。或是舊説，但「門闕」之訓，經典無他證，俟考。

**劍及於寢門之外，**【疏證】此寢庭外之門也。**車及於蒲胥之市。**【注】舊注：「怒也。」《御覽》三百四十二。【疏證】惠棟云：「《吕覽》作『蒲蔬之市』，❷胥、蔬古字通。」沈欽韓云：「《御覽》一百九十一引《郡國志》：『郢城内有市，名蒲胥，故南蠻校尉府也。』《一統志》在荆州府江陵縣北郢城内。」舊注統釋此上三句也。邵寶云：「寢門之外，遠於窒皇。蒲胥之市，遠於寢門之外。屨人進屨，追而及於窒皇，❸前此未及屨也。劍人進劍，追而及於寢門之外，前此未及劍也。車人駕車，追而及於蒲胥之市，前此未及車也。蓋興師之速如

❶「闈」，原作「闕」，今據原稿改。
❷「蔬」，原作「胥」，今據下文改。《皇清經解》卷三百五十四《春秋左傳補註》作「疏」。
❸「而」，原脱，今據原稿補。

此。」桂馥云：「及者，追而及之也。楚子未納屨，未帶劍，未乘車，急遽而走，左右奉屨，追及于窒皇；奉劍，追及於寢門；御者駕車，而追及于蒲胥之市。此猶宋武帝往西州幸徐羨之宅，便步出西掖門。羽儀絡繹追隨，已出西關矣。」

秋，九月，楚子圍宋。【疏證】《呂覽·行論》篇：「遂舍于郊，興師圍宋。」《楚世家》：「莊王二十年，圍宋，以殺楚使也。」《宋世家》：「九月，楚莊王圍宋。」

冬，公孫歸父會齊侯于穀。【疏證】《讀本》：「歸父，仲遂子也。」

見晏桓子，與之言魯，樂。【疏證】杜注：「桓子，晏嬰父。」《寰宇記》：「齊州禹城縣有晏嬰城。」❶沈欽韓云：「《山東通志》：『晏城在齊河縣西北二十五里，晏嬰采邑。』」疏云：「樂謂樂居高位也。」

桓子告高宣子，【疏證】杜注：「宣子，高固。」

曰：「子家其亡乎，懷于魯矣。【疏證】杜注：「子家，歸父字。懷，思也。」

「懷必貪，貪必謀人，人亦謀己。❷一國謀之，何以不亡？」

孟獻子言於公，曰：「臣聞小國之免於大國也，

聘而獻物，【疏證】杜注：「物，玉帛皮幣也。」疏云：「《聘禮》：賓執圭以致命，享用束帛加璧。夫人聘用璋，享用玄纁束帛加琮。其享幣，又有皮馬。是聘所獻物有玉帛皮幣也。」又引劉炫云：「聘而獻物，謂獻其國內之物。」詳炫意，物指下文「庭實旅百」，與杜異。按：炫說是也。聘止用圭璋，疏兼享禮之皮幣者，以杜釋「庭實」爲饔餼，故獻物即以實事言。

「於是有庭實旅百。【疏證】杜注：「主人亦設籩豆百品，實於庭以答賓。」疏引《聘禮》「饔餼五牢」等事證之。又云「劉炫以爲皆是賓事」，以杜於此傳謂主人享賓禮也。又引炫說云：❸『於是所獻之物，庭中實之，

❶「齊」、「禹城」，原爲空格，今據《太平寰宇記》卷十九補。

❷「人」上，《春秋左傳正義》卷二十四有「謀人」二字。

❸「又」，原殘，今據原稿補。

有百品，謂聘享之禮，龜、金、竹、箭之屬有百品也。」炫以杜注莊二十二年『庭實旅百，奉之以玉帛』：『諸侯朝王，陳贄幣之象。』則此聘陳幣，亦實百品於庭，非謂主人也。」「炫以」已下疏推炫義如此，則疏亦知「庭實」非主人享賓矣。沈欽韓云：「按：《禮器》所云三牲、魚腊、籩豆之薦，皆謂諸侯助祭於天子所貢耳。庭實，車馬與皮也。旅百，所謂旅幣無方，各以其國所有也。此賓所以享主人者，非主人之享賓。杜預謂『主人亦設籩豆百品於庭，以答賓』，非獨《禮記》未見，并此傳上文『聘而獻物』，亦不曉其義。」邵瑛云：「傳論小國之免於大國，而言朝聘，自當以賓爲重。」按沈、邵説是也。沈雖駁杜説，然謂《禮器》所稱品物非指庭實，與炫説小異。按：炫引《禮器》龜、金、竹、箭之屬，鄭君注《覲禮》亦據之。《覲禮》云：「四享皆束帛加璧，庭實唯國所有。」此《覲禮》有庭實，即享禮也。鄭君注：「四當作三。」《聘禮》「賓裼奉束帛加璧享」，又云「庭實皮則攝之」。江永《釋例》云：「此聘畢行享也。」胡培翬云：「凡聘覲，皆行享禮。諸侯使人於諸侯，但一享。」據江、胡説，則聘禮有享，但殺於覲禮之享。炫謂聘享之禮，是也。但止據《覲禮》，未晰言之。沈氏引《郊特牲》「旅幣無方」，亦是覲禮，非聘禮。據《聘禮》，惟有皮幣，有言則加束帛。此言庭實旅百者，春秋聘享之節，不必合於周禮。或以大國之尊，禮有加隆，❶百言其多，不必有百品也。下「獻功」疏「成二年傳云『侯伯克敵，使大夫告慶之禮』」下云「據此文，則聘賓有庭實」，此是舊疏語，上非所承。蓋有奪佚，未知據何文爲説，餘已釋於莊二十二年。

**「朝而獻功，【疏證】**杜注：「獻其治國若征伐之功於牧伯。」疏云：「劉炫謂治國有功。」又別引炫説云：「朝而獻功，言治國有功，故土饒物産。」此當是《述義》語。據炫義，則功即通包下文「采章加貨」之事。疏又云：「劉炫云：『傳稱朝以正班爵之儀，率長幼之序，則不名獻功。成二年，王禮鞏伯，「如侯伯克敵，使大夫告慶之禮」，則侯伯克敵，衹合使大夫告王征伐之功，何故親朝獻牧伯？禮，小朝大，小國不合專征，復有何功可獻？』」疏又云：「襄八年，鄭伯親獻蔡捷於邢丘，獻征伐之功於牧伯也。劉以諸侯親朝無獻征伐之功，以規杜氏，違經背傳，於義非也。」疏再引炫説，皆《規過》之辭，其駁炫説之前，又云：

❶「隆」，原漫漶不清，今據原稿補。

「案成二年傳云：『侯伯克敵，使大夫告慶之禮。』又君無獻征伐之功，何以知獻功於牧伯？」則同炫説。蓋舊疏之辭，失删者也。然杜注有二義，本兼治國之功及征伐之功言，炫用其治國之義，規其征伐之説耳。邵瑛云：「按：據魯而言朝，如僖二十八年，公朝於王所；壬申，公朝於王所；成十三年三月，公如京師，此其正也。其次則如公如齊，自僖十年春至昭二十七年冬，凡十；又公如晉，自文三年冬至定三年春王正月，凡二十一。又其次則如楚，襄二十八年十有一月、昭七年三月，凡二，皆爲牧伯而朝也。車服文章，貨賂幣帛，無一非其土地之所出，未嘗不可見其治國之功。❶至征伐之功，則魯固小國，如襄十九年傳：『季武子以所得於齊之兵作林鍾，而銘魯功。臧武仲以爲非禮，且曰「計功則借人也」。』言借晉力也，則魯實無征伐之功可獻也。故莊三十一年六月，獻戎捷，乃齊桓耳；僖二十一年，使宜申來獻捷，乃楚成耳，非小國之所敢與也。」按：邵説是也。諸侯以征伐相告，經止書「獻捷」，不云「獻功」。疏所舉鄭獻蔡捷於齊，亦是獻捷。此傳獻子之意，在賄楚謀免。故舉朝聘禮用財之事，不合稱征伐獻功，所謂言各有當也。

## 「於是有容貌、采章，嘉淑而有加貨。

**【疏證】**杜注：「容貌，威儀容顔也。采章，車服文章也。嘉淑，令辭稱讚也。言往共，則來報亦備。」據杜「報備」義，則傳明主人報賓以禮。疏云：「炫謂采章、加貨，則聘享獻國所有，玄纁璣組，羽毛齒革，皆充衣服旌旗之飾，可以爲容貌、物采、文章。嘉淑謂美善之物，加貨言賄賂之多，皆賓所獻，亦庭實也。❷於聘總言庭實，於朝指其所有，詳於君、略於臣也。」此亦是引《述義》語，指此爲朝禮之庭實，以賓事言，與杜異。又云：「劉炫云：『按：此勸君行聘，惟當論聘之義深，不宜言主之禮備，豈慮楚不禮而言此也？君之威儀，無時可舍，豈待朝聘賓至，乃始審威儀、正顔色，無賓客則驕容儀？容儀非報賓之物，何言報禮備？』」此疏又引炫《規過》辭也。疏又云：「按莊二十二年傳『庭實旅百』，則朝者庭實。又『庭實旅百』與『容貌采章』相對，杜何知庭實、容貌之等，非是賓之所有，必爲主人之物？今知劉説非者，僖二十二年，『楚子入享於鄭，庭實旅百，加籩豆六品』。又昭五年，『燕有好貨，飧有陪鼎』。僖二十九年，『介盧葛來朝，禮之，加燕好』。此傳

❶「國」，原漫漶不清，今據原稿補。
❷「也」，原脱，今據原稿補。

云『嘉淑而有加貨』，故知加貨、庭實之等，皆是主人待賓之物。《禮》傳賓之於主，無『加貨』之文，故杜爲此解。劉苟進杜義，以爲『庭實旅百』及『容貌』、『采章』、『嘉淑』、『加貨』之等，並爲賓物。」按疏，「今知劉説非者」以上，皆主炫説。又加「案」字，則非炫説，容是舊疏之辭。其據莊傳，謂「朝有庭實」，可補朝禮之闕。疏駁炫説，皆主燕享禮，傳不謂燕享也。秦蕙田云：「『庭實旅百，容貌采章』，以上下文義求之，劉説爲長。疏家曲護杜氏，殊未安。」朱駿聲説同。

「謀其不免也。【疏證】本疏引劉炫云：「多獻賄賂，以謀其不免於罪也。」❶

「誅而薦賄，則無及也。【疏證】《釋訓》：❷「薦，進也。」杜注：「見責而往，則不足解罪。」

「今楚在宋，君其圖之。」公説。

【經】十有五年，春，公孫歸父會楚子于宋。

夏，五月，宋人及楚人平。【注】賈云：「稱人，衆辭，善其與衆同欲。」本疏。【疏證】《穀梁傳》：「人者，衆辭也。平稱衆，上下欲之也。」賈用《穀梁》義。杜注：「平者，總言二國和，故不書其人。」不用賈説。疏駁賈云：「然則彼不稱『人』者，豈惟國君欲平，而在下不欲平乎？」按：賈之取《穀梁》義者，以兩國平書人，❸唯見此經，疏駁非。❹

六月，癸卯，晉師滅赤狄潞氏，以潞子嬰兒歸。【疏證】李富孫云：「淳化本、足利本無『潞』，當爲脱誤。」惠棟云：「潞，《漢書》、《劉寬碑陰》作『路』，三體石經仍作『潞』，《説文》同。」杜注：「潞，赤狄之別種，氏，國，故稱氏。子，爵也。」沈欽韓云：「按：杜用《公羊》『州不若國，國不若氏』之語，疏謂其俗尚赤衣、白衣，故有赤、白，非也。赤狄、白狄，猶紀年之赤夷、白夷，今之花苗、紅苗，黑玀玀、白玀玀，各自其種類耳。《一統志》：『潞縣故城在潞安府潞城縣東北。』」沈謂杜用《公羊》

❶ 「免」，原脱，今據《春秋左傳正義》卷二十四補。
❷ 「訓」，當作「詁」。
❸ 「平」，原脱，今據原稿補。
❹ 眉批：核例。

「國不若氏」，是也。疏：『阼之士而命之氏』者，❶即以國名爲氏。單國不復成文，故以氏配之。潞氏、甲氏、皐落氏，皆是也。」疏不以書氏爲進狄，與杜異。此年，潞子始見經，《漢書·景武昭宣元成功臣表》：「昔《書》稱『蠻夷率服』，《詩》云『徐方既倈』，《春秋》列潞子之爵，許其慕諸夏也。」注：「應劭曰：『潞子離狄内附，《春秋》嘉之，稱其爵，列諸盟會也。』」文淇案：《公羊傳》「離於夷狄而未能合於中國」，❷解詁：「疾夷狄之俗而去離之，故曰子。」班、應似皆用《公羊》説。

秦人伐晉。無傳。【疏證】《年表》：「晉景公六年，秦伐我。」

王札子殺召伯、毛伯。【疏證】杜注：「王札子，王子札也。蓋經文倒札字。」疏云：「傳稱此人爲王子捷，捷、札一人。《公羊傳》曰：『王札子者何？長庶之號也。』何休云：『天子之庶兄也。』《左傳》言札爲王孫蘇所使，非是尊貴，不得爲王之庶兄。」此疏明《左氏》與《公羊》義異，「札子」文倒，杜亦意爲之説。三傳同辭異義者多矣。《古今人表》亦作王札子。杜注又云：「稱殺者名，兩下相殺之辭。」用《公羊》説。

秋，螽。無傳。【疏證】《公羊》「螽」曰「蝝」。

仲孫蔑會齊高固于無婁。【疏證】《公羊》「無」曰「牟」。杜注：「無婁，杞邑。」沈欽韓云：「無婁，即牟婁聲之轉也。」《彙纂》：「蓋即隱四年莒人伐杞所取之邑，此時已爲莒邑矣。杜注疑有誤。」

初税畝。【疏證】《年表》：「魯宣公十五年，初税畝。」《食貨志》：「故魯宣公初税畝，《春秋》譏焉。」此譏義，三傳所同。注孟康引《穀梁》「履畝」，非《左氏》義。杜注：「公田之法，十取其一。今又履其餘畝，復十收其一。故哀公曰：『二，吾猶不足。』遂以爲常，故曰初。」是初税十二，自宣公始也。傳稱「穀不過藉」，《公羊傳》：「古者什一而藉，什一者，天下之中正也。多乎什一，大桀小桀。寡乎什一，大貉小貉。什一者，天下之中正也。什一行，而頌聲作矣。」《穀梁傳》亦云：「古者什一，藉而不税。」二傳皆謂什一而藉，傳但稱藉，則亦是什一，與二傳同。什一爲税正法，而《載師》云：「凡任地，近郊十一，遠郊二十而

❶「氏」，原作「士」，今據原稿改。
❷「離」，原作「雜」，今據原稿改。下一「離」字同。

三，甸、稍、縣、都皆無過十二。❶漆林之征，二十有五者。」本疏云：「王畿之内所供多，故賦税重。諸書所言十一，皆謂畿外之國。」據疏説，則自王畿以外皆什一矣。杜此注不詳授田之法，其傳注云：「周法，民耕百畝，公田十畝，借民力而治之，税不過此。」則據傳「穀不過藉」爲説。其云「民耕百畝，公田十畝」，是别十畝於百畝之外。《孟子》云：「夏后氏五十而貢，殷人七十而助，周人百畝而徹，其實皆什一也。徹者，徹也。助者，藉也。」傳明周田制，當云「徹」而云「藉」者，即《孟子》貢、助、徹皆什一之説所出，則傳謂用助法矣。《孟子》趙注云：「民耕五十畝，貢上五畝。耕七十畝者，以七畝助公家。耕百畝者，徹取十畝以爲賦。雖異名而多少同，故曰皆什一也。」趙氏釋「助」爲七十畝之助法。三傳之「藉」，則是百畝之助法，以趙氏説助義近之於徹，是每夫授田百畝，在百畝内徹十畝爲公田也。本疏云：「《孟子》曰：『方里而井，井九百畝，其中爲公田。八家皆私百畝，同養公田。公事畢，然後敢治私事。』《漢書·食貨志》取彼意而爲之文，云：『井田方一里，是爲九夫。八家共之，各授私田百畝，公田十畝，是爲八百八十畝，❷餘二十畝爲廬舍。』諸儒多用彼爲説。如彼所言，則家别一百一十畝，是爲十外税一也。鄭玄《詩》箋云『井税一夫，其田百畝』，則九而税一，其意異於《漢書》，不以《志》爲説也。」疏謂《漢志》取《孟子》之説，諸儒多用爲説，則《左氏》舊説皆謂每夫授田一百一十畝，與趙注「每夫百畝」説異。《孝經》疏引劉熙《孟子》注云：「家耕百畝徹取十畝以爲賦也。」亦同趙注義，與《漢志》不合。疏引鄭君箋，見《甫田篇》，箋云：「九夫爲井，井税一夫，其田百畝。井十爲通，通税十夫，其田千畝。通十爲成，成方十里，成税百夫，其田萬畝。」疏云：「周制有貢有助。助者，九夫而税一夫之田。貢者，什一而貢一夫之穀。通之二十夫而税二夫，是爲什中税一也。故《冬官·匠人》注廣引經傳而論之，云：『周制，畿内用夏之貢法，税夫，無公田。邦國用殷之助法，制公田，❸不税夫。貢者自治其所受田，貢其税穀。助者借民之力以治公田，又使收斂焉。諸侯謂之徹者，通其率以什一爲正。《孟子》云：「野，九夫而税一；國中，什一。」是邦國亦異外内之法耳。』是鄭解通率爲什一之事也。《孟子》又云：『方里而井』云云，是説助



❶「甸」，原脱，今據《周禮注疏》卷十三補。

❷「爲」，原脱，今據原稿補。

❸「制」，原爲空格，今據原稿補。

法。井别一夫，以入公也。云『别野人』者，别野人之法，使與國中不同也。助法既言百畝爲公田，則使自賦者，明是自治其田，貢其税穀也。助則九而助一，貢則什一而貢一，通率爲什一也。如鄭之言，邦國亦異外内，則諸侯郊内貢、郊外助矣。而鄭正言畿内用貢法、邦國用助法，❶以爲諸侯皆助者，以諸侯郊内之地少、郊外助者多，故以邦國爲助，對畿内之貢爲異外内也。史傳述助、貢之法，惟《孟子》爲明。鄭據其言，以什一而徹爲通外内之率，理則然者。而《食貨志》云云，其言取《孟子》爲説，而失其本旨。班固既有此言，由是群儒遂謬。何休之注《公羊》、范甯之注《穀梁》、趙岐之注《孟子》、宋均之述《樂緯》，咸以爲然，皆義異於鄭，理不可通。何則？言井九百畝，其中爲公田，則中央百畝共爲公田，❷不得家取十畝也。又言八家皆私百畝，則百畝皆屬公矣，何得復以二十畝爲廬舍也？言同養公田，是八家共理公事，何得家分十畝自治之也。若家取十畝，各自治之，安得謂之同養也？若二十畝爲廬舍，則家二畝半亦入私矣，則家别私有百二畝半，❸何得爲八家皆私百畝也？此皆諸儒之謬。鄭於《匠人》注云：『野，九夫而税一。』此箋云：『井税一夫，其田百畝。』是鄭意無别公田十畝及二畝半爲廬舍之事。俗以鄭説同於諸儒，是又失鄭旨矣。」詳《詩》疏論畿内邦國税民之異，甚諦，亦與鄭君義合。本疏據《匠人》鄭君注，通其率以十一爲正義。謂言郭内郭外相通，其率爲十税一也。杜今直云「十取其一」，則又異於鄭，與《詩》疏説鄭義同，蓋以杜不别郭外、内爲疏也。魯是邦國，則郊外用殷之助法，故傳云「穀不過藉」也。三代税民制異，井田未改，助之異於徹者，助是通力合作，徹是各家分治其田，公田之在中央無異也。《詩》疏泥於助法合作之義，以家取十畝爲疑，非也。《信南山》云「中田有廬」，《穀梁傳》「古者公田爲居，井、竈、葱、韭盡取焉」，此廬舍在公田中之證。廬舍二十畝，乃公田之給民者，是割公田所有，不得謂私。若謂家無二畝半之廬舍，則公田百畝須十夫治之，不得謂八家矣。彼疏駁《漢志》，皆横生瘡痏，不足爲據。《韓詩外傳》：「古者八家而井田，方里爲一井，廣三百步，長三百步爲一里。其田九百畝，廣一步，長百步爲一畝。廣百步，長百步爲百畝。八家爲鄰，家得百畝，餘夫各得

❶「貢」，原作「夏」，今據《毛詩正義》卷十四改。
❷「共」，原作「其」，今據原稿改。
❸「百」，原脱，今據《毛詩正義》卷十四補。

二十五畝。家爲公田十畝，餘二十畝共爲廬舍，各得二畝半。八家相保，出入更守，疾病相憂，患難相救，有無相貸，飲食相召，嫁娶相謀，漁獵分得，仁恩施行。是以其民和親而相好。《詩》曰：『中田有廬，疆埸有瓜。』」右《韓詩》説，亦謂家授私田百畝、公田十畝，更在《漢志》之前。惟《小司徒》「九夫爲井」，《司馬法》亦云「畝百爲夫，夫三爲屋，屋三爲井」。萬斯大《學春秋隨筆》據此二文，謂：「周人井九百畝，分之九夫，每夫百畝，中以十畝爲公田。」與鄭君《甫田》箋「九夫爲井，井税一夫」、《匠人》注「九夫而税一」似合。然據《漢志》，井田方一里，是爲九夫，則九夫以地言之，猶言九百畝耳。❶鄭氏意亦當如此。本疏乃以「九而税一」解鄭《甫田》箋義，其《甫田》疏亦然，致近儒謂鄭君義與《漢志》不合。《穀梁》則傳文□云：「井田者，九百畝，公田居一。」集解云：「出除公田八十畝，餘八百二十畝，故井田之法，八家共一井，八百畝餘二十畝，❷家各二畝半爲廬舍。」則傳文已明家授一百十畝之制也。《甫田》疏謂何休、范甯、趙岐、宋均説同《漢志》，而不察爲《穀梁傳》文，趙岐注則謂家耕百畝，徹取十畝爲公田，與《漢志》不同。并爲一説，尤謬。此釋《公》《穀》「履畝」義，異於《左氏》。至授田之數，三傳并同《漢志》，未可駁也。特徹田視助法，法同而實異其制度，故書未詳。倪思寬《讀書記》云：「竊嘗據鄭旨核分畝，八家九百畝，而公田百畝，通公私之率，無異家别一百十二畝半，於一百一十二畝半，抽其一十二畝半，則於九分之中而税其一分，正合九一之旨。其數其明，不待持籌而知也。」據倪説，則鄭君九夫税一義，與《漢志》正合。《公羊解詁》云：「聖人制井田之法，而口分之，一夫一婦受田百畝，以養父母妻子，五口爲一家，公田十畝，即所謂什一而税也。廬舍二畝半，凡爲田一頃十二畝半。❸八家而九頃，共爲一井。」按：頃，百畝也。其謂家授一百十畝，此猶是注説。文田云：「《周官·司稼》云：『巡野觀稼，❹以年之上下出斂法。』是知徹無常額，惟視年豐凶，此其與貢異處。助法正是八家合作，而上收其公田之入，無須更出斂法。然其弊必有如何休所云『不盡力於公田』者，故周直以公田分授八夫，至斂時則巡野觀稼，合百一十畝通計之，而取其什一。其法亦

❶「猶」，原作「獨」，今據原稿改。
❷「十」，原脱，今據原稿補。
❸「一頃十二畝半」，原脱，今據原稿補。
❹「野」，原作「行」，今據原稿改。

不異於助，故《左傳》云：『穀出不過籍。』然民自無公私緩急之異，此其與助異處。至魯宣公因其舊法而倍收之，是爲什而税二矣。」姚氏説徹，蓋據鄭君通其率之義，❶謂「公田分授八夫」，亦與《漢志》合。

冬，蝝生。【注】劉歆以爲蝝，蜫蠹之有翼者。食穀爲災，黑眚也。《五行志》。劉歆曰：「蚍蜉子也。」《説文》、《釋文》。【疏證】杜注：「螽子以冬生，遇寒而死，故不成螽。」與劉歆説異。《釋蟲》：「蝝，蝮陶。」本疏引李巡説：「蝝，蝗子也。」郭注：「蝗子未有翅者。」用李説。本疏：「劉歆以爲蚍蜉有翅者，非也。上云『秋，螽』，秋而生子于地，至冬其子復生，遇寒而死，故不成災。傳稱『凡物不爲災，不書』，此不爲災而書之者，傳云『幸之也』。此年既飢，若使蝝早生，更爲民害。喜其冬生，故書之。」杜以「蝝生」蒙「秋螽」爲文，疏述其義而斥歆説爲非也。其引歆説，乃隱括之辭，故與《五行志》、《釋文》小異。《五行志》：「蜫蠹。」孟康曰：「音蚍蜉。」《釋蟲》：「蚍蜉，大螘。」《説文》：「𧖅蠹，大螘也。蝝，復陶也。」劉歆説：「蝝，蚍蜉子。」𧖅省爲蜫，蜫又省爲蚍，許君爲正字也。許君謂蝝即蚍蜉，賈義或當然。《釋蟲》又云：「螱，飛螘。」郭注：「有翅。」即用歆「有翼」之説，則蝝即螱也。歆云：「食穀爲災。」則正以爲災而書，與傳例合。疏謂「不爲災而書」，非。黑眚者，《五行志》：「甚則異物生謂之眚，自外來謂之祥。」又云：「傳曰聽之不聰，是謂不謀。時則有黑眚、黑祥。」歆以飛螘爲黑眚者，螘色玄，《小正》：「十有二月，玄駒賁。玄駒，螘也。」歆厪釋「蝝」，未及徵驗。《五行志》又云：「董仲舒、劉向以爲蝝，螟始生也。一曰螟始生。」以蝝爲蝗，乃《公》《穀》義。杜舍歆、《左氏》説而取《公》《穀》義，非也。《釋文》先引歆説，又引董仲舒云「蝗子」，明《左氏》與《公羊》異説。

饑。【疏證】據劉歆義，則饑承蝝食穀言。杜注：「風雨不和，五稼不豐。」與歆義異。

【傳】十五年，春，公孫歸父會楚子于宋。

宋人使樂嬰齊告急于晉，晉侯欲救之。

【疏證】杜無注。宋有樂氏。《晉世家》：「景公六年，楚伐宋，宋來告急晉，晉欲救之。」《鄭世家》：「十一年，楚莊王伐宋，宋告急於晉，晉景公欲發兵救宋。」

❶「據」，原作「括」，今據原稿改。

伯宗曰：「不可。【注】賈云：「伯宗，晉大夫。」《晉世家》集解。【疏證】洪亮吉云：「《元和姓纂》引《世本》：『晉孫伯起生伯宗，因氏焉。』」

「古人有言曰：『雖鞭之長，不及馬腹。』【疏證】杜注：「言非所擊。」《北魏書・李冲傳》：「别詔安南大將軍元英、平南將軍劉藻討漢中，召雍、涇、岐三州兵六千人擬戍南鄭，剋城則遣。冲表諫曰：『西道險阨，單徑千里。今欲深戍絶界之外，孤據群賊之口，敵攻不可卒援，食盡不可運糧。古人有言：「雖鞭之長，不及馬腹」，南鄭於國，實爲馬腹也。』」據李冲引傳意，馬腹喻宋，距晉遠，中隔大河、太行也。杜説非。

「天方授楚，未可與争。雖晉之强，能違天乎？【疏證】《晉世家》：「伯宗曰：『楚，天方開之，不可當。』」《鄭世家》：「伯宗諫晉君曰：『天方開楚，未可伐也。』」

「諺曰：『高下在心。』【注】舊注：「高下猶屈申也。」《御覽》四百九十五。【疏證】惠棟以爲服虔説，未知何據。《魏志・王粲傳》：❶「何進召四方猛將，并使引兵向京城，欲以刼恐太后，琳進諫曰：『今將軍總皇威，握兵要，龍驤虎步，高下在心。此行事，無異于鼓洪爐以燎髮。』」琳引傳文義，與舊注合。杜注：「度時制宜。」猶屈申義也。

「川澤納汙，【疏證】《路温舒傳》上書引與「山藪」句互倒，《傳》又云：「温舒受《春秋》，通大義。」其上書連引傳文，則所受爲《左氏春秋》也，章句異此。《周禮》鄭注：「澤，水所鍾也。」杜以「納汙」爲受汙濁。《路温舒傳》注：「川澤之形廣大，❷則獨受于汙濁。」❸《隋書・長孫平傳》：「平進諫曰：『川澤納汙，所以成其深。』」與《漢書》注「廣大」義合。

「山藪藏疾，【疏證】《路温舒傳》「藏」作「臧」。按：「臧」，古「藏」字。杜注：「山之有林藪，❹毒害者居之。」疏云：「近山近澤，皆得稱藪。上既有『川澤』之文，下别云『山藪』之事。此藪近山。劉炫以爲『澤旁之藪』，以

❶「王粲」，疑當作「陳琳」。
❷「形」，原作「功」，今據《漢書・路温舒傳》改。
❸「獨」，《漢書・路温舒傳》作「能」。
❹「藪」，原脱，今據原稿補。

規杜氏，非也。」邵瑛云：「《釋地》李注：『藪，澤之別名也。』然藪、澤雖同而微異，大抵有水謂之澤，無水則爲藪。故《周語》注：『澤無水曰藪。』《漢書・五行志》注：『藪謂澤之無水者。』劉炫謂『澤旁之藪』，確不可易，而傳連山言之，曰『山藪』，言山藪草木，毒螫之蟲所在，故曰『山藪藏疾』。劉炫之意，亦是如此。而杜以爲『山之有林藪』，❶孔穎達因謂此藪近山，未合也。」按：邵説是也。《路温舒傳》注：「言山藪之有草木，則毒害者居之。」山藪兼言，與杜注「山之林藪」異，當是舊説。《周禮》鄭注：「水希曰藪。」鄭君亦不謂藪近山。《後漢書・陳寵傳》：「寵子忠上疏曰：『臣聞人君廣山藪之大，納切直之謀。』」《隋書・長孫平傳》：「山岳藏疾，所以就其大。」用傳義。藪、岳，或亦異字。

**「瑾瑜匿瑕，**【疏證】《路温舒傳》「瑕」作「惡」。李富孫云：「惡與瑕，義不甚異。」❷《説文》：「瑾瑜，美玉也。瑕，玉小赤也。」玉以白爲尚，白而小赤，非玉之美。《聘義》「瑕不揜瑜，瑜不揜瑕」，注：「瑕，玉之病也。」杜注以「瑕」爲「穢」，非。又云：「匿，亦藏也。」

**「國君含垢，**【注】舊注：「含，忍也。垢，耻也。」《御覽》四百九十五。【疏證】《釋文》：「垢，本或作詬。」案：《路温舒傳》作「含詬」，與《釋文》一本合。《説文》：「謑詬，耻也。」是詬亦耻也。《考工記》「燕無函」，注：「鄭司農云：『函，讀如「國君含垢」之含。』」疏：「彼勸晉侯忍不救宋之事，❸引之證函是含容之義也。」據彼疏説，則先鄭訓傳之「含」爲含容也，❹與舊注義合，舊注或即先鄭義矣。杜注：「忍垢耻。」《路温舒傳》：❺「人君之善御下，亦當忍耻病也。」皆用舊注義。惠棟云：「《淮南子》云：『《老子》曰：「能受國之垢，是爲社稷主。」』」受亦含義。

**「天之道也。君其待之。」乃止。**【疏

❶「山之有」，原作「有山之」，今據《劉炫規杜持平》卷三改。

❷「義」，原脱，今據《春秋左傳異文釋》卷九補。

❸「彼勸」，原脱，今據原稿補。「忍」，原作「志」，今據《周禮注疏》卷三十九改。

❹「傳」，原作「詩」，今據原稿改。

❺「路温舒傳」至「耻病也皆」，原在「受亦含義」下，今據原稿改。

證】馬宗璉云：「時晉將圖赤狄，故休其兵力而不救宋，託言楚强以止之，❶觀伯宗之謀伐潞可見。」

使解揚如宋，使無降楚，【注】服云：「解揚，晉大夫。」《晉世家》集解。【疏證】杜無注。洪亮吉云：「《史記·鄭世家》曰：『乃求壯士，得霍人解揚，字子虎。誆楚，令宋無降。』《説苑》載此事，與《史記》略同。惠氏《補注》舍《史記》而反引《説苑》，疏矣。」案：《晉世家》亦云：「乃使解揚，紿爲救宋。」

曰：「晉師悉起，將至矣。」

鄭人囚而獻諸楚。【疏證】《年表》：「鄭襄公十一年，佐楚伐宋，執解揚。」

楚人厚賂之，使反其言，不許，三而許之。【疏證】《鄭世家》：「鄭與楚親，乃執解揚而獻楚。楚王厚賜與約，使反其言，令宋趣降，三要乃許。」《晉世家》：「鄭人執與楚，楚厚賜，使反其言，令宋急下，解揚紿許之。」

登諸樓車，【注】服云：「樓車所以窺望敵軍，兵法所謂『雲梯』也。」《鄭世家》集解。【疏證】《御覽》三百三十六引「登諸樓車」注：「所爲雲梯。」❷蓋節服注文。《説文》：「轈，兵車高如巢以望敵也。」此成十六年「楚子登巢車」義。❸樓車，疑與巢車類，皆以望敵。《六韜·軍略》篇：「若攻城圍邑，則有轒轀、臨衝。視城中，則有雲梯、飛樓。」服引兵法，即《六韜》文。李貽德云：「兵法泛指兵家之言，《漢書·藝文志》云：『張良、韓信叙次兵法，凡百八十二家，❹删取要用，❺定著三十五家。』是古來稱兵法，皆衆矣。」據《藝文志》「《太公兵》八十五篇」，則太公書得稱兵法，李説非也。《墨子·公輸》篇：「公輸般爲楚造雲梯之械成，將以攻宋。」未説雲梯之制若何。《列子》用其文，張湛注：「雲梯可以凌虚。」與《六韜》「視城中」義合。今之雲梯，爲傳城之械，蓋襲古

❶「强」，原爲空格，今據《皇清經解》卷一千二百七十八《春秋左傳補注》補。

❷「爲」，《太平御覽》卷三百三十六作「謂」。

❸「成十六」，原爲空格，今據《春秋左傳正義》卷二十八補。

❹「百」，原脱，今據《春秋左氏傳賈服註輯述》卷九補。

❺「用」，原脱，今據《春秋左氏傳賈服註輯述》卷九補。

名、異其實矣。杜注：「樓車，車上望櫓。」《漢書・劉屈氂傳》注：「櫓，望敵之樓也。」杜謂車上有樓，《鄭世家》「於是楚登解揚樓車」，❶集解兼引服、杜説，以服、杜説異。

使呼宋人而告之。

遂致其君命。【疏證】《鄭世家》「遂負楚約，而致其晉君命曰：『晉方悉國兵以救宋，宋雖急，慎毋降楚，晉兵今至矣。』」《晉世家》：「卒致晉君言。」

楚子將殺之，使與之言，曰：「爾既許不穀而反之，何故？非我無信，女則棄之。速即爾刑！」【疏證】《鄭世家》：「楚莊王大怒，將殺之。」《晉世家》：「楚欲殺之。」

解揚曰：「臣聞之，君能制命爲義，臣能承命爲信，信載義而行之爲利。謀不失利，以衛社稷，民之主也。

「義無二信，信無二命。【注】舊注：「義不行兩信，信不受二命也。」《御覽》七百七十七。【疏證】舊注「信」下奪「信」字，今以意增。杜注：「欲爲義者，❷不行兩信；欲行信者，不受二命。」用舊注義。

「君之賂臣，不知命也。

「受命以出，有死無霣，【注】服云：「隕，隊也。」《鄭世家》集解。【疏證】《鄭世家》：「受吾君命以出，有死無隕。」與傳作「霣」異。集解改服注爲「隕」，以合史公字也。李貽德云：「案：《説文》云『齊人謂雷爲霣，一曰雲轉起也』，此别一義。服訓『隊』者，謂霣爲隕之假借字。《爾雅・釋詁》：『隕，落也。』《説文》：『隕，從高下也。隊，從高隊也。』落、下，❸皆隊也。」❹案：杜注：「霣，廢墜也。」墜，隊之俗。然「霣」不訓廢，杜用服注，增「廢」字，非。

「又可賂乎？

「臣之許君，以成命也。【疏證】杜注：「成其君命。」《鄭世家》：「莊王曰：『若之許我，已而背之，其

❶「鄭」下，原衍「晉」字，今據《史記・鄭世家》删。

❷「義」，原作「信」，今據《春秋左傳正義》卷二十四改。

❸「下」，《春秋左氏傳賈服註輯述》卷九作「墜」。

❹「隊」，原作「墜」，今據原稿改。

信安在？』解揚曰：『所以許王，欲以成吾君命也。』」則成命之辭，蓋答莊王語。信，傳略之。

「死而成命，臣之禄也。【疏證】禄，猶言福也。

「寡君有信臣，

「下臣獲考死，又何求？」【疏證】杜以「考」字絶句，云「成也」。沈欽韓云：「當與下『死』字爲句，考死猶考終命也。」案：《鄭世家》：「將死，顧楚軍曰：『爲人臣，無忘盡忠得死者！』」得死，即「考死」義。

楚子舍之以歸。【疏證】《鄭世家》：「楚王諸弟皆諫王赦之，於是赦解揚，使歸晉，爵之，爲上卿。」《晉世家》：「或諫，乃歸解揚。」傳略楚莊王納諫事。《年表》：「晉景公六年，救宋，執解揚，有使節。」此《左氏》褒解揚義。

夏，五月，楚師將去宋，【疏證】上年經：「秋，九月，楚子圍宋。」《宋世家》：「文公十七年，楚以圍宋五月不解。」《楚世家》：「圍宋五月。」史公以爲五閲月，❶皆駁文。杜注：「在宋積九月，不能服宋故。」是也。

申犀稽首於王之馬前，曰：

「毋畏知死而不敢廢王命，王棄言焉。」

王不能答。

申叔時僕，【疏證】杜注：「僕，御也。」按：謂王車之御。

曰：「築室，反耕者，宋必聽命。」從之。

【疏證】杜注：「築室於宋，分兵歸田，示無去志。王從其言。」案：築室反耕，當是古人圍師久留之法。《晉書·載記·石勒傳》：「遣季龍討徐龕，龕堅守不戰。於是築室反耕，列長圍以守之。」《慕容儁傳》：「慕容恪進圍廣固，諸將勸恪宜急攻之，恪曰：『彼我勢均，且有强援，當羈縻守之，以待其斃。』乃築室反耕，嚴固圍壘。」《禿髮傉檀傳》：「蒙遜圍樂都，三旬不尅，築室反耕，爲持久之計。」皆用申叔時之策也。

宋人懼，使華元夜入楚師，登子反之牀，【注】舊注：「華元若不因閒，若不用諜，

❶「閲」，原漫漶不清，今據原稿補。

無由得入楚軍也。」《御覽》四百八十。❶【疏證】傳説華元入楚軍，不謂由間諜，舊注推較事情知之。杜注：「《兵法》：『因其鄉人而用之，必先知其守將、左右、謁者、門者、舍人之姓名，❷因而利導之。』華元蓋用此術，得以自通。」惠棟云：「此注皆見《孫子·用間》篇。曹公《孫子》注曰：『因敵鄉人，知敵表裏虛實之情，故舊而用之，可使伺候。』守，有官職在者。謁，告也，上告事者也。門者，守門者也。舍人，守舍之人也。又先知爲親舊，有急即呼之，則不呵止，亦因之以知敵情。」按：杜注義與舊注同，舊注非完文，當引《兵法》有間諜，以證華元入楚師之事。杜注或即用舊注矣。《宋世家》：「宋城中急，無食，華元乃夜私見楚將子反。」

起之，曰：「寡君使元以病告，【疏證】起之，謂呼子反使起也。

「曰：『敝邑易子而食，析骸以爨。【疏證】此至「唯命是聽」，華元述宋文公之言也。《釋文》：「骸，又作骨。」《呂覽·行論》篇云「析骨而爨之」，與《釋文》一本合。《宋世家》：「子反告莊王，王問：『城中何如？』曰：『析骨而炊，易子而食。』」《楚世家》：「圍宋五月，城中食盡，易子而食，析骨而炊。」字皆作「骨」，其改「爨」爲「炊」，因《公羊》字也。《廣雅》：「爨，炊也。」

「『雖然，城下之盟，有以國斃，不能從也。【疏證】杜注：「寧以國斃，不從城下盟。」《御覽》二百九十二引此傳及注，「斃」皆作「敝」。按：國不可言斃，作「敝」是，傳寫失之。

「『去我三十里，惟命是聽。』」

子反懼，與之盟而告王。【注】服云：「與華元私盟，許爲退師。若孟任割臂，與魯莊公盟。」本疏。【疏證】杜無注。疏引服説，又云：「下云『盟曰』，是兩國平後共盟，而楚人爲此辭耳，非此華元、子反私盟之辭也。」此疏申服義。嚴蔚、洪亮吉引服注，皆至「與莊公盟」止。李貽德獨取「下云」以下，亦取爲服注，非。魯莊公與孟任盟，見莊公三十二年。服以此爲私盟，故以孟任割臂爲證，不以辭害義。傳遜云：「華元登牀，乘其不虞，刼之與盟也。」邵寶云：「子反懼華元之脅

❶「四百八十」，當作「二百九十二」。

❷「左右」，原脫，今據原稿補。

也，盟豈得已哉？」

退三十里，宋及楚平。【疏證】《吕覽・行論》篇：「莊王爲却四十里，而舍於盧門之闔。」注：「盧門，宋城門。闔，扉也。」此盧門，當謂宋外郭門。《楚世家》：❶「莊王曰：『誠哉言，我軍亦有二日糧。』以信故，遂罷兵去。」《宋世家》：❷「宋華元出，告以情。莊王曰：『君子哉！』遂罷兵去。」《年表》：「華元告子反以誠，楚罷。」又云：「華元告楚，楚去。」

華元爲質。盟曰：「我無爾詐，爾無我虞。」【疏證】杜注：「楚不詐宋，宋不備楚。」是杜解「虞」爲「虞度」。按：《廣雅・釋詁》：「詐、僞、謾、謬、誣、詿、詑、調、突、虞，欺也。」王念孫云：「《淮南子・繆稱訓》引《屯》六三：『即鹿無虞。』高誘注云：『虞，欺也。』《魏志・王粲傳》：『陳琳諫何進曰：「《易》稱『即鹿無虞』，諺有『掩目捕雀』。夫微物尚不可欺以得志，況國之大事，其可以詐立乎？」』高誘、陳琳皆以『無虞』爲無欺，蓋漢時師説如此。宣十五年《左傳》『我無爾詐，爾無我虞』，謂兩不相欺也。『虞』與『詿誤』之『誤』，古聲義並同。」按：據王説，則杜注非古義。

潞子嬰兒之夫人，晉景公之姊也。【疏證】嬰兒，潞君名。

酆舒爲政而殺之，【疏證】洪亮吉云：「《古今人表》、《水經注》並作『豐舒』。」李富孫云：「豐、酆，古今字。」惠棟云：「王符引此『殺』作『虐』。」按：見《潛夫論・志氏姓》篇。❸杜注：「酆舒，潞相。」

又傷潞子之目。晉侯將伐之，

諸大夫皆曰：「不可。酆舒有三儁才，【疏證】杜注：「儁，絶異也。」洪亮吉云：「趙岐《孟子》注：『俊，美才出衆也。』俊、儁通。」本疏引《辨名記》云：「五人曰茂，十人曰選，倍選曰儁，千人曰英，倍英曰賢，萬人曰桀，倍桀曰聖。」是儁謂才過二十人，不謂絶異也。疏又云：「知其有才藝勝人者三事耳，不知三者何事也。」按下云「恃才與衆」，則儁才謂酆舒身，故疏以三事言。

「不如待後之人。」

❶「楚」，當作「宋」。

❷「宋」，當作「楚」。

❸「志氏姓」，原爲二空格，今據《潛夫論・志氏姓》補。

伯宗曰：「必伐之。

「狄有五罪，儁才雖多，何補焉？

「不祀，一也。**【疏證】**文五年傳：「皋陶庭堅，不祀忽諸。」此不祀，亦謂不祀其先人。

「耆酒，二也。

「棄仲章而奪黎氏地，三也。**【注】**服云：「黎侯之國。」《旄丘》疏。**【疏證】**杜注：「仲章，潞賢人。❶黎氏，黎侯國。」杜蓋用服説。《御覽》六百四十一引注：「仲章，潞賢人。黎氏，黎侯也。」當是舊注，或即服義矣。仲章事，無攷。《釋文》：「黎，國名。」《地理志》「上黨郡壺關」，應劭曰：「黎侯國也。」杜注據晉縣云：「上黨壺關縣有黎亭。」《旄丘》「匪車不東」，箋云：「黎國在衛西，今所寓在衛東。」疏據杜注謂黎國在衛之西。疏又云：「宣公十五年《左傳》，伯宗數赤狄潞氏之罪云：『奪黎氏地，三也。』服虔云：『黎侯之國。』此詩之作，責衛宣公。宣公以魯桓十二年卒，至魯宣十五年百有餘歲，即此時爲狄所逐。後更復其國，至宣公之世，乃赤狄奪其地耳。」彼疏説黎寓衛之後，❷仍復其國，最爲分明。此黎在衛西，鄭君説與《漢志》合。顧棟高云：「今潞安府長治縣西三十里黎侯亭是也。」❸江永云：「今按：潞安府之長治、壺關，皆黎國地，潞子奪之。又有黎城縣，在潞安東北，❹本漢潞縣地，隋始置縣。《一統志》云黎侯城在縣東北十八里，晉立黎侯，即此。」右皆用《漢志》説。其黎侯寓居之黎，據《漢志》在東郡黎縣，注：「孟康曰：『《詩》黎侯國，今黎陽也。』臣瓚曰：『黎陽在魏郡，非黎縣。』師古曰：『瓚説是。』」《水經注》「瓠子河東逕黎縣故城」，即《漢志》東郡之黎也。而酈氏於「河水過黎陽縣」下又云古黎侯國。《元和志》於「鄆州鄆城」下載黎丘，與《水經》黎縣合，而「衛州黎陽」下又云：「古黎侯國。」焦循辨之云：「魏郡之黎陽，以黎山得名。東郡之黎，以黎侯寓得名。黎陽既非本國，亦非寓地。酈道元、李吉甫之書兩繫之，殊惑人。」按：焦説是也。《詩》疏既謂此黎國非衛東之黎，則黎陽之説，歧出不足辨。恐後人疑惑，故删次焦説，附列之。

「虐我伯姬，四也。**【疏證】**惠棟云：「上云

❶「潞」，《太平御覽》卷六百四十一作「路」。
❷「彼」，原作「按」，今據原稿改。
❸「安」，原重文；「西」，原脱，今據原稿删補。
❹「在潞安」，原脱，今據《春秋地理考實》卷二補。

『鄭舒爲政而殺之』，此云『虐』者，案《尚書・吕刑》『惟作五虐之刑』，《墨子》引作『五殺之刑』，《論語》『不教而殺謂之虐』，又十八年傳云『凡自内虐其君曰弒』，皆以虐爲殺也。」

「傷其君目，五也。

「怙其儁才，而不以茂德，【疏證】洪亮吉曰：「《爾雅》：『怙，恃也。』定四年『無怙富』同。」

「滋益罪也。❶

「後之人或者將敬奉德義，以事神人，而申固其命，【疏證】杜注：「審其政令。」沈欽韓云：「《詩》傳：『申，重也。』言後人修德，則其命將毀而重固。」

「若之何待之？ 不討有罪，而曰『將待後，

「『後有辭而討焉』，毋乃不可乎？

「夫恃才與衆，亡之道也。

「商紂由之，故滅。【疏證】杜注：「由，用也。」疏云：「《史記・殷本紀》：『紂賢辨捷疾，聞見甚敏，材力過人，手格猛獸，知足以拒諫，飾是非之端，矜人臣以能，高天下以聲，以爲皆出己之下。』武王伐滅之，是由恃才儁故滅也。」詳史公義，兼才、衆言。疏止云「恃才儁」，誤。❷

「天反時爲災，【疏證】杜注：「寒暑易節。」按：時所賅，不止寒暑反時，如經書雩、旱、饑、日食、星變之類。

「地反物爲妖，【疏證】《説文》：「祅，地反物爲祅也。從示，芺聲。」則賈君本作「祅」。《後漢書・鄭興傳》引作「妖」，與賈君本異。杜注：「群物失性。」按：如經書山崩、川竭、螽蜚、桃李華、李梅實之類。

「民反德爲亂，【疏證】杜無注。本疏：「民謂人也。感動天地，皆是人君感之，非庶民也。」據《後漢書・鄭興傳》作「人」，知先鄭本與唐本異。德，五常之德也。如經書臣弒君、子弒父及刑賞不中之類。

「亂則妖災生。【疏證】反德則妖災生也。《後漢書・鄭興傳》建武七年三月晦，日食，興上書引「天

❶ 原稿眉批：查。

❷ 原稿眉批：仍查周秦書證之。

反時」以下四句，釋之曰：「往年以來，讁咎連見。意者執事，頗有闕焉。夫國無善政，則讁見日月，變咎之來，不可不慎。其要在因人之心，擇人處位也。」興與子衆皆傳《左氏》學，其謂變咎出人心，用傳「亂則妖災生」義也。❶

「故文反正爲乏，【注】服云：「言人反正者，皆乏絶之道。」本疏。【疏證】杜注：「文，字。」未説「乏」形義，故疏引服説補之。乏，經文當作「□」，「乏」隸變字也。《説文》「□」，《春秋傳》曰：『反正爲乏。』」段玉裁曰：「此説字形而義在其中矣。不正則爲匱、乏，二字相鄉背也。《禮》受矢者曰正，拒矢者曰五，以其禦矢謂之五，以獲者所容身謂之容。」段氏説正、五義見《射禮》。其乏取反正義，於射最諦。黄生《字詁》云：「正之爲字，本訓射的，文從一、從止。射者必以步揣其遠近之凖，而施的焉，故從止。一爲指事，所以識其處也。丏爲避箭短牆，五爲受矢之器，皆從反正會意，故知射的爲『正』本訓。射者必志正體直，然後發矢，不偏不激，正中其處，故借去聲爲邪之對。」據黄説，則反正有□、五二文，❷傳止取□文。射的之正，爲平聲，借去聲爲正邪字也。此正字，當如畫布曰正之正。李貽德云：「乏絶，自釋字義。《周禮·服不氏》杜子春注、《車僕》鄭司農注並云：『乏讀爲「匱乏」之乏。』反正，字之形；匱乏，❸字之義。」本疏云：「妖災生則國滅亡，是乏絶之道也。」蓋述服義。

「盡在狄矣。」【疏證】本疏：「言『盡在狄矣』，則狄皆有之，其『反德爲亂』，則五罪是也。天地災妖，傳不指斥，不知於時潞國有何災何妖也。」

晉侯從之。

六月，癸卯，晉荀林父敗赤狄於曲梁。

【疏證】馬宗璉云：「杜注：『曲梁在廣平。』蓋沿晉侯弟亂行於曲梁而誤。彼曲梁在廣平，有雞澤可證。此曲梁近潞，不得遠引廣平之曲梁爲據。」洪亮吉云：「赤狄潞子國，即在潞縣。晉即伐赤狄，必不東走五六百里至廣平之曲梁，況又隔太行一山。杜注可云全不計道里矣。」皆駁杜説。惠棟云：「杜注：『廣平曲梁縣。』迴遠，非也。劉昭

❶ 原稿眉批：楚莊事見《説苑》，乃《穀梁》家言，未采於此傳，義亦遠也。

❷ 「文」，原作「義」，今據原稿改。

❸ 「乏」，《春秋左氏傳賈服註輯述》卷九作「絶」。

《郡國志》注引《上黨記》曰：『潞，濁漳也。縣城臨潞。晉荀林父伐曲梁，在城西十里，今名石梁。』」沈欽韓云：「曲梁當近潞城，若廣平之曲梁，在山東，去潞遠矣。《元和志》斷梁城在潞州銅鞮縣東北三十里，下臨深壑，東西北三面阻澗，❶廣袤二里，俗謂之斷梁城，疑即此處。」惠、沈皆謂曲梁在潞縣。按：潞縣，今山西潞安府潞城縣東北。銅鞮，今山西沁州治，沁州在潞安東北。沈説與《郡國志》合。

辛亥，滅潞。

酆舒奔衛，

衛人歸諸晉，晉人殺之。

王孫蘇與召氏、毛氏争政，【疏證】杜注：「三人皆王卿士。」

使王子捷殺召戴公及毛伯衛。

卒立召襄。【疏證】本疏：「卒，終也。謂後終立之。」《讀本》：「召襄，召戴公子也。」

秋，七月，秦桓公伐晉，次于輔氏。【疏證】《晉語》注：「輔氏，晉地。」杜用韋説。沈欽韓云：「《一統志》：『輔氏城在同州朝邑縣西北十三里。』」❷

壬午，晉侯治兵于稷，以略狄土。【疏證】杜注：「壬午，十月二十七日。」賈曾曰：《郡國志》：「河東郡聞喜邑，有稷山亭。」《水經注》：「汾水又逕稷山北，❸山東西二十里，南北三十里，西去介山十五里，山上有稷祠，山下稷亭。《春秋》『晉侯治兵于稷』，是也。」文淇案：《御覽》四十五引《隋圖經》曰：「稷山在絳郡，后稷播百穀于此山，亦《左傳》謂『晉侯治兵于稷，以略狄土』，是也。」與酈氏説合。故杜云「晉地」也。沈欽韓云：「《方輿紀要》：『稷神山，在絳州稷山縣南五十里。』」《廣雅·釋詁》：「竊、略，取也。」王念孫云：「略者，《方言》：『略，强取也。』宣十五年《左傳》『晉侯治兵于稷，以略狄土』，杜注：『略，取也。』襄四年《左傳》『季孫曰略』，注云：『不以道取曰略。』《齊語》『犧牲不略』，韋注：『略，奪也。』」

立黎侯而還。

及雒，【疏證】杜注：「雒，晉地。」沈欽韓云：

❶「北」，原脱，今據《春秋左氏傳地名補注》卷五補。

❷「十三」，原倒，今據原稿改。

❸「北」，原作「之」，今據《水經注箋》卷六改。

《秦本紀》：『魏築長城，自鄭濱洛。』《方輿紀要》：『洛水在同州朝邑縣南，宣十五年，晉侯及雒，謂此。』」按：漢經師改「洛」爲「雒」也。

魏顆敗秦師于輔氏，獲杜回，秦之力人也。【疏證】《論衡·死僞篇》重「杜回」，《張衡傳》注引《左傳》同。

初，魏武子有嬖妾，無子。【疏證】杜注：「武子，魏犨，顆之父。」

武子疾，命顆曰：「必嫁是。」【疏證】《論衡》「是」下有「妾」字，《張衡傳》注同。《文選·陳情表》注引作「吾死嫁之」。

疾病，則曰：「必以爲殉。」【疏證】《釋文》：「本或作『必以殉』。」《論衡》「疾病」作「病困」，《文選》注作「及困」。《論衡》「以」下有「是」。

及卒，顆嫁之，曰：「疾病則亂，吾從其治也。」【疏證】杜無注。顧炎武云：「治謂病閒之時，凡人病未昏、酒未醉皆曰治。《列子》：『鄧析謂子產曰：「子奚不時其治也。」』謂伺其醒。」文淇案：《晉書·曹志傳》：「志遭母憂，居喪過禮，因此篤病，喜怒失常。九年卒，奏以惡謚。崔褒歎曰：『魏顆不從亂，以病爲亂故也。今謚曹志而謚其病，豈謂其病不爲亂乎！』」據崔褒説，則亂指疾病時，與治對，非謂病閒也。

及輔氏之役，顆見老人結草以抗杜回。【疏證】杜注：「亢，禦也。」洪亮吉云：「《廣雅》：『亢，遮也。』鄭玄《儀禮》注：『抗，禦也。』按：杜注蓋本鄭義，然詳此傳文義，當從《廣雅》訓爲是。」

杜回躓而顛，故獲之。【疏證】《説文》：「躓，跆也。」《詩·蕩》傳：「顛，仆也。」

夜夢之，曰：「余，而所嫁婦人之父也。【疏證】《論衡》「而」作「是」，《文選》注作「乃」。李富孫云：「案，杜注：『而，汝也。』《廣雅》：『乃，汝也。』訓同。《論衡》作『是』，亦通。」

爾用先人之治命，余是以報。」【疏證】《校勘記》云：「朱梁補刻石經『用』下有『而』字。按《漢書·張衡傳》注、《論衡·死僞篇》引傳無『而』字。」李富孫云：「《文選·思玄賦》注引無『而』字，淳化本、岳本同此，爲朱梁補刻。」按：阮、李説是也。洪亮吉據石經增「而」字，非。

晉侯賞桓子狄臣千室，【疏證】狄臣，謂狄之俘也。男曰臣。杜注以「千室」爲「千家」。

亦賞士伯以瓜衍之縣，【疏證】杜無注。《彙纂》：「山西汾州府孝義縣北十里有瓜城。」

曰：「吾獲狄土，子之功也。微子，吾喪伯氏矣。」【疏證】通行本「士」皆作「土」。顧炎武云：「誤作『士』。」李富孫云：「案：《書》『有邦有土』，《周本紀》作『有士』。」武億曰：「漢碑刻文多以『土』爲『士』，是石經所依與古同。」十二年，晉師敗於邲，士伯諫殺桓子，杜注：「士伯，士貞子。」

羊舌職説是賞也，【疏證】《説苑·善説》篇作「羊殖」。惠士奇云：「殖爲舌職合聲。」杜注：「職，叔向父。」惠棟云：「《宰相世系表》曰：『晉武公子伯僑生文，文生突，羊舌大夫也。突生職，職五子：赤、肸、鮒、虎、季夙。』」

曰：「《周書》所謂『庸庸祗祗』者，謂此物也夫。【疏證】引《周書·康誥》文。《釋訓》：「庸庸，勞也。」《釋詁》：「祗，敬也。」《廣雅·釋訓》：「祗祗、畏畏，敬也。」杜注訓「庸」爲「用」，用亦勞意，又云：「物，事也。」王引之云：「言《周書》所謂『庸庸祗祗』者，其謂此類也夫。前六年傳：『《周書》曰「殪戎殷」，此類之謂也。』十二年傳：『史佚所謂「毋怙亂」者，謂是類也。』皆其證。」



士伯庸中行伯，【疏證】桓子將中行，故云中行伯。

「君信之，亦庸士伯，此之謂明德矣。

「文王所以造周，不是過也。

「故《詩》曰『陳錫載周』，能施也。【疏證】引《詩·文王》文。《詩》「載」作「哉」。昭十年引《詩》，與此傳同，則《左氏》作「載」，與毛公不同。傳「哉，載」，用《左氏》字釋「哉」可證。《詩》疏：「哉與載，古字通。」十行本改「載」爲「哉」，非也。《周語》：「《大雅》曰『陳錫載周』，是不布利而懼難乎？故能載周以至于今。」注：「《大雅·文王》之二章。陳，布也。錫，賜也。言文王布施賜利，以載陳周道。」❶《外傳》以「陳錫」爲「布利」，與傳「能施」義合。《詩》箋云：「哉，始也。能敷恩惠之施，以受

❶「陳」，《國語正義》卷一作「成」。

命造始周國。」是也。疏云：「王肅云：『文王能布陳大利，以賜予人，故能載行周道，致有天下。』鄭以文王受命，創爲天子，宜爲造始周國。❶昭十年傳曰：『「陳錫載周」，能施也。』夫故知云恩惠之賜，❷以施予也。宣十五年傳亦引此《詩》，乃云：『文王所以造周，不是過也。』是造始周國也。」據彼疏引王子雍說，從内外《傳》，不依鄭君訓「哉」爲「始」，其說《左氏》亦當然。陳奂《詩疏》云：「載見傳，載，始也。哉爲載，載又爲始，此一義之申。序云『文王受命作周』，《左傳》云『文王所以造周』，作、造，皆始也。」如陳說，則毛、鄭皆用傳「造周」義。杜注：「錫，賜也。《詩·大雅》，言文王布陳大利，以賜天下，故能載行周道，福流子孫。」疑用王子雍說。

「率是道也，其何不濟？」

晉侯使趙同獻狄俘于周，不敬。【疏證】《釋文》：「不敬，一本作『而傲』。」

劉康公曰：「不及十年，原叔必有大咎，【疏證】杜注：「劉康公，王季子也。原叔，趙同也。」

「天奪其魄矣。」【疏證】昭二十五年傳：「心之精爽，是謂魂魄。魂魄去之，何以能久。」杜注據以爲說。

「初說畝」，非禮也。

穀出不過藉，以豐財也。【疏證】藉即助法，詳經疏證。《王制》「古者，公田藉而不稅」，注：「藉之言借也。借民力，治公田，美惡取於此，不稅所自治也。」鄭君說可證「穀出不過藉」義一。《讀本》：「傳言不過藉，所以通古今之制。民足食，則賦役自供，所以財豐。」

「冬，蝝生，饑」，幸之也。【疏證】杜注：「幸其冬生。」非劉歆義，歆義無攷。❸

【經】十有六年，春，王正月，晉人滅赤狄甲氏及留吁。【疏證】杜注：「甲氏、留吁，赤狄別種。」顧棟高云：「甲氏在今直隸廣平雞澤縣境。」《水經注》：「絳水經屯留故城，即故留吁國也。」沈欽韓云：「《一統志》：『純留故城在今潞安府屯留縣南，《春秋》赤狄留吁

❶「宜」，原脱，今據原稿補。

❷「云」，《毛詩正義》卷十六作「去」。

❸「畝」下，原稿有「說幸」二字。

邑。」」江永謂在縣南十三里。

夏，成周宣榭火。【注】《左氏》説：「榭者，講武之坐屋。」《五行志》。服云：「宣揚威武之處。」本疏。【疏證】成周，已釋於隱三年。《釋文》「榭」作「謝」，云：「本又作『榭』。」惠棟云：「《説文》無『榭』字。周《邿敦銘》曰：『王格於宣射。』❶古文『榭』字作『射』。」洪亮吉云：「劉逵《吴都賦》注引《國語》曰：『射不過講軍實。』今本作『榭』，知『射』即『榭』也。《説文》『榭』字，後人妄增。」與惠説同。李貽德云：「《儀禮·鄉射禮》『豫則鉤楹内』，鄭注：『豫謂州學也，讀如『成周宣謝』之謝。』若然，則『榭』本作『謝』。」李氏既據鄭君「宣謝」字，又引惠説，證以劉逵引《國語》，謂《左氏》古文作「宣射」，榭本以行射禮，故州學名之，則經字當作「射」矣。李富孫云：「《詩·抑》疏引《楚語》亦作『射』。」據諸説，則「宣射」爲古文，作「謝」或是鄭君本。今《公》、《穀》通行本皆作「榭」，惟《公羊》石經作「謝」，其《穀梁》釋文云：「本或作謝。」惠棟又云三傳皆作「謝」者，蓋據三傳《釋文》而言，其實《左氏》古文與二傳異也。《公》、《穀》火曰災，《五行志》引此傳文，釋之曰：「榭者，講武之坐屋。」二傳皆以宣榭爲藏祭器之所，故定爲《左氏》説。杜注：「宣榭，講武屋。」用舊説。《釋宫》：「闍謂之臺，有木者謂之榭。」此榭附於臺上。本疏引李巡云：「臺上有屋謂之榭。」是也。郭注亦云：「臺上起屋。」經之「宣榭」，非此榭之制。《釋宫》又云：「無室曰榭。」《禮記》疏引李巡云：「但有大殿，無室，名曰榭。」《書》疏引孫炎云：「榭，但有堂也。」郭注：「今堂堭。」與《左氏》説「坐屋」義合。屋猶李、郭注之言殿、言堂也。屋而不室，其屋通連，不以室閒隔。云坐屋，則别於寢室矣。今講武之廳，屋而不室，略同古制。杜注但引《爾雅》「無室曰榭」，尚爲分明。疏乃連引二文，云：「榭是臺上之屋，居臺而臨觀講武。」非杜意。服以宣榭講武，故以宣揚威武説之。《禮運》注：「宣，猶揚也。」

秋，郯伯姬來歸。

冬，大有年。無傳。【疏證】洪亮吉云：「《説文》：『秊，孰也。❷從禾，千聲。《春秋傳》曰：「大有年。」』《孔廟碑》亦作『秊』。」❸

❶ 「射」，原作「榭」，今據原稿改。
❷ 「孰」上，《春秋左傳詁》卷三有「穀」字。
❸ 眉批：臧引劉、賈、許説似已見，查。

【傳】十六年，春，晉士會帥師滅赤狄甲氏及留吁、鐸辰。【疏證】《年表》：「晉景公七年，隨會滅赤翟。」《晉世家》：「晉使隨會滅赤狄。」杜注：「鐸辰不書，留吁之屬。」顧棟高云：「鐸辰在潞安府境。」

三月，獻狄俘。

晉侯請於王，

戊申，以黻冕命士會將中軍，且爲太傅。【疏證】杜注：「黻冕，命卿之服。太傅，孤卿。」本疏：「《論語》稱『禹惡衣服，而致美乎黻冕』，鄭玄云：『黻，祭服之衣。冕，其冠也。』此云黻冕，亦當然也。黻，蔽膝也。祭服謂之黻，其他服謂之韠，俱以韋爲之，制同色異。韠各從裳色，黻則其色皆赤。尊卑以深淺爲異，天子純朱，諸侯黄朱，大夫赤而已。大夫以上，冕服皆有黻。此士會冕服，❶當是希冕也。」據疏説，則黻韠即韍，然又謂黻韠色異。沈欽韓云：「《典命職》『公之孤四命，以皮帛眡小國之君』，《司服職》『孤之服，自希冕而下，如子男之服』，注云：『孤，朝聘天子及助祭之服，自祭家廟爵弁，其大夫皆玄冠，與士同。』按：『黻』與『韍』同。《玉藻》『三命赤韍』，注：『此玄冕爵弁之韠，尊祭服，異其名耳。』疏云：『他服稱韠，祭服稱韍。』按：他服之韠，則《玉藻》所云『韠，君朱、大夫素、士爵韋』，注謂：『玄端服之韠。凡韠以韋爲之，皮弁服皆素韠。』然則爵弁以上，合自稱黻。鄭云『尊祭服，異名』者，以卿大夫惟助祭得用冕弁，方施韍，惟祭服爲然，故言尊之。其實韠、韍之制一也。」沈氏用疏「蔽膝」説，而釋韠、韍爲一，視疏爲覈。然杜注但云「黻冕，命卿之服」，未以黻爲蔽膝。金鶚《禮説》云：「《禮器》云：『禮有以文爲貴者，天子龍衮，諸侯黼，大夫黻，士玄衣纁裳。』龍衮言衣，非言裳，則黼黻亦皆言衣可知。孤、卿希冕，裳有黼黻。孤、卿亦大夫，若謂黼黻在裳，則不得言諸侯黼、大夫黻矣。經意言尊者文多，卑者文少，諸侯備有黼黻，大夫有黻而無黼也。黼重於黻，文重於章，天子、諸侯皆有黼黻，大夫但有黻與章。《王制》疏：『有孤之國，孤絺冕，卿大夫玄冕；無孤之國，卿絺冕，大夫玄冕。』《禮器》所謂大夫，則統孤、卿、大夫稱之。服希冕者，刺粉米於中，而章在左，黻在右。服玄冕者，裳刺黻爲一章，衣亦有

---

❶「冕服」，《春秋左傳正義》卷二十四作「黻冕」。

黻，衣裳既相稱，而黻爲黑青相配，與玄衣之色相似。大夫有黻與章，以黻爲重，又玄冕但有黻無章，故曰大夫黻也。《左》宣十六年傳：『晉侯請於王，以黻冕命士會將中軍，且爲太傅。』所謂大夫黻也。此黻冕與《論語》『禹致美黻冕』不同。禹之黻冕，乃衮冕之通稱，此則大夫之正服也。孔疏引《論語》『黻冕』解之，且以黻爲蔽膝，誤矣。」按：金説是也。《論語》鄭注：「黻，祭服之衣。冕，其冠也。」亦未説爲蔽膝。桓二年傳：「火龍黼黻。」與「衮冕黻珽」並舉，則黻非韍矣。杜注：「太傅，孤卿。」疏引《典命》：「『公之孤四命。』鄭衆云：『九命上公，得置孤卿一人。』」晉爲上公，先鄭説此傳義當不異。《讀本》：「中軍則爲政，太傅則近君。成十八年士渥濁、襄十六年羊舌肸，皆爲此官。蓋春秋時，晉主禮刑之近官。文六年太傅陽子，❶亦司法罪、刑獄、逋逃之事，此則中軍兼之。」

於是，晉國之盜逃奔於秦。

羊舌職曰：「吾聞之『禹稱善人，不善人遠』，此之謂也夫！**【疏證】**杜注：「稱，舉也。」惠棟云：「《玉篇》引云『禹偁善人』，云『與「稱」同』。《爾雅》曰：『偁，舉也。』與杜訓同，當從人。」

「《詩》曰：『戰戰兢兢，如臨深淵，如履薄冰。』善人在上也。**【疏證】**引《詩·小旻》文。《釋文》：「兢，本又作矜。」傳：「戰戰，恐也。兢兢，戒也。」「深淵」下云：「恐墜也。」「薄冰」下云：「恐陷也。」陳奐《詩疏》云：「宣十六年《左傳》引《詩》本亦作『矜矜』，《説文·兄部》云：『兢讀若矜。』章末三句，自言王者在上，進賢，退不肖，當有戒慎恐懼之意。《左傳》晉羊舌職引此詩而釋之云：『善人在上。』《吕覽·慎大》篇『賢主愈懼，愈彊，愈恐』，其下即引《周書》曰：『「若臨深淵，若履薄冰。」以言慎事也。』文義亦同。」

「善人在上，則國無幸民。

「諺曰：『民之多幸，國之不幸也。』是無善人之謂也。」

「夏，成周宣榭火」，人火之也。

凡火，人火曰火，天火曰災。**【疏證】**此火例也。《説文》：「烖，天火災。從火，𢦏聲。或從灾，籀

❶「六」上，原衍「十」字，今據《春秋左傳讀本》卷十一删。

文巛。」則賈君本作「烖」也。本疏：「人火從人而起，故指火體而謂之爲火。天火則自然而起，不能本其火體，故以所害言之，謂之爲災。聖人重天變，故異其名。《春秋》書災多矣，惟此言火耳。」按：《公》、《穀》經字作「災」，疏所述爲《左氏》舊義。

「秋，郯伯姬來歸」，出也。

爲毛、召之難故，王室復亂。【疏證】十五年「王子捷殺召公、毛伯」，杜注：「毛、召之黨，欲討蘇氏。」

王孫蘇奔晉，晉人復之。

冬，晉侯使士會平王室。

定王享之，原襄公相禮。【疏證】《周語》注：「原公，周卿士。相，佐也。」杜用韋義。

殽烝，【疏證】《周語》注：「烝，升也。升折俎之殽。」杜用韋義。《曲禮》「左殽右胾」，注：「殽在俎。」疏：「《春秋》宣十六年，王享士會殽烝，下云：『宴有折俎。』是殽在俎也。」韋謂「折俎之殽」，本鄭君說。本疏：「禮，升殽於俎，皆謂之烝也，故烝爲升也。切肉爲殽，乃升於俎，故謂之殽烝。」沈欽韓云：「牲體不合升，直以體骨薦俎也。《曲禮》注：『殽，骨體也。』疏云：『熟肉帶骨而臠曰殽。』《禮運》注：『腥其俎，謂豚解而腥之。熟其殽，謂體解而爓之。』❶疏云：『豚解者，《士喪禮》小斂之奠，載牲體，兩髀、兩肩、兩胉并脊，凡七體也。《士虞禮》「主人不視豚解」，注：「豚解，解前後脛、脊、脅而已。」是豚解七體也。體解則《特牲》、《少牢》所升于俎以進神者。《特牲禮》九體，肩一、臂二、臑三、肫四、胳五、正脊六、横骨七、長脅八、短脅九；❷《少牢》則十一體，加以脡脊、代脅者，爲十一體也。』楊復《儀禮旁通圖》『十一體：前脛骨三，肩、臂、臑也；後脛骨二，膞、胳也；脊有三分，前分爲正脊，次中爲脡脊，復分爲横骨；脅亦作三分，前分爲代脅，次中爲長脅，後分爲短脅。』按：豚解者，下云『享有體薦』；體解者，下云『宴有折俎』。」按：沈據《禮》疏，以殽爲體解，甚諦。本疏但云切肉爲殽，不別體骨之數，而於「宴有折俎」下，引《特牲》饋食九體、《少牢》脡脊、代脅，以爲十一體，又云：「其宴飲殽烝，其數無文，若祭祀體解，其諸侯、天子無文，或同十

❶ 「爓」，原作「爛」，今據原稿改。
❷ 「骨」，《春秋左氏傳補注》卷五作「脊」。下一「横骨」同。

一。」則疏亦以殽烝體薦皆骨體矣。

武季私問其故。【疏證】通行本「季」作「子」,《校勘記》云:「山井鼎云:『今本後人「武子」上補足「季」字,所校諸本皆無,檢杜注「武,士會謚;季,其字」,不爲無據也。』陳樹華云:❶『杜氏爲下傳文季氏而出此注,且内外傳文閒稱「士季」,無有稱「季武子」者,山井鼎説非也。』」案:山井鼎《攷文》「『武子』上補足『季』字」,謂「子」上加「季」,非謂作「季武子」。作「武季」與宋本合。杜注并釋「季」以此,陳説非。《周語》注:「季,范子字。」杜用韋説,又云:「享當體薦而殽烝,故怪問之。」《讀本》:「私問相者。」

王聞之,召武子曰:「季氏,而弗聞乎?【疏證】閻若璩《尚書疏證》云:「天子字諸侯,僅見《書·文侯之命》,降而字陪臣,惟春秋中業後有之。宣十六年,王於士會曰季氏;成二年,王於鞏朔曰伯;❷昭十五年,王於荀躒曰伯氏、籍談曰叔氏,竟稱其五十字。較之僖十二年,王謂管仲舅氏者,已少不同,豈非世降變禮之一端乎?」

「王享有體薦,【疏證】《校勘記》云:「《詩·伐木》、《禮·王制》正義引『享』作『饗』。」《周語》「王公立飫,則有房烝」,注:「禮之立成者爲飫。房,大俎也。《詩》云『籩豆大房』,謂半解其體,升之房也。」杜注:「享則半解其體而薦之,所以示共儉。」杜用韋説。本疏云:「注《國語》者,皆云禘祭宗廟,郊祭天地,則有全其牲體,而升於俎,謂之全烝。王公立飫,即享禮也。禮之立成者,名爲飫。半解其體,而升於俎,謂之房烝。傳言體薦,即房烝也。」疏引《國語》注,視韋義爲詳,不知何人之注。以全烝屬郊禘,半體屬飫,甚爲分明。半體據《禮》疏,謂髀、肩、胳、脊,已釋於上。凌廷堪《禮經釋例·釋牲》云:「凡牲前體謂之肱骨,肱骨三,最上者謂之肩。後體謂之股骨,股骨三,下謂之胳。胳下謂般,般中體謂之脊。肫上謂之髀。」按:此謂割牲留脊而分爲兩,兩又三分之,并脊,是爲七體。

「宴有折俎;【疏證】《校勘記》云:「《詩·伐木》正義引作『燕以折俎』。」《周語》「親戚宴饗,則有殽

❶ 「華」,原脱,今據《春秋左傳正義》卷二十四《挍勘記》補。

❷ 「伯」下,原衍「氏」字,今據原稿刪。

烝」，注：「殽烝，升體解節折之俎，謂之折俎也。」杜云：「體解節折，升之於俎，物皆可食，所以示慈惠。」按：杜用韋説。「享以訓共儉，宴以示慈惠」，成十二年傳文，杜據以説此享、宴也。本疏云：「注《國語》者皆云親戚宴享，則宴享禮同，皆體解節折，乃升於俎，謂之殽烝。」與韋義略同，亦不知爲何人之注。據彼注，則折俎、殽烝，對同散異。疏又云「宴享禮同」者，謂此宴享之享，與親戚宴享之享，同用體解也。體解之十一體内，有七體之肩、胳、脊而無髀，又皆尚右，則肩、胳止當二體，❶脊、脅各三，當六體。沈氏已具説於上，惟臂、臑、肫未詳。凌廷堪《禮經釋例·釋牲》云：「肩下謂之臂，臂下謂之臑，股骨最上謂之肫。」合之肩、胳及三脊、三脅，故爲十一體也。本疏於此傳備列《周語》之文，謂此傳與《國語》略同，故杜取《國語》注解之。其實杜用《國語》注解《左傳》者甚多，不止此也。

**「公當享，卿當宴，王室之禮也。」**【疏證】杜注：「公謂公侯。」❷本疏：「言諸侯親來，則爲之設享，又設宴也。享用體薦，燕用折俎。若使卿來，雖爲設享，仍用公之燕法，亦用折俎，是王室待賓之禮也。」按：《王制》「有虞氏以燕禮，夏后氏以饗禮」，疏：「盧氏云：『燕禮，脱屨升堂。』崔氏云：『燕者，殽烝折俎，行一獻之禮，坐而飲酒，以至於醉。』皇氏云：『一是諸侯來朝，天子饗之，則《周禮·大行人職》云「上公之禮，其饗禮九獻」是也。其牲則體薦，體薦則房烝，故《春秋》宣十六年《左傳》云：「饗有體薦。」二是王親戚及諸侯之臣來聘，王饗之禮亦有飲食及酒者，親戚及賤臣不須禮隆，但示慈惠，故並得飲食之也。其酌數亦當依命數，其牲折俎亦曰殽烝也。故《國語》云「親戚宴饗，則有殽烝」，謂以燕禮而饗則有之也。又《左傳》宣十六年云：「饗有體薦，宴有折俎，公當饗，卿當宴，王室之禮也。」定王享士會而用折俎，以《國語》及《左傳》，故知王親戚及諸侯之大夫來聘者，皆折俎饗也。其饗朝廷之臣，亦當然也。』」本疏用皇侃説，皇説當本《左氏》古義，其引傳「享」作「饗」，「禮」作「體」，皆異文。

**武子歸而講求典禮，以脩晉國之法。**

【疏證】杜注未説脩法。《國語》説此事云：「歸乃講聚三

❶「胳」，原作「骼」，今據原稿改。

❷下「公」，《春秋左傳正義》卷二十四作「諸」。

代之典禮，於是乎脩執秩，以爲晉法。」注：「三代，夏、殷、周也。秩，常也。可奉執以爲常法者。晉文公蒐於被廬，作執秩之法，自靈公以來，闕而不用。故武子脩之，以爲晉國之法。」則法謂政事條格也。

【經】十有七年，春，王正月，庚子，許男錫我卒。無傳。【疏證】子靈公甯立，成二年傳叙楚救齊之事云：「蔡景公爲左，許靈公爲右。二君弱，皆强冠之。」則靈公即位時，年甚幼。

丁未，蔡侯申卒。無傳。【疏證】《年表》：「蔡文侯二十年，薨。」《管蔡世家》：「蔡文侯申立，二十年卒。子景侯同立。」據成二年傳，蔡景公立年亦幼也。杜注：「丁未，二月四日。」貴曾云：

夏，葬許昭公。無傳。

葬蔡文公。無傳。

六月，癸卯，日有食之。無傳。【注】劉歆以爲三月晦朓魯、衛分，又云：「春秋食晦日朓者一，侯王展意顓事，臣下促疾，故月行疾也。」《五行志》。【疏證】《年表》：「魯宣公十七年，日蝕。」杜注：「不書朔，官失之。」杜以食在六月，其違於三統術，謬不待辨。即據大衍術，六月甲辰朔，交分已過食限也。❶歆謂三月晦朓者，《五行志》云：「晦而月見西方，謂之朓。朔而月見東方，謂之仄慝。仄慝則侯王其肅，朓則侯王其舒。劉歆以爲舒者，侯王展意顓事，臣下促疾，故月行疾也。肅者，王侯縮朒不任事，臣下弛縱，故月行遲也。當春秋時，侯王率多縮朒不任事，故食二日仄慝者十八，食晦日朓者一，此其效也。」右《漢志》「晦而月見」以下四句，當是古術，歆以《左氏》説證之，今裁約其文爲注。本年，晉侯徵會於齊，執晏弱、蔡朝、南郭偃；十八年，邾人戕鄫子於鄫，魯逐東門氏，子家奔齊，皆侯王展意顓事，臣下促疾之事也。臧壽恭云：「案：是年入甲申統，一千五十一年，積月一萬二千九百九十九，閏餘四，積日三十八萬三千八百七十一，小餘五十七，大餘五十一。❷正月乙亥朔大，❸小餘十九。二月乙巳朔小，小餘六十

❶ 原稿眉批：引大衍合否，二弟核之。
❷ 「大」下，原衍「小」字，今據《春秋左氏古義》卷四删。
❸ 「大小」，原倒，今據《春秋左氏古義》卷四改。

二。三月甲戌朔大，癸卯晦，小餘二十四。又置上積日，加積日八十八，以統法乘之，以十九乘小餘二十四，并之。滿周天，除去之。餘十二萬五千三百三十七，滿統法而一，得積度八十一度餘六百七十八。命如法，合辰在奎十度。」

己未，公會晉侯、衛侯、曹伯、邾子，同盟于斷道。【疏證】《公羊》「邾」曰「邾婁」。杜注：「斷道，晉地。」顧棟高云：「今山西沁州東有斷梁城。」沈欽韓云：「傳云『盟于卷楚』，疑斷道、卷楚一地也。《方輿紀要》：『卷城在開封府原武縣西北七里。』」案：傳注云「卷楚即斷道」，沈本杜説。沁州在絳西北二百餘里，開封在絳南四百餘里，且是沈、蔡地。晉侯徵盟，不得遠涉沈、蔡，顧説是也。

秋，公至自會。

冬，十有一月，壬午，公弟叔肸卒。

【傳】十七年，春，晉侯使郤克徵會于齊。【疏證】《晉語》「郤獻子聘于齊」，注：「獻子，晉卿，郤缺之兄子克也。」❶杜注：「徵，召也。欲爲斷道會。」

齊頃公帷婦人，使觀之。郤子登，婦人笑于房。【疏證】《晉語》「齊頃公使婦人觀而笑之」，注：「郤子跛。」杜注：「跛而登階，故笑之。」杜用韋義。本疏：「沈氏引《穀梁傳》云：『魯行父秃，晉郤克跛，衛孫良夫眇，曹公子首傴，故婦人笑之。』是以知郤克跛也。《穀梁》定本作『郤克眇，衛孫良夫跛』。」按：今通行本從定本。據沈氏引作「郤克跛」，用古本，《左氏》舊説與《穀梁》同，故沈氏疏引《穀梁》也。《年表》：「齊頃公七年，晉使郤克來齊，婦人笑之。晉成公八年，❷使郤克使齊，婦人笑之。」與傳説同。婦人，汎指之辭。《晉世家》：「成公八年，❸使郤克於齊。齊頃公母從樓上觀而笑之。所以然者，郤克僂而魯使蹇、衛使眇，故齊令人如之以導客。」以笑者爲頃公之母，用《公》、《穀》説。按：成二年傳：「晉人曰：『必以蕭同叔子爲質。』」蓋報笑郤克之隙。三傳皆以婦人爲頃公母也。《齊世家》：「頃公六年，春，晉使郤克於齊。齊使夫人帷中而觀之。郤克上，夫人笑之。」以婦人

❶「兄」，《國語正義》卷十一無此字。
❷「成」，《史記・十二諸侯年表》作「景」。
❸「成」，《史記・晉世家》作「景」。

爲頃公夫人，史公蓋采雜説，其作「頃公六年」亦誤。

獻子怒，出而誓曰：「所不此報，無能涉河！」【疏證】杜注：「不復渡河而東。」按：郤克謂非以師至，不再渡河也。《齊世家》：「郤克曰：『不是報，不復涉河！』」《晉世家》：「郤克怒，歸至河上，曰：『不報齊者，河伯視之！』」

獻子先歸，使欒京廬待命于齊，曰：「不得齊事，無復命矣。」【疏證】杜注：「欒京廬，郤克之介。使得齊之罪，乃復命。」按：杜説非也。郤克未致徵會之命而行，故留介待命。事，即謂會之事。《年表》：「克怒歸。」

郤子至，請伐齊，晉侯弗許。請以其私屬，又弗許。【疏證】杜注：「私屬，家衆也。」《晉世家》：「郤克至國，❶請君，欲伐齊，景公問其故，曰：『子之怨，安足以煩國。』」《齊世家》：「歸，請伐齊，晉侯弗許。」

齊侯使高固、晏弱、蔡朝、南郭偃會。【疏證】杜注：「晏弱，桓子。」按：四子皆齊大夫。

及斂盂，❷高固逃歸。

夏，會于斷道，討貳也。盟于卷楚，辭齊人。【疏證】《讀本》：「晉以正使逃，辭齊，不與會。」

晉人執晏弱于野王，執蔡朝于原，執南郭偃于温。【疏證】沈欽韓云：「《方輿紀要》：『野王縣，❸今懷慶府河内縣治。』」

苗賁皇使，見晏桓子。【疏證】洪亮吉云：「《外傳》作『苗棼皇』。《説苑》：『蘧伯云：「釁蚠黄生楚，走之晉，治七十二縣。」』疑即苗賁皇。」李富孫云：「釁讀爲門，與苗聲相近。蚠、棼，同聲通假。」《晉語》注：「棼皇，❹晉大夫，楚鬭伯棼之子也。」杜注：「賁皇，楚鬭椒之子。楚滅鬭氏而奔晉，食邑於苗地。」用韋説。馬宗璉云：「《唐書·宰相世系表》云：『河南軹縣南有苗亭。』案：《郡國志》河内有野王、温、軹三縣，軹有原鄉。賁皇爲苗邑大夫

---

❶「國」，原脱，今據原稿補。

❷眉批：斂盂，衛地，似已見，查。

❸「縣」，《春秋左氏傳地名補注》卷五作「城」。

❹「棼」，原作「賁」，今據《國語正義》卷十一改。

時，自軹縣往野王，見晏桓子，歸乃言於晉侯。自是河內歸河東。」江永云：「《水經注》：『潆水出王屋西山，南逕苗亭西。亭，故周之苗邑。』今潆水在濟源縣西，是苗亭在縣西也。」按：濟源，今屬懷慶府。

歸，言於晉侯曰：「夫晏子何罪？

「昔者，諸侯事吾先君，皆如不逮。**【疏證】**先君，晉先君也。《釋言》：「逮，及也。」

「舉言群臣不信，**【疏證】**杜注：「舉亦皆也。」

「諸侯皆有貳志。**【疏證】**貳於晉。

「齊君恐不得禮，**【疏證】**杜注：「不見禮待。」

「故不出，而使四子來。左右或沮之，**【疏證】**《□□》傳：「沮，止也。」

「曰：『君不出，必執吾使。』故高子及斂盂而逃。

「夫三子者曰：『若絶君好，寧歸死焉。』爲是犯難而來。

「吾若善逆彼，**【疏證】**俞樾云：「若猶當也。言吾當善逆彼，以懷來者也。『若』與『如』同義。《宋策》注：『如，當也。』」杜注：「彼，三人。」

「以懷來者。吾又執之，以信齊沮。**【疏證】**本疏：「使沮者之言信也。」

「吾不既過矣乎？過而不改，而又久之，以成其悔，何利之有焉？**【疏證】**傳遜云：「言三子見執，齊人必悔，有遣使之心。今又久之，必將背晉。」按：傳説是也。疏謂「晏桓子等恨齊侯之使」，非。

「使反者得辭，**【疏證】**杜注：「反者，高固。謂得不當來之辭。」

「而害來者，以懼諸侯，將焉用之？」

晉人緩之，逸。**【疏證】**杜注：「緩，不拘執，使得逃去也。」武億云：「於時晏弱、蔡朝、南郭偃三子，皆被執。逸者惟弱一人，以苗賁皇首爲之言，故先得逸去。下傳齊侯、晉侯盟於鄗，以公子彊爲質於晉，晉師還，蔡朝、南郭偃逃歸。不及晏弱，知弱得脱久矣。」按：武説是也。傳文此句，承上晏桓子言。《齊世家》「齊使至晉，郤克執齊使者四人河内，殺之」，與傳違異。

秋，八月，晉師還。【疏證】惠士奇云：「晉未嘗出師而云晉師還者，豈斷道討貳之師歟？似有闕文。」

范武子將老，【疏證】《晉語》注：「武子，晉正卿士會也。」杜注：「老，致仕。初受隨，故曰隨武子。後更受范，復爲范武子。」顧棟高云：「今山東曹州府范縣東三里，有士會墓。季氏《私考》疑濮州衛地，晉不應以封其大夫。愚攷狄嘗滅衛，士會以宣十六年與滅狄之功，晉得狄土以爲賞邑耳。士會於十二年傳稱隨武子，于十七年請老稱范武子，以後終春秋之世，稱范不稱隨。」

召文子，曰：「燮乎！【疏證】《晉語》注：「燮，武子之子。」杜用韋說。

「吾聞之，喜怒以類者鮮，易者實多。【疏證】《後漢書·寇恂傳》論：「傳稱『喜怒以類者鮮矣』，夫喜而不比，怒而思難者，其惟君子乎。」不比、思難，皆釋「類」義。此古說，范蔚宗引之。沈欽韓云：「《詩》傳：『類，善也。』言喜怒不妄施者尠也。」沈謂喜怒不妄施，與范蔚宗引傳義合，則易者兼喜怒言，謂輕於喜怒也。杜云：「易於遷怒。」非。

「《詩》曰：『君子如怒，亂庶遄沮。君子如祉，亂庶遄已。』【疏證】《小雅·何人斯》文。❶傳：「遄，疾。沮，止也。祉，福也。」杜用毛說。陳奐《詩疏》云：「《孟子·梁惠王》篇：『嬖人有臧倉者沮君，君是以不果來也。曰：「行，或使之；止，或尼之。行止，非人所能爲也。」』是沮爲止也。《魯語》『慶其喜而弔其憂』，韋注云：『喜猶福也。』是福亦喜也。遄已，猶遄沮也。《左傳》：『君子之喜怒，以已亂也。』『喜』詁『祉』，與毛傳『福』詁『祉』義同。箋云：『君子見讒人，如怒責之，❷則此亂庶幾可疾止也。福賢者，謂爵禄之也。如此，則亂亦庶幾可疾止也。』此鄭申毛也。」

「君子之喜怒，以已亂也。

「弗已者，必益之。郤子其或者欲已亂於齊乎？【疏證】洪亮吉云：「高麗宋本作『欲已於亂乎』。」

❶「何人斯」，當作「巧言」。
❷「責」，原作「貴」，今據原稿改。

「不然，余懼其益之也。

「余將老，使郤子逞其志，【疏證】《晉語》：「武子曰：『郤子之怒甚矣，不逞於齊，必發諸晉。』」注：「逞，快也。」杜注：「欲使郤子從政，快志以止亂。」用韋說。

「庶有豸乎？【疏證】豸，石經本作「鳩」，改刻作「豸」。《釋文》：「豸，本又作鳩。」《校勘記》云：「按《群經音辨》引作『庶有鳩乎』，云：『今文作豸。』《集韻·四紙》引同，云：『徐邈讀通作豸。』」據阮説，則作「鳩」非誤。杜注：「豸，解也。」杜從今文，用《方言》訓。洪亮吉云：「解廌，《字林》等皆作『解豸』，豸、解音同，故杜以『解』訓『豸』也。」然「鳩」無「解」訓，《群經音辨》：「鳩，辭也，音豸。」當是舊説。定四年傳「若鳩楚境」，杜注：「鳩，安集也。」別是一義，不可釋此傳。

「爾從二三子，唯敬。」【疏證】杜注：「二三子，晉諸大夫。」

乃請老，郤獻子爲政。【疏證】《讀本》：「郤克自斷道歸，士會不能平其怒，乃老而授郤克政。」

「冬，公弟叔肸卒」，公母弟也。【疏證】《讀本》：「叔肸後爲嬰齊，其後爲叔氏。」

凡大子之母弟，公在曰公子，不在曰弟。【疏證】此適妻子稱謂繫公、不繫公例也。本疏：「前『凡』明稱母弟之人，適子及妾子之等。劉炫云：『前凡據適妻子爲文。』」按：傳例明云「太子之母弟」，則以適長爲義，不及妾子。炫説是也。

凡稱弟，皆母弟也。【注】先儒説稱弟，皆謂公子，不爲大夫者，得以君爲尊。潁氏又曰：「臣無竟外之交，故去弟以貶季友。子招樂憂，故去弟以懲過。」《釋例》。【疏證】此妾子爲君，君弟亦得稱弟例也。本疏：「後『凡』明策書稱弟者，皆母弟之義。劉炫云：『後「凡」嫌妾子爲君，母弟不得稱弟，故更言「凡」也。』」疏義與炫説同，而略妾子爲君，再發「凡」之義，非。杜注：「此策書之通例也。庶弟不得稱公弟，而母弟或稱公子。若嘉好之事，則仍舊史之文。惟相殺害，然後據例以示義，所以篤親親之恩，崇友于之好。」杜氏於前後「凡」不加別析，統以策書通例釋之。其云庶弟不得稱公弟，正與後「凡」義相反。且如杜説，嘉好之事，自庶弟外，或稱弟，或稱公子，皆仍舊史之文，則

《左氏》無煩立此例。其云「惟相殺害」，據例示義，疏舉鄭段、魯公子友、衛叔武，實母弟而不稱弟爲證。右經文三事，皆不書弟之例，非稱弟之例，杜意亦不如此。《釋例》引秦鍼、陳黄、衛鱄、陳招、宋辰之事，明殺害謂存弟以示兄曲，即注所謂據例示義也。此與穎氏貶季友、子招義相發。其引先儒説，稱弟皆謂非大夫，意不謂然。因并穎氏貶季友、子招之説，亦不依之。然稱弟皆謂非大夫，亦穎氏説。知者，杜題「穎氏又曰」，文承先儒，則先儒説即穎氏説矣。「先儒説」下有「母弟善惡褒貶，既多相錯涉」，此杜氏語。穎氏説「懲過」下有「鄭段去弟，唯以名通」，亦杜氏語。洪亮吉總取爲舊説，非也。杜駁「稱弟皆非大夫」説，云：「莒挐非卿，非卿則不應書。今嘉獲，故特書。特書猶不稱弟，明諸書弟者皆卿也。」又云：「按傳莒挐非卿，乃法所不書，書而不言弟，非得以君爲尊也。凡聘享嘉好之事，於是使卿，故夷仲年之聘，皆以卿稱弟而行，此例所謂凡稱弟皆母弟。《左氏》明文而自違之。」詳杜氏兩稱「莒挐」，則穎氏「稱弟皆非大夫」之説，蓋據僖元年傳「獲莒子之弟挐，非卿也」爲例。杜既知莒挐非卿，法所不書，則夷仲年之非卿可知。惟其非卿，故書弟，示以君爲尊之義，非其人已爲卿，而以君尊稱弟也。書弟乃策書之例，杜謂以卿稱弟而行，甚爲不辭。杜《釋例》又曰：「秦伯之弟鍼適晉，女叔齊曰『秦公子必歸』，此公子亦國之常言，得兩通之證也。」亦駁穎説。按：「秦伯之弟鍼」，經之書法；「秦公子必歸」，傳之叙事例以釋經，不爲傳而發也。杜駁穎氏貶季友、子招説，云：「鄭段去弟，唯以名通，故謂之貶。今此二人皆稱公子，公子者，名號之美稱，又非所貶也。」按：莊二十五年經「公子友如陳」，穎氏所謂「臣無竟外之交，故去弟以貶季友也」。昭元年「叔孫豹會陳公子招于虢」，穎氏所謂「子招樂憂，故去弟以懲過」也。穎氏之意，以季友爲魯莊母弟，子招爲陳哀母弟，未列爲大夫，例當稱弟，經不稱弟，稱公子者，有所貶也。既爲大夫，書公子，從爵命之實；未爲大夫，書公子，奪君尊之義。各有取爾。杜駁之，非。

**【經】**十八年，春，晉侯、衛世子臧伐齊。

**【疏證】**《年表》：「晉景公九年，伐齊。齊頃公八年，晉伐敗我。」

公伐杞。無傳。

夏，四月。

秋，七月，邾人戕鄫子于鄫。【注】賈云：「使大夫往殘賊之。」本疏。【疏證】邾，《公羊》曰邾婁。鄫，《穀梁》曰繒。杜注：「邾大夫就殺鄫子。」用賈説。疏云：「杜以會盟之例，卿則書名氏，大夫則稱人，故云邾大夫耳。」賈釋「戕」爲「殘賊」者，《大司馬》「放弑其君則殘之」，注：「殘，殺也。《王霸記》云：『殘滅其爲惡。』」疏：「《尚書·梓材》云：『戕敗人宥。』注：『戕，殘也。』又云：『無胥戕，無胥虐。』注云：『無相殘賊，無相暴虐。』是戕爲殘賊也。《異義》鄭君以爲《左氏》宣十八年，秋七月，『邾人戕鄫子于鄫』，傳曰『凡自内虐其君曰弑，❶自外曰戕』，即邾人戕鄫子，是也。『自内弑其君曰弑』者，『晉人弑其君州蒲』是也。雖他國君，不加虐，亦曰殺。若加虐殺之，乃謂之戕，取殘賊之意也。若自上殺下，及兩下自相殺之等，皆曰殺。」據《禮》疏引鄭君《尚書》注，訓「戕」爲「殘」，與賈君同。彼疏引鄭《駮異義》，以「戕」爲「加虐殺之」，義尤明了。杜云「就殺」，用賈説，而非賈義也。《公羊傳》：「戕鄫子于鄫者何？殘而殺之也。」《穀梁傳》：「戕，猶殘也，捝殺也。」二傳亦明加虐之義，與《左氏》説同。其許君《異義》説佚，或謂戕、殺義同，不據三傳也。

甲戌，楚子旅卒。【疏證】旅，《穀梁》曰吕，《年表》、《楚世家》作「侣」。臧壽恭云：「按《説文》：『膂，篆文吕，從肉，旅聲。』是吕爲古文，膂爲篆文，旅即膂之省文。」李富孫云：「旅、吕音義同，侣又形聲之亂。」❷按：臧、李説是也。《年表》：「楚莊王二十三年，薨。」《楚世家》：「莊王侣立，二十三年卒，子共王審立。」《坊記》：「《春秋》不稱楚、越之王喪。禮，君不稱天，大夫不稱君，恐民之惑也。」注：「楚、越之君，僭號稱王，不稱其喪，謂不書『葬』也。《春秋傳》曰：『吴、楚之君不書葬，辟其僭號也。』」疏：「引《春秋傳》者，宣公十八年，楚子旅卒，《公羊傳》曰：『吴、楚之君不書「葬」，辟其號也。』」又云：「春秋越子卒，經傳全無其事。但記者據越稱王之後追言之，非當時之事也。」據疏説，鄭君説楚、越之君不書葬，用《公羊》義。杜注：「吴、楚之葬，僭而不典，故絶而不書，同之夷蠻，以懲求名之僞。」蓋用鄭君説。本疏：「諸侯之葬，魯不會則不書。知吴、楚之葬爲僭不書者，襄二十九年傳稱葬楚康王，公親送葬，經亦不書，故知其不爲魯不會也。」

❶「内」，原脱，今據原稿補。
❷「亂」，原爲空格，今據原稿補。

據疏說，則楚葬雖會不書，《左氏》義亦同《公羊》也。

公孫歸父如晉。【注】服云：「歸父，襄仲之子。」《魯世家》集解。【疏證】杜傳注用服說。李貽德云：「襄仲，公子遂也。」

十月，壬戌，公薨于路寢。【疏證】《魯世家》：「十八年，宣公卒。」

歸父還自晉，至笙，遂奔齊。【疏證】笙，《公羊》、《穀梁》作檉，《釋文》：「本作檉，又作朾。」臧壽恭云：「笙、檉同音，得通假。」李富孫云：「僖元年經『會于檉』，《公羊》作『朾』，皆音近字。」杜注：「魯竟外。」江永云：「今按：莊九年，殺子糾於生竇。《史記》作『笙瀆』，賈逵曰：『句瀆也。』今曹州府北有句陽古城，笙地其在此歟？」

【傳】十八年，春，晉侯、衛太子臧伐齊，至于陽穀。【疏證】《年表》：「齊頃公八年，晉伐敗我。」

齊侯會晉侯，盟于繒。以公子彊爲質于晉，晉師還。【疏證】繒，今地闕。經文「邾人戕鄫子于鄫」，❶《穀梁》「鄫」作「繒」。疑傳之盟繒，即鄫也。《年表》：「質子彊，兵罷。」《齊世家》：「晉伐齊，齊以公子强質晉，晉兵去。」

蔡朝、南郭偃逃歸。

夏，公使如楚乞師，將欲以伐齊。【疏證】通行本脫「將」，從石經。杜注：「不書，微者行。」

秋，邾人戕鄫子于鄫。

凡自內虐其君曰弒，自外曰戕。【疏證】此書弒、書戕例也。通行本脫「內」字。惠棟云：「唐石經云『自內虐其君』，正義同，今本皆脫『內』字。」《校勘記》云：「《大司馬職》正義、李善《魏都賦》注引傳，並有『內』字。」《易·文言》：「臣弒其君，子弒其父，非一朝一夕之故，其所由來者漸矣，由辨之不早辨也。」杜注：「弒、戕，皆殺也。所以別內外之名。弒者，積微而起，所以相測量，非一朝一夕之漸。戕者，卒暴之名。」此經，《公》、《穀》無傳。杜所稱，當是《左氏》舊說，舊說用《易》「非一朝一

❶「經」，原作「釋」，今據原稿改。

夕」義也。《説文》：「弑，臣殺君也。《易》曰：『臣弑其君。』」賈君説此傳，或亦援《易》。杜云戕爲卒暴者，由弑義推之。《釋名》：「下殺上曰弑。弑，試也，❶伺也，伺閒而後得施也。」本疏：「弑者，試也。言臣下伺候閒隙，試犯其君。戕者，殘也。言外人卒暴而來，殘賊殺害也。」疏説「弑」義，用《釋名》説；「戕」之訓「殘」，用賈君「殘賊」説，已詳經疏證。

楚莊王卒，楚師不出。既而用晉師，

【疏證】杜注：「成二年戰於䍐是。」

楚於是乎有蜀之役。【疏證】杜注：「在成二年冬。」杜注：「魯地。」顧棟高云：「蜀亭爲泰安府接境。」沈欽韓云：「《一統志》：『蜀亭在泰安府泰安縣西。』」俞樾云：「此二十一字，乃錯簡也。本在上文『夏，公使如楚乞師，欲以伐齊』下，編次者因經書『甲戌，楚子旅卒』在『邾人戕鄫子于鄫』之後，遂割傳文而綴諸此，使經事相次耳，非《左氏》之舊。」按：楚子之卒，經繫於秋七月甲戌，傳爲經「楚子卒」而終「楚師不出」之事，不必與魯「乞師」文相承，俞説非也。

公孫歸父以襄仲之立公也，有寵。【疏證】《魯世家》：「襄仲立宣公，公孫歸父有寵。」

欲去三桓，以張公室。【注】服云：「三桓，魯桓公之族仲孫、叔孫、季孫。」《魯世家》集解。【疏證】杜注：「時三桓彊，公室弱，故欲去之，以張大公室。」當亦服義。魯有三桓，猶鄭有七穆。

與公謀，而聘於晉，欲以晉人去之。

【疏證】《魯世家》：「宣公欲去三桓，與晉謀伐三桓。」史公以去三桓爲宣公意，與傳小異。

冬，公薨。

季文子言於朝曰：「使我殺適立庶，以失大援者，仲也夫。」【注】服云：「援，助也。仲殺適立庶，國政無常，鄰國非之，是失大援助也。」《魯世家》集解。【疏證】事見文十八年經傳。襄仲殺惡及視，惡，適長，殺適，指惡也。《魯世家》：「使我殺適立庶失大援者，襄仲。」又云：「會宣公卒，季文子怨之。」怨之，謂怨襄仲也。杜注：「子惡，齊外甥。不能

❶「試也」，《釋名》卷八無此二字。

堅事齊、晉，故云失大援。」嚴蔚云：「經書宣公如齊凡五，齊亦以公服故，歸濟西之田。杜解『失大援』爲『不能堅事齊、晉』，謬矣。」嚴氏駁杜説，未及「大援」斥何國。沈欽韓云：「按：『失大援』之語，行父之詭詞欺衆耳。宣公數如齊，且奔喪，其事齊甚勤。齊以公故，反其所賂，所以援之者甚力。傳文分明，何可厚誣？」案：沈説是也。服云「鄰國非之」，亦知「失大援」非斥齊國，而未達行父詭辭之義。《讀本》：「宣公實齊所立，今魯與齊惡，季氏誣稱舊事，以欺朝臣。」

臧宣叔怒曰：【疏證】杜注：「宣叔，文仲子，武仲父。」

「當其時不能治也，後之人何罪？

「子欲去之，許請去之。」【疏證】杜注：「許，其名也。時爲司寇，主行刑。」

遂逐東門氏。【疏證】杜注：「襄仲居東門，故曰東門氏。」

子家還，及笙，【疏證】杜注：「子家，歸父。」

壇帷，復命於介。【疏證】杜注：「除地爲壇而張帷。」焦循云：「《釋文》：『壇，音善。』讀壇爲墠也。《金縢》『三壇同墠』、《祭法》『一壇一墠』，是除地爲墠，封土爲壇，二字自别。而壇、墠音近，得相通借。《詩》『東門之墠』，亦作『壇』。毛傳解爲『除地町町』，❶則『墠』是而『壇』借，與此傳借『壇』爲『墠』同。」沈欽韓云：「《曲禮》：『大夫士去國，踰竟，爲壇位，鄉國而哭。』此去國之儀，本自有壇也。《聘禮》：『聘，❷君若薨于後，❸歸，執圭復命於殯，升自西階，不升堂。辯復命如聘，子臣皆哭，與介入，北鄉哭。出袒括髮，入門右，即位踊。』此出使君喪復命之禮。歸父既被逐，不得復命於殯，故使介復命也。」

既復命，袒，括髮，即位哭，三踊而出，【疏證】惠棟云：「《士喪禮》曰：『主人髻髮袒。』鄭注云：『古文髻爲括。』是『括』爲古文『髻』也。」沈欽韓云：「《奔喪禮》：『至于家，入門左，升自西階，殯東；西面坐，哭盡哀，括髮袒；降堂東，即位，西向哭，盡哀，括髮袒，降堂東，即位，西向哭，成踊；襲絰于序東，絞帶；反位，拜賓成踊；於又哭，括髮袒成踊，於三哭，猶括髮袒成踊。三日

---

❶ 下「町」，原作「之」，今據原稿改。

❷ 「聘」，原脱，今據原稿補。

❸ 「于後」，原重文，今據《春秋左氏傳補注》卷五删。

成服。奔母之喪，皆如奔父之禮，於又哭，不括髮。』按：臣爲君斬衰，似三哭皆括髮。❶《奔喪》又云：『聞喪不得奔喪，乃爲位。凡爲位者壹袒。』然今歸父惟壹袒也。又云：『大夫哭諸侯，不敢拜賓。』注：『謂哭其舊君。』未知歸父之哭宣公，爲舊君以否。此即位者，即哭位也。鄭云：『位有酇列之處，如于家朝夕哭位矣。』」

遂奔齊。書曰：「歸父還自晉。」善之也。

❶「括」，《春秋左氏傳補注》卷五作「袒」。

# 春秋左氏傳舊注疏證

成公❶【疏證】《魯世家》：「成公名黑肱，宣公之子。」《謚法》：「安民立政曰成。」

【經】元年，春，王正月，公即位。無傳。

二月，辛酉，葬我君宣公。無傳。

無冰。無傳。❷

三月，作丘甲。【注】服云：「《司馬法》云：『九夫爲井，四井爲邑，八字據《孔子閒居》疏。❸四邑爲丘。有戎馬一匹，牛三頭，是曰匹馬丘牛。四丘爲甸，甸六十四井，出長轂一乘，馬四匹、牛十二頭、甲士三人、步卒七十二人，戈楯具備，謂之乘馬。』」《信南山》疏，《孔子閒居》疏。【疏證】「九夫爲井，四井爲邑，四邑爲丘，四丘爲甸」，皆《小司徒職》文。服據《司馬法》者，以穰苴六國時人，其說軍制與春秋世相接耳。《信南山》、《孔子閒居》兩疏引服注，互有詳略，今兼取之。本疏引鄭注《論語》云「《司馬法》『成方十里，出革車一乘』」，與服注所據不同。《信南山》疏引《論語》鄭注「成」上有「井十爲通，通十爲成」，釋之云：「是據成方十里，出車一乘也。」又引此服注，釋之云：「是據甸方八里，出車一乘也。二者事得相通，故各據一焉。」按：《小司徒》鄭注云：「方十里爲成，緣邊一里治溝洫。實出稅者方八里，六十四井。」詳鄭君說，則成與甸乃互名。計溝洫謂之成，除溝洫謂之甸。故《詩》疏云「二者事得相通」也。杜注即用服說，惟杜謂：「此甸所賦，今魯使丘出之。」此杜以己意言也。顧炎武云：「周制四丘爲甸，旁加一里爲成，共出長轂一乘、步卒

❶ 以下成公元年至十八年，底本缺，此據原稿補。
❷ 原稿眉批：查桓十五年。
❸ 「孔子閒居」，當作「坊記」。

七十二人、甲士三人，則丘得十八人，❶不及一甲。今作丘甲，令丘出二十五人，一甸之中共出百人矣。解云『丘出甸賦』，驟增三倍，恐未必然。」又云：「其實爲益兵，向之四丘共出三甲者，今使每丘出一甲爾。非若杜氏所謂丘出一甸之賦。」沈欽韓云：「按：顧説是矣，而不得其證。蓋一甸之中本出甲士三人，今令出甲士四人，則丘出一甲也。知者，以杜牧引《司馬法》云『一車甲士三人，步卒七十二人，炊家子十人，固守衣裝五人，廄養五人，樵汲五人，輕車七十五人，重車二十五人，故二乘兼一百人爲一隊』，《李衛公問對》引《曹公新書》同。然古制惟七十五人，其廝輿之役皆在步卒七十二人之中。今《司馬法》百人爲一隊，則丘出二十五人，當一丘而一甲也。車兼輕重，則一甸又出二乘也。❷《司馬法》本於穰苴，則春秋之中皆用丘甲之法，而晉、楚諸國可知也。《李衛公問對》：『楚二廣之法，每車一乘，用士百五十人，比周制差多。』是丘出甲又不止一矣。」按：顧、沈説是也。服引《司馬法》而無釋，此可補服義。《孔子閒居》「故制國不過千乘」疏「其諸侯計地出軍」下引《司馬法》文，❸又云：「故成元年作丘甲，服、杜俱引此文以釋之。」此未知服、杜雖同據《司馬法》，意各不同也。朱駿聲云：「此加兵非加賦，加甲士非加步卒。❹古四丘出甲士三人，今四丘出甲士四人。每車御一人、射一人、擊刺二人，如文十一年傳之『駟乘』也。」與沈説合。本疏又云：「案鄭注《小司徒》又引《司馬法》云：『成出革車一乘，甲士十人、徒二十人。』與此『車一乘，甲士三人、步卒七十二人』不同者，《小司徒》辨畿内都鄙之地域，謂公卿大夫畿内采地之制，此之所謂諸侯邦國出軍之法，故不同也。案此一車，甲士、步卒總七十五人，《周禮·大司馬》：『五人爲伍，五伍爲兩，四兩爲卒，五卒爲旅，五旅爲師，五師爲軍。』大數不同者，《大司馬》所云，謂鄉遂出軍及臨時對敵布陳用兵之法；此甲士三人、步卒七十二人，謂徵課邦國出兵之時所徵之兵。既至臨陳，還同鄉遂之法。必知臨敵用鄉遂法者，以桓五年『戰于繻葛』、『先偏後伍』，又宣十二年『廣有一卒，卒偏之兩』，及《尚書·牧誓》云『千夫長、百夫長』，是臨時對敵皆用卒兩

❶「得」，原作「則」，今據《皇清經解》卷二《左傳杜解補正》改。

❷「則」，原重文，今據《左傳杜解集正》卷五删。

❸「孔子閒居」，當作「坊記」。

❹「卒」，原作「士」，今據《春秋左傳識小録》卷下改。

師旅也。長轂、馬牛、甲兵、戈楯，皆一甸之民同共此物。若鄉遂所用車馬、甲兵之屬，皆國家所共。知者，以一鄉出一軍，則家出一人，其物不可以私備故也。此言四丘爲甸，並據上地言之。若以上、中、下地相通，則二甸共出長轂一乘耳。」右以《周禮》之制説《司馬法》，疑皆舊疏釋服注之文，故備列之。《刑法志》：「二伯之後，寖以陵夷，至魯成作丘甲，哀公用田賦，搜狩治兵大閱之事皆失其正。《春秋》書而譏之，以存王道。」此是古《左氏》誼。注約引《司馬法》文釋之云：「今乃使丘出甸賦，違常制也。」又曰：「一説别令人爲丘作甲也。士、農、工、商，四類異業，甲者非凡人所能爲，而令作之，譏不正也。」臧壽恭以顔注所引前一説爲服注，又云：「案：顔注所稱『一説』云云，此二傳説。然服氏注傳，每稱『一説』，疑服氏兼取二傳。」案：顔注「使丘出甸賦」，用杜説，臧氏指爲服説，非。則「一説」亦非服引矣。杜止言丘出甸賦，不用二傳説。本疏據《穀梁》謂「杜以爲丘作甸甲」，尤誤。

夏，臧孫許及晉侯盟于赤棘。**【疏證】**杜注：「晉地。」今地闕。

秋，王師敗績于茅戎。**【疏證】**《公》、《穀》「茅」曰「貿」。惠士奇云：「齊、魯諸儒讀『茅』爲『貿』。」李富孫云：「案茅、貿，聲之轉。」《校勘記》云：「按：茅、貿，古音皆讀如矛。」杜注：「茅戎，戎别種也。」沈欽韓云：「按：茅戎蓋西羌之入居中國者。鄭《角弓》箋：『髦，西夷别名。』《括地志》：『岷、洮等州以西爲古羌國，以南爲古髳國。今疊、宕以西，松、當、悉、静等州以南皆是。』于今爲松潘廳及疊溪營地。茅、髳同。」沈氏蓋説茅戎國所在。又云：「《方輿紀要》：『大陽津在陝州西北三里，黄河津濟之處。』《志》云：『津北對茅城，古茅邑也。』」則即茅邑對岸言之。高士奇云：「《水經·河水》注：『大陽縣有茅亭，故茅戎邑也。』《括地志》：『茅城在河北縣西二十里，今之平陸縣界。』此晉邑也，蓋戎人亦附晉邑而居。」江永云：「平陸今屬解州。」

冬，十月。

**【傳】**元年，春，晉侯使瑕嘉平戎于王。

**【疏證】**惠棟云：「《周禮·典瑞》注引作『叚嘉』。蓋古文止作叚，讀爲遐也。今本亦作瑕。惟陸氏《周禮》釋文猶存古字。」李富孫云：「案《檀弓》『公肩假』，《古今人表》作『肩瑕』，是瑕、假同，音通。叚讀爲遐，古又從省。」杜注：

「平文十七年郲垂之役，詹嘉處瑕，故謂之瑕嘉。」

單襄公如晉拜成。**【疏證】**《周語》注：「單襄公，王卿士單朝也。」杜用韋義，又云：「謝晉爲平戎。」

劉康公徼戎，將遂伐之。**【疏證】**杜注：「康公，王季子也。」

叔服曰：**【疏證】**杜注：「叔服，周內史。」

「背盟而欺大國，此必敗。

「背盟不祥，欺大國不義。

「神人弗助，將何以勝？」

不聽。遂伐茅戎。

三月，癸未，敗績於徐吾氏。**【疏證】**杜注：「徐吾氏，茅戎之別也。」疏：「是茅戎內聚落之名，王師與茅戎戰之處。」

爲齊難故，作丘甲。**【疏證】**宣十八年傳：「夏，公使如楚乞師，欲以伐齊。楚莊王卒，楚師不出。」至是懼齊發難。

聞齊將出楚師，夏，盟于赤棘。**【疏證】**杜注：「與晉盟，懼齊、楚。」

秋，王人來告敗。

冬，臧宣叔令修賦、繕完、具守備。**【疏證】**《讀本》：「繕完，繕甲兵，完城郭也。」

曰：「齊、楚結好，我新與晉盟，

「晉、楚爭盟，齊師必至。

「雖晉人伐齊，楚必救之，是齊、楚同我也。**【疏證】**《讀本》：「同我謂害魯。」❶

「知難而有備，乃可以逞。」**【疏證】**《方言》：「逞，解也。」

**【經】**二年，春，齊侯伐我北鄙。

夏，四月，丙戌，衛孫良夫帥師及齊師戰於新築，衛師敗績。**【疏證】**杜注：「四月無丙戌，丙戌，五月一日。」貴曾曰：杜注「新築，衛地」，不言所

❶ 原稿眉批：同，詁。

在。沈欽韓云：『《方輿紀要》：『葛築城在大名府魏縣西南二十里。趙成侯及魏惠王遇于葛築，即此城。今其地又有築亭。』顧棟高直以爲新築。按《趙世家》作葛孽，《紀要》又云：『葛孽城在廣平府肥鄉縣西。』《寰宇記》作葛築，地與衛遠。」據沈説，則新築非葛築、葛孽地，地闕。

六月，癸酉，季孫行父、臧孫許、叔孫僑如、公孫嬰齊帥師會晉郤克、衛孫良夫、曹公子首及齊師戰于鞌，齊師敗績。【注】服云：「鞌，齊地名也。」《齊世家》集解。【疏證】《公》、《穀》「首」曰「手」。臧壽恭云：「案：手，古首字。襄二十五年傳『授手於我』，手亦首之古文。聲同，古通用。」杜注：「鞌，齊地。」用服注，不言所在。閻若璩《潛丘劄記》云：「秀水徐善敬問余：『成二年鞌之戰，杜注止云齊地，《穀梁傳》則云去國五百里，恐非。以下文有華不注山，山下有華泉證之，鞌似去此不遠，當屬今歷城縣地。』余曰：『《通典》「濟州平陰縣」注云：「《左傳》齊、晉戰鞌，故城在縣東。」《括地志》、《寰宇記》同。蓋唐世鞌故城尚存，故杜以爲據。余意鞌在今平陰東四五十里，其去華不注山亦一百三四十里。朝戰于鞌，勝而逐之一百三四十里之山下，且三周焉。蓋古駟駕一車，車僅三人，御復得其法，故取道致遠，而氣力有餘。』」江永云：「自始合以至齊敗，止爲一日之事。華不注在濟南城北，去平陰二百三十里，何以一奔而遽至乎？近《志》云鞌即古之歷下，似爲得之。」錢大昕云：「古人車戰，師行日三十里，即逐利遄行，必無一日行百四五十里之事。《穀梁》云『鞌去齊五百里』，指齊都臨淄而言，歷城非齊都，亦不必疑其道里之不合。」按：江、錢皆駁閻説，謂鞌在歷城，惟説華不注距平陰道里有差。據《方輿紀要》，平陰故城在東平州東北六十五里，❶州在濟南府西南百五十里，華不注山在府東北十五里。即師行有捷出之徑，平陰之去華不注山亦在二百里以外，則鞌定不在平陰也。沈欽韓云：「鞌地，志所不載，《沂水雜記》『沂水縣西北一百里有將軍峴，峴西南有鞌山』，非此鞌也。鞌地當在濟南府歷城縣西北十里鞌山下。」與徐説合。《年表》：「與晉伐齊。」又云：「晉景公十一年，與魯、曹敗齊。衛穆公十一年，與諸侯敗齊。齊頃公十年，晉郤克敗公於鞌。」

秋，七月，齊侯使國佐如師。【疏證】《周

❶「六」，《讀史方輿紀要》卷三十三作「三」。

語》注：「國佐，齊卿，國歸父之子國武子也。」《環人》「訟敵國」，注：「敵國兵來，則往之與訟曲直，若齊國佐如師。」此鄭君說「如師」義。

己酉，及國佐盟于袁婁。【疏證】袁婁，《穀梁》曰「爰婁」。臧壽恭云：「袁、爰通。」杜注：「《穀梁》曰：『袁婁去齊五十里。』」引作「袁」，誤。杜不能定袁婁所在，故引《穀梁》約言之。疏引《釋例·土地名》亦云「鞌與袁婁并闕」。馬宗璉云：「《博物記》：『臨淄縣西有袁婁。』」沈欽韓云：「《一統志》：『爰婁在青州府臨淄縣西。』」顧棟高云：「或曰在臨淄縣境。」案：淄川屬濟南府。

八月，壬午，宋公鮑卒。【疏證】《宋世家》：「文公二十二年卒，子共公瑕立。」《世家》稱文公名「鮑革」，與經異。

庚寅，衛侯速卒。【疏證】《公羊》「速」曰「遬」，《衛世家》同。《世家》：「穆公十一年卒，子定公臧立。」

取汶陽田。【疏證】《年表》：「齊歸我汶陽。」

冬，楚師、鄭師侵衛。【疏證】《年表》：「楚共王二年冬，伐衛。衛穆公十一年，楚伐我。」

十有一月，公會楚公子嬰齊于蜀。

丙申，公及楚人、秦人、宋人、陳人、衛人、鄭人、齊人、曹人、邾人、薛人、鄫人盟于蜀。【注】不書楚公子嬰齊，舊說惡蠻夷得志。本疏。【疏證】《穀梁》「鄫」曰「繒」。杜注：「傳曰：『卿不書，匱盟也。』然則楚卿於是始與中國準。自此以下，楚卿不書，皆貶惡也。」疏引《釋例》曰：「楚之君臣，最多混錯。舊說亦隨文强生善惡之狀，混瀆無已。其不能得辭，則皆言惡蠻夷得志。」據《釋例》引舊說，則此經書楚人，不書楚公子嬰齊，舊說以爲惡蠻夷得志，今用爲注。其「不書楚公子嬰齊」七字，繹舊說增之也。《釋例》又云：「當齊桓之盛，而經以屈完敵之。若必有褒貶，非抑楚也。此乃楚之初興，未閑周之典禮，告命之書，自生同異，故經稱『荆敗蔡師』、『荆人來聘』，從其所居之稱而總其君臣，至於魯僖，始稱楚人。僖二十一年，當楚成王之世，會于盂，楚之君爵始與中國列。然其臣名氏猶多參錯。至魯成二年，楚公子嬰齊始乃具列。傳曰：『卿不書，匱盟也。』兼爲楚臣示例也。自此以上，《春秋》未以人例。自此以下，褒貶可得而論之也。」按：杜謂經書屈完以敵齊桓，非《春秋》尊攘之意，楚未閑周典禮告命之説，策書或沿之。《春秋》經孔子筆削，不得謂策書之誤也。杜乃謂成二年以前書楚事無褒貶，尤謬也。臧壽恭云：「《左氏》舊説以傳云『匱盟』專指秦、宋、陳、衛、鄭言，傳云『畏晉而竊與楚盟，故曰匱盟』，然則楚固未嘗畏晉也，嬰齊之不書，非爲匱盟可知。」按：臧説是也。

【傳】二年，春，齊侯伐我北鄙，圍龍。

【疏證】《校勘記》云：「《史記·魯世家》《晉世家》『龍』並作『隆』。索隱云：『劉氏云隆即龍也。』」按：《年表》：「春，齊取我隆。」惟繫於元年爲異。《齊世家》亦作「隆」，索隱又云：「鄒誕生及別本作『傊』字，『傊』當作『鄆』。文十二年『季孫行父帥師城諸及鄆』，『鄆』即『傊』也，字變耳。」洪亮吉云：「按：字書無『傊』字，疑誤。」詳索隱説，作傊者《史記》本異文，非經字之異。《郡國志》：「泰山郡博，有龍鄉城。」《水經·汶水》注：「汶水南經博縣故城，❶又西南逕龍鄉故城南，《春秋》成公二年齊侯圍龍者也。」❷江永云：「博縣在今泰安府泰安縣。」張雲璈云：「今泰安縣東南五十里有龍鄉城。」梁履繩云：「今大汶口東十餘里有城基，俗云鄉城是也。」

頃公之嬖人盧蒲就魁門焉。【疏證】《水經·汶水》注作「盧蒲就」。杜注：「攻龍門也。」

龍人囚之。

齊侯曰：「勿殺。

「吾與而盟，無入而封。」❸

弗聽。殺而膊諸城上。【疏證】《掌戮》「掌斬殺賊諜而搏之」，注：「搏當爲『膊諸城上』之膊，字之誤也。膊謂去衣磔之。」杜注：「膊，磔也。」用鄭義。《説文》：「膊，薄脯，膊之屋上。」段玉裁云：「當作『薄之屋上』。薄，迫也。《釋名》：『膊，迫也。薄椓肉迫著物使燥也。』説與許同。《方言》：『膊，暴也。燕之外郊、朝鮮洌水之間，凡暴肉，發人之私，披牛羊之五臟，謂之膊。』《左傳》『膊諸城上』，《周禮》『斬賊諜而膊之』，皆謂去衣磔其人，如迫脯於屋上也。」按：段説是也。洪亮吉謂或訓磔，或訓

❶「城」下，《水經注箋》卷十有「東」字。

❷原稿眉批：查《水經》，似文未完。

❸原稿眉批：而，詁。封，詁。

曝，「隨文爲訓」，非。《廣雅》：「磔，張也。」「張」亦暴露義。

齊侯親鼓，【疏證】《清人》疏：「將居鼓下，雖人君親將，其禮亦然。《夏官·太僕職》云：『凡軍旅田役，贊王鼓。』注云：『王通鼓，佐擊其餘面。』是天子親鼓也。成二年《左傳》云『齊侯親鼓之』，是爲將乃然，故云『將居鼓下』。」

士陵城，三日取龍。【疏證】《魏書·房崇吉傳》：「領太原太守，戍升城。未幾，白曜軍至，乃遣衆陵城。」❶

遂南侵，及巢丘。【注】賈云：「殺盧蒲就魁，不與齊盟，以亡其邑，故諱不書耳。」本疏。【疏證】江永云：「巢丘，杜無注，當近龍，在泰安縣界。」杜注：「取龍、侵曹丘不書，其義未聞。」本疏引賈說，駁之云：「案楚子滅蕭，嬰齊入莒，皆殺楚人，而經不變文以加罪，此何當改文以諱惡也？哀八年，『齊人取讙及闡』，以淫女見取，猶尚書之，此殺敵見取，何以當諱？知諱義不通，故不從也。」洪亮吉云：「按：賈義蓋因内諱不書之例推之，正義譏賈，乃引楚子滅蕭、嬰齊入莒以例，失其旨矣。當以賈義爲長也。」按：洪説是也。哀八年讙、闡之役，魯未殺齊將，又釁由卿族之女，例無内諱，疏駁皆非。

衛侯使孫良夫、石稷、甯相、向禽將侵齊，與齊師遇。【疏證】杜注：「良夫，孫林父之父。石稷，石碏四世孫。甯相，甯俞子。」《衛世家》：「穆公十一年，孫良夫救魯伐齊。」則侵齊之師爲救魯而來。

石子欲還。

孫子曰：「不可。以師伐人，遇其師而還，將謂君何？

「若知不能，則如無出。今既遇矣，不如戰也。」

夏有。【疏證】杜注：「闕文，失新築戰事。」案：《年表》、《衛世家》皆云「反侵地」，則新築戰事之上，當更有取巢丘之文，史公據傳書之。

石成子曰：【疏證】杜注：「成子，石稷也。」

「師敗矣。子不少須，衆懼盡。【疏證】

❶ 原稿眉批：陵，詁。

杜注：「衛師已敗，而孫良夫復欲戰，故成子欲使須救。」俞樾云：「按：須之言待也。《詩・匏有苦葉》、《儀禮・士昏禮》鄭君箋、注並云：『須，待也。』『子不少須』者，子不少待也。詳其文義，蓋未戰之前，孫良夫欲戰，既敗之後，又懼而欲先歸。故石成子以此言止之。」石子欲孫子以所將之卒爲殿。

「子喪師徒，何以復命？」

皆不對。【疏證】俞樾云：「三子莫肯爲殿。」

又曰：「子，國卿也。隕子，辱矣。【疏證】《說文》：「抎，有所失也。《春秋傳》曰：『抎子，辱矣。』」是賈氏本作「抎」。惠棟云：「《戰國策》『齊宣王曰「唯恐夫抎之」』，《墨子・天志》曰『抎失社稷』，《廣雅》亦云『抎，失也』。案《吕覽・季夏紀》云：『昭王抎于漢中。』高誘曰：『抎，隊，音曰顛隕之隕。』知『抎』與『隕』通，抎古字也，隕今字也。」洪亮吉云：「《說文》：『隕，從高下也。《易》曰「有隕自天」。』抎、隕二字古通，惠氏似誤。」按：惠氏知「抎」爲古字者，❶以賈逵作「抎」，許君於「隕」下不引傳也。李富孫云：「抎，本字隕，同音字。」沈欽韓云：「《楚策》『莊辛云「黃鵠折清風而抎矣」』，抎即隕也。」

「子以衆退，我此乃止。」

且告車來甚衆。【疏證】杜注：「新築人救孫桓子，故並告令軍中。」按：杜以下文仲叔于奚事，知車爲新築之車。

齊師乃止，

次于鞫居。【疏證】杜注：「鞫居，衛地。」沈欽韓云：「《續志》注引《陳留志》：『封丘縣有鞫亭，古鞫居。』封丘，今屬開封府。」

新築人仲叔于奚救孫桓子，桓子是以免。【疏證】杜注：「于奚，守新築大夫。」疏云：「大夫守邑，以邑冠之，呼曰某人。孔子父，鄹邑大夫，傳稱鄹人紇。《論語》謂孔子爲鄹人之子，即此類也。」

既，衛人賞之以邑，辭，

請曲縣、【注】舊注：「諸侯軒縣，闕南方，形如車輿，是曲也。」《小胥》疏。【疏證】《小胥》：「正樂縣之位，王宮縣，諸侯軒縣，卿大夫判縣，士特

❶「爲」，原重文，今刪。

縣。」注：「鄭司農云：『宮懸四面縣，軒縣去其一面，判縣又去一面，特縣又去一面。四面象宮室四面有牆，故謂之宮縣。軒縣三面，其形曲，故《春秋傳》曰「請曲縣、繁纓以朝」，諸侯之禮也。故曰：唯器與名，不可以假人。』」先鄭注軒縣，引傳「曲縣」説之，其爲傳注，亦當引《小胥職》。彼疏引成二年《左傳》注義，與先鄭同。先鄭不言闕南方，今止稱舊注。鄭君注《小胥》云：「軒縣去南面，辟王也。」與舊注合。《家語·正論》篇「請曲縣之樂」，❶王肅注：「軒縣，闕一面。」亦不明所闕之方，蓋用先鄭説。杜注：「《周禮》天子樂，宮懸，四周。諸侯軒懸，闕南方。」全取舊注爲文。軒縣必闕南方者，《泮宮》疏：❷「諸侯樂用軒縣，去其南面，泮宮之水則去北面者，樂爲人君而設，貴在近人，與其去之，甯去遠者。泮水自以節觀，故留南方。各從其宜，不得同也。」此軒縣闕南方義。《小胥》鄭君注又云：「判縣左右之合，又空北面，特縣縣於東方，或於階間而已。」是判縣視軒縣又去北面，特縣視軒縣又去西面也。形如車輿者，《説文》：「輿，車底也。」車上受物處必空一面，以喻曲縣有闕。阮太傅《考工·車制解》云：「輿者，軫輢軹轛之總名。」按：車底以軫爲率，後軫前式，皆稍斂輒又侈出，非正方，故云曲也。

**繁纓以朝，**【疏證】《釋文》「繁纓」亦作「樊纓」。《巾車》：「掌王之五路：玉路，樊纓十有再就，以祀。金路，樊纓九就，同姓以封。象路，樊纓七就，異姓以封。革路，條纓五就，以封四衛。木路，前樊鵠纓，以封蕃國。」字正作「樊」，注：「樊讀如鞶帶之鞶，謂今馬大帶也。鄭司農云：『禮家説曰：纓當胸，以削革爲之。』玄謂今馬鞅。」是後鄭以繁、纓爲二物，其説樊不引先鄭者，明先鄭亦同。彼疏云：「『樊讀如鞶帶之鞶』者，按《易·訟卦》上九云『或錫之鞶帶』，注云：『鞶帶，佩鞶之帶。』但《易》之鞶謂鞶囊，即《内則》云『男鞶革』是也。此鞶謂馬大帶，音字同，故讀從之。」此説「繁」讀如「鞶」之義也。本疏云：「樊即鞶也，字之異耳。」鞶謂鞶囊，見後鄭《内則》注，是鞶帶與鞶異。然桓二年「鞶厲游纓」，服注云：「鞶，大帶。」則鞶得稱帶矣。先鄭謂「纓當胸」，彼疏云：「後鄭明纓是夾馬頸。」此先、後鄭異説。賈、服則同先鄭説，知者，《巾車》疏：「賈、馬亦云：『鞶纓，馬飾，在膺前，十有二帀，以毛牛尾，金塗十二重。』」此賈氏《周禮》注逸文，其《左氏》注義亦當然。

❶「正論」，原缺，今據《孔子家語》卷九補。

❷「宫」，當作「水」。

字作「鞶纓」，則又後鄭改讀所本矣。❶桓二年「鞶厲游纓」，服注：「纓如索帬，今乘輿大駕有之。」《晉書·輿服志》：「乘輿繁纓，赤罽易茸，金就十有二。」注：「繁纓，馬飾，纓在馬膺前，如索帬。」《晉志》即用服説，則賈、服皆謂纓在馬膺前，膺即胸也。惟先、後鄭分釋樊、纓，賈氏止稱鞶纓，詳賈義不以爲二物，又謂在膺前，則與先鄭當胸説又小異。按：賈説是也。《釋名》：「鞅，嬰也，喉下稱纓，言纓絡之也。其下飾曰樊纓。」其不别樊纓爲二，最爲明析。膺前則近頸，故云「喉下」。《汪士鐸文集·後釋車》云：「頸下當膺大帶謂之勒，勒謂之鞶。鞶，樊也。帶下懸者謂之纓。」可申賈氏纓在膺前之義。杜注：「繁、纓，馬飾，皆諸侯之服。」亦析繁、纓爲二，不用賈説也。杜氏不説纓之制。鄭君《巾車》注云：「玉路之樊及纓，皆以五采罽飾之，十二就。就，成也。」彼疏云：「按《爾雅·釋言》云：『氂，罽也。』郭氏云：『毛氂所以爲罽。』如是，罽，染毛爲之。《典瑞》『鎮圭繅五采五就』，繅藉五采，即云五就，則一采一帀爲一就。樊纓就數雖多，亦一采一帀爲一就，如《玉藻》十二就然。」按：賈注謂「十有二帀，以毛牛尾」，與鄭君用罽説合。蓋染氂五色，分爲十二帀。賈謂「金塗十二重」者，一帀之端以金塗之，塗謂飾。王肅《家語》云：❷「纓當馬膺以索裙，銜以黄金爲飾也。」此即金塗之義。其《晉志》謂「赤罽易茸」，則不施五采，此制度之異。今制馬纓皆赤罽矣。本疏云：「《巾車》又云：『孤乘夏篆，卿乘夏縵，大夫乘墨車，士乘棧車。』其飾皆無樊纓，是樊纓爲馬之飾，諸侯之服也。案《儀禮·既夕》士『薦馬纓三就』，又諸侯之卿有受革輅、木輅之賜，皆有繁纓，而云『諸侯之服』者，以與『曲縣』相對。又于奚所請，故云『諸侯之服』。且諸侯之卿特賜乃有大輅，《士喪禮》爲送葬設盛服耳，皆非正法所有。」右疏説杜注「諸侯之服」義。

許之。

仲尼聞之，曰：

「惜也，不如多與之邑，

「唯器與名，不可以假人。【疏證】杜注：「器，車服。名，爵號。」《呂覽·審分》篇：「夫名多不當其實而事多不當其用者，故人主不可以不審名分也。」注：「名，虛實爵號之名也。分，生殺與奪之分也。傳曰：『唯

❶ 原稿眉批：王肅《家語》注未采。

❷「語」下，疑當有「注」字。

器與名，不可以假人。』」杜以名爲爵號，用高氏說。《呂覽》以虛實對文，則爵土亦該其中，與此傳異，故杜以器當車服也。《堯典》「車服以庸」，《後漢書・劉玄傳》：「李淑上書諫曰：『唯名與器，聖人所重，今以所重加非其人。』」淑以「加非其人」釋「假人」義最諦。本疏云「不可以借人也」，則假即借義。《鄭興傳》：「隗囂遂廣置職官，❶以自尊高。興復說囂曰：『孔子曰唯器與名，不可以假人。』」亦以置官非人爲說。

「君之所司也，**【疏證】**《呂覽・審分》篇注引作「君之所慎也」，《後漢書・來歙傳》：「王遵諫隗囂曰：『愚聞爲國者慎器與名，爲家者畏怨重禍。』」則舊本「司」作「慎」，或脱爛，誤爲「司」。李富孫云：「作『慎』字義長。」

「名以出信，**【疏證】**《易・說卦》虞注：「出，生也。」

「信以守器，

「器以藏禮，**【疏證】**《呂覽・圜道》篇注：「藏，潛也。」本疏：「言禮藏於車服之中也。」

「禮以行義，

「義以生利，

利以平民，**【疏證】**《擊鼓》箋：「平，成也。」本疏同。

「政之大節也。

「若以假人，與人政也。

「政亡，則國家從之，弗可止也已。」**【疏證】**此以上皆孔子之言也。《北史・清河王懌傳》：「高肇又録囚徒以立私惠，懌言於孝武曰：❷『臣聞唯器與名，不可以假人。是故季氏旅泰山，宣尼以爲深譏；仲叔軒縣，丘明以爲至戒。』」懌推傳引孔子說之義，故以爲《左氏》語。

孫桓子還於新築，不入，

遂如晉乞師。

臧宣叔亦如晉乞師，皆主郤獻子。**【疏證】**《齊世家》：「頃公十年，齊伐魯、衛。魯、衛大夫如晉

❶「廣」，原作「度」，今據《後漢書・鄭興傳》改。

❷「孝」，《北史・清河王懌傳》作「宣」。

請師，皆因郤克。」郤克怒齊，❶見宣十七年傳。其言曰：「所不此報，無能涉河。」故魯、衛乞師主之。杜注：「孫桓子、臧宣叔皆不以國命，故不書。」按：孫桓子乞晉師義，不得見於經。

晉侯許之七百乘。【疏證】杜注：「五萬二千五百人。」蓋以乘七十五人計之，即用賈說，詳下疏證。

郤子曰：「此城濮之賦也，【疏證】僖二十八年傳叙城濮之戰云：「晉車七百乘。」

「有先君之明，【疏證】此君謂文公。

「與先大夫之肅，故捷。【疏證】顧炎武云：「先大夫謂原軫、狐偃、欒枝之類。」馬宗璉云：「先大夫指晉郤縠。縠悦禮樂而敦《詩》《書》，故曰『先大夫之肅』。亭林説猶未備。」

「克於先大夫，無能爲役，【疏證】役，當作「君子行役」之役。《少儀》：「謂之社稷之役。」言役，謙若僕隸也。《讀本》：「言視其時將帥才遜之。」

「請八百乘。」許之。【注】賈云：「六萬人。」《晉世家》集解。❷【疏證】杜用賈説。《齊語》「有革車八百乘」，注：「賈侍中云：『謂一國之賦八百乘也。乘七十五人，凡甲士六萬人。』昭謂：此周制耳。齊法五十人爲小戎，車八百乘，有四萬人。又上管仲制齊爲三軍，軍萬人。下又云『君有是士三萬人，以方行於天下』，而車數多者，其副貳陪從之車乎？或者『八』當爲『六』。」此韋氏説齊車乘人數異於周制也。賈氏注内外《傳》，蓋皆以七十五人爲一乘。晉、齊車乘之制無考，故通以周制説之。服氏「作丘甲」注：「據《司馬法》一乘，甲士三人，步卒七十二人。」則此傳服注當與賈義同。李貽德云：「每百乘計七千五百人，以七八五六、五八四乘之，八百乘合六萬人矣。」

郤克將中軍，【疏證】據宣十七年傳「郤獻子爲政」，則其時已將中軍，傳再發之。

士燮佐上軍，【疏證】通行本「佐」作「將」，從宋本。《校勘記》云：「按四年傳尚云『士燮佐上軍』，至十三年傳始云『士燮將上軍』，此時不得爲將明矣。」按：阮説

❶「齊」，原作「晉」，今據《春秋左傳正義》卷二十四改。

❷「晉」，當作「齊」。

是也。杜注：「范文子代荀庚。」詳宣十二年傳，士會將上軍，郤克佐之；十六年傳，士會將中軍，傳文之可據者僅此年上軍之將及□佐何人，傳所不說。惟三年傳荀庚來聘，傳稱「中行伯之於晉也，其位在三」，杜彼注云「下卿」。杜意以此時荀庚由上軍佐爲上軍將，故云「士燮代荀庚」，則杜本字亦作「佐」矣。《齊世家》作「士燮將上軍」，亦誤。將佐除授，非軍事則不見。本疏推考宣十二年以來晉三軍將佐，惟説此年中軍之佐爲荀首，有傳文「知罃之父新佐中軍」可證，餘皆肊測之辭，今不取。

欒書將下軍，**【疏證】**《晉語》注：「武子，晉卿，欒枝之孫、欒盾之子書也。」杜注：「代趙朔。」宣十二年傳：「趙朔將下軍，欒書佐之。」本疏云：「邲戰以來，趙朔無代，今欒書將下軍，則趙朔卒矣。故知欒書代趙朔，不知此時誰代欒書佐下軍也。」

韓厥爲司馬，**【疏證】**宣十二年傳邲之戰，韓厥已爲司馬，傳以厥斬人，再著其職。

以救魯、衛。**【疏證】**《齊世家》：「晉使郤克救魯、衛，伐齊。」《晉世家》：「晉乃使郤克、欒書、韓厥與魯、衛共伐齊。」

臧宣叔逆晉師，且道之。季文子率師會之。**【疏證】**道謂向導也。

及衛地，韓獻子將斬人。**【疏證】**《晉語》注：「將斬人以戮罪在可赦之者。」

郤獻子馳，將救之，至，則既斬之矣。

郤子使速以徇，**【疏證】**《説文》：「㣊，行示也。《司馬法》『斬以㣊』。」洪亮吉云：「按《集韻》云：『或作徇、㝁。』是『㣊』乃『徇』本字也」

告其僕曰：「吾以分謗也。」**【疏證】**《晉語》注：「言欲與韓子分謗共非也。言能如此，故從事不乖。」杜用韋義。

師從齊師于莘。**【疏證】**杜注：「莘，齊地。」高士奇云：「桓十六年，衛公子伋使于齊，盜待諸莘，或謂即此，今之莘縣也。蒙上文晉師自衛來，理亦相近。但杜注一云衛地，一云齊地，豈莘地原跨兩境，齊、衛皆得有之乎？攷是役齊侯親逆晉師，而莘去鞌四百餘里，既遇於境上，即當遏勿使進，何爲不戰引退，縱敵深入四百餘里，至鞌而始戰也？由是推之，莘亦當爲近鞌之地耳。」按：

高氏不言窒之所在，而云莘去窒四百餘里。今以窒在平陰、在歷城兩説校之，平陰距莘東百餘里，歷城距莘東二百餘里，無四百餘里之遠。莘之齊師當是游軍，無戰事，齊侯逆晉師，在師次靡笄之後，不得以晉師不戰深入爲疑也。沈欽韓云：「此衛之莘也，杜預謂齊地，非。今東昌府莘縣。」與高氏引或説合。

六月，壬申，次于靡笄之下。【注】賈云：「靡笄，山名也。」《齊世家》集解。【疏證】《齊世家》：「六月壬申，與齊兵合靡笄下。」集解：「徐廣曰：『靡亦作摩。』」索隱：「靡笄山在濟南，與代地靡笄山不同。」❶顧棟高據之謂：「靡笄山在今濟南府治歷城縣南十里。」《晉世家》：「平公元年，伐齊，齊靈公與戰靡下。」集解：「徐廣曰：『靡一作歷。』」索隱：「即靡笄也。」《方輿紀要》據之謂：「歷山在濟南府南五里，或以爲即靡笄山。靡與歷相近。」二説雖道里小殊，然有與窒一地之疑，校之傳文，師行次第不合。江永云：「今按：戰于窒，窒在歷城，傳云六月壬申師次于靡笄之下，癸酉師次于窒，則靡笄與窒非一地。《史記》『戰于靡下』當作『歷下』，然遂以靡笄爲歷山，恐非。《金史》云『長清有劘笄山』，劘笄當即靡笄。長清縣在濟南府西南七十里，山在其縣，晉師從西來，正與壬申、癸酉差一日相合，當以《金史》爲是。」按：江説是也。

齊侯使請戰，曰：「子以君師，辱於敝邑，不腆敝賦，詰朝相見。」【疏證】杜注：「詰朝，平旦。」❷

對曰：「晉與魯、衛，兄弟也，來告曰：『大國朝夕釋感於敝邑之地。』【疏證】通行本「感」作「憾」，從宋本。

「寡君不忍，使群臣請於大國，無令輿師淹於君地。【疏證】《魯語》：「敢犒輿師。」注：「輿，衆也。」杜用韋義。《釋詁》：❸「淹，久也。」

「能進不能退，君無所辱命。」【疏證】杜注：「言自欲戰，不復須君命。」

齊侯曰：「大夫之許，寡人之願也。若



❶ 「靡」，《史記·齊世家》作「磨」。

❷ 原稿眉批：詰，詰。

❸ 「詁」，原缺，今據《爾雅》卷上補。

其不許，亦將見也。」

齊高固入晉師。

桀石以投人，【疏證】杜注：「桀，擔也。」洪亮吉云：「《説文》：『桀，磔也。』《廣雅》：『揭，擔也。』按：桀、揭、擔，並舉也。杜注本《廣雅》。」王念孫云：「《説文》：『竭，負舉也。』《禮運》：『五行之動，迭相竭也。』揭、竭、桀，並通。」焦循云：「桀與揭，音義同。《廣雅》檐、揭皆訓舉，檐即擔字。《楚詞·哀時命》『負檐荷以丈尺兮』，❶王逸注云：『背曰負，荷曰檐。』檐、揭皆舉義，故杜讀『桀』爲『揭』，而以『擔』訓。桀石以投人，即舉石以投人也。」

禽之而乘其車，

繫桑本焉，以徇齊壘，【疏證】《御覽》三百八十六引「本」作「木」。按：繫桑樹以揚塵也。

曰：「欲勇者，賈余餘勇。」【疏證】❷

癸酉，師陳于鞌。【疏證】洪亮吉云：「《史記》作『戰于靡下』，徐廣曰：『靡一作歷。』蓋戰于歷下耳。據此，則鞌在歷下可知。」按：洪氏謂鞌在歷下，與江永、錢大昕説合，已詳經文疏證。惟戰于靡下，見《晉世家》，乃平公元年事，非此役。

邴夏御齊侯，逢丑父爲右。【注】賈云：「齊大夫。」《齊世家》集解。【疏證】《齊世家》「逢丑父爲齊頃公右」，下引賈注。《世家》未説邴夏爲御事，疑賈注統謂齊大夫也。杜無注。

晉解張御郤克，鄭丘緩爲右。【疏證】萬光泰云：❸「鄭丘，氏；緩，名。故下傳單稱緩。」❹

齊侯曰：「余姑翦滅此而後朝食。」【疏證】《校勘記》云：「按《説文繫傳》引『翦滅』作『揃滅』，似不可爲典要。」李富孫云：「《莊子》『揃搣可以休老』，《急就篇》『沐浴揃搣』，文異義同。」宋本無「後」字。洪亮吉云：「《方言》、《廣雅》：『煎，盡也。』煎、翦聲近義同。薛綜《西京賦》注亦云：『翦，盡也。』」《齊世家》：「頃公曰：『馳之，破晉軍會食。』」

❶「時」，原作「詩」，今據《春秋左傳補疏》卷四改。
❷ 原稿眉批：賈，詁。
❸「光泰」，原缺，今據《左通補釋》卷十三及卷四補。
❹ 原稿眉批：查《氏族略》。姞，詁。

「不介馬而馳之。【疏證】杜注：「介，甲也。」《讀本》：「戰馬皆甲，《詩》曰『四介陶陶』是也。」❶

郤克傷於矢，流血及屨，未絶鼓音，【疏證】《齊世家》：「射傷郤克，流血至履。」杜注：「中軍將自執旗鼓，故雖傷而擊鼓不息。」

曰：「余病矣！」【疏證】《齊世家》：「克欲還入壁。」本疏：「郤克欲有退軍之意。」

張侯曰：【疏證】《晉語》注：「張侯，晉大夫解張也。」杜用韋義。

「自始合，而矢貫余手及肘，【疏證】《齊世家》：「其御曰：『我始入，再傷。』」據史公「再傷」義，則手肘中兩矢也。下言「左輪」，傷在左。

「余折以御，左輪朱殷。【疏證】《廣雅·釋器》：❷「朱，赤也。」王逸《楚辭章句》：「朱，赤色也。」杜注：「朱，血色。血色久則殷。殷音近煙，今人謂赤黑爲殷色。言血多，汙車輪。」據杜說，「殷」爲黑色。《廣雅·釋器》：「黫，涅，黑也。」王念孫云：「成二年《左傳》『左輪朱殷』，殷、黫，並音於閒反。」按：殷、烟同部字，故杜謂「殷音近煙」。

「豈敢言病？吾子忍之！」【疏證】《齊世家》：「不敢言疾，恐懼士卒，願子忍之。」

緩曰：「自始合，苟有險，余必下推車，【疏證】推車非車右之職，緩以涉險攝之。詳下疏證。

「子豈識之？然子病矣。」

張侯曰：「師之耳目，在吾旗鼓，進退從之。【疏證】杜無注。《晉語》注：「張侯曰：『三軍之心，在此車矣。其耳目在於旗鼓。』」耳聽鼓音，目視旗表，車表鼓音，進退異數。惠棟云：「《孫子》引《軍政》曰：『言不相聞，故爲之金鼓；視不相見，故爲之旌旗。夫金鼓旌旗，所以一人之耳目也。人既專一，則勇者不得獨進，怯者不得獨退，此用衆之法也。』荀卿子云：『將死鼓，御死轡。』」文淇案：惠氏引《荀子》，見《議兵篇》。❸楊倞注云：「死謂不棄之奔亡也。《左傳》曰：『師之耳目，在吾旗

❶ 原稿眉批：查「四介旁旁」傳箋。
❷ 「器」，原脱，今據《廣雅》卷八補。
❸ 「議兵」，原缺，今據《荀子》卷十補。

鼓。』」則「將死鼓」爲《左氏》古誼。

「此車一人殿之，可以集事，【疏證】《采菽》「殿天子之邦」，❶傳：「殿，鎮也。」《黍苗》「我行既集」，箋：「集，猶成也。」

「若之何其以病，敗君之大事也？【疏證】《釋文》：「病絶句。」

「擐甲執兵，【注】賈云：「擐衣甲也。」《一切經音義》十七引《國語》注。【疏證】《吴語》：「乃令服兵擐甲。」《一切經音義》蓋引彼注。《説文》：「擐，貫也。《春秋傳》曰：『擐甲執兵。』」許君引傳據賈君義，如此則《外傳》賈注當云：「擐，貫衣甲也。」玄應引失之。《吴語》韋注「擐，貫也」，即據賈義，杜注同。《淮南子·要略訓》：「武王繼文王之業，用太公之謀，悉索薄賦，躬擐甲冑。」高注：「擐，貫著也。」《廣雅·釋詁》：「擐、蘿，著也。」則「擐」又訓「著」。

「固即死也。【疏證】《□□》箋：「即，就也。」

「病未及死，吾子勉之。」

左并轡，右援枹而鼓，【疏證】《釋文》：「枹，本亦作桴。」《校勘記》云：「按：李善注孫子荆《爲石仲容與孫皓書》引作『桴』。《禮記》云：『蕢桴而土鼓。』玄應書引《詔定古文官書》云：『枹、桴二字同體。』」李富孫云：「桴，枹之借字。《別雅》：『古包、孚一聲之轉。』」此左、右，謂手也。左并轡，謂轡在兩手者併於左手執之，讓右手以援桴也。鼓是中軍將之事，以郤克傷，故御攝鼓援桴。杜無注。本疏云：「《説文》：『援，引也。』枹，擊鼓杖也。』」《釋文》：「桴，鼓槌也。《字林》云：『擊鼓柄也。』」案：《淮南子·兵略訓》：「維枹綰而鼓之。」注：「綰，貫。枹繫于臂，以擊鼓也。」是枹有索綰之。焦循謂：「枹本在郤克手，❷張侯以手持而牽引之使擊。」非。

馬逸不能止，師從之。【疏證】《晉語》注：「逸，奔也。」轡縱，故馬逸。

齊師敗績。

逐之，三周華不注。【疏證】《晉語》「逐之，三周華不注之山」，注：「周，帀也。華，齊地。不注，山

❶ 「采菽」，原缺，今據《毛詩正義》卷十五補。

❷ 「本在」，原倒，今據《春秋左傳補疏》卷四改。

名。」杜注：「華不注，山名。」與韋義稍異。洪亮吉云：「按：合下華泉觀之，華泉蓋華地之泉。杜注以『華不注』三字合爲山名，非也。」洪氏以華爲地名，用韋説，又云：「伏琛《齊地記》『不』讀如『跗』，『跗注』與成十六年『韎韋之跗注』義同。」按：洪引伏琛説非完文，故不、跗之同義未顯。伏云：「『不』音跗，與《詩》『鄂不韡韡』之『不』同，謂花蒂也，言此山孤秀如華跗之著於水也。」❶詳其説，則山如花蒂，❷故以花鄂之不狀之。成十六年「韎韋之跗注」，賈、服説：「跗謂足跗，注，屬也。」以跗爲足，人足猶花蒂矣。《鄭志》引彼傳文，「跗注」作「不注」，云「不讀如跗」。伏琛據鄭君説爲音也。詳彼傳疏證。《水經·濟水》注：「華不注山，單椒秀澤，不連丘陵以自高；虎牙桀立，孤峰特拔以刺天。青崖翠發，望同點黛。」與伏琛説山形合。沈欽韓云：「『單椒秀澤，不連丘陵』，此晉人所以得逐之三周也。《元和志》：『華不注山在齊州歷城縣東北十五里。』」梁履繩云：「案：縣今屬山東濟南府。」

韓厥夢子輿謂己曰：【疏證】杜注：「子輿，韓厥父。」

「旦辟左右。」【疏證】通行本「旦」作「且」，從石經、淳化本。錢大昕云：「夢必在夜，則作『旦』義爲長。」沈欽韓云：「旦日當戰，預於一昔夢其父使之辟左右，其夢必不在戰之日也，作『且』誤。」

故中御而從齊侯。【疏證】杜注：「居中代御者，自非元帥，御者皆在中，將在左。」本疏：「韓厥爲司馬，亦是軍之諸將也。」據杜義，則韓厥宜在車左，以代御而居中也。《曲禮》「左必式」，疏：「乘車則君皆在左，若兵戎革路，則君在中央，御者在左。故成二年韓厥代御居中，杜云云。以此而言，則元帥及君宜在中也。」按：《禮》疏謂兵戎革路君亦在中，不獨元帥，與杜義小異。知君亦在中者，《檀弓》「朝不坐，燕不與」，注：「兵車參乘，射者在左，戈盾在右，御在中央。」疏云：「案宣十二年《左傳》云『楚許伯御樂伯，攝叔爲右』，于時樂伯主射，樂伯云『左射以菆』，是『射者在左』。攝叔云『右入壘，折馘執俘而還』，是戈盾勇力在右，自然御在中央。此謂凡常戰士也。若是元帥，則在中央鼓下，御者在左，戈盾在右。故成二年鞌之戰，于時郤克爲中軍將，時『流血及屨，未絶鼓音』，

❶ 原稿眉批：查伏琛説出何書。
❷ 「則」，原重文，今删。

是將居鼓下也。解張御郤克，解張云『矢貫余手及肘，❶余折以御，左輪朱殷』，是御者在左，自然戈盾在右。若天子、諸侯親爲將，亦居鼓下，故《戎右》云『贊王鼓』。成二年『齊侯圍龍，齊侯親鼓之』是也。若非元帥，則皆在左，御者在中，故成二年韓厥自其車左居中代御，❷而逐齊侯。故杜預云兵車『自非元帥，御皆在中』。故熊氏以爲雖非元帥，上軍、下軍之將亦居鼓下。故成十六年鄢陵之戰，『子重將左』，而云子重鼓之也。故爲將皆在鼓下也。以其親鼓，故以爲鼓下。案《周禮》『諸侯執賁鼓，軍將執晉鼓，師帥執提，旅帥執鼙』，豈皆居鼓下也？其義恐非也。」《禮》疏從皇氏説，以駁杜預謂「兵車非元帥，御皆在中」之説。文淇案：《詩·清人》疏：「將居鼓下，雖人君親將亦然。」不獨元帥始居鼓下矣。韓厥爲司馬，本非將，故不在中，而以夢故代御居中也。

邴夏曰：「射其御者，君子也。」

公曰：「謂之君子而射之，非禮也。」

【疏證】邴夏見韓厥狀似君子，欲射而意未決。齊侯因其言折之。杜注謂：「齊侯不知戎禮。」非傳意。

射其左，越于車下；【疏證】❸

射其右，斃于車中。【疏證】❹

綦毋張喪車，【疏證】杜注：「綦毋張，晉大夫。」

從韓厥，曰：「請寓乘。」【疏證】《方言》：「寓，寄也。」

從左右，皆肘之，使立於後。【疏證】《説文》：「肘，臂節也。」謂不言而肘退之。

韓厥俛，❺定其右。【疏證】杜注：「俛，俯也。右被射仆車中，故俯安隱之。」疏：「言此者，以爲下『丑父與公易位』。由厥之俯，故不覺其易，綦毋張蓋助厥定右，故并不見之。」

逢丑父與公易位。【疏證】馬宗璉云：「《御

❶「及肘」，原脱，今據《禮記正義》卷十補。
❷「自其」，原重文；「左」、「中」，原作「中」、「左」，今據《禮記正義》卷十删改。
❸原稿眉批：越，詰。
❹原稿眉批：斃，詰。
❺「俛」，原作「俯」，今據《春秋左傳正義》卷二十五及下文改。

覽》引《五經要義》：『國君及元率戎車，將在中央當鼓，御者在左，勇力之士執戈在後。』丑父易位，蓋居中而使公爲御。」按：馬氏引《要義》可證「將居鼓下」之説，丑父爲御，宜在左，而傳云右者，或當時之制不同。戈盾在後，亦是古法，春秋時不取也。《齊世家》：「齊急，丑父恐齊侯得，乃易處，頃公爲右。」《晉世家》：「頃公乃與右易位。」云易右者，皆據傳逢丑父爲右文。《讀本》：「自居公處，以誘敵而逃公。」

將及華泉，【注】京相璠云：「華泉，華不注山下泉水也。」《水經·濟水》注。【疏證】杜無注。《水經注》：「華不注山下有華泉，即華水也。北絕聽瀆二十里，注於濟。」又引傳文及京相説。《魏書·地形志》「濟南郡歷城」注：「有黄臺、華不注山、華泉。」則華泉亦屬今歷城境。傳以下頃公「如華泉取飲」，明所止之地。

驂絓於木而止。【疏證】《齊世家》「驂」作「車」，正義：「絓，止也，有所礙也。」杜注：「驂馬絓也。」疑有奪誤。❶

丑父寢於轏中，【疏證】洪亮吉云：「《説文》：『竹木之車曰棧。』《字林》曰：『卧車也。』按：『轏』當爲『棧』。杜注：『轏，士車。』蓋取《周禮·巾車》『士乘棧車』之義，非本訓也。《詩》『有棧之車』，傳曰：『棧車，役車也。』亦與《説文》義通。」按：洪説是也。齊侯兵車已止，故改乘棧車而走，取其輕速。此車亦佐車之類。

蛇出於其下，以肱擊之，❷傷而匿之，故不能推車而及。【疏證】顧炎武云：「在軍中不敢言病，故匿其傷。」沈欽韓云：「御車，非右之事。云『不能推車』者，即上文鄭緩所云『苟有險，余必下推車』，蓋御者止執策循軌。其險阻陷輪，則須勇力之士扶輪，故欒鍼爲右，掀公出淖。《周禮·旅賁氏》：『掌執戈盾，夾王車而趨，左右各八人，車止則持輪。』《宋史·輿服志》大駕有持輪將軍，❸皆以助推車者也。」杜注：「爲韓厥所及。」

韓厥執縶馬前，【疏證】《説文》：「馽，馬絆也。」❹引傳作「韓厥執馽前」，「讀若輒。縶，馽或從系執

❶ 原稿眉批：驂絓，當考。
❷ 原稿眉批：肱，詁。
❸ 「持」，《春秋左氏傳補注》卷六作「捧」。
❹ 「馬絆」，《説文解字》卷十上作「絆馬」。

聲」。臧琳云：「古文《左氏》本作『韓厥執畢前』，『畢』即『縶』正字，今本訛爲『馬』，又別出『縶』字，『縶』當爲衍文。」按：臧説是也。段玉裁亦謂「古本作『執畢前』，改易誤衍耳」。錢坫説同。朱駿聲云：「與襄二十五年『子展執縶而見』同，加馬字，則不詞。」杜注：「執之，以修臣僕之禮。」❶《齊世家》：「晉小將韓厥伏齊侯車前。」

再拜稽首，奉觴加璧以進，【注】服云：「《司馬法》：『其有殞命以行禮，如會所用儀也。若殞命，則左結旟，司馬授飲，右持苞壺，左承飲以進。』」❷【疏證】杜注：「進觴璧，以示敬。」疏：「蓋古者有此禮。彼雖敗績，猶是國君，故戰勝之將，示以臣禮事之，❸不忍即加屈辱，所以申貴賤之義。《晉語》云：『靡笄之役，郤獻子伐齊。齊來，❹獻之以得殞命之禮也。』服虔引《司馬法》云云，杜不引之者，蓋彼此不甚相當故也。」疏所引蓋服氏《外傳》注，疏亦用服説，以爲隕命之禮，以杜不同，故斥其不甚相當。彼傳韋注：「伐國獲君，若秦獲晉惠，是爲殞命。」杜不用服説者，以齊頃公未被獲，與晉惠之已獲者不同。然詳《外傳》，齊來獻之，則敵國君在軍而敗，無論已獲、未獲，皆當行隕命之禮。知者，襄二十五年鄭公孫舍之帥師入陳，傳：「陳侯免，擁社。子展執縶而見，再拜稽首，承飲而進獻。」彼傳無獲陳侯文。子展之見陳侯禮，如韓厥之見齊侯。唯無璧，文不具耳。沈欽韓云：「古之軍禮，想當如此。」是也。李貽德云：「言『如會所用儀』者，《晉語》注亦引《司馬法》：『其有隕命，行禮如會所，爭義不爭利也。』若『殞命』以下，言所用儀，《曲禮》『武車綏旌』注：『盡飾也。武車，亦兵車。』今以隕命不必盡飾，故結旟。司馬即《周禮》之軍司馬、輿司馬，在列國，則《晉語》云中軍司馬、上軍司馬也。❺飲者，《周禮·膳夫》注曰：『酒漿也。』《曲禮》注：『苞苴，或以竹，或以葦。』《釋文》：『苞，裹也。』《周禮·挈壺氏》注：『壺所以承飲。』言持苞裹之壺以進。」壽曾謂：韓厥職爲軍司馬，則授飲是其職，蓋右手持壺，左手持觴

❶「以」、「禮」，《春秋左傳正義》卷二十五作「示」、「職」。

❷「進」下，疑當有「本疏」二字。

❸「臣」，原作「君」，今據《春秋左傳正義》卷二十五改。

❹「齊」下，《春秋左傳正義》卷二十五有「侯」字。

❺「上」，原作「下」，今據《春秋左氏傳賈服註輯述》卷十改。

注酒，故云「右持苞壺，左承飲以進」。李説未晰。

曰：「寡君使群臣爲魯、衛請，曰：**【疏證】**《齊世家》：「寡君使臣救魯、衛。」

『無令輿帥陷入君地。』**【疏證】**通行本「帥」作「師」，從石經。李富孫云：「按上《釋文》云：『師，如字。一音所類反。』《地官》注：『師之言帥也。』義通。」《魯語》「敢犒輿師」，注：「輿，衆也。」

「下臣不幸，屬當戎行，**【疏證】**《□語》注：「屬，適也。」

「無所逃隱。

「且懼奔辟，**【疏證】**《釋文》：「辟，音避。服氏扶亦反。」此服虔音之文，然漢人無翻切，當是讀如例，陸氏改之。李貽德云：「此辟讀闢。《周禮·閽人》『則爲之闢』，《釋文》：『闢，本又作辟，避也。』」按：李説是也。所引乃《周禮》釋文。服氏音存義亡，不列爲注。

「而忝兩君。**【疏證】**杜注：「若奔辟，則爲辱晉君，并爲齊侯羞，故言二君。」

「臣辱戎士，敢告不敏，攝官承乏。」**【疏證】**《檀弓》：「冉子攝束帛、乘馬而將之。」注：「攝，猶貸也。」攝官承乏，謂以戎士行隕命禮。杜注：「言欲以己不敏，攝承空乏，從君俱還。」非傳義。

丑父使公下，如華泉取飲。**【疏證】**《齊世家》：「丑父使頃公下取飲。」

鄭周父御佐車，**【疏證】**杜注：「佐車，副車。」疏無説。《檀弓》注：「朝祀之副曰貳，❶戎車之貳曰佐。」彼疏云：「案《周禮》『戎僕掌倅車之政，道僕掌貳車之政，田僕掌佐車之政』，則戎車之貳曰倅，此云佐者，《周禮》相對爲文有異，若散而言之，則田獵、兵戎俱是武事，故同稱佐車。《少儀》注『戎獵之副曰佐』是也。」熊氏以爲此皆諸侯法。」據彼疏説，則佐車即《戎僕》之倅車。

宛茷爲右，

載齊侯以免。**【疏證】**《齊世家》：「頃公因得亡，脱去，入其軍。」

韓厥獻丑父，郤獻子將戮之，**【疏證】**《年

❶「朝祀之副曰貳」，見《少儀》注。

表》：「齊頃公十年，晉虜逢丑父。」《齊世家》：「晉郤克欲殺丑父。」

呼曰：「自今無有代其君任患者，有一於此，將爲戮乎？」【疏證】《齊世家》：「丑父曰：『代君死而見僇，後人臣無忠其君者矣。』」❶按：有一於此，言尚有一人能如此也。

郤子曰：「人不難以死免其君，我戮之不祥，赦之，以勸事君者。」乃免之。【疏證】《齊世家》：「克舍之，丑父遂得亡歸齊。」

齊侯免，求丑父，三入三出。每出，齊師以帥退。入于狄卒，❷【疏證】杜注：「三入晉軍求之。齊師大敗，皆有退心，故齊侯輕出其衆，以帥厲退者，遂进入狄卒。狄卒者，狄人從晉討齊者。」本疏云：「劉炫以齊侯三入齊軍，又三出齊軍，以求丑父。每出之時，齊之將帥敗而怖懼，以師而退，不待齊侯，致使齊侯入於狄卒。今知不然者，以傳文三入在前，三出在後，若用此說，齊侯先在晉軍，今入齊軍，得以三入在前。今齊侯既先在齊軍，欲出求丑父，應先出後入，不應先入後出。且初時二出，容有二入，在後之出，遂入狄卒，有出無入，何得云三入？又以傳文師、帥兩字分明，故杜以爲齊侯每出齊，即以帥厲退者，每出之文，別自爲義，不計上之三出。劉君不達此旨，妄規杜失，非也。」王引之《經義雜記》云：❸「三入三出，當從劉光伯說。齊侯本在陳與晉戰，因敗而下如華泉取飲以免，此一入齊軍也。丑父不可得而仍入於齊，方入而又出求之，此二入二出也。丑父終不可得，故三入齊軍，然必欲求免之，因三出齊軍而忽誤入於狄卒，遂不得復入矣。劉氏三入三出，一主齊軍言之。既於傳文爲順，而出入之數又合。若杜以爲三入晉軍，則第三次入晉軍，即入於狄卒，不得復出，止有二出矣。若謂入於狄卒之前已有三出，則當有四入矣。孔氏不知杜注之失，反誤解劉說爲二入三出，因爲杜注作疏故也。又據劉光伯說，則下傳本作『齊帥以師退』，言齊之帥以衆兵退也。杜改作『齊師以帥退』，則權不在元帥而在士卒矣。」沈欽韓云：「按：劉說是也。齊侯破膽之後，豈敢復入晉軍？晉軍方憤於丑父之紿，既入其軍，豈肯輕縱如狄、衛

❶「臣」，原作「君」，今據《史記・齊世家》改。
❷原稿眉批：狄早見，《漢志》「千乘郡狄縣」，查前。
❸「王引之」，疑當作「臧琳」。

之容情乎？劉氏所解皆明通，遠過杜預。」按王、沈説皆申炫説甚諦。

狄卒皆抽戈楯冒之，以入于衛師。衛師免之。【疏證】杜注：「狄、衛畏齊之强，故不敢害齊侯，皆共免護之。」沈欽韓云：「《説文》：『冐，突前也。』《一切經音義》引賈逵《周語》注：『冐没猶輕觸也。』沿作冒。韋昭注：『冒，抵觸也。』狄與齊無素，故以戈楯抵觸之。齊侯乃逸入衛師也。冒，《釋文》音『亡報反』，非也。」

遂自徐關入。【疏證】通行本「徐」作「齊」，誤，從宋本。《校勘記》云：「按：作『徐』即十七年傳云『國佐以穀畔，齊侯與之盟于徐關』，作『齊』非也。」沈欽韓云：「《一統志》：『徐關在濟南府淄川縣西。』」

見保者，❶曰：【疏證】保者，杜無注。《淮南子・説山訓》云：「保者不敢畜噬狗。」注：「保，城郭居也。保鐃人也。」「鐃」疑「境」之誤。

「勉之！齊師敗矣。」

辟女子，【疏證】杜注：「使辟君也。齊侯單還，故婦人不辟之。」《御覽》二百二引注「不辟之」作「不知之也」，疑杜用舊注。惠棟云：「下云乃奔，則辟當讀爲趩，與五年『伯宗辟重』同。《周禮・大司寇》云『使其屬趩』，康成曰：『故書趩作避。杜子春云：「避當作辟。」玄謂趩，止行也。』古趩字有作辟，杜注訓爲避，非也。」洪亮吉云：「按：辟讀作闢，《孟子》『行辟人』，趙岐注：『辟除人，使卑辟尊也。』」沈欽韓云：「按：文不必讀爲蹕，《鄉士》云『爲之前趨而辟』，《朝士》『以鞭呼趨且辟』，是辟有辟止行人義也。《釋文》『音避』，非。」文淇案：《釋文》「一音扶赤反」，是有闢音。

女子曰：「君免乎？」曰：「免矣。」

曰：「鋭司徒免乎？」曰：「免矣。」【疏證】杜注：「鋭司徒，主鋭兵者。」杜意以鋭爲選降之兵。沈欽韓云：「《尚書・顧命》正義：『鄭云：「鋭，矛屬。」』」孫星衍《書疏》云：「鋭，當從《説文》作鈗，云：『侍臣所執兵也。《周書》曰：「一人冕，執鈗。」讀若允。』」

曰：「苟君與吾父免矣，可若何？」【疏證】通行本「何」作「乎」，從宋本。杜注：「言餘人不可復如何。」

❶「見」上，《春秋左傳正義》卷二十五有「齊侯」二字。

乃奔。

齊侯以爲有禮。

既而問之，辟司徒之妻也。【疏證】杜注：「辟司徒，主壘壁也。」沈欽韓云：「如漢大將軍下有軍司空官。《淮南·兵略》：『處軍輯，井竈通，❶司空之官也。』」

與之石窌。【疏證】《郡國志》「濟北國盧」注：「成二年，封鋭司徒女石窌。」杜注：「石窌，邑名，濟北盧縣東有地名石窌。」與劉昭説同。沈欽韓云：「《元和志》：『石窌故城在齊州長清縣南四十里。』」❷案：長清縣今屬濟南府。

晉師從齊師，

入自丘輿，【疏證】《御覽》七百五十七引作「丘轝」。杜注并下「馬陵」皆以爲齊邑。❸顧炎武《日知録》云：「成公二年『晉師入自丘輿』，注云『齊邑』；三年鄭師禦晉，『敗諸丘輿』，注云『鄭地』；哀十四年『阬氏葬諸丘輿』，又是魯地。是三丘輿爲三國地也。」顧棟高云：「丘輿當在今山東青州府治益都縣界。」❹沈欽韓云：「《一統志》：『在沂州府費縣西。』」按：與司馬牛葬丘輿者同地。」案：顧説是也。丘輿、馬陘并在益都之西，詳下疏證。費縣西之丘輿是魯地，去益都二百餘里。沈説非。

擊馬陘。【注】賈云：「馬陘，齊地也。」《齊世家》集解。【疏證】《齊世家》：「於是晉軍追齊至馬陵。」集解：「徐廣曰：『一作陘。』」下引賈注，則賈本作「陘」。梁履繩云：「高士奇以地有二名。愚謂陘、陵聲近而譌，馬陵自是衛地，見七年。」案：賈以馬陘爲齊地，則上丘輿當亦云齊地，杜用賈義也。洪亮吉云：「于欽《齊乘》：『馬陵一作馬陘。』虞喜《志林》：『馬陵在濮州鄄城縣東北六十里。』考華泉、徐關並在齊州，❺與馬陵爲近，當是此矣。」洪氏謂馬陘在齊州，以駁《志林》濮州之説，濮乃衛地也。沈欽韓云：「《水經注》：『淄水逕萊蕪谷，又北逕馬陵。』俗名長峪道。《一統志》：『長峪在青州府城西南，

---

❶「通」，原脱，今據《春秋左氏傳補注》卷六補。

❷「南四」，《春秋左氏傳地名補注》卷六作「東三」。

❸「陵」，下文作「陘」。

❹原稿眉批：歷城。青州。

❺「並在齊州與馬陵」，原重文，今據《春秋左傳詁》卷十一删。

亦名馬陘，亦名弇中峪，亦名萊蕪谷。』」顧棟高云：「馬陘在益都縣西南。」

齊侯使賓媚人賂以紀甗、玉磬與地。【疏證】杜注：「媚人，國佐也。」疏云：「經書『齊侯使國佐如師』，故知賓媚人即國佐也。杜《譜》云：『國佐，賓媚人，武子，三事互見於經傳，不知賓媚人是何等名號也。』」按：國佐，齊卿。據《環人》「訟敵國」注引「國佐如師」，則賓媚人必齊國使命之官，國佐以卿攝行也。杜又云：「甗，玉甑，皆滅紀所得。」疏云：「下云『子得其國寶』，知甗亦以玉爲之。傳文『玉』在『甗』、『磬』之間，明二者皆是玉也。」洪亮吉云：「《説文》：『甗，甑也。一曰穿也。』鄭衆注《考工記》云：『甗，無底甑。』按：杜注：『甗，玉甑。』非是。正義申杜更非。且《竹書紀年》明言『紀公之甗』，則非玉可知。」《齊世家》：「齊侯請以寶器謝。」

「不可，則聽客之所爲。」【疏證】此齊侯命使之詞。

賓媚人致賂，

晉人不可，

曰：「必以蕭同叔子爲質，【注】賈云：「蕭，附庸，子姓。」《齊世家》集解。干寶説：「蕭同叔子，惠公之妾，頃公之母。」《搜神記》。【疏證】《齊世家》：「必得笑克者，蕭桐叔子。」《晉世家》：「郤克曰：『必得蕭桐姪子爲質。』」字並作「桐」，或《左氏》異文。《晉世家》作「姪子」，據二傳。杜不釋「蕭」。馬宗璉云：「賈注：『蕭，附庸，子姓。』當謂蕭，宋之附庸，與宋同姓。蕭叔大心即蕭之先。附庸蓋以叔爲稱，蕭叔朝公是也。」按：馬説是也。《帝王世紀》：「周封子姓之別爲附庸也。」亦與賈説合。洪亮吉云：「按：今徐州蕭縣，古蕭叔之國。」干寶説據傳「寡君之母」文。杜注：「同叔，蕭君之字，齊侯外祖父。子，女也。難斥言其母，故遠言之。」

「而使齊之封内盡東其畝。」【注】服云：「欲令齊隴畝東行。」《齊世家》集解。【疏證】杜注：「使壟畝東西行。」用服義。服無「西」字。朱鶴齡云：「西字，衍文。」《校勘記》云：「注謂由西達東之路耳。」文淇案：《韓子·外儲説》：「晉文公伐衛，東其畝。」《吕覽·簡選》篇：「晉文公造五兩之士五乘，鋭卒千人，先以接敵。諸侯莫之能難，反鄭之埤，東衛之畝。」高注：

「反，覆。覆鄭城埤而取之，使衛耕者皆東畝，以遂晉兵也。」與此正相似。壽曾謂：據高誘義，則服注無「西」字。杜不達服義，增之。陳奐《信南山》詩疏引《韓非》、《呂覽》說，釋之云：「齊、衛皆在晉東，故晉使東畝。」與服義合。《齊世家》「令齊東畝」，索隱云：「隴畝東行，則晉車馬東向齊行易也。」亦據服義。

對曰：「蕭同叔子非他，寡君之母也。

「若以匹敵，則亦晉君之母也。【疏證】《齊世家》：「對曰：『叔子，齊君母。齊君母亦猶晉君母，子安置之？』」杜不注「匹敵」。《廣雅·釋詁》：「黨、敵、讎，匹也。」王念孫云：「《方言》：『臺、敵，匹也。』敵，耦也。《爾雅》：『讎、敵，❶匹也。』郭璞注云：『讎，猶儔也。』成二年《左傳》云：『若以匹敵。』」

「吾子布大命於諸侯，

「而曰：『必質其母以爲信。』其若王命何？

「且是以不孝令也。

「《詩》曰：『孝子不匱，永錫爾類。』【疏證】《大雅·既醉》文。傳初引於隱元年，已釋於彼年疏證。杜注：「言孝心不乏者，又能以孝道長賜其志類。」即用鄭箋「長以予女之族類」義。

「若以不孝令於諸侯，其無乃非德類也乎？【疏證】《讀本》：「非德類者，不能以孝道錫同類也。」

「先王疆理天下，【疏證】《大司徒》「制其畿疆而溝封之」，注：「疆猶界也。《春秋》曰：『吾子疆理天下。』」疏：「彼傳云『先王疆理天下』，又云『吾子疆理諸侯』，不同者，鄭以意言之，非正文也。」洪亮吉云：「鄭注蓋涉下文而誤。」壽曾謂：據鄭君義，疆理猶界理。《後漢書·史弼傳》：「先王疆理天下，畫界分境。」注引《左傳》「先王疆理天下」，蓋舊說疆理，謂畫界分境也。杜注：「疆，界也。理，正也。」

「物土之宜，而布其利，【疏證】杜注：「物土之宜，播殖之物各從土宜。」顧炎武引陸粲說曰：「如昭

❶「讎」，原作「儲」，今據《廣雅疏證》卷一上改。

三十二年傳『物土方』之物，謂相土之所宜。」惠棟云：「物讀如《既夕禮》『冢人物土』之物，鄭注：『物，猶相也。』《大司徒職》云：『以土宜之法，辨十有二土之名物。』《周書・大聚》曰：『因其土宜，以爲民資。』」

「故《詩》曰：『我疆我理，南東其畝。』

【疏證】《小雅・信南山》文。傳釋「南東其畝」云：「或南或東。」杜注：「或南或東，從其土宜。」用毛義。疏不説「南東」。陳奂《詩疏》云：「或南或東者，或之爲有也。或南者，有南其畝也。或東者，有東其畝也。程瑶田《通藝録・阡陌考》云：『阡陌，田間之道也。訓故家釋阡陌者，皆言南北曰阡，東西曰陌。惟應劭《風俗通》具二義曰：「南北曰阡，東西曰陌。河東以東西爲阡，南北爲陌。」諒哉！應氏之説得古人物土宜之義矣。天下之川皆東流，故川横則澮縱，洫又横，溝又縱，遂又横，遂横者其畎必縱，而畝陳於東，是故東畝者，天下之大勢也。遂上有徑，當百畝之間，故謂之陌。其徑東西行，故曰東西曰陌也。遂上之徑東西行，則溝上之畛必南北行，畛當千畝之間，故謂之阡，而曰南北曰阡也。然則南北曰阡，東西曰陌，此阡陌之通義，以其義出於東畝。然有東畝者，亦有南畝者，天下之川，大勢雖皆東流，而河東之川獨南流，河爲川之大者，而或南流，則其畝必南陳而爲南畝矣。南畝畎横則遂縱，徑亦縱而爲南北行，豈不南北爲陌乎？溝横，畛亦横而爲東西行，豈不東西爲阡乎？由是洫又縱，澮又横，而川則縱而南流矣。河東之川，天下之大川也，而獨南流，故特舉之，以爲東西爲阡、南北爲陌，必具二義。而不知者乃是此非彼，蓋亦勿思矣。河至大坯又北流，則畫畝之法與河東川之南流者同爲南畝。而晉人乃欲齊之境内盡東其畝，此賓媚人所以有無顧土宜之斥也。』奂案：《詩》言畝有南東，則阡陌亦必南東，程説足以證三代定畝之至意。天下之川，東西流者畝必東，南北流者畝必南，其大較也。河東之川南流，豳、岐、豐、鎬在大河之西，其川與河東之川同是南流，其畝必南陳，故《七月》、《甫田》、《大田》、《載芟》、《良耜》等篇皆云『南畝』。此篇言疆理天下，故云南東畝，是立文之義矣。」按：如程、陳説，則齊在大河之東，其田並是南畝，蓋以東西爲阡、南北爲陌矣。傳引《信南山》，亦明齊畝必南陳義。

而已，「今吾子疆理諸侯，而曰『盡東其畝』

「唯吾子戎車是利，【疏證】杜注：「晉之伐齊，循壟東行易。」

「無顧土宜，【疏證】土宜即物土之宜，謂川澮洫溝遂畎之宜也。

「其無乃非先王之命也乎？

「反先王則不義，何以爲盟主？

「其晉實有闕，【疏證】《齊語》注：「闕，失也。」杜用韋義。

「四王之王也，【疏證】杜注：「禹、湯、文、武。」據下「五伯」注，則此亦服義。按：四王兼舉文、武，與古説不同。《白虎通・號》篇：「三王者，何謂也？夏、殷、周也。《詩》云：『命此文王，于周于京。』此改號爲周，易邑爲京也。」《風俗通・皇霸》篇：「《禮號謚記》説：『夏禹、殷湯、周武王，是三王也。』《尚書》説：『文王作罰，刑兹無赦。』《詩》説：『有命自天，命此文王。文王受命，有此武功。儀刑文王，萬邦作孚。』《春秋》説：『王者孰謂？謂文王也。』按：《易》稱『湯武革命』，《尚書》：『武王戎車三百兩，虎賁八百人，擒紂于牧之野。惟十有三祀，王訪于箕子。』《詩》云：『亮彼武王，襲伐大商。勝殷遏劉，耆定爾功。』由是言之，武王審矣。《論語》：『文王率殷之叛國，以服事殷。』時尚臣屬，何緣便得列三王哉？經美文王三分天下有其二，王業始兆于此耳。」則舊説三王，或列文王，或列武王，應氏則據《禮緯》以爲當列武王。其四王兼列文武之義無考。

「樹德而濟同欲焉。【疏證】《淮南子・本經訓》注：❶「樹，立也。」杜用韋義，又云：「濟，成也。」❷

「五伯之霸也，【注】服虔云：「五伯謂夏伯昆吾，商伯大彭、豕韋，周伯齊桓、晉文也。」《詩譜》疏。【疏證】杜用服義。案：服知五伯爲昆吾、大彭、豕韋、齊桓、晉文者，據《鄭語》「昆吾爲夏伯矣，大彭、豕韋爲商伯矣」爲説。彼注云：「昆吾，祝融之孫，陸終第一子，名樊，爲己姓，封于昆吾。昆吾，衛是也。其後夏衰，昆吾爲夏伯，遷于舊許。昭十二年《左傳》云『楚之皇祖伯父昆吾，舊許是宅』是也。陸終第三子籛，爲彭姓，封于大彭，謂之彭祖，彭城是也。豕韋，彭姓之别，

❶「本經訓」，原缺，今據《淮南鴻烈解》卷八補。

❷原稿眉批：濟，詰。

封于豕韋者。殷衰，二侯相繼爲伯。」《外傳》明伯始于夏商，爲春秋以前之三伯。其以齊桓、晉文通爲五伯，亦不始于服氏。知者，《白虎通・號》篇：「五霸者，何謂也？昆吾氏、大彭氏、豕韋氏、齊桓公、晉文公是也。昔三王之道衰，五霸存其政，帥諸侯朝天子，正天下之化，興復中國，攘除夷狄，故謂之霸也。昔昆吾氏，霸於夏者也。大彭、豕韋，霸于殷者也。齊桓、晉文，霸于周者也。」《白虎通》多采《公羊》家言，言五伯，數昆吾、大彭、豕韋，與《外傳》合，則《左氏》與《公羊》誼同。然又云：「或曰：五霸謂齊桓公、晉文公、秦穆公、楚莊王、吴王闔廬也。或曰：五霸謂齊桓公、晉文公、秦穆公、宋襄公、楚莊王也。」《風俗通・皇霸》篇：「《春秋》説齊桓、晉文、秦繆、宋襄、楚莊是五霸也。」與《白虎通》末一説同。其云《春秋》，以《外傳》證之，必非《左氏》義。《孟子》「五伯，三王之罪人也」，趙岐注亦據《白虎通》末一説。顧炎武《日知録》云：「五伯之稱有二：有三代之五伯，有春秋之五霸。據國佐對晉人言，其時楚莊之卒甫二年，不當遂列爲五，亦不當繼此無伯而定於五也，其通指三代無疑。《國語》『昆吾爲夏伯，大彭、豕韋爲商伯』，《莊子》『彭祖得之，上及有虞，下及五伯』，是知國佐以前另有五伯之名久矣。若《孟子》所稱五伯而以桓公爲盛，則止就東周以後言之，如嚴安所謂『周之衰，三百餘年，而五伯更起』者也。」詳顧氏説，則五伯之稱與時回易也。《風俗通》雖引《春秋》説，以齊桓、晉文、秦繆、宋襄、楚莊爲五霸，而駁之云：「謹案：《春秋左氏傳》，夏后太康娱於耽樂，不循民事，諸侯僭差，於是昆吾氏乃爲盟主，誅不從命，以尊王室。及殷之衰也，大彭氏、豕韋氏復續其緒，所謂王道廢而霸業興者也。齊桓九合一匡，率成王室，責彊楚之罪，復青茅之貢。晉文爲踐土之會，修朝聘之禮，納襄冠帶，翼戴天子。孔子稱『民到于今受其賜』，又曰：『齊桓正而不譎，晉文譎而不正。』至于三國，既無歎譽一言，而穆公受鄭甘言，置戍而去，違黄髮之計，而遇殽之敗，殺賢臣百里奚，以子車氏爲殉，《詩・黄鳥》之所爲作也，故謚曰繆。襄公不度德量力，慕名而不綜實，六鷁五石，先著其異，覆軍殘身，終爲僇笑。莊王僭號，自下摩上，觀兵京師，問鼎輕重，恃彊肆忿，幾亡宋國，易子析骸，厥禍亦巨。皆無興微繼絶、尊事王室之功。❶世之紀事，不詳察其本末，至書於竹帛，同之伯功，或誤後生，豈不暗乎！」應劭説五伯與服注同。以劭攷

❶「與」上，原衍「與」字，今據《風俗通義》卷一删。

《春秋》説，故備列其辭，以明所攷非《左氏》義。應説甚辨，然不若顧氏三代、春秋各有五伯之説爲確。《吕覽·先己》篇「五霸先事而後兵」，注同服説，此三代之五伯也。其《當務》篇「六王五霸」注則云：「齊桓、晉文、秦穆、宋襄、楚莊也。」以承六王爲文，故舉春秋之五霸説之。言各有當，不嫌歧出。其《白虎通》中一説退宋襄而進闔廬，《荀子·王霸篇》又退秦穆而進句踐，知春秋、戰國五霸又自異説，無關傳義，乃不備疏。

「勤而撫之，以役王命。【疏證】《吕覽·貴生》注：❶「役，事也。」

「今吾子求合諸侯，以逞無疆之欲。【疏證】杜注：「疆，竟也。」

「《詩》曰：『布政優優，百禄是遒。』【疏證】《商頌·長發》文。《校勘記》云：「《詩》作『敷政』。鄭玄《儀禮》注云：『今文「布」作「敷」。』」然則今文作「敷」，古文作「布」。傳：「優優，和也。遒，聚也。」陳奐《詩疏》云：「『優優，和』，《爾雅·釋訓》文。遒讀爲揫，❷《説文》引《詩》作擊，云『束也』。《爾雅》：『擊，聚也。』擊即揫。《破斧》箋：『遒，斂也。』斂亦聚也。」杜注用毛義。本疏：「《詩·商頌》，成湯布政優優然而寬，故百種福禄於是聚歸之。」

「子實不優，而棄百禄，諸侯何害焉？【疏證】質其母、東其畝，皆非優和之政。杜注：「言不能爲諸侯害。」

「不然，

「寡君之命使臣則有辭矣，

「曰：『子以君師辱於敝邑，不腆敝賦，以犒從者。【疏證】杜注：「戰而曰犒，爲孫辭。」按：僖二十六年，「公使展喜犒師」，服注：「以師枯槁，故饋之飲食。」本疏：「士卒之勞於外，師衆枯槁，以酒食勞之。」則此傳「犒從者」，舊説亦謂因枯槁而饋食，故疏云然也。

「『畏君之震，師徒橈敗。【疏證】杜注：「震，動。橈，曲也。」洪亮吉云：「《漢書·高帝紀》：『與酈食其謀橈楚權。』服虔云：『橈，弱也。』服虔注此傳當亦同。

❶「貴生」，原缺，今據《吕氏春秋》卷二補。

❷「揫」，原作「揫」，今據《詩毛氏傳疏》卷三十改。

杜訓曲，似回遠。」文淇案：《長發》「有震且業」，箋云：「震猶威也。❶《春秋傳》曰：『畏君之震，師徒橈敗。』」《釋文》：「橈，女教反。一音女卯反。❷亂也。」此當是《左氏》舊説。杜訓「震」爲動，訓「橈」爲曲，非。

「『吾子惠徼齊國之福，不泯其社稷，使繼舊好，

『唯是先君之敝器、土地不敢愛，

『子又不許。

『請收合餘燼，【疏證】杜注：「燼，火餘木。」洪亮吉云：「《説文》：『㶳，火餘也。一曰薪也。從火聿聲。』杜注增一『木』字，即與訓詁之義乖。《玉篇》燼同㶳。」文淇案：《吴語》「安受其燼」，注：「燼，餘也。」蓋燼爲火餘，省言之，即訓「燼」爲「餘」。

「『背城借一。【疏證】杜注：「欲於城下，復借一戰。」案：禦敵兵於城下，故曰背城。《北周書・武帝紀》：「建始五年詔曰：❸『收合餘燼，背城抗敵。』」

「『敝邑之幸，亦云從也。況其不幸，敢不唯命是聽？』」【疏證】杜注：「言完全之時，尚不敢違晉，今若不幸，則從命。」疏云：「劉炫以爲齊人請戰，言敝邑脱或有幸戰勝，亦云從也。」沈欽韓云：「按：方舉戰事，不得遠言平昔完全。」顧炎武云：「言即幸而勝，亦從晉命，況於不幸。」邵瑛云：「言即幸而勝，亦從晉命，都是虚稱未然之事。」文淇案：炫説是也。昭十六年傳：❹「子産對晉邊吏曰：『幸而不亡，猶可説也。不幸而亡，君雖憂之，亦無及也。』」語意相類。

魯、衛諫曰：【疏證】杜注：「諫郤克也。」

「齊疾我矣。其死亡者，皆親暱也。

「子若不許，讎我必甚。唯子則又何求？

「子得其國寶，

「我亦得地，【疏證】杜注：「齊歸所侵。」按：齊取魯龍，侵曹丘，云「得地」，當指此。惟衛未失地，蓋統

❶「威」，原作「盛」，今據《毛詩正義》卷二十改。
❷「卯」，原作「即」，今據《經典釋文》卷七改。
❸「始」，《周書・武帝紀下》作「德」。
❹「六」，當作「八」。

言之。

「而紓於難，【疏證】❶

「其榮多矣。

「齊、晉亦唯天所授，豈必晉？」晉人許之，

對曰：「群臣帥賦輿，【疏證】杜注：「賦輿，猶兵車。」

「以爲魯、衛請，

「若苟有以藉口而復於寡君，【注】服云：「今河南俗語，治生求利，少有所得，皆言可用藉手矣。」本疏。【疏證】杜注：「藉，薦。」不用服說。洪亮吉云：「杜訓『薦』，反回遠。」沈欽韓云：「藉，借也。杜解『藉，薦』，迂遠。」沈訓「藉」爲「借」，用服義。洪亦據服駁杜。本疏：「言無物則空口以爲報，少有所得，則於口爲藉。」釋服義也。疏兼存服義，故無駁。李貽德云：「服引俗語『藉手』，以明藉口之義。」《禮記・曲禮》注：❷「復，白也。」

「君之惠也。敢不唯命是聽？」【疏證】此上皆國佐之詞也。《少儀》「會同主詡」，注：「詡謂敏而有勇，若齊國佐。」疏云：「詡謂敏大言語。會同之時，貴在敏捷勇武自光大。成二年傳，齊、晉戰于鞌，齊國佐陳辭以拒晉師，是敏而有勇也。」國佐敏而有勇，鄭君當據古《左氏》說。

禽鄭自師逆公。【疏證】杜注：「禽鄭，魯大夫。歸逆公會晉師。」

秋，七月，晉師及齊國佐盟于袁婁，使齊人歸我汶陽之田。【疏證】《齊世家》：「令反魯、衛之侵地。」衛地，傳失書。龍、曹丘當亦歸魯，傳不具。

公會晉師於上鄍，【疏證】杜注：「上鄍，地闕。公會晉師不書，史闕。」高士奇云：「此齊、衛境上邑。或曰在陽穀縣。」按：陽穀屬山東兗州府。

賜三帥先路三命之服，【疏證】杜注：「三帥，郤克、士燮、欒書。已嘗受王先路之賜，今改而易新，

❶ 原稿眉批：紓，詁。

❷ 「曲禮」，原缺，今據《禮記正義》卷二補。

并此車所建、所服之物。」疏云：「案《釋例》『先路者，革路，若木路。或云先，或云次，蓋以就數爲差。其受之于王則稱大』者，❶鄭子蟜、叔孫穆子受之於王皆稱大，是也。革、木是卿大夫車之尊者，故云大路。金路是諸侯車之尊者，亦稱大。則定四年大路、大旂是也。玉路，天子車之尊者，亦稱大，故《顧命》云『大路在賓階面』是也。」此光伯《述議》引《釋例》文，《釋例》謂「受之于王則稱大」，明不稱大者皆非王賜。疏又云：「劉炫以爲既言『先路』，則是晉君之賜，杜云『受王先路之賜』，❷非其義也。今知不然者，杜以穆叔、子蟜嘗受王路，故杜據而言之。《釋例》應云：『受王大路之賜。』言『先路』者，順傳『先路』之文故也。劉炫以爲嘗受晉君賜而規杜氏，非也。」「劉炫以爲」「劉」字乃唐人所增。《釋例》未言受王先路之賜，疏駁劉説内「釋例」二字乃「杜注」之誤，《左傳舊疏考證》備論之。光伯《述義》即據《釋例》「受之於王稱大」駁此注「受王先路之賜」也。沈欽韓云：「《尚書·顧命》、《郊特牲》俱有先路、次路之文。鄭注：『先路，象路。次路是象路之貳。』《禮記》疏：『先路亦殷路也，❸對次故稱先也。』然此先路亦卿之正車，謂夏篆、夏縵之等。杜預云：『嘗受王先輅之賜，改而易新。』是不曉先路之義而妄爲説。按：諸侯之卿車服不必皆受於王，非有大功若士會、子蟜者，王亦不輕賜，故傳特著於彼以爲異數。今此三卿何能同時受王賜，且計校於新舊乎？」沈謂先路，卿之正車，非賜於王，最諦。惟止言象路，義未備。襄十九年疏云：「革路、木路，路之卑者，亦得稱大路者，以受王殊賜，皆舉其總名。若受之於君，或稱先，或稱次。」是受之于王乃稱大，受之於君則稱先、稱次也，此革路、木路亦可稱大路之證。朱駿聲云：「三帥賜先路，正與襄二十六年鄭賜子展同。」本疏云：「《周禮·典命》：『公之孤四命，其卿三命，其大夫再命，其士一命。侯伯之卿、大夫、士亦如之。』此三帥皆卿也，本國三命，故魯賜以三命之服。」又云：「言『所建、所服之物』者，《周禮·巾車》：『革路，建大白以即戎。』《司服》云：『凡兵事，韋弁服。』《巾車》又云：『木路，建大麾以田。』《司服》又云：『凡田，冠弁服。』然則此車所建或是大白、大麾，所服或是韋弁、冠弁。」



❶ 「者」上，《春秋左傳正義》卷二十五有「杜言革路若木路者或用革或用木也知受之於王則稱大」二十三字。

❷ 「賜」，原作「服」，今據《春秋左傳正義》卷二十五改。

❸ 下「路」，原作「輅」，今據《左傳杜解集正》卷五改。

司馬、司空、輿帥、候正、亞旅，皆受一命之服。【疏證】杜注：「晉司馬、司空皆大夫，輿帥主兵車，候正主斥堠，亞旅亦大夫也。」《淮南子・兵略訓》：「夫論除謹，動静時，吏卒辨，兵甲治，正行伍，連什伯，明鼓旗，此尉之官也。前後知險易，見敵知難易，發斥不忘遺，此候之官也。隧路亟，行輜治，賦丈均，處軍輯，井竈通，此司空之官也。收藏於後，遷舍不離，無淫輿，無遺輜，此輿之官也。」高注：「軍尉，所以尉鎮衆也。發，有所見。斥，斥度，候視也。軍候，候望者也。軍司空，補空修繕者。輿，衆也。候領輿衆，在軍之後者。」高氏注較杜爲詳，惟未釋輿帥。❶《呂覽》不及司馬、亞旅，據高注以司空爲軍司空，則司馬亦軍司馬也。《周禮》大司馬之屬有軍司馬，下大夫四人，職闕。《牧誓》「亞旅師氏」，某氏傳：「亞，次。旅，衆也。衆大夫其位次卿。」疏：「此及《左傳》皆卿下言亞旅，知是大夫。其位次卿而數衆，故以亞旅名官。」案：杜知司馬以下皆大夫者，以傳稱「一命之服」。襄十九年傳：「公享晉六卿于蒲圃，賜之三命之服，軍尉、司馬、司空、輿尉、候奄，皆受一命之服。」與此傳言命數同。本疏云：「司馬、司空、輿帥、候正、亞旅皆大夫，本國一命，故皆受一命之服。於卿言賜，於大夫言受，互相足也。《周禮》大夫再命，此司馬、司空等一命者，春秋之時，其事已異於《周禮》，故大夫一命。」

八月，宋文公卒。始厚葬，【疏證】《宋世家》：「文公卒，子共公瑕立，始厚葬。」

用蜃炭，【疏證】《釋文》「蜃」作「蜄」。《月令》注：「大蛤曰蜃。」杜注：「燒蛤爲炭，以瘞壙。」疏云：「劉炫以爲用蜃炭者，用蜃復用炭。知不然者，杜以傳用蜃炭共文，故知燒蛤爲炭。劉君以爲用蜃復用炭而規杜氏，非也。」按：《掌蜃》：「掌斂互物蜃物，以共闉壙之蜃。」注：「闉猶塞也。將井椁，先塞下以蜃，禦濕也。」鄭君不云燒蜃爲炭，惟《赤友氏》「以蜃炭攻之」，注：「蜃，大蛤也。擣其炭以坋之。」鄭君彼注以治牆屋搏而堊之，亦不謂燒。《呂覽・節葬》篇：❷「題凑之室，棺椁數襲，積石積炭，以環其外。」注：「石以其堅，炭以禦濕。」則古人葬禮自用炭，非燒蜃爲炭也。蜃炭、車馬，相對爲文，炫説是也。《掌

❶「帥」，原脱，今據上文補。

❷「葬」，當作「喪」。

蜃》注又云：「鄭司農説《春秋傳》『始用蜃炭』，言僭天子也。」疏：「引《春秋》者，是成公二年，『宋文公卒，始厚葬，用蜃炭』。雖二王之後，不得純如天子亦用蜃，故被譏。引之者，證天子之宜也。」鄭衆謂「用蜃炭」爲天子禮，其説《左氏》亦當然。疏謂二王之後用蜃，亦是古《左氏》説。

益車馬，【疏證】杜注：「多埋車馬。」本疏：「《禮・檀弓記》曰：『塗車芻靈，自古有之。』鄭玄云：『芻靈，束茅爲人馬。謂之靈者，神之類也。』不解塗車，當是用泥爲車也。傳言『益車馬』者，謂用此塗車茅馬益多於常。」

始用殉，【疏證】閻若璩《尚書古文疏證》：「古未有以人從死者，有之自秦始，乃戎法也。《秦本紀》曰：『二十年，武公卒，初以人從死。』降及穆公，以三良爲殉。波及晉國，魏武子欲以嬖妾爲殉。至成公二年八月，❶宋文公卒，書曰『始用殉』，蓋傷中國而亦然也。」

重器備，【疏證】杜注：「重猶多也。」本疏：「多爲明器也。《士喪禮》下篇陳明器云：『用器：弓矢、耒耜、敦杅、槃匜；役器：甲胄、干笮；燕器：杖、笠、翣。』其器有共用之器，有備禦之器，故言器備。」



椁有四阿，【疏證】杜注：「四阿，四注槨也。」疏云：「《周禮・匠人》云：『殷人四阿重屋。』鄭玄云：『阿，棟也。四角設棟也。是爲四注槨也。』」疏蓋以屋制例槨之四阿，推今本鄭君注作「四阿若今四注屋」，与疏所引異。金鶚《禮説》云：「阿不可訓棟，棟在屋正中，不在四角，亦非可設棟也。」金氏止據疏引鄭注，未核原文，其謂阿非棟，是也。疏引鄭注有舛誤。疏又云：「《士喪禮》下篇陳明器云『抗木横三縮二』，謂於椁之上設此木，從二横三，以負土。則士之椁上平也。今此槨上四注而下，則其上方而尖也。禮，天子槨題凑，諸侯不題凑，不題凑則無四阿。」疏謂天子槨題凑，據《喪大記》「君殯用輴，欑至于上，畢塗屋」文。沈欽韓云：「《檀弓》：『天子柏椁以端，長六尺。』❷注：『以端，題凑也。』《喪大記》注：『天子之殯，居棺以龍輴。欑木題凑象椁，上四注如屋以覆之，盡塗之。諸侯欑不題凑象椁。』疏云：『題，頭。凑，鄉也。謂以木頭相凑鄉内也。諸侯雖不向椁，❸亦中央高似屋形，但

❶「二」，原作「三」，今據《尚書古文疏證》卷四改。
❷「長」，原作「四」，今據《春秋左氏傳補注》卷六改。
❸「向」，《春秋左氏傳補注》作「象」。

不爲四注。』按：彼論殯事，其實天子葬時用椁，亦如屋簷四垂，諸侯亦三面也。孔晁《逸周書》：❶『廟四下曰阿。』按：《喪大記》疏：『成二年《左傳》云「宋文公卒，椁有四阿」，是僭天子禮。』則椁有四阿，天子之制，疏以禮無明文，故舉殯禮之題湊例之，其舉《士喪》之抗木爲證，則非，抗木無阿之名也。」沈氏説四阿以屋簷四垂爲喻，與鄭君「四注屋」説合，則四阿謂椁之蓋四垂也。金鶚《禮説》云：「天子之屋，四隅高起，謂之四阿，椁象之。」非。

棺有翰檜。【疏證】杜注：「翰，旁飾。檜，上飾。」疏云：「《釋詁》云：『楨，翰，幹也。』舍人曰：『翰，所以當牆兩邊，障土者也。』翰在牆之旁，則知此翰亦在旁也。」按：《廣雅・釋親》「幹謂之脇」，❷王念孫云：「幹亦兩旁之名也。《史記・魯世家》集解引馬融《粊誓》注云：『楨在前，幹在兩旁。』成二年《左傳》『棺有翰檜』，杜注云：『翰，旁飾。』義並與脅、幹同。」疏又云：「《詩》云『會弁如星』，鄭玄云『會謂弁之縫中』，言其際會之處也。會在弁之上，知此檜亦在上。」詳疏説，則傳文舊作「翰會」。杜釋「翰檜」，厪言「旁飾」、「上飾」，❸其飾用何物，今無以考。

君子謂：「華元、樂舉，於是乎不臣。【疏證】洪亮吉云：「王符《潛夫論》：『華元、樂昌厚葬文公，《春秋》以爲不臣。』昌當作呂，以字近而誤。《魏志・文帝紀》又作樂莒。宣二年傳，樂呂爲鄭所獲，不應尚存。或其時宋贖華元，樂呂亦同歸也。據此則宣二年囚華元，獲樂呂，囚、獲義皆互通。杜注似分囚爲生獲，獲爲死得，誤矣。」按：《呂覽・安死》篇亦作「樂呂」。《宋世家》：「君子譏華元不臣矣。」不及樂舉，文略。

「臣，治煩去惑者也，是以伏死而爭。

「今二子者，君生則縱其惑，【疏證】杜注：「謂文十八年，殺母弟須。」

「死又益其侈，

「是棄君於惡也。」【疏證】《魏志》：「黄初三年，❹詔曰：『宋公厚葬，君子以爲棄君於惡。』」用傳説。杜無注。《呂覽・安死》篇：「夫有所愛所重，而令姦邪盜

❶「晁」下，疑當有「注」字。
❷「脇」，《廣雅疏證》卷六下作「肋」。
❸「上」，原作「下」，今據上文改。
❹「三」，原作「二」，今據《三國志・魏書・文帝紀》改。

賊寇亂之人卒必辱之，此孝子忠臣親父交友之大事。」當是《左氏》「棄君於惡」古義。又云：「故宋未亡而東冢扫，齊未亡而莊公冢扫。」注：「東冢，文公厚葬，故冢被發也。冢在城東，因謂之東冢。」則盜發宋文公冢，容在《左氏》之前，故論其事以爲至戒。

「何臣之爲？」【疏證】杜注：「若言何用爲臣。」疏云：「劉君以爲不成臣，與杜義無別。」邵瑛云：「劉君以爲不成臣，即上文所云『君子謂華元、樂舉於是乎不臣』者也。大致同而異。」

九月，衛穆公卒。

晉三子自役弔焉，

哭於大門之外。【疏證】杜注：「師還過衛，故因弔之。未復命，故不敢成禮。」疏云：「『哭於大門之外』，謂大門外之西東面。」又引沈氏云：「《雜記》：『弔者即位於門西，東面。主孤西面。相者受命曰：「孤某使請事。」客曰：「寡君使某，如何不淑。」相者入告，出曰：「孤某須矣。」弔者入，主人升堂西面。弔者升自西階，東面致命。』此臣奉君命行弔之禮，今三子師行經衛竟，不敢成禮，故於大門之外。」疏謂門西東面，即據《雜記》説。然此平常鄰國臣奉君命來弔之禮，不得爲此傳之證。沈文阿舊疏雖據《雜記》，然不謂三子即行此禮，可知舊注不援《雜記》門西東面爲説。沈欽韓云：「此蓋臨葬前載柩南向時也。《既夕禮》：『乃祖，婦人降，即位于階間。』疏云：『以柩還鄉外，階間空，故婦人從堂上降在階。』又云：『賓入者拜之，賓出，主人送於門外。』是賓來弔哭，猶入門東，東階下，其他國來者，入門西，西階下也。據《士喪禮》無事時，賓位繼外兄弟，在門外，北上。其朝夕哭位，『主人堂下直東序，西面。兄弟皆即位，❶如外位。卿大夫在主人之南，諸公門東，少進。他國之異爵者門西，少進。』注云：『賓皆即此位，乃哭盡哀，止。主人乃右還拜之，上言賓，此言卿大夫，明其亦賓爾。少進，前於列。』今異國來哭，不就門西少進之位，其非禮可知。」按：沈據下「遂常以葬」文，謂在祖奠之時，最諦。其時賓尚有門内弔位，則不當哭於大門之外矣。

衛人逆之，【疏證】杜注：「逆，於門外設喪位。」疏云：「謂大門外之東西面，各從賓主之位。」按：門

❶「即」，原作「及」，今據《春秋左氏傳補注》卷六改。

外喪位，《禮經》無之，傳明變禮，疏稱門東西面，以平時賓初至之位而言。其實傳無明文，其位之所向無考。如沈欽韓説，則衛人因柩已祖奠，故就大門外行禮也。《曾子問》：❶「曾子弔於負夏，主人既祖填池，推柩而反之，降婦人而後行禮。從者曰：『禮與？』曾子曰：『夫祖者且也。且，胡爲其不可以反宿也？』」據鄭君注，負夏即衛地。蓋衛人於既祖載受賓弔，久行門外設位之禮，主人疑其不安，故反柩以受弔。又載子游説，明反柩之非禮者，子游以既祖門内自有弔位。

婦人哭於門内，**【疏證】**杜注：「喪位，婦人哭於堂，賓在門外，故移在門内。」疏云：「謂門内之西東面，以堂上在西東面故也。」又云：「《喪大記》云：『君之喪，夫人坐於西方，内命婦姑姊妹子姓立于西方，外命婦率外宗哭於堂上北面。』又曰：『婦人迎客送客不下堂。』是『喪位，婦人哭於堂』。」案：據《既夕禮》婦人即位於階間，與平時哭於堂不同。衛人變禮，婦人立於庭，故云門内。

送亦如之。**【疏證】**此謂賓退時婦人亦哭於門内也。疏謂送時位亦如之，非。

遂常以葬。**【疏證】**杜注：「至葬行此禮。」疏云：「自此有鄰國弔者，常行此禮，以至於葬。」顧炎武云：「以喪禮有進無退。」皆謂自後平日受賓弔行此禮。沈欽韓云：「知此常爲祖載時，非始死及既殯後事者，以諸侯五月而葬，五月以内來弔哭者非一，不可盡在大門内行禮，惟祖廟正柩爲時無多，故得援晉人之例，亦因中庭陳器較陿故也。❷鄭注《既夕》云：『其上士二廟，則既夕哭先葬前三日。』疏云：『以其一廟則一日朝，二廟則二日朝，故葬前三日，中間容二日。若然，大夫三廟者葬前四日，諸侯五廟者葬前六日，天子七廟葬前八日，差次可知。』按：還柩外向爲行始，當在祖廟最後一日者也。」❸按：沈説是也。傳謂「遂常以葬」，明此爲既夕弔禮，故不云遂常以弔也。

楚之討陳夏氏也，**【疏證】**宣十一年經：「楚人殺夏徵舒。」

莊王欲納夏姬，**【疏證】**宣十一年，楚子入陳之役，楚蓋以夏姬歸。傳文不具。

❶「曾子問」，當作「檀弓」。

❷「器」下，《春秋左氏傳補注》卷六有「車」字。

❸「一日」，原脱，今據《春秋左氏傳補注》卷六補。

申公巫臣曰：

「不可。君召諸侯，以討罪也。

「今納夏姬，貪其色也。

「貪色爲淫，淫爲大罰。

「《周書》曰：『明德慎罰。』【疏證】杜注：「《周書·康誥》。」今本「明」上有「克」。《尚書大傳》引子夏説，謂「三王錯刑遂罰」，非此傳引《書》之旨。疑傳不據《康誥》文也。《周語》：「先王之令有之曰：『天道賞善而罰淫。』」

「文王所以造周也。【疏證】❶

「明德，務崇之之謂也。慎罰，務去之之謂也。【疏證】去之謂遠於罰。

「若興諸侯，以取大罰，非慎之也。

「君其圖之！」王乃止。

子反欲取之，

巫臣曰：「是不祥人也。

「是天子蠻，【疏證】杜注：「子蠻，鄭靈公，夏姬之兄，殺死無後。」沈欽韓云：「杜預謂夏姬之兄鄭靈公。按：兄弟何與其事？子蠻當是先許嫁在御叔前者。《列女傳》無此句。」

「殺御叔，【疏證】《楚語》：「昔陳公子夏爲御叔取於鄭穆公女，生子南。」注：「御叔，陳公子夏之子，靈公之從祖父，嬀姓也。爲御叔娶鄭穆公少妃姚子之女夏姬也。」

「弑靈侯，【疏證】陳靈公爲徵舒所弑，而云夏姬弑之者，徵舒弑君，夏姬外淫激成之。

「戮夏南，【疏證】夏南，夏徵舒也。《株林》箋：「徵舒，字子南。」《楚語》注以氏配字，謂之夏南。王引之《周秦名字解詁》：「徵、懲，古字通。《詩·魯頌》『荆舒是懲』，懲舒，蓋以時事名之也。如定公八年傳，苦越名子曰『陽州』之類。」案：舒在陳之南，王謂徵舒字南以此。

「出孔、儀，【疏證】孔寧、儀行奔楚，故云出。

「喪陳國，【疏證】據宣十一年傳楚已縣陳，而

❶ 原稿眉批：造，詁。

復封之，故云喪陳國。

「何不祥如是？人生實難，其有不獲死乎！

「天下多美婦人，何必是？」

子反乃止。

王以予連尹襄老。

襄老死於邲，不獲其尸。【疏證】宣十二年傳：「知季射連尹襄老，獲之，遂載其尸」。

其子黑要烝焉。【疏證】杜注：「黑要，襄老子。」

巫臣使道焉，

曰：「歸，吾聘汝。」【疏證】使道，謂使人語導之也。杜注：「道夏姬使歸鄭。」疏：「《禮記·內則》云：『聘則爲妻，奔則爲妾。』道之云：『女歸鄭國，吾依禮聘女以爲妻也。』」

又使自鄭召之，曰：【疏證】使從鄭來。

「尸可得也，必來逆之。」

姬以告王，

王問諸屈巫。【疏證】杜注：「屈巫，巫臣。」是巫臣屈氏也。

對曰：「其信！

「知罃之父，成公之嬖也，而中行伯之季弟也。【疏證】杜注：「知罃父，荀首也。中行伯，荀林父也。」宣十二年傳「楚熊負羈囚知罃」，❶知罃囚而逃歸，詳彼年疏證。

「新佐中軍，【疏證】代士燮。

「而善鄭皇戌，甚愛此子。【疏證】杜注：「愛知罃也。」

「其必因鄭而歸王子與襄老之尸以求之。【疏證】杜注：「王子，楚公子穀臣也。」宣十二年傳：「知季射公子穀臣，囚之。」

「鄭人懼於邲之役，【疏證】宣十二年，楚子圍鄭。邲之戰因晉救鄭，故云懼邲之役。

❶「羈」，原脱，今據上文補。

「而欲求媚於晉，其必許之。」

王遣夏姬歸。

將行，謂送者曰：「不得尸，吾不反矣。」【疏證】沈欽韓云：「《御覽》六百四十：『董仲舒決獄曰：「甲夫死未葬，法無許嫁，以私爲人妻者，當棄市。」』按：漢律，夫喪未葬而嫁爲不道，夏姬將適巫臣，故詭求襄老之尸。」

巫臣聘諸鄭，鄭伯許之。

及共王即位，將爲陽橋之役，【疏證】探下楚侵魯至陽橋事也。彼傳杜注：「魯地。」沈欽韓云：「《方輿紀要》：『陽橋在泰安州西北。陸澄曰：「博縣有陽橋，蓋地名無橋也。」』」❶

使屈巫聘于齊，且告師期，

巫臣盡室以行。

申叔跪從其父，將適郢，遇之，【疏證】杜注：「叔跪，申叔時之子。」

曰：「異哉！夫子有三軍之懼，

「而又有《桑中》之喜，【疏證】《衛風・桑中》：「期我乎桑中，要我乎上宫。」傳云：「桑中、上宫，所期之地。」《樂記》「桑間濮上之音」，❷注：「桑間在濮陽南。」《郡國志》「東郡濮陽」，❸劉昭注引《博物記》：「桑中在其中。」高士奇云：「地在今河南衛輝府淇縣。」

「宜將竊妻以逃者也。」

及鄭，使介反幣，【疏證】杜注：「介，副也。」按：《聘禮》：「使者歸，及郊，請反命。乃入，陳幣于朝，西上。上賓之公幣私幣皆陳，上介公幣陳，他介皆否。束帛各加其庭實，皮左。公南鄉。」使者反命，是反幣使者之事，介不得爲之。巫臣既聘齊，及鄭而留，使介歸楚，攝反幣之禮。

而以夏姬行。

將奔齊，齊師新敗，【疏證】謂鞌之戰。

曰：「吾不處不勝之國。」

遂奔晉，而因郤至，【疏證】《周語》注：「郤



❶ 原稿眉批：查陸澄。

❷「樂記」，原缺，今據《禮記正義》卷三十七補。

❸「志」，原脱；「東」，原缺，今據《後漢書・郡國志》補。

至，犨之弟子温昭季子也。」本疏引《世本》：「郤豹生冀芮，芮生缺，缺生克。」又云：「豹生義，義生步楊，步楊生蒲城鵲居，居生至。」杜注：「至，郤克族子。」用《世本》説。疏云：❶成十一年疏引《世本》「步楊生州」，梁履繩云：「州即犨也。」則蒲城鵲居爲州之弟，❷如《世本》克是豹之曾孫，至是豹之玄孫，於克爲二從兄弟子。

以臣於晉。【疏證】《年表》：「楚共王二年秋，申公巫臣竊徵舒母奔晉。」《晉世家》：「楚申公巫臣盜夏姬以奔晉。」《吳世家》：「楚之亡大夫申公巫臣怨楚將子反而奔晉。」此巫臣告晉之飾説，吳史據以書之，史遷未刊改者。

晉以爲邢大夫。❸【注】賈云：「邢，晉邑。」《晉世家》集解。【疏證】杜用賈説。此邢即宣六年之邢丘也。李貽德云：「邢即故邢國，衛滅之，後入晉爲邑。哀四年，『齊國夏伐晉，取邢』即此。」

子反請以重幣錮之，【疏證】《説文》：「錮，鑄塞也。」杜注：「禁錮勿令仕。」謂塞其仕進也。《後漢書·章帝紀》：「元和元年詔曰：『往者妖言大獄，所及廣遠，一人犯罪，禁至三屬，莫得垂纓仕宦王朝。如有賢才而没齒無用，朕甚憐之。諸以前妖惡禁錮者，皆蠲除。』」注引此傳及杜注。

王曰：「止！【疏證】《吕覽·知士》注：❹「止，禁止也。」

「其自爲謀也，則過矣。

「其爲吾先君謀也，則忠。

「忠，社稷之固也，

「所蓋多矣。【疏證】《小爾雅》：「蓋，覆也。」

「且彼若能利國家，雖重幣，晉將可乎？

「若無益於晉，晉將棄之，何勞錮焉？」

晉師歸，范文子後入。

武子曰：「無爲吾望爾也乎？」【疏證】

❶「疏云」，疑衍。
❷「城」，原作「孫」，今據上文改。
❸「以」，《春秋左傳正義》卷二十五作「人使」。
❹「知士」，原缺，今據《吕氏春秋》卷八補。

杜注：「武子，士會，文子之父。」《晉語》注：「文子時佐上軍，兵凶事，文子後入，故武子憂望也。」

對曰：「師有功，國人喜以逆之。

「先入，必屬耳目焉，【疏證】《晉語》：「則國之人屬耳目焉。」注：「屬，猶注也。」

「是代帥受名也，【疏證】帥謂郤克。

「故不敢。」

武子曰：「吾知免矣！」【疏證】《釋文》云：「一本無知字。」《晉語》注：「知免於咎。」杜注：「知其不益己禍。」義迂曲，不若韋注之明顯。

郤伯見，【疏證】杜注：「郤伯，郤克。」

公曰：「子之力也夫！」【疏證】《晉語》注：「力，功也。」

對曰：「君之訓也，二三子之力也，臣何力之有焉？」

范叔見，【疏證】范叔，士燮。

勞之如郤伯，

對曰：「庚所命也，克之制也，燮何力之有焉？」【疏證】杜注：「荀庚將上軍，時不出，范文子上軍佐，代行，故稱帥以讓。」按：上軍亞於中軍，故云「克之制」。

欒伯見，【疏證】《周語》注：「欒伯，欒書也。」

公亦如之，

對曰：「燮之詔也，❶士用命也，書何力之有焉？」【疏證】杜注：「欒書，下軍帥，故推功上軍。」

宣公使求好于楚。【疏證】宣十八年傳：「夏，公使如楚乞師，將欲以伐齊。」魯因乞師而求好。

莊王卒，宣公薨，不克作好。

公即位，受盟于晉。【疏證】元年經：「夏，臧孫許及晉侯盟于赤棘。」

會晉伐齊。衛人不行使于楚，

而亦受盟于晉，從於伐齊。【疏證】衛與赤棘之盟，傳文不具。

❶ 原稿眉批：詔，誥。

故楚令尹子重爲陽橋之役以救齊。

將起師，

子重曰：「君弱，【疏證】杜注：「傳曰：『寡人生十年而喪先君。』共王即位，至是三年，蓋十二三矣。」

「群臣不如先大夫，【疏證】時子重爲令尹，言不如越椒、蔿艾獵諸人也。《晉書·慕容廆傳》：「與太尉陶侃箋曰：『區區楚國子重之徒，猶耻君弱，群臣不及先大夫，厲己戒衆，以服陳、鄭。』」

「師衆而後可。

「《詩》曰：『濟濟多士，文王以寧。』【疏證】《文王》文，傳：「濟濟，多威儀也。」陳奂《詩疏》：「《爾雅》：『濟濟，止也。』止，容止也。多威儀即容止之義。」杜注：「言文王以衆士安。」

「夫文王猶用衆，况吾儕乎？【疏證】陳奂《詩疏》：「成二年《左傳》云『夫文王猶用衆』，是釋經『多士』之義。」杜注：「儕，等。」❶

「且先君莊王屬之曰：『無德以及遠方，莫如惠恤其民而善用之。』」【疏證】通行本「用」上有「其」，據宋本。

乃大户，【疏證】杜注：「閱民户口。」❷

已責，❸【疏證】杜注：「棄逋責。」

逮鰥，❹

救乏，

赦罪。

悉師，

王卒盡行。

彭名御戎，【疏證】杜注：「王卒盡行，故王戎車亦行。」疏：「諸言『御戎』，皆御君之戎車。此云『彭名御戎』，知王戎車亦行也。若君在車，❺則君當車中，御者在左，勇力之士在右，故御戎、戎右，常連言之。此王車雖行，王身不在，故不立戎右，使御者在中。」按：兵車通制，

❶ 原稿眉批：儕，詁。

❷ 原稿眉批：大，訓。閱，查。

❸ 原稿眉批：已，詁。

❹ 原稿眉批：逮，詁。

❺ 「在車」，《春秋左傳正義》卷二十五作「親在軍」。

將居中央鼓下，御者在左，君在戎車亦然。詳前「中御而從齊侯」疏證。

蔡景公爲左，許靈公爲右。【疏證】杜注：「雖無楚王，令二君當左右之位。」疏云：「若夾衛王然。」沈欽韓云：「《曲禮》『乘君之乘車，不敢曠左』，故以蔡景公當其處。」按：沈意以御者宜居左，而中御，故嫌曠左。其戈盾在右，則兵車、戎車所同，蓋以許靈公當戎盾之位矣。❶

二君弱，皆强冠之。

冬，❷楚師侵衛，遂侵我，師于蜀。

使臧孫往，【疏證】杜注：「臧孫，宣叔也。」

辭曰：「楚遠而久，固將退矣。

「無功而受名，臣不敢。」

楚侵及陽橋，

孟孫請往賂之。【疏證】杜注：「孟孫，獻子也。」

以執斲、執鍼、織紝，皆百人，【注】服云：「織紝，織繒帛者。」❸《采蘋》疏。【疏證】《釋文》「紝」作「袵」。❹《校勘記》云：「按：《說文》云：紝，或從任作絍。」杜注：「執斲，匠人。執鍼，女工。織紝，織帛者。」❺用服義。《匠人職》所掌城郭、道涂、宮室、溝洫之事，與執斲不合。《曲禮》「木工」注：「輪、輿、弓、廬、匠、車、梓也。」此七者皆任斧斤之事，故以執斲該之，❻非官名也。《內則》：「婦事舅姑，如事父母，右佩箴、管、線、纊。」《說文》：「箴，綴衣箴也。」箴即古鍼字，女工以鍼成衣裳，故云執鍼。《內則》：「織紝組紃。」《采蘋》疏：「織紝組訓者，紝也，組也，紃也，三者皆織之。」服虔注《左傳》曰：『織紝，織繒帛者。』則紝謂繒帛也。」❼

公衡爲質，【疏證】杜注：「公衡，成公子。」沈欽韓云：「成公縱有子，尚幼少，不任爲質，當是成公弟。」

---

❶「戎」，疑當作「戈」。

❷「冬」，原作「秋」，今據《春秋左傳正義》卷二十五改。

❸「織」，《毛詩正義》卷一作「治」。

❹「袵」，《經典釋文》卷十七作「紝」。

❺「帛」，《春秋左傳正義》作「繒布」。

❻「斲」，原作「斵」，今據上文改。

❼原稿眉批：查釋繒，添。

以請盟。楚人許平。

十一月，公及楚公子嬰齊、蔡侯、許男、秦右大夫説、宋華元、陳公孫寧、衛孫良夫、鄭公子去疾及齊國之大夫盟于蜀。【疏證】李富孫云：「去疾，《古今人表》作『棄疾』。」沈淑《經玩》云：「右大夫，秦官名。襄十一年有右大夫詹。」杜注：「齊大夫不書其名，非卿也。」

卿不書，匱盟也。【疏證】❶卿指秦、宋、陳、衛、鄭之卿，不書謂統書人也。杜注：「匱，乏也。」俞樾云：「匱固訓乏，然與畏晉竊盟之義不合。《廣雅・釋訓》：『讀，欺也。』疑即『匱盟』之匱。畏晉而竊與楚盟，故爲欺也。《晉語》曰『其言匱』，義與此同。」朱駿聲云：「按：《左氏》襍采各國之書以成傳，此匱盟二字，非《左氏》自言，故下文釋之。匱讀爲讀，譎詭權詐之意，不訓乏。」按：俞、朱説是也。沈欽韓訓「匱」爲「空」，謂空爲是盟，亦非。

於是乎畏晉而竊與楚盟，故曰「匱盟」。【疏證】疏云：「私竊爲盟，盟終不固。」「不固」解杜注「匱，乏」，傳無此義。又云：「楚之彊盛，恒與晉敵，非是畏晉，卿亦貶者，楚既彊盛，應顯然作盟，今私竊受盟，不敢宣露，亦是畏晉之義。且成晉爲霸，事須貶楚。」按：畏晉而竊與楚盟，❷皆據魯言之，楚豈畏晉者？貶楚之義，亦不繫匱盟。詳經文疏證。

蔡侯、許男不書，乘楚車也，謂之失位。【疏證】杜注：「卿不書，則稱人。諸侯不書，皆不見經。」疏云：「舊説諸侯之貶，亦書爲『人』，杜意謂諸侯之貶不至於『人』，故因此而又明之。」按：不書與稱人例異，詳□□□年疏證。

君子曰：「位其不可不慎也乎！蔡、許之君，一失其位，不得列於諸侯，況其下乎？《詩》曰：『不解于位，民之攸塈。』」【疏證】《假樂》文，傳：「塈，息也。」箋：「不解於其職位，民之

❶「疏證」，原作「注」，今據本書體例改。
❷「與」上，原衍「而」字，今刪。

所以休息由此也。」杜注：「攸，所也。」用鄭義。按：此引以儆失位，與《詩》本義不相比附。

「其是之謂矣。」

楚師及宋，

公衡逃歸。

臧宣叔曰：「衡父不忍數年之不宴，【疏證】《説文》：「宴，安也。」

「以棄魯國，國將若之何？

「誰居？【疏證】杜注：「居，辭也。」惠棟云：「《檀弓》『何居』注云：『居讀爲姬姓之姬，齊、魯之間語助也。』《列子・黄帝篇》云：『關尹謂列子曰：「姬，魚語女。」』張湛云：『姬音居，魚當作吾。』是居、姬互訓，蓋古音同也。」

「後之人必有任是夫！❶國棄矣。」

是行也，晉辟楚，畏其衆也。

君子曰：「衆之不可以已也。

「大夫爲政，猶以衆克，【疏證】大夫謂子重。

「況明君而善用其衆乎？

「《大誓》所謂『商兆民離，周十人同』者，衆也。」❷【疏證】此隱栝《太誓》文。知者，昭二十四年傳，萇弘引《太誓》曰：「受有億兆夷人，離心離德；予有亂臣十人，同心同德。」東晉僞古文取彼傳也。兆民、十人，皆詳彼傳疏證。❸

晉侯使鞏朔獻齊捷于周，

王弗見，使單襄公辭焉，

曰：「蠻夷戎狄，不式王命，【疏證】《釋言》：❹「式，用也。」

「淫湎毀常，王命伐之，

「則有獻捷，

「王親受而勞之，所以懲不敬，勸有

❶ 原稿眉批：任，詁。
❷ 「衆」，原脱，今據《春秋左傳正義》卷二十五補。
❸ 原稿眉批：服注或由彼疏移此，酌。此時不能定。
❹ 「言」，原缺，今據《爾雅》卷上補。

功也。

「兄弟甥舅，侵敗王略，**【疏證】**杜注：「兄弟，同姓國；甥舅，異姓國。略，經略法度也。」惠棟云：「案：略，封也。昭七年傳曰『天子經略』，天子謂之略，諸侯謂之封。」洪亮吉云：「《説文》：『略，經略土地也。』昭七年傳云『天子經略』，定四年『吾子欲復文、武之略』並同。杜注云『法度』，失之。」

「王命伐之，告事而已，不獻其功，**【疏證】**杜注：「告伐事而不獻俘囚。」

「所以敬親暱，禁淫慝也。

「今叔父克遂，有功于齊，**【疏證】**叔父謂晉侯。《釋言》：❶「克，能也。」

「而不使命卿鎮撫王室，

「所使來撫余一人，而鞏伯實來，**【疏證】**沈欽韓云：「而，汝也。實當爲寔，是也。」

「未有職司於王室，**【疏證】**杜注：「鞏朔，上軍大夫，非命卿。」

「又奸先王之禮。**【疏證】**奸，干也。❷

「余雖欲於鞏伯，

「其敢廢舊典以忝叔父？

「夫齊，甥舅之國也，**【疏證】**杜注：「齊世與周昏，故曰甥舅。」

「而大師之後也，**【疏證】**《齊世家》：「大公望爲文、武師。」

「寧不亦淫從其欲以怒叔父，**【疏證】**《釋文》：「從亦作縱。」《玉篇》：「縱，恣也，放也。」

「抑豈不可諫誨？」**【疏證】**謂齊即得罪於晉，亦可諫誨，不當即構兵。

士莊伯不能對，**【疏證】**杜注：「莊伯，鞏朔。」

王使委於三吏，**【疏證】**杜注：「委，屬也。」《曲禮》：「其擯于天子也，曰天子之吏。」注：「《春秋傳》曰『王命委之三吏』，三吏謂三公也。」此必《左氏》舊説。「命」、「之」，皆異文。于時王不見鞏朔，委付三公接對

---

❶「言」，原缺，今據《爾雅》卷上補。

❷ 原稿眉批：「奸，干」，查。

之，故云委之三吏。杜注：「三吏，三公也。」蓋用舊説。《釋文》：「三吏，三公也。三公者，天子之吏也。」舊説當如此。

禮之如侯伯克敵使大夫告慶之禮，【疏證】告慶禮亡。

降於卿禮一等。【疏證】據傳義，則告慶之禮以卿行，或以大夫行。

王以鞏伯宴，而私賄之，【疏證】宴有贈賄，告慶之禮無賄，故云私賄。

使相告之曰：「非禮也，【疏證】《讀本》：「相，相禮者。」

「勿籍。」【疏證】《説文》：「籍，簿書也。」讀書籍策也。❶ 古者禮成則書於策。

【經】三年，春，王正月，公會晉侯、宋公、衛侯、曹伯伐鄭。【注】賈、服云：「宋公、衛侯先君未葬而稱爵。譏其不稱子。」《曲禮》疏。【疏證】《年表》：「成公三年，會晉、宋、衛、曹伐鄭。晉景公十二年，率諸侯伐鄭。曹宣公七年，伐鄭。」杜注：「宋、衛未葬，而稱爵以接鄰國，非禮也。」用賈、服義。僖九年傳例：「凡在喪，公侯曰子。」此賈、服所據也。《穀梁》注：「宋、衛未葬而自同於正君，故書公侯以譏之。」❷此經《左氏》、《穀梁》説同。二年經：「八月，壬午，宋公鮑卒。庚寅，衛侯速卒。」至是僅六月，諸侯五月而葬。疏云：「知非踰年得成君者，文八年八月，天王崩，九年春，毛伯來求金，傳曰：『不書王命，未葬也。』彼王既踰年矣，猶不得稱王命臣，知諸侯雖則踰年，但是未葬，不得稱爵以接鄰國。」按：疏申賈、服義。其古《左氏》説，則未踰年以王事出，得稱爵，與賈、服異。詳四年「鄭伯伐許」疏證。

辛亥，葬衛穆公。無傳。【疏證】《公羊》「穆」曰「繆」。

二月，公至自伐鄭。無傳。【注】賈云：

❶「讀」，疑當作「謂」。

❷「書」，原脱，今據《春秋穀梁傳注疏》卷十三補。

「還至不月，此書二月者，爲下甲子書也。」□□□□。【疏證】杜無注。《公羊》疏：「書二月者，爲下甲子出也。」蓋采賈説。

甲子，新宮災，三日哭。無傳。【疏證】此經《左氏》舊説無考。《公羊》：「新宮者何？宣公之宮也。」《穀梁》：「禰宮也。」杜注：「宣公神主新入廟，故謂之新宮。」疏謂杜依用二傳，又云：「宣公以其十八年冬十月薨，至二年十月而大祥，祥而禘祭，神主新始入廟，故謂之新宮。」宣十六年傳例曰：「人火曰火，天火曰災。」《檀弓》：「有焚其先人之室，則三日哭。故曰新宮火，亦三日哭。」注：「火，人火也。」新宮火在魯成三年，鄭引傳例，以火爲人火，則經文疑作「新宮火」。然火、災之稱惟《左氏》例別，《檀弓》亦隨便言之。鄭君執傳例以説，非也。本疏云：「三家經傳有五字，皆爲災。鄭玄以爲人火，雖非其義，要天火、人火，其哭皆當三日，是其善得禮也。」亦疑鄭君引傳例爲非其義。鄭説「先人之室」云：「謂人燒其宗廟，哭者，哀精神之有虧傷。」則「新宮災，三日哭」，義亦當然。

乙亥，葬宋文公。無傳。

夏，公如晉。

鄭公子去疾帥師伐許。【疏證】《公羊》「帥」曰「率」。

公至自晉。無傳。

秋，叔孫僑如帥師圍棘。【疏證】《公羊》「帥」曰「率」。杜傳注：「僑如，叔孫得臣子。」《郡國志》「濟北國蛇丘」注：「《左傳》有棘地，成公三年叔孫僑如所圍。」江永云：「蛇丘今在泰安府肥城縣南。《水經注》：『汶水又西，溝水注之，溝水西南流逕棘亭南。』引此年『圍棘』，云：『棘亭南去汶水八十里。』」❶按：江説是也。《方輿紀要》：「棘故城在兗州府寧陽縣北。」按：寧陽在肥城之北，中隔汶水，與《水經注》「南去汶水六十里」之説不合。

大雩。無傳。

晉郤克、衛孫良夫伐廧咎如。【疏證】廧咎如，《公羊》曰「將咎如」，《穀梁》曰「牆咎如」。臧壽恭云：「『將』爲『牆』之假借字，『廧』即『牆』之隸變。凡隸書

❶ 「八」，原作「六」，今據《皇清經解》卷二百五十三《春秋地理考實》改。

爿皆作广。」杜注：「赤狄别種。」據傳「討赤狄之餘」説之，詳僖廿三年及本年傳疏證。

冬，十有一月，晉侯使荀庚來聘。【疏證】《讀本》：「荀庚，林父之子。」

衞侯使孫良夫來聘。

丙午，及荀庚盟。

丁未，及孫良夫盟。【疏證】本疏：「上言來聘，盟又不地，盟于國都。」與晉、衞盟之人，傳所不説，今無以考。疏謂公親與盟，傳無其義。

鄭伐許。無傳。【注】賈云：「鄭小國，與大國争諸侯，仍伐許。不稱將帥，夷狄之，刺無知也。」本疏。【疏證】杜注：「不書將帥，告辭略。」疏引賈説駁之，云：「此年夏，鄭公子去疾帥師伐許。明年冬，鄭伯伐許。先後並無貶責，何獨此伐偏刺之？」按：夏，鄭公子去疾帥師伐許，傳云：「許恃楚而不事鄭，鄭子良伐許。」此役爲再伐。賈謂鄭與大國争諸侯，大國即斥楚也。是賈氏據傳義。前役書將帥者，時鄭與楚争許之事未顯白，故傳但云許不事鄭耳。至是再伐，乃變文貶責之。疏駁皆非。賈謂「夷狄之」者，謂例之夷狄相伐。此經二傳皆無傳。《廣雅・釋言》：「仍，再也。」《公羊解詁》云：「謂之鄭者，惡鄭襄公與楚同心，數侵伐諸夏。自此之後，中國會盟無已，兵革數起，夷狄比周爲黨，故夷狄之。」《穀梁集解》云：「鄭從楚而伐衞之喪，又叛諸侯之盟，故狄之。」賈君蓋用二傳舊説。

【傳】三年，春，諸侯伐鄭，

次于伯牛，【疏證】杜注：「伯牛，鄭地。」今地闕，據下「遂東侵鄭」，則伯牛在鄭西。

討邲之役也。【疏證】宣十二年，邲之戰，楚敗晉師。《年表》：「鄭襄公十七年，晉率諸侯伐我。」則此伐鄭之役，晉主之，故云討邲之役。

遂東侵鄭。

鄭公子偃帥師禦之，【疏證】杜注：「偃，穆公子。」

使東鄙覆諸鄤，【疏證】東鄙，鄭東鄙也。杜注：「覆，伏兵也。鄤，鄭地。」江永云：「諸侯東侵鄭，鄭公子偃使東鄙覆諸鄤，則鄤在鄭之東。《水經注》成皐有鄤水。成皐在鄭之西北，宜非此鄤地。」按：鄤，今地闕。

敗諸丘輿。【疏證】杜并上「鄤」釋爲「鄭地」。今地闕。

皇戌如楚獻捷。

夏，公如晉，拜汶陽之田。【疏證】二年經：「秋，取汶陽田。」

許恃楚而不事鄭，鄭子良伐許。

晉人歸楚公子穀臣與連尹襄老之尸于楚，以求知罃。

於是荀首佐中軍矣。【疏證】杜注：「荀首，知罃父。」

故楚人許之。

王送知罃，曰：「子其怨我乎？」

對曰：「二國治戎，臣不才，不勝其任，以爲俘馘。【疏證】《説文》：「俘，軍所獲也。馘，軍戰斷耳也。」俘、聝二文下並引《春秋傳》曰「以爲俘聝」，「從耳或聲，馘或從首」，是馘爲聝之或體。賈君本作聝也。《皇矣》傳：「馘，獲也。不服者殺而獻其左耳曰馘。」《泮水》「在泮獻馘」，箋：「馘，所格之左耳。」與許君説同。俘乃生得之稱，與馘之殺格而取耳者異。《詩》兼言馘者，避不成辭。

「執事不以釁鼓，【疏證】杜注：「以血塗鼓爲釁鼓。」按：《漢書·高祖紀》：「秦二世元年，高祖乃立爲沛公，祠黄帝，祀蚩尤於沛庭而釁鼓。」注：「應劭曰：『釁，祭也。殺牲以血塗鼓釁呼爲釁。』臣瓚曰：『《禮記》及《大戴禮》有釁廟之禮，皆無祭事。』師古曰：『許慎云：「釁，血祭也。」然即凡殺牲以血祭者皆爲釁，❶安在其無祭事乎？又古人新成鐘鼎，亦必釁之，豈取釁呼爲義？應氏之説亦未允也。』」據顔説，則釁是祭名。然應氏「釁呼」之義，瓚及顔氏皆未説。《孟子·梁惠王》篇「將以釁鐘」，趙注：「新鑄鐘，殺牲以血塗其釁郄，因以祭之，曰釁。《周禮·大祝》曰：『墮釁，逆牲、逆尸，令鐘鼓。』《天府》：『上春，釁寶鐘，及寶器。』」是趙氏以釁爲郄也。焦循《孟子正義》謂應劭「釁呼」説：「呼同罅，釁罅猶言釁隙。今人以瓦器有裂迹者爲璺，讀若悶，即釁也。以木之有裂縫者爲罅，讀若呵。呵、乎音之轉也。《太祝》鄭氏注云：『謂薦血

❶「皆爲釁」，原脱，今據《漢書·高帝紀》補。

也，凡血祭曰釁。」疏引賈氏云：『釁，釁宗廟。』馬氏云：『血以塗鐘鼓。』鄭不從。然則血祭之釁與釁器之釁自是兩事，趙氏合爲一事，與應劭同。」詳焦氏説，則釁器與血祭不同，許君訓釁爲血祭，謂釁廟也。定四年傳：「君以軍行，祓社釁鼓。」祓是祖道之祭，因祓而釁鼓，則釁鼓、釁鐘之類皆非祭名。

「使歸即戮，君之惠也。

「臣實不才，又誰敢怨？」

王曰：「然則德我乎？」**【疏證】**本疏：「荷恩爲德，《論語》『以德報德』，傳稱『王德狄人』，皆是也。」

對曰：「二國圖其社稷，

「而求紓其民，**【疏證】**《采菽》傳：❶「紓，緩也。」

「各懲其忿，以相宥也。**【疏證】**《□語》注：「宥，赦也。」

「兩釋纍囚，以成其好。**【疏證】**沈欽韓云：「晉釋穀臣，楚釋知罃，所謂兩釋。」《儒行》注：❷「纍猶繫也。」杜用鄭義。《後漢書・公孫瓚傳》：「瓚表袁紹罪曰：『紹爲勃海，當討董卓，而默選戎馬，不告父兄，至使太傅一門纍然同斃。』」注：「《左傳》『兩釋纍囚』，杜預曰：『纍，繫也。』《前書音義》曰：『諸不以罪死曰纍。』」按：傳稱「纍囚」，謂罪不至死也，猶下言「纍臣」，當從《漢書音義》。

「二國有好，臣不與及，其誰敢德？」

王曰：「子歸，何以報我？」

對曰：「臣不任受怨，君亦不任受德，

「無怨無德，不知所報。」

王曰：「雖然，必告不穀。」

對曰：「以君之靈，纍臣得歸骨於晉，

「寡君之以爲戮，死且不朽。**【疏證】**即上歸以即戮意。

「若從君之惠而免之，❸



❶「采菽」，原缺，今據《毛詩正義》卷十五補。

❷「儒行」，原缺，今據《禮記正義》卷五十九補。

❸原稿眉批：從，詰。

「以賜君之外臣首，【疏證】杜注：「稱於異國君曰外臣。」《北魏書・劉昶傳》：「高祖詔昶與劉彧書，❶爲兄弟之戒。彧不答，責昶以母爲其國妾，宜如《春秋》荀罃對楚稱外臣之禮。」按：知罃執於楚，猶是晉臣，與昶之已仕魏者異。宋明帝以昶宜自處於異國之臣比例爲説。

「首其請於寡君，而以戮於宗，亦死且不朽。

「若不獲命，而使嗣宗職，【疏證】杜注：「嗣其祖宗之位職。」洪亮吉云：「宗職，父職也。荀首之父未爲卿，故罃止言嗣宗職。杜注疑誤。」沈欽韓云：「宗職言宗子之事。下『次及於事』，乃是以次序而當晉之事。杜預言『嗣祖宗之位職』，非也。」按：此時荀首方佐中軍，未請老，不得言嗣父職。沈説是也。

「次及於事，而帥偏師，以修封疆，

「雖遇執事，其弗敢違，【疏證】杜注：「違，辟也。」❷

「其竭力致死，無有二心，

「以盡臣禮，所以報也。」

王曰：「晉未可與爭。」重爲之禮而歸之。【疏證】《晉世家》：「智罃自楚歸。」

秋，叔孫僑如圍棘，取汶陽之田。棘不服，故圍之。【疏證】二年秋，取汶陽田，傳明圍棘之故。《讀本》：「棘，汶陽田之邑。」

晉郤克、衛孫良夫伐廧咎如，討赤狄之餘也。【疏證】杜注：「宣十五年，晉滅赤狄潞氏，其餘民散入廧咎如，故討之。」疏：「來就咎如之内，討彼赤狄餘黨，然廧咎如容赤狄餘民，則咎如亦赤狄矣。劉炫以爲廧咎如之國，即是赤狄之餘。今知不然者，以赤狄之國種類極多，潞氏、甲氏、鐸辰皐落氏等，皆是其類，並爲建國。假令潞氏、甲氏、鐸辰皐落雖滅，自外猶存，則是不滅者多，止應言討赤狄之類，不得稱『餘』。」疏謂咎如即赤狄，未誤。潞氏之滅，見宣十三年。❸甲氏、鐸辰之滅，見宣

❶「高」，《魏書・劉昶傳》作「顯」。
❷原稿眉批：違，詰。
❸「三」，當作「五」。

十六年，其役并滅留吁，疏失數之。惟伐皋落氏見閔公二年傳，❶未言其滅，自後經傳不見，或已滅而失書。疏言假令潞氏等滅，爲疑辭，非也。赤狄種類，已自有廧咎如外，止此數國。疏云「自外猶存」，未知何據言之。惠棟云：「僖二十三年傳，『狄人伐廧咎如』，賈逵云：『赤狄之別種，隗姓。』杜注亦同。赤狄種類已盡，惟廧咎如猶在，故復討其餘。劉炫以爲廧咎之國即是赤狄之餘，杜以爲餘民散入其國，豈其然乎？成十三年杜注云：『季隗，廧咎如赤狄之女也。』是杜自相矛盾。」邵瑛亦同惠説。

廧咎如潰，上失民也。【疏證】杜注：「此傳釋經之文。而經無『廧咎如潰』，蓋經闕此四字。」按：潰例在文三年。疏引《釋例》：「復發傳者，嫌夷狄異於中國」。

冬，十一月，晉侯使荀庚來聘，且尋盟。【疏證】元年經：「夏，臧孫許及晉侯盟于赤棘。」

衞侯使孫良夫來聘，且尋盟。【疏證】宣七年經：「春，衞侯使孫良夫來盟。」

公問諸臧宣叔曰：

「中行伯之於晉也，【疏證】中行伯謂荀庚。《晉語》：「趙文子冠，見中行宣子。」❷注：「宣子，晉大夫中行桓子之子荀庚也。」

「其位在三；【疏證】杜注：「下卿。」沈欽韓云：「荀庚，上軍帥，於六卿位在三也。」按：沈説是也。傳不謂荀庚爲下卿，杜據下文「小國之上卿當大國之下卿」爲説。彼自説通制。

「孫子之於衞也，位爲上卿，

「將誰先？」

對曰：「次國之上卿當大國之中，中當其下，下當其上大夫。小國之上卿當大國之下卿，中當其上大夫，下當其下大夫。【疏證】杜注於「次國」下云「降一等」，於「小國」下云「降大國二等」，❸此據傳上、中、次國推之，未言其禮施於何事。《王制》采此文，於兩「當大國」上加「位」字。彼注云：

❶「閔公二年」，原作「僖□□□」，今據《春秋左傳正義》卷十一改補。

❷「行」，原脱，今據《國語正義》卷十二補。

❸「二」，原作「一」，今據《春秋左傳正義》卷二十六改。

「此諸侯使卿大夫頫、聘並會之序也。其位爵同，小國在下；爵異，固在上耳。」鄭君謂頫、聘、會者，即據此傳文晉衛之卿並來聘爲説。彼疏云：「經文既稱大國、小國，大小並在，則非是特來，故知使卿大夫頫、聘並會也。位爵同，小國在下。」此班次定制，鄭君必言之者，爲爵異在上而發，蓋補《王制》之義。彼疏云：「必知『爵異，小國在上』者，以其卿執羔，大夫執雁，又卿絺冕，大夫玄冕，故知小國之卿不得在大國大夫之下也。」又案：《周語》：「其貴國之賓至，則以班加一等，益虔。」注：「貴國，大國也。班，次也。」是大國之賓，中卿得視上卿，下當視中卿，上大夫得視下卿，中視其下，下視其中，則次國之上卿可當大國之下卿，小國之上卿可當大國之上大夫矣。中、下並以此推。

「上下如是，古之制也。」【疏證】杜注：「古制，公爲大國，侯、伯爲次國，子、男爲小國。」

「衛在晉，不得爲次國。」【疏證】《後漢書·王符傳》：「《潛夫論》曰：『是故亂殷有三人，❶小衛多君子。』」注：「《左傳》：『衛于晉，不得爲次國。』」在、于異文。據王氏説，則衛爲小國。杜注：「春秋時以彊弱爲大小，故衛雖侯爵，猶爲小國。」當用舊説。疏：「春秋之世，彊凌弱，大吞小，爵雖不能自改，地則以力升降。諸侯聚會，宋公在齊侯之下，許男在曹伯之上，不復計爵之尊卑。衛地狹小，比于晉不過當五六分之一耳，故不得爲次國。其爲次國者，當齊、秦乎？」

「晉爲盟主，其將先之。」

丙午，盟晉；丁未，盟衛，禮也。

十二月，甲戌，晉作六軍。【注】賈云：「初作六軍，僭王也。」《晉世家》集解。【疏證】《年表》：「晉景公十二年，始置六卿。」《晉世家》「始作六卿」，集解引賈注亦作「六卿」。❷李貽德云：「古者軍將皆命卿。天子六軍，則六卿領之；諸侯大國三軍，則三卿領之。此傳『六軍』，《晉世家》作『六卿』，《齊世家》亦云『晉初置六卿』，疑賈注《左傳》本作『六軍』，集解依《史記》之文改作『六卿』耳。」按：僖二十七年，文公蒐于被廬，作三軍。郤縠將中軍，郤溱佐之；狐毛將上軍，狐偃而佐

❶ 「人」，《後漢書·王符傳》作「仁」。

❷ 「卿」，《史記·晉世家》作「軍」。

之；欒枝將下軍，先軫佐之。此晉有中軍之始，三軍各有佐。僖二十八年，「晉侯作三行以禦狄，荀林父將中行，屠擊將右行，先蔑將左行」。此已備六軍之制，惟有將無佐耳。至三十一年，「蒐于清原，作五軍以禦狄」，謂罷三行爲上新軍、下新軍也。新軍將佐乃備。文公六年，「蒐于夷，舍二軍」，謂舍上、下新軍，仍用三軍也。晉軍制將皆卿爲之，其佐非卿。知者，僖二十七年傳，「命趙衰爲卿，讓於欒枝」，下云「欒枝將下軍」。三十一年傳，「晉作五軍以禦狄，趙衰爲卿」，謂趙衰爲新上軍將也。當作三行之時，軍將皆以卿爲之，則晉有六卿，不始於此年。《年表》、《齊》《晉世家》以六軍爲六卿，涉傳下文新軍卿六人而誤。賈注作「卿」亦係誤字，今正之。杜注：「爲六軍，僭王也。」用賈説。

韓厥、趙括、鞏朔、韓穿、荀騅、趙旃皆爲卿，賞鞌之功也。**【疏證】**《齊世家》：「賞鞌之功。」惠棟云：「《世本》：『騅謚文子。』」杜注：「韓厥爲新中軍，趙括佐之。鞏朔爲新上軍，韓穿佐之。荀騅爲新下軍，趙旃佐之。晉舊自有三軍，今增此，故爲六軍。」疏云「下六年傳云『韓厥爲新中軍』」，❶故杜依名配其將佐。

齊侯朝于晉，將授玉。**【疏證】**《年表》：「齊頃公十一年，頃公如晉，欲王晉，晉不敢受。」《晉世家》：「景公十二年冬，齊頃公如晉，欲上尊晉景公爲王，景公讓不敢。」《齊世家》：「齊頃公朝晉，欲尊王晉景公，晉景公不敢受。」索隱：「王劭按：張衡曰：『禮，諸侯朝天子執玉，既授而反之。若諸侯自相朝，則不授玉。』齊頃公戰敗朝晉而授玉，是欲尊晉侯爲王，太史公探其旨而言。今按：此文不云『授玉』，王氏之説復何所依，聊記異耳。」索隱蓋不取張衡説。劭、衡云「授玉」，據傳而言。惠士奇云：「司馬子長謂齊欲尊晉爲王，蓋晉作六軍擬於王矣，故齊欲尊之，猶戰國東帝、西帝之例也。古文不可見，存之以備異説。」惠棟云：「棟案：古玉字皆作王，《左氏傳》多古字古言，故玉從王。西漢劉子駿治《左氏》始改王爲玉。《史記》以授玉爲尊晉爲王。」又云：「諸侯相朝授玉，此僭禮也。」二惠氏皆立史遷説。其微别者，小惠氏仍謂字當作「玉」，其授玉即尊王之禮。杜注但云「行朝禮」，不用史遷説。疏引《齊》《晉世家》駁之，云：「此時天子雖弱，諸侯

❶ 「爲」，《春秋左傳正義》卷二十六作「將」。

並盛，晉文不敢請隧，楚莊不敢問鼎。又齊弱於晉，所較不多，豈謂一戰而勝，便即以王相許？準時度勢，理必不然。竊原馬遷之意，所以有此説者，當讀此傳『將授玉』爲『將授王』，遂飾成爲此謬辭耳。」疏駁甚辨，然未説朝禮之應授玉與否。洪亮吉云：「今按春秋時諸侯相朝皆授玉。成六年，『鄭伯如晉，授玉於東楹之東』，定十五年，『邾隱公來朝，執玉高，公受玉卑』，皆諸侯相朝授玉之證。太史公尊王之語，本不足憑，正義駁之是矣。」沈欽韓云：「按《史記》齊欲尊晉爲王，其傳謬如正義所説。❶若王劭所稱，兩君相朝不授玉，亦無稽之談也。朝禮如聘禮修玉帛之好，無不執玉也。《典瑞》云：『公、侯、伯、子、男執玉璧以朝王，❷諸侯相見亦如之。』鄭司農云：『亦執玉帛以相見。』❸是明證也。玉字，《説文》作王，三畫勻。王字，中畫近上。」按：洪、沈説是也。惠棟雖主史遷尊王説，而別引六年傳「鄭伯授玉」，以駁張衡「諸侯相朝不授玉」之説，蓋亦知史遷説爲未安。家學所授，不敢顯立異同也。《晉語》「郤獻子伐齊，齊侯來」，注：「齊侯來以靡笄之役，故服而朝晉侯也。」❹《外傳》舊説亦但云朝晉，不云尊晉爲王。杜注「行朝禮」用韋説。

郤克趨進曰：【疏證】沈欽韓云：「郤克爲上擯相君也，必趨進者，《晏子·雜篇》曰：『兩楹之間，君臣有位焉。君行其一，臣行其二。君之來遬，是以登階歷、堂上趨以及位也。』遬，古速字。《燕禮》疏：『歷階謂從下至上皆越等，無連步。』」

「此行也，君爲御人之笑辱也，【疏證】各本「御」誤「婦」，從石經。嚴可均校文云：「按：《左氏》以蕭同叔子爲齊君母，今既朝晉，自不宜面斥，故遜其詞曰『御人』，猶稱國君爲執事耳。上傳『婦人笑於房』，是記事，此『御人』是面語，不當涉彼改此也。」

「寡君未之敢任。」

晉侯享齊侯。

齊侯視韓厥，

韓厥曰：「君知厥也乎？」

齊侯曰：「服改矣。」【疏證】杜注：「戎、朝

---

❶ 「説」，《春秋左氏傳補注》卷六作「駁」。

❷ 「玉」，《春秋左氏傳補注》卷六作「圭」。

❸ 「玉帛」，《春秋左氏傳補注》卷六作「圭璧」。

❹ 「侯」，原作「便」，今據《國語正義》卷十一改。

異服也。」疏：「《周禮·司服》：『凡兵事，韋弁服。』《玉藻·記》云：『諸侯皮弁以聽朔，朝服以日視朝。』《聘禮》：『賓皮弁聘，公皮弁迎賓。』迎聘客尚皮弁，迎朝賓必皮弁矣。在朝君臣同服，公當皮弁，則韓厥于時亦皮弁也。皮弁之服，十五升白布，衣素，積以爲裳。」

韓厥登，舉爵曰：【疏證】登謂登席。❶

「臣之不敢愛死，爲兩君之在此堂也。」

【疏證】《讀本》：「韓厥言願二國和好，救郤克之狂。」

荀罃之在楚也，

鄭賈人有將寘諸褚中以出。【疏證】杜注及正義皆不言褚爲何物。王引之云：「《玉篇》：『褚，裝衣也。』字或作䘢。《一切經音義》引《通俗文》曰：『裝衣曰䘢。』《說文繫傳》曰：『褚，衣之橐也。』❷《集韻》曰：『褚，囊也。』褚可以裝衣，亦可以裝衆物。《說文》：『䍆，㡒也。所以盛米。』《繫傳》曰：『䍆，囊也。』《莊子·至樂》篇曰：『褚小者不可以懷大，綆短者不可以汲深。』《賈子·春秋》篇曰：『囊漏貯中。』褚、䘢、貯、䍆，並字異而義同。褚可以裝物，亦可以裝人，故鄭賈人欲置荀罃於褚中以出。哀六年《公羊傳》陳乞以巨囊載公子陽生事與此相類也。」按：《漢書·南越傳》注：「褚，衣囊也。」與《通俗文》「裝衣」訓合。服氏傳注或亦謂褚以裝衣矣。《南史·隱逸傳》：「張孝秀仕州從事，遇州刺史陳伯之叛，孝秀與州中士大夫謀襲之，事覺，逃于盆水側，❸有商人寘諸褚中，展轉入東林。」❹

既謀之，未行，而楚人歸之。

賈人如晉，荀罃善視之，如實出己。

賈人曰：「吾無其功，敢有其實乎？

「吾小人，不可以厚誣君子。」遂適齊。

【經】四年，春，宋公使華元來聘。

三月，壬申，鄭伯堅卒。【疏證】堅，二傳今本皆同。《公羊》釋文：「臤，本或作堅。」彼疏云：「《左氏》作堅字，《穀梁》作賢字，今定本亦作堅字。」惠棟《公羊

❶ 原稿眉批：查補饗禮。

❷ 「橐」，原作「囊」，今據《經義述聞》卷十八改。

❸ 「盆」，原缺，今據《南史·張孝秀傳》補。

❹ 原稿眉批：焦說不采。

古義》云：「棟案：《公羊》作臤，《穀梁》作賢，本一字也。《説文》云：『臤，古文以爲賢字。』漢《潘乾校官碑》云：『親臤寶智。』❶《國三老袁良碑》云：『優臤之寵。』今文《大誓》云：『優賢揚歷。』是優臤即優賢也。臤亦爲古堅字，堅又與賢通。《東觀漢記》云『陰城公主名賢得』，《續漢書・天文志》作『堅得』。疑古堅字、賢字皆省作臤。《公羊》從古文作臤，《穀梁》以爲賢，《左氏》以爲堅，師讀各異故也。」按：惠説是也。❷《年表》：「鄭襄公十八年薨。」《鄭世家》：「公子堅，靈公庶弟。」是爲襄公十八年，襄公卒，子悼公濆立。杜注：「壬申，二月二十八日。」貴曾曰：

杞伯來朝。

夏，四月，甲寅，臧孫許卒。無傳。

公如晉。

葬鄭襄公。

秋，公至自晉。

冬，城鄆。無傳。【注】京相璠曰：「《公羊》作運字。今東郡廩丘縣東八十里有故鄆城，❸即此城也。」《水經・瓠子河》注。【疏證】《公羊》「鄆」曰「運」。鄆，杜無注。顧棟高云：「魯西鄆，成四年城之，昭二十六年齊取之，以居公者。」臧壽恭云：「按：此爲西鄆，昭二十五年齊侯圍鄆，二十六年齊取鄆，公至自齊，居於鄆；二十七年鄆潰；定三年齊取鄆，以爲陽虎邑；六年季孫、仲孫圍鄆；十年齊人歸鄆田，皆是也。」按：顧氏、臧氏言西鄆者，别於文十二年「城諸及鄆」之東鄆。十六年傳，「公還，待於鄆」，亦是西鄆，臧氏漏數。彼傳杜注：「魯西邑。東郡廩丘縣東有鄆城。」即取京相璠説。諸家輯述古注，繫京相説於十六年，今移此。此年經杜無注者，杜蓋以此鄆爲西鄆。知然者，傳云「公欲求成於楚而叛晉」，故杜以城鄆備晉爲説，晉在魯之西，不得東備沂水也。江永云：「廩丘，隋省入鄆城，今改屬曹州府之濮州。」按：曹州爲西境，故得西鄆之稱。備晉於西，道里亦合。沈欽韓云：「《方輿紀要》：『鄆城舊縣在兖州府鄆城縣東十六里。』」

❶「臤」，原作「賢」，今據《九經古義》卷十四改。

❷原稿眉批：《玉篇》「絓」□衍，不引。查《玉篇》看引傳與否。

❸「鄆」，《水經注箋》卷二十四作「運」。

**鄭伯伐許。**【注】《左氏》説：「諸侯未踰年，在國内稱子，以王事出則稱爵，詘於王事，不敢伸其私恩，鄭伯伐許是也。」《春秋》不得以家事辭王事，諸侯蕃衛之臣，雖未踰年，以王事稱爵是也。《通典》九十三引《五經異義》。【疏證】此經杜無注，疏亦無説。《通典》引《五經異義》：「《公羊》説：『諸侯未踰年，不出境，在國中稱子，以王事出，亦稱子；非王事而出會同，安父位，不稱子。鄭伯伐許，未踰年，以本爵，譏不子也。』」下引《左氏》説。「春秋」以下皆許君語也，奪「謹案」二字。又引鄭玄駁云：「昔武王卒父業，既除喪出，至孟津之上，猶稱太子者，是爲孝也。今未除喪而出稱爵，是與武王義反矣。《春秋》僖九年，『春，三月丁丑，宋公御説卒。夏，公會宰周公、齊侯、宋子、衛侯、鄭伯、許男、曹伯于葵丘』。宋子即未踰年君也，出與天子、大夫會，是非王事而稱子耶？」按：此經《公羊》無傳，何休《解詁》云：「未踰年君稱伯者，時樂成君位，❶親自伐許，故如其意以著其惡。」則鄭君所據何氏義也。《曲禮》：「其在凶服，曰『適子孤』。」疏：「《公羊》凡以王事出會，未踰年，皆稱子。《左氏》之義：『凡在喪，王曰小童，公侯曰子。』宋襄公、陳共公稱子是也。其王事出會，則稱爵，鄭伯伐許是也。」又云：「《公羊》以成四年『鄭伯伐許』非王事，未踰年而稱爵，譏之也。《左氏》則以『鄭伯伐許』爲王事，雖未踰年，得稱爵。」此約《異義》所稱二傳説。又云：「鄭《駁異義》從《公羊》義，以鄭伯伐許爲非禮，及《公羊》未踰年爲王事，皆稱子，即宋襄公稱子、陳共公稱子是也。《左氏》未踰年爲王事，皆稱爵。鄭《駁異義》引宋襄公稱子，從《公羊》説，以爲稱子，禮也。」此約引鄭君《駁異義》。據彼疏，則宋襄公、陳共公稱子，二傳所同，其異者，《公羊》在國、出會皆稱子，《左氏》則在國稱子，出會當稱爵。彼疏於宋襄、陳共外，又引定四年召陵之會，陳懷公稱子。陳壽祺《異義疏證》云：「僖九年葵丘之會，時宋桓公未葬；二十八年踐土之會，時陳穆公未葬；定四年召陵之會，時陳惠公未葬；成四年鄭伯伐許，時鄭襄公已葬。」如陳説，則未葬，以王事出，稱子；已葬，以王事出，當稱爵也。彼疏又云：「案：桓十三年經書衛惠公稱侯，成三年經書宋公衛侯，時宋文公、衛穆公未葬。此並先君未葬而稱爵者。賈、服注譏其不稱子。

❶「位」，原脱，今據《春秋公羊傳注疏》卷十七補。

僖二十五年會衞子、莒慶於洮，時先君已葬，衞成公猶稱子。服虔云：『明不失子道。』」此陳氏說所本。然以此從《左氏》說證之，則桓十三年敗燕，成三年伐鄭之役，宋、衞稱爵，合于王事之義。洮之會，衞不稱爵，非矣。賈、服諸君說蓋又與古《左氏》說異。《雜記》：「君薨，太子號稱子，待猶君也。」注：「未踰年也。雖稱子，與諸侯朝會，待如君矣。《春秋》魯僖公九年夏，葵丘之會，宋襄公稱子而與諸侯序。」彼疏云：「鄭用《左氏》之義，未葬以前則稱子，既葬以後踰年則稱公。」鄭君此注，義同賈、服，其云「未踰年待如君」，則駁《異義》說猶未定。

**【傳】**四年，春，宋華元來聘，通嗣君也。

**【疏證】**杜注：「宋共公即位。」文元年經：「公孫敖如齊。」傳：「始聘焉，禮也。」通嗣君，即始聘之義。

「杞伯來朝」，歸叔姬故也。**【疏證】**杜注：「將出叔姬，先修禮朝魯，言其故。」

夏，公如晉。

晉侯見公，不敬。**【疏證】**《年表》：「公如晉，晉不敬。晉景公十三年，❶魯成公來，不敬。」《晉世家》：❷「成公如晉，晉景公不敬。」

季文子曰：「晉侯必不免。**【疏證】**杜注：「言將不能壽終也。」

《詩》曰：『敬之敬之！天惟顯思，命不易哉！』**【疏證】**《周頌・敬之》文。僖二十二年傳已見。彼傳曰：「先王之明德，猶無不難也，無不懼也。」無不難即不易之義。杜注：「言天道顯明，受其命甚難，不可不敬以奉之。」亦取彼傳爲說。鄭箋：「其命吉凶不變易也。」非傳引《詩》義。

「夫晉侯之命在諸侯矣，可不敬乎？」

秋，公至自晉，欲求成於楚而叛晉。

**【疏證】**《晉世家》：「魯欲背晉合于楚。」

季文子曰：「不可。晉雖無道，未可叛也。

「國大臣睦，而邇於我，**【疏證】**杜注：「邇，近也。」

---

❶「三」，原作「二」，今據《史記・十二諸侯年表》改。

❷「晉」，當作「魯」。下二「晉世家」同。

「諸侯聽焉，未可以貳。【疏證】杜注：「聽，服也。」

「《史佚之志》有之，曰：『非我族類，其心必異。』楚雖大，非吾族也。【疏證】杜注：「與魯異姓。」顧炎武云：「謂蠻夷也。」文淇案：顧説是也。族猶類也，不必指同姓。《大司徒》：「二曰族墳墓。」注：「族猶類也。」疏：「按《左氏傳》云：『非我族類，其心必異。』族類是一，故云族猶類也。」彼疏蓋用《古左氏》説。

「其肯字我乎？」【疏證】《生民》傳：❶「字，愛也。」

公乃止。【疏證】《晉世家》：「或諫，乃不。」

冬，十一月，鄭公孫申帥師疆許田，【疏證】三年春，鄭公子去疾伐許；冬，鄭伐許，蓋得其邊邑。

許人敗諸展陂。【疏證】杜注：「展陂，亦許地。」高士奇云：「展陂，今在河南許州西北。」

鄭伯伐許，取鉏任、泠敦之田。【疏證】高士奇云：「鉏任及泠敦，亦在許州境。」

晉欒書將中軍，【疏證】杜注：「代郤克。」

荀首佐之，【疏證】三年傳：「於是荀首佐中軍矣。」

士燮佐上軍，【疏證】荀庚將上軍未行，故止書「佐」。

以救許伐鄭，

取氾、祭。【疏證】杜注：「氾、祭，鄭地。成皐有氾水。」疏：「知非中牟、襄城之氾，而以成皐有氾水者，以傳爲晉伐鄭，取氾、祭，既爲晉人所取，當是鄭之西北界，即今之氾水也。《字書》水旁㔾爲氾，水旁巳爲汜，字相亂也。」顧棟高云：「此爲二邑，氾即成皐之氾，祭即中牟之祭亭，今俱屬開封府。」江永云：「氾本音凡，❷今氾水縣音祀矣。此祭疑是管城之祭。」按：江説是也。氾非東氾，則祭亦不在中牟矣。沈欽韓云：「《括地志》：『故祭城在鄭州管城縣東北十五里。』」《年表》：「鄭襄公十八年，晉欒

❶「生民」，原缺，今據《毛詩正義》卷十七補。

❷「本」，原重文，今據《皇清經解》卷二百五十三《春秋地理考實》刪。

書取我氾。」《晉世家》：「晉伐鄭，取氾。」不言祭，文略。

楚子反救鄭，【疏證】《年表》：「楚共王四年，子反救鄭。」

鄭伯與許男訟焉。

皇戌攝鄭伯之辭，【疏證】《讀本》：「攝，代也。」

子反不能決也。

曰：「君若辱在寡君，寡君與其二三臣共聽兩君之所欲，成其可知也。

「不然，側不足以知二國之成。」【疏證】杜注：「側，子反名。」

晉趙嬰通於趙莊姬。【注】莊姬，賈、服先儒皆以爲成公之女。八年疏。【疏證】《晉語》稱莊姬爲孟姬，注：「孟姬，趙盾之子趙朔之妻，晉景公姊也。」杜注：「趙嬰，趙盾弟。莊姬，趙朔妻。朔，盾之子。」用韋說。韋、杜皆不明姬之所出。八年傳「武從姬氏畜於公宮」，杜注：「莊姬，晉成公女。」彼疏云：「《史記·趙世家》云：『趙朔娶晉成公姊以爲夫人。』案傳，趙衰適妻是文公之女，若朔妻成公之姊，則亦文公之女。父之從母，不可以爲妻，且文公之卒，距此四十六年，莊姬此時尚少，不得爲成公姊也。賈、服先儒皆以爲成公之女，故杜從之。」案：莊姬初見於傳，賈、服注當在此年。熊朋來《經説》云：❶「晉有二趙姬，亦曰姬氏也。其一趙衰妻，文公之女，成公之姊。其一趙莊姬者，趙盾長子朔之妻，趙武之母，成公之女也。❷《史記》誤以朔妻爲成公姊。」梁履繩云：「朔謚莊子，故妻稱莊姬。」

【經】五年，春，王正月，杞叔姬來歸。無傳。【疏證】莊廿七年傳：「出曰來歸。」本疏：「杞既出之，猶稱杞者，《雜記》曰：『諸侯出夫人，夫人比至于其國，以夫人之禮行；至，以夫人入。』鄭玄云：『行道以夫人之禮者，棄妻致命其家，乃義絶不用，此爲始。』」

仲孫蔑如宋。

夏，叔孫僑如會晉荀首于穀。【疏證】

❶「朋來」，原爲空格，今據《左通補釋》卷十三及卷三補。

❷「女」，原作「姊」，今據《左通補釋》卷十三改。

《公羊》「首」曰「秀」。臧壽恭云：「首、秀同音相假。」杜注：「穀，齊地。」❶已見莊七年疏證。

梁山崩。【注】劉歆以爲梁山者，晉望也。崩，弛崩也。古者三代命祀，祭不越望，吉凶禍福，不是過也。國主山川，山崩川竭，亡之徵也。美惡周必復。是歲歲在鶉火，至十七年復在鶉火，欒書、中行偃殺厲公而納悼公。《五行志》。【疏證】「梁山，晉望」，《釋山》文，《晉語》注同。《韓奕》「奕奕梁山」傳：「禹治梁山，除水災。」《地理志》：「左馮翊夏陽，故少梁，《禹貢》梁山在西北。」❷杜注：「梁山在馮翊夏陽縣西北。」用《漢志》説也。胡渭《禹貢錐指》云：「夏陽，故少梁，秦地也。《左傳》文十年，晉人伐秦取少梁，梁山由是入晉。下逮戰國，少梁猶屬魏。故梁山雖在雍域，而實爲晉望。雍州有二梁山，一在韓城縣西北，《詩》所云『奕奕梁山』者，《禹貢》之梁山也。一在乾州西北，西南接岐山縣界，屬鳳翔府，即《孟子》所云『太王居邠，踰梁山』者，非《禹貢》之梁山也。」胡氏説梁山，謂在今韓城，用杜説。其兼言鳳翔之梁山者，明雍有二梁山耳。顧棟高云：「梁山，在今陝西同州府韓城縣西北九十里。」與胡氏説同。則《禹貢》之梁、《韓奕》之梁山，即此經之梁山也。然《韓奕》毛傳不謂梁山在韓境，惟箋云：「梁山於韓國之山最高大，爲國之鎮，所望祀焉。」與毛義異。僖二十四年「邘、晉、應、韓」，杜無注。十年「敝于韓」，❸杜注：「韓，晉地。」十五年「戰於韓原」，杜注：「古韓國。」江永云：「《史記》正義引《括地志》云：『同州韓城縣南十八里爲古韓國。』説《詩·韓奕》者亦以爲韓國在此。王肅則謂今涿郡方城縣有韓侯城。王符《潛夫論》曰：『昔周宣王時有韓侯，其國近燕，故《詩》云「溥彼韓城，燕師所完。」』考《水經注》云：『聖水逕方城縣故城北，又東南逕韓侯城東，《詩》「溥彼韓城，燕師所完」。』又《魏書·地形志》亦云：『范陽郡方城縣有韓侯城。』方城，今順天府之固安縣，在府西南百二十里，與《詩》之『王錫韓侯，其追其貊，奄受百國』者正相符。❹使

❶ 原稿眉批：今東阿。
❷ 「西」，原作「其」，今據《漢書·地理志》改。
❸ 「十」下，原衍「五」字，今據《春秋左傳正義》卷十三删。
❹ 「百」，《皇清經解》卷二百五十三《春秋地理考實》作「北」。下一「百」字同。

韓國在關中，豈役燕師爲之築城？又何能受追、貊百國乎？或又以梁山在韓城爲可據，然而燕地亦自有梁山。《水經注·鮑丘水》：『過潞縣西，高梁水注之，水首受濕水於戾陵堰，堰水枝分，東逕梁山南。』按：潞縣，今之通州，其西有梁山，正當固安縣之東北也。禹治冀州水，『恒衛既從』，則燕地之山固其所奠定者。近韓城有梁山，名偶同耳。」按：江說是也。北燕於時尚存望祭之山，蓋在界上矣。《禹貢》「壺口治梁及岐」之梁則當在夏陽，如《漢志》之說。江氏說《韓奕》之「梁山」在燕，乃併《禹貢》之梁亦移於燕，非也。❶《說文》：「崩，山壞也。」《曲禮》注：「自上顛壞曰崩。」「弛」亦顛壞義。《五行志》注：「師古曰：『言漸解散也。』」「三代命祀，祭不越望」，爲諸侯言之，《王制》「諸侯祭名山大川之在其地者」，殺於天子之祭天下名山大川也。「吉凶禍福，不是過也」者，以人事言。《魏書·崔光傳》：「光表曰：『臣聞災異之見，皆所以示吉凶。明君覩之而懼，乃能招福；闇主視之彌慢，所用致禍。《詩》、《書》、《春秋》、秦、漢之事多矣。』」即用歆說。「國主山川，山崩川竭，亡之徵也」者，據傳及《外傳》爲說，以起下「美惡周必復」義。周謂歲星一周天也。復兼美惡言，謂災祥徵應。故云：「是歲歲在鶉火，至十七年復在鶉火。」五年至十七年，得十二年周天之數也。臧壽恭云：「案：置元年定次三，次餘八十一，各加四，得積次七，次餘八十五。置積次，命如法，得歲在鶉火。」欒書、中行偃殺厲納悼事，見十七年傳，歆謂其應在彼也。杜注：「記異也。」用《公羊》義。

秋，大水。無傳。

冬，十有一月，己酉，天王崩。【疏證】《年表》：「定王二十一年崩。」《周本紀》：「定王崩，子簡王夷立。」

十有二月，己丑，公會晉侯、齊侯、宋公、衛侯、鄭伯、曹伯、邾子、杞伯，同盟于蟲牢。【疏證】《春秋繁露》「蟲」作「蟲」，或是《公羊》異文。《郡國志》：「陳留郡封丘有桐牢亭，或曰古蟲牢。」沈欽韓云：「《寰宇記》：『桐牢亭在開封封丘縣北二里。』《一統志》：『今俗謂之桐渦。』」

【傳】五年，春，原、屏放諸齊。【疏證】杜

❶ 原稿眉批：夏陽，韓城，乾。

注：「放趙嬰也。原同、屏季，嬰之兄。」沈欽韓云：「《列女·貞順傳》：『卿大夫外淫，放。』」

嬰曰：「我在，故欒氏不作。我亡，吾二昆其憂哉！【疏證】欒書將中軍，中軍最貴，執國兵柄。二昆謂原同、屏季。

「且人各有能有不能，【疏證】杜注：「言己雖淫，而能令莊姬護趙氏。」

「舍我何害？」弗聽。

嬰夢天使謂己：「祭余，余福女！」【疏證】《讀本》：「天使，文三年傳有之。蓋夢神言，而莫名其神，故謂之天使。」

使問諸士貞伯，貞伯曰：「不識也。」

既而告其人，【疏證】沈欽韓云：「按：其人，嬰齊所使之人，自以私意告之。亦如衛出公問於子貢，而子貢乃私于使者。古人使問之禮如此。杜預謂『自告貞伯從人』，謬。」

曰：「神福仁而禍淫。淫而無罰，福也。祭，其得亡乎？」【疏證】杜注：「以得放遣爲福。」

祭之明日而亡。



孟獻子如宋，報華元也。【疏證】四年經：「春，華元來聘。」

夏，晉荀首如齊逆女，

故宣伯餫諸穀。【疏證】《說文》：「野饋曰餫。」賈君說亦當然。杜用許義，又云：「運糧饋之。」《釋詁》云：「饁，饋也。」本疏引孫炎曰：「『饁，野之饋也。』彼言野饋，饋田農在野之人，此言野饋，饋在野行路之人。」

梁山崩，

晉侯以傳召伯宗。【疏證】《穀梁》「宗」曰「尊」。《晉語》：「梁山崩，以傳召伯宗。」注：「傳，驛也。伯宗，晉大夫孫伯糾之子。」

伯宗辟重，曰：「辟傳！」【疏證】《釋文》：「辟，本又作僻。」杜注：「重載之車。」止釋「重」義。《晉語》：「遇大車當道而覆，立而辟之，❶曰：『辟傳。』」注：「大車，牛車也。辟，使下道避傳車。」《讀本》：「辟重者，謂

❶ 「辟之」，原作「譬」，今據《國語正義》卷十一改。

開闢傳前重車。曰辟傳者，使辟傳車也。」與韋義合。

重人曰：【疏證】《讀本》：「重人，御重車者。」

「待我，不如捷之速也。」【疏證】待我，謂待其推車下道。《晉語》：「不如捷而行。」注：「旁出爲捷。」杜注：「邪出。」亦用韋義。

問其所，曰：「絳人也。」【疏證】《晉語》：「問其居，絳人也。」注：「絳，晉國都。」

問絳事焉，

曰：「梁山崩，將召伯宗謀之。」

問：「將若之何？」

曰：「山有朽壤而崩，可若何？【疏證】杜氏無注。《晉語》：「山有朽壤而自崩。」注：「朽，腐也。不言政失所爲而稱朽壤，言遜也。」

「國主山川，【疏證】《晉語》注：「主，爲山川主也。孔子曰：『夫顓臾爲東蒙主。』」杜注：「主，謂所主祭。」用韋義，而未明韋不謂主祭也。《周語》「夫國必依山川」，注：「依其精氣利澤也。」

「故山崩川竭，【疏證】《晉語》作「川涸山崩」，注：「涸，竭也。」《周語》：「山崩川竭，亡之徵也。川竭則山崩。」注：「水泉不潤，枯朽而崩。」據《周語》義，則此傳亦謂山崩由於川竭，與《外傳》文有倒順耳。

「君爲之不舉，【疏證】《膳夫》注：❶「殺牲盛饌曰舉。」杜注「不舉」謂「去盛饌」，用鄭義。《晉語》注：「不舉，不舉樂也。」文洪案：《國語》無徹樂之文，故韋以不舉爲不舉樂。

降服，【疏證】《晉語》注：「降服，縞素也。」杜注：「損盛服。」不用韋義。沈欽韓云：「《司服職》『大栽素服』注云：『君臣素服縞冠，若晉伯宗哭梁山之崩。』按：韋説與《周禮》合，杜注非也。」沈説是也。鄭君既引此哭梁山爲文，則《左氏》舊説亦以降服爲素服縞冠。僖三十三年傳，秦伯以師敗于殽，「素服郊次」。

乘縵，【疏證】《説文》：「縵，繒無文也。」《晉語》注：「縵，車無文也。」杜用韋義。洪亮吉云：「《周禮·巾車》『卿乘夏縵』，此車蓋以繒爲車帷，取其無文。鄭玄注：『夏縵，亦五采畫，無瑑耳。』疑非。杜注蓋取《説文》，

❶ 「膳夫」，原缺，今據《周禮注疏》卷四補。

然改『縉』爲『車』，亦失本訓。」按：韋、杜變許君訓，誠如洪氏所譏，然不云乘縵即卿之夏縵，猶云施縵之車耳。疏知夏縵五采畫，不得謂無文，故云：「乘縵，車無文，蓋乘大夫墨車也。《覲禮》：『侯氏乘墨車乃朝。』彼爲適王，尚乘墨車，明此山崩降服，亦乘墨車也。」侯氏墨車朝王，不得例於遇災貶乘，義殊迂曲。沈欽韓云：「縵非無文之謂，以君而降從卿之乘車，則自貶禮也。」沈以疏縵當墨車未安，故徑謂用卿車，然與許君義亦未合。《廣雅·釋詁》：「曼、莫，無也。」王念孫云：「任氏幼植《釋繒》云：『《說文》：「縵，繒無文也。」《管子·霸形》篇：「君何不發虎豹之皮文錦以使諸侯，令諸侯以縵帛鹿皮報？」《左氏》成五年傳「乘縵」注：「車無文。」是凡物無文者謂之縵。』義與曼同也。」王氏釋「縵」，不引《巾車》「夏縵」，最諦。

「徹樂，【疏證】《晉語》注：「《周禮》：『四鎮五嶽崩，命去樂。』」韋據《大司樂》文。杜用韋義。

「出次，【疏證】《晉語》注：「出次，次于郊也。」杜用韋義。

「祝幣，史辭以禮焉。【疏證】祝以幣，史以辭，禮山川也。杜分爲三事，非。《晉語》記重人之言，有降服、出次、乘縵，不舉四事。其多於《内傳》者，「策於上帝，國三日哭」也。

「其如此而已。

「雖伯宗若之何？」

伯宗請見之，不可。【疏證】《晉語》：「請以見，不許。」注：「以見於君。」

遂以告，而從之。【疏證】《晉語》：「伯宗及絳，以告，而從之。」注：「以車者之言告，❶君從之。」《年表》：「伯宗隱其人而用其言。」用《穀梁》「攘善」義，非《左氏》説。

許靈公愬鄭伯于楚。【疏證】《鄭世家》「許」作「鄦」。李富孫云：「《說文》『鄦，讀若許。』許，聽也。』今通假讀若字。」三年鄭再伐許。四年鄭伐許。

六月，鄭悼公如楚訟，不勝。【疏證】《年表》：「鄭悼公費元年，公如楚訟。楚共王五年，伐鄭，倍我

❶「告」下，《國語正義》卷十一有「君」字。

故也。鄭悼公來訟。」案：本年楚無伐鄭之役，史公據他書。《鄭世家》：「鄦公惡鄭於楚，悼公使弟睔於楚自訟。訟不直。」《世家》不謂悼公自如楚，與傳異。

楚人執皇戌及子國。【疏證】上年，鄭與許訟于楚，皇戌攝鄭伯之辭。至是，皇戌又從鄭伯至楚也。杜注：「子國，鄭穆公子。」《鄭世家》：「楚囚睔。」亦與傳異。

故鄭伯歸，使公子偃請成于晉。

秋，八月，鄭伯及晉趙同盟于垂棘。

【疏證】《鄭世家》：「於是鄭悼公來與晉平，遂親。」《晉語》注：「趙同，盾弟晉大夫原同也。」杜注：「垂棘，晉地。」沈欽韓云：「《一統志》：『三垂山在潞安府潞城縣西南二十里，又有臺壁在縣北。』蓋即垂棘之訛。」

宋公子圍龜爲質于楚而歸，【疏證】杜注：「圍龜，文公子。蓋宣十五年宋楚平後，華元使圍龜代己爲質。」按：圍龜質楚事，傳文不具，杜據下「習攻華氏」説之。

華元享之。

請鼓噪以出，鼓噪以復入。【疏證】《讀本》：「擊鼓而噪，軍聲也。」

曰：「習攻華氏。」

宋公殺之。

冬，「同盟于蟲牢」，鄭服也。

諸侯謀復會，

宋公使向爲人辭以子靈之難。【疏證】《釋文》：「一本無『之難』二字。」李富孫云：「案文義當有此二字。」十五年杜注以向爲人爲桓族。彼疏引《世本》「桓公生向父肸」，則向出於桓，據《世本》也。杜注：「子靈，圍龜也。宋公不欲會，以新誅子靈爲辭。」

十一月，己酉，定王崩。【疏證】杜注：「經在蟲牢盟上，傳在下，月倒錯。衆家傳悉無此八字，或衍文。」按：《公》、《穀》此經無傳，不得爲此傳比。杜稱衆家傳，謂諸家傳注本也。

【經】六年，春，王正月，公至自會。無傳。

二月，辛巳，立武宮。【注】服云：「窜

之戰，禱武公以求勝，故立其宮。」本疏。【疏證】杜注：「魯人自鞌之戰，至今無患，故築武軍，又作先君武公宮，以告成事。」杜謂「作先君武公宮」，用服說。其云「築武軍」，非服義，又不取服「禱武宮」之說，而以「告成事」爲言，皆異於服。案：傳不言築武軍，杜於傳注云：「宣十二年，潘黨勸楚子立武軍，楚子荅以武有七德，非己所堪。其爲先君宮，告成事而已。今魯倚晉之功，又非霸主，而立武宮，故譏之。」玩杜傳注義，又止引楚立先君宮爲此立武宮之比，不謂魯築武軍，杜經、傳二注自相歧錯。本疏云：「劉炫以爲直立武公之宮，不築武軍。今知不然者，以下傳云：『不可以立武。立武由己，非由人也。』是丘明譏魯立武以章武功，明非徒築宮而已。」傳云「立武」，不云築武軍，立武泛言立威武，并非斥武宮之武，豈涉於築武軍乎？朱駿聲云：「魯無築武軍事。」邵瑛云：「武公謚武，想在宣王南征北伐，佐王師有功。至成公時，與齊戰鞌，於廟受命出師。❶如季孫行父等，必有私禱而祈請者，功成則爲之立宮，亦理之所必有也。至武軍，其事固不見於經傳，惟於宣十二年楚潘黨有其言而不行。而杜以武軍、武宮其事相類，竟似魯立武宮必築武軍者，其說誕矣。」邵氏申炫義甚確。其謂季孫私禱，即據服說。服氏禱武公說，杜所不取，故傳疏駁之，云：「案定元年傳：『昭公出故，季平子禱于煬公，立煬宮。』此若爲禱而立，何以不言禱也？無驗之說，故不可從。」李貽德云：「按：十六年傳：『伯州犁曰：「戰禱也。」』是將戰而禱，行軍之常，傳何必贅言乎？若季平子逐君而懼，私自禱祠，故傳特顯言之，以發其伏。事有異同，故文有詳略也。杜氏于此注云『作先君武公宮，以告成事』，則泥於楚子『作先君宮，告成事』之言。楚子所謂『作先君宮』者，蓋師行則載主以從，因於野次張幕爲宮，設主其中，以告戰勝。今距鞌戰已四易歲，何于四易歲後始告成事乎？師還告廟，飲至策勳，今四易歲而始告成事，則飲至諸典盡曠不行乎？且告成事，告廟而已，何以遠立已毀之廟乎？凡此皆其說之不通者也。哀二年傳曰：❷『鐵之戰，衛大夫蒯聵禱曰：「曾孫蒯聵，敢昭告於皇祖文王、烈祖康叔、文祖襄公。」』是軍中有禱事也。蒯聵得禱於文王、康叔，故魯亦

❶「命」，原脱，今據《劉炫規杜持平》卷三補。
❷「二」下，原衍「十」字，今據《春秋左氏傳賈服註輯述》卷十刪。

得禱於武公。」按：李説是也。服據《明堂位》「武公之廟，武世室也」，故以武宮爲武公廟。彼注云：「武公，伯禽之玄孫也，名敖。」彼疏引《世本》云「伯禽生煬公熙，熙生弗，弗生獻公具，具生公敖」，是伯禽玄孫名敖，與《魯世家》世次合。諸侯立五廟，成公上距武公已十世，武公又非始封之君，其廟久在毁祧之列，故《穀梁集解》據《明堂位》駁之，云：「言世室，則不毁也。義與此違。」《公羊》疏云：「《明堂位》之作在此文之後，記人見武公之廟已立，欲成魯之善，故言此，非實然。」據《公羊傳》以立武宮爲臧孫許事，雖與《左氏》異，然三傳皆不言武宮即武世室，則世室之稱在後也。沈欽韓云：「以《明堂位》證之，武宮或是武公之廟，玩下傳『立武』之語，或作宮於他所，美其名曰武宮，未必廟也。」沈氏不從服説。按：《韓子·内儲》：「宋王與齊仇也，築武宮。謳癸倡，行者止觀，築者不倦。王聞，召而賜之。」則宋之武宮非廟，可證沈説。然傳稱武宮與煬宮一例，不得援宋事爲證。❶

取鄟。【疏證】洪亮吉云：「按：《玉篇》、《字書》並云：『鄟，邾婁邑。』杜云『魯附庸』，恐誤。」按：《公羊傳》鄟者係邾婁之邑也，《玉篇》等書據《公羊》説。《穀梁》則云「國也」，杜云「附庸」，或是《左氏》舊説，惟不言鄟所在。顧棟高云：「鄟在沂州府郯城縣東北。」畢沅《晉書地理志補正》云：「昭二十六年，盟于鄟陵，鄟陵即鄟國。」凌氏曰：「鄟在兖州府境。」江永《考實》亦疑鄟陵即鄟，謂「在魯之東鄙，近鄆」，則凌氏兖州之説近之。

衛孫良夫帥師侵宋。【疏證】《公羊》「帥」曰「率」。

夏，六月，邾子來朝。無傳。【疏證】《公羊》「邾」曰「邾婁」。

公孫嬰齊如晉。【疏證】杜注：「嬰齊，叔肸子。」

壬申，鄭伯費卒。【疏證】《年表》：「鄭悼公二年薨。」《鄭世家》：「悼公濆卒，立其弟睔，是爲成公。」濆，費異文。

秋，仲孫蔑、叔孫僑如帥師侵宋。【疏證】《公羊》「帥」曰「率」。❷

楚公子嬰齊帥師伐鄭。【疏證】《公羊》

❶ 原稿眉批：查宫添證。

❷ 原稿眉批：帥、率當查，始見説之，餘文删。

「帥」曰「率」。《年表》：「鄭悼公二年，楚伐我。」《鄭世家》：「悼公二年，楚伐鄭。」

冬，季孫行父如晉。

晉欒書帥師救鄭。【疏證】《公羊》「救」曰「侵」。《校勘記》云：「侵字誤。嚴杰云：『上文「鄭伯費卒」，注云：「楚伐鄭喪，諸侯不能救，晉又侵之。」然則《公羊》作侵鄭，與《左》、《穀》異也。』」《年表》：「晉景公十五年，使欒書救鄭。鄭悼公二年，晉使欒書來救。」《鄭世家》：「晉兵來救。」

【傳】六年，春，鄭伯如晉拜成，

子游相，【疏證】杜注：「子游，公子偃。」

授玉于東楹之東。【疏證】杜注：「禮：授玉兩楹之間。鄭伯行疾，故東過。」沈欽韓云：「《聘禮》：『賓升，西楹西，東面。賓致命，公當楣再拜，側襲受玉於中堂與東楹之間。』注：『中堂，南北之中也。東楹之間亦以君行一、臣行二。』疏云：『兩楹之間，爲賓主處中，今乃于東楹之間，反侵東半間，故云君行一、臣行二也。』按：鄭伯以兩君相見而降同大夫聘禮，其志在過恭。士貞伯譏其行速，謂失其常度耳。其實鄭伯降心于晉者深也。」



士貞伯曰：「鄭伯其死乎！自棄也已。

視流而行速，【疏證】杜注：「視流，不端諦。」

「不安其位，宜不能久。」

二月，季文子以鞌之功立武宮，非禮也。

聽於人以救其難，不可以立武。【疏證】人謂晉。武，威武也。

立武由己，非由人也。

「取鄟」，言易也。

三月，晉伯宗、夏陽説、衛孫良夫、甯相、鄭人、伊雒之戎、陸渾、蠻氏侵宋，【疏證】杜注：「夏陽説，晉大夫。」萬光泰《氏族略》云：❶「夏陽説，以邑爲氏，晉滅虢下陽，二小傳作夏陽，蓋説食采於此。」《郡國志》：「河南郡新城有鄤聚，古鄤氏，今名蠻中。」又「新城」下注引文十七年傳，「周敗戎于邥垂」，則蠻氏即邥垂之戎也。江永云：「今按：汝州西南有蠻中聚，即戎

---

❶「光泰」，原缺，今據《左通補釋》卷十三及卷四補。

鑾子國。」顧棟高謂鑾氏一名矛戎，❶非。詳元年疏證。

以其辭會也。【疏證】謂五年冬蟲牢之盟。

師于鍼，【疏證】❷鍼，杜無注。高士奇云：「衛成公時，鍼莊子食邑於此。」

衛人不保。【疏證】杜注：「不守備。」

說欲襲衛，曰：「雖不可入，多俘而歸，有罪不及死。」

伯宗曰：「不可。【疏證】❸馬宗璉云：「『鍼』疑作『鹹』。《郡國志》：『東郡濮陽有鹹城，或曰古鹹國。』以下言『師在其郊』，則惟鹹地近濮陽也。」

「衛唯信晉，故師在其郊而不設備。【疏證】郊謂衛之郊。

「若襲之，是棄信也。

「雖多衛俘，而晉無信，何以求諸侯？」

乃止。

師還，衛人登陴。【疏證】《晉語》注：「陴，城上女垣。」杜注：「聞說謀故。」❹

晉人謀去故絳。【疏證】杜注：「晉復命新田爲絳，故謂此爲故絳。」按：莊二十六年「士蔿城絳，以深其宮」，即此傳「故絳」也。絳爲今絳州之北境，平陽府太平縣之南境，杜彼注謂「在平陽絳邑」，非。詳彼年疏證。何焯《讀書記》：❺「晉因梁山崩而懼，故遷都以厭之。」

諸大夫皆曰：「必居郇、瑕氏之地，❻【疏證】洪亮吉云：「《說文》：『郇，周武王子所封國，在晉地。』按：即郇瑕氏之地。杜注：『郇瑕，古國名。』不知郇瑕即郇國也。僖二十四年『咎犯與秦、晉大夫盟于郇』，文十二年『秦侵晉及瑕』，郇、瑕二地相接，亦可作一地。司馬彪《郡國志》：『解縣有瑕城。』杜注：『解縣西北有郇城。』《水經注》引京相璠曰『故瑕城在解縣西南』，是其證

❶「矛」，《春秋大事表》卷三十九作「茅」。
❷「疏證」，原脱，今據本書體例補。
❸「疏證」，原脱，今據本書體例補。
❹原稿眉批：查「守陴者皆哭」。
❺「焯」，原缺，今據《左通補釋》卷十三及卷一補。
❻原稿眉批：郇，僖廿四，服注已見彼。

也。二地通稱，❶春秋時多有，如解梁、郫邵等，皆取便俗耳。《水經注》：『古水又西徑荀城東北，古荀國也。』《汲郡古文》：『晉武公滅荀，以賜大夫原氏。』」按：僖二十四年傳「師退軍于郇」，洪氏引誤。洪氏於彼傳據《水經》及《蒲州圖經》謂郇在猗氏西南，當漢解縣之東，以正夫杜注「解縣西北」之誤，極諦。此仍沿杜誤，非也。其文十二年之瑕，洪氏以爲在陝州，此傳謂在解縣西南，是僖三十年「許君焦、瑕」，亦即此瑕。詳僖二十四年、三十年、文十二年疏證。郇、瑕二邑皆在今蒲州臨晉縣境。

「沃饒而近盬。**【注】**服云：「土田而有溉曰沃。❷盬，鹽池也。」《水經·涑水》注。**【疏證】**《説文》：「沃，❸灌溉也。」《周語》注：「有溉曰沃。」即用服義。杜注：「盬，鹽也。猗氏縣鹽池是。」按：《鹽人》「祭祀，供其苦鹽、散鹽。」注：「杜子春以爲苦讀如盬，謂出鹽直用，不湅也。」故杜以「鹽」訓「盬」。然據服氏義，盬即地名。知者，《穆天子傳》「至于盬」，《説文》：「盬，河東鹽池。袤五十一里，廣七里，周百十六里。從鹽省，古聲。」又《水經·涑水》注引呂忱曰「河東鹽池謂之盬」，❹皆以盬爲地名。服訓盬爲「鹽池」，義亦如此。杜用服義而失之。《水經注》引傳作「近鹽」，誤。《貨殖傳》「猗頓用盬鹽起」，史公亦以盬爲地名。集解：「以興富於猗氏故曰猗頓。」正義：「按：猗氏，蒲州縣也。」按：蒲州府在臨晉之東，又據《地理志》「河東郡安邑，鹽池在西南」，《方輿紀要》「鹽池在解州東三里」，即安邑鹽池也。安邑亦在臨晉之東，則近郇、瑕之鹽池非一。

「國利君樂，不可失也。」

韓獻子將新中軍，

且爲僕大夫，**【疏證】**杜注：「兼大僕。」

公揖而入，**【疏證】**杜無注。沈欽韓云：「僕大夫，如王之太僕，掌王内朝之事。公揖，則《司士職》之特揖、旅揖、三揖也。入者，入内朝。」

獻子從。公立於寢庭，**【疏證】**杜注：「路寢之庭。」疏：「《禮·玉藻》：『君日出而視朝，退適路寢聽政。』沈氏云：《大僕職》云：『王視燕朝，則正位，掌擯相。』

---

❶「通」，《春秋左傳詁》卷十一作「連」。

❷「田」，《水經注箋》卷六作「平」。

❸「沃灌溉」，《説文解字》卷十一上作「渼溉灌」。

❹「涑」，原缺，今據《水經注箋》卷六補。

鄭注云：『燕朝，朝於路寢之庭。』韓獻子既爲僕大夫，故知寢庭，路寢之庭也。」此沈文阿舊疏説。顧炎武《日知録》云：「僕大夫者，君之親臣，故獨令之從公而入寢庭也。」沈欽韓云：「公入内朝，諸大夫皆退矣，❶太僕從，入路寢，正君位，乃却立于庭，以待群臣之復逆。」顧、沈皆據《大僕職》説獻子得入路寢。惟内朝之稱，沈即以當路寢，未核。知然者，疏又引沈舊疏云：「凡人君内朝二，外朝一。内朝二者，路門内外之朝也。外朝一者，庫門外之朝也。若諸侯三門皋、應、路，外朝則在應門外；魯之三門庫、雉、路，則外朝在雉門外。」據沈舊疏，則内朝有二，不得僅目路寢爲燕朝。閻若璩《四書釋地·三續》云：「汪武曹云：『以魯制言之，庫門之内爲外朝，雉門之内爲治朝，路門之内爲燕朝。治朝與燕朝皆可謂之内朝。《文王世子》「公族朝於内朝」，謂燕朝也。《玉藻》「朝服以日視朝於内朝」，謂治朝也。然以治朝對燕朝言之，則亦曰外朝。《文王世子》「外朝以官」是也。路寢即燕朝，《周禮》「王眂燕朝」，注：「王圖宗人之嘉事，則燕朝。」疏云：「君燕群臣則在寢，燕亦有朝，但因燕而朝。燕禮已有成文，故鄭必以王圖宗人嘉事爲燕朝。」以此合之公族朝於内朝之文，益知異姓之臣不得常在燕朝也。』余案：成六年，『韓獻子將新中軍，且爲僕大夫，公揖而入，獻子從，公立於寢廷』，足見韓厥卿也，得從景公入至燕朝，以兼大僕故。」按：汪氏言諸侯三朝之别最核，故閻氏據以説此傳「寢廷」之爲燕朝。其謂外朝在庫門内，與沈舊疏説異。外朝之外，無涉傳義，今不説。金鶚《禮説》云：「庭者，堂下之地。凡言庭者，皆廟寢堂下也。若治朝、外朝，皆無堂，則亦無庭，而名之曰廷，所謂朝廷也。庭與廷字有别。《説文》：『庭，宮中也。廷，朝中也。』庭有堂，故其文從广；廷無堂而但爲平地，故其文從廴。」

謂獻子曰：「何如？」**【疏證】**晉景公於治朝議遷都事，韓獻亦與其列，退入燕朝而私問之。

對曰：「不可。

郇瑕氏土薄水淺，**【疏證】**《讀本》：「郇瑕當大河之濱。」

其惡易覯。**【疏證】**杜注：「惡，疾疢。覯，成也。」顧炎武引陸粲曰：「言垢穢易見。」不從杜説。武億云：「惡非訓爲疾疢。據傳文『沈溺腫膇之疾』下乃言之，

❶「諸」下，《春秋左氏傳補注》卷六有「侯」字。

則惡當與『有汾、澮以流其惡』爲對。惡屬垢穢，仍屬地氣使然，於義爲近。又《爾雅》訓覯爲『見』，杜易作『成』，故違古訓，亦不可從。」按：武説即用陸氏義。惠棟於「有汾、澮以流其惡」下引《周書》曰：「地有五行，不通曰惡。」按：見《武順解》。此惡亦即《周書》之惡，地脈不通，故垢穢易積也。俞樾同武説。《四月》「我日構禍」，傳：「構，成也。」杜以構當覯，訓爲成，非。《草蟲》傳：❶「覯，遇也。」遇亦見義。

「易覯則民愁，

「民愁則墊隘，**【疏證】**洪亮吉云：「《説文》：『墊，下也。』《春秋傳》曰墊隘。』隘，陋也。又《説文》：『䨺，寒也。或曰早霜，讀若《春秋傳》曰『墊阨』。阨、隘古字通。按杜注：『墊隘，羸困也。』于訓詁爲不通。鄭玄《尚書》注：『墊，陷也。』陷與下義並同。」按：洪説是也。據許君引傳「墊阨」，則賈氏本作「阨」，亦當訓「墊」爲「下」。墊隘謂民之志慮卑狹，不以地言。杜氏既誤以惡爲疾疢，故於墊隘亦强説爲疾也。《方言》：「墊，下也。」與許君義同。疏亦引《方言》而云：「地之下濕狹隘，猶人之羸瘦困苦。」義更迂曲。



「於是乎有沈溺重膇之疾。**【疏證】**《埤蒼》引《左傳》作「瘇」，云：「與膇同。」李富孫云：「案：《玉篇》膇或作瘇，當爲俗字。」杜注：「沈溺，濕疾。重膇，足腫。」杜意以有此二種疾。汪瑜云：「《内經·太陰陽明論》云：『清溼襲虚，則病起於下。』《平人氣象論》云：『足脛腫曰水。』言沈溺溼氣侵人而爲重膇之病。」是因沈溺而重膇，一疾也。洪亮吉云：「《衆經音義》引《釋名》『下重曰瘇』，今《釋名》無此語，玄應不知何本。」按：此或《左氏》舊説，杜云「足腫」據「下重」義。重，古腫字。

「不如新田，**【疏證】**杜注：「今平陽絳邑縣是。」江永云：「按：晉既遷新田，又命新田爲絳。《水經注》謂之絳陽，『在絳、澮之陽，南對絳山，面背二水』。《括地志》：『新田在絳州曲沃縣南二里。』❷今之曲沃縣南也。近世閻若璩考之曰：『余親往其地，土人呼王官城，距故晉城五十里。杜氏長於地志之學，乃於莊二十六年城絳及此年新田皆注云平陽絳邑縣。豈竟爲一地乎？果爲一

❶「草蟲傳」，原缺，今據《毛詩正義》卷一補。

❷「南」，原脱，今據《皇清經解》卷二百五十三《春秋地理考實》補。

地，不應將遷新田之時名獻公所居曰故絳。』此說是。今考晉之絳縣，其故城在今曲沃縣南。昭八年杜注『虒祁宮在絳西四十里，臨汾水』，今虒祁在曲沃縣西，則新田在晉時之絳邑。此年注本不誤，誤在莊二十六年之注未確耳。又按：閻氏謂土人呼王官城，此王官與文三年、成十三年之王官不同。」❶按：江說是也。沈欽韓云：「《一統志》：『絳邑故城在平陽府曲沃縣西南，晉新田地。』」

「土厚水深，居之不疾，

「有汾、澮以流其惡。**【疏證】**《水經》「汾水出太原汾陽縣北」，又云「南過臨汾縣東，又屈從縣南西流」，注云：「汾水又經絳縣故城北，《竹書紀年》：『梁武王二十五年，絳中地坼，西絕於汾。』汾水西逕虒祁宮北，橫水有故梁，截汾水中，又西逕正橋，澮水入焉。」《水經》又云：「澮水出河東絳縣東澮交東高山，西過其縣南，又西南過虒祁宮南，又西至王橋，注於汾水。」注云：「宮在新田絳縣故城西四十里，背汾面澮，西則兩川之交會也。《竹書紀年》曰『晉出公五年，澮絕於梁』，即是水也。」《水經》及注說汾、澮之在新田者，極明澮發源於故絳，酈氏恐讀者誤仞虒祁宮亦在故絳，故曰「宮在新田絳縣」，可證江氏之說。以今地考之，汾自太原陽曲縣來，南入平陽境，由臨汾折而西流，徑曲沃，出絳縣之北。澮自平陽翼城西流，經曲沃而出絳縣之南。虒祁宮在絳縣西，據「背汾面澮」之文，則汾、澮所會之王橋亦在虒祁宮之西矣。《一統志》：「汾河在平陽府曲沃縣西三十五里。」《方輿紀要》：「絳水在絳縣西北二十里。」絳即謂汾。

「且民從教，**【疏證】**杜注「從教」謂「無災患」。顧炎武云：「言馴習於上之教令。」

「十世之利也。**【疏證】**本疏：「十者，數之小成。」

「夫山澤林鹽，國之寶也。

「國饒，則民驕佚；**【疏證】**《魯語》：「敬姜曰：『沃土之民不材，逸也。』」同此傳義。疏謂「激發之辭」，非。

「近寶，公室乃貧，**【疏證】**杜注：「近寶，則民不務本。」疏云：「棄本逐末，廢農爲商，貧富兼并，貧多

❶ 上「三」，原作「二」，今據《皇清經解》卷二百五十三《春秋地理考實》改。

富少。貧者無財以共官，富者不可以倍稅，賦稅少，則公室貧也。」

「不可謂樂。」

公說，從之。

夏，四月，丁丑，晉遷於新田。

六月，鄭悼公卒。

子叔聲伯如晉，命伐宋。【疏證】三月，晉侵宋，宋未服，故杜注：「晉人命聲伯。」

秋，孟獻子、叔孫宣伯侵宋，晉命也。

楚子重伐鄭，鄭從晉故也。【疏證】三月，晉侵宋，鄭人會師。杜注：「前年從晉盟。」非。

冬，季文子如晉，賀遷也。

晉欒書救鄭，與楚師遇於繞角。【疏證】《年表》：「晉景公十五年，使欒書救鄭。」杜注：「繞角，鄭地。」沈欽韓云：「《方輿紀要》：『繞角城在汝州魯山縣東。』」江永云：「當是蔡地，非鄭地。」

楚師還。

晉師遂侵蔡。【疏證】《年表》：「晉景公十五年，侵蔡。蔡景侯七年，晉侵我。」

楚公子申、公子成以申、息之師救蔡，❶禦諸桑隧。【疏證】杜注：「汝南朗陵縣東有桑里，在上蔡西南。」沈欽韓云：「《一統志》：『桑里亭在汝寧府確山縣東。』」

趙同、趙括欲戰，請於武子，武子將許之。【疏證】杜注：「武子，欒書。」

知莊子、范文子、韓獻子諫曰：【疏證】杜注：「荀首，中軍佐。士燮，上軍佐。韓厥，新中軍將。」

「不可。吾來救鄭，楚師去我，吾遂至於此，【疏證】《讀本》：「因楚師還而遂至蔡地。」

「是遷戮也。戮而不已，又怒楚師，戰必不克。

「雖克，不令。❷成師以出，而敗楚之二

❶「楚公子申」，原脫，今據《春秋左傳正義》卷二十六補。

❷原稿眉批：令，詁。

縣，【疏證】杜注：「六軍悉出，故曰成師。」按：二縣謂申、息。

「何榮之有焉？

「若不能敗，爲辱已甚，不如還也。」乃遂還。

於是軍師之欲戰者衆。

或謂欒武子曰：

「聖人與衆同欲，是以濟事，子盍從衆？【疏證】《檀弓》注：❶「盍，何不也。」

「子爲大政，將酌於民者也。

「子之佐十一人，【注】服云：「是時欒書將中軍，荀首佐之；荀庚將上軍，士燮佐之；郤錡將下軍，趙同佐之；韓厥將新中軍，趙括佐之；鞏朔將新上軍，韓穿佐之；荀騅將新下軍，趙旃佐之。」本疏。【疏證】晉六軍各有將佐，此稱佐十一人者，晉中軍之將總兵事，自外皆其佐也。李貽德云：「案：四年傳：『欒書將中軍，荀首佐之，士燮佐上軍，以救許。』三年傳云：『晉侯使荀庚來聘，公問諸臧宣叔曰：「中行伯之于晉也，其位在三。」』正義曰『於時荀庚將上軍』，故知欒書、荀首爲中軍將佐，荀庚、士燮爲上軍將佐矣。郤錡承克後，宜爲軍將，中、上既有人，則錡當爲下軍將。趙同在佐之中而請戰，則佐下軍矣。至韓厥以下六人爲新軍將佐次第，知者，以三年傳『晉作六軍，韓厥、趙括、鞏朔、韓穿、荀騅、趙旃皆爲卿』，此年傳云『韓獻子將新中軍』，韓厥居新軍之首，故三年傳先列其名，則以下五人所將、所佐可循序知也。」按：李氏據三年、四年傳證服氏所説中、上軍、新軍將佐皆確，惟郤錡將下軍，趙同佐之，傳所不具，服氏或別據他書。

「其不欲戰者，三人而已。

「欲戰者可謂衆矣。

「《商書》曰：『三人占，從二人。』【疏證】《尚書·洪範》文，今在《周書》。作三人占則從二人之言，此約引傳稱《商書》，已説於文五年疏證。《士喪禮》

❶ 「檀弓」，原缺，今據《禮記正義》卷六及卷九補。

疏、《宋世家》集解引鄭君注：「卜筮各三人，太卜掌三兆、三易。」據《士喪禮》「命筮者反之，東面旅占」，鄭彼注云：「旅，衆也。反與其屬共占之，謂掌《連山》、《歸藏》、《周易》者。」又卜葬日「占者三人」，鄭彼注云：「占者三人，掌玉兆、瓦兆、原兆。」王鳴盛、孫星衍皆謂：「鄭君説卜筮各三人，謂卜則掌三兆者各一人，筮則掌三易者各一人也。三兆、三易鄭君皆據《大卜》文爲説。杜子春以玉、瓦、原三兆爲帝顓頊、堯、周之兆。又云『《連山》宓羲，《歸藏》黄帝』，鄭君用子春説。而《易贊》則曰『夏曰《連山》，殷曰《歸藏》』，與《周禮》注違異。」今以傳假卜筮之理論兵，非涉卜筮，不具疏解。

「衆故也。」**【疏證】**《洪範》鄭君注又云：「從二人，從其多者。蓍龜之道，幽微難明，慎之深。」即據此傳爲説。《韓子·内儲説》：「晏嬰子聘魯，哀公問曰：『語云：「莫三人而迷。」今寡人與一國慮之，魯不免於亂，何也？』晏子曰：『古之所謂「莫三人而迷」者，一人失之，二人足以爲衆矣，❶故曰莫三人而迷。今魯國之群臣以千百數，一言于季氏之私，數非不衆，所言者一人也，安得三哉？』」晏子謂二人足以爲衆，❷與傳義同。

武子曰：「善鈞，從衆。**【疏證】**《淮南□□》注：「鈞，等也。」

「夫善，衆之主也。**【疏證】**《讀本》：「若有偏不善，則當從善，不以衆寡論。」

「三卿爲主，可謂衆矣。**【疏證】**杜注：「三卿，皆晉之賢人。」

「從之，不亦可乎？」

**【經】**七年，春，王正月，鼷鼠食郊牛角，改卜牛。鼷鼠又食其角，乃免牛。無傳。**【疏證】**《釋獸》「鼷鼠」，郭注：「有螫毒者。」本疏引李巡曰：「『鼱鼩鼠，一名鼷鼠。』孫炎曰：『有螫毒者。』蓋如今鼠狼。」邵晉涵云：「《説文》：『鼷，小鼠也。』郭止云『有螫毒者』，以鼷至微，與鼠狼不相似也。《玉篇》云：『鼷鼠，小鼠也。螫毒，食人及鳥獸皆不痛，今之甘鼠也。』《釋文》引

❶ 「人」下，《韓非子》卷九有「得之三人」四字。

❷ 「嬰」，疑當作「晏」。

《博物志》云：『鼠之最小者，或謂之耳鼠。』按：今俗傳鼷鼠能入人耳，甘而不知痛，其爲螫毒，不特牛有其害矣。」邵氏所稱鼷鼠入人耳，或是浙東俗諺，江淮間無之。《全唐文》八百二十一程晏《齊司寇對》云：❶「君不聞鼷鼠之牙乎？食人與百類，雖齧盡而不痛，俗謂之甘口氣也。❷魯國之牛聞食其角矣，請以是諷焉。牛之寢齕，有蚊蚋撓其膚毛，必知鼓耳摇尾以揮，及鼷鼠食之，即不知痛也。鼠之一牙豈不甚於蚊蚋千噆乎？以其口甘，雖貫心徹骨而不知也。」程晏謂鼷鼠口甘，可證《玉篇》甘鼠之説。疑《釋文》所引《博物志》「耳鼠」，亦「甘鼠」之譌。甘、耳字形近也。僖三十一年傳「牛卜日曰牲」，杜注「稱牛，未卜日」據彼傳説，又云：「免，放也。」

吴伐郯。❸

夏，五月，曹伯來朝。

不郊，猶三望。無傳。【疏證】與宣三帝義同。❹

秋，楚公子嬰齊帥師伐鄭。【疏證】《公羊》「帥」曰「率」。《年表》：「楚共王七年，伐鄭。鄭成公元年，楚伐我。」

公會晉侯、齊侯、宋公、衛侯、曹伯、莒子、邾子、杞伯救鄭。

八月，戊辰，同盟于馬陵。【疏證】《公羊》「邾」曰「邾婁」。《魏世家》：「太子與齊戰，敗于馬陵。」集解：「徐廣曰：『在元城。』」《隋書·地理志》：「元城，開皇六年置馬陵縣。大業初，廢入焉。」顧棟高云：「馬陵，今直隸大名府元城縣東南十五里。」

公至自會。

吴入州來。【疏證】杜注：「楚邑。」馬宗璉云：「《爾雅·釋丘》：『淮南有州黎丘。』郭注：『今在壽春縣。』古來、黎同音，州黎即州來也。」邵晉涵説同。《地理志》：「沛郡下蔡，故州來國，爲楚所滅，後吴取之，至夫差遷昭侯於此。後四世侯齊竟爲楚所滅。」按：哀二年，蔡昭侯自新蔡遷於州來，《漢志》據彼傳爲説。沈欽韓云：「《方輿紀要》：『下蔡城在壽州北三十里，古州來也。』」

❶「寇」，原作「冦」，今據《全唐文》卷八百二十一改。
❷「氣」，《全唐文》卷八百二十一作「鼠」。
❸原稿眉批：郯見宣三年。
❹「帝」，疑當作「年」。

李兆洛《鳳臺縣志》：「州來即今下蔡鎮。」顧楝高云：「州來，阻淮爲固。吴畏楚上流，出兵多從淮右北道，壽州是其要害。」

冬，大雩。

衛孫林父出奔晉。

【傳】七年，春，吴伐郯。郯成。

季文子曰：「中國不振旅，【疏證】李奇《上林賦》注：「振，整也。」

「蠻夷入伐，而莫之或恤。

「無弔者也夫！

「《詩》曰：『不弔昊天，亂靡有定。』【疏證】《節南山》文，箋：「弔，至也，至猶善也。定，止。不善乎昊天，天下之亂無有止之者。」杜注：「刺在上者不能弔愍下民，故號天告亂。」杜以「弔」爲弔愍，非箋意。傳引《詩》亦以弔爲善也。

「其此之謂乎？【疏證】此，斥今之世。

「有上不弔，其誰不受亂？【疏證】杜注：「上謂霸主。」王引之《經義述聞》通説云：「此言蠻夷入伐，而莫之或恤，皆由中國之無善君也。善君謂霸主也。昭十六年傳曰：『齊君之無道也，興師而伐遠方，會之有成而還，莫之亢也，無伯也夫。』語意與此相似。上文『有上不弔，其誰不受亂』，亦謂中國無善君，則諸侯皆受其亂也。」

「吾亡無日矣！」

君子曰：「知懼如是，斯不亡矣。」【疏證】丘明嘉季文子之能懼。

鄭子良相成公以如晉，見，且拜師。

夏，曹宣公來朝。

【疏證】六年，晉欒書帥師救鄭。

秋，楚子重伐鄭，師于氾。

諸侯救鄭。

鄭共仲、侯羽軍楚師，【疏證】杜注：「二子，鄭大夫。」按：軍楚師謂以兵入楚師也。

囚鄖公鍾儀，獻諸晉。【疏證】《釋文》：「鄖本又作員，邑名。」李富孫云：「定四年傳『鄖公辛』，《古今人表》作員。師古注：『員讀曰鄖。』是員從省通。」

八月，同盟于馬陵，尋蟲牢之盟，且莒服故也。❶【疏證】五年蟲牢之盟無莒，杜注：「莒本屬齊，齊服，故莒從之。」按：蟲牢之盟有齊侯，自五年至此，晉與齊無釁。杜言「齊服」，非傳義。

晉人以鍾儀歸，囚諸軍府。【疏證】杜注：「軍藏府也。」《讀本》：「藏軍實及俘獲。」❷

楚圍宋之役，【疏證】宣十四年經：「夏，楚子伐宋。」傳：「秋，楚圍宋。」

師還，子重請取於申、呂以爲賞田，【疏證】杜注：「分申、呂之田以自賞。」王應麟《地理通釋》云：「《國語》史伯曰：『當成周者，南有申、呂。』《漢·地理志》『南陽宛縣，申伯國。』《詩》《書》及《左氏》解不言呂國所在。《史記》正義引《括地志》云：『故呂城在鄧州南陽縣西。』徐廣云：『呂在宛縣。』《水經注》亦謂『宛西呂城，四嶽受封』。然則申、呂，漢之宛縣也。」顧炎武、江永皆取王說。江永云：「按：宛縣即今南陽府。」❸高士奇云：「今河南南陽府城西三十里有呂城，俗名董呂村。」亦用王說。沈欽韓云：「按：《續志》『汝南新蔡有大呂亭』，注引《地道記》曰『故呂侯國』。《水經注》：『新蔡東，青陂之東，對大呂亭，西南有小呂亭。』《方輿紀要》：『在汝寧府新蔡縣北。』」沈氏謂呂在今新蔡，與顧、江等説異。江氏於隱元年傳「鄭武公取於申」下引此傳「此申、呂所以邑」，云「呂亦在南陽，故合言之」。又云：「汝寧府信陽州，漢之平氏縣，後周及唐皆以爲申州。豈申之始封在此歟？」江氏謂申始封在今汝寧，則新蔡之呂亦申始封時之呂，非春秋時之申、呂也，沈説非。

王許之。

申公巫臣曰：「不可。

「此申、呂所以邑也，【疏證】《釋文》：「一本作『所邑也』。」李富孫云：「杜注『言申、呂賴此田成邑耳』，無『以』字亦通。」

「是以爲賦，【疏證】《讀本》：「申、呂皆楚方城外邑，赴中國要道。」

「以御北方。【疏證】謂晉、鄭也。《讀本》：

❶「故」，原脱，今據《春秋左傳正義》卷二十六補。
❷ 原稿眉批：軍府，再查證。
❸「府」下，疑當有「南陽縣」三字。

「有其田，則可出賦備北方。」

「若取之，是無申、呂也，

「晉、鄭必至于漢。」【疏證】南陽，在楚都江陵之北。❶

王乃止。

子重是以怨巫臣。

子反欲取夏姬，巫臣止之，遂取以行，【疏證】見二年傳。

子反亦怨之。

及共王即位，【疏證】《吕覽·權勳》篇「共」作「龔」。杜注：「楚共王以魯成公元年即位。」按：此下所説皆巫臣奔晉時事。巫臣奔晉在二年傳，明事在共王即位後，不謂在共王元年也。

子重、子反殺巫臣之族子閻、子蕩及清尹弗忌【疏證】杜注：「皆巫臣之族。」《晉世家》：「楚將子反怨巫臣，滅其族。」

及襄老之子黑要，【疏證】黑要蒸於夏姬故。

而分其室。

子重取子閻之室，

使沈尹與王子罷分子蕩之室，❷

子反取黑要與清尹之室。

巫臣自晉遺二子書，【疏證】杜注：「子重、子反。」《晉世家》：「巫臣怨，遺子反書。」與傳異。

曰：「爾以讒慝貪惏事君，【疏證】惠士奇云：「《方言》云：『貪，殺也。楚謂之貪。惏，殘也。』又云：『殺人而取其財曰惏。』二子殺巫臣之族而分其室，故曰貪惏。」惠引《方言》「殺人而取其財曰惏」，據僖二十四年傳《釋文》及疏，今《方言》云：「㨆，殺也。晉魏河内之北謂㨆爲殘，楚謂貪。」戴震《疏證》云：「㨆、惏古通用。《説文》『河内之北謂貪曰惏』，與此小異。」案：㨆、惏之通，當如戴説。《方言》又別出「惏」字，云「殘也」，殘、殺義通。

「而多殺不辜，

「余必使爾疲於奔命以死。」【疏證】杜無

❶ 原稿眉批：查「漢水以爲池」，核。

❷ 原稿眉批：沈尹，查。

注。《後漢書・光武紀》注：「聞命奔赴，故謂之奔命。」《吳世家》：❶「必令子疲於奔命。」

巫臣請使於吳，**【疏證】**《晉世家》：「乃請使吳。」《吳世家》：「王壽夢二年，楚申公巫臣自晉使吳。」

晉侯許之。

吳子壽夢説之。**【疏證】**杜注：「壽夢，季札父。」《年表》：「吳壽夢元年當魯成公之六年。」《吳世家》：「王壽夢二十五年卒。」索隱：「襄十二年經曰：『秋，九月，吳子乘卒。』《左傳》曰『壽夢』，計從成六年至此，正二十五年。」《年表》與《世家》合。

乃通吳於晉，

以兩之一卒適吳，舍偏兩之一焉。**【疏證】**杜注：「《司馬法》：『百人爲卒，二十五人爲兩。車九乘爲小偏，十五乘爲大偏。』蓋留九乘車及一兩二十五人，令吳習之。」按：杜引《司馬法》，與宣十二年傳「廣有一卒，卒偏之兩」注文同，惟添引「車九乘爲小偏」句。疏云：「『以兩之一』，謂將二十五人也。又言『卒』，謂更將百人也。言『之』者，婉句耳，凡將一百二十五人適吳也。『舍偏』，謂舍一偏之車九乘也。❷『兩之一焉』，又舍二十五人也，凡舍九乘車二十五人與吳矣。發首言『兩之一』者，爲舍此『兩之一』，故先言之。又言『卒』者，見巫臣所將非唯有一兩也。」❸據疏説，則杜讀「兩之一」句，「卒」句，「適吳」句，「舍偏」句，「兩之一焉」句。詳《司馬法》「二十五人爲兩」，若如杜讀，則傳稱「以兩適吳」，意已明晰，何必言「兩之一」？司馬穰苴在春秋後，所云大偏十五乘，小偏九乘，自是爾時兵制。傳不言小偏，杜何以知爲車九乘，偏改爲九乘矣。又別兩於偏之外，謂留二十五人，則九乘之車用二十五人，如何分隸，説皆難通。顧炎武引傳遜云：「古人一車謂之一兩，《詩》『百兩御之』，《孟子》『革車三百兩』，非『二十五人爲兩』之兩也。蓋楚廣之制，本用一卒，故云『用兩之一卒』，❹其云『舍偏兩之一』者，車之半邊爲偏，❺五十人，今留二十五人也。」據宣十二年傳

---

❶「吳」，當作「晉」。

❷「舍」下，原衍「偏」字，今據《春秋左傳正義》卷二十六刪。

❸原稿眉批：卒百人，偏五十人，兩二十五人。

❹「用」，《皇清經解》卷二《左傳杜解補正》作「以」。

❺「邊」，原作「偏」，今據《皇清經解》卷二《左傳杜解補正》改。

「卒偏之兩」，則兩非是一車之稱，傳説非也。❶沈欽韓云：「桓五年『先偏後伍』，偏亦卒伍之數，當留步卒五十人、甲士二十五人，偏、兩各一也。」沈氏知偏非車乘之數，而云留七十五人，亦與宣十二年「卒偏之兩」以兩繫偏義不合，❷沈説亦非也。今按：宣十二年「廣有一卒，卒偏之兩」，服注：「百人爲卒，五十人爲偏，二十五人爲兩。」不取《司馬法》大偏、小偏之説，其注此傳亦當然。「以兩之一卒適吴」句，「舍偏兩之一焉」句，兩、偏是法，而非數。彼疏釋「卒偏之兩」，亦以「之」爲婉辭足句，并引此傳「以兩之一卒」駁服説，云「豈又是兩家之卒」。沈彤云：「兩之一卒，謂充兩法之卒也。」其説最諦。今即其説申之，則舍偏兩之一，謂舍充偏法之兩也。巫臣以卒百人至，而留其一兩，則留者止二十五人也。疏又云：「傳唯言留一偏，不見元將車數，不知去時幾乘車也。丘明爲傳，辭皆易解，此獨蹇澀，或誤本文。蘇氏云『舍九乘車，以六乘車還』，則去時十五乘車。」疏無疑傳之例，此是劉炫《述義》語，因杜説而集矢傳文，可謂謬矣。據宣十二年傳「廣有一卒」，則卒百人當車一乘之數，安得又留九乘之車也？疏又引沈氏云：「聘使未有將兵車者，今此特將兵車，爲方欲教吴戰陳，故與常不同。」此舊疏釋巫臣以卒適吴義。

與其射御，

教吴乘車，

教之戰陳，【疏證】射御皆車戰之事。《晉世家》：「教吴乘車用兵。」

教之叛楚。【疏證】《年表》：「晉景公十六年，以巫臣始通於吴而謀楚。吴壽夢二年，巫臣來謀伐楚。」

寘其子狐庸焉，❸【疏證】寘狐庸於吴。

使爲行人於吴。【注】服云：「行人掌國賓客之禮籍，以待四方之使，賓大客，受小客之幣辭。」《吴世家》集解。【疏證】《吴世家》：「巫臣令其子爲行人。」服據《小行人職》説行人之所掌，約取其文，非涉同異。「賓」是「擯」之訛。鄭君彼注云：「禮籍，名位尊卑之書。使者，諸侯之臣使來者也。擯而見之王，使得親言也。受其幣者，受之以入告其所來之事。」李

❶ 原稿眉批：二千五百人。

❷ 「二」，原作「五」，今據《春秋左傳正義》卷二十三及下文改。

❸ 「寘」，《春秋左傳正義》卷二十六作「寘」。

貽德云：「《周禮》有大行人、小行人，服以侯國行人不能以當大行人，故舉《小行人》說之。」

吴始伐楚、伐巢、伐徐，【疏證】《晉世家》：「吴、晉始通，約伐楚。」杜注：「巢、徐，楚屬國。」❶

子重奔命。

馬陵之會，吴入州來，

子重自鄭奔命。【疏證】杜注：「因伐鄭而行。」

子重、子反於是乎一歲七奔命。【疏證】傳總言此年之事，楚、巢、徐、州來奔命凡四，下言吴取楚屬之蠻夷，蓋楚又有援救之兵，故云七也。

蠻夷屬於楚者，吴盡取之，

是以始大，通吴於上國。【疏證】杜注：「上國，諸夏。」《吴世家》：「吴於是始通於中國。」

衛定公惡孫林父。【疏證】杜注：「林父，孫良夫之子。」

冬，孫林父出奔晉。❷

衛侯如晉，晉反戚焉。【疏證】杜注：「戚，林父邑。」《讀本》：「晉人因衛侯之來而反之。」

【經】八年，春，晉侯使韓穿來言汶陽之田，歸之於齊。【疏證】二年經：「八月取汶陽田。」

晉欒書帥師侵蔡。【疏證】《年表》：「晉景公十七年，侵蔡。蔡景侯九年，晉伐我。」❸

公孫嬰齊如莒。

宋公使華元來聘。

夏，宋公使公孫壽來納幣。【注】服云：「不稱主人，母命不通，故稱使，婦人無外事。」《士昏禮》疏。【疏證】杜注：「公孫壽，蕩意諸之父。」據傳聘共姬也。嚴蔚云：「稱使謂稱宋公使也。」服氏此注總釋上文。按：《士昏禮》：「宗子無父，母命之。親皆沒，己躬命之。」注：「親命之，則『宋公使公孫壽來納

---

❶「楚」，原作「吴」，今據《春秋左傳正義》卷二十六改。

❷ 原稿眉批：查林父。

❸「晉」，原作「楚」，今據《史記・十二諸侯年表》改。

幣』是也。」彼疏引服注以證鄭君説，然鄭君據《禮》「父母歿則親命」，與服氏「母雖在，命不通」義異。彼疏又引宋均注云：「禮，婦人無外事，但得命諸父兄師友以行耳。母命不得達，故不得稱母通使文，所以遠別也。」考《隋書·經籍志》、《唐書·藝文志》及《釋文·序録》，無宋均説《左氏》之書。《後漢書·均傳》載均説武陵蠻事云：「夫忠臣出竟，有可以安國家，專之可也。」則均治《公羊》家言者。《公羊》隱三年，❶「紀履緰來逆女」，傳：「宋公使公孫壽納幣，則其稱主人者何？辭窮也。辭窮者何？無母也。然則紀有母乎？曰有。有則何以不稱母？母不通也。」何休《解詁》與《禮》疏所引宋均注同，則何氏用宋義也。宋公無母，爲《公羊》義。宋、何説雖與服同，然彼自據紀伯有母，不謂宋公有母，則服謂宋公有母，《左氏》義也。李貽德云：「《昏禮·記》是士禮，故母得命之，若國君之母，不得以命達境外。」是也。

晉殺其大夫趙同、趙括。【疏證】杜注：「傳曰：『原、屏，咎之徒也。明本不以德義自居，❷宜其見討，故從告辭而稱名。』」顧棟高云：「同、括爲莊姬所譖而死，無以爲之辭，乃根究邲戰事，所謂欲加之罪，何患無辭也。」

秋，七月，天子使召伯來賜公命。【注】賈云：「諸夏稱天王，畿内稱王，夷狄曰天子。王使榮叔歸含且賵，以恩深加禮妾母，恩同畿内，故稱王。成公八年，乃得賜命，與夷狄同，故曰天子。」《曲禮》疏。服云：「夷狄曰天子。」本疏。【疏證】賜公命，《公羊》、《穀梁》曰「錫公命」。賈説天王、王、天子之異稱，已説於隱元年「天王使宰咺來歸惠公仲子之賵」下。❸《五經異義》許、鄭説違，亦詳彼傳疏證。據《曲禮》疏引服説，則賈、服説同也。杜注：「天子、天王，王者之通稱。」不用賈、服説。疏引賈説駁之云：「《左氏》無此義，故杜不從之。」按：《穀梁》傳：「曰天子何也？曰見一稱也。」集解：「天王、天子，王者之通稱。」杜用《穀梁》義。其《公羊》傳亦云：「其稱天子何？元年春王正月，正也，其餘皆通矣。」《公羊》義與《穀梁》同。解詁謂「進勉幼君」，則賈、服所稱爲《左氏》説，與

❶「三」，當作「二」。
❷「不以」，原倒，今據《春秋左傳正義》卷二十六改。
❸「子」，原重文，今據《春秋左傳正義》卷一删。

二傳不同。《獨斷》□□□：「王，畿内之所稱，王有天下，故稱王。天王，諸夏之所稱，天下之所歸往，故稱天王。天子，夷狄之所稱，父天母地，故謂天子。」蔡説與賈、服同，蓋同一師説。疏謂「《左氏》無此義」，非也。「王使榮叔歸含且賵」，見文五年經，賈説不係當條下者，以此説名稱總證之。妾母，謂僖公之母成風也。隱元年服注：「賵，覆也。天王所以覆被臣子。」即賈氏「恩深加禮」義。李貽德云：「《周禮·職喪》：『掌諸侯之喪。凡國有司以王命有事焉，則詔贊主人。』疏：『言諸侯者，謂畿内王子母弟得稱諸侯者。』又注：『有事，謂含襚贈賵之屬。詔贊者，以告主人，佐其受之。』是畿内諸侯有喪，得有含襚贈賵之屬。今成風以外侯妾母亦歸含且賵，是於禮有加恩，❶故稱王以見其近也。」按：李説是也。❷十二公，惟桓、文、成三公書賜命。桓公在既薨後，文公在元年。賈氏彼經注云：「諸侯逾年即位，賜以命珪，合瑞爲信也。」則賈氏謂賜命當在踰年即位後。成公八年乃得賜命，則周不以諸夏禮待魯，同於夷狄也。據莊元年經「王使榮叔來錫桓公」，以是返命，與賵成風恩深加禮同，故從畿内例。文元年經「天王使毛伯來賜公命」，從諸夏例。三書賜命，惟文公得正。

冬，十月，癸卯，杞叔姬卒。

晉侯使士燮來聘。

叔孫僑如會晉士燮、齊人、邾人伐郯。

【疏證】邾，《公羊》曰「邾婁」。

衛人來媵。【疏證】杜注：「魯將嫁伯姬於宋，故衛來媵之。」《穀梁》疏：「《公羊》賢伯姬也。《左氏》雖無其説，蓋以來至於魯，然後與嫡行，故書之。」此杜注所未及，疑是舊説。

【傳】八年，春，晉侯使韓穿來言汶陽之田，歸之於齊。【疏證】惠棟云：「《聘禮》云：『若有言，則以束帛，如享禮。』注引此傳爲證，又云『無庭實』。」文淇案：《曲禮》「使者自稱曰某」，疏：「《玉藻》又云：『大夫私事使，私人擯則稱名。』注：『私事使謂以君命私行，非聘也。若晉韓穿來言汶陽之田。』彼以私事使，稱名。」《禮》疏蓋説此經不書聘之義也。

❶ 「恩」下，《春秋左氏傳賈服註輯述》卷十有「比畿内」三字。

❷ 原稿眉批：李説不得已而采，仍求證。

季文子餞之，【疏證】杜注：「餞，送行飲酒。」洪亮吉云：「《説文》：『餞，送去食也。』按：餞字本訓當依《説文》。《文選》注《韓詩薛君章句》：『送行飲酒曰餞。』《毛詩》箋：『祖而舍軷，飲酒於其側曰餞。』杜注蓋本薛、鄭義。薛《章句》恐因《詩》『飲餞於禰』『飲』字，隨文爲義，《毛詩》箋是因『顯父餞之，清酒百壺』隨文爲義，皆非『餞』字本訓也。」❶

私焉，【疏證】杜注：「私與之言。」

曰：「大國制義，以爲盟主，【疏證】本疏：「義者，宜也，事得其宜之爲義。」

「是以諸侯懷德畏討，無有貳心。

「謂汶陽之田，敝邑之舊也，

「而用師於齊，使歸諸敝邑。【疏證】案之戰，在二年。

「今有二命，曰『歸諸齊』。

「信以行義，義以成命，小國所望而懷也。【疏證】本疏：「懷，歸也。」❷

「信不可知，義無所立，

「四方諸侯，其誰不解體？【疏證】杜注：「言不復肅敬於晉。」本疏：「謂事晉之心皆疏慢也。」《後漢書·楊彪傳》：「操奏收下獄。孔融往見操，曰：『《周書》父子兄弟罪不相及，今横殺無辜，則海内觀聽，誰不解體？』」詳融引傳，則「解體」爲「涣散」義，杜説非。

「《詩》曰：『女也不爽，士貳其行。士也罔極，二三其德。』【疏證】《衛風·氓》文，傳：「爽，差也。極，中也。」陳奂《詩疏》：「《詩述聞》云：『貳當爲貣之譌，貣音他得切，即忒字之借字也。《爾雅》：「爽，差也。爽，忒也。」鄭注《豫卦·彖傳》曰：「忒，差也。」是爽與忒同訓爲差。「女也不爽，❸士貣其行」，言女也不差，士則差其行耳。《爾雅》説此詩曰：「晏晏、旦旦，悔爽忒也。」郭注曰：「傷見絶棄，恨士失也。」❹然則悔爽忒者，正謂恨士之爽忒其行。據《爾雅》所釋，《詩》之作「貣」明矣。箋解女字爲汝，貣字爲二，皆失之。』」奂按：成八年《左傳》



❶ 原稿眉批：查餞，已見否。
❷ 原稿眉批：懷，詁。
❸ 「女」，原脱，今據《詩毛氏傳疏》卷五補。
❹ 「失」，原作「夫」，今據《詩毛氏傳疏》卷五改。

引《詩》作貳，蓋依箋改也。罔，無也。無中即是二三之謂。」按：杜釋「爽」、「極」據毛義，又云「《衛風》婦人怨丈夫不一其行」，則用箋説。晉時本已改「貣」爲「貳」矣。

「七年之中，一與一奪，【疏證】二年秋，取汶陽田於晉，至是七年。

「二三孰甚焉？

「士之二三，猶喪妃耦，【疏證】釋《詩》「二三其德」義。

「而況霸主？霸主將德是以，【疏證】杜注：「以，用也。」

「而二三之，將何以長有諸侯乎？❶

「《詩》曰：『猶之未遠，是用大簡。』【疏證】《大雅·板》文，傳：「猶，圖也。」陳奂《詩疏》云：「《爾雅》：『猷，圖也。』猷與猶同。《常棣》傳：『圖，謀也。』襄二十八年傳：『榮成伯曰：「遠圖者忠也。」』」簡，《詩》作諫。杜注：「簡，諫也。」洪亮吉云：「簡、諫古義通。《周禮》鄭司農注亦同。」

「行父懼晉之不遠猶而失諸侯也，是以敢私言之。」【疏證】本疏：「私布其言，即是大諫也。」

晉欒書侵蔡，

遂侵楚，獲申驪。【疏證】杜注：「申驪，楚大夫。」

楚師之還也，【疏證】杜注：「謂六年遇於繞角時。」

晉侵沈，獲沈子揖，【疏證】獲沈之君，沈不以告，故不書。

初從知、范、韓也。【疏證】杜注：「繞角之役，欒書從知莊子、范文子、韓獻子之言，不與楚戰。自是常從其謀。」

君子曰：「從善如流，宜哉！【疏證】《説文》：「𣴓，水行也。從沝㐬。㐬，突忽也。」杜注：「如流，喻速。」用許義。

「《詩》曰：『愷悌君子，遐不作人？』

❶「將」，《春秋左傳正義》卷二十六作「其」。

**【疏證】**《大雅・旱麓》文。陳奐《詩疏》云：「《棫樸》傳：『遐，遠也。遠作人也。』不，爲語助。成八年《左傳》引《詩》曰『愷悌君子，遐不作人。』杜注：『遐，遠也。作，用也。言文王能遠用善人。不，語助。』杜注正本毛傳。今《棫樸》傳於『遠』下誤加『不』字矣。」按：陳說是也。《旱麓》箋：「遐，遠也。言大王、王季之德近於變化，使如新作人。」與毛傳同。

「求善也夫！作人，斯有功績矣。」**【疏證】**《讀本》：「言愷樂悌易之人必能用人。」

是行也，鄭伯將會晉師，門於許東門，大獲焉。**【疏證】**鄭襲許也。許不以告，故不書。

聲伯如莒，逆也。**【疏證】**杜注：「自爲逆婦而書者，因聘而逆。」

宋華元來聘，聘共姬也。**【疏證】**杜注：「穆姜之女，成公姊妹，爲宋共公夫人。」

夏，宋公使公孫壽來納幣，禮也。**【疏證】**杜注：「納幣應使卿。」

晉趙莊姬爲趙嬰之亡故，譖之于晉侯，**【疏證】**五年，原屏放趙嬰於齊。曰：「原、屏將爲亂。」欒、郤爲徵。**【疏證】**杜注：「欒氏、郤氏亦徵其爲亂。」案：如杜說，「徵」當訓「證」，謂證成原、屏之將爲亂也。

六月，晉討趙同、趙括。**【疏證】**《晉世家》：「景公十七年，誅趙同、趙括，族滅之。」

武從姬氏畜於公宮。**【疏證】**杜注：「趙武，莊姬之子。」沈欽韓云：「按：宣二年趙盾以括爲公族而主趙宗，今括誅，其田邑宗祀廢矣，故韓厥有無後之言。前之姬氏依于括家，宗子收族之誼固然。括已滅，無歸，故從姬氏，畜公宮也。」按：沈說是也。《晉世家》說趙武事與傳異。

以其田與祁奚。**【疏證】**洪亮吉云：「《史記・晉世家》作祁傒，❶《大戴禮》作祁徯，《呂覽》作祈奚。」《晉語》注：「祁奚，晉大夫，高梁伯之子也。」《呂覽・

❶「傒」，原作「徯」，今據《春秋左傳詁》卷十一改。

開春》篇注：「祈奚，高梁伯之子祈黃羊也。」又《去私》篇注：「黃羊，晉大夫祈奚之字。」韋注本高説。奚始食邑於祁也，祈與祁通。奚字黃羊，僅見於此。梁履繩云：「高梁亦其食邑。」詳僖十年傳疏證。❶

韓厥言於晉侯曰：

「成季之勳，宣孟之忠，【疏證】《晉語》注：「成季，趙衰。宣孟，趙盾。」杜用韋義。《趙世家》：「晉襄公之六年，而趙衰卒，謚爲成季。晉景公時而趙盾卒，謚爲宣孟。」則成、宣皆謚也。

「而無後。【疏證】《晉語》「以定晉國而無後」，注：「無後，謂無子孫在顯位者。」韋據朔有子武，故以「無後」爲無顯位。《晉世家》：「韓厥曰：『趙衰、趙盾之功，豈可忘乎？奈何絶祀。』」

「爲善者其懼矣。

「三代之令王，皆數百年保天之禄。夫豈無辟王？賴前哲以免也。【疏證】《釋文》「哲」作「喆」。杜注：「言三代亦有邪辟之君。」本疏：「此趙同、趙括，嗣天禄之祖父，❷若桀、紂之輩雖邪辟，子孫賴禹、湯之功而食天禄。」據疏義，舊注當以辟王爲桀、紂。

「《周書》曰：『不敢侮鰥寡，【疏證】《康誥》文。《説文》：「侮，傷也。❸傷，輕也。」立趙氏後，繼絶之義，故獻子以不輕鰥寡爲比。

「『所以明德也。』」【疏證】杜注：「言文王不侮鰥寡而德益明。欲使晉侯之法文王。」

乃立武，而反其田焉。【注】舊注：「終説之耳，非此年也。」《晉世家》集解。❹【疏證】《年表》：「晉景公十七年，復趙武田邑。」《晉世家》：「乃復令趙庶子武爲趙後，復與之邑。」亦係於晉景公十七年，與《年表》合。《趙世家》：「晉景公疾，卜之，復與趙武田邑如故。」集解：「徐廣曰：『推次，晉復與趙武田邑，是景公之十七年也，而乃是《春秋》成公八年經書「晉殺大夫趙同、趙括」，《左傳》於此説立趙武事者，注云：「終説之耳，非此年也。」』」據徐廣説，則史公《晉》《趙世家》説互異，《趙世

❶「十」，疑當作「九」。

❷「祖父」，《春秋左傳正義》卷二十六作「父祖」。

❸「傷」，《説文解字》卷八上作「傷」。

❹「晉」，當作「趙」。

家》謂復與趙武田邑在景公十九年疾將薨之際，集解「九」誤「七」，其引《左傳》注與史公同。

秋，❶召桓公來賜公命。

晉侯使申公巫臣如吴，假道于莒。

與渠丘公立於池上，【疏證】杜注：「渠丘公，莒子朱也。池，城池也。渠丘，邑名，莒縣有蘧丘里。」本疏：「十四年莒子朱卒，知渠丘公即是朱也。渠丘，莒之邑名。夷不當有謚，或作别號，此朱以邑名爲號，不知其故何也。」案：《韓奕》「汾王之孫」，箋云：「汾王，厲王也。厲王流于彘，彘在汾水之上，故時人因以號之，猶言莒郊公、黎比公也。」彼疏云：「莒在東夷，不爲君謚，每世皆以地號公。此外猶有兹丕公、著丘公之等。以二者足以明義，不復遍引之也。」彼疏以郊公、兹丕公、著丘公皆以地爲號，❷則渠丘公義當亦然。文十八年傳「莒紀公生大子僕」，杜彼注謂「紀」爲别號，非也。《郡國志》：「北海安丘有渠丘亭。」注引《地道記》「有渠丘城」，與杜注言渠丘在莒縣者異。《山東通志》：「渠丘亭在青州府安丘縣南。」據《續志》説。江永云：「此莒之渠丘，與齊渠丘異地。九年楚子重伐莒，圍渠丘，即此渠丘也，非安丘之渠丘。」高士奇云：「安丘莒縣，地自相隣。」沈欽韓云：「按：莒縣不在北海，巫臣自晉之吴，亦道出琅琊，不由北海，《續志》誤也。《一統志》：『渠丘里在沂州府莒州北。』」

曰：「城已惡。」【疏證】《釋文》：「已猶大也。本或作城已惡矣。」

莒子曰：「辟陋在夷，其孰以我爲虞？」【疏證】杜注：「虞，度也。」

對曰：「夫狡焉，【疏證】杜以「狡焉」絶句，謂「狡猾之人」。陸粲云：「狡焉當屬下爲句。」案：《北魏書·古弼傳》：「弼曰：『今北狄孔熾，南虜未滅，狡焉之志，闚伺邊境，是吾憂也。』」與杜讀同。《呂覽·尊師》注：❸「狡，猾也。」

「思啓封疆以利社稷者，【疏證】《校勘記》

❶「秋」至「公命」凡八字，原脱，今據《春秋左傳正義》卷二十六補。

❷「郊」上，疑當有「莒」字。

❸「尊師」，原缺，今據《吕氏春秋》卷四補。

云：「李善潘岳《關中詩》注引傳『封』上有『其』字。」

「何國蔑有？

「唯然，故多大國矣。【疏證】《釋文》：「唯，本或作雖。後人改也。」本疏：「俗本唯作雖，定本作唯。」案：「唯然」猶今人云「信如此」。

「唯或思或縱也。【疏證】杜注：「世有思開封疆者，有縱其暴掠者，莒人當唯此爲命。」陸粲云：「有思開封疆者，有縱弛而不設備者，故多兼併以成大國。」案：陸説是也。或思或縱猶言彼思此縱。

「勇夫重閉，況國乎？」【疏證】洪亮吉云：「《釋文》：『閉，一音户旦反。』今考『閉』字無此音，當是本又作『閈』，故有此反，傳寫脱誤耳。」洪謂《釋文》脱「本又作閈」也。重閉，杜無注，疏亦無説。《月令》：「仲冬之月，令奄尹謹房室，必重閉。」注：「重閉，内外閉也。」《吕覽·節喪》篇：「以生人之心爲死者慮也，莫如無動，莫如無發。無發無動，莫如無有可利，則此之謂重閉。」注：「無有可利，若楊王孫倮葬，人不發掘，不見動摇，謂之重閉也。」重閉謂宫室墳墓之閉固，此是本義。《淮南·泰族訓》：「聖人見禍福於重閉之内。」則謂閉固而能見，喻義也。重閉蓋周秦間語，言巫臣之意謂雖一夫之勇，猶當持重閉固以禦侵犯我者，況在國家？《隋書·樊子蓋傳》：「帝謂子蓋曰：『朕遣越王留守東都，示以皇枝盤石；社稷大事，終以委公。特宜持重，戈甲五百人而後出，此亦勇夫重閉之義也。無賴不軌者，便誅鋤之。凡可施行，無勞形迹。』」《衛玄傳》：「楊玄感圍逼東都，與宇文述等合擊破之，還鎮京師。帝謂之曰：『關右之任，一委于公。公安，社稷乃安；公危，社稷亦危。出入須有兵衛，坐卧恒宜自牢。勇夫重閉，此其義也。今特給千兵，以充侍從。』」皆以「重閉」爲持重義，蓋舊説如此。

冬，杞叔姬卒。來歸自杞，故書。【疏證】五年經：「杞叔姬來歸。」九年傳「杞叔姬卒，爲杞故也」，申説此説「來歸自杞」義。

晉士燮來聘，言伐郯也，以其事吴故。

公賂之，請緩師。文子不可，【疏證】杜注：「文子，士燮。」

曰：「君命無貳，失信不立。禮無加貨，事無二成。

「君後諸侯，是寡君不得事君也。【疏證】後謂綏師。

「燮將復之。」

季孫懼，使宣伯帥師會伐郯。

衛人來媵共姬，❶禮也。❷

凡諸侯嫁女，同姓媵之，異姓則否。【注】《膏肓》以媵不必同姓，所以博異氣。十年，「齊人來媵」，鄭康成《箴》云：「禮稱納女於天子云『備百姓』，於國君直此字據《穀梁》疏。云『備酒漿』，不得云『百姓』，是不博異氣也。何得有異姓在内？此七字據《穀梁》疏。齊是大國，今來媵我，得之爲榮，不得貶也。」本疏。【疏證】此媵女例也。疏引《膏肓》以爲「媵不必同姓，所以博異氣。今《左傳》『異姓則否』，十年『齊人來媵』，何以無貶刺之文？《左氏》爲短」。下引鄭《箴》，疏繫於此年下，則《膏肓》即據此傳例爲説也。鄭君引《禮·曲禮》文，彼注云：「姓之言生也。天子皇后以下百二十人，廣子姓也。」據《昏義》「古者天子后立六宮、三夫人、九嬪、二十七世婦、八十一御妻」，計自后外一百廿六人。鄭君言百廿人，舉成數。或其中有攝職，如三公分主六卿矣。「於國君曰備酒漿」，今《曲禮》文同。《穀梁》引鄭《箴》「國君」作「諸侯」，誤。《白虎通·嫁娶》：「《春秋公羊傳》曰：『諸侯娶一國，則二國往媵之，以姪娣從，不娶兩娣，博異氣也。娶三國女何？廣異類也。恐一國血脈相似，俱無子也。』」是《公羊》舊説止謂博異氣、廣異類，異氣以姪娣言，異類以二國來媵言。不云同姓不得媵也。疑《公羊》、《左氏》義同，何氏强生分别耳。傳例言禮之常，故鄭君不以齊人來媵爲例。杜注：「必以同姓者，參骨肉至親，所以息陰訟。」用鄭説。

【經】九年，春，王正月，杞伯來逆叔姬之喪以歸。

公會晉侯、齊侯、宋公、衛侯、鄭伯、曹

❶「媵」，原重文，今據《春秋左傳正義》卷二十六删。

❷「禮」，原脱，今據《春秋左傳正義》卷二十六補。

伯、莒子、杞伯，同盟于蒲。

公至自會。無傳。

二月，伯姬歸于宋。【疏證】杜注：「宋不使卿逆，非禮。」按：宋之聘共姬，且以華元來，逆女之以卿可知，經文不具耳。《穀梁》集解云「逆者非卿」，非《左氏》義。

夏，季孫行父如宋致女。【注】鄭康成云：「致之使孝。」服云：「謂成昏。」《曾子問》疏。【疏證】伯姬以二月歸宋，及夏而致女使行，距歸宋已三月。《曾子問》「三月而廟見」，疏：「熊氏云：『如鄭義，則從天子以下至於士，皆當夕成昏。』舅姑沒者，三月廟見，故成九年季文子如宋致女，鄭云『致之使孝』，非是始致於夫婦也。又隱八年鄭公子忽先配而後祖，鄭以祖爲祖道之祭，應先爲祖道，然後配合。乃先爲配合，❶而後乃爲祖道之祭。如鄭此言，是皆當夕成昏也。若賈、服之義，大夫以上，無論舅姑在否，皆三月見祖廟之後，乃始成昏，故譏鄭公子忽先爲配匹，乃見祖廟。故服虔注云：『季文子如宋致女，謂成昏。』是三月始成昏，與鄭義異也。」據《禮》疏引鄭、服説，皆蒙「季文子如宋致女」爲文，則鄭、服説皆釋此年經也。鄭君以致女謂「致之使孝」，致孝據「致女」爲義。其注《曲禮》「納女」則云：「納女猶致女也。壻不親迎，則女之家遣人致之，此其辭也。」彼疏云：「知壻不親迎，嫁女之家使人致女者，以成九年二月『伯姬歸于宋』，時宋公不親迎，故季孫行父如宋致女也。」則鄭君又以致女爲納女。據鄭「不親迎而致女」義，則致女之使不待三月後矣。疏知鄭據此年經者，《坊記》：「昏禮，壻親迎，見於舅姑，舅姑承子以授壻，恐事之違也。以此坊民婦，猶有不至者。」注：「不至，不親夫以孝舅姑也。《春秋》『成公九年，春，二月，伯姬歸于宋。夏，五月，季孫行父如宋致女。』是時宋共公不親迎，恐其有違而致之也。」疏謂宋公不親迎，蓋據鄭此注。按：隱二年經「紀裂繻來逆女」，傳曰：「卿爲君逆也。」是《左氏》無譏不親迎文。本年《穀梁》傳引徐邈云：❷「宋公不親迎，故伯姬未順爲夫婦，故父母使卿致伯姬，使成夫婦之禮。」則因不親迎而致女，乃《穀梁》家舊説，鄭君據之也。據徐説，致女爲成昏，與服氏同，惟謂「不親迎乃致女」爲異。《列女·貞順傳》：

❶「乃」上，《禮記正義》卷十八有「今」字。

❷「傳」下，疑當有「疏」字。

「恭公不親迎，伯姬迫于父母之命而行。既入宋，三月廟見，當行夫婦之道，伯姬以宋公不親迎，故不肯聽命。魯使大夫季文子如宋致命。」此徐説所本，劉向傳《穀梁》也。范《集解》以致女爲致敕戒之言，不用徐説。此自彼傳師説之異。何氏《公羊解詁》則云：「古者婦人三月而後廟見稱婦，擇日而祭於禰，成婦之義也。父母使大夫操禮而致之，必三月者，取一時足以別貞信，貞信著，然後成婦禮，所以彰其潔。」彼疏云：「重得父母之命乃行婦道，故曰彰其潔。」則何氏亦以致女爲成昏，與服説同。則三傳舊説皆以致女爲成昏也。鄭君不與服同者，《葛屨》疏引鄭《駁五經異義》云：「昏禮之暮，枕席相連。」是其當夕成昏也。鄭君不用賈、服三月廟見成昏之説，故説此經不與服同。然《坊記》注訓「不至」以「不親夫孝舅姑」爲言，又云恐違而致之，則亦謂成昏。其説此經乃未定之論。杜注：「女嫁三月，又使大夫隨加聘問，謂之致女，所以致成婦禮，篤昏姻之好。」其云「致成婦禮」，即用服説。沈欽韓云：「服説非也。《士昏禮》『主人入，親説婦之纓，燭出』，是當夕成昏矣。鄭云『致之使孝』，范甯本之訓《穀梁》，似亦未允。女臨嫁時，施衿結縭，父母申戒之矣。豈待成婦三月，更施父教于夫黨哉？以禮推之，昏姻之好，壻家有反馬之禮，女家亦當有聘問之使，謂之致女。《玉篇》：『餪，餽女也。』《集韻》：『女嫁後三日餉食，爲餪女。』此俗間所行，則邦國可知。」沈氏不用賈、服「三月廟見成昏」義，又駁鄭君説，兩無所主，乃以餪女俗禮當之，非經義矣。《春秋》致女之文，惟此經一見。又桓三年經：❶「九月，夫人至自齊。冬，齊侯使其弟年來聘。」傳：「齊仲年來聘，致夫人也。」致夫人即致女。彼經不書致女者，内外辭之別，故傳特釋爲致夫人。此年經傳無説者，以已發於桓三年也。本年《穀梁傳》疏云：「《左氏》無説，蓋以使卿則書，餘不書者，或不致，或不使卿也。」

**晉人來媵。**【疏證】杜注：「媵伯姬也。」按：晉媵後至，其義未聞。

**秋，七月，丙子，齊侯無野卒。**無傳。【疏證】《年表》：「齊頃公十七年薨。」《齊世家》：「頃公卒，子靈公環立。」杜注：「丙子，六月一日。書七月，從赴。」沈欽韓云：「杜預既以丙子爲六月朔，豈有赴從七月，而追書死日於其下。史官記事，必不若此不近情理。齊與魯接壤，

❶ 「經」上，原衍「傳」字，今刪。

亦不至歷一月有餘而赴。蓋《長曆》誤推也。」貴曾曰：

晉人執鄭伯。【疏證】《年表》：「晉景公十八年，執鄭成公。鄭成公三年，公如晉，執公。」十五年傳例曰：「凡君不道於其民，諸侯討而執之，則曰『某人執某侯』，不然則否。」❶

晉欒書帥師伐鄭。【疏證】《年表》：「晉景公十八年，伐鄭。鄭成公三年，晉伐我。」

冬，十有一月，葬齊頃公。無傳。

楚公子嬰齊帥師伐莒。

庚申，莒潰。❷

楚人入鄆。【疏證】《公羊》「鄆」曰「運」。杜注：「鄆，莒別邑。」本年《穀梁》傳疏：「蓋從《左氏》爲莒邑，大都以名通，故不繫莒。」杜謂「莒別邑」，用《左氏》舊說。舊說繫莒，別於魯之鄆也，今地闕。

秦人、白狄伐晉。【疏證】《年表》：「秦桓公二十二年，伐晉。晉景公十八年，秦伐我。」

鄭人圍許。

城中城。【疏證】杜注：「魯邑，在東海廩丘縣西南。」顧棟高云：「《晉書》東海郡無廩丘縣。考《後漢書・志》當作『厚丘』，注云：『《左傳》城中城，杜預曰：「縣西南有中鄉城。」』廩丘是齊邑，與魯無預。」據顧說，則杜注「南」下脱「有中鄉城」四字也。《校勘記》同顧說，又云：「《水經・沭水》注云：『又南徑東海厚丘縣』，則『廩』當是『厚』字之誤。」沈欽韓云：「《一統志》：『中城在海州沭陽縣西。』」❸按：厚丘城在沭陽縣北四十六里。」

【傳】九年，春，杞桓公來逆叔姬之喪，請之也。【疏證】謂歸喪由魯請。叔姬之爲杞出，❹蓋無大惡，故魯請而杞逆其喪以歸。杜注：「叔姬已絶於杞，❺魯復强請杞，使還取葬。」杜用《公羊》「脅而歸之」及《穀梁》「夫無逆出妻之喪」義，非《左氏》義也。

杞叔姬卒，爲杞故也。【疏證】八年傳：

❶ 原稿眉批：查執初見。

❷ 原稿眉批：潰例在文六年。

❸「沐」，《春秋左氏傳地名補注》卷六作「沭」。下一「沐」字同。

❹「叔」，原作「伯」，今據上下文改。

❺「叔」，原作「伯」，今據《春秋左傳正義》卷二十六改。

「來歸自杞，故書。」此更申其義。

逆叔姬，爲我也。【疏證】《釋文》：「本或無爲字。」杜注：「既棄而復逆其喪，明爲魯故。」

爲歸汶陽之田故，【疏證】七年春，❶晉使韓穿來言歸汶陽田於齊，蓋其年魯已以田歸齊。

諸侯貳於晉。

晉人懼，會於蒲，以尋馬陵之盟。【疏證】七年八月，晉與諸侯盟于馬陵。

季文子謂范文子曰：「德則不競，【疏證】《□□》傳：「競，彊也。」

「尋盟何爲？」

范文子曰：「勤以撫之，寬以待之，堅彊以御之，明神以要之，

「柔服而伐貳，德之次也。」【疏證】言不能專行德，亦德之亞。

是行也，將始會吴，

吴人不至。

二月，伯姬歸于宋。

楚人以重賂求鄭，

鄭伯會公子成于鄧。【疏證】《年表》：「鄭成公三年，與楚盟。」《鄭世家》：「成公三年，楚共王曰：『鄭成公孤有德焉。』使人來與盟。成公私與盟。」

夏，季文子如宋致女，復命。

公享之。【疏證】馬宗璉云：「《儀禮·燕禮》鄭注云：『諸侯無事，若卿大夫有勤勞之功，與群臣燕飲以樂之禮也。』文子有如宋致女之勤勞，故用燕禮享之。」

賦《韓奕》之五章。【疏證】《韓奕》，《大雅》，其五章云：「蹶父孔武，靡國不到。爲韓姞相攸，莫如韓樂。」又云：「慶既令居，韓姞燕譽。」文子賦《詩》，當取此數句。傳：「姞，蹶父姓也。」箋：「相，視。攸，所也。慶，善也。蹶父既善韓之國土，使韓姞嫁焉而居之。韓姞則安之，盡其婦道有顯譽。」杜注：「文子喻魯侯有蹶父之德，宋公如韓侯，宋土如韓樂。」用傳、箋義。陳奐《詩疏》引此

❶「七」，當作「八」。

傳，釋云：「此大夫致女反馬，復命而賦《詩》者，即取慶居、燕譽之義也。」案：陳説是也。善居而有顯譽，謂已成昏而安其室家。杜但取「相攸」、「韓樂」義，非。

穆姜出于房，【疏證】杜注：「穆姜，伯姬母。」案：《燕禮》：「宰具官，饌于寢東。」彼疏云：「寢，路寢。」張惠言《儀禮圖》云：「鄭氏言『人君左右房，大夫、士東房西室。』案《禮》『房俎』鄭氏注云：『上下兩間，有似房堂。』蓋凡房之制，皆爲兩間，而無北壁，有北壁則謂之室。《尚書大傳》云：『天子諸侯東房、西房、北堂。』蓋人君東房西房皆有北堂。唯有北堂，故夫人得由北階而入房中。」張氏通説天子諸侯宮室。其云「夫人由北階入房」者，據《特牲》、《少牢》諸篇而言。廟寢制同也。穆姜當由北階而出于房，據《燕禮》在路寢東，則所出爲東房矣。

再拜，曰：「大夫勤辱，

「不忘先君以及嗣君，【疏證】先君謂宣公。沈欽韓云：「納采問名，稱先君之遺體，故穆姜猶稱先君。」

「施及未亡人，

「先君猶有望也。【疏證】杜注：「言先君亦望文子之若此。」

「敢拜大夫之重勤。」

又賦《緑衣》之卒章而入。【疏證】《釋文》：「緑，本又作椽。」《校勘記》云：「陸氏『又作』之説從鄭箋也。」杜注：「《緑衣》，《詩・邶風》也。取『我思古人，實獲我心』，喻文子言得己意。」按：《詩》傳云：「古之君子，實得我之心也。」杜據傳斷章爲説。然謂文子得己意，識殊淺短，非古人賦《詩》喻意之例。《魯語》：「公父文伯之母欲室文伯，饗其室老，❶而爲賦《緑衣》之三章。」注：「《緑衣》，《詩・邶風》也。❷其三章曰『我思古人，實獲我心』，以言古之賢人正其室家之道，我心所喜也。」韋氏説敬姜之賦《緑衣》，蓋本舊説，與杜説穆姜之賦《緑衣》義異。敬姜饗室老，在文伯請期之先，已用正室家之道爲言。文子如宋致女，既賦《韓奕》，言伯姬善居顯譽，明已成昏禮。穆姜之答賦，宜及成昏。有不可顯言者，故賦《緑衣》，取正其室家之道我心所喜爲義，與敬姜之賦《緑衣》同而異也。此傳舊説亦當如此，杜説非。

❶「室」，《國語正義》卷五作「宗」。

❷「邶」，原作「幽」，今據《國語正義》卷五改。

晉人來滕，禮也。

秋，鄭伯如晉。

晉人討其貳於楚也，

執諸銅鞮。❶【疏證】《鄭世家》：「秋，公朝晉，晉曰：『鄭私平於楚。』執之。」《郡國志》「上黨郡銅鞮」，劉昭注引《上黨記》曰：「晉別宮墟闕猶有北城，❷去晉宮二十里，羊舌所邑。」案：襄三十一年，子産曰：「銅鞮之宮數里。」昭二十八年，滅羊舌氏，「樂霄爲銅鞮大夫」。《上黨記》據《左傳》也。杜注：「晉別縣。」據羊舌食采後而言。此年銅鞮當是別宮，或俘鄭伯而執之。沈欽韓云：「《一統志》：『銅鞮故城在沁州南。』」

欒書伐鄭，

鄭人使伯蠲行成，❸【疏證】伯蠲，杜無注，當是鄭大夫。

晉人殺之，非禮也。

兵交，使在其間可也。【疏證】《後漢書·來歙傳》：「王遵曰：『古者列國兵交，使在其間，所以重兵貴和而不任戰也。』」



楚子重侵陳以救鄭。【疏證】《年表》：「楚共王九年，救鄭。」

晉侯觀於軍府，

見鍾儀，問之曰：「南冠而縶者，誰也？」【注】服云：❹「南冠，楚冠。」《御覽》六百八十五。❺【疏證】杜用服説。《淮南·主術訓》：「楚文王好服獬冠，楚國效之。」高誘注：「獬廌之冠，如今御史冠。」《後漢書·輿服志》注：❻「法冠，一曰柱後，高五寸，以纚爲展筩，鐵柱卷，執法者服之，侍御史、廷尉正監平也。或謂之獬豸冠。❼獬豸，神羊，能別曲直。楚王常獲之，故以爲冠。胡廣説曰：『《春秋左氏傳》有南冠而縶者，則楚冠也。秦滅楚，以其君服賜執法近臣御史服之。』」

❶ 原稿眉批：桐提異文，當在昭二十八年。

❷ 「闕猶」，《後漢書·郡國志》作「闕猶存」。

❸ 「人」，原作「伯」，今據《春秋左傳正義》卷二十六改。

❹ 「服」，《太平御覽》卷六百八十五作「賈」。

❺ 原稿眉批：又作「四十二」，查。

❻ 「注」，疑衍。

❼ 「冠獬豸」，原脱，今據《後漢書·輿服志》補。

案：胡廣説亦見《獨斷》，疏引應劭《漢官儀》亦同。應、蔡並據胡廣説。□□□引司馬彪《莊子》注「縶，拘也」，據胡廣説。

有司對曰：「鄭人所獻楚囚也。」【疏證】七年傳：「晉人以鍾儀歸，囚諸軍府。」

使税之，【疏證】杜注：「税，解也。」

召而弔之。再拜稽首。

問其族，【疏證】《吕覽・異寶》篇：「五員至江上，丈人度之，絶江，問其名族，則不肯告。」注：「族，姓。」

對曰：「泠人也。」【疏證】《釋文》：「泠，依字作伶。」《校勘記》云：「《五經文字》云：『泠，樂官，或作伶，訛。』」《簡兮》序：「衛之賢者，仕於伶官。」箋云：「伶官，樂官也。泠氏世掌樂官而善焉，故後世多號樂官爲伶官。」杜注：「泠人，樂官。」用鄭説。疏引《簡兮》序、箋，「伶」字皆作「泠」。鄭謂泠氏世掌樂官者，《吕覽・古樂》篇：「昔黄帝令伶倫作爲律。」《古今人表》作「泠淪」，《律曆志》作「泠綸」，則泠氏命族始於黄帝時矣。昭三十一年，❶景王鑄無射，泠州鳩藏之，亦在春秋以前。晉侯問鍾儀之姓，而以泠人對，泠人猶言泠氏也。若泠人徑是樂官之稱，則下文不煩以能樂問矣。泠人與泠官義別，杜説非。

公曰：「能樂乎？」

對曰：「先父之職官也，【疏證】《魯語》注：「歿曰先。」

「敢有二事？」

使與之琴，操南音。【疏證】杜注：「南音，楚聲。」《文選・吴都賦》「操南音」，劉淵林注：「《晏子春秋》曰：『桀作東歌，南音。』徵引也，南國之音也。《左氏傳》曰鍾儀在晉，『使與之琴，操南音』。商、角、徵、羽各有引。鍾儀，楚人，思在楚，故操南音。《吕氏春秋》：『禹行水，見塗山氏之女，❷乃令其妾往候禹于塗山之陽。女乃作歌，曰：『候人猗。』實始作爲南音。周公、召公取風焉。』」劉氏亦以南音爲楚聲，杜注或本舊説。其引《晏子》，見□□篇，引《吕覽》見《音初》篇，云「商、角、徵、羽皆

❶ 「三」，當作「二」。

❷ 「女」下，《文選》卷五有「未之遇而南省南土塗山之女」十二字。

有引」者，釋《晏子》以南音爲徵引也。《晏子》、《吕覽》皆謂南音始於夏。《晉書・張寔傳》：「寔叔父肅曰：『狐死首丘，心不忘本；鍾儀在晉，楚弁南音。』」

公曰：「君王何如？」

對曰：「非小人之所得知也。」

固問之，

對曰：「其爲太子也，師、保奉之，以朝于嬰齊而夕于側也。**【疏證】**杜注：「嬰齊，令尹子重。側，司馬子反。」

「不知其他。」

公語范文子。

文子曰：「楚囚，君子也。

「言稱先職，不背本也；

「樂操土風，不忘舊也；

「稱太子，抑無私也；**【疏證】**杜注：「舍其近事而遠稱少小，以示性所自然。」《讀本》：「無私，非私頌揚。」

「名其二卿，尊君也。**【疏證】**杜注：「尊晉君也。」

「不背本，仁也；不忘舊，信也；無私，忠也；尊君，敏也。**【疏證】**《晉語》注：❶「敏，達也。」

「仁以接事，信以守之，忠以成之，敏以行之，

「事雖大，必濟。

「君盍歸之，使合晉、楚之成？」**【疏證】**八年，晉侵蔡、侵楚、侵沈，蔡、沈皆楚屬。至是始議求成。

公從之，重爲之禮，使歸求成。

冬，十一月，楚子重自陳伐莒，

圍渠丘。城惡，❷衆潰，奔莒。

戊申，楚入渠丘。

莒人囚楚公子平。

❶「晉」，原爲空格，今據《國語正義》卷八、卷十及卷十三補。

❷「城」上，《春秋左傳正義》卷二十六有「渠丘」二字。

楚人曰：「勿殺，吾歸而俘。」

莒人殺之。

楚師圍莒，莒城亦惡。

庚申，莒潰。【疏證】杜注：「月十八日。」貴曾曰：

楚遂入鄆，

莒無備故也。

君子曰：「恃陋而不備，罪之大者也；

備豫不虞，善之大者也。【疏證】隱公五年傳：❶「不備不虞，不可以師。」

「莒恃其陋，而不修城郭，

「浹辰之間，而楚克其三都，【疏證】杜注：「浹辰，十二日也。」疏云：「從子至亥，爲十二辰。」按：戊申，❷楚入渠丘。庚申，莒潰，楚遂入鄆。是入鄆即庚申日之事。戊申至庚申，凡十三日，故云「浹辰」也。

「無備也夫！

「《詩》曰：『雖有絲麻，無棄菅蒯。【疏證】李富孫云：「菅蒯，《玉篇》草部引作菅蔽，蒯同。按：《校勘記》引《玉篇》作「無棄蔽蒯」，❸非，「菅」無異文。古者木棉之利未具，麻與絲皆衣裳所用，故以絲麻對文。菅蒯者，《釋草》：「白華，野菅。」《小雅》「白華菅兮」，傳：「白華，野菅也。」用《釋草》文。「東門之池，可以漚菅」，疏引陸璣云：「菅，似茅而滑澤無毛，根下五寸中有白粉者，柔韌宜以爲索，漚乃尤善矣。」據陸説，則菅中爲索。程瑤田《通藝録》：❹「菅有二種，小者五月秀，歙人謂之荻芒，江北人謂之巴芒，未秀時拔之，亦可爲繩作屨。大者八月始秀，歙人謂之蘆芒，江北人謂之家芒，未秀皆可取爲繩作屨也。」據程説，菅未秀時中爲索屨，可補陸説。本疏云：「蒯與菅連，亦菅之類。《喪服》『疏屨』者，傳曰『藨、蒯之菲也』，可以爲屨，明蒯如菅。」惠棟云：「李登《聲類》

❶「隱公五」，原缺，今據《春秋左傳正義》卷三補。

❷「申」，原作「寅」，今據上下文改。

❸「蔽」，《春秋左傳正義》卷二十六《挍勘記》作「菅」。

❹「通」，原重文，今據《詩毛氏傳疏》卷十二刪。

曰：『蒯，❶中爲索。』」則蒯亦中爲索爲屨，其與菅形狀之別未聞。《淮南・説林》「有羅紈者必有麻蒯」，用傳引《詩》義。以麻蒯並稱者，漢時已尚羅紈，以麻爲疏惡也。

「『雖有姬姜，無棄蕉萃。【疏證】《校勘記》云：「《漢書・文帝紀》注亦作『蕉萃』。按《詩・東門之池》正義引作『憔悴』。《後漢書・應劭傳》注云：『蕉萃、憔悴古通用。』」李富孫云：「《史記・吕后紀》索隱引作『顦悴』。案《説文》云：『顦，顦顇也。』心部無憔字，是蕉萃爲借字。錢氏曰：『《説文》「醮顇」即「蕉萃」之異文。』」杜注：「姬、姜，大國之女。蕉萃，陋賤之人。」據杜説，姬姜、蕉萃，以貴賤言。《淮南・説林》「有榮華者必有憔悴」，亦用傳引《詩》義。榮華猶言姬姜也，知者，《東門之池》「彼美淑姬」疏云：「美女而謂之姬者，以黄帝姓姬，炎帝姓姜，二姓之後，子孫昌盛，其家之女美者尤多，遂以姬、姜爲婦人之美稱。成九年《左傳》引逸《詩》云：『雖有姬姜，無棄憔悴。』是以姬姜爲婦人美稱也。」《詩》疏所稱，當是《左氏》舊説。《衡門》「豈其取妻，必齊之姜」，《桑中》「彼美孟姜」，❷與《東門之池》稱「彼美淑姬」同義。舊説姬姜、憔悴，以女色之盛衰言，與《淮南》合。《吴語》「而日以憔悴」，注：「憔悴，瘦病也。」杜説非。

「『凡百君子，莫不代匱。』【疏證】杜注：「逸《詩》也。」未説「代匱」義。沈欽韓云：「言衆材當乏人之時，無不可器使。」按：沈説是也。《後漢書・應劭傳》：「劭删定律令，奏之曰：『《左氏》實云雖有姬姜絲麻，不棄憔悴菅蒯，蓋所以代匱也。是用敢露頑才，廁于明哲之末。』」應氏奏疏以代匱爲承乏，是舊説本如此。

「言備之不可以已也。」

秦人、白狄伐晉，❸諸侯貳故也。

鄭人圍許，示晉不急君也。

是則公孫申謀之，

曰：「我出師以圍許，

「爲將改立君者，【疏證】《釋文》：「爲將，本

❶「蒯」下，《皇清經解》卷三百五十五《春秋左傳補註》有「草」字。

❷「桑中彼美孟姜」，疑當作「有女同車彼美孟姜」，或「桑中美孟姜矣」。

❸「伐」，原作「代」，今據《春秋左傳正義》卷二十六改。

或作『僞將』。」段玉裁云：「《左傳》『爲』讀『僞』者不一，❶蓋事涉於作爲則曰僞。」

「而紓晉使。【疏證】杜注：「紓，緩也。勿亟遣使詣晉。」

「晉必歸君。」

「城中城」，書時也。【疏證】顧棟高云：「案：先儒云魯城中城，因楚伐莒，❷莒潰，以無備故，故懼而城之。」按：顧引先儒說，未知何人之說，傳無其義。

十二月，楚子使公子辰如晉，報鍾儀之使，請修好結成。【疏證】晉歸鍾儀，即以將求成之命，故云「報鍾儀之使」。《年表》：「楚共王九年冬，與晉成。」

【經】十年，春，衛侯之弟黑背帥師侵鄭。【疏證】《公羊》「帥」曰「率」。襄二十六年疏：「成十年傳衛子叔黑背侵鄭。是黑背字子叔，即以子叔爲族。」

夏，四月，五卜郊，不從，乃不郊。無傳。

【疏證】《曲禮》疏引古《左氏》說：「魯郊常祀，不須卜可郊與否，但卜牲與日。」又說襄七年「五卜郊」義云：❸「今既耕而卜郊，宜其不從也。是用周之三月，不可至四月也。」襄七年之「五卜郊」與此經同，則此經古說亦當然也。杜注：「卜常祀，不郊，皆非禮。」云不卜常祀，用古說。古說惟據郊在三月，卜牲日塵可再卜，則四月卜郊、卜郊至五，皆非禮矣，杜說未賅備。已疏於僖三十一年。本疏：「《曲禮》：『旬之外曰遠某日，旬之內曰近某日。』則卜者每旬一卜。此云五卜者，當是三月三卜，四月二卜。」

五月，公會晉侯、齊侯、宋公、衛侯、曹伯伐鄭。【注】《左氏》之義：時厲公父景公患未薨，而厲公出會稱爵，譏其生代父位，不子也。《曲禮》疏。【疏證】《年表》：「鄭成公四年，晉率諸侯伐我。」杜注：「晉侯，太子州蒲也。稱爵，見其生代父居位，失人子之禮。」用舊說。舊說知伐鄭役爲厲公

❶「僞」，原作「爲」，今據《春秋左傳異文釋》卷五改。
❷「伐」，原作「代」，今據《春秋大事表》卷四十八改。
❸「五」，疑當作「三」。

非景公者，傳：「夏，四月，晉侯有疾。五月，晉立太子州蒲以爲君，而會諸侯伐鄭。」則景公未薨，厲公已立也。據四年「鄭伯伐許」，未踰年出會稱爵，《左氏》舊説以爲禮。其賈、服説三年「宋、衛伐鄭」，則以未葬而來會，猶不當稱爵。厲公生代父位，而出會師，於典禮無稱，故云不子。傳例：「凡在喪，公侯曰子。」厲公出會，即稱子，已死其父，况稱爵乎？本疏謂杜注「州蒲」爲「州滿」之誤，詳傳「立太子州蒲」疏證。

齊人來媵。無傳。**【疏證】**杜注：「媵伯姬也。」案：伯姬歸宋，在九年二月，齊媵當是待命父母國，至此乃行。

丙午，晉侯獳卒。**【疏證】**《晉世家》：「景公十九年，夏，景公病，立其太子壽曼爲君，是爲厲公。後月餘，景公卒。」杜注：「據傳，丙午，六月七日。有日無月。」貴曾曰：

秋，七月，公如晉。

冬，十月。**【疏證】**《公羊》無此三字。洪亮吉云：「《禮記·中庸》疏：『成十年不書「冬十月」。』此有者，當是後人增入。」洪氏知《中庸》疏所稱即《左氏》經者，據賈、服義。臧壽恭云：「《中庸》正義云：『成十年不書「冬十月」，賈、服以爲不視朔登臺。』是《左氏》經本無『冬十月』三字。今本有者，衍。」《公羊》何氏注：「如晉者，冬也。」《釋文》不言與《左》、《穀》異。按：賈、服義見隱六年經疏證。

**【傳】**十年，春，晉侯使糴茷如楚，報大宰子商之使也。**【疏證】**《集韻》引傳「糴」作「糴」。《説文》：「糴，❶《春秋傳》曰『晉糴茷』。」則賈君作「糴」也。杜注：「糴茷，晉大夫。子商，楚公子辰。」

衛子叔黑背侵鄭，晉命也。

鄭公子班聞叔申之謀。**【疏證】**九年傳：「公孫申謀之，曰：『我出師以圍許，爲將改立君者。』」則叔申謀出緩晉，非實欲改立。杜注：「改立君之謀。」非。

三月，子如立公子繻。**【疏證】**《鄭世家》：「成公四年春，鄭患晉圍，公子如乃立成公庶兄繻爲君。」據《世家》，則自九年春晉欒書伐鄭，未還師也。索隱引鄒氏曰：「繻，一作繻。」

夏，四月，鄭人殺繻，立髡頑。**【疏證】**髡

❶ 「糴」，《説文解字》卷一下作「茷」。

頑，《公》、《穀》曰「髡原」。洪亮吉云：「《鄭世家》作惲，索隱云『《左》作髡原』，或因《公》、《穀》本而誤也。」李富孫云：「頑、原，音相近。頑、惲，亦聲之轉。」杜注：「髡頑，鄭成公太子。」按：《鄭世家》：「成公卒，子惲立。」不及殺繻後立髡頑之事。

欒武子曰：「鄭人立君，我執一人焉，何益？不如伐鄭而歸其君，以求成焉。」【疏證】《鄭世家》：「其四月，晉聞鄭立君，乃歸成公。鄭人聞成公歸，亦殺君繻，迎成公。晉兵去。」史公謂鄭人殺繻，在晉許歸成公後，蓋采他書，與傳違異。

晉侯有疾。

五月，晉立太子州蒲以爲君。【疏證】《釋文》：「州蒲，本或作州滿。」經「伐鄭」疏引應劭《舊名諱議》云：「『昔者周穆王名滿，晉厲公名州滿，又有王孫滿，是同名不諱。』則此爲州滿，或爲州蒲，誤耳。今定本作蒲。」惠棟云：「劉子玄曰：『州滿，今《左氏》本皆作州蒲，誤也，當爲州滿。事見王邵《續書志》。』❶王氏當據仲遠説。」武億云：「蒲宜作滿，字形之訛也。《史記·晉世家》：『立其太子壽曼爲君。』壽、州，曼、滿，聲相近。應劭《議》可據。定本作蒲，誤。」洪亮吉云：「壽曼、州滿，聲之轉。」皆用應劭説。❷

而會諸侯伐鄭。

鄭子罕賂以襄鐘，【疏證】杜注：「子罕，穆公子。襄鐘，鄭襄公之廟鐘。」

子然盟于修澤，【疏證】杜注：「滎陽卷縣東有修武亭。」沈欽韓云：「《水經注》：『北濟自滎澤東逕卷縣之武修亭南，《春秋左傳》「成公十五年鄭子然盟于修澤」者也。』❸按：《水經注》引杜預此注，亦作『武脩』。《一統志》：『武修亭在懷慶府原武縣東，亦名脩魚。』」按：沈説是也。酈注引傳作十五年，❹誤。

子駟爲質。【疏證】杜注：「子然、子駟，皆穆公子。」

❶「王邵續書志」，原缺，今據《史通》卷十九補。
❷原稿眉批：查廣州經解。
❸「五」，疑衍。
❹「酈」上，原衍「江」，今刪。

辛巳，鄭伯歸。

晉侯夢大厲，【注】服虔又以爲公明之鬼。本疏。【疏證】《祭法》「王爲群姓立七祀」，有泰厲；「諸侯爲國立五祀」，有公厲；「大夫立三祀」，有族厲。注：「《春秋傳》曰：『鬼有所歸，乃不爲厲。』」泰厲謂古帝王無後者也。❶公厲，古諸侯無後者也。族，衆也。大夫衆多，其鬼無後者衆，故言族厲。惠棟引李頤《莊氏解》云：❷「死而無後曰厲。」用《祭法》義也。杜注：「厲，鬼也。趙氏之先祖也。」杜以厲爲趙氏之先祖，與服説亦同，而疏駁之，云：「凡爲疫厲之鬼，皆妖邪之氣，未必真是彼人，故杜不復指斥。」然詳疏引服説，於「以爲」上加「又」字，則服注當亦云趙氏先祖，❸其斥爲公明之鬼，乃廣異説也。洪亮吉：「索隱引《世本》云：『公明生共孟及趙夙，夙生成季衰。』而宣二年《左傳》正義引《世本》又云『夙爲衰祖』，至《晉語》則云『趙衰，趙夙之弟』。一人而世次不同，且分作三代，《世本》傳寫有誤。今詳傳文及服氏所言，則公明當屬括之祖，與《晉語》合。」案：洪氏所云「索隱引《世本》」，見《趙世家》。《世家》云「趙夙生公孟，共孟生趙衰」，與《世本》又乖異。然本疏引《世本》止云「公明生趙夙」，不云更生公孟。李貽德云：「共孟，當即公明，字異聲相近。《書》『被孟豬』，《夏本紀》作『明都』，是其證。《世本》以公明、共孟爲父子，❹非也。夙、衰同時，衰不得爲夙孫。《晉語》衰爲夙弟，當得其實。共孟當從《世本》爲夙父，史遷反以爲夙子，世系牴牾也。趙氏先祖，其人非一，而服以爲『公明之鬼』者，以趙夙始受封邑，雖不逮事景公，有故臣之義，不得仇君。公明在武、獻前，所事之君當是昭、哀，與景公無君臣之分，故得爲厲，此服以意斷之也。」

被髮及地，【疏證】《後漢書·靈帝宋皇后紀》：「許永曰：『昔者晉侯失刑，亦夢大厲，被髮屬地』。」則「及」猶「屬」也。

---

❶「泰」上，疑當有「疏」字。

❷「氏」，《皇清經解》卷三百五十五《春秋左傳補註》作「子」。

❸「則」，原重文，今删。

❹「共」，原作「公」，今據《春秋左氏傳賈服註輯述》卷十改。

搏膺而踊曰：【疏證】《讀本》：「搏膺，自槌胸。」❶

「殺余孫，不義。【疏證】杜注：「八年，晉侯殺趙同、趙括。」據服注以「大厲」爲公明，則當釋「孫」爲同、括，杜用服義也。

「余得請於帝矣。」

壞大門及寢門而入。【疏證】《釋文》：「一本無『及』字。」

公懼，入于室。又壞户。

公覺，召桑田巫。

巫言如夢。【疏證】沈欽韓云：「《趙世家》：『晉景公疾，卜之，大業之後不遂者爲祟。』即此事。」

公曰：「何如？」

曰：「不食新矣。」【疏證】杜注：「言公不得及食新麥。」《讀本》：「食新者，此五月，夏正三月，計後新穀麥也。」

公疾病，

求醫於秦，

秦伯使醫緩爲之。【疏證】杜注：「緩，醫名。爲猶治也。」

未至，

公夢疾爲二豎子，【疏證】《讀本》：「疾化二豎子，氣衰神亂之徵。」

曰：「彼良醫也，【疏證】邵晉涵《爾雅疏》云：「良醫，猶《周禮》所云上醫也。」

「懼傷我，焉逃之？」【疏證】《釋文》：「『懼傷我』絶句。焉，徐于虔反，一讀如字，屬上，『逃之』絶句。」洪亮吉云：「按：焉字屬下句爲允，《釋文》一讀非。」

其一曰：「居肓之上，膏之下，若我何？」【注】賈云：「肓，鬲也。心下爲膏。」本疏。【疏證】杜用賈説。洪亮吉云：「《説文》：『肓，心上鬲下也。』《春秋傳》曰：『病在肓之下。』」尋按賈義及《説文》，應云『居肓之下，膏之上』，今本『上』、『下』字疑有脱亂。《釋文》引《説文》作『心下鬲上』，誤。」俞正燮《癸巳類

❶ 原稿眉批：膺，詁。

稿・持素脈篇》：「《靈樞經脈》云：❶『心主手厥陰心包絡之脈，起於胸中，出屬心包絡，下隔，歷絡三焦。』案：心主所謂肓，《説文》『肓』云：『心上鬲下也。《左傳》云：「病在肓之下。」』《道藏》隱字《千金方》、《白帖》疾部、《容齋三筆》皆引《左傳》『膏之上，肓之下』，❷《東醫寶鑑》引《醫法入門》亦作『膏之上，肓之下』，蓋依《説文》所引。肓下即心，心下乃膏，先言膏者，如卦畫自下而上。正義云：『古今傳文皆以爲膏之下，賈、服、何休諸儒皆以爲然。』其意以爲二童子，一居心上肓上，一居心下膏下，遂與《説文》本異。《説文》《春秋左傳》用賈逵，不應賈逵本有異。又醫緩言：『攻之不可，達之不及，藥不至焉。』明二豎同居心中，知今本《左傳》誤也。《素問・刺禁》言：『鬲肓之上，中有父母。』謂血氣二脈，鬲間始爲心包與心。此云『屬心包』，又云『下膈，歷絡三焦』，下膈乃統中、下二焦言之。心在肓下，則肓爲心主，仍居上焦，心主肓，亦謂之膻中。知者，《素問・靈蘭秘典論》云：『膻中者，臣使之官，喜樂出焉。』《靈樞經脈》云：『心包絡脈動甚，則喜笑不休。』是膻中即心包絡也。《史記・扁鵲列傳》云：『胃膻緣，中經維絡，别下於三焦膀胱。』即此心主脈，下絡三焦，衆文皆合。」按：洪、俞説是也。俞氏通醫經，説膏上肓下爲心包絡，尤諦。汪渝云：「此是痰證，病在心包絡，故不治也。」與俞説合。《説文》以肓爲「心上鬲下」，又引傳文證之，則「心上鬲下」必是賈氏説。賈注當云：「肓，鬲也，心上爲肓。」上、下，肓、膏，字易淆亂。又傳文上、下字誤倒，後人用傳之誤本而改賈注。段氏玉裁《説文》注轉用《左傳》釋文改許君説爲「心下鬲上」，非也。《魏書・藝術傳》：❸「許智藏，高陽人也。高祖使詣揚州，會秦孝王俊有疾，上馳告之。❹俊夜夢其亡妃崔氏泣曰：❺『本來相迎，如聞許智藏將至，其人若到，當必相苦，爲之奈何？』明夜，俊又夢崔氏曰：『妾得計矣，當入靈府中以避之。』及智藏至，爲俊診脈，曰：『病已入心，即當發癇，不可救也。』果如言，俊數日薨。」秦孝王得疾怪異，與晉景公同，疾入心而發癇，可證俞氏「病在心包絡」之説。惟本疏謂「古今傳本皆



❶「樞」，原作「脈」，今據《癸巳類稿》卷四改。
❷「道」，原重文，今據《癸巳類稿》卷四删。
❸「魏」，當作「隋」。
❹「告」，《隋書・許智藏傳》作「召」。
❺「泣」，原爲空格，今據《隋書・許智藏傳》補。

以爲『膏之下』，❶賈、服、何休諸儒皆以爲膏」者，蓋駁劉炫規杜，改傳「膏」爲「鬲」，故又云：「雖凝者爲脂，釋者爲膏，其實凝者亦曰膏。故《内則》云『小切狼臅膏』，則此膏謂連心脂膏也。」亦是駁炫「連心之脂不得稱膏」之説。俞氏誤以疏文「亦皆以爲膏」句「膏」作「然」，遂指爲賈、服釋「肓上膏下」之意，則其疏也。嚴蔚采「雖凝者爲膏」以下四句爲賈、服説，❷尤誤。

醫至，曰：「疾不可爲也。【疏證】《廣雅·釋詁》：「爲，已，愈也。」❸王念孫云：「爲、已者，成十年《左傳》云：『疾不可爲也。』《列子·周穆王》篇：『疾可已也。』是爲、已皆愈也。」文淇案：杜氏無注。《淮南·□□》注：「爲，治也。」當從高氏訓「治」。《晉語》：「秦伯使醫和視之，曰：『疾不可爲也。』」韋注：「爲，治也。」與高氏同。

「在肓之上，膏之下，【疏證】當作「在肓之下，膏之上」。

「攻之不可，達之不及，【疏證】《瘍醫》：「凡療瘍，以五毒攻之。」注：「攻，治也。」杜注：「達，針。」按：緩言病已深入，非外治所能療。❹

「藥不至焉，不可爲也。」

公曰：「良醫也。」厚爲之禮而歸之。

六月，丙午，晉侯欲麥，【疏證】杜注：「周六月，今四月，麥始熟。」

使甸人獻麥，【疏證】杜注：「甸人，主爲公田者。」沈欽韓云：「《周禮·甸師職》『主耕耨籍田』，按：《祭義》：『諸侯籍田百畝。』」

饋人爲之。【疏證】《春秋分記》：「饋人，掌飲食之人。如王朝庖人之類。」《讀本》：「謂以麥爲熟食。」❺

召桑田巫，示而殺之。

將食，張，如廁，陷而卒。【疏證】杜注：「張，腹滿也。」洪亮吉云：「《玉篇》稱《左氏》云：『將食，脹，如廁。』云：『脹，痛也。』或係舊注。案：『脹』即『張』之

❶ 下「本」，《春秋左傳正義》卷二十六作「文」。
❷ 「膏」，《春秋内傳古注輯存》卷中作「脂」。
❸ 「愈」，《廣雅疏證》卷一下作「癒」。
❹ 原稿眉批：查《素問》攻、鍼義。
❺ 原稿眉批：查，酌換。

俗。」文淇案：《吕覽・盡數》篇：「鬱處頭則爲腫、爲風，處耳則爲挶、爲聾，處目則爲䁾、爲盲，處鼻則爲鼽、爲窒，處腹則爲張、爲疛。」則張爲腹滿，古義如此。壽曾謂：《廣雅・釋詁》：「疰、痮，病也。」❶王念孫云：「痮者，成十年《左傳》『將食，張』，《靈樞經・脹論》云：『夫脹者，皆在于藏府之外，排藏府而郭胸肋，❷張皮膚，故命曰脹。』」王氏亦以「張」爲「滿」。《讀本》：「入廁後，陷泄而氣絶也。」

小臣有晨夢負公以登天，及日中，負晉侯出諸廁，遂以爲殉。

**【疏證】**杜注：「小臣以言夢自禍。」

鄭伯討立君者，戊申，殺叔申、叔禽。**【疏證】**杜注：「叔禽，叔申弟。」

君子曰：「忠爲令德，非其人猶不可，況不令乎？」**【疏證】**杜注：「言叔申爲忠，不得其人，還害身。」陸粲云：「非其人，謂叔申本非賢者，雖欲效忠，不見信於君，適以自害耳。」沈欽韓云：「叔申與鄭國之政，君既囚執，不謹修事大之禮以紓其君，更造異謀，遂有公子繻之事。此其不令也。非其人者，言迹嫌疑，須伊尹、周公之聖爲之也。」沈氏蓋取陸説，以謀改立君爲異謀，視陸説加甚。惠棟云：「陸氏此言是教人慎勿爲善，非君子之言也。《吕覽》曰：『賢主之所悦，不肖之所誅。』❸高誘引此傳以爲證，杜氏之説未可非也。」文淇案：惠説是也。其引《吕覽》，詞未賅備。《吕覽・至忠》篇：「至忠逆于耳，倒于心，非賢主其孰能聽之？故賢主之所説，不肖主之所誅也。」高注：「賢主説忠言也，不肖主反之。《春秋傳》曰：『忠爲令德，非其人則不可，況不令之尤者乎？』」故被不肖之所誅也。」此必《左氏》舊説，杜注蓋用其義。陸、沈説非。壽曾謂：《後漢書・竇融傳》：「融與隗囂書曰：『融聞爲忠甚易，得宜甚難，憂人太過，以德取怨。』」注引此傳，融亦自謂效忠非其人，與高誘注義合。又《隋書・張衡傳・贊》：「夫忠爲令德，施非其人，尚或不可，況託足邪徑，而又不得其人者歟？故語曰：『無爲權首，將受其



❶ 「病」，原作「疠」，今據《廣雅疏證》卷一上改。

❷ 「肋」，《廣雅疏證》卷一上作「脇」。

❸ 「之」，原重文，今據《皇清經解》卷三百五十五《春秋左傳補註》刪。

咎。』又曰『無始禍，無召亂』。張衡既召亂源，實爲權首，動不以順，其能不及于此乎？」張衡大逆，不可以叔申之事相例。《隋書》必引此傳者，正明衡之託足邪徑，非叔申之爲忠而不得其人之比也。

秋，公如晉。

晉人止公，使送葬。

於是糴茷未反。【疏證】杜注：「晉謂魯貳於楚，須糴茷還，驗其虚實。」按：杜探十一年傳言之。

冬，葬晉景公。

公送葬，諸侯莫在。

魯人辱之，故不書，諱之也。【疏證】謂不書晉葬景公。《年表》：「十年，公如晉，送葬，諱之。」《魯世家》：「成公如晉。晉景公卒，因留成公送葬，魯諱之。」

【經】十有一年，春，王三月，公至自晉。【疏證】臧壽恭云：「賈氏之例，還至不月。此月者，當别有義例。或爲下己丑月，今不可考。」

晉侯使郤犨來聘，己丑，及郤犨盟。

【注】服虔云：「郤犨，郤克從祖昆弟。」本疏。

【疏證】犨，《公羊》曰「州」。臧壽恭云：「犨、州，同音相假。」李富孫云：「《潛夫論·志氏姓》作讐，讐又犨之譌。」本疏：「《世本》：『郤豹生冀芮，芮生缺，缺生克也。』又云：『豹生義，義生步揚，揚生州，州即犨也。』如彼文，則犨與克俱是豹之曾孫，當爲從祖昆弟。服虔以爲從祖昆弟，杜云從父昆弟，或『父』當是『祖』字誤耳。」洪亮吉云：「據《世本》，則犨與克共曾祖，故服云『從祖昆弟』，杜改云『從父』，誤矣。」

夏，季孫行父如晉。

秋，叔孫僑如如齊。

冬，十月。

【傳】十一年，春，王三月，公至自晉。

晉人以公爲貳於楚，故止公。

公請受盟，而後歸。❶

❶「後」下，《春秋左傳正義》卷二十七有「使」字。

郤犨來聘，且涖盟。【疏證】公請受盟，❶故使大夫來臨之。

聲伯之母不聘，【疏證】《釋文》：「聘，本或作娉。」杜注：「聲伯之母，叔肸之妻。不聘，無媒禮。」案：《曲禮》：❷「聘則爲妻，奔則爲妾。」據下「吾不以妾爲姒」，則聲伯之母本是妾。

穆姜曰：「吾不以妾爲姒。」【注】賈、鄭云：「兄弟之妻相謂爲姒。」本疏。【疏證】杜用賈説，又云：「穆姜，宣公夫人。宣公、叔肸同母昆弟。」則聲伯之母，宣公之弟妻也。本疏：「世人多疑娣姒之名，皆以兄妻呼弟妻爲娣，弟妻呼兄妻爲姒，因即惑於傳文，不知何以爲説。今謂母婦之號，隨夫尊卑；娣姒之名，從身長幼，以其俱來夫族，其夫班秩既同，尊卑無以相加，遂從身之少長。《釋親》云：『長婦謂稚婦爲娣婦，娣婦謂長婦爲姒婦。』止言婦之長稚，不言夫之大小。今穆姜謂聲伯之母爲姒，昭二十八年叔向之嫂謂叔向之妻爲姒，二者皆呼夫弟之妻爲姒，豈計夫之長幼乎？《釋親》又云：『女子同出，謂先生爲姒，後生爲娣。』孫炎云：『同出謂俱事一夫也。事一夫者，以己生先後爲娣姒。』則知娣姒以己之年，非夫之年也。故賈逵、鄭玄及此注皆云『兄弟之妻相謂爲姒』，言兩人相謂，謂長者爲姒。知娣姒之名，不計夫之長幼也。」疏以娣姒從身長幼爲説。邵晉涵《爾雅正義》云：「《儀禮》孔氏之説非也。婦人『三從』之義，既嫁從夫，若娣姒之名從身之少長，不計夫之長幼，則從夫之義謂何矣？『女子同出，謂先生爲姒，後生爲娣』，此謂俱事一夫者也，所謂媵也。此云『長婦謂稚婦爲娣婦，娣婦謂長婦爲姒婦』，此謂各事一夫者也。夫年有長稚，故婦從夫而有長婦、稚婦。孔氏以女子之俱事一夫者牽合於昆弟之妻，則不達於雅訓矣。孔氏所據者，《左傳》之稱弟妻爲姒耳。殊不知古之稱娣姒者，猶今人稱妯娌也，兄妻稱弟妻曰妯娌，弟妻亦稱兄妻曰妯娌。蓋晰言之，則兄妻爲姒，弟妻爲娣；合言之，則昆弟之妻統稱爲娣姒；約言之，則但稱爲姒。娣姒、妯娌，先後俱可連稱。知娣姒之可連稱，則《左傳》之稱姒者，不過稱謂之間偶從其省，不得因此而致疑于兄妻爲姒、弟妻爲娣。」以上皆邵氏説姒娣稱謂之義也。《廣雅·釋親》：「妯娌、娣姒，先後也。」王念孫

❶「公」上，疑當有「杜注」二字。

❷「曲禮」，當作「内則」。

引邵説申之云云：「按：二雲説是也。《郊特牲》云：『婦人無爵，從夫之爵，坐以夫之齒。』明婦人不以己之齒爲坐次也。何獨至于稱謂之間，但計己之長幼，不計夫之長幼乎？兄長而弟幼也，故婦從其夫而亦有長幼之稱。女子同出，以長者爲姒，幼者爲娣，故婦從其夫之長幼而亦有『娣姒』之稱。男子先生爲兄，後生爲弟，故婦從其夫之長幼而亦有『先後』之稱也。先後即長幼也。」沈氏用「坐以夫之齒」義説姒娣從夫之年，尤爲明諦。《喪服》「小功」章「娣姒報」，傳曰：「弟長也。」鄭注：「娣姒婦者，兄弟之妻相名也。長婦謂稚婦爲娣婦，娣婦謂長婦爲姒婦。」鄭君本《釋親》爲説。彼疏云：「假令弟妻年大，稱之曰姒；兄妻年小，稱之娣。」引此傳穆姜之言爲證。《檀弓》「婦人倡踊」，疏引《儀禮》及鄭君注説之，謂「據婦年之長幼，則不據夫年之大小」，亦引此傳穆姜之言爲證。似鄭君説與賈異，故本疏亦引《喪服》「小功」章，謂弟長即娣姒。然長婦、稚婦，據婦年之長幼，并是疏家之言，鄭君初無其説。《爾雅》舊疏引鄭君説，與賈氏説同，即説此傳之義。其《禮》注「娣姒婦」爲「兄弟之妻相名」，猶言兄弟之妻相謂爲姒也。沈欽韓云：「兄弟之妻，本非親串，同自外來，則互相敬爲姒。」李貽德云：「兄弟之妻相謂爲姒者，時俗之稱也。蓋其各由母族共事夫家，居娣道以鳴謙，相推曰姒。傳亦就當時稱謂書之于册耳。」沈、李説同，皆與邵説合。

生聲伯而出之，

嫁于齊管于奚，**【疏證】**《讀本》：「管仲之後。」

生二子而寡，

以歸聲伯。**【疏證】**謂由齊大歸於魯。

聲伯以其外弟爲大夫，**【疏證】**杜注：「外弟，管于奚之子，爲魯大夫。」

而嫁其外妹於施孝叔。**【疏證】**杜注：「孝叔，魯惠公五世孫。」朱鶴齡云：「此外弟、外妹是謂出母之子女，與舅之子曰外兄弟不同。」

郤犨來聘，求婦於聲伯，

聲伯奪施氏婦以與之。

婦人曰：「鳥獸猶不失儷，**【疏證】**《□□》注：「儷，耦也。」

「子將若何？」

曰：「吾不能死亡。」【疏證】杜注：「言不與郤犨婦，懼能忿致禍。」

婦人遂行。生二子於郤氏。

郤氏亡，晉人歸之施氏。

施氏逆諸河，沈其二子。

婦人怒曰：「已不能庇其伉儷而亡之，【疏證】《□□》注：「伉，敵也。」

「又不能字人之孤而殺之，【疏證】《生民》傳：❶「字，愛也。」

「將何以終？」遂誓施氏。【疏證】杜注：「誓約不復爲之婦也。」

夏，季文子如晉報聘，且涖盟也。【疏證】杜注：「郤犨、文子交盟魯、晉之君，其意一也。故但書來盟，舉重略輕。」疏云：「遣使爲輕，君親爲重，故郤犨書『聘』，又書『盟』，文子直書『如晉』，略言其聘而已。衛冀隆難以爲，他卿來敵魯君，《春秋》所諱；魯卿出敵他國，顯書名氏。則應郤犨來盟爲輕，行父盟晉爲重。今書郤犨之盟，則是舉輕略重，何得云舉重略輕？」據疏引衛氏難杜，則服氏義謂經書及郤犨盟，不云公親盟，諱之，略重。季文子出聘，則顯書名氏，不侔舉輕也。杜注與服義正相反。

周公楚惡惠、襄之逼也，【疏證】顧棟高云：「楚，周公閱曾孫。」杜注：「惠王、襄王之族。」

且與伯與爭政，【疏證】《釋文》：「與」，❷本亦作輿。」杜注：「伯與，周卿士。」

不勝，怒而出。及陽樊，

王使劉子復之，

盟于鄄而入。【疏證】杜注：「鄄，周邑。」今地闕。

三日，復出奔晉。

秋，宣伯聘于齊，以修前好。【疏證】杜注：「䆿以前之好。」

晉郤至與周爭鄇田，【疏證】馬宗璉云：

---

❶「生民」，原缺，今據《毛詩正義》卷十七補。

❷「與」，原作「輿」，今據《經典釋文》卷十七改。

「《説文》：『郤，晉之温地。』周賜晉文温田，後爲郤氏私邑。王符曰：『郤至食采于温，號曰温季。』周温地未盡賜晉，故云與郤至争鄇田。杜預以鄇爲温之别邑，不若叔重解字之精。」案：馬説是也，許君説當是賈義。沈欽韓云：「《一統志》：『鄇人亭在懷慶府武陟縣西南十五里。』」

王命劉康公、單襄公訟諸晉。

郤至曰：「温，吾故也，故不敢失。」【疏證】杜注：「言温，郤氏舊邑。」未得傳義。郤至争鄇田，而非争温。本疏：「郤氏既已得温，則從温而分出者，亦宜從温而屬郤氏。」據疏説，則郤氏見食温。「温，吾故」者，猶言「温，吾所故有」，非謂舊邑，下「而後及子」可證。

劉子、單子曰：「昔周克商，

「使諸侯撫封，【疏證】《文王世子》：「西方有九國焉，君王其終撫諸。」注：「撫，猶有也。」《廣雅·釋詁》云：「撫、方，有也。」王念孫云：「撫爲『奄有』之有，撫、方一聲之轉，方之言荒，撫之言幠也。」❶

「蘇忿生以温爲司寇，與檀伯達封于河。【疏證】杜注：「蘇忿生，周武王司寇蘇公也，與檀伯達俱封于河内。」杜知蘇忿生爲周武王司寇者，據《立政》「司寇蘇公」文。顧棟高云：「檀，伯爵。蓋在今河南懷慶府濟源縣境。」

「蘇氏即狄，又不能於狄而奔衛。【疏證】僖十年經：「狄滅温，温子奔衛。」傳：「狄滅温，蘇氏無信也。蘇氏叛王即狄，又不能於狄，狄人伐之。王不救，故滅。蘇子奔衛。」

「襄王勞文公而賜之温，【疏證】襄王獎晉文公勤王功，與之陽樊、温、原、欑茅之田。見僖二十五年傳。

「狐氏、陽氏先處之，【疏證】杜注：「狐溱、陽處父先食温地。」

「而後及子。

「若治其故，則王官之邑也，子安得之？」

晉侯使郤至勿敢争。

❶「言」，原脱，今據《廣雅疏證》卷一上補。

宋華元善於令尹子重，

又善於欒武子，【疏證】《吕覽・貴公》注：「善，猶和也。」

聞楚人既許晉糴茷成，而使歸復命矣。

冬，華元如楚，遂如晉，合晉、楚之成。【疏證】《宋世家》：「華元善楚將子重，又善晉將欒書，兩盟晉、楚。」

秦、晉爲成，

將會于令狐。晉侯先至焉。

秦伯不肯涉河，次于王城，

使史顆盟晉侯于河東。【疏證】杜注：「史顆，秦大夫。」

晉郤犨盟秦伯于河西。【疏證】杜注：「就盟王城。」《年表》：「秦桓公二十四年，與晉侯夾河盟。」《秦本紀》：「晉厲公初立，與秦桓公夾河而盟。」《晉世家》：「厲公元年，初立，欲和諸侯，與秦桓公夾河而盟。歸而秦倍盟。」

范文子曰：「是盟也何益？

齊盟，所以質信也。【疏證】《□□》傳：「質，成也。」

會所，信之始也。始之不從，其可質乎？」

秦伯歸而背晉成。【疏證】《年表》：「秦桓公歸，倍盟。」《晉世家》：「歸而秦倍盟。」

【經】十有二年，春，周公出奔晉。

夏，公會晉侯、衛侯于瑣澤。【疏證】《釋文》「瑣」作「璅」，云：「依字宜作瑣。」按：今依石經。杜注：「地闕。」江永云：「《公羊》作沙澤。定七年『盟于沙』，傳作瑣，《公羊》亦作沙澤，與此年同。則瑣澤即沙也。」臧壽恭云：「案：瑣、沙聲轉相通。《公羊》釋文云：『二傳作瑣澤，定七年同。』案：今本《左氏》經定七年作『沙』，與陸氏所見本異。」據臧説，則《左氏》定七年亦作「瑣澤」也。定七年杜注謂沙在元城。元城今屬直隸大名府，是晉地。沈欽韓云：「《方輿紀要》：『瑣侯亭在開封府新鄭縣苑陵城西，亦曰瑣澤。』」與江、臧説異。蓋據《路史》説，謂即襄十一年鄭之瑣也。傳謂鄭伯如晉聽成，則瑣澤非鄭地甚明。

秋，晉人敗狄于交剛。【疏證】杜注：「地闕。」顧棟高云：「成九年，秦與白狄伐晉，故此年晉敗狄而旋即伐秦也。是時赤狄之種盡絶，故中國直名白狄爲狄。」江永云：「此年之狄，白狄也。交剛當在河東之地，與河西延安府相近。」

冬，十月。

【傳】十二年，春，王使以周公之難來告。

書曰「周公出奔晉」，

凡自周無出，周公自出故也。【注】鄭康成云：「凡自周無出者，周無放臣之法，罪大者刑之，小則宥之。」本疏引《答孫皓》。【疏證】此奔例也。杜注：「天子無外，故奔者不言『出』，周公爲王所復而自絶於周，故書『出』以非之。」杜謂奔者不言出，據傳「周公自出」爲說，亦用鄭君「周無放臣之法」義。本疏不達其義，引鄭說申之，云「以爲實無出法」，又駁之云：「案《書》『流宥五刑』，則宥者流之，非不出也。舜放四罪，投之四裔，安得不出畿乎？若如《周禮》無流放之文，即云『周無放臣之法』，禮，三諫不從，待放于郊。然則周臣三諫不從，終是不蒙王放，欲令諫者何所措身？《左傳》發凡，自是書策之例，因即以爲周制，謂其實無出者，執文害義，爲蔽何甚！」案：《堯典》「流宥五刑」，馬融說：「流，放。宥，寬也。一曰幼少，二曰老耄，三曰惷愚，其輕者或流放之，四罪是也。」據馬說，則流宥者，五刑減輕之罰。周律無放之條，三諫不從待放者，待放猶待罪之意。鄭所據者，《周禮》無流放之文，不得據傳疑經也。即如本疏所舉昭二十六年「尹氏、召伯、毛伯以王子朝奔楚」，止書奔，不書出，仍是此傳周公自出義，例可互明。其僖二十四年「天王出居於鄭」，君父臣子書例不同，此傳例亦不爲彼經而發。

宋華元克合晉、楚之成，

夏，五月，晉士燮會楚公子罷、許偃。

【疏證】杜注：「二子，楚大夫。」

癸亥，盟于宋西門之外，

曰：「凡晉、楚無相加戎，好惡同之，

「同恤菑危，備救凶患。

「若有害楚，則晉伐之；

「在晉，楚亦如之。

「交贄往來，【疏證】杜注：「贄，幣也。」疏：「《聘禮》賓執圭以通命，執幣以致享，故知贄是幣。」

「道路無雍，【疏證】「雍」從石經、宋本，各本「壅」。❶惠棟云：「棟案：古『壅』字皆作『雍』，無從土者。《說文》作『雝』。」

「謀其不協，而討不庭。【疏證】杜注：「討背叛不來在王庭者。」洪亮吉云：「《爾雅》：『庭，直也。』」

「有渝此盟，明神殛之。【疏證】《釋文》：「殛，本又作極。」《釋言》：❷「殛，誅也。」

「俾隊其師，【疏證】《釋文》作「卑隊」，云：「本亦作俾。」《□□》箋：「俾，使也。」《□語》注：「隊，失也。」杜用韋義。

「無克胙國。」

鄭伯如晉聽成，【疏證】《□語》注：「聽，受也。」杜注：「晉、楚既成，鄭往受命。」



會于瑣澤，成故也。

狄人間宋之盟以侵晉，而不設備。

秋，晉人敗狄于交剛。

晉郤至如楚聘，且涖盟。

楚子享之，子反相，

爲地室而縣焉。【疏證】杜注：「縣鐘鼓也。」按：地室縣樂，非古制所有，據下「郤至將登」，又云「驚而走出」，則地室即在堂矣。

郤至將登，【疏證】杜注：「登堂。」案：《燕禮》：「賓入及庭，公降一等揖之，公升就席，賓升自西階，主人亦升自西階。」享禮亦當然。

金奏作於下，【疏證】《鐘師》「掌金奏」，注：「金奏，擊金以爲奏樂之節。金謂鍾及鎛也。」杜注：「擊鐘而奏樂也。」用鄭義。杜未釋「作於下」，沈欽韓云：「下，堂下也。凡升歌在堂上，鐘磬之等並在堂下，故《皐陶謨》

❶「本」下，疑當有「作」字。

❷「言」，原缺，今據《爾雅》卷上補。

「下管㲲鼓，合止柷敔，笙鏞以間」，《郊特牲》『歌者在上，匏竹在下』是也。《燕禮・記》『若以樂納賓，則賓及庭，奏《肆夏》』，注云：『《肆夏》，樂章，以鍾鎛播之，鼓磬應之，所謂金奏也。』此郤至登時，其金奏即是《肆夏》。郤至之驚，蓋如晉享穆叔，金奏《肆夏》之三，不拜，曰『三夏，天子所以享元侯也。使臣不敢與聞』之義。孔疏不解鐘、磬本在堂下，因謂作於地室，故驚郤至，非。」按：本疏亦引《燕禮・記》「賓及庭，奏《肆夏》」，謂「朝賓入門而奏樂，聘客則至庭乃奏樂」，其説朝、聘賓用樂之地極爲分明，郤至聘賓，則及庭奏樂，與《聘禮・記》合。而又云：「燕享聘客，皆當入門奏《肆夏》，若燕己之群臣，則有王事之勞者，乃得以樂納賓。」疏知燕己群臣奏《肆夏》者，據《聘禮・記》鄭注：「卿大夫有王事之勞者，則用此樂。」詳鄭君義，以《肆夏》納賓，乃燕聘客之禮。其燕己群臣，亦得用《肆夏》，乃推言之。疏誤會「及庭，奏《肆夏》」止屬燕己群臣，遂謂聘客亦入門奏《肆夏》，前後矛盾。其《郊特牲》「賓入大門而奏《肆夏》」，主朝賓言，鄭君謂賓朝聘者，兼聘賓言，與《燕禮・記》不合。沈氏以金奏爲《肆夏》，據下「兩君相見，何以代此」爲説，極諦。惟下指地室，疏據傳，未可駁，地室既非禮所有，則樂縣亦不必依古制。

驚而走出。【疏證】《肆夏》用以納賓，疑與兩君相見樂音節有異，故驚。

子反曰：「日云莫矣，寡君須矣，【疏證】《釋文》：「莫本亦作暮。」《讀本》：「須，待也。」「吾子其入也！」

賓曰：「君不忘先君之好，施及下臣，「貺之以大禮，【疏證】洪亮吉云：「韋昭《國語》注：『況，賜也。』『貺』當作『況』。」案：禮謂享禮，《大宗伯》「以饗燕之禮，親四方之賓客」，彼疏云：「饗，亨太牢以飲賓，獻以命數，在廟行之。」

「重之以備樂。【疏證】謂奏《肆夏》。疏云：「卒聞地下鍾聲，因即飾辭辭樂，匿其驚走之意。」非。

「如天之福，兩君相見，何以代此？下臣不敢。」【疏證】據穆叔説，三夏，天子以享元侯。此謂兩君相見，當謂金奏《肆夏》，無《繁》、《遏》、《渠》也。其納賓奏《肆夏》，或不以鐘鎛節之。杜注：「此言兩君相見之禮。」亦以享禮無考，約言之。疏引《仲尼燕居》「入門而縣興」，謂「是賓入門作樂，爲兩君相見之禮」，傳明言郤至將登，乃聞金奏，則非入門而作樂。

子反曰：「如天之福，兩君相見，

「無亦唯是一矢以相加遺焉，【疏證】本疏：「其相見之時，唯當用是一矢以相加陵、相遺與耳。」按：《邶風·北門》篇：「政事一埤遺我。」傳：「遺，加也。」

「焉用樂？

「寡君須矣，吾子其入也！」

賓曰：【疏證】賓即郤至。杜注：「傳，諸交讓得賓主辭者，多曰賓主以明之。」疏：「文十二年傳稱西乞術爲賓，并稱『主人曰』之類是也。」

「若讓之以一矢，禍之大者，其何福之爲？

「世之治也，

「諸侯間於天子之事，則相朝也，【疏證】杜注：「王事間缺，則脩私好。」案：文十五年傳：「諸侯五年再相朝，以修王命，古之制也。」杜據以爲説。詳彼傳疏證。❶

「於是乎有享、宴之禮。

「享以訓共儉，【疏證】《釋文》：「享，本亦作饗。」《儀禮·燕禮》疏引「享」作「饗」，《詩·卷耳》正義同。《校勘記》云：「依《左傳》字例作享。《周禮》、《儀禮》字例作饗，二《禮》疏引傳宜作享，而申明之曰『享與饗同』，輒改《左傳》之字爲饗，未善也。」杜注：「享有體薦，設几而不倚，爵盈而不飲，肴乾而不食，所以訓共儉。」杜據宣十六年傳、昭五年傳、《聘義》爲説。疏云：「聘禮即是享聘賓之禮。」

「宴以示慈惠。【疏證】杜注：「宴則折俎，相與共食。」案：折俎，杜據宣十六年傳。

「共儉以行禮，

「而慈惠以布政。

「政以禮成，民是以息。

「百官承事，朝而不夕。【疏證】杜注：「不夕言無事。」本疏：「旦見君，謂之朝；莫見君，謂之夕。」

❶ 原稿眉批：沈説不采。

按：《士冠禮》「玄端，玄裳，黄裳、雜裳可也」，注：「此暮夕于朝之服。」疏：「朝禮備，夕禮簡，故以夕言之也。若卿大夫暮夕於君，當亦朝服矣。按：《春秋左氏傳》成十二年晉郤至謂子反曰『百官承事，朝而不夕』，此云莫夕者，無事則無夕法，若夕有事，須見君，則夕。故昭十二年子革云夕，哀十四年子我亦云夕者，皆是有事見君，非常朝夕之事也。」詳鄭君説，則周有常朝夕禮，春秋時或廢夕不行，有事乃夕。《禮》疏援此傳謂「無事則無夕法」，以説周制，非。梁履繩云：「《鄉飲酒義》云：『朝不廢朝，暮不廢夕。』乃是常禮。」是也。

「此公侯之所以扞城其民也。**【疏證】**引《詩》在後，説義在前。下引《詩》作「公侯干城」，此改字説義。《詩》傳：「干，扞也。」箋云：「此兔罝之人，有武力，公侯可任以國守，扞城其民。」亦訓「干」爲「扞」。陳奂《詩疏》云：「毛傳『干』訓『扞』，義本《爾雅》。其實本《左傳》爲訓，言武夫之能爲公侯扞城其民也。」按：陳説是也。箋亦據《左傳》「扞城」義。杜注：「扞，蔽也。言享宴結好鄰國，所以蔽扞其民。」洪亮吉云：「《漢書》集注：『扞蔽，猶言藩屏也。』」

「故《詩》曰：『赳赳武夫，公侯干城。』

**【疏證】**《釋文》：「干，本亦作扞。」似從上「扞城」改，失傳意。《詩·兔罝》首章文，傳：「赳赳，武貌。」據《釋訓》義。《説文》：「赳，輕勁有才力也。」杜注：「言公侯之與武夫，止於扞難而已。」本疏：「不侵伐他國也。」

「及其亂也，諸侯貪冒，侵欲不忌，

「争尋常以盡其民，**【疏證】**杜注：「八尺曰尋，倍尋曰常。言争尺丈之地以相攻伐。」疏云：「《周禮·考工記》云：『人長八尺，殳長尋有四尺，崇於人四尺。車戟常崇於殳四尺。』是八尺曰尋，倍尋曰常。」按：疏引《考工記》「人長八尺」，乃鄭君注文，誤引爲經。鄭君云：「人長八尺，與尋齊」，是尋止八尺也。疏既誤引鄭君語，又云「崇於人四尺」，則尋長十二尺矣。疏所引《考工記》惟「殳長尋有四尺」是經文。其云「車戟常崇於殳四尺」，當作「車戟常，酋矛常有四尺」。文字淆亂，今爲正之。洪亮吉云：「《小爾雅》：『四尺謂之仞，倍仞謂之尋，倍尋謂之常。』」洪意以杜注用《小爾雅》。按：《考工記》鄭君注正云「八尺曰尋，倍尋曰常」，杜用鄭義。《小爾雅》僞書，即取鄭義也。

「略其武夫以爲己腹心、股肱、爪牙。【疏證】《方言》：「略，强取也。」《廣雅・釋詁》：❶「略，取也。」杜注：「言世亂，則公侯制禦武夫，以從己志，使侵害鄰國，爲搏噬之用無已。」據杜意，則郤至謂亂世公侯以武夫爲腹心，不與《詩》義合。傳所云「亂則反之」是也。❷

「故《詩》曰：『赳赳武夫，公侯腹心。』【疏證】《兔罝》三章文，《詩》傳：「可以制斷公侯之腹心。」杜注：「舉《詩》之正以駁亂義。《詩》言治世則武夫能合德公侯，外爲干城，内制其腹心。」杜探下「制其腹心」爲說，用毛義。疏云：「美公侯能以武夫制己腹心。」是也。

「天下有道，則公侯能爲民干城，而制其腹心。【疏證】此總申上兩引《詩》義。陳奂《詩疏》云：「《左傳》言制，毛傳本之，以益其義。云制斷者，謂制斷其貪冒侵欲也。公侯腹心，謂武夫能爲公侯制斷其腹心，則公侯干城，亦謂武夫能爲公侯扞城其民矣。皆就賢者一邊說。」

「亂則反之。【疏證】杜注：「略其武夫，以爲己腹心爪牙。」杜據上傳爲說，「爪牙」上脱「股肱」。疏云「乃以武夫從己腹心」，亦據毛傳「制斷腹心」義反言之。陳奂《詩疏》云：「桓寬《鹽鐵論・備胡》篇：『賢良曰：「匈奴如中國之麋鹿耳。好事之臣求其義，責之禮，使中國干戈至今未息，萬里設備，此《兔罝》之所刺，故小人非公侯腹心干城也。」』此言小人用事，上不能制君腹心，下不能爲民干城，適見刺于《兔罝》耳。桓釋《詩》正與毛訓合。」

「今吾子之言，亂之道也，不可以爲法。

「然吾子主也，至敢不從？」

遂入，卒事。

歸以語范文子。

文子曰：「無禮，必食言，吾死無日矣夫。」【疏證】《釋文》：「夫，本亦無此字。」杜注：「言晉、楚不能久和。」本疏：「以一矢爲辭，是無禮也。食言，是其將背盟也。」

冬，楚公子罷如晉聘，且涖盟。【疏證】



❶ 「詁」，原缺，今據《廣雅》卷一補。

❷ 原稿眉批：股肱、爪牙，查補，詁。

杜注：「報郤至。」

十二月，晉侯及楚公子罷盟于赤棘。❶

【經】十有三年，春，晉侯使郤錡來乞師。

三月，公如京師。【疏證】《周語》：「簡王八年，魯成公來朝。」注：「成公將與周、晉伐秦而朝。」杜注：「伐秦道過京師，因朝王。」杜用韋義。其但書「如京師」，不書「朝王」，杜無説。疏云：「公本爲伐秦，道過京師，因往朝王。不稱『朝』而言『公如京師』者，以明公朝于王所，王不在京師，故指言王所，據王言之，不得不稱朝。此則王在京師，京師是國之總號，不斥王身，不可稱朝，故依尋常朝聘隣國之文，稱『如』而已。」文淇案：此舊疏原文。舊疏謂公朝王所，以王不在京師，與此書公如京師，王在者異。知爲舊疏者，疏又引劉炫云：「魯朝聘皆言『如』，不果彼國，必成其禮，或在道而還。如者，書其始發，言往而已。言公朝王所者，發國不爲朝王，至彼遇王朝之，朝訖乃書，故稱朝也。此過京師，亦宜稱朝，言如者，發雖主爲伐秦，即有朝王之意，書其初發，故言如也。」此光伯《述義》語，與舊疏異。壽曾謂：據韋、杜義，此發國不爲朝王，故但書「如京師」，不稱朝。舊疏謂「公本爲伐秦，道過京師，因往朝王」，是也。《述義》謂「發有朝王之意」，非。

夏，五月，公至自京師，遂會晉侯、齊侯、宋公、衛侯、鄭伯、曹伯、邾人、滕人伐秦。【注】賈氏以晉直秦曲，無辭不得敵有辭，故不書戰。《釋例》。【疏證】各本脱「至」，從石經。石經《穀梁》亦有「至」，《公羊》無。據傳例，稱「至自」，則公反行告廟，乃會晉伐秦。傳云「公及諸侯朝王，遂從劉康公、成肅公會晉侯伐秦」，則中間無反行告廟事，「至」字或是唐人所加矣。《公羊》「邾」曰「邾婁」。賈謂「晉直秦曲，無辭不敵有辭」者，據吕相絶秦而言。《公》、《穀》皆不以伐見例，則「不書戰」爲《左氏》舊説。《年表》：「魯成公十三年，會晉伐秦。秦桓公二十六年，晉率諸侯伐我。」

曹伯廬卒于師。【疏證】《釋文》：「廬，本亦作盧。」❷按：二傳皆作盧。《公羊》釋文云：「本亦作盧。」

❶ 原稿眉批：赤棘已見元年。

❷ 「作」，原脱，今據《經典釋文》卷十七補。

《管蔡世家》：「曹宣公彊十七年卒，弟成公負芻立。」史公以廬爲彊，與三傳異，以負芻爲成公弟，用《公羊》説，又與《左氏》異。

秋，七月，公至自伐秦。無傳。

冬，葬曹宣公。

【傳】十三年，春，晉侯使郤錡來乞師，

將事不敬。【疏證】杜注：「將事，致君命。」

孟獻子曰：「郤氏其亡乎？

「禮，身之幹也；敬，身之基也。【疏證】杜無注。本疏：「幹，以樹木爲喻；基，以牆屋爲喻。人身以禮、敬爲本。」《五行志》注：「師古曰：『無禮則身不立，不敬則身不安也。』」當是舊説。

「郤氏無基。❶【疏證】無基謂不敬。

「且先君之嗣卿也，【疏證】杜注：「郤錡，郤克子，故曰嗣卿。」

「受命以求師，

「將社稷是衛，

「而惰，棄君命也。

「不亡何爲？」

三月，公如京師。

宣伯欲賜，請先使。【疏證】《周語》「魯成公使叔孫僑如先聘且告」，注：「先修聘禮，且告周以成公將朝也。」杜注：「欲王賜也。」❷

王以行人之禮禮焉。【疏證】《周語》：「王使私問諸魯。魯人云：『請之也。』王遂不賜，禮如行人。」注：「如使人之禮，無加賜。」本疏引孔晁云：「行人，使人也。以使人之禮，禮之不從聘者之賜禮也。」韋用孔説。杜注：「不加厚。」未解行人、聘者之別。

孟獻子從。王以爲介，而重賄之。【疏證】《周語》：「魯侯至，仲孫蔑爲介，王厚賄之。」注：「在賓爲介，介，上介，所以佐相禮儀。」杜注：「介，輔相威儀者。」用韋説。沈欽韓云：「《聘禮》：『賓舍於郊，公使卿贈，如覿幣。下大夫贈上介，亦如之。』是介有贈賄之禮也。」

---

❶「氏」，《春秋左傳正義》卷二十七作「子」。

❷「也」，《春秋左傳正義》卷二十七作「己」。

公及諸侯朝王，遂從劉康公、成肅公會晉侯伐秦。【疏證】杜注：「劉康公，王季子。」《五行志》注：「師古曰：『劉康公、成肅公，皆周大夫也。』」

成子受脤于社，不敬。【注】《左氏》說：「脤，社祭之肉，盛之以蜃。宗廟之肉名曰膰。」《大宗伯》引《五經異義》。服云：「脤，祭社之肉也。盛以蜃器，故謂之脤。」《五行志》注。【疏證】《大宗伯》：「以脤膰之禮，親兄弟之國。」注：「脤、膰，社稷、宗廟之肉。」疏：「鄭總云『宗廟、社稷之肉』，是以成十三年『公及諸侯朝王，遂從劉康公、成肅公會晉侯伐秦。成子受脤于社，不敬』，注云：『脤，宜社之肉也，盛以蜃器，故曰脤。』劉子曰『國之大事，❶在祀與戎。祀有執膰，戎有受脤。』注：『膰，祭肉。』又案：《異義》：『《左氏》說：脤，社祭之肉，盛之以蜃。宗廟之肉名曰膰。』以此言之，則宗廟之肉曰膰，社稷之肉曰脤之驗也。而《公羊》、《穀梁》皆云『生居俎上曰脤，熟居俎上曰膰』，非鄭義耳。對文脤爲社稷肉，膰爲宗廟肉。其實宗廟、社稷器皆飾用蜃蛤，故《掌蜃》云『祭祀共蜃器之蜃』，注云『飾祭器』，是其祭器皆飾以蜃也。」據《異義》，許君從《左氏》說，鄭君《禮》注與許同，無駁。彼疏引本年傳注，未顯何人之注，其文與杜注同。杜用服義，惟「祭社」作「宜社」，又解宜名云：「宜，出兵祭社之名。」案：服注當作「宜社」，傳寫失之。知者，《五行志》注先引服注，又引師古說云：「脤讀與蜃同。以出師而祭社謂之宜。脤者，即宜社之肉也。蜃，大蛤也。」師古謂祭社有宜，脤即宜社之肉，乃申服義。杜云「宜，出兵祭社之名」，亦是服說可知。本疏云：「《釋天》：『起大事，動大衆，必先有事於社而後出，謂之宜。』孫炎云：『有事，祭也。宜，求見祐也。』」陳壽祺《異義疏證》云：「《說文·示部》：『祳，社肉，盛以蜃，故謂之祳。天子所以親遺同姓。《春秋傳》曰：「石尚來歸祳。」』此用《左氏》說而字作『祳』，蓋古文也。」據陳說，則賈君說此傳與服同，字則作「祳」。「石尚來歸祳」，定十四年經文，今本作「蜃」。本疏引彼年經、鄭衆說「蜃可以白器，令色白」，則此經鄭、賈、服並以「脤」爲「蜃」。

劉子曰：「吾聞之，民受天地之中以

❶「事」，原作「祀」，今據《周禮注疏》卷十八改。

生，所謂命也。

【疏證】杜無注。本疏：「天地之中，謂中和之氣也。民者，人也。言人受此天地中和之氣以得生育，所謂命也。命者，教命之意，若有所稟受之辭。」又引劉炫云：「命者，冥也。言其生育之性得之於冥兆也。」按：《律曆志》注：「師古曰：『中，謂中和之氣。』」《五行志》注同，與疏説合。顔氏蓋據舊説。炫以命爲冥，當是《述義》語，與舊説異。舊説以命爲教命，舊疏據之。知者，下「以定命也」，劉歆説：「事舉其中，以作事厚生。」正謂教命，非天地之道。惠棟云：「以五行言，則五六爲天地之中，以爻位言，則二五爲天地之中；以四時言，則春秋爲天地之中。天地之中，命也，民受之以生，即所謂性也。性爲中，情爲和。《中庸》之中和，即天地之中也，故曰『天命之謂性』。《易》曰：『各正性命，保合太和。』在《易》又謂之利貞，故曰『利貞者，情性也』。」按：惠説是也。其以春秋爲天地之中，亦用劉子駿説，與舊疏「教命」義合。《廣雅・釋詁》：「休、祥、衷、佳，善也。」王念孫云：「成十三年《左傳》『民受天地之中以生』，中與衷通。」詳王説，則中即《書・湯誥》「降衷有恒性」之衷，❶某氏傳：「衷，善也。」

「是以有動作禮義威儀之則，以定命也。

【注】劉歆説：「故列十二公二百四十二年之事，以陰陽之中制其禮。故春爲陽中，萬物以生；秋爲陰中，萬物以成。是以事舉其中，禮取其和，曆數以閏正天地之中，以作事厚生，皆所以定命也。」《律曆志》。

【疏證】《律曆志》、《五行志》引傳，「禮義」皆在「動作」上。《律曆志》「義」作「誼」。杜無注。知《志》所稱爲歆説者，《志》注云：「師古曰：『此以下皆班氏所述劉歆之説也。』」《志》引傳至「不能者敗以取禍」，尋按歆説，「以陰陽之中制其禮」，則其意專説傳文「動作禮義威儀以定命」義，❷不涉下「養」、「敗」，故次此。歆意以禮生於天地之中。隱元年傳初顯傳例，❸即云「謂之禮經」。以陰陽之中制其禮，猶言法陰陽之中以成《春秋》也。隱元年疏引賈逵序云：「取法陰陽之中，春爲陽中，萬物以生；秋爲陰

❶「湯誥」，原缺，今據《尚書正義》卷八補。
❷上「義」，原作「儀」，今據上文改。
❸「元」，當作「七」。

中，萬物以成。欲使人君動作不失中也。周禮盡在魯矣，史法最備，故《史記》與周禮同名。」賈氏即用歆説。詳賈序疏證。「事舉其中」者，謂舉春秋以賅冬夏；「禮取其和」者，謂《春秋》制名，取於和陰陽、順四時；「曆數以正天地之中」者，文元年傳云：❶「月所以紀分至也，❷分至者，中也。先王之正時也，舉正於中。」又云：「舉正於中，民則不惑。」謂舉中氣以正月，亦法天地之中也。《春秋》之義，閏月雖無事必書，以作事厚生者，謂授時以勸民事。右皆教命之事，人君用陰陽之中，布教命於民，故總曰「皆所以定命也」。賈云「人君動作不失中」，即傳「定命」義。動作包禮儀、威儀言之。

「能者養之以福，不能者敗以取禍。

**【疏證】**《校勘記》云：「《漢書·五行》《律曆志》、《漢酸棗令劉熊碑》均作『養以之福』，與下『敗以取禍』文正相對。按顔氏注《漢志》云：『之，往也，往就福也。』段玉裁云：『作養以之福，謂將身向福也。』亦與《漢志》合。」壽曾謂：杜注：「養威儀以致福。」致即躬致之之意，杜本尚未誤。阮氏引顔注見《律曆志》，其《五行志》注亦云：「之，往也。能養生者，則定禮義威儀，自致於福；不能者，則喪之以取禍亂。」本疏云：「故人有能者，養其威儀禮法，以往適於福。」又云：「之，往也。『養之以福』，謂將身向福也；『敗以取禍』，謂禍及身也。」段氏即據疏意正疏之字。《後漢書·荀爽傳》：「爽對策曰：『昔者聖人建天地之中而謂之禮，所以興福祥之本，❸而止禍亂之源也。人能枉欲從禮，則福歸之；順情廢禮，則禍歸之。推禍福之所應，知興廢所由來也。』」荀氏所稱「枉欲從禮」、「順情廢禮」，當是此傳古義。顔氏以「養」爲養生，非。

「是故君子勤禮，小人盡力。

「勤禮莫如致敬，盡力莫如敦篤。**【疏證】**《五行志》「敦」作「惇」。

「敬在養神，

「篤在守業。**【疏證】**皆謂納身於禮。養神，即上文「養之以福」也；守業，謂安業而不遷。疏云：「朝廷百官事神必敬；草野四民，勿使失業。」下文「在祀與

❶ 「文元」，原缺，今據《春秋左傳正義》卷十八補。
❷ 「月所以」至「中也」，見《漢書·律曆志》。
❸ 「所」上，《後漢書·荀爽傳》有「禮者」二字。

戎」，乃明事神之節，疏説非。

「國之大事，在祀與戎。【疏證】《周語》：「民之所急，在於大事。」注：「大事，戎事也。」

「祀有執膰，【疏證】《五行志》注：張晏曰：❶『膰，祭肉也。』」詳僖□□□年疏證。

「戎有受脤，

「神之大節也。【疏證】《五行志》注：「師古曰：『交神之節。』」

「今成子惰，棄其命矣，

「其不反乎！」【疏證】《五行志》「乎」作「虖」。

夏，四月，戊午，晉侯使呂相絶秦。

【注】賈云：「呂相，晉大夫。」《晉世家》集解。

【疏證】杜注：「呂相，魏錡子。」《晉世家》：「厲公三年，使呂相讓秦。」

曰：「昔逮我獻公及穆公，【疏證】杜注：「晉獻公、秦穆公。」

「相好，勠力同心，【疏證】各本作「戮力」，誤，從石經、宋本。杜無注。《説文》：「勠，并力也。」《吳語》：「今伯父曰『戮力同德』。」注：「戮，共也。」《後漢書·劉虞傳》：「虞曰：『諸君各據州郡，宜共勠力。』」注：「《左傳》：『勠力同心。』」據許、韋説，勠力即并力、共力義。劉虞用傳語，失其義。惠棟曰：「《戰國策》曰『勠力同憂』，高誘曰：『勠力，勉力也。』《詛楚文》又作『繆力』，蓋古字假借。」

「申之以盟誓，❷【疏證】秦穆、晉獻盟事，經不書，蓋不告也。

「重之以昏姻。【疏證】杜注：「穆公夫人，獻公之女。」《魯語》：「重之以婚姻，申之以盟誓。」注：「申，重也。」

「天禍晉國，

「文公如齊，

「惠公如秦。【疏證】僖五年，重耳奔翟。六年傳，夷吾奔梁。杜注：「不言狄、梁，舉所恃大國。」按：文公如齊之年，傳無明文，僖廿三年傳，「處狄十二年而行，

---

❶ 「張晏」，《漢書·五行志》作「應劭」。

❷ 原稿眉批：查晉、秦盟事。

過衛，及齊」，則以僖十七年如齊也，後于獻公即世凡八年。又據傳惠公由梁賂秦以求入，并未如秦，傳皆約言之。

「無禄，【疏證】《晉語》「又重之以寡君之不禄」，注：「士死曰不禄。禮，君死，赴于他國，曰『寡君之不禄』也。」則「無禄」即不禄義，赴詞通稱。

「獻公即世。【疏證】《越語》：「先人就世，不穀即位。」注：「就世，終世也。」此即世猶言就世。僖九年經：「九月，甲子，晉侯佹諸卒。」

「穆公不忘舊德，

「俾我惠公用能奉祀于晉。【疏證】僖九年傳：「冬，齊隰朋帥師會秦師納晉惠公。」杜注：「僖十年，秦納惠公。」非。

「又不能成大勳，而爲韓之師。【疏證】僖十五年經：「冬，十有一月，壬戌，晉侯及秦伯戰于韓，獲晉侯。」

「亦悔于厥心，用集我文公，【疏證】《小爾雅》：「集，成也。」僖二十三年傳：晉公子重耳及楚，楚送諸秦。二十四年，秦伯納之。

「是穆之成也。

「文公躬擐甲胄，

「跋履山川，【疏證】《載馳》傳：❶「草行曰跋。」

「踰越險阻，

「征東之諸侯，虞、夏、商、周之胤而朝諸秦，【疏證】此事傳未見，諸家紀載亦未及。

「則亦既報舊德矣。

「鄭人怒君之疆埸，【疏證】各本作「彊場」，誤，從石經、宋本。

「我文公帥諸侯及秦圍鄭。【疏證】僖三十年經：「秋，晉人、秦人圍鄭。」傳：「九月甲午，晉侯、秦伯圍鄭，以其無禮于晉，且貳於楚也。」杜注：「晉自以鄭貳於楚，故圍之，非侵秦也，❷晉以此誣秦。」按：杜據彼傳爲説，明晉師非爲鄭侵秦而往。

---

❶「載馳」，原缺，今據《毛詩正義》卷三補。

❷「非」上，《春秋左傳正義》卷二十七有「鄭」字。

「秦大夫不詢于我寡君，擅及鄭盟。【疏證】《釋詁》：❶「詢，謀也。」僖三十年傳：「秦伯與鄭人盟，乃還。子犯請擊之，公曰：『不可。』」是與鄭盟非晉志也。杜注：「盟者秦伯，謙言大夫。」

「諸侯疾之，將致命于秦。【疏證】杜注：「致死命而討秦。時無諸侯，蓋諸侯遥致此意。」疏云：「劉炫以爲誣秦。」邵瑛云：「秦圍鄭事，時並無諸侯疾秦。❷光伯以爲誣秦，洵屬誣也。杜過信吕相之言矣。」

「文公恐懼，綏静諸侯，

「秦師克還無害，則是我有大造于西也。【疏證】鄭《易》注：「造，成也。」

「無禄，文公即世，【疏證】僖三十二年經：「冬，十有二月，己卯，晉侯重耳卒。」

「穆爲不弔，【疏證】杜注：「不見弔傷。」本疏：「《曲禮》云：『知生者弔，知死者傷。』注：『弔、傷，皆謂致命辭也。』」

「蔑死我君，【疏證】《釋文》：「本或以『我』在『死』上。」馬宗璉云：❸「案下文『寡我襄公』，此別本『我』在『死』上爲是。古人比事屬辭，其義如是。」惠棟云：「僖三十三年傳：『欒枝曰：「其爲死君乎？」』尋文義，當爲『蔑我死君』。鄭康成《易》注：『蔑，輕慢也。』」杜無注。本疏：「輕蔑文公，以爲死無知矣。」

「寡我襄公，【疏證】《吕覽・離謂》注：❹「寡，少也。」杜注：「寡，弱也。」少、少義同。❺本疏：「謂襄公寡弱而陵忽之。」

「迭我殽地，【疏證】杜無注。《文選》顔延年《陽給事誄》：❻「『迭我殽地』，迭與軼，古字通。」當是舊説。《校勘記》云：「按：迭者軼之假借，凡侵突而過者曰軼。」朱駿聲云：「按：迭讀爲軼，突也。」沈彤云：「迭與隱九年『侵軼』之軼同。❼故《釋文》並云『直結反，又音逸』

❶「詁」，原缺，今據《爾雅》卷上補。
❷「並」上，原衍「并」字，今據《劉炫規杜持平》卷三删。
❸「馬宗璉」，疑當作「武億」。
❹「離謂」，原缺，今據《吕氏春秋》卷十八補。
❺「少少」，疑一「少」當作「弱」。
❻「誄」下，疑當有「注」字。
❼「九」，原作「元」，今據《左通補釋》卷十四改。

也。杜云：『軼，突也。』《玉篇》云：『車相過也。』」按：沈引杜注，見隱元年。❶ 僖三十二年：「杞子自鄭使告於秦曰：『若潛師以來，國可得也。』秦師遂東。」據《秦本紀》，秦伐鄭，不假道於晉，故云「迭我殽地」也。

「奸絶我好，

「伐我保城，**【疏證】**杜注：「伐保城，誣之。」本疏：「於時輕行襲鄭，不得在道用兵，故知是誣之也。」高士奇云：「保城，非地名，猶言『焚我郊保』耳。」

「殄滅我費滑，**【疏證】**杜注：「滑國都於費，今緱氏縣。」《水經·洛水》注：❷「休水逕延壽縣南，緱氏縣治，故滑費也。」用杜說。本疏：「春秋之時，更無費國。秦惟滅滑，不滅費，知費即滑也，國邑並舉以圓文耳。」滑，見莊三年疏證。

「散離我兄弟，**【疏證】**杜注：「滑，晉同姓。」按：僖二十年經：「鄭人入滑。」賈注：「滑，姬姓之國。」杜用彼經賈說。

「撓亂我同盟，**【疏證】**《廣雅·釋詁》：「撓、慁，亂也。」王念孫云：「撓，擾也。成十三年《左傳》云『撓亂我同盟』，《莊子·天道篇》云『萬物無足以鐃心者』，鐃與撓通。」案：同盟謂鄭。

「傾覆我國家。

「我襄公未忘君之舊勳，**【疏證】**杜注：「納文公之勳。」

「而懼社稷之隕，❸是以有殽之師。**【疏證】**僖三十三年經：「夏，四月，辛巳，晉人及姜戎敗秦師於殽。」

「猶願赦罪於穆公。

「穆公弗聽，而即楚謀我。**【疏證】**文十四年傳：「初，鬭克囚于秦。秦有殽之敗，而使歸求成。」所述非當年事，蓋即在秦敗於殽之後也。

「天牖其衷，成王隕命，**【疏證】**《吕覽·順民》篇：「越王曰：『願一與吴徼天下之衷。』」高注：「徼，求。衷，善。」畢沅云：「『下』字疑衍。」則「牖衷」即「徼衷」義。

❶「元」，當作「九」。
❷「洛」，原缺，今據《水經注箋》卷十五補。
❸「而懼社稷之隕」，原脱，今據《春秋左傳正義》卷二十七補。

《吴語》：「天舍其衷，楚師敗績。」注：「衷，善也。言天舍善于吴。」亦訓「衷」爲「善」。文元年經：「冬，十月，楚世子商臣弑其君頵。」

「穆公是以不克逞志于我。**【疏證】**杜注：「逞，快也。」

「穆、襄即世，康、靈即位。**【疏證】**文六年經：「八月，晉侯驩卒。」秦穆之卒，經不書。據傳，亦在六年夏。穆卒，子康公罃立；襄卒，子靈公夷皋立。故總言之。

「康公，我之自出，**【疏證】**杜注：「晉外甥。」《讀本》：「秦康爲晉伯姬所生。」❶

「又欲闕翦我公室，**【疏證】**本疏：「闕謂缺損，翦謂滅削。」《釋文》：「闕，其月反。徐如字。」梁履繩云：「案：孔氏如字解，若從其月反，則與掘同義。」

「傾覆我社稷，

「帥我蝥賊，**【疏證】**《釋蟲》：「食根，蟊；食節，賊。」杜注：「謂秦納公子雍。」按：文六年傳：「八月，晉襄公卒。使先蔑、士會如秦，逆公子雍。」七年傳：「秦康公送公子雍于晉。宣子與諸大夫乃背先蔑而立靈公，以禦秦師。」吕相以公子雍未立，故斥爲蝥賊。疏云：「彼晉自召雍，非秦罪也。」

「以來蕩摇我邊疆，

「我是以有令狐之役。**【疏證】**文七年經：「夏，四月，戊子，晉人及秦人戰於令狐。」

「康猶不悛，**【疏證】**《方言》：「悛、懌，改也。自山而東或曰悛，或曰懌。」《廣雅・釋詁》：「悛、懌，更也。」

「入我河曲，**【疏證】**河曲，見文十二年。據彼傳，秦入河曲在取羈馬後。

「伐我涑川，**【疏證】**《郡國志》：「河東郡聞喜邑有涑水。」沈欽韓云：「《元和志》：『涑川在陝州夏縣北四十里，川東西三十里，南北七里。』夏縣今屬聞喜。《一統志》：『涑水源出絳州絳縣陳郇峪，伏流至柳莊復出，西入聞喜界。』」顧棟高云：「今蒲州府城東北二十六里有涑水城，即秦所伐之涑川也。《水經注》：『涑水出聞喜縣東山，至周陽與洮水合。』」江永云：「蒲州今爲府，附郭置永濟縣。」

❶ 原稿眉批：出，詁，已見。男子謂姊妹之子爲出。

「俘我王官，【注】舊注：「王官，今在澄城。」《御覽》一百六十四。【疏證】杜無注。文三年傳：「取王官及郊。」《元和志》、《括地志》皆謂王官在猗氏，兼云在澄城。江永、沈欽韓謂秦師已渡河，必非澄城之王官。詳彼傳疏證。此舊注是唐、宋地志所據也。王官之役，止見文三年。其十三年河曲之戰，❶無伐涑川、俘王官事。

「翦我羈馬，【注】舊注：「羈馬，今在郃陽。」《御覽》一百六十四。【疏證】杜無注。文十二年傳：「冬，秦伐晉，取羈馬。」《元和志》謂在郃陽，蓋取舊注。江永據此傳「入我河曲」，謂羈馬不得在河西，此別一羈馬。詳彼傳疏證。

「我是以有河曲之戰。【疏證】文十三年經：❷「冬，十有二月，戊午，晉人、秦人戰于河曲。」

「東道之不通，則是康公絕我好也。

「及君之嗣也，【疏證】杜注：「君，秦桓公。」案：秦康公以文十二年卒，子共公立。宣四年，秦共公卒，子桓公立。

「我君景公引領西望曰：【疏證】《楚語》：「緬然引領望之。」注：「領，頸也。」按：晉靈公以宣二年被弒，子成公立。宣十年，晉成公卒，子景公立。秦共公、晉成公之世，兩國無兵事，故略不具。

『庶撫我乎！』

「君亦不惠稱盟，【疏證】杜注：「不肯稱晉望而共盟。」未釋「惠」義。《讀本》：「秦不順顧，俯稱晉望。」沈欽韓云：「《詩》傳：『惠，順也。』」

「利吾有狄難，【疏證】宣十五年經：「夏，六月，癸卯，晉師滅赤狄潞氏，以潞子嬰兒歸。」

「入我河縣，【疏證】河縣，疑河曲之變文。

「焚我箕、郜，【疏證】江永云：「箕，說見僖三十二年。郜，杜無注。《姓氏書》郜分南北，南後入晉，當是此郜，地當近河。」按：《方輿紀要》：「郜城在太原府祁縣西七里，《左傳》『焚我箕、郜』，謂此郜城。」與江說「近河」異。高士奇云：「今太原府祁縣有郜城，或謂之鵠城，其地名高城村，蓋音譌。攷是役，秦次于輔氏。襄十一

---

❶「三」，當作「二」。

❷「三」，當作「二」。

年，秦伐晉『濟自輔氏』。其爲濱河之邑無疑。本傳未嘗言深入，或者但見箕在太谷，遂謂郜在祁縣，與蒲津相去數百里，秦師何由至此乎？」按：高説是也。江氏説僖三十三年箕城，在今隰州蒲縣。箕非太谷，則郜亦不在祁縣矣。沈欽韓云：「按：魏收《地形志》『平陽郡禽昌縣有郭城』，『郭』蓋『郜』之譌也。郭城在平陽府浮山縣西南十里。」

「芟夷我農功，【疏證】隱六年傳「芟夷藴崇之」，❶此謂毁傷其禾稼。《釋文》：「夷，本亦作痍。」李富孫云：「《説文》：『痍，傷也。』古省作夷，音義同。」按：《小爾雅》：「夷，傷也。」

「虔劉我邊垂，【疏證】《釋詁》：「劉，殺也。」❷杜注：「虔、劉，皆殺也。」按：《司刑》注：「《書傳》曰：『降畔、寇賊、劫略、奪攘、撟虔者，死。』」疏：「《吕刑》：『奪攘、撟虔』注云：『有因而盜曰攘，撟虔謂撓擾，《春秋傳》「虔劉我邊垂」，謂刼奪人物以相撓擾也。』」彼疏所引是鄭君《書》注，鄭以傳「虔劉」之虔，當書撟虔，訓爲撓擾，不訓殺，則杜説非古義。《方言》：「虔，殺也。秦晉之北鄙、燕之北郊、翟縣之郊謂賊爲虔。」杜或取彼爲説。



垂，各本作陲，從石經、宋本。《校勘記》云：「《説文》：『垂，遠邊也。陲，危也。』其義各别。」

「我是以有輔氏之聚。【疏證】《晉語》注：❸「聚，衆也。」❹杜用韋義。疏：「謂聚衆以拒秦也。」宣十五年傳：「秋，七月，壬午，晉侯治兵于稷，以略狄土，及雒，魏顆敗秦師于輔氏，獲杜回。」

「君亦悔禍之延，【疏證】《釋詁》：❺「延，長也。」

「而欲徼福于先君獻、穆，

「使伯車來命我景公，【疏證】杜注：「伯車，秦桓公子。」

「曰：『吾與女同好棄惡，

「『復修舊德，以追念前勳。』

❶「隱六」，原缺，今據《春秋左氏傳注疏》卷四補。
❷「也」上，《爾雅》卷上有「克」字。
❸「晉」，原缺，今據《國語正義》卷七、卷十補。
❹「衆」上，《國語正義》卷七、卷十有「財」字。
❺「詁」，原缺，今據《爾雅》卷上補。

「言誓未就，景公即世，【疏證】十年經：「夏，五月，丙午，晉侯獳卒。」

「我寡君是以有令狐之會。【疏證】杜注：「申厲公之命，宜言寡人，稱君，誤也。」疏云：「劉炫以爲，呂相雖奉君命，兼有己語，稱寡君，正是其理。杜何知宜爲寡人，稱君爲誤？今删定知劉説非者，以呂相奉厲公之命而往絶秦，則皆是厲公之言，不得兼有己語。」如疏説，則「秦大夫不詢於我寡君」句，「蔑死我君」句，「寡君不敢顧昏姻」句，於厲公之口辭皆礙。陸粲云：「上文『我是以有令狐之役』，『我是以有河曲之戰』，『我是以有輔氏之聚』，此準上例，疑『寡君』爲衍字。」顧炎武云：「一篇之中，稱『寡君』者三，『我君』者一，『寡人』者五，當是屬文之時未曾參訂。然古人之文亦往往不拘，如文十七年傳，鄭子家與趙宣子書，前稱『寡君』，後云『夷與孤之二三臣』，亦其類也。」按：顧説是也。馬宗璉云：「案：自『昔逮我先公』至『寡君不敢顧昏姻』，皆呂相使臣之辭。自『君有二心于狄』至『實圖利之』，乃呂相代晉厲公詰秦之辭，故稱『寡人』。」亦可備一説。十一年傳：「秦、晉爲成，將會於令狐。晉侯先至焉。秦伯不肯涉河，次于王城，使史顆盟晉侯于河東。晉郤犨盟秦伯于河西。」是此役兩君未相見，不得言會。言令狐之會者，據擬盟之地言之。

「君又不祥，背棄盟誓。【疏證】杜注：「祥，善也。」十一年傳：「秦伯歸，而背晉成。」

「白狄及君同州，【疏證】杜注：「及，與也。」疏云：「《周禮·職方氏》『正西曰雍州』，皆秦地。白狄蓋狄之西偏，屬雍州也。」舊説當以州爲雍州，故疏述其義。已釋於僖三十二年「郤缺獲白狄子」下。❶

「君之仇讎，而我昏姻也。【疏證】各本「我」下有「之」，從石經、宋本。杜注：「季隗，廧咎如赤狄之女也。白狄伐而獲之，納諸文公。」按：白狄之獲季隗，傳無其説，杜於成十三年傳「季隗」下，亦止云「廧咎如赤狄之女也」。此欲明晉與白狄昏姻，不得其證，强爲之説。本疏云：「此辭欲親狄以曲秦，故引狄爲昏姻耳。晉人自數伐狄，寧復顧昏姻也？杜以傳有季隗之事，引之以證昏姻，未必晉於白狄處無昏姻。」疏亦不信杜説。

「君來賜命曰：『吾與汝伐狄。』

❶ 「二」，當作「三」。

「寡君不敢顧昏姻，

「畏君之威，而受命於吏。【疏證】吏，謂將命行人。

「君有二心於狄，

「曰：『晉將伐女。』

「狄應且憎，是用告我。【疏證】《周語》：「其叔父實應且憎，以非余一人。」注：「應，猶受。憎，惡也。言晉文雖當私賞，猶非我一人。」《晉語》：「若以軍官從子之私，懼子之應且憎也。」注：「外應受我，内憎其非。」外傳二文與此傳同。杜注：「言狄雖應答秦，而心實憎秦無信。」即用韋義。

「楚人惡君之二三其德也，

「亦來告我，曰：『秦背令狐之盟，而來求盟于我，

「『昭告昊天上帝、【疏證】杜無注。本疏：「禮，諸侯不得祭天，其盟不主天神。鄭玄《覲禮》注云：『王巡守之盟，其神主日；諸侯之盟，其神主山川。』襄十一年亳城北之盟，其載書云『司慎、司盟，名山、名川』，注云：『二司，天神。』唯告天之別神，不告昊天上帝。此秦、楚爲盟，告天帝者，春秋之時，不能如禮，且此辭多誣，未必是實。」按：疏引襄十一年「司慎、司盟」注「二司，天神」，即杜注。然鄭君《覲禮》注又云：「王官之伯會諸侯而盟，其神主月。」秦楚之盟，或用王官之伯禮，不主山川。又彼疏謂覲禮即盟之禮。「覲禮加方明於其上」，鄭君云：「方明者，上下四方之神也。」則古盟禮亦告昊天上帝。

「『秦三公、楚三王，【疏證】杜注：「三公，穆、康、共。三王，成、穆、莊。」按：此年當秦桓公二十六年，楚共王之十三年，故據秦、楚禰廟以上言之。

「『曰：「余雖與晉出入，余唯利是視。」

【疏證】杜注：「出入，猶往來。」

「『不穀惡其無成德，是用宣之，以懲不壹。』」

「諸侯備聞此言，

「斯是用痛心疾首，❶暱就寡人。【疏

❶ 原稿眉批：疾，詬。

證】《釋文》「暱」作「昵」。何休《公羊》注：「疾，痛也。」《釋詁》：❶「暱，親也。」❷

「寡人率以聽命，❸唯好是求。

「君若惠顧諸侯，矜哀寡人，

「而賜之盟，則寡人之願也，

「其承寧諸侯以退，豈敢徼亂？【疏證】杜注：「徼，要也。」

「君若不施大惠，

「寡人不佞，【注】服云：「佞，才也。不才者，自謙之辭也。」本疏、《論語・公冶長》疏。

【疏證】杜無注。疏引服説補之，又云：「《論語》：『焉用佞？禦人以口給，屢憎於人。』則佞非善事。而以不佞爲謙者，佞是口才捷利之名，本非善惡之稱，但爲佞有善有惡耳。爲善敏捷是善佞，爲惡敏捷是惡佞。」疏以服注與《論語》「禦人口給」義異，故別佞有善惡。《論語》孔注：「佞人口辭捷給，數爲人所憎惡。」皇疏亦云「佞，口才」，皆即「禦人口給」一邊言，故與服異。邢疏知佞之稱非一，故襲用此傳疏義，亦引服注爲佞有善惡之證，非駁孔、皇説。沈欽韓云：「《論語・雍也》『仁而不佞』，皇侃等並誤解。」非也。服以「才」訓「佞」，所包非一，不止口辭，然經傳相承，單言佞者，屬口辭爲多。《説文》：「佞，巧讇高材也。」《曲禮》釋文：「口才曰佞。」並以佞爲口辭，兼善惡爲説，與本疏合。李貽德云：「十六年傳『諸臣不佞』，昭二十年傳『臣不佞』，《魯語》『寡君不佞』，《晉語》『夷吾不佞』，並以不佞爲謙，則佞爲才矣。此古訓也。《論語》『遠佞人』，《晉語》『佞之見佞』，此《鹽鐵論・刺議》所謂『以邪導人謂之佞』，是猶苦爲快、亂爲治、香爲臭，佞之變義也。」

「其不能以諸侯退矣。

「敢盡布之執事，俾執事實圖利之。」

秦桓公既與晉厲公爲令狐之盟，而又召狄與楚，欲道以伐晉，諸侯是以睦於晉。

【疏證】《秦本紀》：「桓公二十四年，與翟合謀擊晉。」據

❶ 「詁」，原缺，今據《爾雅》卷上補。

❷ 「親」，《爾雅》卷上作「近」。

❸ 「率」，《春秋左傳正義》卷二十七作「帥」。

秦桓之二十四年當魯成之十一年，❶傳溯書其事。杜注：「晉辭多誣秦，故傳據此三事以正秦罪。」

晉欒書將中軍，荀庚佐之；**【疏證】**杜注：「庚代荀首。」

士燮將上軍，郤錡佐之；**【疏證】**杜注：「代荀庚、士燮。」

韓厥將下軍，荀罃佐之；**【疏證】**杜注：「代郤錡、趙同。」

趙旃將新軍，郤至佐之。**【疏證】**杜注：「代韓厥、趙括。」

郤毅御戎，欒鍼爲右。**【疏證】**杜注：「郤毅，郤至弟。欒鍼，欒書子。」

孟獻子曰：「晉帥乘和，**【疏證】**杜注：「帥，軍帥。乘，車士。」按：軍佐亦在帥列，乘謂戎右也。

「師必有大功。」

五月，丁亥，晉師以諸侯之師及秦師戰于麻隧。**【疏證】**《晉世家》：「晉因與諸侯伐秦。」《秦本紀》：「桓公二十六年，晉率諸侯伐秦。」杜注：「麻隧，秦地。」不詳所在。沈欽韓云：「《一統志》：『麻隧在西安府涇陽縣北。』」

秦師敗績，獲秦成差及不更女父。**【疏證】**《年表》：「晉厲公三年，伐秦至涇，敗之，獲其將成差。」《晉世家》：「晉至涇，敗秦於麻隧，虜其將成差。」杜注：「不更，秦爵。」疏云：「《漢書》稱商君爲法於秦，其四不更，十左庶長，十一右庶長。商君，秦孝公之相。案：此傳有不更女父，襄十一年有庶長鮑、庶長武，春秋之世，已有此名，非是商君盡新作也。其名之義，難以知耳。」按：疏引《漢書》，見《百官公卿表》，彼注引師古曰：「不更，言不豫更卒之事也。」又《續漢書·百官志》劉昭補注引劉劭曰：「《爵制》：『秦自一爵以上至不更四等，皆士也。』」又曰：「不更爲車右，不復與凡更卒同也。」則不更在春秋時爲秦車右之名。庶長，見襄十一年疏證。杜注又云：「戰績不書，❷蓋經文闕漏，傳文獨存。」❸

---

❶「四」下，原衍「十」字，今據上文刪。

❷「戰」下，《春秋左傳正義》卷二十七有「敗」字。

❸原稿眉批：《世族譜》，查，前曾引爲證否。

曹宣公卒於師。【疏證】《檀弓》「曹桓公卒於會」，注：「魯成公十三年，『曹伯廬卒于師』是也。廬謚宣，言桓，聲之誤也。」

師遂濟涇，【疏證】《秦本紀》：「秦軍敗走，追至涇而還。」《地理志》：「安定郡涇陽，开頭山在西，《禹貢》涇水所出，東南至陽陵入渭。」杜注：「涇水出安定，東南經扶風、京兆高陸縣入渭。」用《漢志》說。顧棟高云：「涇水出今平涼府平涼縣开頭山，東至西安府高陵縣西南入渭水。高陸即高陵也。《寰宇記》涇陽有睢城渡，即諸侯濟涇，秦人毒涇上流處，舊爲漢、唐之通津。」沈欽韓云：「按《元和志》，魏文帝改高陵爲高陸。」據顧、沈說，則秦師濟涇處在今西安府高陵縣界。《方輿紀要》：「渭水在高陵縣西南二十里，涇水亦在縣西南二十里，自涇陽縣東南流，合於渭水。」

及侯麗而還。【疏證】杜注：「侯麗，秦地。」未詳所在。顧棟高云：「侯麗在今涇陽縣境。」案：涇陽今屬西安府。

迓晉侯于新楚，【疏證】《釋文》：「迓，本又作訝。」李富孫云：「《釋詁》：『迓，迎也。』《周禮》有訝士。」杜注：「新楚，秦地。」未詳所在。《彙纂》：「當在西安府同州朝邑縣境。」江永云：「今按：朝邑今屬同州府。」

成肅公卒于瑕。【疏證】杜注：「瑕，晉地。」江永云：「今按：《水經注》『河東解縣西南有故瑕城』，解縣，今解州。」馬宗璉云：「瑕即解縣瑕城。」詳僖三十年傳疏證。

六月，丁卯，夜，鄭公子班自訾求入于大宫，【疏證】杜注：「訾，鄭地。大宫，鄭祖廟。十年班出奔許，今欲還爲亂。」馬宗璉云：「訾，疑即鞏縣東訾聚。雖爲周地，近鄭。」高士奇云：「此即周之訾也。」馬、高皆以訾爲周地。江永云：「今案：鄭公子班奔許，而自訾求入，則訾當在鄭南，别一地，非文元年縣訾之訾。」

不能，殺子印、子羽，【疏證】杜注：「子印、子羽，皆穆公子。」案：《世族譜》：「公子睔悼子子印，穆公子。子羽翬，穆公之子。」梁履繩云：「鈔本《世族譜》『睔』作『倫』，鄭成公名睔，疑作『倫』是。」襄二十六年正義曰：「非行人子羽公孫揮也。《世族譜》以公孫揮爲雜人。」

反軍于市。

己巳，子驪率國人盟于大宫，❶【疏證】杜注：「子驪，穆公子。」

遂從而盡焚之，

殺子如、子駹、孫叔、孫知。【疏證】杜注：「子如，公子班。子駹，班弟。孫叔，子如子。孫知，子駹子。」疏云：「子如即是子班，據傳可知。以外無文，見其同時被殺，必是近親，相傳爲此説耳。」據疏説，則此傳舊無注，杜以意言之。

曹人使公子負芻守，

使公子欣時逆曹伯之喪。【注】賈、服曰：「盧之庶子。」《公羊》昭二十三年疏。❷【疏證】欣時，《公羊》曰「喜時」，《新序·節士》同。《釋文》：「欣時，徐云或作『歆』。」《古今人表》作「曹剢時」，師古曰：「即曹欣時也。」李富孫云：「欣、喜，音近義同。剢，别體字。疑『歆』乃『剢』之譌。」洪亮吉云：「按：《詩》毛傳：『時，善也。』欣時字子臧，即此義。」杜注：「二子皆曹宣公庶子。」負芻爲宣庶子，疑杜亦用賈、服説。李貽德云：「《公羊傳》何休注：『喜時，曹伯廬弟。』與賈、服違。疏以爲所見本異。」

秋，負芻殺其太子而自立也。

諸侯乃請討之。

晉人以其役之勞，請俟他年。

冬，葬曹宣公。

既葬，子臧將亡，【注】服云：「子臧，負芻庶兄。」《吴世家》集解。【疏證】杜注：「子臧，公子欣時。」用服説。負芻爲宣公子，《左氏》異於《公羊》，服故明子臧爲負芻庶兄。

國人皆將從之。

成公乃懼，

告罪，且請焉。【疏證】杜注：「請留子臧。」

乃反，而致其邑。【疏證】杜注：「還邑於成公。」

❶ 「率」，《春秋左傳正義》卷二十七作「帥」。

❷ 「三」，當衍。

【經】十有四年，春，王正月，莒子朱卒。無傳。【疏證】即渠丘公也。赴告始見於經。

夏，衛孫林父自晉歸于衛。

秋，叔孫僑如如齊逆女。【疏證】經不書納幣，杜注云：「文闕絶。」

鄭公子喜帥師伐許。

九月，僑如以夫人婦姜氏至自齊。

冬，十月，庚寅，衛侯臧卒。【疏證】《年表》：「衛定公十二年薨。」《衛世家》：「定公臧十二年卒，子獻公衎立。」

秦伯卒。無傳。【疏證】《年表》闕。《秦本紀》：「桓公立二十七年卒，子景公立。」《集解》：「徐廣曰：《世本》：『景公名后伯車也。』」

【傳】十四年，春，衛侯如晉。

晉侯强見孫林父焉。【疏證】釋文「强」作「彊」。七年經：「衛孫林父出奔晉。」杜注：「强見，欲歸之。」

定公不可。

夏，衛侯既歸，

晉侯使郤犨送孫林父而見之。

衛侯欲辭，

定姜曰：「不可。【疏證】杜注：「定姜，定公夫人。」

「是先君宗卿之嗣也，【疏證】杜注：「同姓之卿。」惠棟云：「國之宗臣，故曰宗卿。書曰記宗功是也。宗臣兼同異姓，故漢之蕭、曹亦爲宗臣。」按：疏云：「《世本》：『孫氏出於衛武公，至林父八世。』是同姓也。」據疏説，則杜據《世本》以林父爲衛同姓，惠説非。

「大國又以爲請。不許，將亡。雖惡之，不猶愈於亡乎？君其忍之！

「安民而宥宗卿，不亦可乎？」

衛侯見而復之。【疏證】杜注：「復林父位。」案七年傳：「衛侯如晉，晉反戚焉。」戚爲林父邑，復兼爵、邑言。據下「孫文子不敢舍其重器於衛，盡寘諸戚」，則此時已以戚賜之。

衛侯饗苦成叔，【疏證】《校勘記》云：「《漢書・五行志》引『饗』作『亨』字。按《左傳》多作亨，此作饗，❶爲僅見。」杜注：「成叔，郤犨。」不釋「苦」。惠棟云：「王符曰：『郤犨食采於苦，號苦成叔。』又曰：『苦城，城名也，在鹽池東北。』」惠引王符説見《潛夫論・志氏姓》。沈欽韓云：「羅泌《國名紀》：『解州有苦城。』按：『苦』與『鹽』同聲。」按：沈説是也。據《潛夫論》，則傳文或作「苦城叔」。

甯惠子相。【疏證】杜注：「惠子，甯殖。」

苦成叔傲，【疏證】釋文：「傲，本又作敖。」與《五行志》合。洪亮吉云：「師古曰：『敖，讀曰傲。』則此字古當作『敖』。」

甯子曰：「苦成家其亡乎？【疏證】石經「成」下旁增「叔」。嚴可均云：「《藝文類聚》卷卅九、《初學記》卷十四引有『叔』，今各本脱。」《校勘記》云：「石經與《初學記》所引合，然非唐刻，不敢從也。」

「古之爲享食也，以觀威儀、省禍福也，【疏證】《采菽》「言觀其旂」，箋：「諸侯來朝，王使人迎之，因觀其衣服車乘之威儀，所以爲敬，且省禍福也。」疏：「成十四年《左傳》曰：『古之爲享食也，以觀威儀、省禍福也。』彼雖云享，理可相通，故箋據而言之。」按：據鄭君説，「威儀」爲衣服車乘。

「故《詩》曰：『兕觵其觩，旨酒思柔。』【疏證】并下皆《桑扈》文。今《詩》「觵」作「觥」。洪亮吉云：「《説文》：『觵，兕牛角可以飲者也，從角黄聲。其狀觵觵，故謂之觵。觵，俗觥。』按此則石經字亦未從俗，間有勝釋文處也。」據洪説，則傳作「觵」爲正字。《周禮・小胥》「觵其不敬」者，字亦作「觵」。《詩・卷耳》《七月》《絲衣》《泮水》作「觥」，并俗字也。本疏引《異義》：「《韓詩》説：觵五升，所以罰不敬也。觵，廓也，著明之貌。君子有過，廓然明著。《詩》毛傳説『觵大七升』，許慎云：『觵罰有過，一飲七升爲過多，當爲五升。』故不從《毛詩》『七升』之説。」兩疏皆未引鄭駁。據《桑扈》箋：「兕觥，罰爵也。古之王者與群臣燕飲，上下無失禮者，其罰爵徒觩然陳設而已。其飲美酒，思得柔順中和，與共其樂。」鄭君以兕觥爲罰爵，亦用《韓詩》説，與許君同，故《異義》無駁詞。《五行

❶「饗」，原作「亨」，今據《春秋左傳正義》卷二十七《挍勘記》改。

志》引此傳注：「張晏曰：『兕觥，罰爵也。飲酒和樂，無失禮可罰，罰爵徒觩然而已。』」當是舊説，舊説用箋義。杜注：「言君子好禮，飲酒皆思柔德。」亦用箋義。又云：「雖設兕觵，觩然不用。觩，陳設之貌。」杜以「觩」爲陳設貌，與箋不同。洪亮吉云：「按《詩·良耜》『有觩其角』，則觩是角貌，故范甯《穀梁》成七年傳『展觓角而知傷』亦云：『觓，觩觩然，角貌。』杜注云『陳設之貌』，失之。觓、觩古字通。」洪氏謂觩與觓通，據《穀梁》注，其實《桑扈》釋文已云「觩」或作「觓」。陳奂《毛詩疏》云：「觩爲觓之誤。《説文》：『觓，角貌。』引《詩》『有觓其角』。今《良耜》作『捄』，爲六書假借字。而《絲衣》、《泮水》之『觩』，釋文皆作『觓』字，當不誤也。『思柔』與『其觓』對文，則『其』與『思』皆爲語詞。」案：陳説是也。據《穀梁》注「觓，觩觩然，角貌」，則《桑扈》箋「觩然」乃解「觓」，非經字作「觩」。《校勘記》亦據《説文》「有觓其角」，惟徑云引《詩》「觩」作「觓」，則似《説文》有「兕觵其觓」之文，今附正之。傳明享禮，而稱《詩》兕觥罰爵者，《卷耳》「我姑酌彼兕觥」，箋：「饗燕所以有之者，禮，自立司正之後，旅酬必有醉而失禮者，罰之，亦所以爲樂。」疏：「知饗有觥者，《七月》：『朋酒斯饗，稱彼兕觥。』成十四年《左傳》『衛侯饗苦成叔』，甯惠子引《詩》云：『兕觥其觩，旨酒思柔。』故知饗有觥也。饗以訓共儉，不應醉而用觥者。饗禮之初示敬，故酒清而不敢飲，肉乾而不敢食，其末亦如燕法。鄉飲酒，大夫之饗禮，亦有旅酬，無筭爵，則饗末亦有旅酬，恐其失禮，故用觥也。知燕亦有觥者，昭元年《左傳》鄭人燕趙孟、穆叔子皮及曹大夫『興拜，舉兕爵』，是燕有兕觥也。」據彼疏説，則鄭君《卷耳》箋明饗禮有觥，即據此傳，與《桑扈》箋惟據燕禮者異。

「『彼交匪傲，萬福來求。』【疏證】今《詩》「傲」作「敖」，箋：「彼，彼賢者也。賢者居處恭，執事敬，與人交必以禮，則萬福之禄就而求之，謂登用爵命，加以慶賜。」杜注：「彼之交於事而不惰傲，乃萬福之所求。」用箋説。按：《五行志》引詩作「匪儌匪傲」，注：「應劭曰：『言在位者不儌訐不倨傲也。』師古曰：『儌謂儌倖也，萬福言其多也，謂飲酒者不儌倖不傲慢，則福禄就而求之也。』」《漢志》引傳與杜本異，應、顔説《詩》義又與鄭箋、杜注異。臧琳《經義襍記》：「《左傳》襄二十七年公孫段賦《桑扈》，趙孟曰：『「匪交匪傲」，福將焉往？』『匪』與『彼』音相近，故轉『匪』爲『彼』。《論語》『惡儌以爲知者』，釋文云：『鄭本作絞。』是儌、絞古通。《毛詩》作『交』，蓋『絞』之省借，故《漢書》作『儌』。鄭箋依字訓爲交接，恐非。《漢志》所載《左傳》爲古文，今本出之杜氏，未足深信。况趙孟引《詩》作『匪』不作『彼』，與《漢書》正同，尤爲明證乎？《漢志》「匪儌」，當從應仲援説爲『不儌訐』，師古改爲『儌倖』，非是。」胡承珙《毛詩後箋》云：「臧説是也。匪、彼二字古雖通用，此詩義當作匪。《絲衣》『兕觥其觩，旨酒思柔。不吴不傲，胡考之休』，與此詩四句文義相同。此『匪交匪傲』當與彼『不吴不傲』一例耳。」

「今夫子傲，取禍之道也。」【疏證】傲則禮亡，禮亡則禍至。《桑扈》序：「君臣上下，動於禮文焉。」❶陳奂《毛詩疏》：「案：不交敖爲求福之道，《左》兩釋《詩》同意，與《毛詩》序傳合。」

秋，宣伯如齊逆女。稱族，尊君命也。

八月，鄭子罕伐許，敗焉。

戊戌，鄭伯復伐許。

庚子，入其郛。

許人平以叔申之封。【疏證】四年傳：「冬，十一月，鄭公孫申帥師疆許田，許人敗諸展陂。鄭伯伐許，取鉏任、泠敦之田。」則鄭雖敗於許，已取許田。杜云：「四年，不得定其封疆。今許以所封田求和於鄭。」❷據杜説，則鄭雖取許田，不如叔申所疆之廣，今乃依其疆界歸之。

「九月，僑如以夫人婦姜氏至自齊」，舍族，尊夫人也。【注】《膏肓》以「襄二十七年『豹及諸侯之大夫盟』，何所尊而舍族」難《左氏》，鄭《箴》云：「《左氏》以豹違命故貶之而去族，今僑如無罪而亦去族，故以爲尊夫人也。《春秋》有事異文同，則此類也。」本疏。【疏證】杜注：「舍族，謂不稱叔孫。」疏云：「宣元年已發尊君命、尊夫人之例，今復發者，彼以喪娶，嫌非正禮，且公子非族，故重明之。何休《膏肓》難左氏叔孫僑如舍族爲尊夫人。案：襄二十七年，豹及諸侯之大夫盟，復何所尊而舍族？《春秋》之例，一事再見者，亦以省文耳，《左氏》爲短。」下引鄭《箴》。案：襄二十七年經：「叔孫豹會晉趙武、楚屈建、蔡公孫歸生、衛石惡、陳孔奂、鄭良霄、許人、曹人于宋。」傳云：「季武子使謂叔孫以公命曰：『視

❶「於」，《毛詩正義》卷十四作「無」。

❷「許」上，原衍「以」字，今據《春秋左傳正義》卷二十七删。

郳、滕。」既而齊人請郳，宋人請滕，皆不與盟。叔孫曰：『郳、滕，人之私也。我，列國也。何故視之？宋、衛，吾匹也。』乃盟。故不書其族，言違命也。」鄭君謂「《左氏》以豹違命貶而去族」，據彼傳爲説。

故君子曰：「《春秋》之稱，

「微而顯，

「志而晦，【疏證】杜注：「志，記也。晦亦微也。」洪亮吉云：「《衆經音義》引《字詁》：『識，記也。』識、志字同。杜本此。《詩》毛傳：『晦，昧也。』杜注非義訓。」

「婉而成章，【疏證】洪亮吉云：「《詩》毛傳：『婉，順也。』杜注：『婉，曲也。』非義訓。」

「盡而不汙，

「懲惡而勸善，【疏證】杜注：「善名必稱，惡名不滅，所以爲懲勸。」下云「修史策成此五者」，則以此句亦屬稱列。《讀本》：「持此四者，書善惡，示勸懲是也。」

「非聖人誰能修之？」【疏證】《讀本》：「此經爲微而顯。」

衛侯有疾，使孔成子、寧惠子立敬姒之子衎以爲大子。【疏證】杜注：「成子，孔達之孫。敬姒，定公妾。衎，獻公。」

冬，十月，衛定公卒。

夫人姜氏既哭而息，

見大子之不哀也，不内酌飲，

歎曰：「是夫也，將不惟衛國之敗，其必始於未亡人。

「烏乎，天禍衛國也夫！吾不獲鱄也使主社稷。」【疏證】杜注：「鱄，衎之母弟。」

大夫聞之，無不聳懼。

孫文子自是不敢舍其重器於衛，【疏證】杜注：「寶器。」

盡寘諸戚，【疏證】《卷耳》傳：「寘，置也。」

而甚善晉大夫。【疏證】杜注：「備亂起，欲以爲援。」

【經】十有五年，春，王二月，葬衛定公。

無傳。

三月，乙巳，仲嬰齊卒。無傳。【疏證】杜注：「襄仲子，公孫歸父弟。宣十八年，逐東門氏，既而又使嬰齊紹其後，曰仲氏。」本疏云：「杜之此注，其言不明，當以爲襄仲、歸父本以東門爲氏，及命嬰齊紹歸父之後，改之曰仲氏也。」此應疏說。劉炫云：「仲遂受賜爲仲氏，故其子孫稱仲氏耳。」此炫《述義》駁舊疏，謂襄仲已受賜爲仲氏，不待嬰齊乃稱仲也。沈欽韓云：「仲遂生時已稱仲，則是仲存日已得此氏也。若待嬰齊爲後而曰仲氏，則何能以子之氏逆加其父乎？」朱駿聲云：「按魯有兩公孫嬰齊，一東門氏襄仲之子，襄仲，莊公子也。一子叔氏叔肸之子，叔肸，文公子也。皆見如經。此仲氏即紹襄仲之子，以父氏爲氏者，較子叔聲伯爲疏遠，故書仲，不書公孫。」沈、朱并從炫說。

癸丑，公會晉侯、衛侯、鄭伯、曹伯、宋世子成、齊國佐、邾人同盟于戚。【疏證】《公羊》「成」曰「戌」，「邾」曰「邾婁」。

晉侯執曹伯歸于京師。【疏證】《公羊》「歸」下有「之」，彼傳僖二十八年以「歸之于」、「歸于」見例，《左氏》不以爲例。本年傳例曰：「凡君不道於其民，諸侯討而執之，則曰『某人執某侯』，不然則否。」杜謂：「不稱人以執者，曹伯罪不及民。」據傳例爲說。疏云：「曹伯稱侯以執，從『不然』之例。」《年表》：「曹成公二年，晉執我公以歸。」《管蔡世家》坿曹事：「成公三年，晉厲公伐曹，虜成公以歸。」不言「歸于京師」，與傳異。

公至自會。無傳。

夏，六月，宋公固卒。【疏證】《年表》闕。《宋世家》：「共公瑕，十三年卒。」

楚子伐鄭。

秋，八月，庚辰，葬宋共公。

宋華元出奔晉。

宋華元自晉歸于宋。【疏證】杜注：「華元欲挾晉以自重，故以外納告。」本疏云：「魚石自止華元于河上，元始至河，本未至晉。既書『奔晉』，又書『自晉歸』者，華元與樂書相善，怖懼桓族，故挾晉以自重，以晉納告于諸侯，《春秋》從而書之，以示元之本情故也。」惠棟引蔣杲說云：「魚石以華元有平晉、楚之功，懼以晉討，爲復之，故書法亦曰『自晉』，著其所自復耳。」《年表》：「宋共公十三年，宋華元奔晉，復還。」

宋殺其大夫山。

宋魚石出奔楚。【疏證】杜注：「公子目夷之曾孫。」梁履繩云：「按目夷字子魚，故以字爲氏。」

冬，十有一月，叔孫僑如會晉士燮、齊高無咎、宋華元、衛孫林父、鄭公子鰌、邾人會吴于鍾離。【注】服云：「鍾離，州來西邑也。」《吴世家》集解。【疏證】《公羊》「邾」曰「邾婁」。❶《年表》：「魯成公十五年，始與吴通，會鍾離。吴壽夢十年，與魯會鍾離。」《地理志》「九江郡鍾離」，注：「應劭曰：『鍾離子國。』」杜注：「楚邑，淮南縣。」用服説。《吴世家》引服注於王僚九年下，即昭廿四年滅鍾離之役也，今移係於此。顧棟高云：「今鳳陽府鳳陽縣東四里有鍾離城。」沈欽韓云：「《一統志》：『鍾離故城舊有東西二城，濠水流于其中。』」按：服云「州來西邑」，州來，今鳳臺下蔡鎮，在鳳陽之東。

許遷于葉。【疏證】《年表》：「楚共王十五年，許畏鄭，請徙葉。」杜注：「葉，今南陽葉縣。」沈欽韓云：「《一統志》：『故城在南陽府葉縣南三十里舊縣鎮。』」❷

【傳】十五年，春，會于戚，討曹成公也。【疏證】十三年傳：「負芻殺太子而自立，諸侯請討之。」至是乃會師討其罪。

執而歸諸京師。❸

凡君不道於其民，諸侯討而執之，則曰「某人執某侯」，不然則否。【疏證】此執例也。杜注：「稱人，示衆所欲執。」又云：「謂身犯不義者。」杜意君不義止於己身，則不從衆執之文，以釋不然例。

諸侯將見子臧於王而立之。子臧辭曰：「前《志》有之曰：【疏證】《讀本》：「前《志》」，

---

❶「公羊邾曰邾婁」，原在經文「許遷于葉」疏證下，今移于此。

❷原稿眉批：葉，查，或已見。

❸「師」下，《春秋左傳正義》卷二十七有「書曰晉侯執曹伯不及其民也」十二字。

古書。」

「『聖達節，次守節，下失節。』【疏證】本疏：「舜、禹受終，湯、武革命，是言達節者也。得而不取，與而不受，子臧、季札、衛公子郢、楚公子閭，如此之類，皆守節者也。取非其理，干犯亂常，州吁、無知之等，皆失節者也。」疑舊説類舉其人爲證，故疏具釋之。洪亮吉云：「『下失節』，劉向《新序》引作『下不失節』，誤。」

「爲君非吾節也。

「雖不能聖，敢失守乎？」

遂逃奔宋。

夏，六月，宋共公卒。【疏證】《五行志》引傳「共」作「恭」。

楚將北師，【疏證】杜注：「侵鄭、衛。」

子囊曰：「新與晉盟而背之，無乃不可乎？」【疏證】《楚語》注：「子囊，恭王弟。」杜注：「子囊，莊王子公子貞。」用韋説。十二年傳：「夏，五月，晉士燮會楚公子罷、許偃，盟于宋西門之外。」

子反曰：「敵利則進，何盟之有？」

申叔時老矣，在申，【疏證】杜注：「老歸本邑。」

聞之，曰：「子反必不免。

「信以守禮，禮以庇身。

「信、禮之亡，欲免得乎？」

楚子侵鄭，及暴隧。【疏證】杜無注，已説於文八年盟于暴。高士奇據《路史·國名紀》謂：「暴，新公采邑，一名暴隧。」恐未然，今地闕。

遂侵衛，及首止。

鄭子罕侵楚，取新石。【疏證】杜注：「新石，楚邑。」《彙纂》：「當在南陽府裕州葉縣境。」

欒武子欲報楚。

韓獻子曰：「無庸，【疏證】□□傳：「庸，用也。」

「使重其罪，民將叛之。無民，孰戰？」

秋，八月，葬宋共公。

於是華元爲右師，

魚石爲左師，【疏證】《宋世家》：「共公卒，華元爲右師，魚石爲左師。」

蕩澤爲司馬，【疏證】《世本》：「公孫壽生大司馬虺，虺生司馬澤也。」杜注：「蕩澤，公孫壽之孫。」

華喜爲司徒，【疏證】《世本》：「督生世子家，家生季老，老生司徒鄭，鄭生司徒喜也。」杜注：「華父❶督之玄孫。」

公孫師爲司城，【疏證】《世本》：「莊公生右師戊，戊生司城師也。」杜注：「莊公孫。」

向爲人爲大司寇，

鱗朱爲少司寇，【疏證】《世本》：「桓公生公子鱗，鱗生東鄉矔，矔生司徒文，文生大司寇奏，奏生小司寇朱也。」杜注：「鱗矔孫。」

向帶爲大宰，【疏證】釋文作「帶」，云：「本又作帶。」《校勘記》云：「按：《說文》無帶字。今從宋本。」

魚府爲少宰。

蕩澤弱公室，殺公子肥。【疏證】杜注：「肥，文公子。」《宋世家》：「司馬唐山攻殺太子肥，欲殺華元。」唐山即蕩澤也。洪亮吉云：「唐、蕩音同。」李富孫云：「唐、蕩一聲之轉。」《宋書·徐羨之傳》：「文帝討羨之詔曰：『昔子家從弒，鄭人致討；宋肥無辜，蕩澤爲戮。』」按：傳云公子肥，史公改曰太子肥，又叙立少子平公於殺肥後，則肥爲共公嗣嫡，未成君而被弒，與杜說異。宋詔以子家弒君爲比。二傳無蕩澤殺肥文，與史公合，當是《左氏》舊說。

華元曰：「我爲右師，君臣之訓，師所司也。

今公室卑，而不能正，吾罪大矣。

不能治官，敢賴寵乎？」乃出奔晉。

【疏證】《晉書·梁孝王彤傳》：❷「永康二年薨。蔡克議謚曰：『愍懷之廢，不聞一言之諫；淮南之難，不能因勢輔義；趙王倫篡逆，不能引身去朝。宋有蕩之亂，華元自以不能居官，曰：「君臣之訓，我所司也。公室卑而不正，吾

❶「父督」，原作「督父」，今據《春秋左傳正義》卷二十七改。

❷「彤」，《晉書·梁王肜傳》作「肜」。

罪大矣！」夫以區區之宋，猶有不素餐之臣，而况帝王之朝，有苟容之相，此而不貶，法將何施？宜謚曰「靈」。』彤親黨稱枉，克重議曰：『趙盾入諫不從，出亡不遠，猶不免於責，况彤不能去位，北面事僞主乎？』」按：蔡克謂華元不素餐當是《左氏》舊説，其重議以趙盾比司馬彤，則華元出奔爲合於義。

二華，戴族也。**【疏證】**杜注：「華元、華喜。」梁履繩云：「戴公，《史記》名不著，《唐書·宰相世系表》『宋戴公白』。」

司城，莊族也。

六官者，皆桓族也。**【疏證】**杜注：「魚石、蕩澤、向爲人、鱗朱、向帶、魚府皆出桓公。」

魚石將止華元。

魚府曰：「右師反，必討，是無桓氏也。」**【疏證】**蕩澤，桓族，故懼華元盡討桓氏。桓族四，蕩、魚、向、鱗也，戴、莊二族不在討列。杜注謂「討蕩并及六族」，誤甚。

魚石曰：「右師苟獲反，雖許之討，必不敢。**【疏證】**杜注：「言畏桓族强。」

「且多大功，國人與之，**【疏證】**杜注：「華元克合晉、楚之成，刼子反以免宋圍。」

「不反，懼桓氏之無祀於宋也。**【疏證】**謂華元得國人心，不反則國人怨，桓族或將有禍。

「右師討，猶有戌在，❶**【疏證】**杜注：「向戌，桓公曾孫。言其賢，華元必不討。」

「桓氏雖亡，必偏。」**【疏證】**杜注：「偏，不盡。」❷

魚石自止華元於河上。**【疏證】**《宋世家》：「華元犇晉，魚石止之，至河乃還。」

請討，許之，乃反。

使華喜、公孫師帥國人攻蕩氏，殺子山。**【疏證】**杜注：「喜、師非桓族，故使攻之。」洪亮吉云：「子山，即蕩澤。」

❶「有」，原作「在」，今據《春秋左傳正義》卷二十七改。

❷原稿眉批：偏，詁。

書曰「宋殺其大夫山」，言背其族也。

【疏證】傳明舍族之義。《宋世家》：「誅唐山，乃立共公少子成，是爲平公。」

魚石、向爲人、鱗朱、向帶、魚府出舍於睢上，【疏證】杜注：「睢，水名。」未指所在。《水經・睢水》：「出梁郡鄢縣，又東過睢陽縣南。」注云：「睢水出陳留縣西蒗蕩渠，❶經言出鄢，非矣。又東逕横城北，又逕新城北，又東逕高鄉亭北，又東逕亳城北，南亳也。又東逕睢陽故城南，周武王封微子啓于宋以嗣殷後，爲宋都也。」馬宗璉云：「《御覽》引《九州要記》『睢陽水在宋城西』。」按：馬引《九州要記》説與《水經注》合，五人由宋都出舍，則睢上即睢陽水也。江永云：「今按在歸德府。」《一統志》：「睢水，自河南開封府杞縣流入，經睢州北，又東逕寧陵縣南，又東逕歸德府城南，又東經夏邑縣北，又東南經永城縣北。」

華元使止之，不可。

冬，十月，華元自止之，不可，乃反。

魚府曰：「今不從，不得入矣。右師視速而言疾，有異志焉。若不我納，今將馳矣！」

登丘而望之則馳，【疏證】釋文：「『登丘而望之則馳』，絶句。」

騁而從之，則決睢澨，閉門登陴矣。

【疏證】《呂覽・□□》注：❷「決，溢也。」胡渭《禹貢錐指》云：「《説文》：『澨，埤增水邊土，人所止也。』《詩・汝墳》傳：『墳，大防也。』『淮濆』傳：『濆，涯也。』《水經・淯水》注以『澨』爲『水側之濆』，是知濆與墳字别而義同。《左傳》『華元決睢澨』，睢則睢水，澨則其防也，故曰決。」

左師、二司寇、二宰遂出奔楚。【注】服云：「魚石，卿，故書。」本疏。【疏證】疏引服説，又云：「以四人非卿，故不書。」申服意也。洪亮吉以爲服注誤。杜注：「四大夫不書，獨魚石告。」不用服説。疏駁服云：「向爲人爲大司寇，亦是卿也。若五人皆告，爲卿則

❶「蒗」，原漫漶不清，今據《水經注箋》卷二十四補。

❷「呂覽□□」，疑當作「淮南天文訓」。

書，向爲人亦當書之，何以獨書魚石？」李貽德云：「宋自殤公以前，執政皆大司馬，華督以太宰相，變例也。僖九年傳：『以公子目夷爲仁，使爲左師聽政。』魚石爲子魚曾孫，而爲左師，當與華元共聽宋政。元復石奔，經書之者，以其執政故也，向爲人非執政卿。」

華元使向戌爲左師，

老佐爲司馬，【疏證】杜注：「老佐，戴公五世孫。」

樂裔爲司寇，

以靖國人。❶

晉三郤害伯宗，譖而殺之，及欒弗忌。

【注】賈云：「三郤，郤錡、郤犨、郤至。」《晉世家》集解。【疏證】《晉世家》：「厲公五年，三郤讒伯宗，殺之。」三郤之稱，初見於傳，杜無注，略。《晉語》：「及欒弗忌之難，諸大夫害伯宗，將謀而殺之。」以殺欒弗忌在殺伯宗之前，與《内傳》異。彼注云：「欒弗忌，晉大夫，伯宗之黨也。」杜注：「欒弗忌，晉賢大夫。」用韋義。

伯州犁奔楚。【疏證】《論衡・逢遇》作「白州犂」。❷《晉語》：「畢陽實送州犂于荊。」注：「州犂，伯宗子。」杜用韋義。

韓獻子曰：「郤氏其不免乎？

「善人，天地之紀也，【疏證】《後漢書・蔡邕傳》：「王允收邕付廷尉，馬日磾告人曰：『王公其不長世乎？ 善人，國之紀也。』」謂善人能紀綱國家，與傳言「天地之紀」同義。襄三十傳：「善人，國之務也。」❸

「而驟絶之，不亡何待？」【疏證】❹

初，伯宗每朝，其妻必戒之曰：

「『盜憎主人，民惡其上』，子好直言，必及於難。」【疏證】惠士奇云：「『盜憎主人，民怨其上』，周廟金人銘也，其詞曰：『古之慎言人也，無多言，多言多敗。』故云『子好直言，必及於難』。」洪亮吉云：「《家語》載金人銘有此二語，《説苑》作『盜怨主人，民害其

---

❶ 原稿眉批：靖，詁。
❷ 「白州犂」，《論衡・逢遇篇》無此三字。
❸ 「務」，《春秋左傳正義》卷四十作「主」。
❹ 原稿眉批：驟，詁。

貴』。」文淇案：《後漢書·馬援傳》：「援上書曰：『實欲導之于善，非敢譎以非義。而囂自挾姦心，盜憎主人，怨毒之情遂歸于臣。』」注引此傳。《晉語》：「伯宗飲諸大夫酒，其妻曰：『諸大夫莫子若也，然而民不能戴其上久矣。』」注：「戴，奉也。上，賢也，才在人上也。」此傳與《國語》同意，謂民惡才之在己上也。《年表》：「三郤讒伯宗，殺之，伯宗好直諫。」《晉世家》：「伯宗以好直諫得此禍，國人以是不附厲公。」皆明傳著伯宗妻言之義。

十一月，會吴于鍾離，始通吴也。**【疏證】**《魯世家》：「始與吴王壽夢會鍾離。」

許靈公畏偪于鄭，請遷于楚。

辛丑，楚公子申遷許于葉。

**【經】**十有六年，春，王正月，雨木冰。**【注】**劉歆以爲上陽施不下通，下陰施不上達，故雨，而木爲之冰，雰氣寒，木不曲直也。《五行志》。**【疏證】**《五行志》用歆説，列於木不曲直，劉向則以爲「常雨之罰」，與歆異。《公羊》、《穀梁》並云「雨而木冰也」，歆亦云「故雨，而木爲之冰」，則三傳説並謂雨著木而成冰。杜注：「記寒過節，冰封著樹。」不云冰之由雨，非。據歆説，則上陽下通、下陰上達爲天地之正，上施而不下通、下施而不上達，陰陽之氣鬱遏，乃雨而木冰也。《信南山》「雨雪雰雰」傳：「雰雰，雪貌。」《素問·六元正紀大論》「寒雰結爲霜雪」注：「寒雰曰氣也。」❶《廣雅·釋訓》：「雰雰，雨也。」則雰是凍雨結爲霜雪，故歆以雰氣當木冰也。沈欽韓云：「《舊唐書·讓皇帝憲傳》：『開元二十九年冬，京城寒甚，凝霜封樹，時學者以爲《春秋》『雨木冰』即此，是亦名樹介，言其象介冑也。憲見而歎曰：『此俗謂樹稼者也。諺曰：「樹稼，達官怕。」必有大官當之。』」❷

夏，四月，辛未，滕子卒。**【疏證】**滕文公也，名佚。

鄭公子喜帥師侵宋。**【疏證】**杜注：「喜，

❶ 「曰」，《黄帝内經·素問》卷二十一作「白」。

❷ 原稿眉批：「樹稼」條，查《古謠諺》。

穆公子子罕也。」

六月，丙寅，朔，日有食之。無傳。【注】劉歆以爲四月二日魯、衛分。《五行志》。【疏證】臧壽恭云：「案：是年入甲申統一千六十八年，積月一萬三千二百九，閏餘九，積日三十九萬七十三，小餘十五，大餘十三。正月丁酉朔小，小餘五十八。二月丙寅朔大，小餘二十。三月丙申朔小，小餘六十三。四月乙丑朔，二日丙寅。又置上積日加積日八十八，以統法乘之，以十九乘小餘六十三，并之滿周天除去之，餘十一萬五千八百十六。滿統法而一，得積度七十五度餘三百九十一。命如法，得四月乙丑朔，合辰在奎四度，二日丙寅日在奎五度。」

晉侯使欒黶來乞師。【疏證】杜注：「將伐鄭。黶，欒書子。」本疏：「十八年悼公之入，黶尚爲公族大夫，此時欒書尚在，黶未爲卿，蓋以攝卿行。」

甲午，晦，晉侯及楚子、鄭伯戰於鄢陵。楚子、鄭師敗績。【注】服云：「鄢陵，鄭之東南地也。」《晉世家》集解。【疏證】李富孫云：「鄢陵，漢《五行志》作𨻳陵。《淮南·人間》引作鄔陵，《氾論》又作陰陵，注同。《水經·渠水》注引作傿陵。案：《說文》無𨻳字，❶此亦別體。𨻳、陰、傿，皆以字形相近而亂。」案：鄔由「鄔、劉」之鄔而誤，趙匡謂鄢即鄔，不足據，已說於隱元年。《地理志》：「潁川郡鄢陵縣。」❷《郡國志》：「潁川郡𨻳陵，春秋時曰𨻳。」❸劉昭注：「春秋鄭共叔所保，故曰『克段于鄢』。又成十六年晉敗楚于𨻳陵。」❹《晉語》：「遂與荆人戰于鄢陵，❺大勝之。」注：「鄢陵，鄭地。」杜注：「鄢陵，鄭地，今屬潁川郡。」用《漢志》及韋注義。洪亮吉云：「按：晉、楚戰之鄢陵，與克段之鄢本兩地，杜注失于彼而得于此。若劉昭注司馬彪《志》，合兩地爲一，非也。」《地理志》陳留郡別有傿，即隱元年克段之傿，與此別。案：洪說是也。服云鄭謂鄭都，鄭都在今河南開封府新鄭縣。李貽德云：「服以爲鄭東南地者，伐鄭禦楚，則越鄭而

❶「𨻳」，原作「鄢」，今據《春秋三傳異文釋》卷五改。
❷「鄢」，《漢書·地理志》作「傿」。
❸「𨻳」，《後漢書·郡國志》作「鄢」。
❹「𨻳」，《後漢書·郡國志》作「鄢」。
❺「與」，原作「於」，今據《國語正義》卷十二改。

東，而東南與楚遇，當在鄭東南地矣。」沈欽韓云：「《方輿紀要》：『鄢陵舊城在開封府鄢陵縣西北四十里。』」❶今鄢陵在新鄭之西，與服注不合。據傳例「大崩曰敗績」，杜以楚師未大崩，謂「楚子傷目而退，故曰『楚子敗績』」，疏引泓之戰，證「師敗君傷唯書師敗」之事，乃劉炫《述義》語，詳《左傳舊疏考證》。壽曾謂：據《述義》，則舊説亦以經書楚子見義，然敗不稱師，王痍也，乃《公羊》義。《年表》：「晉厲公六年，敗楚鄢陵。」《晉世家》：「楚兵敗於鄢陵。」

楚殺其大夫公子側。**【疏證】**杜注：「側，子反。」

秋，公會晉侯、齊侯、衛侯、宋華元、邾人于沙隨，不見公。**【疏證】**《公羊》「邾」曰「邾婁」。洪亮吉云：「《水經·汳水》注：❷『汳水又東逕寧陵縣之沙陽亭，故沙隨國矣。』」沈欽韓云：「《方輿紀要》：『沙隨城在歸德府寧陵縣北六里。』」

公至自會。

公會尹子、晉侯、齊國佐、邾人伐鄭。**【疏證】**《公羊》「邾」曰「邾婁」。杜注：「尹子，王卿士。子，爵。」沈欽韓云：「按：畿内固有封爵如蘇子者，若公、卿、大夫，但有八命、六命、四命之差，而無公、侯、伯、子、男之次。且尹子爲卿士，若其出封當加一等爲侯伯，不當爲子男也。蓋京師之王官，尊之則曰公，通稱則曰子，若單、劉者，亦曰子亦曰公，不獨尹氏。」《年表》：「鄭成公十年，倍晉盟楚，晉伐我，楚來救。」

曹伯歸自京師。**【疏證】**十五年經：「晉侯執曹伯歸于京師。」

九月，晉人執季孫行父，舍之于苕丘。

**【注】**賈氏以爲書執行父，舍于苕丘，言失其所。不書至者，刺晉聽讒執之，示己無罪也。《釋例》本疏。**【疏證】**《公羊》「苕」曰「招」。臧壽恭云：「苕、招同音相假。」杜注：「苕丘，晉地。」今地闕。杜又云：「舍之苕丘，明不以歸。不稱行人，非使人。」杜但明不稱行人義。本疏：「昭十三年，晉人執季孫意如，意如

❶「北」，《方輿紀要》卷四十七作「南」。

❷「汳」，原缺，今據《水經注箋》卷二十三補。

得釋而歸，書『意如至自晉』。此行父得釋，❶不書『至』者，《釋例》曰『賈氏以爲』云云。按：傳因之苕丘，以別晉都，無義例也。公待于鄆，與行父俱歸，厭于公尊，故不書行父至耳。若欲示無罪，則宜於執見義，今既直書其執處，絶不書至，乃所以示終於見執，非示無罪也。』《穀梁》以行父至不致者，爲公在故，與杜義合也。」據疏說，則杜用《穀梁》『公在』義以駁賈說，賈知行父以無罪執者，李貽德云：「昭十四年，『季孫意如至自晉』，❷傳曰：『尊晉罪己也。』二十四年，『叔孫婼至自晉』，❸傳曰：『尊晉也。』此歸而不書『至』，可證行父以非理見執，無可罪。」按：李説深得賈義。《年表》：「宣伯告晉，欲殺季文子，文子得以義脱。」《魯世家》：「宣伯告晉，欲誅季文子。文子有義，晉人弗許。」史公褒行父有義，當是古《左氏》説，賈所據也。《漢書・朱博傳》：「諫大夫龔勝等十四人以爲：『《春秋》之義，姦以事君，常刑不赦。叔孫僑如欲顛公室，譖其族兄行父於晉，晉執囚行父以亂魯國，❹《春秋》重而書之。』」龔勝等亦以此經書「執」爲重行父，與賈義合。

冬，十月，乙亥，叔孫僑如出奔齊。【疏證】《五行志》「僑」作「喬」。

十有二月，乙丑，季孫行父及晉郤犨盟于扈。【疏證】《公羊》「犨」曰「州」。

公至自會。無傳。

乙酉，刺公子偃。【疏證】釋文：「刺，本又作剌。」杜注：「魯殺大夫皆言刺，義取《周禮》三刺之法。」按：《司刺》注：「刺，殺也。三訊罪定則殺之。」杜用鄭義。

【傳】十有六年，春，楚子自武城使公子成以汝陰之田求成于鄭。【疏證】杜注：「汝水之南，近鄭地。」顧棟高云：「楚文王封畛於汝，楚地止於汝水之南。田蓋在河南汝州郟縣及裕州葉縣間。」梁履繩云：「按：縣屬南陽府。」

鄭叛晉，子駟從楚子盟于武城。【疏證】《年表》：「鄭成公十年，背晉盟楚。」《晉世家》：「厲公

❶「得」上，原衍「不」字，今據《春秋左傳正義》卷二十八刪。

❷「自」，原脱，今據《春秋左氏傳賈服註輯述》卷十補。

❸「叔」，原作「公公」，今據《春秋左傳正義》卷五十改。

❹「以亂」，原脱，今據《漢書・朱博傳》補。

六年春，鄭倍晉與楚盟。」《鄭世家》：「背晉盟，盟于楚。」

**夏，四月，滕文公卒。**

**鄭子罕伐宋，**【疏證】杜注：「滕，宋之與國。鄭因滕有喪而伐宋，故傳舉滕侯卒。侵、伐，經傳異文，經從告，傳言實。」沈欽韓云：「大國有喪，或可乘間以侵小國。滕小宋大，有喪何妨宋事，而因滕喪伐宋乎？杜以傳文不虛出，而强傳其事，殊不思道理也。」

**宋將鉏、樂懼敗諸汋陂。**【疏證】杜注：「樂懼，戴公六世孫。將鉏，樂氏。汋陂，宋地。」疏云：「樂懼是戴公六世孫，《世本》有文也。將鉏爲樂氏之族，不知所出。杜《譜》於樂氏之下樂鉏、將鉏爲一人。傳無樂鉏之文，不知其故何也。」據疏説，則《世本》有樂懼，無將鉏。馬宗璉云：「《水經·泄水》：『出博安縣，北過芍陂。』酈元曰『芍陂在壽春縣南八十里』，《御覽》引《壽春圖經》曰『芍陂在安豐縣』，《豫州記》曰『陳縣地有芍陂湖』。」周宣武《附論》：❶「汋陂即芍陂也，今在安徽鳳陽府壽州境。」

**退舍於夫渠，不儆。**【疏證】杜注：「夫渠，宋地。宋師不儆備。」梁履繩云：「夫渠，疑即渠水也。《水經注》二十二云：『渠水右合五池溝，溝上承澤水，下流注渠，謂之五池口。魏嘉平三年，司馬懿帥中軍討太尉王凌，自彼而還。』」

**鄭人覆之，敗諸汋陵，**【疏證】杜注：「汋陵，宋地。」沈欽韓云：「《元和志》：『汋陵在宋州寧陵縣南二十五里。』宋州，今歸德府。」《春秋輿圖》：「汋陵在河南歸德府寧陵縣南二十五里。」

**獲將鉏、樂懼，宋恃勝也。**

**衛侯伐鄭，至於鳴雁。**❷【疏證】《郡國志》：「陳留郡陳留有鳴雁亭。」杜注：「鳴雁，在陳留雍丘縣西北。」用《漢志》説。焦循云：「《續漢志》『陳留』注：『杜預云：在縣西北。』又雍丘本杞國，杞遷於緣陵，雍丘遂爲宋地。宋地既至雍丘，則鳴雁爲鄭地，自在雍丘之西。雍丘，今之杞縣，在陳留東南。鳴雁在雍丘之西北，而實屬於陳留。劉昭引杜預以鳴雁在陳留縣西北，誤以陳留國爲陳留縣耳。」按：焦説是也。《水經注》：「汳水逕小黄

---

❶「宣武」，原缺，今據《左通補釋》卷十二、卷十四補。

❷「雁」下，《春秋左傳正義》卷二十八有「爲晉故也」四字。

縣故城南，又東逕鳴雁亭，《春秋》衛侯伐鄭，至于鳴雁是也。今俗人尚謂之白雁亭。」顧棟高云：「今開封府杞縣北四十里有白雁亭。」

晉侯將伐鄭。

范文子曰：「若逞吾願，諸侯皆叛，晉可以逞。❶【疏證】《晉語》：「范文子曰：『若以吾意，諸侯皆畔，則晉可爲也。』又『唯厚德者能受多福，稱晉之德，諸侯皆叛，國可以少安』。」注：「宜諸侯皆畔，不復征伐，還自整修，則國可以少安。」杜注：「晉厲公無道，三郤驕。故欲使諸侯叛，冀其懼而思德。」用韋義。

「若唯鄭叛，晉國之憂，可立俟也。」

欒武子曰：「不可以當吾世而失諸侯，必伐鄭。」乃興師。【疏證】《年表》：「鄭成公十年，晉伐我。」《晉世家》：「晉怒，乃發兵。」

欒書將中軍，士燮佐之；【疏證】杜注：「代荀庚。」本疏：「《晉語》云：『鄢陵之役，晉伐鄭，荆救之。欒武子將上軍，范文子將下軍。』與此異者。彼孔晁注：『上下，中軍之上下也。傳曰：「欒書將中軍，士燮佐之。」又曰：「欒、范以其族夾公行。」』引此爲證。是彼謂分中軍爲二，將將上而佐將下。」

郤錡將上軍，荀偃佐之；【疏證】杜注：「代士燮、郤錡。偃，荀庚子。」

韓厥將下軍，郤至佐新軍。荀罃居守。【疏證】杜注：「荀罃，下軍佐。於是郤犨代趙旃將新軍，新上下軍罷矣。」正義：「十三年傳云『韓厥將下軍，荀罃佐之』，又此年末傳云『知武子佐下軍，❷郤犨將新軍』，是其文也。三年作六軍，其新三軍將佐六人，死亡不復補，至此唯有韓厥在耳。郤至佐新軍，不言中下，是新軍唯一。」

郤犨如衛，遂如齊，皆乞師焉。

欒黶來乞師，【疏證】晉語：「且使苦成叔及欒黶興齊、魯之師。」《外傳》不言乞衛師，略。

孟獻子曰：「有勝矣。」【疏證】石經「曰」下

❶ 原稿眉批：逞似久見，不注。

❷ 「末」上，原衍「傳」字，今據《春秋左傳正義》卷二十八刪。「佐」，《春秋左傳正義》卷二十八作「將」。

旁增「晉」，各本無。杜注：「卑讓有禮，故知其將勝楚。」

戊寅，晉師起。【疏證】《晉世家》：「厲公自將。」《鄭世家》：「晉厲公怒，發兵伐鄭。」

鄭人聞有晉師，使告于楚，姚句耳與往。【疏證】杜注：「句耳，鄭大夫。與往，非使也。」

楚子救鄭。【疏證】《年表》：「鄭成公十年，楚來救。」《楚世家》：「共王十六年，晉伐鄭，鄭告急，共王救鄭。」《鄭世家》：「共王救鄭。」

司馬將中軍，

令尹將左，

右尹子辛將右。❶【疏證】杜注：「子反、子重、公子壬夫。」

子反入見申叔時，

曰：「師其何如？」

對曰：「德、刑、詳、義、禮、信，戰之器也。【疏證】正義：「詳者，祥也，古字同。《釋詁》：『祥，善也。』」杜注：「器，猶用也。」疏言：「有此六事，乃可以戰。」

「德以施惠，

「刑以正邪，

「詳以事神，

「義以建利，

「禮以順時，

「信以守物。【疏證】正義：「自『德以施惠』至『信以守物』，辨六事施用之處也。」

「民生厚而德正，

「用利而事節，

「時順而物成，

「上下和睦，周旋不逆，

「求無不具，

「各知其極。

「故《詩》曰：『立我烝民，莫匪爾極。』

【疏證】《思文》傳：「極，中也。」杜注：「《詩·頌》言先王

❶「右」下，《春秋左傳正義》卷二十八有「過申」二字。

立其衆民，無不得中正。」用毛義。《周語》：「芮良夫曰：「夫王人者，將導利而布之上下者也，使神人百物無不得其極。」」亦引此《詩》，與申叔時引《詩》意同。

「是以神降之福，時無災害，

「民生敦厖，和同以聽，【疏證】《北門》傳：❶「敦，厚也。」《釋詁》：「憮、厖，有也。」疏：「成十六年《左傳》云『民生敦厖』，言人生聚豐厚大有也。」當是舊說。杜注：「厖，大也。」亦據《釋詁》文。本疏：「其人生厚大，則心和而聽上命。」

「莫不盡力以從上命，

「致死以補其闕，【疏證】杜注：「闕，戰死者。」陸粲云：「軍國之事有所缺乏，杜注非也。」

「此戰之所由克也。【疏證】本疏：「自『民生厚』至『所由克』，言能用六事得戰勝之意也。」又謂：「『民生厚而德正』，覆上『德以施惠』；『用利而事節』，覆上『義以建利』；『時順而物成』，覆上『禮以順時』。自『上下和睦』以下至『莫匪爾極』，即包上『刑以正邪』、『信以守物』。『是以神降之福』二句，覆上『詳以事神』。」❷疏言「覆上」，或言「包上」，謂申說六事也。服於下文分疏六事，則疏所稱或亦舊說。

「今楚內棄其民，而外絶其好；瀆齊民，❸而食話言；奸時以動，而疲民以逞。【注】服以「外絶其好」爲刑不正邪，「食話言」爲義不建利，「疲民以逞」爲信不守物。本疏。【疏證】洪亮吉云：「崔憬《易》注曰：『瀆，古黷字。』傳皆以瀆爲黷。案：虞翻《易》注：『瀆，亂。』」如洪說，則傳古文亦作「瀆」也。杜以「內棄其民」爲「不施惠」，「外絶其好」爲「義不建利」，「瀆齊民」爲「不詳事神」，「食話言」爲「信不守物」，「奸時以動」爲「禮不順時。周四月，今二月，妨農業」，「疲民以逞」爲「刑不正邪，而苟快意」。疏云：「自『今楚內棄其民』至『疲民以逞』，言楚不行六事也。」又云：「此六句言楚無此六事，隨便而言，故與上不次。服虔以『外絶其好』爲刑不正邪也，『食話言』爲義不建利也，『疲民以逞』爲信不守物也。杜以『食話言』是言

❶「北門」，原缺，今據《毛詩正義》卷二補。

❷「詳」，原作「祥」，今據《春秋左傳正義》卷二十八改。

❸「民」，《春秋左傳正義》卷二十八作「盟」。

之不信也，快意征伐是刑之失所也，故不從舊説。」文淇按：疏所言唯舉杜之異於服者，其餘三句，杜皆用服説矣。疏謂「此六句隨便而言，與上不次」，亦足明服虔解此六句依上六事之次矣。

「民不知信，進退罪也。【疏證】本疏：「『民不知信』以下言楚必敗之意也。」

「人恤所底，其誰致死？【疏證】《□□》傳：「底，至也。」

「子其勉之！吾不復見子矣。」【疏證】釋文：「一本無『復』字。」

姚句耳先歸，

子駟問焉。【疏證】問楚師之彊弱。

對曰：「其行速，過險而不整。

「速則失志，不整喪列。

「志失列喪，將何以戰？

「楚懼不可用也。」

五月，晉師濟河。聞楚師將至，【疏證】《晉世家》：「五月度河，聞楚兵來救。」

范文子欲反，

曰：「我僞逃楚，可以紓憂。【疏證】俞樾云：「范文子欲反則真逃楚矣，何僞之有？『僞』當作『爲』，爲猶如也。」

「夫合諸侯，非吾所能也，以遺能者。

「我若群臣輯睦以事君，多矣。」【疏證】石經「若」下旁增「退」，「矣」下旁增「又何求」，各本無。❶釋文：「輯，又作集。」《晉世家》：「范文子請公欲還。」

武子曰：「不可。」【疏證】《晉世家》：「郤至曰：『發兵誅逆，見彊辟之，無以令諸侯。』」

六月，晉、楚遇於鄢陵。【疏證】《鄭世家》：「晉、楚戰鄢陵。」

范文子不欲戰。

郤至曰：「韓之戰，惠公不振旅；【疏證】僖十五年經：「冬，十有一月，壬戌，晉侯及秦伯戰于韓，獲晉侯。」是其事也。《晉語》：「昔韓之役，惠公不

---

❶ 原稿眉批：旁增初見條下須辨明朱梁所加。

復舍。」

「箕之役，先軫不反命；【疏證】僖三十三年經：「秋，晉人敗狄于箕。」傳：「先軫免胄入狄師，死焉。」是其事也。

「邲之役，❶荀伯不復從，【疏證】宣十二年經：「夏，六月，晉荀林父帥師及楚子戰于邲，晉師敗績。」是其事也。《晉語》：「箕之役，先軫不復命。」注：「晉人敗狄于箕，先軫死之，故不反命於君。」杜用韋説，杜注：「荀林父奔走，不復故道。」顧炎武云：「非也，謂不復從事于楚。」沈欽韓云：「按：『不復從』，謂晉之餘師不能軍，或説荀罃爲楚師所獲，不復從軍而歸。」❷文淇案：《晉語》作「邲之役，三軍不振旅」，與此小異。壽曾謂：《晉語》注：「師敗衆散，故不能振旅而入。」杜於韓之役注云「衆散敗也」，誤用此邲役。韋説「復從」義難解，俞樾云：「王念孫曰：『從，蓋徒字之誤。邲之敗，徒衆不反者多，故云不復徒。』❸然『不復徒』之語亦爲不辭。從，疑役之誤，復者，反也。襄三年傳曰：『反役，與之禮食。』定十年傳曰：『反役，晉人討衛之叛。』此云『復役』，義亦同耳。」按：如俞説，則荀伯當斥荀罃。

「皆晉之耻也。

「子亦見先君之事矣。

「今我辟楚，又益耻也。」【疏證】以上《晉語》以爲欒武子語。

文子曰：「吾先君之亟戰也，有故。

「秦、狄、齊、楚皆彊，

「不盡力，子孫將弱。

「今三彊服矣，【疏證】杜注：「齊、秦、狄。」

「敵楚而已。

「惟聖人能外内無患。自非聖人，外寧必有内憂，盍釋楚以爲外懼乎？」【疏證】《晉語》：「范文子曰：『且惟聖人能無外患，又無内憂，距非聖人，必偏而後可。盍姑釋荆與鄭以爲外患乎？』」注：「釋，置也。」

❶「役」，《春秋左傳正義》卷二十八作「師」。

❷「軍」上，原衍「楚」字，今據《春秋左氏傳補注》卷六删。

❸「徒」，原作「從」，今據《群經平議》卷二十六改。

甲午晦，楚晨壓晉軍而陳，**【疏證】**《晉語》：「鄢陵之役，荆厭晉軍。」注：「厭，謂厭其不備也。」引傳亦作「厭」。杜注：「壓，笮其未備。」用韋義。

軍吏患之。

范匄趨進，**【疏證】**釋文：「匄，本又作丐。」李富孫云：「《吕覽·開春》注、《晉世家》音義並同。《説文》：『匄，乞也。』丐，俗字。」《晉語》注：「匄，范文子之子宣子也。爲公族大夫。」杜注：「匄，士燮子。」用韋説。

曰：「塞井夷竈，陳於軍中，**【注】**賈云：「夷，毁也。」《一切經音義》引《國語》注。**【疏證】**《晉語》：「夷竈堙井，非退而何？」注：「夷，平也。使晉軍平塞井竈，示必死，不復飲食。」杜無注，下「將塞井夷竈而爲行也」，注：「夷，平也。」用韋義。案：《外傳》不云「陳軍中」，故韋止謂「示不飲食」。《讀本》：「楚壓晉軍，戰道已隘，取井竈之地以陳師。」與傳義合。

「而疏行首。**【疏證】**杜注：「疏行首者，當陳前決開營壘爲戰道。」按：上云「陳於軍中」，則戰道已包上文，此謂軍之行列也。惠棟云：「《司馬法》曰：『凡陳，行惟疏。』《淮南子》曰：『疏隊而擊之。』❶高誘曰：『疏，分也。』」沈欽韓云：「行首，即領隊者也。《吴語》：『陳士卒，百人以爲徹行，百行。行頭皆官師，擁鐸拱稽。』此在壘中整頓之事也。行頭即行首。」

「晉、楚惟天所授，何患焉？」

文子執戈逐之，曰：

「國之存亡，天也，童子何知焉？」

欒書曰：「楚師輕窕，**【疏證】**杜無注。《廣雅·釋詁》：「獧佻，疾也。」王念孫云：「《方言》：佻，音糶。《韓子·詭使》篇云：『躁佻反覆謂之智。』成十六年《左傳》：『楚師輕窕。』窕與佻通。《史記·荆燕世家》：『遂跳驅至長安。』跳驅謂疾驅也，義亦與佻同。」沈欽韓云：「《漢書·周亞夫傳》：『楚兵輕剽，難與爭鋒。』」

「固壘而待之，三日必退。

「退而擊之，必獲勝焉。」

郤至曰：「楚有六間，不可失也。**【疏證】**《晉語》注：「間，隙也。」

---

❶「擊」，原作「分」，今據《淮南鴻烈解》卷十二改。

「其二卿相惡，【疏證】杜注：「子重、子反。」

「王卒以舊，【疏證】杜注：「罷老不代。」《晉語》無此二間。

「鄭陳而不整，【疏證】《晉語》：「夫楚與鄭陳而不與整，三間也。」注：「雖陳，不整齊。」杜注：「不整列。」用韋義。《外傳》「陳」兼楚言，與傳異。

「蠻軍而不陳，【疏證】《晉語》：「夫南夷與楚來而弗與陳，二間也。」注：「不與陳，不欲戰也。」杜注：「蠻夷從楚者不結陳。」用韋義。此楚所屬蠻也。《後漢書·南蠻傳》：「今長沙武陵蠻是也。平王東遷，蠻遂侵暴上國。晉文侯輔政，乃率蔡共侯擊敗之。至楚武王時，蠻與羅子共敗楚師，殺其將屈瑕。莊王初立，民飢兵弱，復爲所寇。楚師既振，然後乃服，自是遂屬於楚。鄢陵之役，蠻與楚恭王合兵擊晉。」注引此傳。

「陳不違晦，【疏證】《晉語》：「夫陳不違忌，一間也。」注：「違，避也。晦，陰氣盡，兵亦陰，故忌之。」杜注：「晦，月終，陰之盡。故兵家以爲忌。」用韋義。

「在陳而囂，合而加囂。【疏證】□□注：「囂，諠也。」《晉語》：「且其士卒在陳而諠，四間也。夫衆聞諠則必懼，五間也。」《外傳》析「合而加囂」爲間之一。注：「諠，囂也。」囂、諠互相訓。杜注：「囂，喧嘩也。」用韋説。

「各顧其後，莫有鬭心，【疏證】蒙上「鄭陳」、「蠻軍」二句言。《晉語》：「鄭將顧楚，楚將顧夷，莫有鬭心，不可失也。」

「舊必不良，【疏證】蒙上「王卒以舊」言。杜無注。《淮南·氾論訓》：「苟利于民，不必法古；苟周于事，不必循舊。」高注：「舊，常也。傳曰：『舊不必良。』」高氏取此傳古説。

「以犯天忌，【疏證】蒙上「陳不違晦」。

「我必克之。」

楚子登巢車，以望晉軍。【疏證】《九經字樣》「登」作「桼」。釋文：「巢，《説文》作轈。」洪亮吉云：「《説文》：『轈，兵車，高如巢，以望敵也。《春秋傳》曰：「楚子登轈車。」』《廣雅》：『巢，高也。』按：今本作巢。杜注：『巢車，車上爲櫓。』今考《説文》：『櫓，澤中守草樓也。』杜合轈、櫓爲一，恐非。」按：洪説是也。許書作「轈」，則賈、杜本異，惟《廣雅·釋詁》：「嵾巢，高也。」洪引誤。

王念孫云：「《小爾雅》：『巢，高也。』《爾雅》：『大笙謂之巢。』孫炎云：『巢，高大也。』」據王説，則「巢」之訓高，由《釋樂》之「巢」生訓，傳宜作「轈車」，作「巢」，亦後出字。沈欽韓云：「《通典》：『以八輪車，上樹高竿，竿上安轆轤，以繩挽板屋，止竿首，以窺城中。板屋方四尺，高五尺，有十二孔，四面別布。車可進退，圜城而行，於營中遠視，亦謂之巢車。如鳥之巢，即今之板屋也。』」

子重使太宰伯州犁侍于王後。【疏證】杜注：「州犁，伯宗子。」十五年傳：「晉三郤害伯宗，州犁奔楚。」

王曰：「騁而左右，何也？」曰：「召軍吏也。」【疏證】洪亮吉云：「王逸《楚辭章句》：『騁，馳也。』杜注：『走也。』義亦同。」

「皆聚於中軍矣。」曰：「合謀也。」

「張幕矣。」曰：「虔卜於先君也。」【疏證】《廣雅·釋詁》：❶「虔，敬也。」朱鶴齡云：「可證古者出師，必載遷廟之主以行。」

「徹幕矣。」曰：「將發命也。」

「甚囂，且塵上矣。」曰：「將塞井夷竈而爲行也。」

「皆乘矣，左右執兵而下矣。」曰：「聽誓也。」【疏證】杜注：「左，將帥。右，車右。」此將帥指一車之將，非元帥也。釋於元年傳「中御而從齊侯」。❷

「戰乎？」曰：「未可知也。」

「乘而左右皆下矣。」曰：「戰禱也。」【疏證】此「左右」亦指車之將及車右。杜注：「禱，請於鬼神。」❸

伯州犁以公卒告王。

苗賁皇在晉侯之側，亦以王卒告。【疏證】杜注：「賁皇，楚鬭椒子。宣四年奔晉。」按：苗賁皇，❹宣十七年傳始見，其以宣四年奔晉，它無所記。杜

❶「詁」，原缺，今據《廣雅》卷一補。
❷「元」，當作「二」。
❸原稿眉批：查吉日。
❹「苗」，原重文，今刪。

據宣四年楚殺鬬椒而言。

皆曰：「國士在，且厚，不可當也。」【注】服云：「賁皇、州犁皆言曰，晉、楚之士皆在君側，且陳厚不可當。」本疏。【疏證】杜注：「晉侯左右皆以伯州犁在楚，知晉之情。且謂楚衆多，故憚合戰。與苗賁皇意異。」不用服說。疏云：「以爲州犁言晉彊，賁皇言楚彊，故云『皆曰』也。」此疏申服意。洪亮吉引爲服說，非。疏又云：「若如服言，賁皇既言楚不可當，何故復請分良以擊其左右？故杜不用其說。晉侯左右皆爲此言，以憚伯州犁耳。」李貽德云：「上文『伯州犁以公卒告王，苗賁皇在晉侯之側，亦以王卒告』，此『皆曰』者指告之言，賁皇惟以國士在楚軍中，故先『請分良擊其左右』，則以中軍不可敵，挫其左右以動之也，與上文不相礙。服止言君側之士不可當，非謂楚概不可當，若從杜意，則傳當曰『晉楚之左右皆曰』，以別上文，不得僅云『皆曰』矣。陳即陣，《御覽·兵部》引諸葛亮軍令曰：『連衡陳者狹而厚。』當猶敵也。」按：李說是也。惠棟云：「『皆曰』，皆晉楚之人也。晉以楚有州犁，楚以晉有苗賁皇，故云『國士在』。」惠解「國士」爲敵國之士，與服、杜皆異，可備一說。

苗賁皇言於晉侯曰：「楚之良，在其中軍王族而已。【疏證】杜無注。《楚語》：「在中軍王族而已。」韋氏以「族」爲「部屬」，詳下「欒、范以其族夾公行」疏證。

「請分良以擊其左右，

「而三軍萃于王卒，必大敗之。」【疏證】杜氏訓「萃」爲「集」，而不解「三萃」。襄二十六年傳：「吾乃四萃於其王族，必大敗之。」彼疏云：「《楚語》：『三萃以攻其王族，必大敗之。』韋昭云：『萃，集也。時晉有四軍，言三集者，中軍先入，而上下及新軍乃三集以攻之。』韋昭見彼爲『三』字，故說之使通耳。蓋二文不同，必有一誤。」王引之云：「『三軍萃於王卒』，『三萃以攻其王族』，三當爲三。《說文》：『三，籀文四。』鄭注《覲禮》：『古書作三四，或皆積畫，字相似，由此誤也。』晉之四軍，合而攻楚之中軍，故曰『四軍萃於王卒』，又曰『四萃於其王族』，不得言三也。學者多見三，少見三，故三字誤書作三，幸有襄二十六年『四萃』之文足以證之耳。」

公筮之。史曰：「吉。其卦遇復，【注】

服云：「復，反也。陰盛於上，陽動於下，以諭小人作亂於上，聖人興道於下，萬物復萌，制度復理，故曰復也。」本疏。【疏證】杜注：「震下坤上，復，無變。」服説占筮例，明內外卦，此亦杜襲服語無變之卦義，主彖卦辭。《復》彖曰：「剛反動而以順行。」虞注云：「剛從艮入坤，從反震，故曰『反動』。坤順震行，故『而以順行』。陽不從上來反初。」張惠言云：「謙艮也，艮有反震象。」是虞氏以復爲艮反震，故云「陽不從上反初也」。服注：「復，反也。」此虞義所出。又卦辭云：「反復其道，七日來復，利有攸往。」虞注云：「剛來反初，陽息臨成乾，小人道消，君子道長。」即用服注「小人作亂於上，聖人興道於下」義。「萬物萌，制度理」謂利攸往也。《大象》虞注云：「復爲陽始，遘則陰始，天地之始，陰陽之首。」

「曰：『南國蹙，【疏證】杜注：「復，陽長之卦。陽氣起子，南行推陰，故曰南國蹙也。《復》彖：「七日來復，天行也。」張惠言云：「陽生於子，消於午，天之大數七也。」則「南國蹙」謂陽氣消午，杜説未備。杜不解「蹙」字義，據下服注「陽氣射出」，則服以「南國」爲陽氣，杜用服説。顧炎武云：「《易》以外卦爲南，《明夷》之九三曰『明夷於南狩』是也。復，一陽浸長而至于乾，有南國蹙之象。」《□□》傳：「蹙，促也。」《廣雅・釋詁》：「蹙、緌，縮也。」王念孫云：「《説文》：『縮，蹴也。』❶《小雅・節南山》篇：『蹙蹙靡所騁。』成十六年《左傳》：『南國蹙。』《哀公問》云：『孔子蹴然辟席而對。』《論語・鄉黨》篇：『踧踖如也。』並字異而義同。」據王説，則蹙謂土地削小。

「『射其元王，中厥目。』【注】服虔以爲陽氣觸地射出，爲射之象。本疏。【疏證】杜注：「南國勢蹙，則離受其咎。離爲諸侯，又爲目。陽氣激南，飛矢之象。」疏引服説又云：「二者無所依馮，各以意説，得失終於無驗，是非無以分明。」惠士奇云：「此與僖十五年『千乘三去，三去之餘，獲其雄狐』，皆夏商之《易》也。或據《周易》以解之，皆不得其義。蓋夏商占七八，《周易》占九六，其辭義各有異同，不可强解。」按：惠説是也。復無離象，杜云「離受其咎」，又云「離爲諸侯爲目」者，復卦辭：「出入无疾，朋來无咎。」虞注：「出震成乾，入巽成

❶「蹴」，原作「蹙」，今據《廣雅疏證》卷三下改。

坤。」惠言云：「震、巽、兑、艮皆可見離象。」杜謂復有離象，據虞義。服云「陽氣觸地」，地謂坤，其云「陽氣」或亦指離。杜與服同説，疏强以爲異。焦循謂：「復、姤旁通，姤上之復三成明夷。三上爲戰伐之象，三即南國之王。」詳服、杜説，皆不以爻占，若審占三爻，則傳當云復之明夷，焦説非也。

「國蹙、王傷，不敗何待？」

公從之。【疏證】杜注：「從其言而戰。」

有淖於前，【疏證】洪亮吉云：「《説文》：『淖，泥也。』《一切經音義》引《倉頡》：『淖，深泥也。』」

乃皆左右相違於淖。【疏證】《□語》注：「違，❶辟也。」杜用韋義。

步毅御晉厲公，欒鍼爲右。【疏證】杜注：「步毅即郤毅。」

彭名御楚共王，潘黨爲右。

石首御鄭成公，唐苟爲右。

欒、范以其族夾公行，【疏證】杜注：「二族强，故在公左右。」疏云：「劉炫云：『族者，屬也。屬謂中軍，以中軍夾公耳，非謂宗族之兵。』今知非者，杜云『二族』者，順傳之文，無妄言宗族之事，❷劉誣杜以爲宗族，妄規其過，非也。」文淇案：杜雖未明言宗族，然云「二族强，故在公左右」，語意似以爲宗族，劉炫規之是也。且以族爲宗族，杜蓋本唐固説。《楚語》：「在中軍王族而已。」注：「唐云：『族，親族，同姓也。』昭謂：族，部屬也。」傳曰：『欒、范以其族夾公行。』時二子將中軍，中軍非二子之親也。」韋義與唐異，杜若以族爲部屬，則注當明言之矣。

陷於淖。

欒書將載晉侯，

鍼曰：「書退。【疏證】杜注：「在君前，故子名其父。」《曲禮》：「君前臣名。」注：「對至尊，無大小皆稱名。」杜用鄭義。彼疏引此傳文，又云：「鍼是書之子，對晉侯而稱書，是于君前臣名其父也。」

「國有大任，焉得專之？【疏證】杜注：「大任，謂元帥之職。」按：大任猶言大事，欒書將中軍已是

❶「違辟也」，《國語正義》無此三字。

❷「妄」，《春秋左傳正義》卷二十八作「明」。

元帥，杜説非。

「且侵官，冒也；【疏證】杜注：「載公爲侵官。」按：謂侵御戎之事。《晉書・庾旉傳》：「武帝以博士不答所問，答所不問，大怒，下有司。尚書朱整、褚䂮等奏：❶『旉侵官離局，迷罔朝廷。』」

「失官，慢也；【疏證】杜注：「去將而御。」

「離局，姦也。【注】舊注：「局，部也。」《後漢書・袁紹傳》注。【疏證】《後漢書・袁紹傳》：「《討曹操檄》曰：『時冀州方有北鄙之警，未遑離局。』」注引《左傳》曰：「『局，部也。』杜預注曰：『遠其部曲爲離局。』」按：所引杜注與今本同，則「局，部也」當是舊説，引者脱「注」字耳，今定爲舊注。

「有三罪焉，不可犯也。」

乃掀公以出於淖。【疏證】杜注：「掀，舉也。」釋文：「徐言反，云捧轂舉之，則公掀起也。一曰掀，引也，胡根反。」文淇案：《説文》：「掀，舉出也。《春秋傳》曰：『掀公出于淖。』」此必《左氏》舊説，杜注本此。

癸巳，潘尫之黨【疏證】杜注：「黨，潘尫之子。」釋文：「之黨，一本作潘尫之子黨。按注『黨，潘尫之子』也，則傳文不得有『子』字，古本此及襄二十三年『申鮮虞之傳摯』，皆無『子』字。」李富孫云：「按正義云：『潘尫之子，其名爲黨，申鮮虞之傳摯，辭與此同，古人爲文略言耳。』是舊本無『子』字，後人從而增益之。」

與養由基蹲甲而射之，【注】京相璠曰：「在襄城郟縣西南。養，水名也。」《水經・汝水》注。【疏證】《淮南・説山訓》：「楚王有白蝯，使養由基射之。」注：「由基，楚王之臣，養姓。」馬宗璉云：「由基，蓋以地爲氏，高誘以養爲姓，疑非。」洪亮吉云：「按：養，蓋所食采地。《郡國志》：『潁川郡襄有養陰里。』《水經注》稱京相璠曰：『在襄城郟縣西南。養，水名也。』」按：襄城，在今河南府襄城縣治。杜注：「蹲，聚也。」惠棟云：「蹲，古文作踆，蹲猶立也。《群經音辨》云：『蹲，才丸反。鄭康成讀。』」據惠説，則傳謂立甲而射之，不用杜説。案：《廣雅・釋詁》：「蕁、欒，聚也。」王念孫

❶「奏」，原脱，今據《晉書・庾旉傳》補。

云：「《說文》：『蕁，叢萃也。❶傳，聚也。噂，聚語也。』成十六年《左傳》『蹲甲而射之』，蹲與蕁亦聲近義同。」則杜意蹲與蕁、傳通，不必改訓爲立。釋文：「蹲，在尊、在損、才官三反。」「才官」即據鄭音。

徹七札焉。【疏證】杜注：「一發達七札。」未詳「七札」義。惠棟云：「七札，一甲之度也。揚雄《太玄》曰：『比札爲甲。』《周禮》疏云：『一葉爲一札。』《吕覽・愛士》篇云：『韓原之戰，晉惠公之右路石奮投而擊繆公之甲，❷中之者已六札矣。』言六札者，惟一札未陷耳。知甲以七札爲數也，徹七札者猶言貫甲也。」惠引《周禮》疏見《考工記・函人》注「革堅者札長」下。洪亮吉云：「《廣雅》：『札，甲也。』按：『徹七札』言徹七重甲，能陷堅也。」與惠説同。《隋書・虞世基傳》：「嘗於莫府山校獵，令世基作《講武賦》，曰：『中小枝于戟刃，徹蹲札于甲裳。』」亦以札爲甲葉。

以示王，曰：「君有二臣如此，何憂於戰？」

王怒曰：「大辱國！詰朝爾射，死藝。」【疏證】杜注：「詰朝，猶明朝，是戰日。」

呂錡夢射月，中之，退入於泥。【疏證】《晉語》注：❸「吕錡，廚武子也。」杜注：「吕錡，魏錡也。」按：吕是錡采邑。

占之，曰：「姬姓，日也；異姓，月也，必楚王也。【疏證】杜注：「周世姬姓尊，異姓卑。」

「射而中之，退入於泥，亦必死矣。」

及戰，射共王，中目。【疏證】《晉世家》：「癸巳，射中楚共王目。」《楚世家》：「晉敗楚，射中共王目。」

王召養由基，與之兩矢，使射呂錡。中項，伏弢。【疏證】《説文》：「弢，弓衣。」《晉語》：❹「弢無弓。」注同。

以一矢復命。

---

❶「萃」，《廣雅疏證》卷三下作「草」。

❷「奮」，原作「奪」，今據《皇清經解》卷三百五十五《春秋左傳補註》改。

❸「晉」，原缺，今據《國語正義》卷十三補。

❹「晉」，當作「齊」。

郤至三遇楚子之卒，

見楚子，必下，免冑而趨風。【疏證】《晉語》注：「免，脱也。脱之爲障耳。」杜注：「疾如風。」焦循云：「按：風亦如『馬牛其風』之風，謂免冑而趨走也。」

楚子使工尹襄問之以弓，【疏證】《晉語》注：「工尹，楚官，襄其名。問，遺也。」杜注：「問，遺也。」用韋義。《穀梁》隱元年傳：「聘弓鍭矢不出竟。」疏：「麋信云：『聘，問也。古者以弓矢相聘問。』故《左傳》云楚子問郤至以弓。」麋氏蓋取《左氏》舊説，聘用弓矢者，軍中禮也。《曲禮》：「以弓劍、苞苴、簞笥問人者。」注：「問猶遺也。」疏：「問謂因問有物遺之也。問者，或自有事奉人，或聞彼有事而問之，問之悉有物表其義。」本疏：「遺人以物，謂之問。」與《禮》疏義同。

曰：「方事之殷也，【疏證】《晉語》注：「事，戎事也。殷，盛也。」杜用韋義。鄭玄《儀禮》注亦云：「殷，盛也。」

「有韎韋之跗注，君子也。【注】鄭本作「不注」，説云：「不，讀如跗。跗，幅也。注，屬也。幅有屬也，以淺赤韋爲弁，又裁韋如布帛之幅，而連屬以爲衣，而素裳白舄也。」《六月》疏引《雜問志》。先儒云：「韎，絳色，今時伍伯衣。」《宋書·禮志》。鄭後司農説以爲：「韎，茅蒐染也，韎聲也。」《晉語》注。賈云：「一染曰韎。」本疏、《晉語》注。賈、服云：「跗，謂足跗。注，屬也。袴而屬于跗。」《司服》疏。【疏證】《瞻彼洛矣》「韎韐有奭」，傳：「韎韐者，茅蒐染草也。一入曰韎韐，所以代韠也。」箋：「韎韐者，茅蒐染也。茅蒐，韎韐聲也。」《校勘記》及陳壽祺、陳奂皆以毛傳「韎」下「韐」爲衍文。王引之《經義述聞》云：「毛傳原文本作『韎，染韋也』，今本『韎』下有『者茅蒐』三字，此涉鄭箋『韎者，茅蒐染』而誤衍也。蓋毛以染韋一入之色爲韎，故曰『韎，染韋也』。《晉語》『韎韋之跗注』，韋注曰：『三君云：一染曰韎。鄭後司農説以爲「韎，茅蒐染也」。』云鄭以爲茅蒐染，則毛不以爲茅蒐染明矣。三君皆從毛義，故但言『一染曰韎』，而不言『茅蒐』也。《説文》：『韎，茅蒐染韋也。一入曰韎。』『茅蒐』二字，亦後人依誤本毛傳加之也。賈景伯注成十六年《左傳》及《晉語》並云『一染曰韎』，賈、許皆治《毛詩》，故以一入爲韎，至康成始以茅蒐爲韎。茅蒐爲韎與一入爲韎，二者各爲一義，不可强同也。」按：王説是也。賈君注内外《傳》并用毛傳，《内傳》注易染爲入者，染、入義通。本疏：「《釋器》云『一染謂之縓』，謂一入赤爲淺赤色也。」陳奐《詩疏》云：「《玉藻》注：『緼，赤黄之間色。』所謂韎也。《士冠禮》注：『凡染絳，一入謂之縓。』緼與縓古聲同，韎即縓也。《説文》『韎』從末聲，不從未聲。」陳説即賈君義也。鄭不説韎，異於賈、服，《外傳》注引其説止言「韎」，《詩》箋兼言「韎韐」，又自不同，當以《外傳》注爲是。知者，《詩》箋「韎韐」，「韐」衍文，本疏引鄭玄《詩》注云：「韎，茅蒐染也。韎聲也。」無「韐」可證。陳奐《詩疏》謂「韎韋」即「韎韐」，非。《瞻彼洛矣》疏引《駁異義》云：「韎，草名，齊魯之間言韎韐聲如茅蒐，字當作韎，陳留人謂之蒨。」亦無「韐」字。《異義》文佚，以鄭駁推之，則許君當以韎爲染韋矣。《晉語》注既引三君、後鄭説，又云：「昭謂：『茅蒐，今絳草也。急疾呼，茅蒐成韎也。凡染，一入爲縓。』」韋氏兼用鄭、賈説。陳壽祺《異義疏證》云：「許君《説文》謂韎即縓，以色言之。《異義》亦當云爾。鄭謂韎即茅蒐，以聲言之。」其剖析許、賈、鄭之異尤核。韋氏合賈、鄭爲一義，非。其説「跗注」云：「兵服，自要以下注於跗。」與《司服》所引賈、服説合。杜注亦云：「戎服，若袴而屬於跗，與袴連。」韋、杜並用賈、服説。李貽德云：「《説文》：『絝，脛衣也。』賈、服云：『袴而屬於跗。』非以脛衣當之，謂若袴之連于跗，舉袴以擬其狀。杜云『若袴而屬於跗』，蓋即用賈、服舊注。《周禮》疏引賈、服注，脱『若』字耳。」按：李説是也。《司服》：「凡兵事，韋弁服。」注：「韋弁，以韎韋爲弁，又以爲衣裳。《春秋傳》曰『晉郤至衣韎韋之跗注』是也。」疏：「《左傳》成十六年：『楚子曰：「韎韋之跗注，君子也。」使工尹襄問郤至以弓。』」下引賈、服等説。又云：「若據鄭《雜問志》，則以跗爲幅，注亦以爲屬，以韎韋幅如布帛之幅，而連屬以爲衣，而素裳。既與諸家不同，又與此注裳亦用韎韋有同者有異者，鄭君兩解，此注與賈、服同，裳亦用韎韋也。至彼《雜問志》裳用素者，從白舄之義。」按：鄭君《禮》注説韎兼衣裳言，賈、服等説稱袴而屬於跗，則韎韋是下服，非衣非裳。《禮》疏謂「鄭注與賈、服同，裳亦用韎韋」，則似賈、服謂韎韋爲裳，又似賈、服説韎韋兼衣裳言，分析殊未審。其鄭《志》之異於賈、服者，賈、服以跗爲足，鄭以跗爲幅，賈、服以韎韋爲下服，鄭以韎韋爲上服。鄭既以韎爲上服，裳色無所據，故稱「素裳白舄」。據《聘禮》「君使卿韋弁，歸饔餼」注：「其服蓋韎布以爲衣而素裳。」則鄭君以聘服當軍服矣。《聘禮》疏又別引鄭《志》文，約與《六月》疏同，又云：「謂制韋如布帛之幅，而連屬爲衣及裳。」無「素裳白舄」之文，又與《周禮》注「韎韋以爲衣裳」合。則鄭君於此傳「韎韋」無定論，其弟子各隨所聞記之，止據《禮》疏所引鄭《志》，則鄭君異於賈、服者，惟跗幅之訓及韎韋近衣色言二事耳。沈欽韓云：「杜注乃賈、服説。案彼所指乃漢魏以下戎服，所謂袴褶也，《隋書·禮儀志》：『袴褶，近代服以從戎。今纂嚴，則文武百官咸服之。車駕親戎，則縛袴，不舒散也。中紫褶，❶外官絳褶，腰皮帶，以代鞶革。』」《方言》：「大袴謂之倒頓。」郭云：「今雹袴也。」隋唐武官皆著大口袴褶，蓋本趙武靈王胡服所始，周時無此制也。當依鄭《志》。沈氏謂賈、服等以韎爲袴褶，明與鄭《志》不同。然鄭君《禮》注同於賈、服，《禮》疏所説甚明，則鄭君亦以韎爲袴褶，不必依鄭《志》未定之論，沈説非。《宋書·禮志》：「《周禮》：『革路以即戎。』又曰：『兵事韋弁服。』以韎韋爲弁，又以爲衣裳。《春秋左傳》：『戎服將事。』又云：『晉郤至衣韎韋之跗注。』先儒云：『韎，絳色，今時伍伯衣。』説者云五霸兵戰，猶有綬紱、冠纓、漫胡，則戎服非袴褶之制，未詳孰是。」《宋志》引《周禮》説，即鄭君《禮》注義，其引《左傳》先儒説與《司服》鄭注略同。伍伯爲漢隸人稱，則亦是漢人《左氏》舊説。稱「衣」不與「裳」對文，據其駁語，則此先儒説亦以袴褶當之，與賈、服説及鄭君《禮》注同。鄭君《禮》注引傳字作「跗注」，與賈、服本同，而鄭《志》作「不跗」者，❷惠棟云：「『不』與『跗』古字通，見《詩》箋。以『跗注』爲『不注』者，鄭所授《春秋》異讀也。」臧玉琳云：「不，假借字，《左氏》正文必作不，故賈、服讀爲跗。」按：臧氏誤以鄭讀爲賈、服讀。本疏云：「鄭以跗當爲幅，謂裁韋若布帛之幅相屬。」即約鄭《志》語，則鄭氏所據又作「跗」之本矣。❸

「識見不穀而趨，無乃傷乎？」【疏證】惠棟云：「識，當爲適。《外傳》作屬，訓爲適。」按：《外傳》注又云：「傷，恐其傷也。」杜用韋説。

郤至見客，免冑承命，曰：

---

❶「紫」上，《隋書·禮儀志》有「官」字。
❷「跗」，疑當作「注」。
❸「作」，原重文，今删。

「君之外臣至，從寡君之戎事，以君之靈，間蒙甲冑，【疏證】杜注：「間，近也。」釋文：「近，一本作與，音預。」王念孫云：「訓間爲近，於義無取。一本作『與』是也。言以君之靈，得與蒙甲冑也。」洪亮吉云：「莊九年、昭二十六年杜注並云：『間，與也。』則此傳亦宜訓『與』爲是，謂與與甲冑之事耳。❶又高誘《淮南》注：『間，遠也。』則『間』無近義可知。」據洪説，則「間」訓與，不煩改字。《晉語》注：「蒙，被也。」

「不敢拜命。【疏證】杜注：「介者不拜。」用《曲禮》説。

「敢告不寧，君命之辱。【疏證】杜注：「以君辱賜命，故不敢自安。」疏：「劉炫以爲：『楚王云「無乃傷乎」，恐其傷也。答云「敢告不寧」，告其身不傷耳。魏犨云「不有寧也」，以傷爲寧，此與魏犨相似。』」又駁炫説云：「彼云『不有寧』，謂不有損傷，此直云『不寧』，既無『有』字，又先無被傷之狀，與魏犨不同也。按檢杜注，『敢告不寧君命之辱』宜連讀之。」按：炫義謂此不寧，即僖二十八年傳之「不有寧」，「有」爲助辭，不關同異，疏説太迂。邵瑛云：「此云『敢告不寧』，直告其身無不寧耳。若如杜注『不敢自安』，與『無乃傷乎』之問不相應。」沈欽韓云：「《漢書·高帝紀》注：『李斐曰：「寧，休謁之名，吉曰告，凶曰寧。」』又《哀帝紀》注：『寧謂處家持喪服。』是寧有死喪之義。❷古治亂、愛憎之字皆互訓，劉説是也。」朱駿聲云：「按：寧之爲傷，蓋讀爲憗。《方言》：『憗，傷也。』按：猶齾也，缺也，此對上『毋乃傷乎』而言，劉説通。」

「爲事之故，敢肅使者。」【疏證】杜注：「言君辱命來問，以有軍事不得答，故肅使者。」王念孫云：「杜以事爲軍事，非也。事謂楚子使人來問之事。《晉語》曰：『爲使者故，敢三肅之。』是其明證矣。」按：《外傳》注云：「禮，軍事肅拜。肅拜，下手至地也。」《大祝》：「九曰肅拜。」注：「鄭司農云：『肅拜，但俯下手，今時撎是也。介者不拜，故曰「爲事之故，敢肅使者」。』」疏：「成十六年，『郤至見客，免冑承命』，又云『不敢拜命』。注云：『介者不拜。』軍中有此肅拜。」據先鄭引傳證禮之肅拜，則注此傳，亦謂肅爲俯下手，杜注亦云：「肅，手至地，若今撎。」韋、杜並用先鄭説。《禮》疏引上文「拜命」者，明肅異於拜。本

❶ 下「與」，《春秋左傳詁》卷十一作「于」。
❷ 「喪」，《春秋左氏傳補注》卷六作「傷」。

疏：「《説文》：『揎，舉手下手也。』其勢如今揎之小別。《晉宋儀注》：『貴人待賤人，賤人拜，貴人揎。』」

三肅使者而退。【疏證】《晉語》：「爲使者故，敢三肅之。君子曰：『勇以知禮。』」

晉韓厥從鄭伯，【疏證】《還》傳：❶「從，逐也。」

其御杜溷羅曰：「速從之！其御屢顧，不在馬，可及也。」

韓厥曰：「不可以再辱國君。」乃止。【疏證】二年傳：「韓厥中御而從齊侯，公驂絓於木而止。」

郤至從鄭伯，

其右茀翰胡曰：【疏證】《校勘記》曰：「茀，韋昭《周語》注引作弗，宋庠云『古字通』。」

「諜輅之，【疏證】杜注：「欲遣輕兵單進以距鄭伯。」按：諜，軍中細作人，桓十二年已見。❷釋文：「輅，五稼反。」是舊讀「輅」爲「迓」，故杜以「進」訓「輅」也。疏云：「此欲令諜迎鄭伯，遶鄭伯之前。」又云：「輕兵獨出其間，亦諜之類，故翰胡得以諜言之。」疏明杜謂輕兵以追敵非諜之事。焦循云：「循按：《廣雅》諜與置、郵同訓驛。置郵疾速，謂從間道迎之，取其輕疾，故以輕兵解諜字。細作出入於敵中，亦以其輕疾，故名諜也。」可申杜義。

「余從之乘，而俘以下。」【疏證】此「從」亦訓「逐」，謂逐鄭侯車也。杜注：「自後登其車以執之。」

郤至曰：「傷國君有刑。」亦止。

石首曰：「衛懿公唯不去其旗，是以敗於熒。」【疏證】閔二年傳：「衛懿公及狄人戰於熒澤，敗績。衛侯不去其旗，是以甚敗。」

乃内旌於弢中。【疏證】杜無注。沈欽韓云：「《鄉射·記》注：『旌，總名也。』《釋天》：『注旄首曰旌。』」本疏：「是空建鳥羽者也。但九旗竿首，皆有析羽，故旌謂之總名，故此傳鄭伯與子重所建皆以旌言之。」用鄭君義。又云：「鄭伯所建當是交龍之旗，弢是盛旌之

❶「還」，原缺，今據《毛詩正義》卷五補。

❷「桓十二」，原缺，今據《春秋左傳正義》卷七補。

囊也。」

唐苟謂石首曰：「子在君側，敗者益大。❶ 我不如子，子以君免，我請止。」【疏證】杜注：「敗者益大，謂軍大崩也。言石首亦君之親臣而執御，❷ 與車右不同。故首當御君以退，己當死戰。」顧炎武云：「敗者壹大，恐君之不免也。我不如子，子之才能以君免也。杜解非。」

乃死。

楚師薄於險，【疏證】《小爾雅》：「薄，迫也。」

叔山冉謂養由基曰：【疏證】《古今人表》作「叔山舟」。洪亮吉云：「傳寫誤。」《莊子·德充符》：「魯有叔山無趾。」則叔山其氏也。

「雖君有命，爲國故，子必射。」

乃射，再發，盡殪。

叔山冉搏人以投，中車，折軾。晉師乃止。

囚楚公子茷。【疏證】《晉語》：「既戰，獲王子發鉤。」注：「發鉤，楚公子茷也。」本疏云：「蓋一名一字也。」

欒鍼見子重之旌，

請曰：「楚人謂夫旌，子重之麾也，彼其子重也。【疏證】本疏：「子重所建，當是熊虎之旗。」沈欽韓云：「楚之俘囚告其旌爲子重大將之麾，子重必在是麾之下。」

「日臣之使於楚也，【疏證】沈欽韓云：「《列子·湯問》『日與偕來』，注：『日謂别日。』《後漢書·竇融傳》注：『日者，往日也。』」

「子重問晉國之勇，

臣對曰：『好以衆整。』

曰：『又何如？』【疏證】杜注：「又問其餘。」

「臣對曰：『好以暇。』【疏證】惠棟云：「唐

---

❶ 「益」，《春秋左傳正義》卷二十八作「壹」，下一「益」字同。

❷ 「執」，《春秋左傳正義》卷二十八作「就」。

石經初刻無『以』字。」杜注：「暇，閒暇。」

「今兩國治戎，行人不使，不可謂整；臨事而食言，不可謂暇。請攝飲焉。」【疏證】《周禮・□□》注：❶「攝，持也。」杜用鄭義，又云：「持飲往飲子重焉。」按：攝飲當是軍禮所有。

公許之。

使行人執榼承飲，【疏證】沈欽韓云：「《說文》：『榼，酒器也。椑，❷圓榼也。』《孔叢・儒服》篇：『子路嗑嗑，尚飲十榼。』」案：《鹿鳴》箋：❸「承，奉也。」

造於子重，曰：「寡君乏使，使鍼御持矛，【疏證】《廣雅・釋言》：❹「御，侍也。」

「是以不得犒從者，使某攝飲。」

子重曰：「夫子嘗與吾言於楚，必是故也。不亦識乎？」【疏證】邵寶云：「識，記也。能記往日好整好暇之言。」

受而飲之，免使者而復鼓。【疏證】《晉語》注：❺「免，脫也。」杜用韋義。

旦而戰，見星未已。【疏證】周宣武云：❻「言曉星在天，其光未盡也。義如《詩》『白露未已』。」

子反命軍吏察夷傷，【注】服云：「金創爲夷。」本疏。【疏證】杜注：「夷亦傷也。」疏駁服云：「杜以戰用五兵，惟殳無刃，所言傷者，皆刃傷也，何須於此獨辨金木？故知夷亦傷也。」李貽德云：「《說文》：『刅，傷也。從刃從一。創，刅或從倉。』❼今字作創，又創之變。金傷爲創，則夷是金創矣。《月令》『命理瞻傷察創』注：『創之淺者曰傷。』」據李說，則夷、傷有別。沈欽韓云：「《漢書・揚雄傳》：『《長楊賦》：金鏃淫夷。』」沈亦從服說。《衆經音義》引《通俗文》：「體創曰痍。」朱駿聲云：「夷，痍之借字。」

---

❶「周禮□□」，疑當作「士喪禮」。
❷「椑」，原作「裨」，今據《春秋左氏傳補注》卷六改。
❸「鹿鳴」，原缺，今據《毛詩正義》卷九補。
❹「言」，原缺，今據《廣雅》卷五補。
❺「晉」，原缺，今據《國語正義》卷十二補。
❻「宣武」，原缺，今據《左通補釋》卷十二、卷十四補。
❼「刅」，原作「刃」，今據《春秋左傳賈服註輯述》卷十改。

治也。」

補卒乘，

繕甲兵，【疏證】《衆經音義》引《三蒼》：「繕，

展車馬，【注】賈云：「展之言整也。」《司市》疏引賈《周禮》注。【疏證】杜注：「展，陳也。」與賈説小異。《司市》鄭注：「展，整也。」同賈説。

雞鳴而食，唯命是聽。

晉人患之。【疏證】《晉世家》：「子反收餘兵，拊循欲復戰，晉患之。」

苗賁皇徇曰：

「蒐乘補卒，❶【疏證】《釋詁》：❷「蒐，聚也。」

「秣馬利兵，

「修陳固列，【疏證】《天保》傳：❸「固，堅也。」

「蓐食申禱，【疏證】《釋詁》：❹「申，重也。」

「明日復戰。」乃逸楚囚。❺【疏證】

王聞之，召子反謀。

穀陽豎獻飲於子反，【疏證】李富孫云：「《呂覽・權勳》、《淮南・人間》、《説苑・敬慎》並作『豎陽穀』。」❻《楚語》：「穀陽豎愛子反之勞也，而獻飲焉。」注：「穀陽豎，子反之内豎也。」杜用韋義。《楚世家》：「共王召將軍子反，子反嗜酒，從者豎陽穀進酒。」《晉世家》：「共王召子反，其侍者豎陽穀進酒。」字亦皆作「陽穀」，與内外《傳》異。

子反醉而不能見。【疏證】《年表》：「楚共王十六年，子反醉，軍敗。」《晉世家》：「子反醉，不能見。」

王曰：「天敗楚也夫，余不可以待。」乃宵遁。【疏證】《年表》：「楚共王十六年，救鄭，不利。」《楚世家》：「遂罷兵歸。」《晉世家》：「楚共王遂引兵歸。」

晉入楚軍，三日穀。【疏證】釋文：「三日穀，本或作『三日館穀』。」《晉語》注：「食其穀也。」傳曰：

❶ 原稿眉批：蒐似已見。
❷ 「詁」，原缺，今據《爾雅》卷上補。
❸ 「天保」，原缺，今據《毛詩正義》卷九補。
❹ 「詁」，原缺，今據《爾雅》卷上補。
❺ 原稿眉批：逸，詁。
❻ 原稿眉批：查《呂覽》、《淮南》、《説苑》，酌添事證。

『晉師三日館穀。』」杜用韋義。《校勘記》謂：「韋據釋文所謂或作之本。」

范文子立戎馬之前，❶【疏證】《晉語》注：「公戎車馬前也。」

曰：❷「君幼，【疏證】釋文：「君幼，本或作『君幼弱』。」

「諸臣不佞，【疏證】《晉語》注：「佞，才也。」

「何以及此？君其戒之。【疏證】《晉語》注：「戒，備也。」杜注：「戒，勿驕。」

「《周書》曰：『惟命不于常。』有德之謂。」【疏證】引《書·康誥》文。「有德之謂」，文子釋《書》詞也。襄二十三年傳：「君子謂：『慶氏不義，不可肆也。』」下亦引此《書》。德，猶義也。杜注：「言勝無常命，惟德是與。」誤仞二句皆《書》詞，非。《晉世家》：「晉由是威諸侯，欲以令天下求霸。」蓋未能用文子之言。

楚師還，及瑕，【注】京相璠云：「瑕，楚地。」《水經·陰溝水》注。【疏證】杜用京相說。《水經·陰溝水》注：「肥水逕山桑縣故城南，又東積而爲陂，謂之瑕陂。又東南逕瑕城南，《春秋》『楚師還，及瑕』，即此城也。」馬宗璉云：「案：酈注瑕地在下邳淮陵縣境。」顧棟高云：「山桑，漢縣，在今江南潁州府蒙城縣北。」江永云：「今按：楚師自鄢陵還荆州，不當回遠由今之蒙城，《水經注》誤也。桓六年，『楚武王侵隨，使薳章求成，軍于瑕以待之』，當是此瑕邑，蓋在今德安府隨州。」按：江說是也。

王使謂子反曰：「先大夫之覆師徒也，❸君不在。【疏證】先大夫，❹子玉也。杜注：「謂子玉敗城濮時，王不在軍。」

「子無以爲過，不穀之罪也。」

子反再拜稽首曰：「君賜臣死，死且不朽。」

「臣之卒實奔，臣之罪也。」

---

❶「立」下，《春秋左傳正義》有「於」字。

❷「曰」，原脱，今據《春秋左傳正義》卷二十八補。

❸「也」，《春秋左傳正義》卷二十八作「者」。

❹「夫」，原作「父」，今據上文改。

子重謂子反曰：❶「初隕師徒者，而亦聞之矣。盍圖之？」【疏證】而，汝也。杜注：「聞子玉自殺。終二卿相惡。」

對曰：「雖微先大父有之，❷【疏證】本疏：「微，無也。」

「大夫命側，側敢不義？【疏證】杜注：「言以義命己。」

「側亡君師，敢忘其死？」

王使止之，弗及而卒。【疏證】《年表》：「楚共王十六年，殺子反歸。」《楚世家》：「共王怒，射殺子反。」《吕覽·權勳》：「共王斬司馬子反以爲戮。」皆謂楚王殺子反，與傳異。《晉世家》：「楚共王怒，讓子反，子反死。」蓋采傳文。

戰之日，齊國佐、高無咎至于師，【疏證】杜注：「無咎，高固子。」

衛侯出於衛，

公出于壞隤。【疏證】杜注：「壞隤，魯邑。」顧棟高云：「據傳云，公待於壞隤，申宮儆備，設守而後行，意其地當去公宮不遠。又昭公之喪，送者自壞隤而反，當在曲阜縣境内。」

宣伯通于穆姜，【注】服云：「宣伯，叔孫僑如。」《魯世家》集解。【疏證】杜注：「穆姜，成公母。」

欲去季、孟而取其室。【疏證】杜注：「季文子、孟獻子。」

將行，【疏證】據經「六月，丙寅，朔，晉使來乞師」，不必即在丙寅。甲午戰日，距丙寅凡二十九日，甲午公已至壞隤，則公之行當在甲午前三日。

穆姜送公，而使逐二子。

公以晉難告，

曰：「請反而聽命。」

姜怒，公子偃、公子鉏趨過，【疏證】杜注：「二子，公庶弟。」疏引沈氏云：「以刺公子偃，不云弟

❶「重」下，《春秋左傳正義》卷二十八有「復」字。

❷「父」，《春秋左傳正義》卷二十八作「夫」。

故也。」按：沈明經不書弟之義，傳例：「凡稱弟皆母弟也。」

指之曰：「女不可，是皆君也。」【疏證】杜注：「言欲廢公，更立君。」

公待於壞隤，

申宮儆備，【疏證】《校勘記》云：「《文選》李注《豪士賦》引『儆』作『警』，《說文》引傳『儆官』，❶文異。」李富孫云：「警、儆字通。」按：《說文》：「儆，戒也。」據杜注「申敕宮備」，則杜本作「宮」。《說文》作「官」，或用賈本。

設守而後行，是以後。【疏證】杜注：「後晉、楚戰期。」

使孟獻子守于公宮。

秋，會于沙隨，謀伐鄭也。

宣伯使告郤犨曰：「魯侯待於壞隤，以待勝者。」

郤犨將新軍，且爲公族大夫，以主東諸侯。【疏證】杜注：「主齊、魯之屬。」《讀本》注：「齊、魯、邾、莒諸國。」

取貨于宣伯，而訴公于晉侯。【疏證】洪亮吉云：「馬融《論語》注：『愬，譖也。』訴、愬同。」

晉侯不見公。

曹人請于晉曰：「自我先君宣公即世，【疏證】十三年經：「曹伯盧卒于師。」杜注：「在三十年。」傳寫之誤。

「國人曰：『若之何？憂猶未弭。』【疏證】洪亮吉云：「《詩》毛傳：『弭，止也。』按：杜注：『息也。』義亦同。」《周語》：「自我先王厲、宣、幽、平而貪天禍，至于今未弭。」注：「弭，止也。」與此傳「未弭」同。杜又云：「既葬，國人皆將從子臧，所謂憂未息。」顧炎武云：「謂君薨，太子殺。」按：顧說是也。

「而又討我寡君，【疏證】十五年經：「晉侯執曹伯歸于京師。」

「以亡曹國社稷之鎮公子，【疏證】十五年傳：「諸侯將見子臧而立之，子臧逃奔宋。」

❶「官」，《春秋左傳正義》卷二十八《挍勘記》作「宫」。

「是大泯曹也。【疏證】《詩・漸漸之石》疏引李巡《爾雅》注：❶「泯，没之盡也。」

「先君無乃有罪乎？

「若有罪，則君列諸會矣。【疏證】杜注：「諸侯雖有篡弑之罪，侯伯已與之會，則不復討。前年會于戚，曹伯在列，盟畢乃執之，故曹人以爲無罪。」按：篡弑之人與會則不討，傳無其説。十五年，晉侯爲戚之會，有曹成公者，乃誘於會而執之，故彼傳云「會于戚，討曹成公也」，以討曹見義，不以盟戚見義。曹人此言，明既有罪而列于會，乃强辭相詰，杜執爲討例，非也，疏引「宣元年會于平州，以定公位」爲證。按：齊以妨晉討魯爲會，示有魯有聲援，彼傳亦不謂列會不復討也。

「君唯不遺德刑，【疏證】杜注：「遺，失也。」

「以伯諸侯，豈獨遺諸敝邑？敢私布之。」【疏證】杜注：「爲曹伯歸不以名告傳。」按：傳明經書曹伯得歸之由例，經以歸見例，見成十八年，傳無以名告、不以名告之别，杜説非。疏亦云：「諸侯被執，及歸，或名或否，雖從告辭，傳不爲例。」則已知杜説之誤。而又云：「但諸侯尊貴，不斥其名。彼告者亦量其事之善惡。」又引《釋例》云：「蔡侯般弑父自立，楚子欲顯刑誅，以章伯業，誘而殺之。蔡人深怨，故稱名以告，《春秋》從而書之。」按：昭十一年經：「楚子虔誘蔡侯般殺之于申。」於歸國告以名絶不相涉，疏引説此傳尤謬。

七月，公會尹武公及諸侯伐鄭。

將行，姜又命公如初，【疏證】杜注：「復欲使公逐季、孟。」

公又申守而行。

諸侯之師次于鄭西，

我師次於督揚，不敢過鄭。【疏證】杜注：「督揚，鄭東地。」《御覽》八百四十七引注作「鄭地」。沈欽韓云：「即襄十九年盟于督揚之地，杜臆説也。」按：襄十九年「督揚」，杜謂「即祝阿」，詳彼傳疏證。

子叔聲伯使叔孫豹請逆于晉師，【注】服虔以爲叔孫豹先在齊矣，此時從國佐在師，聲伯令人就齊師使豹，豹不忘宗國，聞

❶「漸漸之石」，原缺，今據《毛詩正義》卷十五補。

**白國佐，爲魯請逆。**本疏。【疏證】《魯語》注：「子叔聲伯，魯大夫。宣公弟叔肸之子公孫嬰齊也。」杜注：「豹，叔孫僑如弟也。僑如於是遂作亂，豹因奔齊。」不用服「豹先在齊」之説。疏云：「此時七月也，至十月而僑如奔齊。」又引服説駁之云：「杜不然者，若豹以前在齊，則非復魯臣，聲伯正可因之以請，不得云聲伯使豹，聲伯安得專使背叛之臣也？又聲伯豈無魯人可使，而崎嶇艱險，遠使他國之人乎？今傳言聲伯使豹，明在魯軍，得爲聲伯使耳。下云聲伯『食使者而後食』，不言食豹，而言食使者，明豹因請逆，遂即不還，還者豹之介耳。於時魯師在鄭，從鄭向齊，塗出於魯，豹必過魯乃去，故得宿於庚宗。彼傳因言宿於庚宗，遂説娶於國氏，生二子耳。二子之生，必在僑如奔後。豹之還魯，雖無歸年，而襄二年始見於經，豎牛已能奉雉，故杜以爲此年去，彼年歸，故下注云『傳因言其終』。」疏執杜説甚堅。惠士奇云：「玩下『召豹於齊』及昭四年傳，則服説爲長。」洪亮吉云：「按：豹奔齊後生二子，魯乃召之，則服義爲長。」惠、洪皆從服説，然未暢其義。李貽德云：「案：知豹先在齊者，以此年傳云『僑如奔齊』、『召叔孫豹于齊而立之』，又昭四年傳：『穆子去叔孫氏，及庚宗，遇婦人，適齊，娶于國氏，生二子。』繼之曰：『及宣伯奔齊，饋之。宣伯曰：「魯以先子之故，必召女。召女，何如？」曰：「願之久矣。」』是生二子在宣伯奔齊之前，敍次甚明，且曰『願之久矣』，則望歸本國已非一日，則宣伯奔前，豹已在齊取妻生子，故服知先在齊也。如杜云『僑如作亂，豹因奔齊』，孔氏謂『二子之生必在僑如奔後』，是顯與昭四年傳牴牾矣。豹之去，當以知穆姜、僑如之事，適齊避禍與背國出奔者有別，故聲伯使之請逆，仍以魯臣待之。孔氏加以背叛之目，尤與傳意相違矣。豹始見於襄二年經，亦因事見名，其實歸即在僑如奔後也。下文十月『僑如奔齊』，十二月『季孫及郤犫盟于扈，歸，刺公子偃，召叔孫豹于齊而立之』，可知是一時事。杜云『傳于此言其終』，違傳文以就己説，孔反執杜難服，習非而逐迷者也。」

**爲食於鄭郊。師逆以至。**【疏證】謂爲食以待所逆晉師也。杜謂：「聲伯戒叔孫須逆師至乃食。」非。

**聲伯四日不食以待之，食使者而後食。**

【疏證】釋文：「而後食，一本作『聲伯而後食』。」此使者謂聲伯之使於豹者。杜注：「使者，豹之介。」非。

諸侯遷於制田。【疏證】杜注：「滎陽縣東有制澤。」❶梁履繩云：「按：鄭之制地最廣，在汜水縣西者爲制，即虎牢。在鄭州北者爲北制。此名制田者，《水經注・渠水》注云：『宛陵縣有二城，二城以東悉多陂澤，即古制澤也。』蓋引水開田，因得斯稱耳。」梁說與杜注合。顧棟高云：「制田在今開封府新鄭縣東北。」❷

知武子佐下軍，【疏證】杜注：「武子，荀罃。」

以諸侯之師侵陳，

至于鳴鹿。【疏證】杜注：「陳國武平縣西南有鹿邑。」洪亮吉云：「《寰宇記》：『亳州鹿邑縣有鳴鹿臺，❸在城内。』」沈欽韓云：「《明統志》：『鹿邑故城在今歸德府鹿邑縣西六十里。』」顧棟高云：「今河南歸德府鹿邑縣西十三里有古鹿邑城。」

遂侵蔡。未反，【疏證】侵陳、蔡不書，公不與。

諸侯遷於潁上。【疏證】杜無注。江永云：「潁水之上也。今江南潁川府有潁上縣，隋置。」

戊午，鄭子罕宵軍之，

宋、齊、衛皆失軍。【注】服虔以失軍爲失其軍糧。本疏。【疏證】杜注：「將主與軍相失。」不用服説。疏駁服云：「傳稱『諸侯遷於潁上，子罕宵軍之』，則軍諸侯之營，不軍其輜重，安得爲失軍糧也？故杜以爲『將主與軍相失』，謂夜裏迸散相失耳。」李貽德云：「按：據服説，疑服本『軍』作『餫』。《説文》『餫』下云『野饋曰餫』。段注：『《黍苗》箋云：「營謝轉餫之役，有負任者，有輓輦者，有將車者，有牽傍牛者。」可證「餫」爲運糧。』愚按：餫從食軍聲，❹故服云『軍糧』，若本作『軍』字，則糧爲贅文矣。」按：李説是也。杜又云：「宋、衛不書，後也。」

曹人復請于晉。

晉侯謂子臧：「反，吾歸而君。」【疏證】《管蔡世家》索隱引《左傳》：「曹人請于晉，晉人謂子臧：『反國，吾歸而君。』」視傳文小異。杜注：「以曹人重子

❶「縣」上，《春秋左傳正義》有「宛陵」二字。

❷「開封」，《春秋大事表・春秋輿圖》作「許州」。

❸「亳」，原缺，今據《太平寰宇記》卷十二補。

❹「軍」，原作「車」，今據《春秋左氏傳賈服註輯述》卷十改。

臧故。」

子臧反，曹伯歸。【疏證】杜注：「子臧自宋還。」《管蔡世家》坿曹事：「晉厲公虜成公以歸，已復釋之。」索隱引《左傳》：「子臧反，晉於是歸負芻。」亦與傳文異。

子臧盡致其邑與卿而不出。

宣伯使告郤犨曰：

「魯之有季、孟，猶晉之有欒、范也，政令於是乎成。

「今其謀曰：『晉政多門，不可從也。【疏證】《讀本》：「多門謂專政者多，不由君出也。」

「『寧事齊、楚，有亡而已，蔑從晉矣。』【疏證】杜注：「蔑，無也。」

「若欲得志於魯，請止行父而殺之，【疏證】杜注：「行父，季文子也。」

「我斃蔑也，【疏證】杜注：「蔑，孟獻子，時留守公宮。」

「而事晉，蔑有貳矣。

「魯不貳，小國必睦。不然，歸必叛矣。」【疏證】《校勘記》：「《漢書·朱博傳》注引作『畔矣』。」

九月，晉人執季文子于苕丘。

公還，待于鄆，❶

使子叔聲伯請季孫于晉。【疏證】《魯語》：「子叔聲伯如晉，謝季文子。」注：「郤犨之妻，聲伯之外妹也。故使聲伯如晉謝之，且請之。」

郤犨曰：「苟去仲孫蔑而止季孫行父，吾與子國，親於公室。」【疏證】杜注：「親魯甚於晉公室。」沈欽韓云：「言親聲伯甚於魯也。若如杜言，郤犨顯露其背慢之迹，於敵國之使不辭甚矣。」

對曰：「僑如之情，子必聞之矣。

「若棄蔑與行父，❷是大棄魯國，而罪寡

❶ 原稿眉批：鄆已見四年。

❷ 「棄」，《春秋左傳正義》卷二十八作「去」。

君也。

「若猶不棄，而惠徼周公之福，使寡君得事晉君，

「則夫二人者，魯國社稷之臣也。

「若朝亡之，魯必夕亡。【疏證】本疏：「『魯必夕亡』，謂亡屬他國也。」

「以魯之密邇仇讎，亡而爲讎，治之何及？」【疏證】杜注：「仇讎謂齊、楚。言魯屬齊、楚，則還爲晉讎。」

郤犨曰：「吾爲子請邑。」【疏證】《魯語》「郤犨欲與之邑」，注：「以妻故親聲伯，故欲爲請邑以予之。」

對曰：「嬰齊，魯之常隸也，【疏證】杜注：「隸，賤官。」

「敢介大國以求厚焉！❶【疏證】

「承寡君之命以請，❷【疏證】

「若得所請，吾子之賜多矣，又何求？」



范文子謂欒武子曰：「季孫於魯，相二君矣。【疏證】杜注：「二君，宣、成。」

「妾不衣帛，馬不食粟，可不謂忠乎？

「信讒慝而棄忠良，若諸侯何？

「子叔嬰齊奉君命無私，【疏證】杜注：「不受郤犨請邑。」沈欽韓云：「按：『無私』通言聲伯之爲人耳。郤犨之私于聲伯者，何至即時宣布。」

「謀國家不貳，【疏證】杜注：「謂四日不食，以堅事晉。」

「圖其身不忘其君。【疏證】聲伯危身奉上，不可謂「圖其身」，「圖」疑誤。杜注：「辭邑、不食，皆先君而後身。」可證杜本不作「圖」。

「若虛其請，是棄善人也。

「子其圖之！」乃許魯平，赦季孫。

冬，十月，出叔孫僑如而盟之，僑如奔

❶ 原稿眉批：介，詁。

❷ 原稿眉批：承，詁。

齊。【疏證】杜注：「諸大夫共盟，以僑如爲戒。」洪亮吉云：「此蓋言諸大夫皆盟，獨出叔孫僑如，使不在盟之列也。」莊述祖云：「襄二十三年傳：『盟叔孫氏也，曰：「無或如叔孫僑如，欲廢國常，蕩覆公室。」』即其事，故云『出叔孫僑如而盟之』。」

十二月，季孫及郤犨盟于扈。

歸，刺公子偃，【疏證】杜注：「偃與鉏俱爲姜所指，而獨殺偃，偃與謀。」此經《公羊》無傳，《穀梁傳》：「先刺後名，殺無罪也。」杜稱「偃與謀」，當是《左氏》舊說。

召叔孫豹于齊而立之。【疏證】杜注：「近此七月，聲伯使豹請逆於晉，聞魯人將討僑如，豹乃辟其難，先奔齊，生二子，而魯乃召之。故襄二年豹始見經，傳於此因言其終。」按：據服虔説，傳記本年之事，非言其終。杜注與前後經傳違，已説於「請逆」下。

齊聲孟子通僑如，【疏證】杜注：「聲孟子，齊靈公母，宋女。」

使立于高、國之閒。❶【疏證】杜注：「位比二卿。」

僑如曰：「不可以再罪。」

奔衛，亦閒於卿。【疏證】惠棟云：「唐石經曰『遂奔衛』，今本皆脱『遂』字。」《校勘記》：「石經旁增，不可據。」

晉侯使郤至獻楚捷於周，

與單襄公語，驟稱其伐。【疏證】《周語》：「晉使郤至告慶於周。郤至見召桓公，與之語。召公以告單襄公。」與《内傳》異。本疏謂：「先賢或以爲《國語》非丘明所作，爲其或與傳不同。」按：《周語》：「召公曰：『今夫子見我，以晉國之克也，爲己實謀之，曰：「微我，晉不戰矣。楚有五敗，晉不知乘，我則强之。背宋之盟，一也。薄德而以地賂諸侯，二也。棄壯之良而用弱，❷三也。建立卿士而不用其言，四也。夷、陳從之，❸三陳而不整，五也。辠不由晉，晉得其民，四軍之帥，旅力方剛，卒伍治整，諸侯與之。是有五勝也：有辭，一也。得民，二

❶「閒」，原作「問」，今據《春秋左傳正義》卷二十八改。
❷「弱」上，《國語正義》卷二有「幼」字。
❸「陳」，《國語正義》卷二作「鄭」。

也。軍帥彊禦，三也。行列治整，四也。諸侯輯睦，五也。有一勝猶足用也，有五勝以伐五敗，而避之，非人也。不可以不戰。欒、范不欲，我彊之，戰而勝，是吾力也。且夫戰也微謀，吾有三伐：勇而有禮，反之以仁。吾三逐楚軍之卒，勇也。見其君必下而趨，禮也。能獲鄭伯而赦之，仁也。若是而知晉國之政，楚、越必朝。」』此上皆郤至稱伐之詞也。注：「伐，功也。」杜用韋義。

單子語其大夫曰：❶「温季其亡乎！❷

【疏證】《周語》「柯陵之會，郤至見」，注：「郤至，温季昭子也。」杜注：「温季，郤至。」用韋義。又《周語》：「襄公曰：『人有言曰：「兵在其頸。」其郤至之謂乎！』」又曰：「以吾觀之，兵在其頸，不可久也。」

「位于七人之下，【疏證】杜注：「佐新軍，位在八。」本疏：「此時欒書將中軍，士燮佐之；郤錡將上軍，荀偃佐之；韓厥將下軍，荀罃佐之；郤犨將新軍，郤至佐之。是位在七人之下也。」

「而求掩其上，【疏證】蒙上「稱伐」言，故杜云：「稱己之伐，掩上功。」《周語》：「召公以告單襄公曰：『王叔子譽温季，以爲必相晉國。』」又述答郤至之言曰：「子則賢矣。抑晉國之舉也不失其次，吾懼政之未及子也。謂我曰：『夫何次之有？昔先大夫荀伯自下軍之佐以政，趙宣子未有軍行而以政，今欒伯自下軍往。是三子也，吾又過於四之無不及。若佐新軍而升爲政，不亦可乎？將必求之。』」傳稱「求掩其上」，兼郤至求政言也。

「怨之所聚，亂之本也。

「多怨而階亂，何以在位？

「《夏書》曰：『怨豈在明？不見是圖。』【疏證】《書》僞古文《五子之歌》取此文，僞孔傳無訓。杜以爲逸《書》，又云：「不見細微也。」案：《晉語》：「《夏書》有之曰：『一人三失，怨豈在明？不見是圖。』」注：「明，著也。不見，未形也。」韋義勝杜。

「將慎其細也。【疏證】謂慎於怨未形之時。

「今而明之，其可乎？」

❶ 「其」，《春秋左傳正義》卷二十八作「諸」。

❷ 原稿眉批：温季查前已見不。

【經】十有七年，春，衛北宫括帥師侵鄭。【疏證】「括」，《公羊》曰「結」。「帥」，《公羊》曰「率」。臧壽恭云：「括、結，聲轉相通。」李富孫云：「《説文》：『括，絜也。』《挈壺氏》疏：『絜即結也。』《廣韻》：『括，結也。』二字音近義同。」杜注：「括，成公曾孫。」

夏，公會尹子、單子、晉侯、齊侯、宋公、衛侯、曹伯、邾人伐鄭。【疏證】「邾」，《公羊》曰「邾婁」。

六月，乙酉，同盟于柯陵。【疏證】洪亮吉云：「《淮南子·人間訓》作『嘉陵』。柯、嘉音同。」《周語》「柯陵之會」注：「柯陵，鄭西地名。經書『公會尹子、單子、晉侯、齊國佐、邾人于柯陵以伐鄭』，在魯成十七年。」據韋説，則柯陵之會即上伐鄭之人，其引經與今本微異。《本義》引唐陸希聲《春秋通例》：「不重言諸侯，見尹子、單子與盟。」《公》、《穀》無其義，當是《左氏》舊説，視韋義又異。杜注：「柯陵，鄭西地。」用韋説。應劭《風俗通·山澤》引《國語》：「周單子會晉厲公于加陵。」加陵，晉地也。今《國語》無其文。應氏或以盟由於晉指爲晉地，不足據，韋説是也。沈欽韓云：「《方輿紀要》：『柯城在大名府内黄縣東北。』」

秋，公至自會。無傳。

齊高無咎出奔莒。

九月，辛丑，用郊。【注】賈逵以二傳爲説，諸書用者，不宜用也。本疏。劉、賈以爲諸言用，皆不宜用，反于禮者也。《釋例》。

【疏證】杜注：「書用郊，從史文。」不用劉、賈等説。按《公羊傳》：「用者何？用，不宜用也。九月，非所用郊也。」《穀梁傳》：「夏之始可以承春。以秋之末承春之始，蓋不可矣。九月用郊，用者，不宜用也。」故疏謂「賈以二傳爲説」。疏駁劉、賈云：「施之於郊，❶似若有義，至於用幣、用鄫子，諸若此，皆須書用，以别所用者也。若不言用，則事敍不明。所謂辭窮，非聖人故造此用以示義也。且諸過祀三望之類，奚獨皆不書用邪？按《左氏傳》，用幣於社，傳曰：『得禮。』冉有用矛於齊師，孔子以爲義，無不宜用之例也。」按：經書「用郊」，惟此年一見。李貽德

❶「於」，《春秋左傳正義》卷二十八作「用」。

云：「諸書『用』者，如莊二十四年『大夫、宗婦覿，用幣』，傳曰：『非禮也。』二十五年『鼓，❶用牲于社于門』，皆曰『非常也』。僖十九年『邾人執鄫子，用之』，傳：『子魚曰：「小事不用大牲，而况敢用人乎？」』是經書『用』者皆不宜用也。」李氏所舉皆劉、賈取證用郊爲不宜用者，非關書用以別所用。過則書，是傳文，經但據其月書之，不以用見例。不郊猶三望，經以猶見例，亦不以用見例。文十五年經：「六月，辛丑，朔，日有食之。鼓，用牲于社。」傳曰：「非禮也。日有食之，天子不舉，伐鼓于社；諸侯用幣於社，伐鼓于朝，古之道也。」疏稱用幣爲得禮，蓋據彼傳。然彼經書用牲爲不宜用，故傳明諸侯惟有用幣、伐鼓禮，無用牲禮，疏未達傳義。其「再有用矛入齊師」，傳文，非經文，不爲用郊之證，疏駁皆非。洪亮吉云：「按：賈義本二傳，較杜注爲長。」

晉侯使荀罃來乞師。無傳。

冬，公會單子、晉侯、宋公、衛侯、曹伯、齊人、邾人伐鄭。

十有一月，公至自伐鄭。無傳。

壬申，公孫嬰齊卒於貍脤。【注】左氏舊說：「壬申，十月十五日。貍脤，魯地也。」《釋例》。【疏證】貍脤，《公羊》曰貍軫，《穀梁》曰貍蜃。李富孫云：「案：脤、軫、蜃、辰皆一聲之轉。」杜注：「十一月無壬申，日誤也。貍脤，闕。」疏云：「杜《長曆》推十一月丁亥朔，六日壬辰，❷十六日壬寅，二十六日壬子，十日丙申，二十二日戊申，不知壬申二字何者爲誤。《長曆》云：《公羊》《穀梁傳》及諸儒皆以爲十月十五日也。十月庚午圍鄭，十三日也，推至壬申，誠在十五日。然據傳曰十一月諸侯還自鄭，壬申，至貍脤而卒，此非十一月，❸分明誤在日也。以下有十二月丁巳朔，逆而推之，故諸舊說皆以壬申爲十月十五日也。」此疏據杜《長曆》以駁舊說也。疏知十一月無壬申，十月有壬申，而未達諸儒舊說必云十月之義。臧壽恭云：「案：《公羊傳》云：『非此月日也，曷爲以此日月卒之？❹待君命然後卒大夫。』

❶「年」下，《春秋左氏傳賈服註輯述》卷十有「鼓用牲于社秋大水」八字。
❷「日」，原作「月」，今據《春秋左傳正義》卷二十八改。
❸「十一月」，《春秋左傳正義》卷二十八作「十月」。
❹「日月」，《春秋左氏古義》卷四作「月日」。

何休注云：『據下丁巳朔，知壬申在十月。』《穀梁傳》云：『十一月無壬申，壬申，乃十月也。致公而後録，臣子之義也。』范甯注云：『嬰齊實以十月壬申卒，而公以十一月還，先致公而後録其卒，故壬申在十一月下也。嬰齊從公伐鄭，致公然後伐鄭之事畢，須公事畢，然後書臣卒，先君後臣之義也。』《公羊》以爲待君命然後卒，❶《穀梁》以爲致公而後録臣子，二傳説各不同，先儒蓋兼取二傳。然二傳但言壬申在十月，不定爲十五日，定爲十五日，《左氏》説也。」又云：「案：下十有二月丁巳朔，劉歆以爲九月朔，則此壬申劉歆以爲七月十五日也。是年入甲申統一千六十九年，積月一萬三千二百二十一，閏餘十六，閏在六月前。積日三十九萬四百二十七，小餘四十五，大餘七。正月辛卯朔大，小餘七。二月辛酉朔小，小餘五十。三月庚寅朔大，小餘十二。四月庚申朔小，小餘五十五。五月己丑朔大，小餘十七。閏月己未朔小，小餘六十。六月戊子朔大，小餘二十二。七月戊午朔，十五日壬申，是月小，小餘六十五。八月丁亥朔大，小餘二十七。九月丁巳朔。説《左氏》者以壬申爲十月十五，據魯曆言之也。」按：臧説是也。貍脤，今地闕。❷

十有二月，丁巳，朔，日有食之。【注】劉歆以爲九月，周楚分。《五行志》。【疏證】臧壽恭云：「案：置是年積日三十九萬四百二十七，加積日二百六十六，以統法乘之，以十九乘小餘二十七，并滿周天除去之，餘三十七萬七百六十。滿統法而一，得積度二百四十度餘一千四百。命如法，合辰在翼十二度，距張十一度。張爲周之分星，翼爲楚之分星，故曰周楚分。」❸

邾子貜且卒。無傳。【疏證】《穀梁》疏：「《世本》邾定公也。」邾，《公羊》曰邾婁。杜注：「五同盟。」疏舉宣十七年斷道、成二年蜀、五年蟲牢、七年馬陵、九年蒲、十五年戚，并此年柯陵，凡七同盟。又「沈以杜數同盟之例，但有君盟者，不數大夫之盟，此二年盟蜀，十七年盟柯陵，皆邾之大夫，故不數之。劉炫并數二盟，以規其過，非也。」文淇案：此唐人引沈文阿説以難光伯也，光伯語經刪削無以審知。壽曾謂：據沈説，則光伯謂七同盟，數蜀、柯陵也。邵瑛云：「于戚稱邾人，❹傳亦不見邾君。于蒲，

❶ 「卒」下，《春秋左氏古義》卷四有「大夫」二字。
❷ 原稿眉批：沈説未采。
❸ 原稿眉批：沈説未采。
❹ 「戚」下，《劉炫規杜持平》卷三有「經」字。

經與傳並不見郲人，杜氏誤也。」

晉殺其大夫郤錡、郤犨、郤至。**【疏證】**犨，《公羊》曰州。

楚人滅舒庸。

**【傳】**十七年，春，王正月，鄭子駟侵晉虛、滑。**【疏證】**杜注：「虛、滑，晉二邑。滑，故滑國。」不言虛所在。顧棟高云：「河南府偃師縣東南有虛城。」按：僖三十三年「秦人入滑」，本疏謂：「經書『入』，是滅而不有，此時屬晉耳。」滑見彼傳疏證。

衛北宮括救晉，侵鄭，至于高氏。**【疏證】**《郡國志》：「潁川郡陽翟有高氏亭。」沈欽韓云：「《一統志》：『高氏亭在許州府禹州西南。』」

夏，五月，鄭大子髡頑、侯獳爲質於楚。**【疏證】**杜注：「侯獳，鄭大夫。」

楚公子成、公子寅戍鄭。

公會尹武公、單襄公及諸侯伐鄭，自戲童至于曲洧。**【疏證】**戲童，杜無注。顧棟高云：「《水經注》『汜水出浮戲之山』，在今開封府汜水縣南四十九里，❶襄九年諸侯盟于戲即此。」杜注：「今新汲縣治曲洧城，臨洧水。」洪亮吉云：「《水經》：『洧水出河南密縣西南馬領山下，入于潁。』杜注本此。酈道元注：『洧水又東逕新汲縣故城北，縣置于許之汲鄉曲洧城。』按：即春秋時曲洧。」按：《地理志》「潁川郡」注：「宣帝神爵二年置新汲，❷以河內有汲，故加新也。」新汲之名由漢至元未改，金始改洧川。沈欽韓云：「《方輿紀要》：『新汲城在開封府洧川縣南，春秋時曲洧也。』」

晉范文子反自鄢陵，使其祝宗祈死，**【注】**舊注：「祈，請也。」《御覽》四百九十。**【疏證】**《晉語》：「反自鄢，范文子謂宗祀曰：❸『凡吾宗、祝，爲我祈死。』」注：「宗，宗人。祝，史也。❹祈，求也。」杜注：「祝宗，主祭祀祈禱者。」與韋説小異。顧棟高云：「昭二十五年叔孫昭子使祝宗祈死，即《周禮》所云家宗人也。」梁履繩云：「家亦有祝，見襄二十七年。」據顧、梁説，

❶「四十九」，《春秋大事表》卷七作「四十」。
❷「二」，《漢書·地理志》作「三」。
❸「祀」，《國語正義》卷十二作「祝」。
❹「史」上，《國語正義》卷十二有「祝」字。

則祝宗謂宗人而爲祝史者。

曰：「君驕侈而克敵，【疏證】《校勘記》云：「李善注干寶《晉紀總論》引作『君無禮而克敵』，非。」

「是天益其疾也。難將作矣！

「愛我者唯祝我速死，❶無及於難，范氏之福也。」

六月，戊辰，士燮卒。【疏證】杜注：「傳言厲公無道，故賢臣憂懼，因禱自裁。」焦循云：「劉光伯以爲士燮、昭子之卒適與死會，非自殺，是也。觀其云『愛我者，惟祝我，使我速死，無及於難』，則是因有疾，而家禱之，而文子轉使禱者祈死耳。若自殺，則自殺而已，何必先祈死？」朱駿聲云：「古人極信鬼神之事，《左氏》已言『祈死』而得死，劉炫云『適與死會』，是。」按：焦、朱説是也。炫説見本疏引，疏：「又云『祝我使我速死』，是其欲死之意。叔孫昭子心懷憂懼，亦與此同，身皆並卒，故知自裁。《春秋》之內唯有兩人願死，何得身死者皆與相當？故杜斟酌傳文，以爲自殺。何休《膏肓》以爲人生有三命：有壽命以保度，有隨命以督行，❷有遭命以摘暴。未聞死可祈也。」疏駁炫説，蓋據《膏肓》，其所引《膏肓》亦非完文。《公羊》襄二十九年疏「未聞死可祈也」下云：「昔周公之隆，天不出妖，地不出孼，陰陽和調，災害不生。武王有疾，周公植璧秉珪，❸願以身代，武王疾愈，周公不夭。由此言之，死不可請，偶自天禄欲盡矣，非果死。今《左氏》以爲果死，因著其事以爲信然，於義《左氏》爲短。」何休不信《左氏》祈死之説，故舉人有定命，周公祈死不死以駁《左氏》。然《公羊》亦不謂士變自殺，❹疏引《膏肓》以證杜説，非杜之義也。鄭《箴》今佚，其義無以審知。

乙酉，同盟于柯陵，尋戚之盟也。【疏證】十五年戚之盟，有晉、衛、曹、宋、齊、邾。

楚子重救鄭，師于首止。諸侯還。

齊慶克通于聲孟子，【疏證】杜注：「慶克，慶封父。」

❶「速」上，《春秋左傳正義》卷二十八有「使我」二字。

❷「有」，原作「以」，今據《春秋左傳正義》卷二十八改。

❸「璧」，原作「壁」，今據《春秋公羊傳注疏》卷二十一改。

❹「變」，當作「燮」。

與婦人蒙衣乘輦而入于閎。❶【疏證】杜注：「蒙衣，亦爲婦人服，與婦人相冒。」《讀本》：「人挽車曰輦。」《釋宫》：「宫中衖謂之壼，衖門謂之閎。」本疏引孫炎云「衖，舍間道也」，李巡曰「閎，衖頭門也」。據孫、李説，則閎是夾道之門也。《説文》：「閎，巷門也。」

鮑牽見之，以告國武子，【疏證】杜注：「鮑牽，鮑叔牙曾孫。」

武子召慶克而謂之。

慶克久不出，【疏證】杜注：「慙卧於家，夫人所以怪之。」

而告夫人曰：「國子讁我。」【疏證】使人告夫人也。《齊語》注：「讁，譴責也。」杜用韋義。

夫人怒。

國子相靈公以會，【疏證】杜注：「會伐鄭。」

高、鮑處守。【疏證】杜注：「高無咎、鮑牽。」

及還，將至，

閉門而索客。❷【疏證】杜注：「蒐索，備姦人。」

孟子訴之曰：「高、鮑將不納君，而立公子角。【疏證】杜注：「角，頃公子。」

「國子知之。」

秋，七月，❸刖鮑牽而逐高無咎。

無咎奔莒，

高弱以盧叛。【疏證】杜注：「弱，無咎子。盧，高氏邑。」未云何地。《地理志》：「泰山郡盧。」《郡邑志》：❹「濟北郡盧。」❺沈欽韓云：「盧，戰國時謂之博陽，以在博關南也。項羽封田安爲濟北王，都博陽，即此。」《方輿紀要》：「盧城在濟南府長清縣西南二十五里。」

齊人來召鮑國而立之。【疏證】《魯語》注：「鮑國，鮑叔牙之玄孫鮑文子也。」杜用韋義。

初，鮑國去鮑氏而爲施孝叔臣。❻【疏

❶ 原稿眉批：輦，查添。
❷ 原稿眉批：索，詁。
❸ 「月」下，《春秋左傳正義》卷二十八有「壬寅」二字。
❹ 「邑」，當作「國」。
❺ 「郡」，《後漢書・郡國志》作「國」。
❻ 「而」下，《春秋左傳正義》卷二十七有「來」字。

證】孝叔，魯公族，見十一年傳。

施氏卜宰，【疏證】杜注：「卜立家宰。」各本作「冢宰」，誤。顧炎武云：「施氏之家臣也，如《論語》仲弓爲季氏宰之『宰』，解『冢宰』，非。」《校勘記》云：「炎武未見舊本故也。」

匡句須吉。【疏證】惠棟云：「應劭《風俗通》曰：『匡，魯邑，句須爲之宰，其後氏焉。』」❶

施氏之宰有百室之邑，【疏證】謂家宰應有采邑。

與匡句須邑，使爲宰，【疏證】據應説，則施氏使句須爲匡宰。

以讓鮑國而致邑焉。【疏證】讓國爲家宰，又致邑。

施孝叔曰：「子實吉。」

對曰：「能與忠良，吉孰大焉？」

鮑國相施氏忠，故齊人取以爲鮑氏後。

仲尼曰：「鮑莊子之知不如葵，葵猶能衛其足。」【疏證】杜注：「葵傾葉向日，以蔽其根。」焦循云：「《淮南子・説林訓》云：『聖人之於道，猶葵之與日也。雖不能終始哉，其鄉之誠也。』高誘注：『鄉，仰也。』葵之向日，始見於此。曹植《求通親親表》云：『若葵藿之傾葉太陽，雖不爲回光，終向之者，誠也。』陸機作《園葵詩》乃云：『朝榮西北傾，夕隕西南晞。』竟似隨日而指者，然與衛足之説不相涉。至杜此注，則以衛足由於向日，而向日由其傾葉矣。《齊民要術》言：『葵有紫莖、白莖二種，種別復有大小之殊，又有鴨脚葵，蓋大者謂蜀葵，小者謂錦葵，鴨脚謂黄葵。其種法，春必畦種，水澆，三掐，更種之。六月一日種白莖秋葵。秋葵堪食，仍留五月種者取子，於此時，附地翦却春葵，令根上枿生者，❷柔輭至好，仍共常食，美於秋菜。掐秋菜，必留五六葉。凡掐，必待露解。』此所言甚詳。蓋冬葵，蜀葵也。秋葵，夏種秋華，至冬即枯。蜀葵，八月後種，經冬至春而華，於四五月春夏亦可種。古以此爲蔬，不令其老，故掐之，令生嫩枿，其根存，則明年仍生，故古詩云：『採葵莫傷根，❸傷根葵不生。』觀

❶ 原稿眉批：匡似已見，查。

❷ 「枿」上，原衍「生」字，今據《春秋左傳補疏》卷四删。

❸ 「採」，原作「探」，今據《春秋左傳補疏》卷四改。

《要術》稱『三搯』，又云『令根上枏生』，肥嫩供食尤美，是葵能自衛其根。孔子謂『葵猶能衛其足』，此也。然此葵無所謂向日。曹植與藿並言，藿即菽，今驗塍中豆華必當正午時盛開，因推之秋葵之華，日出則舒，日没則合，其未舒苞直向上，舒則傾側，故一名側金琖。曹云『傾葉』，葉指華之瓣，傾即其舒而言也。然則所謂向日者，就華之榮萎言。此專指秋葵言之也。向日與衛足，自是兩事，杜合爲一，失之。」

冬，諸侯伐鄭。

十月，庚午，圍鄭。

楚公子申救鄭，師于汝上。【疏證】杜無注。《釋例》謂：「汝出南陽，東北入淮。」未説此「汝上」當何地。高士奇云：「汝水出河南汝州魯山縣，東北經伊陽至汝州南，又東南經寶豐、郟縣，南入南陽之裕州。歷開封之襄城、郾城，南入汝寧西平境，又東南至潁州南而至于淮。十六年楚以汝陰之田求成于鄭，蓋鄭、楚之界也。」按：楚師當在今郟、號，直寶豐對岸也。

十一月，諸侯還。

初，聲伯夢涉洹，【疏證】《水經·洹水》：「洹水出上黨泫氏縣，至内黄縣北，東入于白溝。」注：「謂之洹口也。許慎《説文》、吕忱《字林》並云洹水出晉、魯之間。」據酈氏説，洹出泫氏，❶泫氏，今山西澤州高平，❷則是晉境。杜注：「洹水出汲郡林慮縣，東北至魏郡長樂縣入清水。」洪亮吉謂：「與郭璞《山海經》注同。」惠棟云：「《御覽》：《隋圖經》：『洹水出隆慮縣西北，俗謂安陽河，即聲伯夢涉之所，源出林慮山東平地。』」按：杜、郭及《隋圖經》説洹源與酈氏異者，林慮即隆慮，在今河南彰德府境，與澤州接壤，許君、吕忱所謂晉、魯之間是也。沈欽韓云：「《方輿紀要》：『安陽河在彰德府北四里，本名洹水，出林縣西北林慮山中，東流經府境，又經臨漳縣西南達直隸成安縣界，至内黄縣界永和鎮入衛水。』」江永云：「今按：後周分臨漳界置洹水縣，後省入大名成安，今大名府魏縣，古洹水也。」

或與己瓊瑰，食之。【疏證】《説文》：「瓊，赤玉也。瑰，玫瑰，一曰珠圜好。」杜注：「瓊，玉。瑰，珠也。」用許説，又云：「食珠玉，含象。」據服氏義，知者，服説



❶「出」，原重文，今删。
❷「今」，原重文，今删。

下「懼不敢占」謂「惡瓊瑰贈死之物也」。疏：「含者用玉，或用珠，故夢食珠玉爲含象也。《詩》毛傳：『瓊瑰，石而次玉。』《禮緯》：『天子含用珠，諸侯用玉，大夫用碧。』此聲伯得有瓊瑰者。按：天子含用玉，則《禮緯》之文未可全依，或可珠玉兼有。」疏明聲伯大夫，含亦得用珠，故疑《禮緯》未可依也。按：《檀弓》「飯用貝」疏：「其含天子用璧，卿大夫無文。案成十七年公孫嬰齊夢贈瓊瑰，注云：『食珠玉，含象。』則卿大夫蓋用珠也。何休注《公羊》云：『天子以珠，諸侯以玉，大夫以璧，❶士以貝。』又《禮緯稽命徵》：『天子飯以珠，含以玉。諸侯飯以珠，含以璧。卿大夫飯以珠，含以貝。』此等或是異代禮，非周禮也。」右《禮》疏據《士喪》含止用貝，故疑聲伯大夫不當用玉。杜言珠玉，此以瓊瑰爲珠，與杜異，當是舊説。其引《稽命徵》與本疏引《禮緯》亦異，不據爲周禮者，以於《禮經》別無所徵也。又《雜記》「天子飯九貝」疏：「案《禮》戴説，天子飯以珠，含以玉。諸侯飯以珠，含以璧。大夫、士飯以珠，含以貝。此等皆非周禮，並夏、殷之法。《左傳》成十七年子叔聲伯夢食瓊瑰，哀十一年齊陳子行，❷『命其徒具含玉』，此等皆是大夫而以珠玉爲含者，以珠玉是所含之物，故言之，非謂當時實含用珠玉也。」此引《禮》戴説與《檀弓》疏引《稽命徵》略同，故亦不據爲周禮。其謂此傳瓊瑰及哀十一年齊陳子含玉，皆以所含之物言，非是珠玉。杜注此，知珠玉之未諦，而未達傳文顯言瓊瑰，不得虛以含物説之也。《禮緯》、《禮》説雖不足據，然并疑此傳「瓊瑰」非含物則未可，不若《檀弓》疏説之確也。知《檀弓》疏「卿大夫含用珠」爲舊説者，李貽德云：「按：古者含惟用玉石，天子用玉，見《典瑞》。士用貝，見《士喪禮》。何休謂『天子以珠』，珠亦當以玉爲之。《詩》傳：『瓊瑰，石而次玉。』《説文》玫瑰連文乃爲珠，此瓊瑰連文則必當爲似石之玉。洪亮吉《釋珠》云：『玫珠字從玉，皆以玉爲之。《周禮・玉府》「掌供王之服玉、佩玉、珠玉，若合諸侯則用珠槃、玉敦」是也。❸《續漢書・輿服志》：「永平二年，初詔有司采《周官》、《禮記》、《尚書・皋陶》篇，乘輿服從歐陽氏説，公侯以下從大小夏侯氏説。❹冕皆廣七寸，長尺二寸，前垂

❶「璧」，疑當作「璧」，《禮記正義》卷九作「碧」。

❷「一」，原脱，今據《禮記正義》卷四十三補。下一「一」字同。

❸「用」，《春秋左氏傳賈服註輯述》卷十作「供」。

❹「侯」，《春秋左氏傳賈服註輯述》卷十作「卿」。

四寸，後垂三寸，係白玉珠爲十二旒。三公、諸侯七旒，青玉爲珠。卿大夫五旒，黑玉爲珠。」所謂白玉珠、青玉珠、黑玉珠，皆以玉石之白、青、黑爲之。歐陽、夏侯皆承周秦以來先儒舊説，明三代之制冕旒所垂之珠皆琢玉爲之，非是蚌珠。』由此推之，則天子所含，《周禮》言玉舉其質，《禮緯》言珠舉其形，其必以玉爲珠，所以别于諸侯所含之璧形而小耳。杜氏分瓊瑰爲珠玉，不明于古之珠即以玉爲之也。」案：李説是也。瓊瑰非美玉，故琢珠以爲含，舉瓊瑰即是含珠，此《左氏》稱「瓊瑰」之義。

泣而爲瓊瑰，盈其懷。**【疏證】**淚下似珠，故謂泣而化珠。杜謂「淚下化爲珠玉」，非。王逸《楚辭章句》：「在袖曰懷。」

從而歌之曰：**【疏證】**《廣雅·釋詁》：❶「從，就也。」

「濟洹之水，贈我以瓊瑰。歸乎，歸乎！瓊瑰盈吾懷乎！」

懼不敢占也。**【注】**服云：「聲伯惡瓊瑰贈死之物，故畏而不言也。」《渭陽》疏。**【疏證】**杜無注。李貽德云：「聲伯夢食瓊瑰，合其所含之等，故惡之也。占謂占夢，《周官》有占夢是也。但占必言夢而始占之，聲伯不敢占，故服以爲不敢言也。」

還自鄭。

壬申，至于貍脤而占之。

曰：「余恐死，故不敢占也。

「今衆繁而從余三年矣，無傷也。」**【疏證】**《正月》傳：❷「繁，多也。」

言之，之莫而卒。**【疏證】**《校勘記》云：「《詩·渭陽》正義引作『言之至莫而卒』。」

齊侯使崔杼爲大夫，使慶克佐之，帥師圍盧。**【疏證】**杜注：「討高弱。」

國佐從諸侯圍鄭，以難請而歸。

遂如盧師，殺慶克，以穀叛。❸

❶ 「詁」，原缺，今據《廣雅》卷三補。

❷ 「正月」，原缺，今據《毛詩正義》卷十二補。

❸ 原稿眉批：穀已见。

齊侯與之盟于徐關而復之。

十二月，盧降。使國勝告難于晉，【疏證】杜注：「勝，國佐子。齊侯欲討國佐，故留其子於外。」

待命於清。【疏證】本疏：「欲遣國勝告難，故令待進止之命在于清地，非是使還待命。」此傳舊說當謂國勝待進止之命，舊疏申其説也。杜注：「清，陽平樂縣。」江永云：「清爲齊之東境邑。」沈欽韓云：「按《漢志》清屬東郡，《續漢志》：『樂平，故清，章帝更名。』《晉志》屬陽平郡。」杜預注，諸本皆脱一「平」字。《一統志》：「清縣故城在東昌堂邑縣東南。」

晉厲公侈，多外嬖。【疏證】杜注：「外嬖，愛幸大夫。」《晉世家》：「厲公多外嬖姬。」則史公説外嬖謂厲公淫於外，傳稱外嬖皆佞倖之徒，史公蓋采異説。

反自鄢陵，【疏證】《釋文》作「反自鄢」，云：「一本作『自鄢陵』。」李富孫云：「按唐石經初刻似無『陵』字，後人增入。」

欲盡去群大夫而立其左右。【疏證】《晉世家》：「厲公歸，欲盡去群大夫而立諸姬兄弟。」

胥童以胥克之廢也，怨郤氏，❶【疏證】胥童，《韓非・内儲》作胥僮，《晉語》作胥之昧，注：「胥之昧，胥童也。」洪亮吉云：「《晉語》『童昏不可使謀』，是童有昧義，故胥童字之昧也。」宣八年傳：「晉胥克有蠱疾，郤缺爲政，❷廢胥克。」《晉世家》：「厲公寵姬兄曰胥童，嘗與郤至有怨。」杜注：「童，胥克之子。」

而嬖於厲公。

郤錡奪夷陽五田，五亦嬖於厲公。【疏證】夷陽五，宋本作「羊五」，與下文作「夷羊五」合。《晉語》作「夷羊午」，《古今人表》作「羊魚」。萬光泰云：❸「疑夷陽以邑爲氏。《周語》：『商之亡也，夷羊在牧。』命氏之由，豈取諸此乎？」《晉語》注：「胥童、夷陽五，皆厲公嬖臣。」

郤犨與長魚矯争田，【疏證】矯，《晉語》作蟜。

執而梏之，【疏證】杜注：「梏，械也。」❹

---

❶「氏」，原作「克」，今據《春秋左傳正義》卷二十八改。

❷「缺」，原作「克」，今據《春秋左傳正義》卷二十二改。

❸「光泰」，原缺，今據《左通補釋》卷十四及卷四補。

❹ 原稿眉批：梏，詁。

與其父母妻子同一轅。【疏證】杜注：「繫之車轅。」

既，矯亦嬖於厲公。

欒書怨郤至，以其不從己而敗楚師也，欲廢之。【疏證】《晉語》：「欒書是以怨郤至。」注：「怨其反己，專其美也。」《晉世家》：「欒書又怨郤至不用其計而遂敗楚。」集解：「《左傳》曰：『欒書欲待楚師退而擊之，郤至云：「楚有六間，不可失也。」』」

使楚公子茷告公曰：「此戰也，郤至實召寡君，【疏證】十六年傳：「晉、楚遇於鄢陵，因公子茷。」《晉世家》：「乃使人間謝楚。楚來詐厲公曰：『鄢陵之戰，實至召楚。』」史公不謂使茷告厲公，采異說。

「以東師之未至也，【疏證】杜注：「齊、魯、衞之師。」《晉語》「及齊、魯之未至也」，注：「晉乞師於齊、魯，時尚未至。」《外傳》不數衞師，故杜不用韋說。

「與軍帥之不具也，【疏證】杜注：「荀罃佐下軍居守，郤犨將新軍乞師，故言不具。」按：杜謂荀罃以下軍佐居守是矣，其云新軍將郤犨以乞師不至軍，傳無明文。十六年傳止云「郤至佐新軍」，此云「不具」，謂下軍佐未行，新三軍將佐亦不具也，詳彼傳疏證。

「曰：『此必敗，【疏證】《晉語》注：「言晉可敗也。」此假郤至之辭。

「『吾因奉孫周以事君。』」【疏證】《晉語》「晉孫談之子周事單襄公」，❶注：「談，晉襄公之孫惠伯談也。周者，談之子，晉悼公之名。晉自獻公用驪姬之譖，詛不畜群公子，故孫周適周事單襄公。」《晉世家》：「悼公周者，其先祖父捷，晉襄公少子也，不得立，號爲桓叔，桓叔最愛。桓叔生惠伯談，談生悼公周。」與《外傳》合。杜注：「晉襄公曾孫悼公。君，楚王也。」杜據《外傳》、《晉世家》以周爲襄公曾孫。案《年表》厲公上距襄公已四世，悼爲厲之從孫，故稱孫周，猶《外傳》之稱孫談也。《晉世家》又云：「至欲作亂，内子周立之。」於例不當稱子，史公駁文。《晉語》又云：「戰敗，將納孫周。」與《内傳》同。《外傳》述周復國之辭云：❷「大父、父皆不得立，而辟難於周，

❶「晉語」，當作「周語」。

❷「外傳」，當作「晉世家」。

客死焉。今大夫不忘文、襄之意而惠立桓叔之後。」則桓、孫談皆適周，及悼公三世矣。

公告欒書，書曰：「其有焉。不然，豈其死之不恤，而受敵使乎？【疏證】《晉世家》：「厲公告欒書，欒書曰：『其殆有矣。』」十六年傳：「郤至見楚子，必下。楚子使工尹襄問之以弓，至免冑承命。」故曰「受敵使」。

「君盍嘗使諸周而察之？」【疏證】《晉語》：「且君若使之於周。」《晉世家》：「願公試使人之周微考之。」集解：「虞翻曰：『周，京師。』」據虞説，則孫周在京師也。

郤至聘于周，欒書使孫周見之。公使覘之，信。【疏證】《説文》：「覘，窺也。《春秋傳》曰：『公使覘之，信。』」許君引傳與唐本合。《繫傳》引作「公使窺視之」，非。《晉語》注：「覘，微視之。」杜注：「覘，伺也。」用韋義。《晉世家》：「果使郤至於周。欒書又使公子周見郤至，郤至不知見賣也。厲公驗之，信然。」

遂怨郤至。【疏證】《晉世家》：「厲公遂怨郤至，欲殺之。」

厲公田，與婦人先殺而飲酒，後使大夫殺。【疏證】《晉語》注：「婦人，愛妾也。」杜注：「傳言厲公無道，先婦人而後卿佐。」沈欽韓云：「《王制》：『天子殺則下大綏，諸侯殺則下小綏，大夫殺則止佐車，佐車止則百姓田獵。』先殺者君之禮也，不爲無道。以婦人而與田獵，則非禮度耳。」《晉世家》：「厲公獵，與姬飲。」

郤至奉豕，寺人孟張奪之，【疏證】杜注：「寺人，奄士。」《晉世家》：「郤至殺豕奉進，宦者奪之。」❶

郤至射而殺之。公曰：「季子欺余！」【疏證】杜注：「季子，郤至。公反以爲郤至奪孟張豕。」《晉世家》：「郤至射殺宦者，公怒，曰：『季子欺余！』」

厲公將作難，

胥童曰：「必先三郤，族大多怨。去大族不逼，【疏證】《吕覽·驕恣》篇：「胥童謂厲公曰：『必先殺三郤。族大多怨，去大族不逼。』」注：「三郤，錡、犨、至也。不逼迫公室。」杜注：「不逼公室。」用高注義。

❶ 原稿眉批：查寺人披。

「敵多怨有庸。」❶

公曰：「然。」

郤氏聞之，郤錡欲攻公，曰：「雖死，君必危。」【疏證】《晉世家》：「郤錡欲攻公，曰：『我雖死，君亦病矣。』」

郤至曰：「人所以立，信、知、勇也。

「信不叛君，知不害民，勇不作亂，失此三者，其誰與我？ 死而多怨，將安用之？

【疏證】至言失信、知、勇，則人以弑君怨我。杜注：「言俱死，無用多其怨咎。」非。《晉世家》：「郤至曰：『信不反君，智不害民，勇不作亂。失此三者，誰與我？ 我死耳！』」

「君實有臣而殺之，其謂君何！

「我之有罪，吾死後矣。

「若殺不辜，將失其民，欲安得乎？

「待命而已。【疏證】命，君命也。

「受君之祿，是以聚黨。【疏證】《晉語》「夫利君之富，富以聚黨」，注：「利君寵祿以得富，得富故有徒黨。」

「有黨而爭命，罪孰大焉？」【疏證】此命亦謂君命，爭命猶拒命也。杜以「命」爲「死命」，非。

壬午，胥童、夷羊五帥甲八百將攻郤氏。【疏證】杜注：「八百人也。」《晉語》：「是故使胥之昧與夷羊五刺郤至、苦成叔及郤錡。」注：「胥之昧，胥童也。」《晉世家》：「十二月壬午，公令胥童以兵八百人襲攻殺三郤。」

長魚矯請無用衆，【疏證】矯意不用甲。

公使清沸魋助之，【疏證】杜注：「沸魋，亦嬖人。」

抽戈結衽，【疏證】《說文》：「衽，衣裣也。」《禮·□□》注：「衽，裳際也。」杜用鄭義。洪亮吉云：「傳云『結衽』，則訓當以《說文》爲是。《倉頡解詁》亦云：『衽，裳際。或云衣襟也。』」

❶ 原稿眉批：庸，詁。

而僞訟者。【疏證】杜注：「僞與清沸魋訟。」

三郤將謀於榭，【疏證】杜注：「榭，講武堂。」用宣十六年「榭」舊説，詳彼經疏證。本疏：「傳言『將謀於榭』，似仍未至榭，猶在塗也。下云『殺駒伯、苦成叔於其位』，位，所坐處，則已至榭矣。」又云：「三郤慮公殺己，謀欲自安，未及謀而已死，故云『將』耳，非謂未至榭也。」又云：「或可『將謀於榭』是未至榭，故杜云：『位，所坐處也。』謂當時隨便所坐之處，故長魚矯得僞訟而殺之，若已至榭，不應就榭僞訟。」案：疏文不承接，杜以下文「位」爲所坐處，非榭位，則以僞訟及殺二郤皆在塗事，與疏前二説不合，疏蓋引舊説駁之。舊説一以僞訟爲在塗，殺二郤爲在榭，一説謂僞訟、殺三郤皆在榭，以下文長魚矯追郤至車證之，則僞訟時三郤已至榭也。

矯以戈殺駒伯、苦成叔於其位。【疏證】杜注：「駒伯，郤錡。苦成叔，郤犨。」案：位，榭之坐處。

温季曰：「逃威也。」遂趨。【疏證】杜注：「郤至本意欲稟君命而死，今矯等不以君命而來，故欲逃凶賊爲害，故曰威，言可畏也。或曰『威』當爲『藏』。」沈欽韓云：「『威』當爲『畏』。《檀弓》『死而不弔者三：畏、厭、溺』，注：『人或時以非罪攻己，不能有以説之死之者。』《吕覽・勸學》篇注：『畏猶死也。』《通典・喪禮》引盧植注：❶『畏，兵刃所傷。』又王肅云：『犯法獄死謂之畏。』《白虎通・喪服》：『畏者，兵死也。』此作『威』者，畏、威文義相通。《考工記》注：『故書畏作威。』《皋陶謨》『天明畏』，釋文：『馬本作威。』《吕刑》『德威惟畏』，《墨子・尚賢下》『德威惟威』，是畏、威古通也。」

矯及諸其車，以戈殺之。

皆尸諸朝。【疏證】《晉語》：「殺三郤而尸諸朝」，注：「尸，陳也。」杜用韋義。《檀弓》「則將肆諸市朝而妻妾執」，注：「肆，陳尸也。大夫以上於朝，士以下於市。」鄭君説朝、市有別。三郤皆大夫，故傳稱「尸諸朝」。襄二十三年傳：❷「楚王殺子南於朝。」子南亦大夫。惠棟云：「康成《論語》注曰：『大夫於朝，士於市。』昭十四年『尸雍子與叔魚於市』，正義曰：『晉殺三郤皆尸於朝，此尸於市

❶ 「禮」，當作「制」。

❷ 「三」，當作「二」。

者，以其賤故也。」楝案：《論語》『尸諸市朝』，《孟子》『若撻於市朝』，索隱謂『市之行列有如朝位，故曰市朝』，《王制》謂『刑人於市』，則此『尸諸朝』疑即市朝，或云朝，或云市，隨文言之，非有二所。」梁履繩云：「於朝于市亦以分罪之大小，如崔杼上卿也，而尸於市。子皙上大夫也，而尸於衢。皆不於朝者，蓋貶同士庶。」

胥童以甲劫欒書、中行偃於朝。矯曰：「不殺二子，憂必及君。」【疏證】《晉語》注：「言二子懼誅，必將圖君。」《韓非·說儲》：「胥童、長魚矯又諫曰：『夫同罪之人偏誅而不盡，知懷怨而借之間也。』」以爲童、矯二人之言。《晉世家》：「胥童因以劫欒書、中行偃于朝，曰：『不殺二子，患必及公。』」以爲胥童一人之言。皆與傳異。

公曰：「一朝而尸三卿，余不忍益也。」【疏證】惠棟云：「《韓非子》載厲公語曰：『吾一朝而夷三卿，予不忍盡也。』《周禮·凌人》『大喪共夷槃冰』，鄭氏云：『夷之言尸也，尸之槃曰夷槃。』古夷字作𡰥，與尸相近，故或從尸或從𡰥也。」按：《韓非》「益」作「盡」亦異文。《晉語》：「一旦而尸三卿，不可益也。」《晉世家》：「公曰：「一旦殺三卿，寡人不忍益也。」」并與傳同。

對曰：「人將忍君。【疏證】杜注：「人謂書與偃。」

「臣聞亂在外爲姦，在內爲軌。御姦以德，御軌以刑。【疏證】《釋文》：「軌，本又作宄。」《校勘記》云：「軌，《書·盤庚》正義引作『宄』，宄正字，軌假借字。」《司刑》注：「《書傳》曰：『降畔、寇賊、劫略、奪攘、撟虔者，其刑死。』」疏：「《舜典》云『寇賊姦軌』，鄭注云：『强聚爲寇，殺人爲賊，由內爲姦，起外爲軌。』案成十七年，長魚矯曰：『臣聞亂在外爲姦，在內爲軌，御姦以德，御軌以刑。』鄭與傳不同。鄭欲見在外亦得爲軌，在內亦得爲姦，故反覆見之。或後人轉寫誤，當以傳爲正。」彼疏不用鄭君說，鄭君說外、內與傳違，不知何據。《廣雅·釋詁》：「姦、宄、竊，盜也。」王念孫云：「《說文》：『姦，私也。宄，姦也。外爲盜，內爲軌。盜自中出曰竊。』文十八年，『竊賄爲盜，盜器爲姦』。《魯語》云：『竊寶者爲軌，用軌之財者爲姦。』成十七年《左傳》及《晉語》并云：『亂在外爲姦，在內爲軌。』軌與宄通。姦、宄、竊、盜，訓雖不同，理實相貫，學者不以詞害意可也。」據王說，則姦、軌統詞，外內隨便言之。《晉語》説姦、軌與傳同，下云「禦軌以德，禦姦以刑」，與矯勸殺二卿意不合。

「不施而殺，不可謂德；臣偪而不討，不可謂刑。

「德、刑不立，姦、軌並至。臣請行。」遂出奔狄。【疏證】杜注：「行，去也。」

公使辭於二子曰：【疏證】杜注：「辭謝書與偃也。」

「寡人有討於郤氏，郤氏既伏其辜矣，大夫無辱，其復職位。」【疏證】杜注：「胥童刧而執之，故云辱也。」《晉世家》：「公弗聽，謝欒書等以誅郤氏罪：『大夫復位。』」

皆再拜稽首曰：「君討有罪，而免臣於死，君之惠也。二臣雖死，敢忘君德？」乃皆歸。

公使胥童爲卿。

公游於匠麗氏，【注】賈云：「匠麗氏，❶晉外嬖大夫在翼者。」《晉世家》集解。【疏證】盧文弨云：「《大戴禮・保傅》篇作『匠黎』，《史記》作『匠驪』，則麗當讀平聲。」洪亮吉云：「麗，讀如『酈食其』之酈。」按：《周語》注引作「匠酈」，亦讀作平聲。杜注：「匠麗，嬖大夫家。」馬宗璉云：「杜未全本賈説，與下葬翼東門外不貫。」案：《晉語》：「國人勿躅，遂殺諸翼。」又曰：「欒成子、中行獻子圍公于匠麗氏。」賈知在翼者，采《外傳》説。《吕覽・禁塞》篇：「晉厲知必死于匠麗氏，陳靈知必死於夏徵舒，宋康知必死於温，吾未知其爲不善之至於此也。」注：「匠麗氏，晉大夫家也。」《吕覽》以夏徵舒、温並言，此古説，温未詳。其舉死於夏徵舒爲例，蓋厲公外淫，如夏姬之事也。《晉世家》：「閏月乙卯晦，❷厲公游匠麗氏。」❸史公以傳殺胥童之日爲公游匠麗氏之日，傳中隔舒庸人伐楚，非同日事，未知史公所據。

欒書、中行偃遂執公焉。【疏證】《晉世家》：「欒書、中行偃以其黨襲捕厲公，執之。」

❶「麗」，《史記・晉世家》作「驪」。
❷「晦」，《史記・晉世家》無此字。
❸「麗」，《史記・晉世家》作「驪」。

召士匄，士匄辭。

召韓厥，韓厥辭曰：「昔吾畜於趙氏，【疏證】《晉語》注：「畜，養也。韓獻子見成養於趙盾。」杜用韋說。

「孟姬之讒，吾能違兵。【疏證】孟姬即莊姬也。《□□》傳：「違，去也。」四年傳「晉趙嬰通於趙莊姬」，五年「原、屏放諸齊」，八年傳「晉趙莊姬爲趙嬰之亡故，譖之于晉侯。六月，晉討趙同、趙括」，故云「孟姬之讒」也。《晉語》注：「時獻子能違兵難，卒存趙氏，未可脅與殺君也。」杜注：「晉將討趙氏，而厥去其兵，示不與黨。」

「古人有言曰：『殺老牛，莫之敢尸。』【疏證】《釋詁》：❶「尸，主也。」《晉語》注同，杜用韋義。莫敢主謂畏刑律，知者，《淮南子·説山訓》曰：「殺罷牛可以贖良馬之死，莫之爲也。殺牛必亡之數，以必亡贖不必死，未能行之者矣。」注：「牛者所以植穀，民之命，是以王法禁殺牛。民犯禁殺之者誅，故曰『必亡之數』。」據《淮南》説，則漢法殺牛如殺人抵罪，承舊律文。《隋書·盧愷傳》：❷「周武帝在雲陽宮，敕諸屯簡老牛，欲以享士。愷進諫曰：『昔田子方贖老馬，君子以爲美談。向奉明敕，欲以老牛享士，有虧仁政。』」

「而況君乎？二三子不能事君，焉用厥也？」

舒庸人以楚師之敗也，【疏證】杜注：「舒庸，東夷國人。」江永云：「今按：此亦群舒也，蓋在今廬州府。」詳文十二年「群舒」疏證。

道吴人圍巢，伐駕，圍釐、虺，【疏證】杜注：「巢、駕、釐、虺，楚四邑。」江永云：「今俱在廬州府境。」顧棟高云：「巢即薳啓彊城之以備吴者，今爲江南廬州府巢縣。襄三年吴伐楚取駕，駕，良邑也。駕、釐皆在無爲州境，虺在廬江縣境，俱屬廬州府。」

遂恃吴而不設備。楚公子櫜師襲舒庸，滅之。【疏證】李富孫云：「石經『櫜』下旁注『帥』字，此後人妄加。」

閏月，乙卯，晦，欒書、中行偃殺胥童。

❶「詁」，原缺，今據《爾雅》卷上補。

❷「盧」，原作「虞」，今據《隋書·盧愷傳》改。

民不與郤氏，胥童道君爲亂，故皆書曰「晉殺其大夫」。【疏證】杜注謂：「從國討文。」疏引劉炫云：「杜正謂不書盜，書盜即無罪也。」此《述義》申解杜説。

【經】十有八年，春，王正月，晉殺其大夫胥童。【疏證】杜注：「傳在前年，經在今春，從告。」

庚申，晉弑其君州蒲。❶【疏證】《校勘記》云：「按：『蒲』字當作『滿』。」《年表》：「晉公八年，欒書、中行偃殺厲公，立襄公孫爲悼公。」

齊殺其大夫國佐。【疏證】杜注：「國武子也。」

公如晉。

夏，楚子、鄭伯伐宋。宋魚石復入于彭城。【疏證】本年傳例：「以惡曰『復入』。」杜注：「彭城，宋邑。」《地理志》：「楚國彭城。」顧棟高云：「彭城，徐州府銅山縣，爲春秋時吴、楚往來之通道。」

公至自晉。

晉侯使士匄來聘。

秋，杞伯來朝。

八月，邾子來朝。【疏證】《公羊》「邾」曰「邾婁」。

築鹿囿。【疏證】杜注：「築牆爲鹿苑。」

己丑，公薨于路寢。【疏證】《年表》：「十八年，成公薨。」

冬，楚人、鄭人侵宋。【疏證】《年表》：「楚共王十八年，爲魚石伐宋彭城。鄭成公十二年，與楚伐宋。宋平公三年，楚伐彭城。」

晉侯使士魴來乞師。【疏證】士魴，《公羊》曰「士彭」。洪亮吉云：「按：《毛詩》『祝祭于祊』，《説文》作『彭』，知祊、彭古字通也。《説文》又云：❷『彭或從方。』」臧壽恭云：「魴、彭同聲相假。」

❶ 原稿眉批：州蒲已見。

❷ 「又」，原作「大」，今據《春秋左傳詁》卷三改。

十有二月，仲孫蔑會晉侯、宋公、衛侯、邾子、齊崔杼同盟于虚朾。【疏證】《公羊》「邾」曰「邾婁」。杜注：「虚朾，地闕。」《晉語》「使合諸侯于虚朾以救宋」，❶注：「虚朾，宋地。」沈欽韓云：「兖州泗水縣，漢卞縣之地，即春秋之虚朾也。《一統志》：『虚朾邑，今泗水縣治。』」

丁未，葬我君成公。

【傳】十八年，春，王正月，庚申，晉欒書、中行偃使程滑弑厲公，【疏證】《校勘記》云：「李善注劉孝標《辨命論》引『弑』作『殺』。」杜注：「程滑，晉大夫。」洪亮吉云：「《吕覽·驕恣》篇：『厲公游于匠麗氏，欒書、中行偃刧而幽之，三月而殺之。』按：自十二月至正月，内有閏月，故云三月也。《淮南·人間訓》同。《晉語》亦稱厲公三月殺。」壽曾謂：《晉語》「三月厲公殺」注：「魯成十七年十二月，長魚矯奔翟。閏月，欒、中行殺胥童。十八年正月，厲公殺。」洪説蓋據韋注。《晉世家》：「悼公元年正月庚申，欒書、中行偃弑厲公，厲公因六日死。」則謂自執至弑僅六日，此史公駁文，與傳不合。《周本紀》：「簡王十三年，晉殺其君厲公。」洪亮吉云：「賈誼《書·禮容篇》：『厲公弑于東門。』按：即翼東門也。」

葬之于翼東門之外，以車一乘。【疏證】《晉語》注：「翼，晉别都也。『葬之於翼東門之外』，不得同於先君也。禮，諸侯七命，遣車七乘。以車一乘，不成喪。」杜注：「不以君禮葬，諸侯葬車七乘。」用韋義。本疏：「《周禮·大行人》：『上公貳車九乘，侯伯七乘，子男五乘。』謂生時副貳之車也，其送葬亦當如之。今唯一乘，是不以君禮葬也。以晉是侯爵，故指言侯禮七乘耳。襄二十五年傳齊人葬莊公，『下車七乘』，杜彼注云：『齊舊依上公禮，九乘。』以齊嘗爲侯伯，❷因而用九，九非侯之正法，故此以正言之。」

使荀罃、士魴逆周子于京師而立之，【疏證】杜注：「悼公周也。」《晉語》：「欒武子使知武子、彘恭子如周迎悼公。」❸注：「知武子，荀罃也。彘恭子，士魴也，食邑於彘。」

❶「使」，《國語正義》卷十三作「始」。
❷「嘗」，原作「當」，今據《春秋左傳正義》卷二十八改。
❸「彘恭子」，原脱「子」字，今據《國語正義》卷十三補。

生十四年矣。【疏證】《晉世家》：「周之立，年十四矣。」

大夫逆于清原。【疏證】《晉語》注：「清原，晉地。」已說於僖三十一年。《晉世家》：「厲公死十日曰庚午，❶智罃迎公子周來，至絳。」據下云「庚午，盟而入」，如史公說，則逆于清原、盟大夫皆一日事。

周子曰：「孤始願不及此，雖及此，豈非天乎？【疏證】《晉語》：「孤之始願不及此，孤之及此，天也。」注：「及，至也。引天以自重。」

「抑人之求君，使出命也，立而不從，將安用君？二三子用我今日，否亦今日，共而從君，神之所福也。」【疏證】《晉語》注：「悼公承篡殺之後，嫌臣下不從，故以此約厲焉。」杜注：「傳言其少有才，所以能自固。」

對曰：「群臣之願也，敢不唯命是聽。」

庚午，盟而入。

館于伯子同氏。❷【疏證】杜注：「晉大夫家。」《晉世家》：「刑雞與大夫盟而立之。」

辛巳，朝于武宮，❸【注】服虔本「辛巳」作「辛未」。本疏。【疏證】本疏：「《晉語》亦作『辛巳』，孔晁：『云以辛未盟入國，辛巳朝祖廟，取其新也。』按：《晉語》稱『庚午，大夫逆于清原』，傳云：『庚午，盟而入。』逆日即盟，非辛未也。傳與《晉語》皆云『辛巳，朝于武宮』。服本自誤耳，孔晁强欲合之，非也。」臧琳云：「庚午既盟而入，故明日辛未即朝于始祖廟，服本是也。若作辛巳，則與盟而入之日相去十有二日，久而不朝，何也？故知《周語》作『巳』字誤，而杜本《左傳》同之，何耶？據孔注《國語》，知孔氏所見《左傳》與服本同作『辛未』，特孔氏不知《國語》『巳』字爲誤，而强欲通之爲非耳。正義謂『逆日即盟』，是也，至以服本爲誤，則偏袒之失。」李貽德云：「僖二十四年叙文公之入云：『丙午，入于曲沃。丁未，朝于武宮。』是入國而後，翌日朝廟，具有成例。」案：臧、李說是也。《晉世家》：「辛巳，朝武宮。二月乙酉，即位。」史公作「辛巳」，亦沿《外傳》之誤。

❶ 「曰」，《史記·晉世家》無此字。
❷ 原稿眉批：「館」服注已見隱十一年。
❸ 原稿眉批：武宮已見僖廿四年。

逐不臣者七人。【疏證】杜注：「夷羊五之屬也。」

周子有兄而無慧，【疏證】《文選・辨命論》注引作「無惠」。惠棟云：「按《大戴禮》曰『慧種生聖，癡種生狂』。故昌邑王『清狂不惠』。惠與慧古字通。」杜注：「不慧，蓋世所謂白癡。」杜據當時俗諺。

不能辨菽麥，故不可立。【疏證】《采菽》箋：❶「菽，大豆也。」杜注：「豆、麥殊形易别，故以爲癡者之候。」

齊爲慶氏之難故，【疏證】杜注：「前年國佐殺慶克。」注在「難」下。《校勘記》云：「宋本、岳本皆以『難』字爲句，非。按：注當入『故』字之下。」

甲申，晦，齊侯使士華免以戈殺國佐于内宮之朝。【疏證】杜注：「華免，齊大夫。」疏：「士者爲士官也。士官掌刑，故使殺國佐也。於夫人之宮，有朝群妾之處，故云『内宮之朝』。蓋召入與語而殺之也。」❷

師逃於夫人之宮。【疏證】杜注：「伏兵内宮，恐不勝。」《讀本》云：「師逃者衆散而出。」

書曰「齊殺其大夫國佐」，棄命、專殺、以穀叛故也。【疏證】杜注：「傳明言其三罪。」按：棄命謂棄圍鄭之命。

使清人殺國勝。【疏證】十七年傳：「國佐使國勝告難于晉，待命于清。」

國弱來奔。【疏證】杜注：「弱，勝之弟。」

王湫奔萊。【疏證】杜注：「湫，國佐黨。」

慶封爲大夫，慶佐爲司寇。【疏證】杜注：「封、佐皆慶克子。」

既，齊侯反國弱，使嗣國氏，禮也。

二月，乙酉朔，晉悼公即位于朝。【疏證】杜注：「朝廟五日而即位也。」疏云：「辛巳距乙酉五日，先定所修之政，待朔旦而後施之，故五日也。《晉語》云：『正月乙酉，公即位。』孔晁云：『二月即位，言正月者，記者誤也。』」壽曾謂：據服本，辛未朝于武宮，辛未至乙酉

❶「采菽」，原缺，今據《毛詩正義》卷十五補。

❷ 原稿眉批：「内宮之朝」加證。

凡十五日，則朝廟五日而即位，非舊説，杜據誤本説之。杜又云：「厲公殺絶，故悼公不以嗣子居喪。」疏云：「《釋例》曰：『厲公見殺，悼公自外紹立，本非君臣，無喪制也。』若然，《禮·喪服小記》云：『與諸侯爲兄弟者服斬。』鄭玄云：『謂卿大夫以下也，與尊者爲親，不敢以輕服服之。』言諸侯者，明雖在異國，猶來爲三年也。』計厲是文公之曾孫，悼是文公之玄孫，有緦麻之親，法當服斬。而云『無喪制』者，悼之父祖去晉適周，與本親隔絶，無往來恩義，厲既見殺，悼又被迎，迎之以爲晉君，即與厲公體敵。且葬厲公以一乘，國内尚不以爲君，不可責悼公以服斬也。縱使當爲之斬，絶而別立，亦非嗣矣。」疏據《喪服小記》鄭君説謂悼當爲厲服斬，是也。國君被弑，繼統者自外入，不用嗣君喪先君禮，《禮經》無其文，傳亦未言悼不喪厲。杜預主短喪，此則謂嗣統者不居喪，謬甚。疏知悼當服斬，而仍祖杜不居喪之説，非也。

始命百官，**【疏證】**《晉語》：「定百事，立百官。」注：「議定百事，而立其官使主之，謂改其舊時之非者。」杜注：「始爲政。」用《外傳》「定百事」義。其實傳但云「命官」，韋謂「立官主其事」，是也。

施舍，已責，**【疏證】**《晉語》「棄責」、「施舍」注：「棄責，除宿責也。施，施德也。舍，舍罪也。」杜注：「施恩惠，止逋責。」與韋義同，唯以「舍」爲「舍勞役」，與韋異。

逮鰥寡，**【疏證】**《晉語》注：「逮，及也，惠及之也。」杜注：「惠及微。」用韋義。

振廢滯，**【疏證】**《晉語》注：「振，起也。謂本賢人，以小罪久見廢，起用之。」杜注：「起舊德。」用韋義。

匡乏困，**【疏證】**杜注：「匡亦救也。」

救災患，

禁淫慝，

薄賦斂，

宥罪戾，**【疏證】**《昊天有成命》傳：❶「宥，寬也。」

節器用，**【疏證】**杜注：「節，省也。」洪亮吉云：「《賈子·道術》篇：『費弗過嗇謂之節。』」

❶ 「昊天有成命」，原缺，今據《毛詩正義》卷十九補。

時用民，

欲無犯時。【疏證】此蒙上文謂不奪民時也。杜注：「不縱私欲。」非。《晉世家》：「修舊功，施德惠，收文公入時功臣後。」檃括「命百官」以下傳意。

使魏相、士魴、魏頡、趙武爲卿。【疏證】杜注：「相，魏錡子。魴，士會子。頡，魏顆子。武，趙朔子。此四人其父祖皆有勞於晉國。」《晉語》：「使呂宣子佐下軍，使彘共子將新軍，使令狐文子佐之。以趙文子能恤大事，使佐新軍。」本疏云：「彼言呂宣子，魏相也。彘共子，士魴也。令狐文子，魏頡也。」洪亮吉云：「彘共子，蓋以采地爲氏。」

荀家、荀會、欒黶、韓無忌爲公族大夫，❶【疏證】《晉語》：「欒伯請公族大夫，公曰：『荀家惇惠，荀會文敏，黶也果敢，無忌鎮靜。』」注：「荀家，晉大夫。荀會，荀家之族。無忌，韓厥之子公族穆子也。」杜注：「無忌，韓厥子。」用韋說。《晉語》又云：「韓獻子老，使公族穆子受于朝，❷辭曰：『厲公之亂，無忌備公族，弗能死。』」本疏引孔晁云：「備公族大夫，則韓無忌先爲公族大夫，❸今言使爲之者，悼公始命百官，更改新授之。」

使訓卿之子弟共儉孝弟。【疏證】《釋文》：「弟，本亦作悌。」

使士渥濁爲太傅，使修范武子之法；【疏證】《晉語》：「君知士貞子之帥志博聞而宣惠于教也，使爲太傅。」注：「貞子，晉卿士穆子之子。」杜注：「渥濁，士貞子。武子爲景公太傅。」

右行辛爲司空，使修士蔿之法；【疏證】《晉語》：「知右行辛之能以數宣物定功也，使爲司空。」注：「右行辛，晉大夫賈辛也。司空掌邦事，謂建都邑，起宮室，經封洫之類。」杜注：「辛將右行，因以爲氏。士蔿，獻公司空也。」本疏：「僖二十八年晉作三行，三十一年即罷之以爲五軍，❹彼云『屠擊將右行』，未知此人即屠擊之子孫也，爲是其祖，代屠擊也。正以荀林父將中行，

❶ 原稿眉批：「公族大夫」已見長編，此下有「汾沮如」，疏當查補於前。

❷ 「受」下，《國語正義》卷十三有「事」字。

❸ 「無」，原重文，今據《春秋左傳正義》卷二十八刪。

❹ 「一」，原作「二」；「爲」，原重文，今據《春秋左傳正義》卷二十八改刪。

遂以中行爲氏，故謂此人之先將右行，因以爲氏耳。」梁履繩云：「僖十年有右行賈華，即六年伐夷吾於屈者。僖十年已有左行右行，其二十八年作三行者，特增置中行。疏謂二十八年作之，非。」疏又云：「范武子爲太傅，孤也。士蔿爲司空，卿也。皆前世能者，其法可遵，故使二大夫居其官而修其法也。二人皆是大夫，非孤、卿也。」據疏説，是士渥濁、右行辛以大夫守孤、卿之官。

**弁糾御戎，❶校正屬焉，**【疏證】《釋文》：「弁，本又作卞。」李富孫云：「弁，即籀文或體⿱宀廾之變。卞，又隸變俗字。」《晉語》：「知欒糾之能御以和於政也，使爲戎御。」注：「弁糾，❷晉大夫，御公戎車也。」杜注：「弁糾，欒糾也。校正，主馬官。」本疏：「校正當《周禮》校人，校人掌王馬之政。襄九年傳曰『命校正出馬』，是知主馬之官也。《周禮》校人不屬大御，此蓋諸侯兼官，或是悼公新法。」胡匡衷《侯國職官表》云：「校正，蓋校人之長。」

**使訓諸御知義。**【疏證】杜注：「戎士尚節義也。」本疏：「此『訓諸御』，謂諸是御車之人。設令國有千乘，乘有一御，皆令此官教之。《周禮》校人主養馬耳，不知御事。此言『校正屬焉』，乃云訓御，蓋令校正助御戎訓御。」

**荀賓爲右，司士屬焉，**【注】服虔以爲司士主右之官，謂司右也。本疏。【疏證】《晉語》：「知荀賓之有力而不暴也，使爲戎右。」注：「荀賓，晉大夫。右，❸公戎車之右。」杜注：「司士，車右之官。」杜雖用服説，而但云車右官，未達服義。本疏：「《周禮》『司士掌群臣之版，以詔王治』，其職非車右之類，《周禮》有司右，上士也，掌群右之政，凡國之勇力之士能用五兵者屬焉。其下更有戎右，中大夫；齊右，下大夫；道右，上士。此三右或官尊於司右，而司右掌其政令。春秋之世，車右爲尊，此司士蓋《周禮》司右之類，故爲車右屬官。」按：疏所稱當爲舊疏解服注説，知者，服已説司士爲主右官，更云謂司右者，以傳之司右與《周官》職掌不合，故疏引《司士職》證之。司士於傳初見，或悼公始立此名，蒙《周官》舊稱以士爲軍士。

---

❶ 原稿眉批：御戎早见。

❷ 「弁」，《國語正義》卷十三作「欒」。

❸ 「右」上，《國語正義》卷十三有「戎」字。

使訓勇力之士時使。【疏證】杜注：「勇力，皆車右也。勇力多不順命，故訓之以共時之使。」本疏：「設令國有千乘，乘有一右，摠使此官訓之。」

卿無共御，立軍尉以攝之。【疏證】杜注：「省卿戎御，令軍尉攝御而已。」本疏：「卿，謂軍之諸將也，若『梁餘子養御罕夷』、『解張御郤克』之類，往前恒有定員，掌共卿御，今始省其常員，唯立軍尉之官，臨有軍事，使兼攝之，令軍尉兼卿御也。」又云：「此一句爲下祁奚爲中軍尉胤緒也。」

祁奚爲中軍尉，羊舌職佐之；❶【疏證】《晉語》：「公知祁奚之果而不淫也，使爲元尉；知羊舌職之聰敏肅給也，使佐之。」

魏絳爲司馬；【疏證】《樂記》疏引《世本》「絳」作「降」。《晉語》：「知魏絳之勇而不亂也，使爲元司馬。」注：「魏絳，魏犨之子莊子也，爲中軍司馬。」杜用韋說。

張老爲候奄。【疏證】《晉語》：「知張老之知而不詐也，使爲元候。」注：「張老，晉大夫張孟也。元候，中軍候奄也。」馬宗璉云：「王符曰：『河東解縣有張城。』張老或以邑爲氏耶？」梁履繩云：「成二年，晉有候正。候奄之名，蓋即悼公所定。」本疏：「《晉語》言元尉、元司馬、元候者，此皆中軍之官。元，大也，中軍尊，故稱大也。」❷

鐸遏寇爲上軍尉，【疏證】《晉語》：「知鐸遏寇之恭敬而信彊也，使爲輿尉。」注：「遏寇，晉大夫。輿尉，上軍尉也。」

籍偃爲之司馬，【疏證】《晉語》：「知籍偃之惇率舊職而共給也，使爲輿司馬。」注：「偃，晉大夫，藉季之子藉游也。輿司馬，上軍司馬也。」杜注：「偃，籍談父。」案：昭十五年疏引《世本》：「襄生司功大伯，伯生侯季子，子生籍游，游生談。」洪亮吉云：「韋注、杜注蓋皆取《世本》。知偃即籍游者，孔子弟子言偃字子游是也。」本疏：「《晉語》『輿尉』、『輿司馬』者，皆上軍官也。輿，衆也，官與諸軍同，故稱衆也。」又云：「此惟有中軍、上軍，無下軍之官者，蓋時下軍無闕，不別立其官故也。」

使訓卒乘，親以聽命。【疏證】本疏：「從

❶ 原稿眉批：奚奚見成八年，羊舌職已見宣十五年。

❷ 原稿眉批：查《潛夫論》。

車者爲卒，在車者爲乘。」杜注：「相親以聽上命。」

**程鄭爲乘馬御，**❶**【疏證】**《晉語》：「知程鄭端而不淫，且好諫而不隱也，使爲贊僕。」注：「程鄭，晉大夫，荀驩之曾孫。贊僕，乘馬胥也。」杜注：「程鄭，荀氏别族。」用韋義。本疏：「『荀氏别族』，《世本》有文。」《世本》即韋所引矣。韋據《内傳》，「胥」當爲「御」之譌。此乘馬御，悼公新設官。杜云：「乘馬御，乘車之僕也。」疏云：「《周禮》：『齊僕，下大夫，掌馭金路以賓，朝、覲、宗、遇、饗食皆乘金路。』杜言『乘馬御，乘車之僕』，則當彼齊僕也。《晉語》謂之『贊僕』，當時之官名耳。」胡匡衷《侯國官制考》云：❷「案：《周禮》御有大馭、戎僕、齊僕、道僕、田僕、馭夫，右有戎右、齊右、道右，春秋諸國之官可考見者惟有戎車之御，謂之御戎，其右謂之戎右而已。乘車則惟有晉有乘馬御，餘無徵也。《周禮》戎右，中大夫，戎僕亦中大夫。諸侯御戎、戎右，當下大夫爲之。」按：胡氏以御戎、戎右爲下大夫，意以乘車之僕亦當然，蓋申疏説。其實金路駕齊馬，故稱齊僕，此乘馬御則統六騶。邦國六閑四種兼齊馬、道馬、駑馬，晉特設此官，其秩或高於齊僕。

**六騶屬焉，【疏證】**杜注：「六騶，六閑之騶。《周禮》：諸侯有六閑馬。」本疏云：「《周禮》掌馬之官，無名騶者。襄二十三年傳稱豐點爲孟氏之御騶，則騶亦御之類。《月令》『命僕夫七騶咸駕』，鄭玄云：『七騶謂趣馬，主爲諸官駕説者也。』《周禮》：趣馬，下士，掌駕説之頒。是騶爲主駕之官，駕車以共御者。程鄭爲乘馬御，御之貴者，故令掌駕之官亦屬之。《校人職》云：『良馬三乘爲皂，❸皂一趣馬，趣馬下士。三皂爲繫，繫一馭夫，馭夫中士。六繫爲廐，廐一僕夫，僕夫下士。❹天子十有二閑，邦國六閑。』鄭玄云：『每廐爲一閑，閑有二百一十六匹。』如彼計之，每廐有趣馬十八人，六閑之騶有一百八人，皆屬程鄭，而使總領之也。」又云：「天子良馬五種，各有四百三十二匹，合二千一百六十匹，駑馬三之，合三千四百五十六匹。邦國六閑，則千二百九十六匹。」

**使訓群騶知禮。【疏證】**杜注：「乘車尚禮

---

❶「御」下，原有「六騶屬焉」四字，與下文重，今據《春秋左傳正義》卷二十八删。

❷「官」，原重文，今删。

❸「三」，原作「二」，今據《春秋左傳正義》卷二十八改。

❹「下」，《春秋左傳正義》卷二十八作「上」。

容。」本疏：「令教馬進退，使合禮法也。」

凡六官之長，皆民譽也。【疏證】杜注：「大國三卿，晉時置六卿爲軍帥。故總舉六官，則知群官無非其人。」本疏云：「當時晉置六卿，爲三軍之將佐。於是晉又更置新軍，凡有四軍八卿，但新軍或置或廢，故傳不更數之耳。『六官之長』，非獨卿身，凡爲人之長者皆有民之美譽。」按：疏以六官兼將佐言，此時新命者止四卿。據《晉語》，魏相下軍佐，士魴新軍將，魏頡、趙武新軍佐。顧棟高《晉中軍表》列欒書爲中軍將，又云：「是年冬，士魴來乞師，臧武仲曰：『今彘季亦佐下軍。』蓋相於是年卒，魴代相佐下軍也。又按《晉語》：『呂宣子卒，使趙文子佐新軍。』是魏相卒後，士魴升佐下軍，頡代魴將新軍，趙武佐之也。」顧氏説此年將佐甚核，則傳非不數新軍。傳稱「六官之長」，猶言將佐，不必泥「六官」文謂無新軍，疏説非。杜謂「群官無非其人」者，指御戎、司士之屬。疏謂「凡爲人之長者」，亦未得杜意。

舉不失職，【疏證】本疏：「所舉用者皆堪其官。」

官不易方，【疏證】杜注：「官守其業，無相踰易。」襄九年傳「官不易方」，杜注：「方，猶宜也。」王引之云：「方，常也。《恒》象傳曰：『雷風恒，君子以立不易方。』謂不易常也。《周語》：『官不易方。』韋注：『方，道也。』『道』與『常』義相近。《晉語》：『官方定物。』注：『方，常也。物，事也。立其常官，以定百事。』」

爵不踰德，【疏證】惠棟云：「荀卿子曰：『爵賞不踰德，是以爲善者勸。』」

師不陵正，旅不逼師，【疏證】王引之云：「經傳言『師旅』者有二義：一爲士卒之名，一爲群有司之名。其大小之差，則旅卑於師，師又卑於正，故八職師、旅在正之下。成十八年傳『師不陵正，旅不逼師』，言小不加大也。襄二十五年傳『百官之正長師旅』，先正長而後師旅也。《楚語》『天子之貴也，唯其以公侯爲官正，以伯子男爲師旅』，言公侯之統伯子男，猶官正之統師旅也。乃杜注『師不陵正，旅不逼師』，曰：『師，二千五百人之帥也。旅，五百人之帥也。』注『官之師旅』，曰：『師旅之長。』注『百官之正長師旅』，曰：『師旅，小將帥也。』韋注『伯子男爲師旅』，曰：『帥師旅也。』皆不知師旅爲群有司之名，而誤以爲帥師旅者。夫帥師旅者，豈得遂謂之師旅乎？至韋注『周室之師旅』曰『周室之師衆』，則又誤以爲人衆之名矣。又案《宰夫》之『一曰正』，《左傳》之『師不陵正』、『百官之正長』，《楚語》之『官正』，亦謂群有司也。」❶

民無謗言，所以復霸也。【注】《膏肓》以霸不過五，不許悼公爲霸。鄭《箴》云：「天子衰，諸侯興，故曰霸。夏有昆吾，商有豕韋、大彭，周有齊桓、晉文，此最彊者也，故書傳通謂彼五人爲五霸耳。但霸是彊國爲之，天子既衰，諸侯無主，若有彊者，即營霸業，其數無定限也。何休以鄉曲之學，足以忿人。」本疏。【疏證】杜無注。《晉語》：「於是乎始復霸。」❷注：「繼文公後，故曰復霸。」本疏引鄭玄説，核以下引何休，知是《箴膏肓》，今移之。鄭君説五霸與服氏同，詳十四年疏證。本疏又云：「傳稱文、襄之霸，襄承文後，紹繼其業，以後漸弱，至悼乃彊，故云復霸。」此疏説傳稱「復霸」之義。

公如晉，朝嗣君也。

夏，六月，鄭伯侵宋，及曹門外。【疏證】杜注：「曹門，宋城門也。」顧棟高云：「侯國各以所向之地爲名，此蓋走曹之道，曹在宋西北，則亦西北門矣。」

遂會楚子伐宋，取朝郟。【疏證】「朝郟」及下「城郜」、「幽丘」，杜皆以爲宋邑。高士奇云：「朝郟當在今河南夏邑縣。」梁履繩云：「案：縣屬歸德府。」

楚子辛、鄭皇辰侵城郜，❸取幽丘，【疏證】顧棟高云：「城郜、幽丘，在江南徐州府蕭縣界。」

同伐彭城，【疏證】《年表》：「宋平公三年，楚伐彭城，封魚石。」《宋世家》：「平公三年，楚共王拔宋之彭城，以封宋左師魚石。」

納宋魚石、向爲人、鱗朱、向帶、魚府焉，【疏證】十五年傳：「左師、二司寇、二宰遂出奔楚。」杜注：「獨書魚石，爲帥告。」按：十五年經止書「魚石出奔楚」，服氏謂：「魚石，卿，故書。」此經之獨書魚石，義亦

❶ 原稿眉批：官之師旅，查。
❷ 「始」，原作「强」，今據《國語正義》卷十三改。
❸ 「楚子辛鄭皇辰」六字，原無，今據《春秋左傳正義》卷二十六補。

當然。

以三百乘戍之而還。

書曰「復入」。【疏證】下傳例：「以惡曰『復入』。」杜注：「惡其依阻大國，以兵威還。」用傳例意。

凡去其國，【疏證】本疏引《釋例》云：「凡去其國，通謂君臣及公子母弟也。」

國逆而立之，曰「入」；【疏證】此入例也。杜注：「謂本無位，紹繼而立。」

復其位，曰「復歸」；【疏證】此復歸例也，杜注：「亦國逆。」本疏引《釋例》「國逆而立之，本無位，則稱入；本有位，則稱復歸。齊小白入于齊，無位也；衛侯鄭復歸于衛，復其位也。侯獳愛君以請，故曹伯有國逆之辭，許始復國，故許叔有國逆之文，此皆時史因周典以起時事之情也。」杜稱曹共、許穆以證有位而出。疏又引沈氏云：「國逆而立之曰入，唯謂國君。知不兼臣者，以臣而無位，本賤不書，故知臣無國逆之例也。」文淇案：沈謂臣無國逆之例，而本疏引《釋例》謂「公子友忠於社稷，國人所思，華元實國逆」，其意謂公子友、華元本當書「入」，一似臣有國逆之例者，與此注「國逆」唯謂無位之言不合。沈氏蓋申明杜注，而不從《釋例》也。壽曾謂：此疏但駁賈氏説「歸」、「自」，餘三條，疑杜用賈義，故無駁，《釋例》之言又別爲説耳。

諸侯納之，曰「歸」；【注】賈氏以爲諸歸國稱所自之國，所至之國有力也。❶又以爲稱「納」者，内難之辭。《釋例》。【疏證】此歸例也。杜注：「謂諸侯以言語告請而納之，有位無位皆曰歸。」本疏引《釋例》云：「諸侯納之，有位無位皆曰歸，衛孫林父、蔡季是也。」又云：「韓、魏有耦國之彊，陳、蔡有復國之端，故晉趙鞅、楚公子比皆稱歸，從諸侯納之例，言非晉、楚所能制也。」此正用賈注「所至之國有力」義。而又引賈注駁之云：「案：楚公子比去晉而不送，是無援於外，而經書自晉。陳侯吳、蔡侯廬皆平王所封，可謂有力，而不言自楚，此既明證。」案：楚公子比既自晉歸，則資晉力，不得以去晉不送爲無援於外，杜説自相矛盾。又云：「賈氏又依放《穀梁》，云稱納者，内難之辭。因附會諸納爲義，至於納北燕伯于陽，傳稱因其衆窮不能通，乃云時陽

❶ 「至」，《春秋左傳正義》卷二十八作「自」。

守距難，故稱納，此又無證。經書『楚人圍陳，納頓子于頓』，則頓之所欲也。北燕伯，傳有因衆之文，不可言内難也。又書『納公孫寧、儀行父于陳』，陳縣而見復，上下交驩，二人雖有淫縱之闕，今道楚匡陳，賊討君葬，威權方盛，傳稱有禮，理無有難，此皆先説之不安也。」據杜駁，則書「納」不關内難。惟此傳明歸例，非明納例，玩賈説，疑不繫於此年，或見「納北燕伯于陽」下，「納北燕伯于陽」、「納頓子于頓」，文正一例，故賈云「陽守距難」。至陳靈君弑國亂，安得謂非内難？傳稱有禮，指楚子救患討罪而言，不關書「納」義，疏、杜駁皆非。

以惡曰「復入」。❶【注】賈氏雖夫人姜氏之入，皆以爲例。《釋例》。【疏證】《釋文》：「本或作『以惡入曰復入』。」此復入例也。杜注：「謂身爲戎首，稱兵入伐，害國殄民也。」本疏引《釋例》云：「身爲戎首，則曰復入，晉欒盈是也。」又引沈氏云：「其復入唯謂臣，知者，以君雖不君，臣不可不臣，君若入國，臣無違拒之法。且杜云身爲戎首，稱兵入伐，是戎首指臣爲文，故知不得兼君也。」據沈説，則上三條兼君臣爲文，此條專指臣爲文。疏又引《釋例》云：「諸在例外稱入，直是自外入内，記事者常辭，義無所取。而賈氏雖夫人姜氏之入，皆以爲例，如此甚多。」按：夫人之入非國逆，玩杜説，則「戎首稱兵」亦是賈義。賈釋上四例既竟，復及例外之書人，舉夫人姜氏之入爲例也。❷

宋人患之。

西鉏吾曰：「何也？【疏證】杜注：「西鉏吾，宋大夫。」

「若楚人與吾同惡，以德於我，吾固事之也，不敢貳矣。

「大國無厭，鄙我猶憾。【疏證】《釋文》：「猒，於鹽反。」《校勘記》云：「古書『猒』字淺人多改爲『厭』，不知其義不同也。如此條正當作『猒』。」杜注：「言已事之，則以我爲鄙邑，猶恨不足。」

「不然，而收吾憎，使贊其政，❸【疏證】顧炎武云：「林氏曰：『吾憎謂吾所憎之人。』」按：憎猶惡

❶ 原稿眉批：查已見否。
❷ 「爲」，原重文，今删。
❸ 原稿眉批：贊，詰。

也，皆謂魚石。

「以間吾釁，亦吾患也。

「今將崇諸侯之姦而披其地，**【疏證】**杜注：「崇，長也。披，猶分也。」洪亮吉云：「《廣雅》：『崇，聚也。』杜注似回曲。《說文》：『披，散也。』分、散義略同。」

「以塞夷庚。**【疏證】**杜注：「夷庚，吴、晉往來之要道。」本疏：「夷，平也。《詩序》『由庚，萬物得由其道』，是以庚爲道也。吴、晉往來，路由彭城，杜《土地名》不得指其所在。」惠棟云：「繁欽《辨惑》曰：『吴人以船檝爲輿馬，以巨海爲夷庚。』臧榮緒《晉書》曰：『司徒王謐議曰：「夷庚未入，乘輿旋館。」』陸機《辨亡論》曰：『旋皇輿於夷庚。』《小爾雅》：『庚，通也。』然則夷庚者，通謂車馬往來之大道，以其在彭城，故屬之吴、晉也。」洪亮吉云：「古字『庚』與『迒』通。薛綜《西京賦》注：『迒，道也。』《廣雅》亦同。夷庚通謂車馬往來之平道，杜注乃云吴、晉往來之要道，則似實有其地，非也。」按：惠、洪説皆據本疏義。魚石封彭城，據以説夷庚在彭城，亦自可通，洪謂無其地，非。惠所引繁欽、王謐説見《文選·辨亡論》李善注轉引，李善以「夷庚」爲「藏車之所」。沈欽韓云：「按疏引《詩序》『由庚』，則夷庚，王道蕩平之義耳。李善以爲藏車之所，非也。然此夷庚恐是宋通道，又非由庚之義。」沈意以夷庚爲宋新開之道，與惠、洪説異。

「逞姦而攜服，**【疏證】**杜注：「攜，離也。」

「毒諸侯而懼吴、晉，**【疏證】**杜注：「隔吴、晉之道，故懼。」

「吾庸多矣，非吾憂也。

「且事晉何爲？晉必恤之。」

公至自晉。晉范宣子來聘，且拜朝也。

君子謂晉於是乎有禮。

秋，杞桓公來朝，勞公，且問晉故。

公以晉君語之，**【疏證】**杜注：「語其德政。」

杞伯於是驟朝于晉，**【疏證】**本疏：「《詩》云『載驟駸駸』，驟是疾行之名，從魯即疾朝于晉也。」

而請爲昏。**【疏證】**《讀本》：「晉悼夫人，杞女。」

七月，宋老佐、華喜圍彭城，老佐卒焉。

**【疏證】**杜注：「言所以不克彭城。」

八月，邾宣公來朝，即位而來見也。

【疏證】《聘禮》疏：「君薨踰年，嗣子即位，鄰國朝聘，以吉禮受之於廟，故成十七年經書『邾子貜且卒』，十八年『邾宣公來朝』，傳云『即位而來見』，踰年可以朝他國，他國來朝亦得以吉禮受之於廟矣。雖踰年而未葬，則不得朝人。人來朝己，亦使人受之廟。」

「築鹿囿」，書不時也。

「己丑，公薨于路寢」，言道也。【疏證】杜注：「在路寢，得君薨之道。」

冬，十一月，楚子重救彭城，伐宋。

宋華元如晉告急。

韓獻子爲政，【疏證】杜注：「於是欒書卒，韓厥代將中軍。」

曰：「欲求得人，必先勤之。

「成霸安彊，自宋始矣。」

晉侯師于台谷以救宋。【疏證】杜注：「台谷，地闕。」高士奇云：「或曰在今山西澤州府境。」

遇楚師於靡角之谷，楚師還。【疏證】杜注：「靡角，宋地。」顧棟高云：「案：彭城之役，晉、楚遇於靡角之國，❶晉將遁矣。用雍子謀，楚師宵潰，晉降彭城而歸諸宋，則靡角之谷當爲近彭城地。」顧説蓋據襄二十六年傳。

晉士魴來乞師。

季文子問師數於臧武仲，【疏證】杜注：「武仲，宣叔之子。」

對曰：「伐鄭之役，知伯實來，下軍之佐也。【疏證】杜注：「知伯，荀罃。」

「今彘季亦佐下軍，

「如伐鄭可也。【疏證】十七年經：「晉荀罃來乞師。」魯會師之數，傳文不具。

「事大國，無失班爵而加敬焉，禮也。」

從之。

十二月，孟獻子會于虛朾，謀救宋也。

宋人辭諸侯而請師以圍彭城。

❶「國」，《春秋大事表》卷七作「谷」。

孟獻子請于諸侯，而先歸會葬。

「丁未，葬我君成公」，書順也。**【疏證】**

杜注：「五月而葬。」本疏：「薨葬獨發傳者，得道順禮，惟成公耳。」

# 春秋左氏傳舊注疏證

襄公❶【疏證】《魯世家》：襄公名午，成公之子，定姒所生。《謚法》：「因事有功曰襄，辟土有德曰襄。」

【經】元年，春，王正月，公即位。無傳。

【疏證】杜注：「於是公年四歲。」本疏：「九年傳曰：『會于沙隨之歲，寡君以生。晉侯曰：「十二年矣。」』知於是公年四歲。」

仲孫蔑會晉欒黶、宋華元、衛甯殖、曹人、莒人、邾人、滕人、薛人圍宋彭城。【疏證】《公羊》「邾」曰「邾婁」。《年表》：「魯襄公元年、晉悼公元年、衛獻公五年，圍宋彭城。」

夏，晉韓厥帥師伐鄭。【疏證】《公羊》「厥」曰「屈」。

仲孫蔑會齊崔杼、曹人、邾人、杞人次于鄫。【疏證】《公羊》「邾」曰「邾婁」，「鄫」曰「合」。趙坦云：「鄫，古或省作曾，『曾』與『合』篆文相近。」臧壽恭云：「正義引賈逵云『齊、魯、曹、邾、杞次于鄫』，則賈注本《左氏》經作『鄫』，與今本同。」杜注：「鄫，鄭地。」江永云：「今歸德府睢州，故鄫城在州南。」沈欽韓云：「《一統志》：『鄫城在歸德府柘城縣北。』《方輿紀要》：『在睢州東南。』皆本杜預注。按：傳所言疑是鄫國也。」

秋，楚公子壬夫帥師侵宋。【疏證】《匡謬正俗》：「楚公子王夫，字子辛。今之學者以其字子辛，遂改爲『壬夫』。」《校勘記》云：「顏説非也。石經以下皆作『壬』，《漢書・古今人表》亦作『公子壬夫』，《穀梁音義》：『壬，音而林反。』」《年表》：「楚共王十九年，侵宋，救鄭。」

九月，辛酉，天王崩。無傳。【疏證】杜注：「辛酉，九月十五日。」貴曾曰：《年表》：「簡王十四年崩。」《周本紀》：「簡王崩，子靈王泄心立。」

邾子來朝。【疏證】《公羊》「邾」曰「邾婁」。杜

❶ 以下襄公元年至五年，底本缺，此據原稿補。

注：「郕宣公。」

冬，衛侯使公孫剽來聘。【疏證】杜注：「剽，子叔黑背子。」

晉侯使荀罃來聘。

【傳】元年，春，己亥，圍宋彭城。【疏證】杜注：「下有二月，則此己亥爲正月。正月無己亥，日誤。」貴曾曰：

非宋地，追書也。【疏證】成十八年傳：「楚伐彭城，納魚石焉，以三百乘戍之而還。」杜注據彼文云：「成十八年，楚取彭城以封魚石，故曰『非宋地』。夫子治《春秋》，追書繫之宋。」本疏：「成十八年傳：『西鉏吾曰：「崇諸侯之姦而披其地。」』不言取爲楚邑，而云披地長姦，是《左氏》之意亦爲楚以彭城封魚石爲國。既列爲國，非復宋地。傳言追書，是仲尼新意，其地已非宋有，追來使屬宋耳。非謂在後追前。」按：傳明追書之義據成十八年以後彭城非宋地而言，正謂在後追前，疏說非。

於是爲宋討魚石，故稱宋，【疏證】杜注：「不與其專邑叛君，故使彭城還繫宋。」杜探下文「不登叛人」義爲說。本疏又引《釋例》云：「楚人棄君助臣，削正興僞，故追書繫宋，不與楚之所得。」是杜謂不與魚石，又不與楚也。不與楚，杜用《公羊》「不與諸侯專封」義，傳無其說。

且不登叛人也，【疏證】《釋詁》：「登，成也。」叛人斥魚石。《後漢書·袁紹傳》：「紹檄曹操曰：『操躬破于徐方，地奪于吕布，彷徨東裔，蹈據無所。幕府惟强幹弱枝之義，且不登叛人之黨，故復援旍擐甲，席卷赴征，金鼓響振，布衆破沮。』」紹檄用傳義，亦訓「登」爲「成」。

謂之宋志。【疏證】杜注：「稱宋，亦以成宋志。」按：隱元年傳謂之「鄭志」。服注：「公本欲養成其惡而加誅。」杜注用服義云：「鄭伯志在於殺。」則此傳古義當謂宋公志在於討魚石，兵力不逮，諸侯爲成其志。杜用古義而詞不明晰，本疏：「宋人志在攻取彭城。」是也。

彭城降晉，【疏證】《年表》：「宋平公四年，晉誅魚石，歸我彭城。」《宋世家》：「平公四年，諸侯共誅魚石，而歸彭城於宋。」誅魚石，史公采異說。

晉人以宋五大夫在彭城者歸，寘諸瓠丘。【疏證】成十八年傳：「鄭、楚同伐彭城，納魚石、向爲人、鱗朱、向帶、魚府焉。」故傳稱「宋五大夫」。杜注：「瓠丘，晉地，河東東垣縣東南有壺丘。」按：《水經·河水》

篇云：「清水又東南逕陽壺城東，即垣縣之壺丘亭，晉遷宋五大夫所居也。」陽壺即壺丘，高士奇云：「即崤谷之北岸也。」沈欽韓云：「《一統志》：『陽壺城在絳州垣曲縣南一里。』注云『東垣縣』。按《漢》《晉志》，河東之垣縣皆無『東』字。《續志》：『河東郡垣縣有壺丘亭。』東垣乃是真定也。」按：沈説是也。惠棟云：「壺與瓠通，見毛公傳。」

齊人不會彭城，晉人以爲討。

二月，齊太子光爲質於晉。**【疏證】**杜注：「光，齊靈公太子。」《年表》：「齊靈公十年，我不救鄭，晉伐我，使太子光質於晉。」《齊世家》：是年爲靈公十年，「齊令公子光質晉。十九年，立子光爲太子。」此傳言太子者，據後言之。《年表》以質子繫於伐鄭之役，與傳異。

夏，五月，晉韓厥、荀偃帥諸侯之師伐鄭，入其郛。**【注】**賈云：「韓厥、荀偃帥諸侯之師，謂帥宋、衛、滕、薛伐鄭。齊、魯、曹、邾、杞次于鄫，故諸侯之師不序也。入郛不書者，晉人先以鄭罪令于諸侯，故書『伐鄭入郛』。既敗鄭，不復告，故不書。」本疏。**【疏證】**杜注：「荀偃不書，非元帥。」本疏：「傳唯言諸侯之師，不見諸侯之國，未知諸侯之師是何國師也。『於是東諸侯之師次于鄫，以待晉師』，則次鄫之師，皆不與伐鄭。此諸侯之師必無齊、魯、曹、邾、杞也。」此以上疑舊疏釋賈注之詞。疏又云：「按：上圍彭城，除此五國以外，猶有宋、衛、莒、滕、薛。下云『晉侯、衛侯次于戚，以爲之援』，則衛師從伐明矣。明年戚之會，知武子云：『滕、薛、小邾之不至，皆齊故。』於戚之會，始怪滕、薛不來，明此時伐鄭，滕、薛在矣。東諸侯皆次于鄫，莒在齊之東，若其在此，當與東人同次。前圍彭城，亦無小邾。此時或無莒與小邾耳。諸侯之師，當是宋、衛、滕、薛也。」此以上是唐人釋舊疏詞。案：圍彭城之役有莒，賈君不數莒，或是相承文脱。小邾亦與彭城之役，經文甚明，疏謂前围彭城無小邾，非也。李貽德云：「傳例：『聲罪致討曰伐。』鄭從楚同伐彭城，晉士魴來乞師，孟獻子會虛朾，雖爲救宋，實先以伐鄭之故令之諸侯矣。及入郛敗鄭，略而不告，故不書於經。」

敗其徒兵於洧上。❶**【注】**服云：「洧，

---

❶ 原稿眉批：徒兵，見僖廿八年。

水名。」《鄭世家》集解。【疏證】《地理志》：「潁川郡陽城。」自注：「陽城山，洧水所出，東南至長平入潁。」《水經・洧水》篇：「洧水出河南密縣西南馬領山，又東南過其縣南，又東過鄭縣南。」❶注云：「洧水又東逕新鄭故城中，《左傳》襄公元年，晉韓厥、荀偃帥諸侯伐鄭，入其郛，敗鄭徒兵於洧上是也。」《鄭世家》正義引《括地志》云：「洧水在鄭州新鄭縣北。」顧棟高云：「昭十九年，龍鬭於時門之外洧淵。蓋古鄭城在今新鄭縣治西北，溱水在北，洧水在南，亦鄭環衛國都之水也。」按：新鄭，今屬開封府。《年表》：「鄭成公十三年，晉伐敗我，兵於洧上。」《鄭世家》：「成公十三年，晉悼公伐鄭，兵於洧上。鄭城守，晉亦去。」史公言鄭城守者，據傳「入郛」文。

於是東諸侯之師次于鄫，以待晉師。

【疏證】杜注：「齊、魯、曹、邾、杞。」用服說也。

晉師自鄭以鄫之師侵楚焦、夷及陳。

【疏證】杜注：「於是孟獻子自鄫先歸，不與侵陳、楚，故不書。」本疏：「若獻子從師，則書不待告。然不知獻子何以先歸，傳既不言，未測其故也。今贊云則『先歸』者，以前年虛朾會，獻子先歸會葬。今公雖即位，年又幼小，君既新立，故獻子先歸。」文淇案：「今贊」即義贊，此贊字之未删者，舊疏謂獻子先歸，不知其故，唐人以爲君既新立，故獻子先歸。壽曾謂：據舊疏義，則舊注謂獻子先歸，杜用舊注。



晉侯、衛侯次于戚，以爲之援。【疏證】援入郛之師也。

秋，楚子辛救鄭，侵宋呂、留。【注】鄭君《發墨守》云：「留在陳、宋之東。」《大司徒》疏。【疏證】《年表》：「楚來救。」《地理志》：「楚國呂、留。」《郡國志》：「彭城國呂、留。」《水經・泗水》篇：「過彭城縣東北，又東南過呂縣南。」注云：「呂，宋邑也。《春秋》襄公元年，晉師伐鄭及陳，『楚子辛救鄭，侵宋呂、留』是也。」又《濟水》篇：「過沛縣東北，又東南過留縣北。」注云：「留縣故城，翼佩泗、濟，宋邑也。《春秋左傳》所謂侵宋呂、留也。」酈氏以留爲宋邑，與鄭君說合。鄭君義別詳□□□年。沈欽韓云：「《方輿紀要》：『呂城在徐州東五十里，留城在沛縣東南五十里。』」

鄭子然侵宋，取犬丘。【疏證】《年表》：

❶ 「又」，原重文，今據《水經注箋》卷二十二删。

「宋平公四年，楚侵我，取犬丘。」杜注：「譙國酇縣東北有犬丘城，迂迴，疑。」據杜說，則犬丘在今亳州境。洪亮吉云：「按：『犬丘』當作『太丘』，傳寫誤移點在上。《爾雅》『宋有太丘』，《漢書·郊祀志》『周顯王四十一年，宋太丘社亡』，是也。」高士奇云：「犬丘地不近鄭，故杜以爲疑。然是時楚方侵宋之呂、留，鄭蓋爲楚取也。漢爲敬丘縣，後漢曰太丘，今有太丘集，在河南歸德府永城縣西北三十里，與夏邑接界。」按：洪說是也，高氏徑以太丘當犬丘，非。

九月，邾子來朝，禮也。

冬，衛子叔、晉知武子來聘，禮也。

凡諸侯即位，

小國朝之，大國聘焉，**【疏證】**《校勘記》云：「《大行人》注引作『大國朝焉，小國聘焉』，賈疏同。《王制》正義引《周禮》鄭氏注同。孔自引《左傳》仍作『小國朝之』，《儀禮·聘禮》賈疏凡兩見，俱作『小國朝焉』。」據阮說，則鄭君本大小朝聘與杜本互異，鄭君引傳乃傳寫誤文，故疏家仍以小國朝、大國聘爲說。知者，《王制》「五年一朝」疏：「鄭知久無事而相聘者，案：昭九年《左傳》稱『孟僖子如齊，殷聘禮也』。知『凡君即位，大國朝焉，小國聘焉』者，以襄元年『邾子來朝』，『衛子叔、晉知武子來聘』，《左傳》云：『凡諸侯即位，小國朝之，大國聘焉。』邾是小國，故稱朝。衛、晉是大國，故稱聘。若俱是敵國，亦得來聘朝，故《司儀》云『諸侯相爲賓』是也。若己初即位，亦朝聘大國，故文公元年『公孫敖如齊』，《左傳》云：『凡君即位，卿出並聘。』若己是小國，則往朝大國，故文十一年『曹伯來朝』，《左傳》云：『即位而來見也。』」詳彼疏說，則《左氏》舊說正以邾子來朝爲小國朝即位禮，衛、晉來聘爲大國聘即位禮，傳以小國朝、大國聘發例，不得謂大國朝、小國聘也。杜注：「小事大，大字小。」

以繼好、結信、謀事、補闕，禮之大者也。**【疏證】**此君即位，他國來朝聘例也。《周語》注：❶「闕，缺也。」杜注：「闕，猶過也。」

**【經】**二年，春，王正月，葬簡王。無傳。

鄭師伐宋。

夏，五月，庚寅，夫人姜氏薨。**【疏證】**宣

❶ 「周」，原缺，今據《國語正義》卷三補。

公夫人。

六月，庚辰，鄭伯睔卒。【疏證】《穀梁》「庚辰」曰「庚寅」。李富孫云：「上五月有庚寅，不得六月又有庚寅。」杜注：「庚辰，七月九日，書六月，經誤。」貴曾曰：《年表》：「鄭成公十四年薨。」《鄭世家》：「十四年，成公卒。子惲立，是爲釐公。」按：傳作「髡頑」，史公采異説。

晉師、宋師、衛甯殖侵鄭。【疏證】《年表》：「晉悼公二年，率諸侯伐鄭。鄭成公十四年，晉率諸侯伐我。」

秋，七月，仲孫蔑會晉荀罃、宋華元、衛孫林父、曹人、邾人于戚。【疏證】《公羊》「邾」曰「邾婁」。

己丑，葬我小君齊姜。【疏證】杜注：「齊，謚也。」本疏：「夫人齊女，嫌齊非謚，故此須明之。」案：《謚法》：「執心克莊曰齊。」

叔孫豹如宋。

冬，仲孫蔑會晉荀罃、齊崔杼、宋華元、衛孫林父、曹人、邾人、滕人、薛人、小邾人于戚，遂城虎牢。【注】説《左氏》者以爲虎牢已屬晉，故不繫鄭。《穀梁》疏。【疏證】《公羊》「邾」皆曰「邾婁」。二傳皆以虎牢爲鄭邑。《穀梁》疏引《左氏》説明其異也。本疏：「虎牢是鄭舊邑，此時屬晉。而不繫晉者，莊三十二年注：『大都以名通者，則不繫國。』此以名通，故不繫晉也。十年，戍鄭虎牢，繫於鄭者，傳曰：『非鄭地也，言將歸焉。』彼爲將歸鄭而繫之鄭也。或當虎牢雖已屬晉，晉人新得，不爲已有，故不繫晉也。」此疏釋舊説虎牢屬晉義。其謂大都以名通，乃杜氏城小穀不繫齊義，彼經服氏謂「不繫齊者，世其禄」，與杜異。此虎牢屬晉而不繫晉，魯襄公二年會晉城虎牢，其義無考。疏謂大都名通，義或當然。其謂晉新得，不爲已有，非。《年表》：「晉悼公二年，城虎牢。」

楚殺其大夫公子申。

【傳】二年，春，鄭師侵宋，楚令也。【疏證】通行本「師」誤作「伯」，從石經。杜注：「以彭城故。」❶

❶ 原稿眉批：《漢志》查彼條核。

齊侯伐萊。❶

萊人使正輿子賂夙沙衛以索馬牛，皆百匹。【疏證】《釋文》：「輿，本亦作與。」惠士奇云：「《荀子》：『萊不用子馬而齊并。』楊倞云：『或曰正輿氏字子馬。』」梁履繩云：「《説苑·正諫》篇作『子猛』，蓋聲轉耳。」杜注：「夙沙衛，齊寺人。索，簡擇好者。」洪亮吉云：「『索』無柬擇之義，惟《説文》云：『擇，揀選也。』索、擇同音，容古字通。」壽曾謂：《王制》「大夫以索牛」，❷注：「索，求得而用之。」求得有擇義，杜用鄭説。

齊師乃還。

君子是以知齊靈公之爲「靈」也。【疏證】《謚法》：「亂而不損曰靈。」此丘明追論之詞。

夏，齊姜薨。

初，穆姜使擇美檟，【疏證】《釋木》：「槄，山榎。」注：「今之山楸。」又云：「槐，小葉曰榎。」注：「槐當爲楸。《左傳》曰：『使擇美榎。』」❸與傳作「檟」異。李富孫云：「《釋文》：『榎，舍人本作檟。』古通用。」《説文》：「檟，❹楸也。」郭以山檟爲山楸，用許君説。杜注：「檟，梓之屬。」與許君異。《考工記·梓人》注：「梓，榎屬。」《釋木》：「椅，梓。」注：「即楸。」故杜以檟爲梓屬。《釋木》：「大而皵，楸。小而皵，榎。」本疏引舍人云：❺「大，老也。皵，棤皮也。小，少也。」是楸、檟之別在樹大小也。

以自爲櫬。【疏證】《説文》：「櫬，棺也。」杜用許義。《終南》「有條有梅」，傳：「條，槄也。」彼疏引陸璣《詩疏》：「槄，皮葉白，色亦白，材理好。宜爲車板，能濕，又可爲棺木。」陸據傳檟爲櫬而言也。四年傳：「使樹六檟於蒲圃。」亦以爲棺。本疏：「《禮記·檀弓》曰：『天子之棺四重，水兕革棺一，杝棺一，梓棺二。』鄭玄云：『杝，椵也，所謂椑棺也。梓棺二，所謂屬與大棺也。』《檀弓》又云：『君即位而爲椑。』鄭玄云：『椑謂杝棺，親尸者。』《喪大記》云：『君大棺八寸，屬六寸，椑四寸。』如彼《記》文，諸侯之棺三重，親身之棺名之爲椑，椑即櫬是也。《記》唯言即位

❶ 原稿眉批：萊已見宣公。
❷ 「王制」，當作「曲禮」。
❸ 「擇」，原作「釋」，今據《爾雅》卷下改。
❹ 「檟」，原作「榎」，今據《説文解字》卷六上改。
❺ 「舍人」，《春秋左傳正義》卷二十九作「樊光」。

爲椑，不言椑所用木。鄭玄據天子之棺其椑用杝，即云『椑爲杝棺也』。天子之椑自用杝，諸侯不必然。據此傳文，諸侯之椑必用梓也。」

與頌琴。【疏證】杜注：「頌琴，琴名，猶言雅琴也。」本疏：「琴瑟必以歌《詩》。《詩》有《雅》、《頌》，故以『頌』爲琴名。」沈欽韓云：「《藝文志》：『《樂》家有《雅琴趙氏》七篇，《雅琴師氏》八篇，《雅琴龍氏》九十九篇。』即無頌琴，故杜以雅琴爲比。然二琴形製不同，《三禮圖》云：『雅瑟長八尺，廣一尺八寸，二十三弦。頌瑟長七尺二寸，廣尺八寸，二十五弦。』其他雅塤、頌塤、雅篪、頌篪、雅簫、頌簫，並雅侈于頌。則雅琴長於頌琴矣。《文獻通考》頌琴在俗樂部，『十三弦柱如箏』。此後來改作非古之頌琴也。」據沈説，則頌琴長廣、弦數今無以考。顧湄《咫聞録》：「頌琴，明器之屬，即《既夕》『燕樂器』、《周官》『廞樂器』、《檀弓》『琴瑟張而不平』是也。」

季文子取以葬。

君子曰：「非禮也。

「禮無所逆，婦養姑者也。【疏證】沈欽韓云：「《檀弓》：『主婦入于室，反諸其所養也。』注：『親所饋食之處。』」

「虧姑以成婦，逆莫大焉。【疏證】杜注：「穆姜，成公母。齊姜，成公婦也。」

「《詩》曰：『其惟哲人，告之話言，順德之行。』【疏證】《大雅・抑》文，傳：「話言，古之善言也。」箋：「語賢知之人以善言，則順行之。」陳奐《詩疏》云：「『話』當爲『詁』字之誤也。《釋文》引《説文》作『告之詁言』，云：『詁，故言也。』是陸所見《説文》據《詩》作『詁言』，可據以訂正。毛以古之善言釋『詁』，許以故言釋『詁』，古、故、詁三字同義也。《烝民》『古訓是式』傳：『古，故也。』古訓即故訓，猶詁言也。襄二年《左傳》引《詩》『告之話言』，❶字亦誤。」按：陳説是也。杜注：「哲，知也。話，善也。」「哲，知」，《釋言》文。「話」訓「善」，他無所徵，疑舊説作「詁，善言也」，杜承之，今本奪誤。

「季孫於是爲不哲矣。【疏證】釋文：「一本作『不爲哲矣』。」傳引《詩》斥季孫不知。杜注：「言逆德。」非。虧姑成婦爲逆，義已賅上。

❶ 「左傳」，原重文，今據《詩毛氏傳疏》卷二十五删。

「且姜氏，君之妣也。【疏證】杜注：「襄公適母，故曰君之妣。」本疏：「《曲禮》曰：『生曰父曰母，死曰考曰妣。』襄公是成公之妾定姒所生，齊姜是其適母，故曰君之妣也。」

「詩曰：『爲酒爲醴，烝畀祖妣。以洽百禮，降福孔皆。』」【疏證】《周頌·豐年》文，傳：「皆，徧也。」箋：「烝，進也。畀，予也。」《載芟》箋：「洽，合也。」《釋言》：「孔，甚也。」《說文》：「皆，俱詞也。」《詩》疏云：「既黍稻之多，故以之爲酒，以之爲醴，而進與先祖先妣，以會其百衆之禮，謂牲玉幣帛之屬，合用以祭，故神又下與之福，甚周徧矣。」杜注用傳、箋說，又云：「敬事祖妣，則鬼神降福。」按：傳稱《詩》斷章，義主先妣降福，本疏云：「今事妣失禮。」是也。

齊侯使諸姜、宗婦來送葬。【疏證】杜注：「宗婦，同姓大夫之婦。」本疏：「諸姜，同姓之女也。宗婦，同姓之婦也。夫人齊姜，是齊國之女，故使其宗親之婦女來會葬也。齊爲姜姓，歷世多矣，不可姜姓之女、姜姓之婦，今其皆來魯國。莊二十四年，『大夫、宗婦覿用幣』者，宗婦是同姓大夫之婦。知此宗婦，亦是同姓大夫之婦。然則諸姜是齊同姓之女，嫁與齊大夫之爲妻者也。」按：據疏說，則舊注謂「諸姜，同姓女。宗婦，同姓婦」，「齊爲姜姓」以下蓋疏駁舊注之詞。又奪注家姓氏，知者，《常棣》疏：「《春秋》莊二十四年，『夫人姜氏入。大夫、宗婦覿，用幣』。謂之宗婦，明是宗族之婦也，故賈、杜皆云：『宗婦，同姓大夫之婦。』襄二年傳曰：『葬齊姜。齊侯使諸姜、宗婦來會葬。』諸姜，謂齊同姓之女。宗婦，謂齊同姓之婦。是同姓之婦名爲宗婦。」❶彼疏謂「諸姜，同姓女。宗婦，同姓婦」，與本疏所引駁者合，明是舊注也。杜不用舊說，故疏駁之。審如杜說，則傳宜止稱「宗婦」，「諸姜」二字爲贅矣。杜又云：「婦人越疆送葬，非禮。」

召萊子，萊子不會，【疏證】本疏：「《世族譜》不知萊國之姓。齊侯召萊子者，不爲其姓姜也。以其比鄰小國，意陵蔑之，故召之，欲使從送諸姜、宗婦來向魯耳。萊子以其輕侮，故不肯會。」按：齊召萊子使送諸姜、宗婦來魯，傳無其意，疏說不知何據。此疑因伐萊之役，萊以賂請成，齊更召之，使來朝耳，不蒙上文。

❶「姓」下，《毛詩正義》卷九有「大夫」二字。

故晏弱城東陽以偪之。【疏證】《郡國志》：「泰山南城有東陽城。」顧棟高云：「齊東陽，今山東青州府臨朐縣東有東陽城。」《讀本》：「萊在今黄縣東南二十里，于東陽爲近，故城以偪之。」

鄭成公疾，

子駟請息肩於晉。【疏證】《淮南・氾論訓》注：❶「肩負擔之勤也。」杜注：「欲辟楚役，以負擔喻。」

公曰：「楚君以鄭故，

「親集矢於其目，【疏證】成十六年傳：「楚子求成於鄭。鄭叛晉，晉伐鄭，楚子救鄭。晉、楚遇於鄢陵，吕錡射共王中目。」本疏：「《説文》云：『鳥之短尾者，總名爲隹。隹在木上爲集。』集是鳥止之名。❷矢有羽似鳥，故亦稱集也。」

「非異人任，寡人也。【疏證】釋文：「『非異人任』，絶句。一讀至『人』字絶句。」

「若背之，是棄力與言，其誰暱我？

【注】服本作「棄功」。《釋文》。【疏證】本疏：「棄其助鄭之力，與盟誓之言，他人其肯親我乎？」是唐本作「棄力」。臧琳云：「當從服本作『功』，言楚有功於鄭也。」

「免寡人，唯二三子。」

秋，七月，庚辰，鄭伯睔卒。

於是子罕當國，【疏證】杜注：「攝君事。」本疏：「蓋成公顧命之際使之當國。」又引沈氏云：「魯襄四歲，國家無虞。今僖公年雖長大，爲逼於晉、楚，故令子罕當國也。」疏稱「成公顧命」，用舊疏説。

子駟爲政，【疏證】杜注：「爲正卿。」

子國爲司馬。

晉師侵鄭，

諸大夫欲從晉。

子駟曰：「官命未改。」【疏證】杜注：「成公未葬，嗣君未免喪，故言未改。不欲違先君意。」陸粲云：「官命猶言公命。」與杜説合。本疏：「十六年，晉侯改服修官。先君未葬，皆因舊事不得建官命臣，故云『官命

❶「注」，當衍。

❷「止」，原作「上」，今據《春秋左傳正義》卷二十九改。

未改』。」以官命爲官職之命，非。

會于戚，謀鄭故也。

孟獻子曰：「請城虎牢以偪鄭。」【疏證】杜注：「虎牢，舊鄭邑，今屬晉。」用古《左氏》説虎牢已屬晉義。

知武子曰：「善。鄫之會，吾子聞崔氏之言，❶今不來矣。【疏證】杜注：「元年，孟獻子與齊崔杼次于鄫。崔杼有不服晉之言，獻子以告知武子。」本疏：「元年，伐鄭，次于鄫，唯有韓厥、荀偃。於時武子未必在軍，當是此會始告之耳。」按：會鄫，雖無知罃，崔杼之言當是韓、荀告之。此謂孟獻子與聞其言耳，杜注、疏説皆非。

「滕、薛、小邾之不至，皆齊故也。【疏證】三國，齊之屬。

「寡君之憂不唯鄭。

「罃將復於寡君，而請於齊。【疏證】杜注：「以城事白晉君，而請齊會之。」

「得請而告吾子之功也。

「若不得請，事將在齊。【疏證】杜注：「將伐齊。」

「吾子之請，諸侯之福也，

「豈惟寡君賴之。」

穆叔聘于宋，通嗣君也。

冬，復會于戚，齊崔武子及滕、薛、小邾之大夫皆會，知武子之言故也。

遂城虎牢，鄭人乃成。【疏證】《水經·河水》注：「魯襄公二年七月，晉悼公與諸侯會于戚，遂城虎牢以偪鄭求平也。」鄭求平當是舊説。

楚公子申爲右司馬，

多受小國之賂，以偪子重、子辛。【疏證】杜注：「偪，奪其權勢。」

楚人殺之。

故書曰：「楚殺其大夫公子申。」【疏

❶ 「氏」，《春秋左傳正義》卷二十九作「子」。

證】杜注：「言所以致國討之文。」

【經】三年，春，楚公子嬰齊帥師伐吴。

【疏證】《年表》：「楚共王二十一年，使子重伐吴。吴壽夢十六年，楚伐我。」

公如晉。

夏，四月，壬戌，公及晉侯盟於長樗。

【疏證】杜注：「晉侯出其國都，與公盟於外。」本疏：「近城之地。」按：今地闕。

公至自晉。

六月，公會單子、晉侯、宋公、衛侯、鄭伯、莒子、邾子、齊公子光。❶ 己未，同盟於雞澤。【疏證】《公羊》「邾」曰「邾婁」。《晉語》：「諸侯會於雞丘」，注：「雞丘，雞澤。」《郡國志》：「魏郡曲梁侯國，故屬廣平，有雞澤。」《元和志》：「雞澤在洺州永年縣西南十里，其澤魚、鼈、菱、芡，州境所資。」顧棟高云：「今曲梁故城在直隸廣平府治永年縣東北，即《國語》所謂雞丘。若今雞澤縣，乃隋析廣平縣所置，非春秋雞澤也。」按：顧氏用《元和志》說，與《漢志》合。江永謂在今廣平府雞澤縣，非。杜注：「周靈王新即位，使王官伯出與諸侯盟。」

陳侯使袁僑如會。【疏證】杜注：「本非召會而自來。」

戊寅，叔孫豹及諸侯之大夫及陳袁僑盟。【疏證】杜注：「諸侯既盟，袁僑乃至，故使大夫別與之盟。據傳，盟在秋。《長曆》推戊寅七月十三日，經誤。」貴曾曰：

秋，公至自會。無傳。

冬，晉荀罃帥師伐許。

【傳】三年，春，楚子重伐吴，爲簡之師。【疏證】杜注：「簡，選練。」

克鳩茲，至于衡山。【疏證】杜注：「鳩茲，吴邑，在丹陽蕪湖縣東，今皋夷也。衡山，在吴興烏程縣南。」《郡國志》：「吴郡烏程。」劉昭注引杜說，又云：「或云丹陽縣之横山，去鳩茲不遠，子重所至也。」顧炎武云：「疑

❶「公子」，《春秋左傳正義》卷二十九作「世子」。

即丹陽縣之衡山，今名横山，去鳩兹不遠。」用劉昭説。顧棟高云：「鳩兹城在今江南太平府蕪湖縣東三十里，烏程爲今浙江湖州府坿郭。時吴都尚在無錫，從無錫至湖州尚三四百里，楚兵不應反過吴都也。當塗縣東北六十里有横山，横與衡古通，俱在太平府。」沈欽韓云：「按《一統圖》，烏程在吴都西南，子重不能越吴而至彼。祝穆《方輿勝覽》：『太平州横望山在當塗縣東北六十里。』《建康志》：『横山在江寧縣東南百二十里，接太平州界。周八十里，高二百丈，其山四面望之皆衡，故又名衡望山。』《一統志》：『在溧水縣西三十里，❶周百里，跨上元縣及太平府當塗縣界。』按：《方輿紀要》廣德州又有横山，在州西五里。或當日楚兵取道由蕪湖南至廣德，而抵湖州。元兵滅宋，道亦由此。」按：沈氏後一説謂衡山在廣德近之，楚在吴之上游，由蕪湖、廣德進兵伐吴，視取道當塗、溧水爲捷也。《年表》：「楚共王二十一年，伐吴，至衡山。」

使鄧廖帥組甲三百，被練三千，【注】賈逵云：「組甲以組綴甲，車士服之。被練，帛也，以帛綴甲，步卒服之。凡甲所以固者，以盈竅也。帛盈竅而任力者半，卑者所服；組盈竅而盡任力，尊者所服。」本疏。服云：「以組綴甲。」《初學記》二十七。馬融曰：「組甲，以組爲甲裏，公族所服。被練，以練爲甲裏，卑者所服。」本疏，《文選·吴都賦》《魏都賦》、謝玄暉《登孫權故城》詩注。❷【疏證】杜注：「組甲，漆甲成組文。被練，練袍。」不用賈、服諸説。惠棟云：「謹案《禮》説，稱賈氏義爲長，《少儀》曰：『國家靡敝，則甲不組縢。』《逸周書》曰：『年不登，甲不纓縢。』孔晁曰：『纓縄甲不以組。』蓋組甲之工，糜于被練，故凶歲不組縢，所以節財也。《考工·函人》云：『凡察革之道，眡其鑽空，欲其窓也。』空窓則堅，竅滿則固，帛粗故任者半，組細故任盡力。❸《吕覽·有始》篇曰：『邾之故法，爲甲裳以帛。公息忌謂邾君曰：「不若以組甲。凡甲之所以爲固，以滿竅也。今竅滿矣，而任力者半耳。且組則不然，竅滿則盡竅也。」

❶「溧」，原作「漂」，今據《左傳杜解集正》卷五改。

❷「魏都賦」，疑當作「赭白馬賦」。

❸「任盡」，《皇清經解》卷三百五十五《春秋左傳補註》作「盡任」。

任力矣。」邾君以爲然。」高誘曰：『以帛綴甲。』即被練是也。組甲，以組連甲，賈氏之説蓋本于此。」文淇案：惠申賈説也。《吕覽・去尤》篇又云：❶「邾君曰：『將何以得組也？』公息忌對曰：『上用之則民爲之矣。』邾君曰：『善。』下令官爲甲必以組。公息忌知説之行也，因令其家皆爲組。人有傷之者曰：『公息忌之所以欲用組者，其家多爲組也。』邾君不悦，于是復下令，令官爲甲無以組。」此亦組甲工費貴於被練之證。壽曾謂：惠氏據《吕覽》以證服注「盈竅」義最諦，且得組練貴賤之别。惟引《函人》「眡其鑽空，欲其窻也」，鄭司農彼注云：「窻，小孔貌。」彼疏云：「革惡則孔大，革善則孔小。」先鄭訓窻爲孔，孔固可以訓竅，然《函人職》察革，此孔謂革之毛孔，孔小材堅，孔大材窳，與服注稱「盈竅」爲已成之甲義異。馬宗璉引許慶宗説曰：「《管子・四時》篇房注『組甲』謂：『以組貫甲也。』《韓非子・過秦》：『得韓之都，而驅其鍊甲。』鍊甲即被練也。《孟子》『有布縷之征』，趙岐注：『縷，紩鎧甲之縷也。』《典枲》賈疏：『縷用麻之物。』是凡甲皆以麻貫之，此組以帛貫之，尤爲精貴矣。」許氏知分組甲、練甲爲二，而云「組以帛貫」，殊未分明。其以組爲貫甲之物，得之。惠氏引《周書》孔注亦謂「組以貫甲」，其引《少儀》「甲不組縢」，未申其義。沈欽韓補之曰：「《少儀》『甲不組縢』，注：『組縢，以組飾之及紟帶也。』疏云：『謂以組連甲及爲甲帶。言紟帶，解經「縢」字。縢是縛約之名。』《釋文》云：『紟，結也。』如鄭義，亦以組連甲因以爲飾。」據沈説，則服注與鄭君合。其甲帶以連甲之上旅，下旅别是一物。惟賈注「盈竅」，竅在甲之何處，惠、沈諸君皆未釋。李貽德云：「《函人》：『犀甲七屬，兕甲六屬，合甲五屬。』注：『屬謂上旅下旅札續之數也。』疏云：『一葉爲一札，上旅之中，續札七節、六節、五節，❷下旅之中亦有此節。』《函人》又云：『權其上旅與其下旅，而重若一。』疏云：『謂札葉爲旅者，以札衆多，故言旅，旅即衆也。』然則凡甲，聚衆札爲之。鄭讀『屬』如灌注之『注』，謂其相連注也。賈、服皆云以組綴甲，《説文》：『綴，合著也。從叕、系。』《内則》『織紝、組、紃』，疏曰：『組、紃俱爲絛也。薄闊爲組，似繩者爲紃。』若然，組綴甲謂以薄闊如絛者施諸縫中耳。『被』當

❶「去」，原作「吾」，今據《吕氏春秋》卷十三改。

❷「札」，原作「甲」，今據《春秋左氏傳賈服註輯述》卷十一改。

從《説文》作『紴』，《説文》：『紴，絛屬，❶讀若被。』又云：『練，湅繒也。』湅繒即《考工記》之『湅帛』是已。❷ 湅之帛謂之練，此蓋以練爲被，而以綴甲。」李氏説甲制甚晰，則賈所謂「盈竅」，竅謂札相比空隙之處也。「帛盈竅而任力半，組盈竅則盡任力」者，札是散材，力謂札相比處牽貫之力，惠氏謂「帛粗任力半，組細盡任力」，深得賈義。李氏訓「力」爲「功」，以功之精粗言，非也。組練用以連甲，札皆在甲裏。馬氏謂組爲甲裏，練爲甲裏，與賈氏説同。惟賈謂車士組甲，步卒被練，馬謂組甲公族，被練卑者，爲異。《楚語》：「在中軍王族而已。」則公族亦得與軍事。據賈、馬説，則組甲貴，故數少，被練賤，故數多。《晉書·王敦傳》：「明帝下詔討錢鳳曰：『朕親御六軍，被練三千，組甲三萬，總統諸軍，討鳳之罪。』」則以被練爲貴，組甲爲賤，與賈、馬説違。本疏引賈、馬説駁之，其駁賈云：「然則甲貴牢固，組、練俱用絲也。練若不固，宜皆用組。何當造不牢之甲，而令步卒服之？豈欲其被傷，故使甲不牢也？若練以綴甲，何以謂之被也？」其駁馬云：「又組是絛繩，不可以爲衣服，安得以爲甲裏？」又申杜説云：「杜言『組甲，漆甲成組文』，今時漆甲有爲文者。被練文不言甲，必非甲名。被是被覆衣著之名，故以爲練袍，被於身上。雖並無明證，而杜要愜人情。」沈欽韓云：「漆如何成條文？袍是有著之稱，非戰所用。被練若非甲，則被練三千，免者三百，既非甲士，是何物也？以練袍爲戰服，妄矣。且賈云『盈竅』，杜既不明，孔亦不疏，好爲肊説，撥棄先儒，不好學如是乎？」嚴蔚説與沈略同。李貽德云：「孔氏以文不言甲，必非甲名，則文不言袍，杜何由知此是練袍乎？《韓非子》：『驅其練甲。』此不稱甲，以已舉組甲，則此可不煩明指。」右皆駁正疏説。洪亮吉、朱駿聲亦皆以杜説爲非。按：疏雖引馬融説，而不知馬説同於賈氏。馬明云組、練爲甲裏，疏乃云「絛繩不可以爲衣服」，則於馬説亦未審核。

以侵吴。

吴人要而擊之，獲鄧廖。其能免者，組甲八十，被練三百而已。

❶「絛」，《春秋左傳賈服註輯述》卷十一作「條」。

❷ 上「湅」，原作「練」，今據《春秋左氏傳賈服註輯述》卷十一改。

子重歸，既飲至，三日，【疏證】桓二年傳：❶「凡公行，告於廟。反行，飲至、舍爵、策勳焉。」據《詩·六月》「來歸自鎬」，則勞還帥亦有飲至之禮。

吴人伐楚，取駕。❷

駕，良邑也。

鄧廖，亦楚之良也。

君子謂：「子重於是役也，所獲不如所亡。」【疏證】杜注：「當時君子。」本疏：「傳諸言君子論議往事，多是丘明自言，託之君子。此傳君子謂子重亡多於獲，楚人以君子之言咎責子重，不得爲後世君子，故云當時君子。」按：傳稱君子，皆是丘明之辭，楚人咎子重，即在失帥與邑，不必因君子之言。丘明之論，若在「心疾而卒」下，於文非便，故置於此，杜説太泥。

楚人以是咎子重，

子重病之，遂遇心疾而卒。【疏證】汪瑜云：「《靈樞經·藏府病形》篇云：『愁憂恐懼則傷心。』」

公如晉，始朝也。

盟于長樗。❸

孟獻子相。【疏證】杜注：「相，儀也。」

公稽首。【疏證】稽首，已説於僖二十三年。按：哀十七年，「公會齊侯，盟于蒙，孟武伯相。齊侯稽首，公則拜。齊侯怒，武伯曰：『非天子，寡君無所稽首。』」可證此傳「公稽首」用諸侯于天子禮。

知武子曰：「天子在，而君辱稽首，寡君懼矣。」

孟獻子曰：「以敝邑介在東表，密邇仇讎，【疏證】《讀本》：「介，攝也。」杜注：「仇讎，謂齊、楚與晉争。」

「寡君將君是望，敢不稽首？」

晉爲鄭服故，且欲修吴好，【疏證】二年傳：「冬，復會于戚，鄭人乃成。」

將合諸侯。

❶「桓二」，原缺，今據《春秋左傳正義》卷五補。
❷原稿眉批：駕見成十七年。
❸「盟」上，《春秋左傳正義》卷二十九有「夏」字。

使士匄告于齊曰：「寡君使匄，以歲之不易，不虞之不戒，【疏證】杜注：「不易，多難也。」《文王》傳：「虞，度也。」《説文》：「戒，警也。」《曾子問》注：「戒猶備也。」

「寡君願與一二兄弟相見，【疏證】杜注：「列國之君相爲兄弟。」

「以謀不協。請君臨之，使匄乞盟。」

齊侯欲勿許，而難爲不協，

乃盟于耏外。【疏證】杜注：「耏，水名。」本疏：「齊侯與盟，其盟不離城之左右。」江永云：「《水經注》：『時水出齊城西南二十五里，平地出泉，即如水也。澠水出營城東，❶北逕博昌南界，入時水，自下通謂之澠。又東北至廣饒故城北，入淄水。《齊乘》又名耏水，又京相璠曰：今臨淄唯有澅水，西北入沛。即《地理志》如水。耏、如聲相似，然則澅水即耏水。蓋以澅與時合，得通稱矣。』」江氏引《水經注》見《水經・瓠子水》篇，❷又云：「時，即耏水也，音而。《春秋》襄公三年，齊、晉盟于耏者也。」下引京相説。惠棟亦用江説。馬宗璉云：「《左傳》『猷如忘』服注：『如，而也。』星隕而雨，即星隕如雨也。京相璠以『耏、而聲相似』是也。《孟子》：『宿於晝。』❸《史記》注引劉熙注：『晝，齊西南近邑。』」按：馬氏以晝邑即澅水也。《讀本》：「時水出青州府臨淄縣西南二十五里，伏淄所發，經博興縣南，與小清河會。至樂安縣，從馬車瀆入海。」蓋用《水經》釋以今地。據疏説，則耏水即在今臨淄縣境。餘見莊九年傳「乾時」下。

祁奚請老，【疏證】杜注：「老，致仕。」《晉語》注：「祁奚既老，❹平公元年，復爲公族大夫。」韋據《外傳》爲説。晉平元年，當魯襄之十六年，祁奚仍再出仕，蓋甚老壽也。范宣子與龢大夫争田，宣子欲攻之，問於祁奚。祁奚曰：「公族之不恭，公室之有回，内事之邪，大夫之貪，是吾罪也。」

晉侯問嗣焉。【疏證】杜注：「嗣，續其職

❶「營」，原作「管」，今據《皇清經解》卷二百五十四《春秋地理考實》改。

❷下「水」，當作「河」。

❸「於」，原重文，今據《皇清經解》卷一千二百七十八《春秋左傳補注》删。

❹「祁奚」，原倒，今據《國語正義》卷十四改。

位者。」

稱解狐，其讎也，【疏證】本疏：「讎者，相負挾怨之名。」馬宗璉云：「《韓非子·外儲説》篇：『解狐薦其讎於簡子以爲相。』」按：此解狐别是一人，馬説非。

將立之而卒。【疏證】杜注：「解狐已卒。」

又問焉，對曰：「午也可。」【疏證】杜注：「午，祁奚子。」

於是羊舌職死矣。

晉侯曰：「孰可以代之？」對曰：「赤也可。」【疏證】《晉語》注：「羊舌赤，職之子銅鞮伯華也。」杜注：「赤，職之子伯華。」用韋説。《大戴禮·將軍文子》篇：❶「祁奚曰：『其爲人之淵泉也，多聞而誕也。大内辭，❷足以没世，國家有道，其言足以生，國家無道，其默足以容，蓋銅鞮伯華之行也。』」

於是使祁午爲中軍尉，羊舌赤佐之。

君子謂：「祁奚於是能舉善矣。

「稱其讎，不爲諂；【疏證】《説文》：「諂，諛也。」《鬼谷子·權篇》：「諂，先意承欲者也。」杜注：「諂，媚也。」本疏：「設令他人稱其讎，則諂以求媚也。」

「立其子，不爲比；

「舉其偏，不爲黨。【疏證】杜注：「偏，屬也。」本疏：「軍師屬己，分之别行，謂之偏師。」

「《商書》曰：『無偏無黨，王道蕩蕩。』【疏證】《洪範》文。鄭注：「黨，朋黨。」《吕覽·貴公》亦引此二句，注：「蕩蕩，平易也。」《詩》：『魯道有蕩。』」杜注：「蕩蕩，平直無私。」

「其祁奚之謂矣。【疏證】《晉世家》：「悼公問群臣何用者，❸祁傒舉解狐。解狐，傒之仇。復問，舉其子祁午。君子曰：『祁傒可謂不黨矣。外舉不避仇，内舉不隱子。』」史公約丘明論祁奚意也，不言伯華，文略。

「解狐得舉，祁午得位，伯華得官，【疏證】杜注：「未得位，故曰得舉。」本疏：「官、位一也，變文相辟耳。」



❶「將」上，當有「衛」字。
❷「大」，《大戴禮記》卷六作「不」。
❸「何」，《史記·晉世家》作「可」。

「建一官而三物成，【注】服云：「所舉三賢，各能成其職事。」本疏。【疏證】杜注：「一官，軍尉。物，事也。」不用服説。本疏：「尉、佐同掌一事，故爲『建一官』也。三事成者，成其得舉、得位、得官也。」下引服説，駁之云：「按：解狐得舉而死，身未居職，何成事之有？」按《烝民》傳：❶「物，事也。」故服、杜并訓爲「事」。解狐雖未居職，然舉當其才，有成事之望，故傳與午、赤並論之，疏駁非。

「能舉善也夫。【疏證】《釋文》：「夫，絶句。一讀以『夫』爲下句首。」

「唯善，故能舉其類。

「《詩》云：『惟其有之，是以似之。』【疏證】《裳裳者華》文，傳：「似，嗣也。」陳奂《詩疏》云：「傳讀『似』爲『嗣』者，言古君子有是美德，是以嗣爲世官也。」下引此傳爲證。又云：「按：此上文言問嗣，其下即引此《詩》，則《詩》之『似』正訓作『嗣』，以美祁奚能舉善嗣其官，即是不廢世禄之類。毛傳實本《左傳》以立訓也。」按：陳説是也。杜注：「言唯有德之人，能舉似己者。」以「似」爲肖，似非古訓。

「祁奚有焉。」

六月，公會單頃公及諸侯。【疏證】杜注：「單頃公，王卿士。」

己未，同盟于雞澤。

晉侯使荀會逆吴子于淮上，【疏證】高士奇云：「此淮上，當在臨淮泗州之境。」

吴子不至。

楚子辛爲令尹，侵欲於小國。

陳成公使袁僑如會求成。【疏證】杜注：「袁僑，濤塗四世孫。」《世族譜》：「轅僑，桓子。」

晉侯使和組父告于諸侯。【疏證】高士奇云：「和組父，雍子。」梁履繩云：「雍子，故楚人，見襄二十六年。高氏以爲一人，未知所據。」

秋，叔孫豹及諸侯之大夫及陳袁僑盟，陳請服也。

晉侯之弟揚干亂行於曲梁，【注】賈

❶ 「烝民」，原缺，今據《毛詩正義》卷十八補。

云：「行，陳也。」《晉世家》集解。【疏證】杜注：「行，軍次。」❶用賈説。《晉語》注亦云：「行，行列也。」李貽德云：「《夏官·序官》『行司馬』注：『行，謂軍行列。』陳，亦列也。」案：《士師》「大師率其屬而禁逆軍旅者與犯師禁者而戮之」，注：「犯師禁，干行陳也。」疏：「干犯軍之行陳。案：昭元年，晉荀吴敗狄于太原，將戰，❷魏舒曰：『請皆卒，自我始。』荀吴之嬖人不肯即卒，斬以徇。襄三年，雞澤之盟，晉侯之弟揚干亂行于曲梁，魏絳戮其僕，魏絳曰：『軍事有死無犯爲敬。』此二者是反將命於行陳之事也。」反將命謂不用將帥命，當是《左氏》古義。《晉語》：「趙宣子言韓獻子于靈公以爲司馬。河曲之役，趙孟使人以其乘車干行，韓獻子執而戮之。」與此事相類。《晉世家》：「悼公弟揚干亂行。」杜不釋「曲梁」，《晉語》注：「曲梁，晉地。」江永云：「按：即雞澤地。」

魏絳戮其僕。【注】賈云：「僕，御也。」《晉世家》集解。【疏證】杜用賈義。本疏：「以車亂行，是御者之罪，故戮其僕也。《周禮》司寇之屬有掌戮之官，鄭玄云：『戮，猶辱也。既斬殺又辱之。』則此言戮者，乃殺之以徇於軍。成二年，韓獻子既斬人，『郤子使速以徇』。此戮即彼徇之謂也。文十年，楚申舟抶宋公之僕以徇，或曰：『國君不可戮也。』彼抶以徇，亦稱爲戮。下云『至于用鉞』，當是殺之，乃以徇也。」按：《年表》：「晉悼公三年，魏絳辱揚干。」史公據魏絳行法之意書之，下亦云「揚干爲戮」。

晉侯怒，謂羊舌赤曰：「合諸侯，以爲榮也。揚干爲戮，何辱如之？必殺魏絳，無失也。」【疏證】羊舌赤爲中軍佐，蓋掌軍之政令，故悼公命其殺魏絳。《魏世家》：「悼公怒曰：『合諸侯以爲榮，今辱吾弟。』將誅魏絳。」

對曰：「絳無貳志，事君不辟難，有罪不逃刑，【注】服云：「謂敢斬揚干之僕，是不辟獲死之難。」本疏。【疏證】杜無注。本疏：「此言絳之宿心舊行耳，非獨爲此事言也。」下引服説，駁之云：「然則斬僕，依軍法也，豈是絳之罪，而得謂之有罪

❶「軍」，《春秋左傳正義》卷二十九作「陳」。
❷「戰」，原作「戮」，今據《周禮注疏》卷三十五改。

不討刑乎？」❶壽曾謂：服意亦以「不辟難不逃刑」爲絳之宿心舊行，故止以「斬僕」釋「不辟難」，舉本事以證平日也，❷故「不逃刑」則無説，疏駁太泥。《表記》：「事君，軍旅不辟難。」與傳義同。《後漢書・李膺傳》：「收捕鉤黨，鄉人謂膺曰：『可去矣。』膺曰：『事不辟難，罪不逃刑，臣之節也。』」注：「《左傳》絳『事君不辟難，有罪不逃刑』。」是舊説以「不辟難不逃刑」爲人臣之大節。

「其將來辭，何辱命焉？」【疏證】杜無注。《晉語》注：❸「辭，陳其辭狀也。」按：謂將以辭來，即下云「授僕人書」也。

言終，魏絳至，

授僕人書，【疏證】《晉語》注：「僕人，掌傳命。」杜注：「僕人，晉侯御僕。」用韋説。《御僕》「掌群吏之逆及庶民之復」，注：「鄭司農云：『逆謂受下奏，復謂奏事。』」韋云「傳命」，用先鄭義也。絳授僕人書是「受下奏」。

將伏劍。士魴、張老止之。【疏證】《晉語》注：「聞公怒，欲自殺。」本疏：「謂仰劍刃，身伏其上，而取死也。」

公讀其書曰：「日君乏使，使臣斯司馬。【疏證】《晉語》注：「日，前日也。」杜注：「斯，此也。」黄生《義府》注：「斯，當讀爲『厮役』之厮，謙言爲役于司馬耳。」俞樾云：「『使臣此司馬』甚爲不辭，『斯』疑『廁』字之誤。《晉語》『使臣狃中軍之司馬』，狃亦廁也。《廣雅・釋詁》曰：『粗，廁也。』粗、狃義通。」

「臣聞師衆以順爲武，【疏證】《晉語》注：「順，順令也。」杜注：「順，莫敢違。」用韋義。

「軍事有死無犯爲敬。【疏證】杜注：「守官行法，雖死不敢有違。」惠棟云：「韋昭云：『有死其事，無犯其令，是爲敬命。』案：『韓獻子爲司馬，❹趙孟使人以其乘車干行，獻子執而戮之，宣子召而禮之，曰：「夫軍事無犯，犯而不隱，義也。」』韋説頗勝於杜。」

---

❶「討」，《春秋左傳正義》卷二十九作「逃」。

❷「以」，原重文，今删。

❸「語」，原脱，今據《國語正義》卷十三補。

❹「韓」上，《皇清經解》卷三百五十五《春秋左傳補註》有「晉語」二字。

「君合諸侯，臣敢不敬？【疏證】《晉語》注：「敢不盡奉其職。」❶

「君師不武，執事不敬，罪莫大焉。

「臣懼其死，以及揚干，無所逃罪，

「不能致訓，至于用鉞。【疏證】洪亮吉云：《説文》：『戉，斧也。從戈𠃊聲。鉞，車鑾聲也，從金戉聲。《詩》曰：「鑾聲鉞鉞。」』按：以鉞爲『斧戉』之戉，經典承訛已久，難以改正。」杜注：「用鉞斬揚干之僕。」

「臣之罪重，敢有不從以怒君心？【疏證】杜注「從」謂從揚干罪名，「言不敢不從戮」。非。

「請歸死於司寇。」【疏證】歸死，請歸命也。杜注：「致尸於司寇，使戮之。」非。

公跣而出，曰：【疏證】《晉語》注：「跣，徒跣也。」《讀本》：「不屨而行曰跣。古者脱屨於户外，出則履之。晉侯急見魏絳，故未及屨而出也。」

「寡人之言，親愛也。吾子之討，軍禮也。

「寡人有弟，弗能教訓，【疏證】《曲禮》「教訓正俗」，疏：「熊氏云：『教，謂教人師法。訓，謂訓説義理。』」

「使干大命，寡人之過也。

「子無重寡人之過，敢以爲請。」【疏證】杜注：「請使無死。」

晉侯以魏絳爲能以刑佐民矣，反役，與之禮食，【疏證】《晉語》注：「反役，自役反也。禮食，公食大夫之禮。」杜注：「群臣旅會，今欲顯絳，故特爲設禮食。」群臣旅會，猶言饗食，即公食大夫禮也。杜以「禮食」爲旅會，與韋説同。《御覽》八百四十一引注：❷「群臣旅會，禮食也。」「今欲顯絳，❸故特爲設此。」疑是舊注，杜用之而删移其文已。本疏：「『與之禮食』者，若公食大夫禮以大夫爲賓，公親爲之特設禮食。」則與韋義合。馬宗璉云：《禮記》正義云：『凡正饗，食在

❶「盡」，《國語正義》卷十三作「敬」。

❷「一」，當作「七」。

❸「今欲顯絳故特爲設此」，見《太平御覽》卷二百九十六，「今」作「令」，「此」作「禮食」。

廟。』晉悼公以公食大夫禮而饗莊子於廟，因以爵禄告諸先君，而策命之，使佐新軍。」

使佐新軍。【注】服虔云：「於是魏頡卒矣，使趙武將新軍代魏頡，升魏絳佐新軍代趙武也。」本疏。【疏證】杜無注，故疏引服注無駁，又云：「《世族譜》魏顆、魏絳，俱是魏犨之子。❶顆長，生頡，則絳是頡之叔父。《魏世家》武子生悼子，悼子生絳。則絳是犨孫。計其年世，孫應是也。先儒悉皆不然，未知何故。」據疏疏，❷則賈、服諸儒皆以絳爲犨子，杜依用之。李貽德云：「案：《晉語》言悼公即位，『使吕宣子佐下軍，彘恭子將新軍，使令狐文子佐之』。注云：『文子，魏顆之子魏頡也。』又云：『吕宣子卒，公以趙文子爲文也，而能恤大事，使佐新軍。』據《國語》所云，魏絳直代魏頡，而魏頡未嘗離新軍佐也。今以服意推之，知《國語》文不具也。魏頡始爲新軍佐，及吕宣子卒，彘恭子以新軍將升佐下軍，頡以佐升將，故趙文子得佐新軍也。❸及魏頡卒，則趙武升爲將，而魏絳代趙武爲佐矣。九年傳云『魏絳多功，以趙武爲賢，而爲之佐』是也。」❹按：李説是也。《晉語》：「公乃以魏絳爲不犯，使佐新軍。」

張老爲中軍司馬，【疏證】《晉語》：「使張老爲司馬。」注：「代魏絳也。」

士富爲候奄。【疏證】《晉語》：「使范獻子爲候奄。」注：「代張老。候奄，元候也。獻子，范文子之族昆弟士富也。」杜注：「士會别族。」用韋義。惠棟云：「是范氏有兩獻子矣。」

楚司馬公子何忌侵陳，陳叛故也。【疏證】《年表》：「陳成公二十九年，倍楚盟，楚侵我。楚共王二十一年，使何忌侵陳。」《陳世家》：「成公二十八年，楚莊王卒。二十九年，陳倍楚盟。三十年，楚共王伐陳。」

許靈公事楚，不會于雞澤。

冬，晉知武子帥師伐許。

❶「犨」，《春秋左傳正義》卷二十九作「犫」，下一「犨」字同。

❷下「疏」，疑當作「説」。

❸「文」，原作「武」，今據《春秋左氏傳賈服註輯述》卷十一改。

❹「是」，《春秋左氏傳賈服註輯述》卷十一作「者」。

【經】四年，春，王三月，己酉，陳侯午卒。【疏證】杜注：「三月無己酉，日誤。」貴曾：《年表》：「陳成公三十年，薨。」《陳世家》：「成公三十年，卒。子哀公弱立。」

夏，叔孫豹如晉。

秋，七月，戊子夫人姒氏薨。【疏證】《公羊》「姒」曰「弋」。臧壽恭云：「案：《説文》無『姒』字，當作『以』，以與弋同音相通。」杜注：「成公妾，襄公母。姒，杞姓。」按：《解詁》：「莒女。」此《公羊》家異説。《穀梁》集解與杜同。本疏：「據傳匠慶之言，知是襄公母。以子既爲君，故得稱夫人而言薨也。於時諸國，杞、鄫之徒，皆姒姓。據大者言之，故云『姒，杞姓』，疑是杞女，而未審也。」詳疏説，則定姒容非杞女，趙佑云：「《公羊》於『鄫世子巫如晉』傳有『舅出』之文，則定姒蓋鄫女，杞、鄫皆姒姓。」此不用《解詁》「莒女」説，義或然也。

葬陳成公。無傳。

八月，辛亥，葬我小君定姒。無傳。【疏證】《公羊》「姒」曰「弋」。《謚法》：「純行不爽曰定。」杜注：「赴同、祔姑、反哭成喪，❶皆以正夫人禮，母以子貴。」按：母以子貴，《左氏》、《公羊》家説並同，已説於□□□年。❷本疏：「舊説：妾子爲君，其母不得成爲夫人，故杜詳言之。」詳疏引舊説，當亦是《左氏》説，師説不同。疏又云：「季孫初議，欲不成定姒之喪。君子謂之『多行無禮』，則季孫初議是無禮也。既季孫議爲無禮，明知於禮得成，是知妾母成尊，是爲正法。但尊無二上，適母若在，君尚不得盡禮於其母，臣民豈得以夫人之禮事之哉？適母既薨，則君得盡禮。君既盡夫人之禮事其母，臣民豈得以妾意遇之哉？故嫡母薨，則妾母尊也。哀姜既薨，成風乃正。出姜既出，敬嬴乃正。齊姜既薨，定姒乃正。襄公一世無夫人，故齊歸得正也。❸鄭玄以爲正夫人有以罪廢，妾母得成爲夫人也。哀姜雖被齊殺，僖公請而葬之。按：經薨葬備文，安得以罪黜也。又齊姜非以罪黜，定姒薨葬成尊，成風、定姒，并無譏文，故知法得成也。」詳疏意，與《左氏》説「母以子貴」義合。鄭君説「正夫人罪廢，妾母得

❶「反」，原作「及」，今據《春秋左傳正義》卷二十九改。

❷「□□□」，當作「文公四」。

❸「歸」，《春秋左傳正義》卷二十九作「婦」。

成夫人」者，止據哀姜、成風而言，已詳彼經疏證。❶

冬，公如晉。【疏證】《年表》：「公如晉。」

陳人圍頓。

【傳】四年，春，楚師爲陳叛故，猶在繁陽。【疏證】杜注：「繁陽，楚地。」《郡國志》：「汝南郡宋公國，周名郪丘，漢改爲新郪。有繁陽亭。」《一統志》：「繁陽亭在河南汝寧府新蔡縣北。」

韓獻子患之，言於朝曰：

「文王帥殷之叛國以事紂，唯知時也。

【疏證】惠棟曰：「《周書·程典》曰：『維三月既生魄，文王合六州之侯，奉勤于商。』孔晁曰：『三分天下有其二以服事殷也。』」文淇案：《後漢書·西羌傳》：「及文王爲西伯，西有昆夷之患，北有獫狁之難，遂攘戎狄而戍之，莫不賓服。乃率西戎，征殷之叛國以事紂。」注引此傳。據率西戎之文，則叛國在西方。壽曾謂：《詩譜》以六州爲雍、梁、荆、豫、徐、揚，彼疏云：「其餘冀、青、兖屬紂。」此稱叛國，當在六州中，如雍、梁皆西方也。

「今我易之，難哉！」【疏證】杜注：「晉力未能服楚，受陳爲非時。」按：易之謂受陳速也。

三月，陳成公卒。

楚人將伐陳，聞喪乃止。【疏證】十九年傳：「晉士匄侵齊，至穀，聞齊侯卒，乃還。」傳曰：「聞喪而還，禮也。」

陳人不聽命。【疏證】杜注：「不聽楚命。」按：杜説未晰，蓋楚班師而召盟，陳不聽命也。

臧武仲聞之曰：「陳不服於楚，必亡。

「大國行禮焉，而不服，在大猶有咎，而況小乎？」

夏，楚彭名侵陳，陳無禮故也。【疏證】《年表》：「楚共王二十二年，伐陳。陳成公三十年，楚伐我。」

穆叔如晉，報知武子之聘也。【疏證】元年經：「晉侯使荀罃來聘。」

---

❶ 原稿眉批：鄭君説在彼條，升爲注。查「成風」條，或移併。

晉侯享之，【疏證】《魯語》：「晉悼公饗之。」注：「以饗禮見之也。」

金奏《肆夏》之三，不拜。【疏證】《魯語》注：「金奏，以鐘奏樂也。《肆夏》一名《繁》，《韶夏》一名《遏》，《納夏》一名《渠》，此《三夏》曲也。禮有《九夏》，《周禮・鐘師》：『掌以鐘鼓奏《九夏》。』鄭後司農云：『《九夏》皆篇名，《頌》之類也，載在樂章，樂崩亦從而亡，是以《頌》不能具。』」韋引鄭君說，見《鐘師》注。《鐘師》：「凡樂事，以鐘鼓奏《九夏》：《王夏》、《肆夏》、《昭夏》、《納夏》、《章夏》、《齊夏》、《族夏》、《祴夏》、《驁夏》。」《昭夏》即韋所稱《韶夏》也。彼注：「杜子春云：『《肆夏》，詩也。』」下引此傳，又云：「《肆夏》與《文王》、《鹿鳴》俱稱三，謂其三章也。以此知《肆夏》詩也。《國語》『《肆夏・繁》、《遏》、《渠》』，所謂《三夏》矣。呂叔玉云：『《肆夏》、《繁遏》、《渠》，皆《周頌》也。《肆夏》，《時邁》也。《繁遏》，《執傹》也。《渠》，《思文》也。』玄謂以《文王》、《鹿鳴》言之，則《九夏》皆《詩》篇名，《頌》之族類也，載在樂章，樂崩亦從而亡，是以《頌》不能具。」詳鄭君以《文王》、《鹿鳴》爲例，定爲《詩》篇名，即據此傳。又廣杜子春說，以爲《頌》之逸篇。其呂叔玉說，鄭所不用。知鄭用杜子春說者，《鐘師》疏：「呂叔玉說是子春引之者，子春之意與叔玉同。」據彼疏，則子春亦以《三夏》爲《時邁》諸詩。然尋玩注文，子春不析分《肆夏・繁》、《遏》、《渠》，非用呂說。鄭君異子春者，止在以九《夏》爲逸《頌》，其以爲逸《詩》則同。杜注：「《肆夏》，樂曲名。《周禮》以鐘鼓奏《九夏》，其二曰《肆夏》，一名《繁》。三曰《韶夏》，一名《遏》。四曰《納夏》，一名《渠》。」杜蓋用韋注。然韋引鄭君說以證《三夏》，鄭君據本傳以《九夏》爲逸《詩》，而不以《繁》、《遏》、《渠》分隸《肆夏》以下，其分隸者，韋氏一人之說。知者，杜子春止引《國語》『《肆夏・繁》、《遏》、《渠》』，呂叔玉乃分《肆夏》爲一、《樊遏》爲一、《渠》爲一，與韋、杜皆不同也。沈欽韓云：「呂叔玉說，鄭所不取，杜預復分《樊遏》爲二，徒形其陋。」按：沈說是也。本疏：「下云：『《三夏》，天子所以享元侯。』三者皆名爲《夏》，知是其次二《夏》并《肆夏》爲三也。《周禮》謂之《肆》、《韶》、《納》，《魯語》謂之《繁》、《遏》、《渠》。故杜以爲每《夏》有二名。」此疏中杜說也。疏又備引《鐘師》杜、呂、鄭說而總之云：「數家之說，各以意言，經典散亡，無以取正。」此當是舊疏之詞。舊疏舉杜注及呂、鄭諸說而謂「各以義言，無所取正」，雖不顯言杜失，亦不謂杜說必不可從，其下則云：「劉炫云：『杜爲此解頗允《三夏》之名，而分字配篇，不甚愜當。何則？《文王》之三即《文王》是其一，《大明》、《緜》是其二。《鹿鳴》之三，則《鹿鳴》是其一，《四牡》、《皇皇者華》是其二。然則《肆夏》之三，亦當《肆夏》是其一，《樊遏》、《渠》是其二。安得復以「樊」爲《肆夏》之别名也？若「樊」即是《肆夏》，何須重舉二名？雖耻習前蹤，亦未踰先哲。』今删定知不然者，以此文云『《肆夏》之三』，是自《肆夏》以下有三，故爲《韶夏》、《納夏》。若《國語》直云『金奏《繁》、《遏》、《渠》』，則《三夏》之名没而不顯，故於『繁』字之上特以『肆夏』冠之。《國語》舉其難明，以會左氏《三夏》之義。劉不曉杜之深意，遂欲妄從先儒。先儒二説，何所馮準？先儒以『繁』、『遏』二字，共爲《執競》，以『渠』之一字，獨爲《思文》。分字既無定限，文句多少任意，則杜以『繁』共『肆夏』爲句，何爲不可？」此自「劉炫」以下皆光伯《述議》語，「今删定」以下乃唐人駁炫之語。據炫説，謂「《肆夏》是其一，《樊遏》、《渠》是其二」，又云「雖恥習前蹤，亦未踰先哲」，則炫所稱確爲《左氏》古義。杜子春注《國語》「《肆夏》、《樊遏》、《渠》」，所謂《三夏》矣」，與古《左氏》説合。竊疑《鍾師》「《九夏》」如《詩》稱某之什，《九夏》皆什之首篇，舉《肆夏》之三，則《樊遏》、《渠》可賅。析「《肆夏》《樊遏》《渠》」爲三，此吕氏之誤。韋注以「肆夏繁」連文，則尤誤矣。炫説與杜子春同，與鄭康成小異而大同，與吕叔玉、韋昭不同。❶本疏不察炫説與先儒説從違，惟據吕氏分字之例以祖杜注，則惑之甚者也。《繁遏》、《渠》爲二詩，作何分析，師説軼亡，今無以考。杜以《肆夏》爲樂曲名，與杜子春、鄭君稱爲《詩》者異，蓋用先鄭説。《大司樂》「行以《肆夏》，趨以《采薺》」注：「鄭司農云：『《肆夏》、《采薺》皆樂名，或曰皆逸《詩》。』」彼疏云：「案：襄四年，『金奏《肆夏》』，杜亦云：『《肆夏》，樂曲名。』案《鍾師》注：『《九夏》，皆詩之大者，載在樂章。』以此言之，《肆夏》亦《詩》篇名。先鄭云『或曰皆逸《詩》』，得通一義也。」又云：❷「杜子春之意，《九夏》皆不言詩，是以解者不同，故杜注《春秋》云『《肆夏》爲樂曲名』。今云《肆夏》詩，則《九夏》皆詩，後鄭從之。」據彼疏，則先鄭説《肆夏》兼樂曲、逸《詩》而言，其推杜子春意《九夏》皆不言詩，詩是樂謌，杜子春説顯云：❸「《肆夏》，詩

❶「與」上，原衍「同」字，今删。
❷ 以下爲《鍾師》疏。
❸「子」，原重文，今删。

也。」《肆夏》以詩入樂，兼二義乃備。宋本疏云：「肆，遂也。夏，大也。言遂於大位，謂王位也。」此是「肆夏」舊說。

工歌《文王》之三，又不拜。【疏證】《魯語》注：「《文王》、《大明》、《緜》，《大雅》之首，《文王》之三也。」杜注：「工，樂人也。」餘用韋說。

歌《鹿鳴》之三，三拜。【疏證】《魯語》：「樂及《鹿鳴》之三，而後拜樂三。」注：「悼公先爲穆子作《肆夏》、《文王》各三篇而不拜，至作《鹿鳴》三篇，而後拜樂三也。」杜注：「《小雅》之首：《鹿鳴》、《四牡》、《皇皇者華》。」《詩譜》：「天子饗元侯，歌《肆夏》，合《文王》。諸侯歌《文王》，合《鹿鳴》。」疏云：「傳言『金奏《肆夏》』，此云歌者，凡樂之初作，皆擊金奏之。《論語》：『始作，翕如也。』鄭云：『始作，謂金奏。』又《左傳》云：『歌鐘二肆。』是歌必以金奏之。其實《文王》、《鹿鳴》亦金奏，《肆夏》亦工歌，互言之也。」

韓獻子使行人子員問之，【疏證】本疏：「此言『韓獻子使行人問』，《魯語》云『晉侯使行人問』者，彼孔晁注云：『韓獻子曰晉侯使行人問也。』」❶

曰：「子以君命辱於敝邑，

「先君之禮，藉之以樂，【疏證】《士虞禮》「藉用葦席」注：❷「藉猶薦。」杜用鄭說。

「以辱吾子。吾子舍其大，而重拜其細，【疏證】《魯語》「吾子舍其大而加禮于其細」，注：「大，謂《肆夏》、《文王》。細，謂《鹿鳴》也。」

「敢問何禮也？」

對曰：「《三夏》，天子所以享元侯也。使臣弗敢與聞。【疏證】《魯語》注：「元侯，牧伯也。」杜用韋說。據韋說，則傳稱「元侯」，異於群諸侯。本疏：「《周禮·大宗伯》云：『八命作牧，九命作伯。』鄭玄云：『牧謂侯伯有功德者，加命得專征伐於諸侯也。伯謂上公有功德者，加命爲二伯，得征五侯九伯者。』鄭司農云：『牧，一州之牧也。伯，長諸侯爲方伯也。』然則牧是州長，伯是二伯。」

❶ 原稿眉批：行人似已見。韋注未采。

❷ 「士虞禮藉用葦席」，原缺，今據《儀禮注疏》卷四十二補。

「《文王》，兩君相見之樂也，臣不敢及。」【疏證】《魯語》注：「此三篇皆美文王、武王有盛德，天所輔胙，其徵應符驗著見於天，乃天命，非人力也。周公欲昭先王之德於天下，故兩君相見得以爲樂也。」杜注：「及，與也。《文王》之三，皆稱文王之德，受命作周，故諸侯會同以相樂。」用韋說。本疏：「《詩序》：『《文王》，言文王受命作周。《大明》，言文王有明德，故天復命武王。《緜》，言文王之興本由太王。』是《文王》之三，皆稱文王之德，能受天命，造立周國，故諸侯會同，歌此以相燕樂耳。朝而設享，是亦二君聚會，故以會同言之。」

「《鹿鳴》，君所以嘉寡君也，敢不拜嘉？【疏證】《魯語》：「夫《鹿鳴》，君所以嘉先君之好也，敢不拜嘉！」注：「嘉，善也。《鹿鳴》曰：『我有嘉賓，德音孔昭。』是爲嘉善先君之好也。」杜注：「晉以叔孫爲嘉賓，故歌《鹿鳴》之詩，取其『我有嘉賓』也。」用韋說，又云：「叔孫奉君命而來，嘉叔孫，乃所以嘉寡君。」❶與韋說「嘉善先君之好」義異。按：傳云「嘉寡君」則是嘉魯襄，與《外傳》稱「嘉先君之好」者不同。《鹿鳴》二章「我有嘉賓，德音孔昭」，箋云：「德音，先君道德之教也。嘉賓，語先王德教甚明。」韋稱「爲嘉善先君」者，據鄭君說。然鄭君《燕禮》注則云：「德音，嘉賓之明德。」與箋《詩》又自異。《鹿鳴·序》：「燕群臣嘉賓也。」杜以叔孫爲嘉賓，用《序》說。按：《鹿鳴》爲燕禮通用之樂，杜謂以叔孫嘉賓歌《鹿鳴》，非。

「《四牡》，君所以勞使臣也，敢不重拜？【疏證】《詩序》：「《四牡》，勞使臣之來也。」《魯語》：「《四牡》，君之所以章使臣之勤也，敢不拜章！」注：「言臣奉命勞勤於外，叙述其情以歌樂之，所以著其勤勞也。」杜注：「《詩》言使臣乘四牡，騑騑然行不止。勤，勞也。」用韋說，又云：「晉以叔孫來聘，故以此勞之。」此與說《鹿鳴》誤同，備疏於後。

「《皇皇者華》，君教使臣曰【疏證】《詩序》：「《皇皇者華》，君遣使臣也。」首章傳：「皇皇，猶煌煌也。忠臣奉使，能光君命。」韋、杜並用毛說。按：傳下述詩義非引詩句，故云「君教使臣」，文例自別。本疏：「此《詩》本意，文王教出使之臣。今晉君歌此以寵穆叔，穆叔執謙以爲晉侯所教。」

❶ 「寡」，《春秋左傳正義》卷二十九作「魯」。

「『必諮於周』。【疏證】《魯語》：「『每懷靡及』，諏、謀、度、詢，必咨於周。」注：「訪問於善爲咨，忠信爲周，言諏、謀、度、詢必當咨之於忠信之人。」《外傳》以忠信爲周，當六德之一，故韋據之。杜注：「言必於忠信之人，諮此四事。」用韋説。《皇華》：「周爰咨諏，周爰咨謀，周爰咨度，周爰咨詢。」毛傳引《外傳》「忠信爲周」釋「周」字義。陳奐《詩疏》云：「諮，俗字。」

「臣聞之，訪問於善爲咨，【疏證】《説文》：「謀事曰咨。」杜注：「問善道也。」

「咨親爲詢，【疏證】《釋詁》：❶「詢，謀也。」《皇華》傳：「親戚之謀爲詢。」《魯語》注用毛義，杜注同。

「咨禮爲度，【疏證】《釋詁》：❷「度，謀也。」《魯語》：「咨義爲度。」《皇華》傳：「咨禮義所宜爲度。」兼《外傳》爲訓。韋注亦云：「咨禮義爲度。」杜注：「問禮宜。」

「咨事爲諏，【疏證】《釋詁》：❸「諏，謀也。」《説文》：「諏，聚謀也。」《魯語》：「咨才爲諏。」注：「才，當爲事。」《皇華》傳引傳同。陳奐《詩疏》：「案：『才』即『事』之假借字。韋注依《内傳》改《外傳》，非也。」杜注：「問政事。」

「咨難爲謀。【疏證】《魯語》：「咨事爲謀。」注：「事，當爲難。」亦依《内傳》改。《皇華》傳：「咨事之難易爲謀。」杜注：「問患難。」不用毛義。《皇華》疏：「唯『難』一事，杜爲『患難』，不同。然患難之事，亦須訪其難易，理亦不異。」陳奐《詩疏》云：「傳『易』字當衍。《左傳》：『咨難爲謀。』《説文》：『慮難曰謀。』桓六年《左傳》：『會於成，紀來諮謀齊難也。』諮謀即咨謀，皆無『易』字可證。」據陳説，則《毛傳》亦作「患難」解。

「臣獲五善，敢不重拜？」【疏證】《皇華》傳：「兼此五者，雖有中和，當自謂無所及，成於六德。」箋：「五者，咨也、諏也、謀也、度也、詢也。雖得比于忠信之賢人，猶當云己將無所及于事，則成六德。言慎其事。」杜注：「五善，謂諮、詢、度、諏、謀。」本疏：「教之咨人，即得一善，故并咨爲五。」疏以「教之咨人」爲一善，其實「臣聞之」以下，顯釋五善，咨在五善之列，不關教之咨人，疏未得杜義也。杜數五善，用傳、箋義。傳、箋云「六德」者，《魯語》：「君況使臣以大禮，重之以六德，敢不重拜！」

❶「詁」，原缺，今據《爾雅》卷上補。
❷「詁」，原缺，今據《爾雅》卷上補。
❸「詁」，原缺，今據《爾雅》卷上補。

注：「六德，謂諏也、謀也、度也、詢也、咨也、周也。」韋以「周」當六德之一。陳啓源《毛詩稽古編》云：「《春秋》内外傳説此詩有五善六德，咨、諏、謀、度、詢爲五善，《内傳》本文自明。《外傳》六德，韋昭注於五善之外，取周以備數，與毛傳不合。《外傳》云：『懷和爲每懷，咨才爲諏，咨事爲謀，咨義爲度，咨親爲詢，忠信爲周。』據此文義，則所謂六德即上六語矣。『忠信爲周』，言咨於忠信之人，即《内傳》之『訪問於善爲咨』。周、咨一義，韋分兩德，誤也。『懷和爲每懷』，在五善之外，雖有中和，自謂無及，以備六德之一，與《外傳》正相符。」按：陳説是也。周、咨一義，毛傳正如此。知者，《皇華》「周爰咨諏」傳：「忠信爲周，訪問於善爲咨，咨事爲諏。」亦采《外傳》。陳奂《詩疏》云：「内外《傳》互明。《内傳》之所謂善，即《外傳》所謂忠信也，『訪問於善』，此即『必咨於周』之義。《内傳》以咨列五善，數咨即數周也，故《外傳》六德不數咨。内外《傳》皆出《左氏》，非有異也，此毛氏兼用内外《傳》説。周、咨並舉，其實諏、謀、度、詢皆連咨言，皆是訪問於善。咨字一義，領下四事意，亦數周不數咨也。斯爲善承《左氏》之學矣。」此亦用《稽古編》説，又云：「傳列周、咨、諏、謀、度、詢凡六事，而云『兼此五者』，則合周、咨爲一矣。周、咨合一，諏、謀、度、詢各一，爲五善，從《内傳》説。以五善而加懷和，則謂之六德，從《外傳》説。」按：本疏引《外傳》孔晁説云：「既有五善，又自謂無及，成爲六德。」是《外傳》舊説，以懷和爲一德，韋氏以周爲六德之一，與孔説違。二陳氏皆從孔説也。杜注謂歌《鹿鳴》爲叔孫奉召命而來，歌《四牡》爲晉勞叔孫，歌《皇皇者華》，據《詩序》爲遣使臣，詳傳。又案：稱「晉侯享之」，是晉於穆叔用享禮。享禮今亡，其用樂僅見於此傳。《燕禮》「工歌《四牡》、《皇皇者華》」，與穆叔所拜合，然彼自爲燕禮之樂。沈欽韓云：「《詩譜》：『其用於樂，國君以《小雅》，天子以《大雅》，然而享賓或上取，燕或下就。何者，天子享元侯，歌《肆夏》，合《文王》。諸侯歌《文王》，合《鹿鳴》。諸侯於鄰國之君，與天子於諸侯同。天子、諸侯燕群臣，及聘問之賓，皆歌《鹿鳴》，合鄉樂。』彼疏云：『鄉飲酒、燕禮合樂皆降于升歌，歌《鹿鳴》合鄉樂，則知歌《文王》者當合《鹿鳴》，歌《肆夏》者當合《文王》也。』其於諸侯升歌《大雅》，合樂《小雅》。歌在堂上，合樂在堂下，由在堂下輕，❶故降升歌一等，此上取也。諸侯以《小雅》燕群臣及賓，而合鄉樂。天子以《大雅》燕

❶「堂」，原作「樂」，今據《毛詩正義》卷九改。

群臣及賓，歌《小雅》，而合鄉樂，是皆爲下就也。此用樂之差，謂升歌合樂爲例。其舞，則《燕禮》云：『若舞，則《酌》。』是諸侯於臣得用《頌》，與此異也。《郊特牲》、《大射》、《燕禮》皆云大夫賓奏《肆夏》，及杜子春《周禮》注『賓來奏《納夏》』，皆謂賓始入及庭未行禮之時，與升歌、合樂別也。按：賓入奏《肆夏》，蓋用其節，而不取其聲詩。杜預解《鹿鳴》以下更説新義，不知燕、饗之禮爲常用之樂，是《燕禮》等篇生平未之見也。」按：沈説是也。《鄉飲酒》「乃合樂《周南·關雎》」，注：「鄉樂者，風也。《小雅》爲諸侯之樂，《大雅》、《頌》爲天子之樂，鄉飲酒升歌《小雅》，禮盛者可以進取也。燕合鄉樂，禮輕者可以逮下也。《春秋傳》曰：『《肆夏》、《繁遏》、《渠》，天子所以享元侯也。《文王》、《大明》、《緜》，兩君相見之樂也。』然則諸侯相與燕，升歌《大雅》，合《小雅》。天子與次國、小國之君燕亦如之，與大國之君，升歌《頌》，合《大雅》。其笙間之篇未聞。」此鄭君説燕禮用樂，與《詩譜》義燕禮用此同。其云「禮盛進取」即《詩譜》「上取」，云「禮輕逮下」即《詩譜》「下就」。《郊特牲》「賓入大門而奏《肆夏》」，疏：「皇氏云：襄四年《左傳》云：『《三夏》，天子所以享元侯。《文王》、《大明》、《緜》，兩君相見之樂也。』燕禮歌《鹿鳴》，合鄉樂。凡合樂，降於升歌一等。王享燕元臣，升歌《三夏》，即《頌》，合樂降一等，即合《大雅》也。元侯自相享，亦歌《頌》，合《大雅》。故《仲尼燕居》兩君相見，歌《清廟》是也。侯伯子男亦歌《文王》，合《鹿鳴》也。準約元侯，則天子享燕侯伯子男，亦歌《文王》，合《鹿鳴》也。諸侯燕臣子，歌《鹿鳴》，合鄉樂，燕禮是也。其天子燕在朝臣子，工歌《鹿鳴》，合鄉樂，故鄭作《詩譜》云：『天子諸侯燕群臣及聘問之賓，皆歌《鹿鳴》，合鄉樂。』是也。」此皇氏申鄭君説也。惟鄭君所據皆燕禮，此傳則稱享禮。《鐘師》注亦引此傳及《外傳》爲説，彼疏亦全據《詩譜》、《鄉飲酒》注義爲説，又云：「天子享臣子，歌《小雅》，合鄉樂。諸侯享臣子，亦與天子享臣子同。燕之用樂與享同，故燕禮燕臣子升歌《鹿鳴》等三篇。襄四年傳，晉侯享穆叔，爲之歌《鹿鳴》，云『君所以嘉寡君』，是享、燕同樂也。」《詩譜》疏又云：「天子、諸侯于國君皆云饗，于臣皆云燕，其實國君與臣饗、燕皆有。《左傳》曰：『穆叔如晉，晉侯饗之。』《聘禮》曰：『公於賓，再饗，一燕。』是諸侯於聘問之賓，饗、燕俱有也。《左傳》曰：『季文子如宋致女，復命，公饗之。』《燕禮》，❶

❶「禮」下，《毛詩正義》卷九有「燕己之臣子」五字。

是諸侯自於群臣，饗、燕俱有也。其用樂，由尊卑爲差，不由饗、燕爲異。」此亦享禮燕禮同樂之證，享與饗通。

秋，定姒薨，

不殯于廟，無櫬，不虞。【疏證】杜注：「季孫以定姒本賤，既無器備，欲殯不過廟，又不反哭。」本疏：「議其喪制，欲如此耳。《檀弓》：『君即位而爲椑。』夫人尊與君同，亦當生已有櫬。《檀弓》又曰：『喪之朝也，順死者之孝心也。殷朝而殯於祖，周朝而遂葬。』《士喪禮》『朝而遂葬』，與《記》正同。知周法不殯於廟。而此及僖八年傳皆云『不殯于廟』，以爲非禮。知其將葬之時，不以殯過廟耳，非是殯尸於廟中也。葬訖，日中反虞於正寢，謂之反哭。」❶

匠慶謂季文子曰：【疏證】杜注：「匠慶，魯大匠。」李富孫云：「《莊子·達生》作『梓慶』。《攷工》有梓人、匠人，《孟子》梓匠並稱，故亦曰梓。」

「子爲正卿，而小君之喪不成，不終君也。【疏證】杜注：「慢其母，是不終事君之道。」按：不終君，謂不能終事先君之道。

「君長，誰受其咎？」

初，季孫爲己樹六檟於蒲圃東門之外，【疏證】曹堅云：「『樹六檟』者，合六木爲棺也。今俗謂之六段。」杜注：「蒲圃，場圃名。」江永云：「定八年，『陽虎將享季氏于蒲圃』即此。」❷沈欽韓云：「《一統志》：『蒲圃在曲阜境。』」

匠慶請木，

季孫曰：「略。」【疏證】《廣雅·釋詁》：「廋、略，求也。」王念孫云：「《方言》：『搜、略，求也。秦、晉之間曰搜，就室曰搜，於道曰略。略，强取也。』」沈欽韓云：「《漢律》所云『略人財物』、『略賣人』是也。《唐律·盜賊》注：『不和爲略。』」按：不和即强取也。杜注：「不以道取曰略。」亦謂强取也。惠棟云：「匠慶請用蒲圃之木，故季孫曰略。正義言令匠慶略他木，失之。」按：匠慶請木，自當請官府所儲之木，季孫不從，乃用季孫所自樹者。竊疑季孫雖無禮，然以君母之喪，而教匠作强取他人之木，亦

❶ 原稿眉批：查僖八年。

❷ 「享」，原脱，今據《皇清經解》卷二百五十四《春秋地理考實》補。

非人情。馬宗璉云：「孔安國《論語》集解曰：『簡，略也。』是略乃簡略之謂，故君子謂之『多行無禮』，杜解太迂。」如馬說，則季孫言略者，謂喪禮可簡略，不須美木也，似勝杜說。

匠慶用蒲圃之檟，

季孫不御。**【疏證】**《淮南子・時則》注：❶「御，止也。」杜用高說。按：不止，謂不敢止也。杜又云：「遂得成禮，故經無異文。」本疏：「不反哭則不得書葬。今定姒薨葬備文，則因匠慶之言，遂得每事成禮。」

君子曰：「《志》所謂『多行無禮，必自及也』。其是之謂乎？」**【疏證】**無禮必有殃咎，故云「自及」。疏云：「被匠慶略木，是自及也。」非傳義。

冬，公如晉聽政。**【疏證】**杜注：「受貢賦多少之政。」

晉侯享公，

公請屬鄫。❷**【疏證】**《地理志》：「東海郡繒，故國。」杜用《漢志》。《旄丘・序》：「衛不能修方伯連率之職。」疏云：「『連率』者，即『十國以爲連，連有帥』是也。不言屬、卒者，舉其中也。《王制》雖殷法，周諸侯之數與殷同，明亦十國爲連。此詩周事，有連率之文。《左傳》曰：『晉侯享公，公請屬鄫。』是周亦有連、屬。」詳彼疏，則魯請鄫用十國爲連之制，此舊誼也。杜注：「欲得使屬魯，如須句、顓臾之比，使助魯出貢賦。公時年七歲，蓋相者爲之言。」本疏：「春秋之世，小國不能自通，多附於大國。二十七年，齊人請邾，宋人請滕。邾、滕猶尚附人，況鄫又小也。」據疏說，則鄫屬魯出鄫子意。

晉侯不許。

孟獻子曰：「以寡君之密邇於仇讎，而願固事君，無失官命。**【疏證】**杜注：「晉官徵發之命。」本疏：「二年，鄭子駟以君初喪，云『官命未改』。此魯以國小賦重，恐失官命。二者官命雖同，而主意有異。故杜彼以未葬解之，此以徵發解之。觀文爲說。」案：此「官命」猶言公命也，謂無敢失晉君意，與二年「官命」義

❶「時則」，原缺，今據《淮南鴻烈解》卷五補。

❷原稿眉批：鄫似已見。

同，下乃言貢賦，杜説非。

「鄙無賦於司馬，**【疏證】**杜注：「晉司馬又掌諸侯之賦。」

「爲執事朝夕之命敝邑，

「敝邑褊小，闕而爲罪，❶**【疏證】**杜注：「闕，不共也。」

「寡君是以願借助焉。」晉侯許之。

楚人使頓間陳而侵伐之，故陳人圍頓。❷**【疏證】**杜注：「間，伺間缺。」

無終子嘉父使孟樂如晉，**【疏證】**《地理志》：「右北平郡無終，故無終子國。」《晉語》注：「無終，山戎之國，今爲縣，在北平。子，爵也。」杜注：「山戎國名。」用韋説。顧炎武《日知録》云：「玉田，漢無終縣。《史記》：『項羽封韓廣爲遼東王，都無終。』《水經注》：『藍水出北山，東屈而南流，逕無終縣東。❸故城，無終子國也。《魏土地記》曰：右北平城西北百三十里有無終城。』無終之爲今玉田，無可疑者。然《左傳》襄公四年，『無終子使孟樂如晉，請和諸戎』；昭公元年，『晉中行穆子敗無終及群狄于太原』，《漢書·樊噲傳》：『擊陳豨，破，得綦毋卬、尹潘軍於無終、廣昌。』則去玉田千有餘里，豈無終之國先在雲中、代郡之境，而後遷于右北平歟？」江永云：「按：顧氏此説是也。廣昌，即今之廣昌縣，漢屬代郡，唐爲蔚州飛狐縣，明復改廣昌，屬大同府蔚州，今改屬直隸保定府易州，去玉田之無終遠，而史合言之，蓋舊無終之地近廣昌也。晉自中行吴敗狄之後，漸擴代北之地，其後趙氏盡得代地，而無終之國乃在右北平。猶之昭十二年，晉滅肥，爲漢之真定肥累縣，而遼西復有肥如縣。應劭云：『晉滅肥，肥子奔燕，燕封于此。』無終亦此類耳。」按：顧、江説是也。順昌，❹今直隸易州屬縣。梁履繩云：「案：玉田縣屬直隸遵化州。《史記·匈奴列傳》正義引《括地志》云：『幽州漁陽縣，本北戎無終子國。』漁陽縣，今爲順天府密雲縣，蓋戎地遼闊，兼入密雲境也。」沈欽韓云：「《一統志》：『無終故城，今順天府薊州治。』」右皆説右北平之無

❶ 原稿眉批：闕，詰。

❷ 原稿眉批：頓似已見。

❸ 「縣」下，《日知録》卷三十一有「故城」二字。

❹ 「順」，疑當作「廣」。

終也。《晉語》注：「嘉父，名。孟樂，嘉父之臣。」杜注：「孟樂，其使臣。」

因魏莊子納虎豹之皮，以請和諸戎。**【疏證】**《晉語》注：「莊子，魏絳也。和諸戎，諸戎欲服從於晉也。」按：納皮謂修聘禮。

晉侯曰：「戎狄無親而貪，不如伐之。」**【疏證】**《晉語》：「戎狄無親而好得。」注：「無親，無恩親。」

魏絳曰：「諸侯新服，陳新來和，**【疏證】**三年，陳叛楚。

「將觀於我。我德則睦，否則攜貳。

「勞師於戎，而楚伐陳，必弗能救，是棄陳也，諸華必叛。**【疏證】**《晉語》：「勞師于戎，而失諸華。」注：「諸華，華夏也。」杜注：「諸華，中國。」用韋義。《書》某氏傳：「冕服采章曰華。」彼疏云：「冕服采章對被髮左衽，則爲有光華。」又《苕之華》疏：「諸夏本亦名諸華。夏，大也。以其中國有禮義之華可嘉大也。」此「華夏」古説。

「戎，禽獸也。獲戎失華，無乃不可乎？

「《夏訓》有之，曰：『有窮后羿。』」**【疏證】**惠棟云：「《玉篇》引作『竆』，《説文》曰：『竆，夏后時諸侯夷羿國也。從邑，窮省聲。』」杜注：「夏訓，《夏書》。有窮，國名。」夏訓非即《夏書》，東晉《僞古文·五子之歌》取此傳，衍爲太康尸位，有窮后羿距河事。《水經·河水》篇：「大河故瀆逕平原鬲縣故城西。」注：「鬲，津也，故窮后國也。」閻氏若璩《尚書古文疏證》取以補蔡傳，謂「今德州安德縣也」。是閻氏以漢鬲縣即有窮氏地，其《四書釋地》引《地記》云：「河南有窮谷，蓋本有窮氏所遷。」與《古文疏證》異，閻意謂有窮國于鉏也。又續攷酈元説云：「酈注此不可從，《左傳》襄四年傳：『靡奔有鬲氏。』則此地當后相八歲寒浞殺羿，靡來奔時，正爲皋陶之孫有鬲氏國，豈得羿舊國于此？」則閻謂有窮在安德，乃未定之論。《路史·國名紀》：「今壽之安豐有窮谷窮水，即窮石。」按：據本傳，有窮、窮石斷非一地，《水經·淮水》注：❶

❶「淮」，原缺，今據《水經注箋》卷三十補。

「窮水出于安豐。」昭二十七年，「楚與吴遇於窮」，此羅氏所據。江永云：「此窮水、窮地偶與有窮同名耳，非后羿之國也。」下亦引《晉地記》則謂有窮在河南，與閻氏同。高士奇云：「安豐在今英山縣境。」英山屬六安州，遠，疑此亦疑有窮不得在安豐也。本疏：「羿居窮石之地，故以窮爲國名。」與傳稱由鉏遷窮石不合。鉏、窮石見下疏證。《淮南・原道》注：「羿，古諸侯有窮之君也。」杜注：「后，君也。羿，有窮君之號。」用高説。杜不以羿爲名字，用賈注「射官」説，亦詳下疏證。

公曰：「后羿何如？」**【疏證】**杜注：「怪其言不次，故問之。」東晉《僞古文》「有窮后羿」下續「因民弗忍，距于河」二句，閻若璩《尚書古文疏證》云：「纔引《夏訓》，隔以他語，『有窮后羿』下，其語不可得知。」

對曰：「昔有夏之方衰也，**【疏證】**閻若璩《尚書古文疏證》：「魏絳不便復引《夏訓》，止據其事以對。」《夏本紀》：「禹生啓，啓生太康。」《書序》：「太康失邦。」

「后羿自鉏遷于窮石，**【疏證】**杜注：「鉏，羿本國名。」未言所在。《郡國志》：「東郡濮陽有鉏城。」閻若璩《四書釋地》：「金仁山《前編》：晉魏絳曰：『昔有夏方衰，后羿自鉏遷于窮石。』注云：『鉏在今澶州衛南縣，即《元和郡縣志》故鉏城，在滑州衛南縣東十五里，《左氏》后羿本國是也。』又云：『窮石不知所在。』闕疑最是。蓋時夏都安邑，鉏去夏都僅千里，計窮石又近於安邑，方能因夏民以代夏政。若如朱子注《騷經》『夕歸次于窮石兮』云：『窮石，山名，在張掖，即后羿之國。』則去夏都三千里，遠在西北天一隅，縱恃其射，豈能及夏？當别有窮石爲國名者，但不可考。」按：閻説是也。《夏本紀》正義引《帝王世紀》亦謂帝嚳封羿於鉏。《一統志》：「鉏城在衛輝府滑縣東。」《方輿紀要》云：「鉏城在滑縣東十五里。」沈欽韓云：「窮石，故《記》皆謂删丹，蓋以《淮南子》弱水出窮石山，在張掖删丹，似太遼隔。按：《紀年》：『太康元年，羿入居斟尋。』則斟尋即窮石也。《方輿紀要》：『平度州濰縣西南五十里有斟城，故斟尋國。』」沈以窮石即斟尋，可備一説。

「因夏民以代夏政。**【疏證】**《夏本紀》：「太康崩，弟仲康立。仲康崩，子相立。」不言羿、浞事。杜注：「太康失國，夏人立其弟仲康。仲康亦微弱。仲康卒，子相立，羿遂代相，號曰『有窮』。」東晉《僞古文・胤征》：「惟仲康肇位四海。」某氏傳：「羿廢太康，立其弟仲康爲天子。」與杜注稱夏人立仲康異，此亦《古文》晚出之證。本疏：「哀元年，傳稱『有過澆殺斟灌以滅后相』。相依斟灌，故澆滅之，是相立爲天子，乃出依斟灌。則相之立也，蓋亦羿立之矣。此傳言羿代夏政，云『不修民事』；寒浞殺羿，言取其國家，則羿必自立爲天子也。當是逐出后相，羿乃自立。相依斟灌、斟尋，夏祚猶尚未滅，蓋與羿並稱王也。及寒浞殺羿，因羿室而生澆。澆已長大，自能用師，始滅后相。相死之後，始生少康，少康生杼，杼又年長，已堪誘豷，方始滅浞而立少康。計太康失邦及少康紹國，向有百載，❶乃滅有窮。據此傳文，夏亂甚矣。」疏述夏太康以後事，多據傳文，其云相亦羿所立，明仲康即羿所立，蓋誤信《僞古文》說。王鳴盛《尚書後案》云：「金履祥、鄒季友輩謂仲康非羿所立。蓋夏都安邑，在河北。太康爲羿所距，遂居河南陽夏。然則仲康之立亦在河南，非羿奉之于安邑故都也。」

「恃其射也，【注】賈云：「羿之先祖，世爲先王射官，故帝嚳賜羿弓矢，使司射。」本疏。**【疏證】**杜注：「羿善射。」不用賈說。然上文「有窮后羿」注云：「羿，有窮君之號。」則亦用賈「先世射官」說。《說文》：「𢏚，帝嚳射官，夏少康滅之。羿，亦諸侯也。」許君用師說。字別作𢏚、羿者，段玉裁云：❷「𢏚與羿，古蓋同字。」《海內經》：「帝俊賜羿彤弓素矰，以扶下國。」郭注：「有窮后羿慕羿射，故號此名也。」據《初學記》引《帝王世紀》：「帝嚳生而自言其名曰夋。」則夋即帝嚳也。賈注蓋本《海內經》。李富孫云：「作羿，是從羿省。《夏本紀》正義：「《帝王紀》云：『帝羿有窮氏未聞其姓何，先帝嚳以上世掌射正。至嚳，賜以彤弓素矢，封之于鉏，爲帝司射，歷虞、夏。羿學射於吉甫，其臂長，故以善射聞。』」此是皇甫謐引《左氏》古說，視賈君尤詳。知爲《左氏》說者，先言封鉏、司射，後言夏羿善射，與傳文次弟合。疏據賈說無駁難，惟引《淮南子》堯時羿射日等事謂：「嚳時有羿，堯時亦有羿，羿是善射之號，非復人之名字。」則疏亦以賈說爲然。《淮南·氾論訓》「羿除天之害而死爲宗布」，❸注：「羿，古之諸侯。此堯時羿，非有窮后羿。」又《原道訓》「重

❶「向」，原缺，今據《春秋左傳正義》卷二十九補。
❷「云」，原重文，今刪。
❸「天」下，《淮南鴻烈解》卷十三有「下」字。

之羿、逢蒙子之巧」，注：「羿，古諸侯，非有窮之君也。」❶高氏兩注矛盾，其辨有窮非堯時之羿最覈，既遷窮石乃得有窮之號也。《五帝本紀》堯爲帝嚳子，其嚳賜弓矢之羿與堯時之羿爲一人爲二人，書傳無説。洪亮吉云：「羿非定名，善射者皆謂之羿。」與賈注「世官司射」義不合。

「不修民事，而淫于原獸。**【疏證】**《風俗通》引「修」作「循」。杜注：「淫放原野。」

「棄武羅、伯困、熊髡、龙圉，**【疏證】**《古今人表》作「柏因」，《夏本紀》正義引《世紀》作「柏姻」，❷《古今人表》作「庬圉」，《潛夫論・五德》作「龍圉」，《文選・桓温薦譙秀》注引傳亦作「龍圉」。❸杜注：「四子，羿之賢臣。」沈欽韓云：「《世本》：『夏時有武羅國。』《中山經》：『青要之山，神武羅司之。』」

「而用寒浞。寒浞，伯明氏之讒子弟也，**【疏證】**《古今人表》作「韓浞」，《水經・巨洋水》注同。《潛夫論》作「柏明氏」。《世本》：「寒，邳姓。」《郡國志》：「北海國平壽有寒亭，古寒國，浞封此。」顧棟高云：「今山東萊州府濰縣東北三十里有寒亭。」杜注：「伯明，其君名。」

「伯明后寒棄之，**【疏證】**《潛夫論》引作「柏明氏惡而棄之」。本疏：「后，君也。伯明君此寒國之時，而棄不收采也。」按：謂伯明既爲君，浞去之也。疏説微誤。

「夷羿收之，**【疏證】**杜注：「夷氏。」本疏：「此傳再稱夷羿，故以夷爲氏也。」

「信而使之，以爲己相。

「浞行媚於内，

「而施賂於外，**【疏證】**杜注：「内宫人。」按：内謂婦寺之屬，外謂家臣也。

「愚弄其民，❹**【疏證】**杜注：「欺罔之。」按：謂浞竊羿威權以收人心。

「而虞羿于田，**【疏證】**杜注：「樂之以游田。」洪亮吉云：「按：李善《羽獵賦》注：『虞與娛，古字通。』」

「樹之詐慝，以取其國家，**【疏證】**杜注：

❶「非」，《淮南鴻烈解》卷一無此字。
❷「柏」，《史記・夏本紀》作「伯」。
❸「秀」下，當有「表」字。
❹ 原稿眉批：愚弄，詁。

「樹，立也。」❶

外内咸服。

羿猶不悛，【疏證】《方言》：「悛，改也。」

將歸自田，家衆殺而亨之，【疏證】「家衆」，杜無注。本疏：「家衆，謂羿之家衆人。」馬宗璉云：❷「此家衆，蓋亦其親兵，如宣十七年，『郤子至，請伐齊，晉侯弗許，請以其私屬』，注：『私屬，家衆也。』疏不引此，而因文解之，非也。」按：馬説是也。本疏又引《孟子》「逢蒙殺羿」，謂「家衆」即逢蒙。《釋名》：「煮之於鑊曰亨，若烹禽獸之肉也。」沈欽韓云：「《紀年》：『帝相八年，寒浞殺羿。』《淮南・詮言》：『羿死於桃棓。』《天問》：『何獻蒸肉之膏，而后帝不若？』王逸《章句》：『言羿射獵封豨，以其肉膏祭天帝，猶不順羿之所爲也。』按：即此傳殺羿烹食事，沿説之誤也。」

以食其子。其子不忍食諸，死于窮門。【疏證】杜注：「殺之於國門。」

靡奔有鬲氏。【疏證】《水經注》引作「逃於有鬲氏」。❸杜注：「靡，夏遺臣事羿者。有鬲，國名。」顧炎武云：「今按此文亦未見靡之事羿，蓋夏后相之將亡，而靡乃出奔耳。古人之文或以二事連屬言之。」惠棟云：「《汲郡古文》曰：『帝相二十八年，寒浞使其子澆殺帝，伯靡出奔鬲。』杜氏以爲『夏遺臣事羿者』。按：羿死於帝相八年，言夏遺臣是也，言事羿非也。」洪亮吉云：「惠氏以爲靡未嘗事羿，是也。」按：傳明羿死時，靡已先奔鬲，爲靡之滅浞張本。顧説尤核。《郡國志》：「平原郡鬲侯國，夏時有鬲君，滅浞立少康。」注：「應劭云：『鬲，偃姓，咎繇後。』」全祖望云：「有鬲是夏之同姓，應氏以爲偃姓，恐非。」沈欽韓云：「《一統志》：『鬲縣故城在德州北。』《紀要》：『在德平縣東十里。』」

浞因羿室，【疏證】杜注：「就其妃妾。」沈欽韓云：「《天問》：『浞娶純狐，眩妻爰謀。』王逸《章句》：『言浞娶于純狐氏，眩惑愛之，遂與浞謀殺羿也。』按傳，本羿妻也。」壽曾謂：王逸非用傳説。

生澆及豷，【疏證】惠棟云：「澆，《説文》引作『敖』，《論語》作『奡』，《尚書》云『無若丹朱傲』，劉向作

❶ 原稿眉批：樹，詁，似已見，查。
❷ 「馬宗璉」，疑當作「武億」。
❸ 「有鬲」，《水經注箋》卷二十一作「隔」。

『敖』，《管子》云：『若敖之在堯』，《説文》引《書》作『奡』，云『讀若敖』。《論語》『奡盪舟』。是敖與奡通，今傳作『澆』者，敖、澆音相近，師讀各異故也。」按：《尚書》「丹朱傲」之「傲」與傳之「澆」非一人，以異文作「奡」，致諸儒説《論語》者多以澆、奡之時代爲疑。按：《説文》「豷」下云：「《春秋傳》曰：『生敖及豷。』」此賈君本作「敖」之證，與惠氏所引《管子》、劉向、《尚書》義無涉。《説文》「奡」下云「嫚也」，下引《書》「丹朱奡」，云「讀若傲」，明奡即慢，非以《書》之奡爲浞子。下引「奡盪舟」，乃明《論語》異文，《集解》孔注「寒浞因羿室而生奡」，乃據此傳爲説。惠氏説異字未分明，謹爲正之。李富孫云：「《潛夫論》豷作犭壹，俗體。」《宋書・高祖紀》：「衆推高祖爲盟主，移檄京邑，曰：『夏后之罹浞、豷，有漢之遭莽、卓，方之於玄，未足爲喻。』」

「恃其讒慝詐僞，而不德于民。

「使澆用師，滅斟灌及斟鄩氏。【注】賈云：「斟灌、斟鄩，夏同姓也。」❶《吴世家》正義。

【疏證】《夏本紀》「灌」作「戈」，「鄩」作「尋」，《古今人表》亦作「尋」。李富孫云：「戈、灌，音相近。」哀元年傳：「昔有過澆殺斟灌以伐斟尋。」《吴世家》正義蓋引彼傳，賈注文以二斟注，當先發彼傳爲再見也，節引於此。杜注：「二國，夏同姓諸侯，仲康之子后相所依。」用賈説。據哀元年傳，后相以是役被弑。《地理志》：「北海郡斟，故國，禹後。」「壽光」注：「應劭曰：『古抖灌，禹後，今灌亭是。』」「平壽」注：「應劭曰：❷『古抖尋，禹後，今抖城是也。』」臣瓚曰：「抖尋在河南，不在此也。《汲郡古文》云：『太康居抖尋，羿亦居之，桀亦居之。』《尚書序》云：『太康失邦，昆弟五人，須于洛汭。』此即太康所居爲近此也。❸又吴起對魏武侯曰：『昔夏桀之居，左河洛，❹右太華，伊闕在其南，羊腸在其北。』河南城爲值之。又《周書・度邑解》曰：『武王問太公曰：「吾將因有夏之居，南望過于三塗，北瞻望于有河。」』有氣之居，❺即河南是也。」師古曰：「應氏止云斟尋本是禹後耳，何豫夏國之都乎？瓚説非也。抖音斟。」按：杜用應氏説，誤。平壽分斟立縣，《紀年》謂「太康

❶ 原稿眉批：洪引賈乃哀元年文，今不全依。
❷ 「曰」，原作「古」，今據《漢書・地理志》改。
❸ 「此」，《漢書・地理志》作「洛」。
❹ 「洛」，《漢書・地理志》作「濟」。
❺ 「氣」，《漢書・地理志》作「夏」。

居抖尋」，與《書》傳乖異，顔説是也。抖乃斟別體，錢大昕云：「草書甚作乜，與土相似，故斟或作抖，師古不能辨。」沈欽韓云：「《紀年》：『帝相二十六年，寒浞使其子澆帥師滅斟灌。二十七年，澆□斟尋大戰于濰，❶覆其舟，滅之。』《齊乘》：『斟灌城在益都府壽光縣東四十里，今爲斟灌店。』又曹州府觀城縣，本古觀國。《紀要》云：『或謂之斟觀。』」《讀本》：「斟尋城，❷在濰縣西南五十里。」按：濰，今萊州府。❸

「處澆于過，**【疏證】**《郡國志》：「東萊郡有過鄉。」沈欽韓云：「《山東通志》：『過亭在萊州府掖縣北境。』」

「處豷于戈。**【疏證】**杜注：「戈在宋、鄭之間。」本疏：「哀十二年傳：『宋、鄭之間有隙地焉，曰嵒、戈、錫。』是也。」

「靡自有鬲氏，收二國之燼，**【疏證】**二國謂斟灌、斟鄩也。《小爾雅》：「燼，餘也。」杜注：「燼，遺民也。」本疏謂：「澆所殺死亡之餘，遺脱之民也，思報父兄之讎，故靡得收而用之。」按：此下叙靡佐少康中興之事。

「以滅浞而立少康。**【疏證】**《夏本紀》：「相崩，子少康立。」據哀元年傳，相崩後，夏統中絶，史公約言之。

「少康滅澆于過，后杼滅豷于戈，**【疏證】**杜注：「后杼，少康子。」

「有窮由是遂亡，失人故也。**【疏證】**顧炎武云：「解云『浞因羿室不改有窮之號』，非也。哀元年稱『有過澆』矣，此特承上死於窮門而言，以結所引《夏訓》之文爾。」本疏：「謂浞亡也。武羅、伯因、熊髠、龙圉本羿棄之，浞亦不用。失人是國之大患，故言之以規悼公也。」

「昔周辛甲之爲大史也，**【疏證】**杜注：「辛甲，周武王太史也。」本疏：「《晉語》稱文王訪于辛、尹，賈逵以爲辛甲、尹佚。周辛甲，文王之臣，而下及武王。但文王之時，天命未改，不得命百官官箴王闕，故以爲武王時太史也。」據疏引《外傳》，賈注以辛甲爲文王臣，其注《内傳》亦當然。《外傳》韋注：「辛甲，周太史。」韋以辛甲

❶ 「□」，疑當作「伐」或「與」。
❷ 「城」，《春秋左傳讀本》卷十四作「國」。
❸ 原稿眉批：查《大事表》。

爲太史，亦用賈《内傳》注義。按：《藝文志》道家有《辛甲》二十九篇」，云：「紂臣，七十五諫而去，周封之。」《周本紀》集解引劉向《别録》云：「辛甲，故殷之臣，事紂。蓋七十五諫而不聽，去至周，召公與語，賢之，告文王，文王親自迎之，以爲公卿，封長子。」此即《藝文志》所據，皆以辛甲爲文王臣也。

「命百官，官箴王闕。【疏證】杜注：「闕，過也。使百官各爲箴辭戒王過。」本疏：「若箴之療疾，故名箴焉。」沈欽韓云：「夏商皆有箴，見《逸周書》《吕覽·謹聽》篇引周箴曰：『夫自念斯學，德未暮。』蓋亦辛甲之餘言也。」案：《晉書·潘尼傳》：「乘輿箴曰：『自虞人箴以至于百官，非唯規其所司，誠欲人主斟酌其得失焉。《春秋傳》曰「命百官，官箴王闕」，則亦天子之事也。』」按：尼稱百官規其所司，如揚雄十二《牧箴》之類，傳稱「官箴王闕」，則意主舉職掌以諷諫也。

「於《虞人之箴》【疏證】《山虞》：「大田獵，則萊山田之野。」《澤虞》：「大田獵，則萊澤野。」

「曰：『芒芒禹跡，畫爲九州，【疏證】杜注：「芒芒，遠貌。畫，分也。」按：《玄鳥》「宅殷土芒芒」，毛傳：「芒芒，大貌。」疏：「襄四年《左傳》『芒芒禹跡，畫爲九州』，是芒芒爲大貌也。」《淮南子》注：「芒芒，廣大廣之貌。」❶與毛傳同義。「芒芒」不訓遠。本疏：「畫分，言畫地分之以爲竟也。《禹貢》惟冀州帝都不言竟界，八州各言竟界。」

「『經啓九道。【注】舊注：「九道，九州之道也。啓，開也。」《御覽》五百八十八。【疏證】杜注：「啓開九州之道。」用舊注。❷

「『民有寢廟，獸有茂草，

「『各有攸處，德用不擾。【疏證】釋文：「攸處，本或作攸家。」杜注：「人神各有所歸，故德不亂。」朱駿聲云：「按：神者，獸之誤。」

「『在帝夷羿，冒于原獸，【疏證】杜注：「冒，貪也。」

「『忘其國恤，而思其麀牡。【疏證】釋

❶ 下「廣」，當衍。

❷ 原稿眉批：啟，詁。

文：「麀，鹿牡也。」

「『武不可重，【注】服云：「重猶大也，言武事不可大任。」本疏。【疏證】杜注：「重，猶數也。」本疏：「杜讀重爲『重累』之重，故爲數也。」下引服注。杜意止謂武不可黷，疏以義未備，故兼引服注補之。李貽德云：「案：《吕覽·貴生》篇：『天下，重物也。』高注以『大』訓『重』。大任言大用也。」

「『用不恢于夏家。【疏證】《廣雅·釋詁》：「壹、豥，大也。」王念孫云：「豥者，《説文》云：『恢，大也。』襄四年《左傳》云：『用不恢于夏家。』恢與豥通。」杜注：「雖有夏家，而不能恢大也。」用許義。

「『獸臣司原，敢告僕夫。』【疏證】沈欽韓云：「《賈子·禮》篇：『虞者，囿之司獸者也。』」杜注：「獸臣，虞人。告僕夫者，不敢斥尊。」

「《虞箴》如是，可不懲乎？」

於是晉侯好田，故魏絳及之。【疏證】杜注：「及后羿事。」本疏：「魏絳本意主勸和戎，忽云有窮后羿，以開公問，遂説羿事以及《虞箴》，與初言不相應會，故傳爲此二句以解魏絳之意。」按：魏絳所稱《夏訓》「有窮后羿」之下當是和戎之事，晉侯以其稱后羿不倫，亟問后羿。魏絳意移於諫田獵，因問而改其辭，傳特筆明之。「及之」者，謂非説和戎本意也。

公曰：「然則莫如和戎乎？」【疏證】此蒙「獲戎失華，無乃不可乎」爲答。

對曰：「和戎有五利焉：

「戎狄荐居，貴貨易土，土可賈焉，一也。【注】服云：「荐，草也。言狄人逐水草而居，徙無常處。」本疏。【疏證】《晉語》「戎狄荐處」注：「荐，聚也。」杜用韋義。本疏：「劉炫案：《莊子》云『麋鹿食荐』，即荐是草也。」服言是。」文淇案：此光伯以服義規杜也，孔漏駁耳。今本《莊子》作「食薦」，釋文：「薦，司馬云『美草也』，崔云『甘草也』，郭璞云：『《三蒼》云：「六畜所食曰薦。」』」此光伯所據。《漢書·景帝紀》：「元年詔曰：『戎地饒廣，荐草莽，水泉利，而不得徙。』」注：「如淳曰：『莊周云麋鹿食曰薦。一曰草稠曰薦，深曰莽。』」《終軍傳》：「隨畜薦居。」蘇林曰：「薦，草也。」師古曰：「薦讀曰荐。荐，屢也。言隨畜牧屢易故居，不安住也。《左傳》『戎狄荐居』者也。」《晉語》「戎翟荐處」之上云

「雖有功，猶得獸而失人也」，是以獸喻之。韋、顔説俱非。沈欽韓云：「《漢書》所謂匈奴逐水草而居是也。杜預以爲『荐，聚』，則同於城郭土著，何易土之有？」壽曾謂：《説文》：「薦，獸之所食草。」《管子·八觀》篇：「荐草多衍，則六畜易繁也。」注：「荐，茂草也。」《問》篇：「其就山藪林澤食荐幾何？」注：「薦，草之美者。」《韓非子·説儲》：「文子曰：『如臣者，猶獸鹿也，唯薦草而就。』」注：「獸鹿就薦草，人臣歸厚賞。」皆以荐爲美草。荐、薦義同。《晉語》注：「貴，重也。易，輕也。」杜亦用韋義。「土可賈焉」，杜無注。顧炎武云：「《國語》曰：『與之貨而獲其土。』」顧意謂戎貪利而市其土地也。

「邊鄙不聳，民狎其野，穡人成功，二也。**【疏證】**杜注：「聳，懼。狎，習也。」案：《晉語》：「邊鄙耕農不儆。」謂可即戎田以屯田。

「戎狄事晉，四鄰振動，諸侯威懷，三也。**【疏證】**《晉語》：「四鄰莫不震動。」注：「震，懼也。」

「以德綏戎，師徒不勤，甲兵不頓，四也。**【疏證】**《淮南子·脩務》注：❶「頓，罷也。」杜注：「頓，壞。」用高義。本疏：「今俗語委頓是也。」

「鑒于后羿，而用德度，遠至邇安，五也。

「君其圖之！」公説，

使魏絳盟諸戎，修民事，田以時。**【疏證】**《年表》：「晉悼公四年，魏絳説和戎、狄，狄朝晉。」

冬，十月，邾人、莒人伐鄫。

臧紇救鄫，侵邾，敗于狐駘。**【疏證】**杜注：「臧紇，武仲也。鄫屬魯，故救之。狐駘，邾地，魯國番縣東南有目台亭。」惠棟云：「狐駘，《禮記》作臺駘。《淮南子·墬形》曰：『沂出臺、駘、術。』篆文臺、壺字相似，壺又與狐通，故傳作『狐駘』。杜氏以爲即番縣之目台山，案：目台即《淮南子》目駘山，淄水所出，杜説非也。」惠引杜注作「目台山」，據《郡國志》劉昭補《志》。❷馬宗璉云：「《淮南·墬形訓》曰：『時、泗、沂出臺、台、術。』高誘注：『臺、

---

❶「脩務」，原缺，今據《淮南鴻烈解》卷十九補。

❷下「志」，疑當作「注」。

台、術皆山名。』《水經·泗水》：『出魯卞縣北山。』璉案：酈元注邾姑蔑城在卞縣南，是魯卞縣爲邾、魯接境之地。臧孫與邾戰敗于狐駘，爲目台山，即魯卞縣北山也。惠定宇援《淮南》『淄出目駘』，證狐駘爲淄水所出之山。案：《水經·淄水》：『出泰山萊蕪縣原山，東北過臨淄縣東。』非邾、魯接境，惠説不如杜注之確。」按：馬説是也。顧棟高云：「哀二十七年，越子使古庸來聘，言邾田，封于駘上，即此。今狐駘山在山東兖州府滕縣東南二十里。」顧氏釋今地括杜注。卞縣在今山東兖州府泗水縣東五十里，酈氏謂狐駘在卞南，已入今滕境矣。

國人逆喪者皆髽，【注】鄭衆以爲枲麻，與髮相半結之。馬融以爲屈布爲巾，高四寸，著於顙上。鄭玄以爲去纚而紒。本疏。

【疏證】杜注：「髽，麻髮合結也。遭喪者多，故不能備凶服，髽而已。」本疏引先鄭、諸儒説，而駁馬、後鄭説，云：「按：《檀弓·記》稱：『南宫縚之妻，孔子之兄女也。縚母喪，孔子誨之髽曰：「爾毋從從爾，爾毋扈扈爾。」』鄭玄云：『從從謂大高，扈扈謂大廣。』若布高四寸，則有定制，何至慮其從從、扈扈而誨之哉！如鄭玄去纚而空露其紒，則髮上本無服矣。《喪服》：『女子在室，爲父髽衰三年。』空露紒髮，安得與衰共文，而謂之髽衰也？魯人逆喪皆髽，豈直露紒迎喪哉？凶服以麻表。髽字從髟，是髮之服也。杜以鄭衆爲長，故用其説。言麻髮合結，亦當麻髮半也。」沈欽韓云：「言不爲始死之服，即用小斂時之髽者，著禮變也。《問喪》：『親始死，雞斯徒跣。』《士喪禮》：『主人髻髮袒，婦人髽于室。』注：『始死，婦人將斬衰者，去笄而纚。將齊衰者，骨笄而纚。今言髽者，亦去笄纚而紒也。』❶髽之異于髻髮者，既去纚而以髮爲大紒。如今露紒，其象也。《喪服》：『女子子在室爲父髽衰。』注：『髽，露紒也，亦用麻。蓋以麻自項而前，交于額上，却繞紒，如著幓頭焉。』按《小記》：『男子冠而婦人笄，男子免而婦人髽。』以髽當免，此對《士喪禮》衆主人之免者也。孔于彼疏云：『男之免乃有兩時，而惟一種。婦人之髽則有三別，以麻髽對男括髮時，以布髽對男子爲母免時，以露紒髽當《喪服》之女子在室髽衰三年。』又云：『《喪服》所明皆是成服後，既不論男子之括免，則不論女子未成服之麻布髽也。既言髽衰三年，益知恒髻是露紒也。』孔氏于

❶「亦」，原重文，今據《春秋左氏傳補注》卷六刪。

《小記》既明三種之髽，復主鄭氏露紒之義爲三年恒服，是不違正經，于義得矣。杜預本不喜爲父母執喪三年，故于此注云：『遭喪者多，不能備凶服，髽而已。』魯雖衰替，不應至此盡廢凶服，若然，傳當云『魯于是始不成服』。古禮本有髽，安得僅云『始髽』乎？孔穎達亦不喜禮文，故于此快然攻鄭露紒之說，而不復尋鄭《喪服》注用麻之義。」文淇案：沈説甚核，然《禮》疏以皇侃爲本，《左傳》疏以劉炫爲本，皆非孔氏之筆，故二疏往往歧異，非獨此爲然也。壽曾謂：《禮書》百四十九「皇氏以麻髽、布髽、露紒爲三髽」，陳氏時皇疏未佚，此尤《小記》疏出於皇氏之證，惟陳氏謂麻髽、布髽皆露紒，則誤會禮制，詳《小記》疏無三髽皆露紒義。《説文》：「髽，喪結。女子髽衰，弔則不髽。魯臧武仲與齊戰于狐駘，魯人迎喪者，皆髽。」許君以「邾」爲「齊」，駁文。其云「髽衰」，則是以髽爲桓髻、露紒，賈君説當與後鄭同。

魯于是乎始髽。**【疏證】**本疏：「言『魯於是始髽』者，自此以後遂以髽爲弔服。雖有吉者，亦髽以弔人。」沈欽韓云：「《檀弓》：『魯婦人之髽而弔也，自敗于臺駘始也。』注：『禮，婦人弔服，大夫之妻錫衰，士之妻則疑衰與？皆吉笄無首，素摠。』《喪服·記》注云：『笄有首，若今時刻鏤摘頭矣。』按：弔服用吉笄而無首，同于女子子爲父母卒哭後歸夫家而著吉笄折其首也。魯習見。狐駘之役去笄纚以髽，此失之過重，而杜預以爲凡爲喪者皆惟髽而無服也。

國人誦之曰：**【疏證】**沈欽韓云：「《樂師職》鄭司農注云：❶『奏爾悲誦。』此國人之誦，所謂悲誦也。」

「臧之狐裘，敗我於狐駘。❷**【疏證】**杜注：「臧紇時服狐裘。」按：《召南·羔羊》疏：「若兵事既用韎韋衣，則用黃衣狐裘及貍裘，象衣色故也。」下引此傳爲證，則狐裘，戎服也。

「我君小子，朱儒是使。朱儒朱儒，使我敗於邾。」**【疏證】**釋文：「朱，本或作邾。」杜注：「襄公幼弱，故曰『小子』。臧紇短小，故曰『朱儒』。」沈欽韓云：「《抑》之詩『實虹小子』、『於乎小子』皆稱厲王也。箋云：『天子未除喪稱小子。』按：晉有小子侯。襄公在定姒之喪，匠慶謂定姒小君也。」按：沈説是也。《王制》注：

❶ 「師」，原作「司」，今據《春秋左氏傳補注》卷六改。

❷ 「於」，原無，今據《春秋左傳正義》卷二十九補。

「侏儒，短人也。」彼疏云：「侏儒謂容貌短小。」杜用鄭説。《廣雅・釋詁》：「侏儒，短也。」王念孫云：「《晉語》『侏儒不可使援』，韋昭注云：『侏儒，短人也。』襄四年《左傳》云『朱儒是使』，朱與侏通。」梁履繩云：「案：侏儒本短柱，鄭氏《明堂位》注謂即棁也，故以况短人。」壽曾謂：朱儒不止短小之稱，《管子・立政》：「國適有患，則優倡侏儒起而議國事矣。」《韓非子・八姦》：「優笑侏儒，左右近習。」注：「優笑者，謂俳優能啁笑者。侏儒，短人也。」則侏儒兼俳優言之。

**【經】**五年，春，公至自晉。

夏，鄭伯使公子發來聘。**【疏證】**杜注：「發，子産父。」

叔孫豹、鄫世子巫如晉。**【疏證】**《穀梁》「鄫」曰「繒」。

仲孫蔑、衛孫林父會吴于善道。**【疏證】**「善道」，《公羊》、《穀梁》曰「善稻」。臧壽恭云：「《説文》：『䆃，禾也。』道即䆃之省，與稻同音相通。」杜注：「善道，地闕。」洪亮吉云：「《御覽》引《南兖州記》：『盱眙，本春秋時善道也。』」沈欽韓云：「范甯注：『吴地。』《一統志》：『盱眙故城在今泗州盱眙縣東北，❶春秋時吴善道邑。』」

秋，大雩。

楚殺其大夫公子壬夫。

公會晉侯、宋公、陳侯、衛侯、鄭伯、曹伯、莒子、邾子、滕子、薛伯、齊世子光、吴人、鄫人于戚。**【疏證】**「邾」，《公羊》曰「邾婁」。「鄫」，《穀梁》曰「繒」。

公至自會。無傳。

冬，戍陳。

楚公子貞帥師伐陳。**【疏證】**《年表》：「楚共王二十三年，伐陳。」

公會晉侯、宋公、衛侯、鄭伯、曹伯、齊世子光救陳。**【疏證】**《公羊》「曹伯」下有「莒子、邾

---

❶ 上「眙」，原作「盱」，今據《春秋左氏傳地名補注》卷六改。

婁子、滕子、薛伯」，《穀梁》同，「邾婁」作「邾」。臧壽恭云：「案：《左氏傳》云：『九月丙午，盟于戚，會吴，且命戍陳也。冬，諸侯戍陳，子囊伐陳。十一月甲午，會于城棣以救之。』據傳，戍陳之諸侯即會吴于戚之諸侯，惟鄫屬于魯，不與戍陳。救陳之諸侯，即戍陳之諸侯。疑《左氏經》當與《公》、《穀》同作『公會晉侯、宋公、衛侯、鄭伯、曹伯、莒子、邾子、滕子、薛伯、齊世子光救陳』。今本《左氏經》無『莒子、邾子、滕子、薛伯』八字，蓋傳寫譌奪，故三傳《釋文》皆不標異同。」

十有二月，公至自救陳。無傳。【注】賈云：「月爲下卒起其義也。」《公羊》襄五年疏。【疏證】此經二傳不説月，則賈注爲《左氏》義，明公至不以月見例。

辛未，季孫行父卒。【疏證】《年表》：「魯襄公五年，季文子卒。」

【傳】五年，春，公至自晉。

王使王叔陳生愬戎於晉，【疏證】杜注：「王叔，周卿士也。」晉人執之。

士魴如京師，言王叔之貳於戎也。

夏，鄭子國來聘，通嗣君也。【疏證】杜注：「鄭僖公初即位。」

穆叔覿鄫大子于晉，以成屬鄫。【疏證】《釋詁》：「覿，見也。」

書曰「叔孫豹、鄫太子巫如晉」，言比諸魯大夫也。【疏證】杜注：「豹與巫俱受命於魯。」《穀梁傳》：「爲我事往也。」彼疏：「徐邈注此，取《左氏》爲説，云：『爲我事往者，謂請鄫于晉，以助己出賦也。』」則助魯出賦爲古《左氏》説。

吴子使壽越如晉，【疏證】杜注：「壽越，吴大夫。」

辭不會于雞澤之故，【疏證】三年傳：「六月，公會單頃公及諸侯。己未，同盟于雞澤。吴子不至。」杜注：「今來謝之。」

且請聽諸侯之好。

晉人將爲之合諸侯，使魯、衛先會吳，且告會期。故孟獻子、孫文子會吳于善道。

秋，大雩，旱也。【疏證】杜注：「雩而獲雨，故書雩而不書旱。」用《穀梁》義。

楚人討陳叛故，【疏證】杜注：「討，治也。」按：楚以諸侯戍陳。曰：「由令尹子辛實侵欲焉。」【疏證】此謂子辛索賂於陳，傳不具。乃殺之。

書曰「楚殺其大夫公子壬夫」，貪也。

君子謂：「楚共王於是不刑，【疏證】以下引《詩》證之。《左氏》以四年楚伐陳聞喪而止，復失信伐陳，今諉罪子辛而殺之，故曰「不刑」。陳叛楚在三年。杜云：「陳叛之日，擁其罪人，興兵致討。」是指四年楚人使頓間陳而侵伐之之事，傳無此意。

「《詩》曰：『周道挺挺，我心扃扃。講事不令，集人來定。』【疏證】杜注：「逸《詩》也。」《廣雅·釋詁》：「侹、繩，直也。」王念孫云：「《爾雅》：『頲，直也。』襄五年《左傳》『周道挺挺』，《曲禮》『鮮魚曰脡祭』，鄭注：『脡，直也。』並字異而義同。」又《釋訓》：「炯炯，光也。」王念孫云：「《說文》：『炯，光也。』重言之則曰『炯炯』。襄五年《左傳》『我心扃扃』，杜注：『扃扃，明察也。』《楚辭·哀時命》云：『夜炯炯而不寐兮。』《九思》云：『神光頲頲。』並字異而義同。」按：《釋訓》：「斤斤，察也。」邵晉涵云：「斤斤，又通作扃扃。」洪亮吉云：「斤與扃義亦同，杜注略本《爾雅》。」皆與王說同。杜注又云：「講，謀也。言謀事不善，當聚致賢人以定之。」俞樾云：「杜以扃扃爲明察，與下文『講事不令，集人來定』義不相蒙。扃扃猶耿耿也。《詩·柏舟》篇『耿耿不寐』傳：『耿耿猶儆儆也。』《廣雅·釋訓》：『耿耿、警警，不安也。』此《詩》之旨，言我心耿耿然不敢自安，故思聚賢人以定之也。作扃者，假字耳。《說文》耳部：『耿，從耳，炯省聲。』故耿與炯古通用。」按：《詩》意道平直，心明察，猶必謀於賢人而後定，虛懷集益之意。俞說非。

「已則無信，而殺人以逞，不亦難乎？【疏證】杜注：「殺子反、公子申及壬夫。」不釋引《詩》之意。顧炎武云：「共王不謀於衆，背晉之盟，以亡師於鄢，遂失諸侯，不知自反。八年之中，戮殺三卿，是失刑也。」

「《夏書》曰：『成允成功。』」【疏證】杜注：「亦逸《書》也。允，信也。」顧炎武云：「今《大禹謨》。」

九月，丙午，盟于戚，會吴，且命戍陳也。

穆叔以屬鄫爲不利，使鄫大夫聽命于會。【疏證】杜注：「鄫與莒有忿，魯不能救，恐致譴責，故復乞還之。傳言鄫人所以見於戚會。」

楚子囊爲令尹，【疏證】杜注：「公子貞。」

范宣子曰：「我喪陳矣，

「楚人討貳而立子囊，必改行，【疏證】杜注：「改子辛所行。」

「而疾討陳。陳近於楚，民朝夕急，能無往乎？

「有陳，非吾事也。無之而後可。」【疏證】杜注：「言晉力不能及陳。」

冬，諸侯戍陳。❶

十一月，甲午，會於城棣以救之。【疏證】杜注：「城棣，鄭地，陳留酸棗縣西南有棣城。」沈欽韓云：「《水經注》：『濮水故瀆東北逕南北二棣城間。襄五年，會于城棣者也。』《元和志》：❷『南棣、北棣二城在鄭州陽武縣北十里。』」今屬懷慶府。

季文子卒，大夫入斂，公在位。【疏證】杜注：「在阼階西鄉。」本疏：「《喪大記》：『大夫之喪，將大斂，既鋪絞、紟、衾，君至，主人迎，先入門右，巫止於門外。君釋菜。祝先入，升堂。君即位于序端。』《士喪禮》：『君若有賜焉，則視斂。既布衣，君至，君升自阼階，西鄉。』以君臨士喪西向，知臨大夫之喪，即位于序端者，亦西鄉也。劉炫又引云：❸『君既即位于序端，卿、大夫即位于堂廉楹西，北面東上，主人房外南面，主婦尸西東面，遷尸，卒斂，宰告。主人降，北面于堂下，君撫之。主人拜稽

❶「陳」下，《春秋左傳正義》卷三十有「子囊伐陳」四字。
❷「和」，原重文，今據《春秋左氏傳地名補注》卷六刪。
❸「引」下，《春秋左傳正義》卷三十有「記」字。

纇。君降，升主人馮之，命主婦馮之。士之喪，將大斂，君不在，其餘禮猶大夫也。』」光伯引《記》明大殮公在位之禮，其阼階西鄉，於杜無駁。

宰庀家器爲葬備，【疏證】《大胥》注：❶「庀，具也。」朱駿聲云：「按：庀之字，當作比，校次之也。」

無衣帛之妾，無食粟之馬，

無藏金玉，無重器備。【疏證】《魯世家》：「季文子卒，家無衣帛之妾，廄無食粟之馬，府無金玉。」杜注：「器備，謂珍寶甲兵之類。」按：珍寶當釋「金玉」，注疑有脱文。

君子是以知季文子之忠於公室也。相三君矣，而無私積，可不謂忠乎？【疏證】《魯世家》：「以相三君。君子曰：『季文子廉忠矣。』」杜不釋「三君」。本疏：「季孫行父以文六年見經，則爲卿久矣。宣公之初，襄仲執政，宣八年仲遂卒，後始文子得政，故至今爲相三君也。」❷

❶ 「大胥」，原缺，今據《周禮注疏》卷二十三補。

❷ 「故至」，原作「政王」，今據《春秋左傳正義》卷三十改。

# 鳴謝


《儒藏》精華編惠蒙善助，共襄斯文；謹列如左，用伸謝忱。

本煥法師　壹佰萬元

智海企業集團董事長　馮建新先生　壹佰萬元

NE・TIGER時裝有限公司董事長　張志峰先生　壹佰萬元

張貞書女士　壹佰萬元

方正控股有限公司、金山軟件有限公司創始人　張旋龍先生　壹佰萬元

北京大學《儒藏》編纂與研究中心

本册审稿人　李君龙
本册责任编委　張麗娟

**圖書在版編目(CIP)數據**

儒藏.精華編.八二/北京大學《儒藏》編纂與研究中心編.—北京：北京大學出版社，2022.4

ISBN 978-7-301-11800-9

Ⅰ.①儒… Ⅱ.①北… Ⅲ.①儒家 Ⅳ.①B222

中國版本圖書館CIP數據核字（2022）第049046號

| | |
|---|---|
| 書　　名 | 儒藏（精華編八二）<br>RUZANG（JINGHUABIAN BAER） |
| 著作責任者 | 北京大學《儒藏》編纂與研究中心　編 |
| 責任編輯 | 王　應 |
| 標準書號 | ISBN 978-7-301-11800-9 |
| 出版發行 | 北京大學出版社 |
| 地　　址 | 北京市海淀區成府路205號　100871 |
| 網　　址 | http://www.pup.cn　　新浪微博：@北京大學出版社 |
| 電子信箱 | dianjiwenhua@126.com |
| 電　　話 | 郵購部 010-62752015　發行部 010-62750672　編輯部 010-62756449 |
| 印 刷 者 | 北京中科印刷有限公司 |
| 經 銷 者 | 新華書店 |
| | 787毫米×1092毫米　16開本　42.25印張　648千字 |
| | 2022年4月第1版　2022年4月第1次印刷 |
| 定　　價 | 1200.00元 |

ISBN 978-7-301-11800-9
9 787301 118009 >
定價：1200.00 元